La codification du droit international privé vietnamien à la lumière de la codification québécoise

Logiques Juridiques

Fondée par Gérard Marcou

Dirigée par Jean-Claude Némery et Thomas Perroud

Le droit n'est pas seulement un savoir, il est d'abord un ensemble de rapports et pratiques que l'on rencontre dans presque toutes les formes de sociétés. C'est pourquoi il a toujours donné lieu à la fois à une littérature de juristes professionnels, produisant le savoir juridique, et à une littérature sur le droit, produite par des philosophes, des sociologues ou des économistes notamment.

Parce que le domaine du droit s'étend sans cesse et rend de plus en plus souvent nécessaire le recours au savoir juridique spécialisé, même dans des matières où il n'avait jadis qu'une importance secondaire, les ouvrages juridiques à caractère professionnel ou pédagogique dominent l'édition, et ils tendent à réduire la recherche en droit à sa seule dimension positive. À l'inverse de cette tendance, la collection « Logiques juridiques » des éditions L'Harmattan est ouverte à toutes les approches du droit. Tout en publiant aussi des ouvrages à vocation professionnelle ou pédagogique, elle se fixe avant tout pour but de contribuer à la publication et à la diffusion des recherches en droit, ainsi qu'au dialogue scientifique sur le droit. Comme son nom l'indique, elle se veut plurielle.

Dernières parutions

Ruben AKONO MINLO, *Introduction au droit minier applicable au Cameroun. Une vue synoptique des aspects juridiques de l'exploitation minière*, 2023.

Yao AGBETSE, *La supervision de la mise en œuvre des droits de l'homme à l'épreuve de la volonté politique des États africains. La Commission africaine des droits de l'homme et des peuples dans tous ses états*, 2023.

Golnaz KARIMZADEH MEIBODI, *La subrogation réelle en droit patrimonial de la famille*, 2023.

Rawaa SALHI, *La constitution tunisienne de 2014 et le droit international. Tout ce qu'il faut comprendre !*, 2023.

Philippe DE LADOUCETTE, *Régulation indépendante du marché de l'énergie*, 2023.

Hicham BERJAOUI, *L'invocabilité de la responsabilité des organisations internationales devant le juge étatique. Quand le droit international public surplombe le droit international des droits de l'homme*, 2023.

Marie LAPAIRE, *Les actes préparatoires. À la recherche d'une catégorie juridique*, 2023.

Van Anh Ly

La codification du droit international privé vietnamien à la lumière de la codification québécoise

Préface de Rémy Cabrillac

L'Harmattan

De la même auteure

(avec Sylvette Guillemard)
Éléments de droit international privé québécois,
Montréal, Éditions Yvon Blais, 2019.

5-7, rue de l'Ecole-Polytechnique, 75005 Paris
http://www.editions-harmattan.fr
ISBN : 978-2-336-41745-5
EAN : 9782336417455

Je tiens à remercier Madame la Professeure Sylvette Guillemard et Monsieur le Professeur Quôc Chiên Ngô (mes directeurs de thèse), ainsi que Monsieur le Professeur Rémy Cabrillac, et Madame Danielle Cossette, pour leur inspiration et leur savante relecture de cet ouvrage.

À mes enfants, Thanh Nam et Thanh Bình, mes fidèles et adorables compagnons de route, je réserve cette fierté et ce bonheur d'une voyageuse curieuse dans l'univers passionnant du droit international privé, dont elle a la chance de découvrir pleinement la beauté, sous le guide des meilleurs mentors, avec tout mon cœur et amour éternel !

Préface

À l'heure où la doctrine française s'enflamme pour ou contre l'adoption d'un code de droit international privé, Madame Van Anh Ly nous offre dans sa belle thèse une réflexion scientifique argumentée, nourrie de l'expérience québécoise, sur la possibilité et les avantages d'une codification du droit international privé vietnamien.

La candidate maîtrise avec une grande dextérité les subtilités du droit international privé dans la riche complexité de ses différentes facettes, mais cela allait de soi, au vu du sujet traité.

D'une manière plus originale et plus personnelle, Madame Van Anh Ly appréhende avec une grande intelligence les enjeux de toute codification, qu'il s'agisse des enjeux sociaux, politiques ou économiques. Elle n'ignore pas non plus les inconvénients que la codification peut receler, en particulier celui de figer, au moins un temps, le droit codifié. Elle apprécie avec sagesse et mesure le parcours semé d'embûches que connaît toute codification, née d'un besoin social de sécurité juridique, qui doit être soutenue par une volonté politique forte pour aboutir. Ayant, avec une grande rigueur, pesé les différents arguments en balance, se fondant sur une riche perspective de droit comparé nourrie essentiellement de droit québécois, de droit vietnamien, de droit français et de textes internationaux, Madame Van Anh Ly défend l'opportunité d'une codification du droit international privé vietnamien, qui permettrait de rationaliser et de moderniser les règles applicables, aujourd'hui lacunaires et dispersées.

Dès lors, l'apport de sa passionnante thèse ne s'arrête pas là. Elle avance une sorte de guide de codistique pour rédiger au mieux ce code, proposant d'accompagner méthodologiquement le codificateur dans les nombreux choix qui s'offrent à lui afin de mener à bien cette réalisation : choix d'une méthode, choix d'une portée, choix d'une structure… Elle peut alors présenter de manière convaincante les grandes orientations de ce que serait ce code de droit international privé vietnamien.

La thèse de Madame Van Anh Ly, nourrie d'une très riche culture juridique, aborde ainsi la codification du droit international privé avec une grande hauteur de vue qui lui permet tout à la fois de l'appréhender d'un point de vue théorique et d'un point de vue pratique.

On ne peut que souhaiter que ce remarquable travail qui fait honneur à cette « façon si sublime de cultiver la législation » selon le mot de Gérard Cornu[1], ouvre toutes grandes à Madame Van Anh Ly les portes de l'Université où elle mérite pleinement d'exercer ses grandes qualités de chercheuse et d'enseignante.

Rémy Cabrillac
Professeur à l'Université de Montpellier
(Faculté de droit et de science politique)

[1] G. Cornu, « Codification contemporaine : valeurs et langage », in *L'art du droit en quête de sagesse,* PUF, 1996, p. 337.

Table des matières

Liste des abréviations

A.C.D.I.	Annuaire canadien de droit international
Am. J. Comp. L.	American Journal of Comparative Law
Am. U.L. Rev.	American University Law Review
Bond L. Rev.	Bond Law Review
C.C.B.C.	Code civil du Bas-Canada
C.c.Q.	Code civil du Québec
C. de D.	Cahiers de droit
Can. Bus. L.J.	Canadian Business Law Journal
C.I.J.	Cour internationale de justice
Col. L. Rev.	Columbia Law Review
Coll.	Collection
Cornell Int'l L. J.	Cornell International Law Journal
Cornell L. Rev.	Cornell Law Review
C.p.c	Code de procédure civile
C.Y.I.L.	Canadian Yearbook of International Law
Denv. L.J.	Denver Law Journal
Franchise L.J.	Franchise Law Journal
G.A.J.F.D.I.P.	Grands arrêts de la jurisprudence française de droit international privé
Ga. J. Int'l & Comp. Law	Georgia Journal of International and Comparative Law
Hastings L.J.	Hastings Law Journal
Hofstra L. Rev.	Hofstra Law Review
I.C.L.Q.	The International and Comparative Law Quarterly
Int'l J. Legal Info.	International Journal of Legal Information
Int'l Trade and Bus. L. Rev.	International Trade and Business Law Journal
J. Air L. & Com.	Journal of Air Law and Commerce
J.D.I.	Journal du droit international
J. Priv. Int. Law	Journal of Private International Law
L.G.D.J.	Librairie générale de droit et de jurisprudence
Ottawa L. Rev.	Ottawa Law Review
O.R.C.C.	Office de révision du Code civil du Québec
N.C.L. Rev.	North Carolina Law Review

N.Y.U.L. Rev.	New York University Law Review
P.U.F.	Presses universitaires de France
P.U.L.	Presses de l'Université Laval
R.C.A.D.I.	Recueil des cours de l'Académie de droit international de La Haye
R.C.D.I.P.	Revue critique de droit international privé
R.D.A.I.	Revue de droit des affaires internationales
R.D. McGill	Revue de droit de McGill
R. du B.	Revue du Barreau
R. du Bar. Can.	Revue du Barreau du Canada
R. du N.	Revue du Notariat
R.D.U.S.	Revue de droit de l'Université de Sherbrooke
Rev. B.D.I.	Revue belge de droit international
Rev. droit int. & legis. comp.	Revue de droit international et de législation comparée
R.F.A.P.	Revue française d'administration publique
R.H.D.	Revue historique de droit français et étranger
R.I.D.C.	Revue internationale de droit comparé
Rev. jurid. polit. Indép. Coop.	Revue juridique et politique Indépendance et Coopération
R.J.O.I.	Revue juridique de l'océan Indien
R.J.T.	Revue juridique Thémis (de l'Université de Montréal)
R.Q.D.I.	Revue québécoise de droit international
R.R.J.	Revue de la recherche juridique
Stan. L. Rev.	Stanford Law Review
Syracuse J. Int'l L. & Com.	Syracuse Journal of International Law and Commerce
Tex. Int'l L.J.	Texas International Law Journal
Tul. L. Rev.	Tulane Law Review
U. Brit. Colum. L. Rev.	University of British Columbia Law Review
U. Toronto L.J.	University of Toronto Law Journal
U.W. Austl. L. Rev.	University of Western Australia Law Review
Vand. J. Transnat. L.	Vanderbilt Journal of Transnational Law

INTRODUCTION

La codification du droit international privé (DIP) vietnamien a fait l'objet de débats au Vietnam à l'occasion de la récente réforme des deux grands codes (Code civil et Code de procédure civile). Le sujet continue à attirer l'attention du législateur et des juristes vietnamiens lorsque les efforts de « codification » partielle de ce droit dans le cadre des nouveaux codes datés de 2015 n'ont pas abouti aux résultats satisfaisants. Malheureusement, les discussions gouvernementales et doctrinales restent superficielles. L'absence de profondeur des arguments risque de prolonger le débat sans pour autant apporter des solutions durables aux défauts d'un droit appelé à s'appliquer de plus en plus fréquemment dans le contexte d'ouverture économique et d'intégration internationale du Vietnam.

Si le mot « codification » tire son origine du terme latin *codicim facere*[1] qui existe depuis des millénaires, c'est à Bentham qu'était due sa dénomination, vers le début du XIXe siècle, pour décrire le processus mis en œuvre par le législateur dans l'objectif d'établir un corps de règles juridiques complet et autonome – un *code of laws* – qui assure l'harmonie et qui supprime les incohérences, les incertitudes, les complexités causées notamment par le *judge-made law*[2].

Il existe plusieurs définitions du terme « codification » en fonction de critères et objectifs différents[3]. Selon le professeur Rémy Cabrillac, « aucune définition claire ne s'impose d'elle-même »[4]. Cependant, aux fins de notre étude portant sur la codification du DIP vietnamien, il nous est impératif d'opter pour une définition de cette notion centrale.

Dans un sens large, la codification consiste en toute conversion du droit non écrit en un droit écrit[5]. Au contraire, la codification *stricto sensus* est définie comme un processus qui aboutit naturellement à l'avènement d'un code comme son résultat indispensable[6]. Malgré les différentes approches, toutes les

---

[1] Jacques Bouineau et Jérôme Roux, *200 ans de Code civil* (Paris : Association pour la diffusion de la pensée française, 2004), IX.

[2] André Jean Arnaud, éd., « Codification », in *Dictionnaire encyclopédique de théorie et de sociologie du droit* (Paris : LGDJ, 1988) ; Bryan A Garner, « Codification », in *Black's law dictionary* (St. Paul, MN : Thomson Reuters, 2014). Voir aussi Dean Alfange Jr., « Jeremy Bentham and the Codification of Law », *Cornell L. Rev.* 55 (1969) : 58.

[3] Aude Zaradny, « Codification et État de droit » (thèse de doctorat en droit public, Paris, Université Paris 2, 2011), 47.

[4] Rémy Cabrillac, *Les codifications* (Paris : Presses universitaires de France, 2002), 61.

[5] Boris Nolde, « La codification du droit international privé », *R.C.A.D.I.* 55 (1936) : 304. L'auteur cite Sir Henry Sumner Maine, qui proposa, dans son essai *Roman Law and Legal Education*, d'appréhender le terme « codification » en deux sens : conversion du droit non écrit en un droit écrit (*conversion of unwritten into written law*), mais aussi conversion du droit écrit en un droit bien écrit (*conversion of written into well written law*).

[6] Denis Alland, éd., *Dictionnaire de la culture juridique* (Paris : Presses universitaires de France, 2010), 225 : « Sous son acceptation la plus générale, la codification évoque ainsi le rassemblement des textes juridiques ordonnant les règles relatives à une matière déterminée au sein d'un ouvrage, le Code ». Nous trouvons cette définition de la « codification » en lien étroit avec le « code » comme

définitions proposées s'accordent sur un point commun, qui relève sans doute de l'essence d'une codification : il s'agit d'une opération de rassemblement et d'organisation des normes juridiques[1]. Ainsi, selon le doyen Cornu, « codifier, c'est légiférer dans un esprit d'ensemble, sous la préoccupation instante d'un ensemble »[2]. Dans la même lignée, le professeur Cabrillac définit la codification comme une « opération de mise en forme des règles juridiques dans un ensemble »[3].

En général, la doctrine distingue deux formes principales de codification qui sont la codification substantielle et la codification formelle. Si la première est considérée comme « véritable » en ce qu'elle « [fait] table rase du droit antérieur sur tous les points compris en son objet, de façon à préparer un terrain vierge à offrir un fondement solide à de nouvelles constructions »[4], la deuxième n'est qu'une simple consolidation ou coordination de règles légales préétablies, d'où son autre dénomination « codification-compilation ».

Nous démontrerons plus tard que la codification-compilation ne joue qu'un rôle très modeste dans la réforme du droit, un des objectifs que nous recherchons, et qu'en particulier dans le contexte du DIP vietnamien, ce mode de codification n'a pas donné de résultat positif. Par conséquent, dans le cadre de notre étude, la notion « codification » sera prise *stricto sensu* tel qu'a affirmé Erik Jayme : « [S]'agissant, en particulier, du droit international privé, [...] on peut parler d'une codification où les règles regroupent en matière du droit civil d'une manière complète et exhaustive »[5]. Plus concrètement, la codification du DIP vietnamien sera étudiée « dans le sens où les règles sont désormais écrites et organisées selon un plan ordonné, avec des principes généraux qui chapeautent des règles plus précises, lesquelles appliquent ces principes à des cas particuliers ou y dérogent »[6] Les retombées d'une telle codification sont le plus souvent un « code » indépendant ou inclus dans un grand code. Ce peut aussi être une « loi » comme le cas le plus souvent constaté dans des codifications nationales du DIP[7]. Ainsi,

---

son résultat dans presque tous les dictionnaires, encyclopédies, lexiques, etc. Voir : Zaradny, « Codification et État de droit », 72.

[1] Zaradny, « Codification et État de droit », 80.

[2] Gérard Cornu, « Codification contemporaine : valeurs et langage », in *L'art du droit en quête de sagesse*, par Gérard Cornu (Paris : Presses universitaires de France, 1998), 366.

[3] Cabrillac, *Les codifications*, 63.

[4] François Geny, « La technique législative dans la codification civile moderne », in *Le Code civil 1804-1904. Livre du centenaire*, éd. par Jean-Louis Halpérin (Paris : Dalloz, 2004), 991. Jean-Baptiste Seube, « Les causes et les techniques de codification à Mayotte », *R.J.O.I.* 6 (2005) : 89, décrit cette forme de codification dans une situation concrète correspondant à trois figures : la création d'articles, la rénovation d'articles qui étaient applicables dans une version ancienne, l'abrogation de dispositions qui s'appliquaient encore.

[5] Erik Jayme, « Considérations historiques et actuelles sur la codification du droit international privé », *R.C.A.D.I.* 177 (1982) : 23.

[6] Serge Gaudet, « Le Livre X du Code civil du Québec : Bilan et enjeux », *R. du Bar. Can.* 88 (2009) : 313.

[7] On peut citer par exemple : « Loi fédérale du 18 décembre 1987 sur le droit international privé », R.O. 1988, p. 1776 (Suisse), consulté le 20 octobre 2020 ; « Loi sur le droit international privé », J.O. n° 1/2014, 9 janvier 2014 (Monténégro) ; « Loi du 6 août 1998 de droit international privé », Gaceta official, 6 août 1998, n° 36511 (Venezuela) ; « Loi relative au droit international privé et à la procédure civile internationale », n° 2675 du 20 mai 1982, J.O. n° 17701, 22 mai 1982 (Turquie), etc.

le mot « code » sera utilisé dans notre étude pour faire référence au texte qui résulte du processus de codification.

Un survol de l'histoire de la codification du droit au Vietnam en général et du DIP vietnamien en particulier montre l'intérêt constant du Vietnam vis-à-vis de la codification du droit et l'influence plus ou moins forte du droit étranger sur les codifications vietnamiennes. Il indique aussi l'absence de codification, au sens strict, de ce droit. Notre étude s'inscrit dans ce contexte.

Bien que les coutumes et les usages aient occupé une place prépondérante dans la société vietnamienne, la codification du droit a commencé très tôt dans l'histoire du pays. Elle poursuivit des objectifs et des logiques différents d'une époque à l'autre et de ceux en Occident. Par contre, on peut observer des points communs dans l'esprit du codificateur et dans les techniques de codification. On note aussi que l'histoire du droit vietnamien, tout comme l'histoire mouvementée du pays, a été marquée par des ruptures intervenues à chaque passage d'un régime politique à un autre et que la codification juridique y était un des moyens pour matérialiser et soutenir ce changement. Enfin, le droit étranger a eu une influence plus ou moins importante sur toutes les codifications vietnamiennes.

L'étude des anciens codes vietnamiens montre que la codification du droit fût une des priorités de plusieurs dynasties féodales. Les notes historiques nous enseignent que la première tentative de codification du droit au Vietnam remonte à la dynastie des Ly (1010-1225) avec la promulgation, en 1042, du premier code vietnamien, intitulé « *Hình Thư* » (Code pénal)[1]. La codification, poursuivie par les dynasties qui suivent, a connu des évolutions remarquables en technique et en envergure. À côté des codes, les travaux de compilation furent aussi réalisés[2]. Dans les codes, qui contenaient principalement des règles de droit pénal, celles de droit civil et procédural commencèrent à être incluses[3]. Toutes les codifications féodales s'inspiraient, de façon plus ou moins forte, des codes chinois[4]. Ce qui nous intéresse, c'est l'idée de « faire le(s) code(s) », ordonnée par les rois vietnamiens, qui se rapproche bien de l'esprit et du sens que l'on donne

---

[1] Dinh Loc Nguyen, « La tradition de codification à travers des dynasties féodales vietnamiennes », *Études législatives* 127 (2008) : 6.

[2] On peut citer par exemple le *Hồng Đức Thiện Chính Thư* (Recueil des arrêts), le *Quốc Triều Niên Gián Chư Cung Thể Thức* (Recueil des formules de requête), le *Lê Triều Quan Chế* (Recueil des textes portant sur l'organisation des organes d'État), achevés sous le règne du roi Lê Thánh Tông (1460-1497). Voir Huy Le Phan, « Lê Thanh Tong et le Code Hong Duc », in *Quoc Trieu Hinh Luat – Les valeurs historiques et contemporaines contribuant à la construction de l'État de droit au Vietnam. Acte de conférence*, éd. par Ministère de la Justice (Hanoi : Justice, 2008), 20.

[3] Chanh Tam Nguyen, « Les codes des Lê et des Nguyên étaient-ils des codes nationaux? », in *Histoire de la codification juridique au Vietnam*, éd. par Bernard Durand, Philippe Langlet, et Chanh Tam Nguyen (Montpellier : Impr. du Progrès, 2011), 204-6.

[4] Ibid., 217. Si le Code chinois des Tang (624-651 apr. J.-C.) n'a servi que de référence pour l'élaboration du Code Hong Duc du Vietnam au XVe siècle, le Code Gia-Long de 1815 a été une copie fidèle du Code chinois des Tsing (promulgué en 1646) tant en contenu qu'en la manière de présenter le Code. Cette influence chinoise n'a rien d'étonnant pour un pays comme le Vietnam, qui a subi la domination millénaire chinoise (allant de l'an 111 av. J.-C. jusqu'à l'an 939 apr. J.-C.) et qui s'est affronté à plusieurs reprises dans l'histoire aux tentatives hégémoniques de son grand voisin, la Chine.

aujourd'hui à la codification[1]. Certes, la codification dans la période féodale vietnamienne était souvent vue comme un moyen pour renforcer le pouvoir du roi à l'aide d'un instrument juridique permettant d'ordonner les relations sociales, dans une société où « les coutumes villageoises l'emportaient sur la loi du roi »[2] dans la vie quotidienne et où la confusion constante entre le droit et la morale atténuait l'intérêt de la codification[3]. Cependant, on trouve également dans les codifications féodales, quelles que soient leurs qualifications, le désir de rassembler les règles de droit provenant de sources diverses en un ordre permettant de les rendre accessibles aux habitants. Il faut noter enfin que dans les codes féodaux, la frontière entre les règles pénales, administratives et civiles était totalement absente. Ce sont les colonisateurs français qui ont essayé de tracer cette frontière dans les codifications subséquentes (1858-1945), en y introduisant en même temps des valeurs du droit occidental[4].

Le codificateur français a su développer des méthodes adaptées permettant de concilier sa volonté d'exporter le droit codifié et la résistance des autorités locales qui préféraient les coutumes. La rédaction du *Code civil du Tonkin* en était une illustration[5]. Jean-Pierre Royer a décrit ces adaptations :

> Là où [les coutumes locales] étaient profondément ancrées dans les habitudes, elles l'ont remporté et repoussé l'inspiration étrangère. Quand, en revanche, elles étaient muettes, obscures ou incertaines, le Code civil français a servi de référence, les tribunaux ayant le réflexe de s'en servir, non point comme législation positive, mais simplement comme raison écrite dans nombre de cas[6].

Les codes coloniaux eurent toutefois une courte existence, car le Vietnam a regagné son indépendance dès 1945 et décidé par la suite de poursuivre la voie socialiste. Cela n'empêche pas que la codification à la française ait laissé une certaine empreinte sur la culture juridique de ce pays et par conséquent, sur le

---

[1] À titre d'exemple, le premier Code vietnamien (*Hình Thư*) a été le résultat d'une refonte des règles existant sous différentes formes : règles promulguées par le roi, règles jurisprudentielles et règles coutumières. Cette opération a été décrite par les historiens comme suit : « Le roi ordonna à son magistrat de réviser et de rassembler les règles existantes, organisées article par article, dans un code (*Hình Thư*) applicable pour toute la dynastie, avec des adaptations nécessaires aux circonstances de la société, de sorte de rendre les règles accessibles et intelligibles à la population ». Voir Van Huu Le, *Histoire de Dai Viet (Đại Việt Sử Ký Toàn Thư) (1697)* (Hanoi : Culture-Information, 2004), 303 (Đại Việt est un des anciens noms du Vietnam).

[2] Proverbe vietnamien « *Phép vua thua lệ làng* ».

[3] Bernard Durand, Philippe Langlet, et Chanh Tam Nguyen, éd., *Histoire de la codification juridique au Vietnam* (Montpellier : Impr. du Progrès, 2001), 4.

[4] Entre 1910 et 1930, plusieurs codes ont été achevés, à savoir le *Code civil du Tonkin*, promulgué le 30 mars 1931, le *Code pénal de l'Annam* de 1933, le *Code civil d'Annam* de 1936 et de 1939. Entre 1858 et 1945, sous la colonisation française, le Vietnam était divisé en trois entités administratives (en vietnamien : *Kỳ*) : *Bắc Kỳ* (Tonkin) au Nord et *Trung Kỳ* (Annam) au Centre, placés sous protectorat de la France ; et *Nam Kỳ* (Cochinchine) au Sud, placée sous la tutelle directe des lois et de l'administration françaises.

[5] Jean-Pierre Royer, « Le Code civil du Tonkin à l'usage des juridictions indigènes promulgué le 30 mars 1931 », in *Histoire de la codification juridique au Vietnam*, éd. par Bernard Durand, Philippe Langlet, et Chanh Tam Nguyen (Montpellier : Impr. du Progrès, 2011), 322.

[6] Royer, 332.

choix de ses codificateurs au déclenchement du Renouveau à la fin des années 1980.

La Révolution de 1945 a mis fin à la colonisation française au Vietnam et a donné naissance à la première République démocratique au Vietnam. Cependant, le jeune État tomba rapidement dans deux longues guerres consécutives, l'une contre le retour des Français (1945-1954) et l'autre contre l'intervention des Américains (1954-1975). L'histoire de la codification du droit vietnamien a connu une rupture pendant cette période qui a duré une trentaine d'années. Cette rupture a continué jusqu'à la fin des années 1980. Pendant une dizaine d'années de l'après-guerre, le Vietnam s'est aligné sur le bloc socialiste des États de l'Europe de l'Est avec en tête l'Union soviétique, dont il a adopté les conceptions politiques, les modes de régulation[1] et le modèle de l'économie planifiée. Le droit n'y occupait que peu de place[2]. L'État intervint souvent dans les relations économiques et commerciales par des ordres administratifs. Un programme de construction des grands codes a été approuvé par l'Assemblée nationale pour le quinquennat de 1981-1985, mais n'a jamais abouti, à l'exception d'un Code pénal promulgué en 1985[3].

La mise en œuvre du Renouveau, prononcé en 1986 et connu sous le fameux nom vietnamien *Đổi Mới,* visant à faire sortir le pays de la crise socio-économique profonde, a fait appel au retour du droit et de sa codification. L'esprit du Renouveau était de réformer globalement et radicalement le système économique en pleine crise, grâce notamment à l'implantation de l'économie de marché à la place de l'économie planifiée, et la réforme juridique s'avérait indispensable pour encadrer les nouveaux mécanismes mis en place et surtout pour établir la confiance des citoyens, des États et des investisseurs étrangers[4].

Or, longtemps en rupture avec l'Occident et ses systèmes juridiques, le Vietnam n'était pas capable d'entreprendre ses réformes juridiques tout seul pour soutenir les mécanismes de l'économie de marché jusqu'alors étrangers même à ses experts, formés principalement dans les pays socialistes. Il était aussi impossible de suivre le modèle de réforme de ses « camarades », car tout le système socialiste était dans la même situation de transition que le Vietnam. Le pays s'est donc tourné vers la France, dont il a eu recours à l'expertise et aux emprunts du droit civiliste. Ce choix a été expliqué par Bernard Durand : « C'est que le droit français présente – comme source d'inspiration – des qualités non négligeables : droit écrit et codifié, il est aussi un droit dont les principes d'autorité – et les efforts faits pour le libéraliser – peuvent aisément séduire un législateur soucieux de garder l'orientation socialiste tout en reliant les règles d'inspiration

[1] Pierre Bézard, « L'élaboration de la nouvelle codification vietnamienne : la coopération juridique française 1990-2000 », in *Histoire de la codification juridique au Vietnam*, éd. par Bernard Durand, Philippe Langlet, et Chanh Tam Nguyen (Montpellier : Impr. du Progrès, 2011), 379.
[2] Bézard, 379.
[3] Diem Pham, « La Constitution de la République socialiste du Vietnam (1976) : le droit et l'État dans le cadre de la planification et du subventionnisme (1975-1986) », in *Histoire de l'État et du droit vietnamien* (Hanoi : Police populaire, 2010), 538 et 539.
[4] Bézard, « L'élaboration de la nouvelle codification vietnamienne : la coopération juridique française 1990-2000 », 380.

libérale »[1]. Il y a, selon nous, une autre raison, radicale, c'est que les efforts du colonisateur français d'exporter son droit au Vietnam ont eu sans doute une influence sur la culture juridique du pays, et donc sur ce choix du codificateur vietnamien. Depuis, plusieurs réformes se poursuivent et le législateur vietnamien consulte d'autres droits étrangers pour améliorer son droit.

En somme, très tôt dans l'histoire, les souverains vietnamiens ont vu dans la codification juridique des vertus importantes pour uniformiser la gestion de la société. Les codificateurs contemporains y voient en plus un moyen pour moderniser et réformer le droit au service du développement et de l'intégration internationale. Et dans ce pays au croisement de multiples traditions juridiques, le droit étranger est depuis toujours une source de référence importante qui se diversifie au fil du temps.

Si la codification du droit a une histoire assez ancienne au Vietnam, le DIP n'y connaît qu'une évolution récente et modeste, en raison de l'attitude de réserve vis-à-vis des échanges avec l'étranger et des nombreuses guerres qui ont empêché le pays de s'ouvrir au monde. C'est dans le cadre de la première codification civile moderne (1990-1995) que les règles de rattachement sont formulées, pour la première fois de façon systématique, dans une partie séparée du Code civil de 1995. Par la suite, d'autres règles de rattachement ont été introduites dans des lois spéciales[2]. En 2004, le premier Code de procédure civile a été promulgué, comportant deux chapitres sur la compétence internationale des autorités vietnamiennes et sur la reconnaissance des décisions et sentences arbitrales étrangères. Un DIP au sens propre, assez structuré et adapté au contexte économique et social moderne, a pris sa forme complète pendant cette période.

Depuis 1995, des réformes périodiques du DIP sont intervenues tous les dix ans, dans le cadre des recodifications du droit civil, procédural et familial. Les dernières réformes datent de 2014-2015 avec la promulgation du Code civil, du Code de procédure civile – en vigueur depuis 2017 – et de la *Loi sur le mariage et la famille* – en vigueur depuis 2015[3], permettant de moderniser le DIP, tout en laissant ou même aggravant parfois ses problèmes. Comme les règles sont toujours dispersées et que leur élaboration est assumée par différents acteurs avec leur vision limitée au domaine concerné, il est difficile d'attendre de ce droit l'efficacité requise.

Les problèmes ne résident pas seulement dans la structure du DIP, mais aussi dans le contenu même de ses normes. L'analyse de plusieurs dispositions montrera le manque de justifications soit théoriques, soit pratiques, soit les deux, des solutions adoptées, ce qui conduit à des contradictions ou des chevauchements

---

[1] Durand, Langlet, et Nguyen, *Histoire de la codification juridique au Vietnam*, 12. Ces raisons ont été partagées par les juristes vietnamiens. Voir Tri Hung Pham, « L'utilité du droit comparé dans la codification du droit civil vietnamien », *Revue d'études juridiques* 4 (2007) : 34-35.

[2] La Loi sur le mariage et la famille de 1986 (Chapitre IX), le Code maritime de 1990, la Loi sur l'aviation civile de 1991, la Loi commerciale de 1995, etc.

[3] Nous ne citons que les textes principaux, les règles de DIP vietnamien se trouvant dans un grand nombre de codes, de lois et d'autres actes normatifs.

parfois dans le même texte[1]. De nombreuses lacunes existent aussi. À ces défauts structurels et substantiels s'ajoute l'inefficacité du DIP vietnamien dans la pratique.

Il convient de constater que la codification du DIP au niveau national est devenue un phénomène répandu, notamment depuis le début du XXe siècle[2]. Celle du Québec constitue un des exemples de codification réussie. Effectuée dans le cadre de la recodification du droit civil, avec comme résultat le dernier Livre du Code civil de 1994, la codification du DIP québécois se fait remarquer par la modernisation et le changement profond d'un droit antérieurement incomplet et fragmentaire[3], par l'adoption de solutions plus flexibles, rationnelles et efficaces[4] et également par la capacité de concilier les solutions provenant des deux grandes familles de droit, le droit civiliste et la *common law*.

Au Vietnam, le DIP attire de plus en plus l'attention du législateur et des juristes – chercheurs et praticiens –, vu son importance, qui va de pair avec la promotion des échanges transnationaux[5]. Ses problèmes appellent sans doute une réforme globale. Le débat sur la codification globale est cependant tout récent, ayant surtout pris naissance à l'occasion des réformes en 2015.

Dans le contexte de l'absence au Vietnam d'études approfondies sur la codification du droit en général et du DIP en particulier, plusieurs questions d'ordre théorique devront être résolues pour servir la base de la réalisation d'une telle œuvre.

Notre recherche vise donc à répondre à deux grandes questions. La première consiste à voir s'il est dans l'intérêt du Vietnam de se doter d'une codification globale des règles de droit international privé, compte tenu des conditions, des contraintes et du besoin d'ouverture et de développement du pays. Une réponse positive à cette question conduit à la seconde, celle de savoir quels seront les moyens et solutions pour le Vietnam afin de réussir cette codification tant en termes de codification elle-même que de DIP. Il sera démontré dans notre étude que des moyens existent pour garantir le succès de la codification.

En plus d'un nombre d'outils méthodologiques tels que l'herméneutique, l'analyse critique et historique de la jurisprudence et des autorités disponibles repérées de façon exhaustive, la recherche s'appuie principalement sur l'étude

---

[1] Nous avons eu, par exemple, l'occasion de démontrer la contradiction potentielle entre le principe de proximité nouvellement adopté par le législateur et l'autorisation totale du renvoi dans le nouveau Code civil de 2015 : Van Anh Ly, « Le renvoi en droit international privé vietnamien : Commentaires de la disposition du Code civil de 2015 », *L'État et le Droit* 360 (2018) : 74-75. Voir aussi Van Anh Ly, « Quelques commentaires sur les nouveautés du Code civil de 2015 relatives aux rapports civils comportant un élément d'extranéité », *Revue de l'économique extérieure* 91 (2017) : 113.

[2] Jayme, « Considérations historiques et actuelles sur la codification du droit international privé », 27 ; Symeon Symeonides, *Codifying choice of law around the world : an international comparative analysis* (New York : Oxford University Press, 2014), 1.

[3] Gaudet, « Le Livre X du Code civil du Québec : Bilan et enjeux », 313.

[4] Ethel Groffier, *La réforme du droit international privé québécois, supplément au Précis de droit international privé québécois* (Cowansville : Éditions Yvon Blais, 1993), 3.

[5] Dans notre étude, les termes « international » et « transnational » seront utilisés de façon interchangeable pour exprimer le caractère extraterritorial des rapports juridiques qui sont susceptibles d'être régis par le DIP, bien que certains puissent préférer qu'une distinction en soit faite.

comparative, avec la codification du DIP québécois comme référence principale. Cette approche vise à comparer les solutions et à proposer un ou des choix qui conviendraient au Vietnam. Elle est effectuée dans le souci de comprendre comment et dans quelle mesure les expériences provenant d'un ordre juridique développé et mixte comme celui du Québec peuvent être bénéfiques à la réforme juridique du Vietnam malgré la différence dans le niveau de développement et dans la pratique, quand les conditions internes ne permettent pas d'y répondre.

Nous rejoignons l'opinion de la professeure Catherine Valcke, qui a bien fait observer que l'objectif de droit comparé n'est ni l'harmonisation internationale, ni l'accentuation de la diversité des ordres juridiques, mais la compréhension de chaque système dans ses propres expressions[1]. Nous sommes aussi d'avis que la méthode comparative contribue à stimuler un apprentissage mutuel entre les systèmes au service de leur réforme et, dans une certaine mesure, de leur harmonie, importante dans le domaine du DIP.

Le droit comparé est toujours un outil important pour les codificateurs vietnamiens[2]. De plus, on a vu, dans le passé, l'influence réciproque des méthodes développées par la science juridique de différentes familles de droit qui ont eu d'importantes incidences sur la pensée méthodologique juridique de l'une à l'autre. Cependant, ces méthodes juridiques avaient une marque trop nationale[3]. Valentin Petev a soutenu à juste titre qu'aujourd'hui, « la méthodologie juridique n'est ancrée ni dans une seule tradition, ni même dans un système juridique national »[4]. Dans sa thèse sur la codification du droit, Mme Aude Zaradny a également souligné l'importance du droit comparé sur la méthode contemporaine de codification[5].

L'approche méthodologique que nous adoptons va dans cette ligne de pensée. Les prétentions de ces deux auteurs sont d'autant plus vraies dans le cas du DIP, un droit à l'intersection des ordres juridiques. Ainsi, une certaine harmonie avec le reste du monde est préférable pour la construction de ses règles, quoique domestiques[6]. C'est l'étude comparative qui permettra d'atteindre l'harmonie que le Vietnam cherche dans ses codifications.

---

[1] Catherine Valcke, *Comparing Law : Comparative Law as Reconstruction of Collective Commitments* (Cambridge : Cambridge University Press, 2018), 1.

[2] L'utilité du droit comparé s'exprime surtout dans le fait que le législateur national peut choisir d'adapter à son ordre juridique des solutions existantes grâce à la comparaison des expériences étrangères, ce qui permet d'économiser de temps et de ressources, tout en évitant des risques d'imprévisibilité et d'inefficacité des solutions créées par lui-même. Voir : Pham, « L'utilité du droit comparé dans la codification du droit civil vietnamien », 38.

[3] Valentin Petev, « Quelle méthode? La méthodologie juridique au seuil du XXIe siècle », *R.R.J.* 4 (1990) : 760.

[4] Ibid.

[5] Zaradny, « Codification et État de droit », 317 : « La méthode contemporaine de codification du droit est une méthode largement inspirée par le droit comparé. En effet, la codification permet l'importation de certaines des règles étrangères qui sont jugées les plus adéquates pour le pays qui codifie ».

[6] Pour l'exemple, la codification du DIP québécois témoigne de la forte influence du droit étranger (sur 84 pour cent de ses dispositions) dans le souci d'harmonisation avec le droit des autres juridictions : Pierre-Gabriel Jobin, « Le droit comparé dans la réforme du Code civil du Québec et sa première interprétation », *C. de D.* 38 (1997) : 489 et 490.

La codification du DIP québécois nous servira de principale référence[1], pour plusieurs raisons : elle s'inscrit dans la tendance moderne des codifications du DIP et s'inspire largement du DIP suisse, de celui de l'Europe et des Conventions de La Haye, qui sont des sources de référence fréquentes pour les codifications nationales, tout en faisant preuve d'adaptations adéquates à ses particularités ; la jurisprudence québécoise en la matière est abondante (grâce au statut fédéré de la province qui génère encore plus de rapports comportant des éléments d'extranéité qu'un État unitaire) et le temps écoulé depuis l'achèvement de sa codification est suffisamment long pour acquérir de riches expériences.

En particulier, le droit québécois constitue l'exemple typique de l'application du droit comparé[2]. Comme ses codifications ont fait preuve de la capacité d'harmoniser les solutions appartenant à plus d'un système de droit, l'expérience du Québec sera sans aucun doute profitable pour le Vietnam avec son esprit d'ouverture[3]. Cette capacité de conciliation convient bien à la tendance vers l'harmonisation et l'uniformisation des règles de DIP. La codification québécoise est devenue une source d'inspiration pour un certain nombre de pays[4]. En plus du caractère mixte qui les inspire, la disponibilité en français et en anglais des codes québécois a aussi facilité leur exportation dans les autres pays[5].

Même si le droit québécois et son contexte sont très différents de ceux du Vietnam, on peut en tirer des points communs, en particulier la primauté du droit légiféré et leur caractère mixte, qui rendent la comparaison possible. D'ailleurs, par cette méthode, on s'apprend non seulement des analogies, mais aussi des différences, toutes étant profitables pour une meilleure connaissance du droit[6], tout comme on apprend autant des succès que des échecs. La référence au droit québécois apportera au législateur vietnamien, qui jusqu'alors se tourne vers

---

[1] Le droit de certains autres pays sera étudié au besoin pour optimiser l'approche comparative étant donné que l'harmonie internationale est un des caractères importants du DIP de n'importe quel pays. Ainsi, outre le droit français qui a inspiré la formulation et les réformes du droit privé vietnamien, de même que la codification du DIP québécois à sa première étape, des références seront faites aux codifications suisse et autrichienne, lesquelles ont eu lieu en même temps que celle du Québec, à la codification belge qui est plus récente et détaillée, ainsi qu'au droit européen pour son influence sur plusieurs solutions codifiées dans le DIP du Québec et du Vietnam.

[2] Jean-François Niort, « Le Code civil face aux défis de la société moderne : une perspective comparative entre la révision française de 1904 et le nouveau *Code civil du Québec* de 1994 », *R.D. McGill* 39 (1994) : 850 : « Le droit canadien en général et québécois en particulier sont d'ailleurs assez largement ouverts au droit comparé, et le Québec dispose de structures qui s'attèlent au développement d'une science juridique comparative dynamique ». Voir aussi H. Patrick Glenn, « Droit comparé et droit québécois », *R.J.T.* 24 (1990) : 341.

[3] Pham, « L'utilité du droit comparé dans la codification du droit civil vietnamien ».

[4] Selon Michel Grimaldi, « "Code et codification" : pour souligner le dixième anniversaire de l'entrée en vigueur du *Code civil du Québec* et le bicentenaire du Code Napoléon », *C. de D.* 46 (2005) : 16, le Code civil du Québec est devenu une « source d'inspiration pour les pays qui se donnent un code où leur droit civil se trouve entièrement reconstruit, par exemple les pays de l'Europe de l'Est ».

[5] On peut citer entre autres la Roumanie et l'Argentine. Voir : Marian Nicolae et Mircea-Dan Bob, « La recodification du droit civil roumain en quête de modèle », *SUSS Jurisprudentia*, n° 2 (2008) : 115 ; Julio César Rivera, « Le projet de code civil pour la République argentine », *C. de D.* 46 (2005) : 295.

[6] C'est aussi le but de la comparaison : Rodolfo Sacco, *La comparaison juridique au service de la connaissance du droit* (Paris : Economica, 1991), 8-10.

l'Europe, une nouvelle source d'inspiration, et partant, lui permettra de diversifier les expériences bénéfiques au succès de ses réformes juridiques. Enfin, le choix de la codification québécoise comme référence est motivé par notre connaissance du DIP québécois enrichie grâce à plusieurs années d'études au Québec.

Notons toutefois que les finalités de la comparaison juridique dans notre étude sont de rechercher, d'évaluer et d'adapter les différentes solutions aux problèmes posés, et non d'« emprunter au droit étranger ses techniques juridiques ou une interprétation particulière de telle ou telle règle »[1].

Notre étude critique (rétrospective et prospective) du DIP vietnamien sous l'angle de la codification s'appuie sur une abondante doctrine qui porte sur la codification du droit en général et celle du DIP en particulier.

Parmi les grands ouvrages portant sur la codification du droit, *Les codifications* (2002)[2] du professeur Rémy Cabrillac constitue l'étude juridique la plus complète. Sans trop s'arrêter sur l'aspect historique, l'auteur s'intéresse davantage aux aspects pratiques tels que les cycles des codifications et leur mise en œuvre. Son ouvrage nous guidera sur des moyens de mise en œuvre de la codification du DIP vietnamien. Il faut aussi citer celui de M. Csaba Varga, *Codification, a socio-historical phenomenon* (1991), qui nous offre une compréhension globale de ce phénomène, d'un point de vue socio-historique. À partir de l'analyse historique des codifications dans le monde entier, y compris celles en Asie et dans les pays de droit socialiste qui nous intéressent particulièrement, l'auteur explique la raison d'être de la codification[3].

La codification dans le domaine particulier du DIP a fait l'objet d'un bon nombre d'études. Les cours donnés à l'Académie de La Haye par les professeurs connus dans ce domaine[4] contiennent des analyses détaillées sur l'évolution historique des codifications du DIP, sur leurs acquis et défis, ainsi que des solutions partagées ou non entre les ordres juridiques de différentes périodes de l'histoire. Les aspects de la codification ont été ainsi abordés dans le contexte particulier du DIP, permettant d'enrichir la théorie de la codification dans le domaine du droit qui nous intéresse. Plus récente, la publication en 2014 du professeur américain Symeon Symeonides[5] peut être considérée comme l'étude comparative de la plus grande envergure sur les codifications contemporaines du DIP, tant au niveau national qu'international. Selon cet auteur, depuis le

---

[1] Jobin, « Le droit comparé dans la réforme du Code civil du Québec et sa première interprétation », 499.

[2] Cabrillac, *Les codifications*.

[3] Selon Csaba Varga, *Codification as a Socio-Historical Phenomenon* (Budapest : Akadémiai Kiadó, 1991), 258, la codification est née de la nécessité pratique d'organiser le foisonnement des règles et connaît ensuite son propre développement en fonction de son utilité dans un contexte socio-juridique donné.

[4] Voir, à titre d'exemple, Nolde, « La codification du droit international privé » ; António de Arruda Ferrer-Correia, « Les problèmes de codification en droit international privé », *R.C.A.D.I.* 145 (1975) : 57 ; Jayme, « Considérations historiques et actuelles sur la codification du droit international privé » ; Alfred E. von Overbeck, « Les questions générales du droit international privé à la lumière des codifications et projets récents : cours général de droit international privé », *R.C.A.D.I.* 176 (1982) : 22.

[5] Symeonides, *Codifying choice of law around the world*.

XXe siècle, le monde vit une grande prolifération de codifications dans le domaine du DIP. Après un parcours rapide de l'histoire de la codification du DIP, qu'il divise en différentes générations, l'auteur donne ses explications et ses évaluations sur la façon dont cette évolution spectaculaire, à la fois quantitative et qualitative, pourrait répondre aux grandes questions de DIP. L'étude de l'auteur nous enrichit considérablement non seulement sur la codification du DIP, mais également sur l'utilité de la méthode comparative dans la recherche de telle nature.

Malgré la richesse doctrinale relative à la codification du droit, il n'existe actuellement aucune étude d'envergure et à jour sur la codification du DIP vietnamien proprement dit. À notre connaissance[1], certaines thèses soutenues au Vietnam et dans d'autres pays portent sur la codification du droit vietnamien[2] ou sur certaines questions du DIP vietnamien[3], dans une approche comparative avec le droit français ou européen. Le livre *Histoire de la codification juridique au Vietnam*[4], publié en France, est le seul ouvrage qui s'investit complètement dans la codification du droit vietnamien en général, dans une approche historique, mais il date de 2001, soit il y a plus de deux décennies. Quant à la codification du DIP vietnamien en tant que telle, les débats doctrinaux sont assez superficiels et brefs.

Les réflexions théoriques sont considérées comme « le préalable nécessaire à une codification réussie »[5]. La codification du DIP étant actuellement envisagée par le gouvernement vietnamien, notre étude apportera à ce projet d'avenir une réflexion théoriquement et méthodologiquement pesée sur la codification et les questions de fond du DIP, permettant au législateur de trouver le fondement de ses choix dans une vue d'ensemble. Aussi, l'approche comparative utilisée dans notre étude avec la codification québécoise comme référence principale contribuera-t-elle à diversifier les sources de référence pour le codificateur vietnamien, qui se réfère souvent au droit européen ou au droit chinois, et ainsi, à renforcer la chance de réussite de la réforme.

Elle serait aussi profitable pour le Québec et d'autres juridictions dans la mesure où elle leur permettrait d'enrichir la connaissance sur le droit vietnamien, en particulier son DIP, un droit très peu connu, mais qu'on ne peut ignorer dans

---

[1] Nous avons effectué des recherches de la doctrine portant sur ce sujet dans les langues que nous connaissons, à savoir le vietnamien, le français et l'anglais.

[2] Par exemple, Ngoc Vu Nguyen, « La codification française comme référence pour le législateur vietnamien » (thèse de doctorat en Droit privé et Sciences criminelles, Montpellier, Université Montpellier 1, 2013), sous la direction du professeur Rémy Cabrillac. Cette thèse porte sur la codification du droit vietnamien en général où l'aspect du DIP n'a été abordé que très brièvement.

[3] Ba Chien Nguyen, « Bases théoriques et pratiques pour la réforme du système des règles de conflit au Vietnam » (thèse de doctorat en Droit international, Hanoi, Université nationale du Vietnam à Hanoi, 2008) ; Thi Hong Trinh Nguyen, *Private International Law in Vietnam : On General Issues, Contracts and torts in Light of European Developments* (Tübingen : Mohr Siebeck, 2016). Il est à noter malheureusement que la dernière, soutenue à la fin de l'année 2015 à l'Université de Hambourg (Allemagne), ignorait totalement les dernières et très importantes évolutions du droit international privé vietnamien issues des réformes intervenues entre 2013 et 2015.

[4] Durand, Langlet, et Nguyen, *Histoire de la codification juridique au Vietnam*.

[5] Cabrillac, *Les codifications*, 186. Selon l'auteur, la codification québécoise se trouve parmi les plus réussies dans les dernières années du XXe siècle, grâce aux réflexions théoriques particulièrement développées.

ce monde « sans frontière ». De plus, en évaluant la possibilité d'appliquer les solutions québécoises au cas concret du Vietnam dans le cadre de l'étude comparative, notre étude contribuerait également à une vue critique provenant de l'extérieur sur le DIP québécois.

Le premier chapitre démontrera l'intérêt de la codification du DIP vietnamien à la lumière de la codification québécoise, en analysant les défauts du DIP en l'absence de codification, l'utilité et l'opportunité de la codification de ce droit. Le deuxième chapitre étudie les perspectives de mise en œuvre de la codification en s'interrogeant sur ses aspects organisationnels et fonctionnels. Dans la phase de préparation, la prise en compte des objectifs et contraintes servira de base pour les réflexions sur diverses options concernant le codificateur et la coordination des acteurs pendant le processus. Les questions liées aux suites de la codification, en particulier l'intégration du nouveau code dans le système et l'adaptation avec le code seront également discutées. Les considérations sur la portée et la structure de la codification terminent ce chapitre. Enfin, au troisième et dernier chapitre, les solutions du contenu de la codification du DIP vietnamien seront étudiées dans une vue prospective en trois directions – modernité, équilibre entre flexibilité et prévisibilité, et efficacité.

CHAPITRE I

L'INTÉRÊT DE LA CODIFICATION DU DROIT INTERNATIONAL PRIVÉ VIETNAMIEN À LA LUMIÈRE DE L'EXPÉRIENCE QUÉBÉCOISE

Dans son essai qui introduit l'ouvrage publié à la mémoire de Jean-Étienne-Marie Portalis, le père du Code civil français de 1804, M. Frédéric Portalis a décrit l'intérêt de la codification du droit en des termes suivants : « La codification intervient chez une nation [...] lorsque les progrès ont accru les besoins, diversifié les transactions et multiplié les intérêts [et que] le grand nombre des lois rendues pour y satisfaire ne présente plus qu'un inextricable labyrinthe »[1]. Comme les lois sont adoptées pour répondre aux besoins de la société, elles progressent avec l'évolution sociale. Or, cette progression n'est pas toujours heureuse, surtout lorsque les lois adoptées dans des contextes différents et visant des objectifs divers deviennent des éléments menaçant la cohésion du système. Ainsi, le professeur Cabrillac voit dans la codification « un remède face à l'insécurité juridique née d'une crise des sources du droit, plus précisément [...], d'une inflation législative galopante »[2]. Pour d'autres, les avantages que la codification apporte au droit sont non seulement la sécurité juridique grâce aux effets de clarté, de concision, de cohérence, d'accessibilité, de simplicité, de rationalité, mais aussi l'opportunité de modernisation et de rénovation[3].

La codification du DIP se distingue par le caractère particulier de la matière[4], notamment par sa complexité et la diversité de ses sources. D'une part, ces caractéristiques rendent la codification d'autant plus nécessaire. D'autre part, elles-mêmes peuvent en constituer autant d'obstacles. La codification du DIP québécois, entamée il y a près de 70 ans dans le cadre de la recodification du droit civil, a dû prendre une trentaine d'années pour s'achever. Si la nécessité d'une telle codification n'est pas à démontrer, il a fallu surmonter de nombreux obstacles, y compris des changements politiques, pour parvenir au résultat final. La lenteur du processus est aussi expliquée par la dimension de la recodification du droit civil québécois dans laquelle il s'inscrivait.

Au Vietnam, le DIP est en pleine construction. Sa jeunesse a l'avantage de lui faire bénéficier de la modernité des solutions, mais c'est aussi un inconvénient, car il manque surtout de pratique pour bien évaluer son efficacité. L'état dispersé des règles est la source de l'incohérence et des lacunes du DIP vietnamien. Les

---

[1] Frédéric Portalis, « Essai sur l'utilité de la Codification », in *Discours et rapports sur le Code civil*, par Jean-Etienne-Marie Portalis (Caen : Presse de l'Université de Caen, 2010), II.

[2] Rémy Cabrillac, « La codification : histoire, définitions, attentes », *R.J.O.I.* 4 (2005) : 10.

[3] Vincent Heuzé, « Recodifier le droit international privé? », in *Le Code civil 1804-2004. Livre du Bicentenaire* (Paris : Dalloz/LexisNexis, 2004), 401.

[4] Sous la plume du professeur Bruno Oppetit, « Le droit international privé, droit savant », *R.C.A.D.I.* 234 (1992) : 377, « [l]e droit international privé se situe à l'intersection de plusieurs branches du droit (privé comme public) et de divers ordres juridiques, dont il doit assurer la coordination ».

réformes législatives partielles, intervenues trop souvent d'ailleurs, n'ont pas permis de résoudre ses problèmes liés à l'accessibilité et à l'efficacité, sinon les aggraver. Cela appelle à réfléchir sérieusement sur une codification globale.

L'intérêt de la codification du DIP vietnamien pourrait se trouver dans la capacité de remédier aux défauts de ce droit, mais aussi dans la possibilité de l'améliorer et de lui apporter un nouvel élan dans son développement. Cette œuvre se heurte certes à plusieurs obstacles. Mais elle serait le meilleur choix pour le Vietnam.

Ce chapitre étudie les problèmes du DIP québécois et ceux du DIP vietnamien à la veille de la codification (1) pour démontrer par la suite que la codification est le meilleur remède pour résoudre ces problèmes, grâce à un regard croisé sur le succès de la codification québécoise où l'on peut entrevoir des perspectives pour le Vietnam (2). À la lumière de la codification québécoise, l'opportunité de la codification du DIP vietnamien pourra être précisée, dans des conditions qui lui sont favorables, et ce malgré certains défis à surmonter (3).

1. LES PROBLÈMES DU DROIT INTERNATIONAL PRIVÉ DU QUÉBEC ET DE CELUI DU VIETNAM EN L'ABSENCE DE CODIFICATION

Ayant des histoires différentes qui se croisent parfois en raison du partage de l'influence française et de la tradition civiliste, le DIP québécois et le DIP vietnamien trouvent la motivation de la codification dans leurs problèmes, communs et différents.

Au Québec, les premières règles de DIP étaient contenues dans le *Code civil du Bas-Canada*, inspiré du *Code Napoléon* et en vigueur depuis 1866 jusqu'à la fin de 1993. Malgré des modifications et ajouts au fil des ans, ce droit s'est principalement développé par la voie jurisprudentielle et doctrinale. Le Livre X du *Code civil du Québec*[1], qui remplace le *Code civil du Bas-Canada* depuis le 1er janvier 1994, marque sa vraie codification globale. Celle-ci a été motivée par des besoins socio-économiques, mais également, et surtout, par des soucis juridiques, ceux de remédier à l'insécurité juridique due au caractère incomplet, dispersé, désuet et incohérent de ce droit.

Le DIP vietnamien, quant à lui, a une histoire beaucoup plus récente, pour plusieurs raisons[2]. Il est presque impossible de retracer l'existence des règles portant sur les rapports privés comportant un élément d'extranéité dans le droit féodal vietnamien. Si certaines dispositions régissant les ressortissants étrangers se trouvaient dans le *Code Gia Long* de 1815, celles-ci s'intéressent plutôt aux aspects criminels[3]. Les codifications mises en œuvre par les Français au début du

[1] « Code civil du Québec », RLRQ, c. CCQ-1991 (ci-après « C.c.Q. »).

[2] On peut mentionner, à titre d'exemple, la tradition féodale de fermeture au monde jusqu'au début du XXe siècle et de nombreuses guerres qui ont fait obstacle à la promotion des relations du pays avec l'étranger.

[3] L'article 33 de ce Code prévoit que tout ressortissant étranger, dès qu'il se trouve sur le territoire vietnamien, sera soumis au règne du roi vietnamien et à la sanction de la loi vietnamienne pour les crimes qu'il y aura commis. Pour régler les litiges privés entre personnes de nationalités différentes,

XXe siècle pour faciliter leur administration de ce territoire colonisé étaient largement inspirées du Code civil français de 1804[1]. Tout comme le *Code Napoléon*, les dispositions sur le DIP se faisaient rares dans les codes coloniaux[2].

Malgré l'indépendance du Vietnam en 1945, il faut attendre jusqu'en 1986 pour y voir l'implantation réelle du DIP, poussée par le Renouveau et l'ouverture économique du pays[3]. Les premières règles étaient introduites dans le Code civil de 1995 en une partie séparée – la septième et dernière partie, intitulée « Des rapports civils comportant un élément d'extranéité ». Bien que cette « codification » – « codification partielle », car elle ne concernait qu'une partie du DIP – ait été faite à la même période que la codification québécoise, elle était loin d'être aussi achevée que cette dernière[4]. Les nouvelles règles écrites sont au fur et à mesure introduites dans différents codes et lois pour s'adresser aux problèmes de DIP. Des réformes périodiques intervenues tous les dix ans ont permis de moderniser ce droit, tout en laissant ou même aggravant parfois ses problèmes. Comme les règles se trouvent dispersées dans l'ensemble du système et leur élaboration est assumée par différents acteurs avec leur vision limitée au domaine concerné, il est difficile d'attendre de ce droit l'efficacité requise.

---

les juridictions colonisatrices ont appliqué par analogie cette disposition de droit pénal au domaine privé, comme ce qu'a fait, par exemple, la Cour d'appel de Saigon, en 1893, dans une affaire relative à la succession des biens au Vietnam impliquant les membres d'une famille vietnamienne-chinoise résidant au Vietnam et en Chine. La Cour, basée sur cet article, a décidé d'appliquer le droit vietnamien en vertu duquel les enfants des femmes de différents rangs auront les droits héritiers égalitaires : Truong-mong-so *c.* Truong-manh-so, 7 décembre 1893, (1894) 1 Journal judiciaire de l'Indochine française 180.

[1] Selon Van Dai Do et Hong Quy Mai, *Droit international privé vietnamien* (Hochiminh-ville : Presses de l'Université nationale, 2006), 27, l'influence du Code civil français était encore visible dans le droit civil légiféré par le gouvernement du Sud-Vietnam pendant la période allant de 1945, où le pays a regagné son indépendance mais a été par la suite séparé en deux parties, à sa réunification après de longues guerres, à 1975. Le droit français a aussi inspiré la réforme juridique au Vietnam dans les années 1990.

[2] Do et Mai, 30 ; Quoc Chien Ngo, Van Anh Ly, et Ngoc Bich Hoang, *Le droit international privé : à la recherche d'un modèle pour le Vietnam* (Hanoi : Presses de Université nationale, 2018), 25 ; Nguyen, *Private International Law in Vietnam : On General Issues, Contracts and torts in Light of European Developments*, 5. Il s'agit de l'article 3.3 du *Code civil simplifié* (*Bộ luật dân sự giản yếu*) de 1883 (applicable à la région du Sud et les trois grandes villes Hanoi, Hai Phong et Da Nang) et de l'article 2 du *Code Hoang Viet du Centre* (*Hoàng Việt Trung Kỳ Hộ luật*) de 1963, qui reproduisaient les dispositions du *Code Napoléon* relatives au DIP.

[3] Trente ans de guerres contre les agresseurs étrangers (1945-1975) et la dizaine d'années d'embargo international (1975-1986) qui a suivi ont rendu le pays presque isolé du reste du monde. Pendant cette période, parallèlement au recul de la codification du droit, l'existence du DIP se limitait aux dispositions des accords bilatéraux (de commerce et d'entraide judiciaire) avec les autres pays du bloc socialiste et certaines règles régissant des relations privées avec l'étranger, principalement de caractère substantiel ou de rattachement unilatéral conduisant à l'application du droit vietnamien, prévues dans des actes administratifs portant sur la famille, le mariage, la succession, le travail et le statut des étrangers au Vietnam. Rappelons que pendant cette période, très peu de lois ont été promulguées. Voir Ngo, Ly, et Hoang, *Le droit international privé : à la recherche d'un modèle pour le Vietnam*, 26.

[4] Les dispositions ont repris les solutions, devenues désuètes, prévues dans les actes administratifs datés de la période de l'économie planifiée et dans les accords d'entraide juridique que le Vietnam a conclus avec ses partenaires du bloc communiste.

La situation actuelle du DIP vietnamien ressemble beaucoup à celle du DIP québécois avant sa codification achevée il y a près de trente ans. Le contexte mondial a changé et la situation des deux ordres juridiques est différente, mais les problèmes auxquels font face les deux systèmes sont assez semblables et justifient tous les deux l'intérêt de la codification.

Une question qui pourrait se poser au Vietnam est liée vraisemblablement à un phénomène dont on parle de plus en plus. Il s'agit de la « codification internationale » du DIP, terme utilisé par la doctrine pour décrire le processus d'unification par des conventions adoptées au niveau supranational, dont celles de la Conférence de La Haye de droit international privé et les règlements de l'Union européenne sont les exemples les plus connus. Est-il possible de se fier sur cette « codification internationale » pour retarder les efforts nationaux de codification dans le domaine du DIP ? Cet argument a été invoqué par certains pour expliquer que la France n'aurait pas codifié son DIP, comptant sur l'Europe pour le faire.

Dans cette section, nous verrons plus en détail les défauts, communs ou propres à chacun des deux ordres (1.1), dont les solutions radicales paraissent seulement apportées par une codification globale devant être menée sur le plan national plutôt que sur le plan international (1.2).

1.1 Les problèmes au niveau national

Une étude du DIP du Québec avant sa codification et de celui du Vietnam révèle plusieurs défauts communs à la fois dans la structure et dans le contenu des règles. À cela s'ajoutent d'autres problèmes liés à l'application pratique, qui s'expriment de façon différente dans les deux systèmes, québécois et vietnamien. Ces problèmes, qui ont motivé la codification réalisée avec succès au Québec, serviront aussi de point de départ au projet de codification que nous soutenons pour le Vietnam.

1.1.1 Les problèmes communs aux deux systèmes

Dès les années 1970, des voix officielles se sont élevées pour mettre en lumière des préoccupations communes au Québec sur les défauts du DIP, sous la pression de l'essor du commerce international et de l'immigration. Il s'agit surtout du « caractère souvent incertain et fragmentaire » de ce droit, de la législation incomplète et parfois désuète du domaine[1]. Ces problèmes ont propulsé le projet de codification du DIP québécois, dont la nécessité ne fait plus aucun doute, tant

[1] Québec, Office de révision du Code civil, *Rapport sur le Code civil du Québec*, Vol. II, t. 2 « Livres 5 à 9 – Commentaires » (Québec : Éditeur officiel, 1978), 975. Ce constat a été repris dans le discours du ministre de la Justice prononcé à l'ouverture des débats parlementaires sur la réforme du DIP : Québec, Assemblée nationale, « Journal des débats de la Commission permanente des institutions » (2e sess., 33e législ., 28 février 1989, « Consultation générale sur l'avant-projet de loi portant réforme au *Code civil du Québec* du droit de la preuve et de la prescription et du droit international privé », 1967.

au sein du gouvernement[1] que dans le milieu des juristes[2]. Le DIP vietnamien rencontre actuellement les mêmes problèmes, que les réformes parcellaires n'ont pas permis de résoudre.

Le caractère lacunaire du droit international privé

Au Québec, jusqu'en 1994, le *Code civil du Bas-Canada* (1866) et le *Code de procédure civile* (1965)[3] ne contenaient qu'un très petit nombre de règles relatives au DIP[4]. Le rattachement normatif était prévu seulement dans trois articles du Code civil. L'article 6 portait sur la loi applicable aux biens et à l'état et la capacité de la personne, mais le rattachement était essentiellement unilatéral[5]. Les articles 7 et 8 consacraient la maxime *locus regit actum* visant à déterminer la loi applicable à la forme et au fond des actes juridiques[6]. La réforme du droit familial de 1980 a ajouté une règle concernant la loi applicable à la célébration du mariage[7]. Une loi de 1989 a introduit dans le *Code civil du Bas-Canada* la disposition portant sur les règles d'application nécessaire[8].

---

[1] L'Office de révision du Code civil l'a affirmé dans son rapport sur la réforme du droit civil : « La nécessité pour le Québec d'avoir un corps de règles de droit international privé aussi complet que possible n'est plus à démontrer » (Québec, Office de révision du Code civil, *Rapport sur le Code civil du Québec*, 1978, Vol. II, t. 2 « Livres 5 à 9 – Commentaires » : 975).

[2] Des auteurs, comme Edith Deleury et Alain Prujiner, « Quelques commentaires sur le Rapport de l'O.R.C.C. sur le droit international privé », *C. de D.* 18 (1977) : 234, reconnaissent fortement que « [l]a nécessité d'une telle codification n'est guère discutable ».

[3] « Code de procédure civile », L.R.Q., c. C-25 (ci-après « Code de procédure civile de 1965 »).

[4] Québec, Office de révision du Code civil, *Rapport sur le Code civil du Québec*, 1978, Vol. II, t. 2 « Livres 5 à 9 – Commentaires » : 975.

[5] Article 6 :

> Les lois du Bas-Canada régissent les biens immeubles qui y sont situés.
>
> Les biens meubles sont régis par la loi du domicile du propriétaire. C'est cependant la loi du Bas-Canada qu'on leur applique dans les cas où il s'agit de la distinction et de la nature des biens, des privilèges et des droits de gage, des contestations sur la possession, de la juridiction des tribunaux, de la procédure, des voies d'exécution et de saisie, de ce qui intéresse l'ordre public et les droits du souverain, ainsi que dans tous les autres cas spécialement prévus par ce code.
>
> Les lois du Bas Canada relatives aux personnes sont applicables à tous ceux qui s'y trouvent, même à ceux qui n'y sont pas domiciliés ; sauf, quant à ces derniers, l'exception mentionnée à la fin du présent article.
>
> L'habitant du Bas-Canada, tant qu'il y conserve son domicile, est régi, même lorsqu'il en est absent, par les lois qui règlent l'état et la capacité des personnes ; mais elles ne s'appliquent pas à celui qui n'y est pas domicilié, lequel y reste soumis à la loi de son pays quant à son état et à sa capacité.

[6] Art. 7 : « Les actes faits ou passés hors du Bas-Canada sont valables, si on y a suivi les formalités requises par les lois du lieu où ils sont faits ou passés. » ; Article 8 : « Les actes s'interprètent et s'apprécient suivant la loi du lieu où ils sont passés ».

[7] Art. 135, devenu art. 7.1 : « Le mariage célébré hors du Québec entre deux personnes sujettes à ses lois, ou dont l'une seulement y est soumise, est valable, s'il est célébré dans les formes usitées au lieu de la célébration, pourvu que les parties n'y soient pas allées dans le dessein de faire fraude à la loi » (*Loi instituant un nouveau Code civil et portant réforme du droit de la famille*, L.Q. 1980, c. 39, art. 2).

[8] Art. 8.1 : « Les règles du présent Code s'appliquent de façon impérative à la responsabilité de tout dommage subi au Québec ou hors du Québec et résultant de l'exposition à une matière première qui tire son origine du Québec ou de son utilisation, que cette matière première ait été traitée ou non » (*Loi modifiant le Code civil du Québec et le Code de procédure civile*, L.Q. 1989, c. 62, art. 1).

Quant au rattachement juridictionnel, il n'y avait, dans le *Code de procédure civile* de 1965, que quelques dispositions portant sur la reconnaissance et l'exécution des décisions provenant de l'extérieur du Québec[1]. C'est à partir de ces « bases minimes » que le DIP québécois a été développé, essentiellement par voie jurisprudentielle. Or, les solutions jurisprudentielles n'étaient pas toujours parfaites, d'autant que beaucoup de problèmes étaient laissés sans solution satisfaisante[2].

Les lacunes s'observèrent alors dans plusieurs domaines du DIP. La compétence internationale en est un exemple typique. À défaut de règles définissant la compétence des tribunaux québécois dans les litiges internationaux, la jurisprudence a dû trouver par elle-même la solution dans l'application par analogie des règles locales aux litiges interprovinciaux et internationaux[3]. Une telle transposition des règles internes aux situations internationales n'a pas pour autant permis de résoudre toutes les difficultés posées dans un litige comportant un élément d'extranéité. Tel était par exemple le problème du délai de contestation de la compétence internationale des tribunaux, dont la qualification ne peut être la même que celle de la compétence interne.

La législation était aussi silencieuse sur plusieurs questions du DIP, dont la qualification, le renvoi, les lois d'application immédiate, ou encore l'exception d'ordre public[4]. À part quelques règles de rattachement très sommaires dans le Code civil, les solutions concrètes pour chaque catégorie d'actions faisaient presque défaut. L'application de ces règles très générales aux situations concrètes dépendait totalement des tribunaux.

Au Vietnam, la situation n'en est pas là. Les réformes consécutives ont permis d'enrichir le corpus de DIP et d'y importer des solutions modernes développées dans d'autres pays. Cela n'empêche pas que plusieurs lacunes demeurent.

En effet, aucune disposition ne porte sur la qualification des rapports juridiques aux fins du rattachement. Par ailleurs, la catégorisation des règles de rattachement reste floue. La partie cinquième du Code civil de 2015[5] a fait un progrès, modeste, en ce sens – ce qui n'est pas observé dans les codes précédents –, en classant les règles de rattachement normatif en deux groupes : celles portant sur les personnes physiques et morales et celles portant à la fois sur les actions réelles et personnelles. Il est toutefois impossible de voir clairement la frontière

---

[1] Art. 1220 C.c.B.C. et 178-180 C.p.c., Jean-Gabriel Castel, *Droit international privé québécois* (Toronto : Butterworths, 1980), 832.

[2] Québec, Assemblée nationale, « Journal des débats de la Commission permanente des institutions », 1967.

[3] Ce sont les articles 68 à 75 du *Code de procédure civile*, portant sur le lieu de l'introduction de l'action dans les districts judiciaires à l'intérieur du Québec, qui ont servi de base pour les tribunaux québécois afin de déterminer leur compétence internationale. Voir : Québec, Office de révision du Code civil, *Rapport sur le Code civil du Québec*, 1978, Vol. II, t. 2 « Livres 5 à 9 – Commentaires » : 981 ; Ethel Groffier, « Le Projet de codification du droit international privé », *J.D.I.*, 1977, 833. Voir par exemple, *Trower and Sons, Ltd.* c. *Ripstein*, [1944] A.C. 254 (P.C) ; Alimport (Empresa Cubana Importadora de Alimentos) *c.* Victoria Transport Ltd., [1977] 2 R.C.S. 585.

[4] Bien que l'ordre public soit mentionné (art. 6 C.c.B.C.), le mécanisme de son intervention n'était pas prévu, d'où les difficultés d'application en pratique : Ethel Groffier, *Précis de droit international privé québécois*, 4e éd. (Cowansville : Éditions Yvon Blais, 1990), 114.

[5] « Code civil », n° 91/2015/QH13 du 24 novembre 2015 (ci-après « Code civil de 2015 »).

entre les actions personnelles et les actions réelles, ce qui rend difficile l'application des règles dans la pratique. Les tribunaux n'ont aucune instruction sur la qualification d'une action pour bien appliquer la règle de rattachement. Pour cela, ils se baseraient peut-être sur le droit vietnamien. Cependant, si le litige portait sur une institution étrangère inconnue au Vietnam, il serait difficile d'imaginer la réaction des tribunaux.

De même, les principes de détermination de la compétence internationale des autorités vietnamiennes sont très vagues, de sorte que ces dernières sont compétentes dès qu'un quelconque élément d'extranéité existe. Les règles de rattachement détaillées à des catégories précises sont très peu nombreuses. Celles régissant la reconnaissance des décisions étrangères sont toujours mal rédigées, même si elles ont été récemment réformées pour assurer une meilleure clarté dans la procédure[1].

L'adoption internationale est un domaine où les règles de DIP sont relativement absentes, malgré le nombre important d'adoptions internationales enregistrées au Vietnam[2]. Une loi adoptée en 2010[3] a réuni toutes les règles sur l'adoption (interne et internationale) – jusqu'alors dispersées dans les textes juridiques différents – pour préparer l'adhésion du Vietnam à la Convention de La Haye sur l'adoption internationale[4]. Cependant, cette loi s'intéresse plutôt aux aspects procéduraux pour satisfaire aux exigences relatives à la coopération internationale de la Convention. Beaucoup d'aspects de l'adoption internationale, notamment le rattachement juridictionnel et normatif, ne sont pas traités. Il n'y a, à titre d'exemple, aucune disposition sur la loi applicable pour déterminer l'admissibilité et le consentement à l'adoption, ni les effets de l'adoption. En outre, la loi sur l'adoption s'intéresse seulement aux adoptions des enfants vietnamiens par les étrangers, les dispositions portant sur l'adoption des enfants étrangers faisant presque défaut. Peut-on confier à la Convention de La Haye la tâche de combler toutes ces lacunes ? La réponse serait plutôt négative, même si les traités internationaux peuvent avoir un effet direct dans le système juridique vietnamien. Nous le verrons dans la section suivante.

Si au Québec, les lacunes du DIP ont pu être comblées en grande partie par la jurisprudence[5], celle-ci ne joue qu'un rôle minime au Vietnam. Tout d'abord, le fait que la jurisprudence est une source du droit vietnamien reste discutable. Ce

---

[1] Il s'agit notamment de l'article 440 du Code de procédure civile de 2015 portant sur l'incompétence des autorités étrangères en tant que motif du refus de reconnaissance d'une décision étrangère au Vietnam qui confond la compétence et l'exercice de la compétence du tribunal. Voir en général Quoc Chien Ngo et Van Anh Ly, « Le nouveau droit international privé vietnamien : grand pas et faux pas de la réforme », *R.C.D.I.P.* 105 (2016) : 632-34.

[2] Environ 6 000 pendant la période de 2003-2008 et 15 000 pendant la période de 2011-2015, selon les rapports de la Direction de l'Adoption (ministère de la Justice).

[3] « Loi sur l'adoption », n° 52/2010/QH12 du 17 juin 2010.

[4] « Convention sur la protection des enfants et la coopération en matière d'adoption internationale », Conférence de La Haye de droit international privé, 29 mai 1993, consulté le 20 décembre 2020. Le Vietnam est devenu membre de cette Convention le 18 juillet 2011.

[5] Selon la professeure Sylvette Guillemard, « Vérité judiciaire et *stare decisis* en droit privé québécois », *Clio@Themis*, n° 19 (4 décembre 2020) : paragr. 7, le Québec, malgré son droit codifié, est « très inspiré par la common law », d'où la place importante de la jurisprudence.

rôle n'était pas reconnu dans l'histoire et certains changements récemment intervenus ne sont que très limités[1]. Même le terme « jurisprudence » n'est pas encore utilisé couramment dans la législation, sauf dans le Code civil et une résolution de la Cour populaire suprême sur la procédure de sélection et d'application de la jurisprudence[2]. De plus, la notion de « jurisprudence » au Vietnam ne coïncide pas nécessairement avec celle des autres pays, y compris le Québec, en raison du manque de séparation des pouvoirs. Enfin, nous verrons plus tard que les règles de DIP y sont très rarement appliquées dans la pratique.

Le caractère dispersé du droit international privé

Au Québec, à la veille de la codification, des règles ont été graduellement modifiées, complétées et ajoutées, de façon éparse, pour compléter les quelques dispositions relatives au DIP dans le *Code civil du Bas-Canada*.

On peut citer par exemple des règles du *Code civil du Bas-Canada* portant sur la forme du mariage (art. 135), sur la représentation (art. 348a), sur les documents officiels émis hors du Bas-Canada (art. 1220) et celles sur la loi applicable aux biens (art. 2189 à 2191). Pour ce qui est du *Code de procédure civile*, les articles ajoutés sont principalement relatifs à la signification et à la notification aux parties hors du Québec (art. 130, 132, 137, 178 à 180)[3]. Des dispositions de DIP ont été aussi incluses aux lois spéciales, que ce soit au niveau fédéral[4] ou au niveau provincial[5]. Ces ajouts graduels ont modelé pour le Québec un DIP dont les règles étaient dispersées à la veille de la codification, avec de nombreuses lacunes non comblées.

La même situation peut être observée actuellement au Vietnam. Il n'existe pas une loi consacrée uniquement au DIP. Les rapports privés comportant un élément d'extranéité sont régis par les dispositions disséminées dans différents textes de codes, de lois spéciales et de règlements. Les principales règles de DIP vietnamien se trouvent dans le *Code civil*[6] (Partie V), le *Code de procédure civile*[7] (Partie VII et VIII) et la *Loi sur le mariage et la famille*[8] (Chapitre VIII). Cependant, d'autres

[1] Le Code civil de 2015 est le premier et le seul texte juridique qui prévoit la possibilité pour le juge de consulter la jurisprudence en dernier recours (art. 6 (2)).
[2] « Résolution sur la procédure de sélection, de publication et d'application de la jurisprudence », n° 03/2015/NQ-HĐTP du 28 octobre 2015 (Conseil des magistrats de la Cour populaire suprême).
[3] Deleury et Prujiner, « Quelques commentaires sur le Rapport de l'O.R.C.C. sur le droit international privé », 234.
[4] Par exemple : Loi sur le divorce, S.R.C. 1970, c. D-8, et mod. ; Loi sur les dommages causés aux tiers à la surface par les aéronefs étrangers, S.R.C. 1970, c. F-28 ; Loi sur la faillite, S.R.C. 1970, c. B-3 ; Loi sur le transport aérien, S.R.C. 1970, c. C-14, et mod. ; Loi sur les lettres de change, S.R.C. 1970, c. B-5, et mod. ; Loi de la marine marchande, S.R.C. 1970, c. S-9, et mod. Voir : Castel, *Droit international privé québécois*, 24.
[5] Castel, 24. : *Loi sur les assurances*, L.Q. 1974, c. 70 ; *Loi des accidents du travail*, S.R.Q. 1964, c. 159 ; *Loi de l'adoption*, L.Q. 1969, c. 64 ; *Loi de l'exécution réciproque d'ordonnances alimentaires*, S.R.Q. 1964, c. 23 ; *Loi de protection des consommateurs*, L.Q. 1978, c. 9 ; *Loi de certaines procédures*, S.R.Q. 1964, c. 22, et mod. ; *Loi des compagnies étrangères*, S.R.Q. 1964, c. 282, et mod. ; *Loi sur l'assurance automobile*, L.Q. 1977, c. 68.
[6] « Code civil », n° 91/2015/QH13 du 24 novembre 2015.
[7] « Code de procédure civile », n° 92/2015/QH13 du 25 novembre 2015 (ci-après « Code de procédure civile de 2015 »).
[8] « Loi sur le mariage et la famille », n° 21-LCT/HĐNN7 du 29 décembre 1986.

lois contiennent aussi des règles de rattachement, telles que le *Code maritime*[1], la *Loi sur l'aviation civile*[2], la *Loi sur le commerce*[3], la *Loi relative à l'état civil*[4], etc.

L'amélioration de l'accessibilité au droit a fait l'objet d'initiatives législatives de systématisation. Ainsi, la *Loi sur la promulgation des actes normatifs*[5] contient un chapitre sur la consolidation, la codification et la systématisation des actes normatifs. Les résultats obtenus sont encore modestes vu la quantité énorme des textes en vigueur.

Dans le souci de modernité et d'internationalisme, le législateur a procédé aux réformes périodiques du droit, dont le DIP, les dernières étant datées de 2015. Cependant, ces réformes improvisées, souvent réalisées à l'occasion de révision d'une section du droit privé interne, donc par des acteurs différents sans une vision globale, n'ont pas permis de rendre ce droit plus accessible. Dans certains cas, elles ont même créé de nouvelles incohérences entre les règles existantes, qui sont devenues désuètes, et les règles nouvelles souvent modernisées. De plus, plusieurs lacunes restent malgré la quantité des normes. Au Québec, l'incohérence se trouve rarement dans la législation, mais plutôt dans la pratique, à cause des lacunes du DIP.

Le caractère obsolète du droit international privé

La codification n'est pas le seul remède pour moderniser le droit. Néanmoins, c'est un moyen très efficace et une bonne occasion pour aborder la désuétude du droit, car elle peut servir de prétexte pour une reconsidération des solutions[6].

Au Québec, malgré des réformes parcellaires du DIP intervenues avant la codification entrée en vigueur en 1994, certains domaines étaient laissés de côté et sont devenus profondément désuets[7]. Il s'agit notamment du secteur de la reconnaissance des jugements étrangers, où les dispositions législatives et la pratique favorisant la tendance à limiter l'effet des jugements étrangers au Québec ne s'adaptaient plus au contexte qui a évolué. Les articles 178 à 180 du *Code de procédure civile* de 1965 prévoyaient deux régimes de traitement pour les jugements rendus dans les autres provinces du Canada (moins rigide) et ceux rendus hors du Canada (plus rigide). L'article 178, inspiré du droit français à l'époque, préconisait également une révision de fond de la décision étrangère lors de la procédure d'exemplification. Tous ces moyens qui ont étouffé la possibilité de donner effet au Québec aux jugements étrangers étaient devenus un grand obstacle aux opérations internationales de plus en plus intenses. Dans le monde, l'adoption de la *Convention de La Haye sur la reconnaissance et l'exécution des*

---

[1] « Code maritime », n° 95/2015/QH13 du 21 novembre 2015, art. 5.
[2] « Loi sur l'aviation civile », n° 66/2006/QH11 du 29 juin 2006, art. 4.
[3] « Loi sur le commerce », n° 36/2005/QH11 du 14 juin 2005, art. 5.
[4] « Loi relative à l'état civil », n° 60/2014/QH13 du 20 novembre 2014.
[5] « Loi sur la promulgation des actes normatifs », n° 80/2015/QH13 du 22 juin 2015, chapitre XVI (art. 168-170).
[6] Voir Heuzé, « Recodifier le droit international privé? », 401.
[7] Ethel Groffier, « La réforme du droit international privé québécois », *R.C.D.I.P.* 81 (1992) : 586.

jugements étrangers en matière civile et commerciale[1] en 1971 a fait preuve de l'esprit plus ouvert des États dans une optique favorable aux échanges internationaux. On peut dire donc que dans ce domaine, le Québec est resté en recul par rapport aux évolutions contemporaines.

Au Vietnam, les réformes consécutives ont donné un souffle moderne aux règles de DIP, en particulier celles dans le Code civil où les nouvelles solutions se font remarquer[2]. Toutefois, certains domaines sont toujours laissés dans la désuétude.

En ce qui concerne le rattachement normatif, on constate avec regret la persistance des règles unilatérales. Or, on le sait, la méthode de rattachement bilatéral, dont Savigny a posé le fondement à la fin du XIXe siècle, est devenue la plus courante dans les différents systèmes de DIP[3]. À titre d'exemple, l'article 674 (3) du Code civil prévoit que l'incapacité d'un étranger au Vietnam doit être déterminée conformément à la loi vietnamienne. La loi vietnamienne s'applique aussi de façon exclusive à la déclaration au Vietnam de l'absence ou de la mort d'une personne étrangère (art. 675 (2)). Concernant l'état et la capacité d'une personne, déterminés par sa loi nationale, ou par la loi de sa résidence en cas de multiples nationalités, la loi vietnamienne s'applique dès que la personne porte la nationalité vietnamienne, quel que soit son domicile (art. 673 et 672 (2)).

En matière familiale, le chapitre VIII de la *Loi sur le mariage et la famille* accorde également une large autorité à la loi vietnamienne dans la détermination des conditions de mariage[4], de divorce[5], de filiation[6] et d'obligation alimentaire[7].

En matière contractuelle, lorsque le contrat porte sur un bien immeuble, le transfert de propriété et d'autres droits y afférents, la location du bien immobilier et l'utilisation du bien immobilier pour assurer une obligation sont exclusivement soumis à la loi vietnamienne[8]. En particulier pour les contrats de construction, la loi vietnamienne s'applique peu importe le lieu d'exécution[9].

La nationalité reste le facteur de rattachement principal dans le DIP vietnamien, non seulement pour déterminer la loi applicable au statut personnel,

---

[1] « Convention sur la reconnaissance et l'exécution des jugements étrangers en matière civile ou commerciale », Conférence de La Haye de droit international privé, 1er février 1971, consulté le 20 décembre 2020.

[2] Voir Ngo et Ly, « Le nouveau droit international privé vietnamien : grand pas et faux pas de la réforme ».

[3] François Rigaux, « La méthode des conflits de lois dans les codifications et projets de codification de la dernière décennie », *R.C.D.I.P.* 74 (1985) : 20.

[4] Même si la loi applicable aux conditions du mariage est la loi nationale (art. 126 (1)), les étrangers doivent aussi satisfaire aux conditions prévues par la loi vietnamienne. Cette disposition s'applique tant aux étrangers qui se marient avec les citoyens vietnamiens, quel que soit leur domicile, qu'aux étrangers qui sont domiciliés au Vietnam (art. 126).

[5] La loi vietnamienne s'applique à défaut de la loi du domicile commun (art. 127).

[6] Les autorités vietnamiennes sont compétentes et appliquent la loi vietnamienne dès qu'une des parties est citoyenne vietnamienne ou domiciliée au Vietnam (art. 128).

[7] La loi vietnamienne s'applique si le créancier est domicilié au Vietnam, à défaut de quoi, la loi applicable sera la loi de sa nationalité (art. 129).

[8] Code civil de 2015, art. 683 (4).

[9] Voir Article 11 (1) du « Décret du gouvernement portant sur les contrats de construction », n° 37/2015/ND-CP du 22 avril 2015.

mais également aux actions personnelles à caractère patrimonial ou extrapatrimonial, telles que la succession[1]. Dans le monde, le domicile, puis la résidence habituelle, sont devenus des facteurs de rattachement plus courants et mieux adaptés au contexte de la mondialisation, où les frontières entre les États « s'effacent » devant l'émergence de la notion du « citoyen mondial ». Le Vietnam se situe aussi dans cette mouvance. Le nombre des Vietnamiens qui quittent le pays pour s'installer à long terme dans d'autres pays augmente chaque année. D'ailleurs, il est reconnu que le rattachement par la nationalité « ne se fonde pas exactement sur l'idée de la loi la plus proche »[2]. Or le DIP vietnamien reste attaché à la nationalité comme facteur de rattachement essentiel pour le statut personnel. Certes, la résidence a été acceptée comme facteur subsidiaire, et principal dans certains cas, tels que la tutelle et les obligations[3], mais la nationalité a toujours la préséance. L'exemple le plus remarquable est la nouvelle définition de l'élément d'extranéité dans le Code civil en vigueur, qui exclut les Vietnamiens domiciliés à l'étranger. Désormais, un contrat signé entre ces personnes ne sera pas considéré comme contrat objet du DIP s'il n'y a pas d'autres éléments d'extranéité, tels que le lieu de conclusion et de l'exécution ou le bien objet du contrat est situé à l'étranger. Ce changement est, à notre avis, un recul du DIP vietnamien.

La désuétude s'observe également dans les accords bilatéraux du Vietnam. Actuellement, dix-huit accords sont en vigueur, portant sur l'entraide juridique en matière civile et familiale et incluant des règles de rattachement normatif et juridictionnel[4]. Dans plusieurs accords signés pendant les années 1980 avec d'anciens partenaires socialistes du Vietnam, tels que la Tchécoslovaquie, Cuba, la Hongrie, la Pologne, ces règles présentent un grand écart avec le nouveau DIP. Par exemple, le facteur de rattachement pour les questions liées au statut personnel et familial est la citoyenneté, notion parfois difficile à définir. L'autonomie de la volonté des parties au contrat n'est pas encore reconnue. Concernant le statut réel, le lieu de situation des biens ne vaut que pour les biens immeubles, alors que pour les biens meubles, la détermination de la compétence internationale et de la loi applicable se base sur la citoyenneté du propriétaire. Ces règles constituent donc un autre système parallèle qui rend le DIP vietnamien plus incohérent, et le travail des praticiens plus compliqué.

1.1.2 Les problèmes propres à chaque système

Si le DIP québécois a été développé principalement par la voie pratique, le DIP vietnamien est rarement appliqué. Il s'agit de la principale différence entre les deux systèmes lorsqu'on évalue l'efficacité de ce droit. Chaque pays fait donc

---

[1] Art. 680 (1) (loi applicable aux successions portant sur des meubles), art. 681 (loi applicable à la capacité du défunt au moment de l'établissement du testament et à la forme du testament).

[2] Bernard Audit, « Le droit international privé à la fin du XXe siècle : progrès ou recul », *R.I.D.C.* 50 (1998) : 425.

[3] Code civil de 2015, art. 682 et 687.

[4] Vietnam, Banque de données nationale des textes normatifs, « Les accords du Vietnam concernant l'entraide juridique », consulté le 2 novembre 2021, vbpl.vn/Pages/danh-sach-dieu-uoc.aspx?DULinhVuc=9.

face de manière différente au problème d'incohérence en l'absence de la codification. Le DIP vietnamien est aussi exposé au problème d'inefficacité pratique.

L'incohérence

Au Vietnam, les règles de rattachement sont élaborées dans le cadre du droit régissant chaque matière. Leur évolution, souvent à la remorque des réformes du droit interne, est fragmentaire. Par conséquent, il y a toujours un risque d'incohérence. Bien que la révision des règles existantes soit obligatoire lors de l'élaboration des règles nouvelles pour éviter les conflits, c'est un travail très difficile en réalité, étant donné la quantité énorme de textes en vigueur et les délais souvent très serrés[1]. Au Québec, en l'absence de règles écrites, les tribunaux ont adopté leurs propres interprétations, qui n'allaient pas toujours dans le même sens. L'incohérence du DIP québécois avant la codification se trouvait donc principalement dans la jurisprudence.

L'incohérence au sein de la législation – le cas du Vietnam

L'existence d'un grand nombre de règles parcellaires faisant l'objet de réformes consécutives, mais sporadiques est à l'origine de l'incohérence du DIP vietnamien. Plusieurs contradictions peuvent être trouvées par une simple comparaison des textes.

Un des exemples concerne la notion de « rapports comportant un élément d'extranéité », dont la définition varie d'un texte à l'autre, pouvant conduire aux conséquences différentes. Par exemple, si la *Loi sur l'adoption* qualifie une adoption entre les Vietnamiens domiciliés à l'étranger d'adoption internationale[2], le Code civil, en vigueur depuis janvier 2017, exclut cette catégorie de personnes de la liste des éléments d'extranéité[3]. Par ailleurs, la *Convention de La Haye sur la coopération en matière d'adoption internationale*, dont le Vietnam est membre depuis 2011, détermine le caractère international de l'adoption sur la base de la résidence habituelle[4]. Le Code civil semble avoir adopté la notion de « résidence » (*nơi cư trú*) en remplacement de l'ancien terme de « domicile » (*nơi thường trú*)[5], mais le « domicile », et non la « résidence », continue à être utilisé dans les lois spéciales, telles que la *Loi sur l'adoption* et la *Loi sur le mariage et la famille*,

[1] Voir *infra*, chapitre II, 1. « Les considérations sur l'organisation de la codification du droit international privé ».

[2] Loi sur l'adoption. L'article 3.3 définit l'adoption internationale comme « l'adoption ayant lieu entre des citoyens vietnamiens et des étrangers, entre des étrangers domiciliés au Vietnam, entre des citoyens vietnamiens domiciliés à l'étranger ».

[3] Code civil de 2015, art. 663 (2). Dans le rapport explicatif sur le projet de Code civil, le ministère de la Justice en tête du Comité de rédaction a justifié cette exclusion par le souci de traitement équitable des citoyens vietnamiens, quel que soit leur domicile : Vietnam, Ministère de la Justice, « Rapport explicatif du projet du Code civil, *soumis à l'Assemblée nationale, 31e sess., 12e légis.* », 25 février 2014.

[4] Convention sur la protection des enfants et la coopération en matière d'adoption internationale, art. 2.

[5] La « résidence » est définie aux articles 40 à 45 du Code. En vertu de l'article 40, la « résidence d'une personne est : 1. Le lieu où elle demeure de façon habituelle ; 2. À défaut, le lieu où elle demeure actuellement ».

sans aucune définition. Il faudrait donc se baser sur la *Loi sur la résidence*[1], la seule qui fournit la définition du « domicile ». Or, le « domicile » y est défini sur la base du livret de famille[2], un mode de gestion devenu inadapté aux mouvements démographiques et migratoires actuels[3].

De même, les dispositions portant sur l'exception d'ordre public varient largement d'un texte à l'autre, entrainant des conséquences très différentes. Ainsi, les lois prévoient différemment les conditions du recours à cette exception, se basant soit sur les conséquences de l'application de la loi étrangère, soit sur la simple possibilité de conflit entre la loi étrangère et l'ordre public vietnamien[4].

Le manque de cohérence s'observe aussi dans la terminologie. Le Code civil réfère aux « personnes morales » et « personnes physiques », tandis que le Code de procédure civile, adopté au même moment, vise les « organisations » et les « individus ».

Les réformes ont parfois aggravé l'incohérence au sein du système. Ainsi, conformément au nouveau Code civil, désormais la loi applicable aux rapports comportant un élément d'extranéité sera déterminée en vertu des *traités internationaux* et des *lois* du Vietnam[5]. Toutefois, de nombreuses règles de rattachement se trouvent actuellement dans des règlements qui ne sont pas annulés par le code. Ces règles seront-elles rendues caduques ? Si elles restent en vigueur, comment le juge pourra-t-il les appliquer en présence du Code civil ? Ce sont autant de questions qui se posent dans la pratique et qui découragent le recours au DIP.

Prenons l'exemple de la loi applicable aux contrats. Le Code civil prévoit à l'article art. 683 (4) que le contrat sera régi par la loi choisie par les parties, à l'exception du contrat portant sur un bien immeuble, qui sera alors soumis à la loi de sa situation. Néanmoins, un décret gouvernemental portant sur les contrats de construction, qui est toujours en vigueur, prévoit l'application exclusive de la loi vietnamienne à ce type de contrats, quel que soit le lieu de construction[6]. Une telle disposition est en contradiction avec le Code civil, mais elle porte application

---

[1] « Loi sur la résidence », n° 81/2006/QH11 du 29 novembre 2006.

[2] Loi sur la résidence, art. 12.1. En vertu de cet article, la « résidence » (*nơi cư trú*) comprend le « domicile » (*nơi thường trú*), ou la « résidence temporaire » (*nơi tạm trú*), ou à défaut, la « résidence actuelle ». Le domicile est « au lieu où une personne demeure de façon habituelle, permanente, sans délai et est inscrite dans le livret de famille ». Il faut noter que la définition de la « résidence » dans le Code civil de 1995 (art. 48) correspondait à celle de la *Loi sur la résidence*. Cette définition a été remplacée par une toute nouvelle, excluant la notion de « domicile » (voir *supra*, p. 38) dans le Code civil de 2005 et qui est maintenue dans le Code civil de 2015.

[3] La grande majorité des Vietnamiens résident actuellement dans un lieu autre que celui inscrit dans leur livret de famille, la procédure de modification des informations dans le registre étant extrêmement compliquée. De plus, ce mode de détermination du domicile ne peut être appliqué aux étrangers qui ne connaissent même pas la notion du « livret de famille » (*sổ hộ khẩu*). La *Loi sur la résidence* a mis fin aux livrets de famille le 1er juillet 2021. Cependant, les individus doivent toujours faire l'enregistrement auprès des autorités locales pour établir leur domicile ou résidence temporaire.

[4] Voir *infra*, chapitre III, 3.2 « La révision de l'intervention de l'ordre public en droit international privé vietnamien ».

[5] Code civil de 2015, art. 664 (1).

[6] Article 11 (1) du Décret du gouvernement portant sur les contrats de construction.

d'une loi spéciale[1], laquelle prévaut en principe sur le code, qui, lui, est de droit commun.

L'incohérence créée en dehors de la législation – le cas du Québec

Au Québec, la situation était différente. La jurisprudence a joué un rôle important pour combler les lacunes du DIP, à tel point que les auteurs considèrent ce droit comme un droit principalement jurisprudentiel[2]. Cependant, elle a aussi créé des divergences dues à un ensemble de facteurs, tels que les différences dans les textes de base, l'existence d'une division des compétences législatives entre les pouvoirs fédéral et provinciaux et, surtout, l'influence du système de *common law* en vigueur dans les autres provinces du Canada[3].

L'application incohérente peut s'observer pour les règles déjà codifiées, en raison de leur caractère vague[4]. Sous l'influence du fédéralisme, la jurisprudence les a développées selon des orientations tantôt du droit civiliste, tantôt de la *common law*[5]. De son côté, la plus haute juridiction – la Cour suprême du Canada –, dans un effort d'unification des règles, a parfois imposé des solutions de *common law* dans le système civiliste québécois[6]. C'est le cas, par exemple, du test de *double actionability* de la *common law* appliqué en matière de responsabilité civile[7], même si la règle de la *lex loci delicti commissi* pouvait être déduite de l'article 6 al. 3 C.c.B.C., énonçant le principe de l'application territoriale des lois[8].

Pour des questions dont les règles codifiées font défaut, les solutions proposées par la jurisprudence sont plusieurs fois entrées en conflit. La divergence existe, par exemple, sur la loi applicable à la qualification des rapports juridiques. Dans

---

[1] « Loi sur la construction », n° 50/2014/QH13 du 18 juin 2014.

[2] Groffier, « La réforme du droit international privé québécois », 586.

[3] Groffier, *Précis de droit international privé québécois*, 14.

[4] Voir Ethel Groffier, « Réactions de la doctrine à la création du droit par les juges en droit international privé » 21 (1980) : 332-40. Dans cet article, l'auteure mentionne une multitude d'exemples de problèmes d'application des règles de DIP par les tribunaux québécois, comme dans le domaine du statut personnel, des biens, de la responsabilité civile, etc.

[5] Groffier, 332. L'exemple donné à la page 338 montre les conséquences paradoxales de l'influence de la *common law* et du partage de pouvoirs sur l'interprétation des règles de droit. Alors que la loi du domicile s'applique à l'état et à la capacité des personnes, en vertu de l'article 6 al. 4 C.c.B.C., les tribunaux québécois ont eu toujours recours à la *lex fori* pour les divorces et les séparations de corps. Ainsi, une épouse irlandaise émigrée au Québec pourrait obtenir le divorce au bout de cinq ans au motif de son propre abandon, en vertu de l'article 4 de la *Loi sur le divorce*, alors que la loi irlandaise du domicile du mari, régissant son état et sa capacité, ignore toujours le divorce.

[6] Groffier, *Précis de droit international privé québécois*, 14.

[7] Cette approche, établie par la jurisprudence anglaise (*Phillips* c. *Eyre*, (1870) L.R. 6 Q.B. 1), exige que l'acte dommageable puisse faire l'objet d'une action à la fois en vertu de la loi du for et de la loi du lieu du délit pour que le litige soit entendu par le tribunal. La Cour suprême du Canada l'a appliquée pour le Québec (O'Connor *c.* Wray, [1930] R.C.S. 231 ; McLean *c.* Pettigrew, [1945] R.C.S. 62). Pour une critique, voir Groffier, « Réactions de la doctrine à la création du droit par les juges en droit international privé », 336-38.

[8] Art. 6, al. 3 C.c.B.C. : « Les lois du Bas-Canada relatives aux personnes sont applicables à tous ceux qui s'y trouvent, même à ceux qui n'y sont pas domiciliés [...] ». Voir Gérald Goldstein et Éthel Groffier, *Droit international privé*, t. II « Règles spécifiques » (Cowansville : Éditions Yvon Blais, 2003), 827.

l'affaire *Bergeron*, la Cour d'appel a choisi la qualification *lege fori*. Elle explique ainsi :

> Le sort de la cause tournera donc éventuellement sur le choix du système légal que le tribunal doit appliquer au litige. À son tour, ce choix dépend de la qualification du problème juridique. Il est de toute importance de retenir, à ce moment, que seules les lois du Québec doivent alors recevoir considération. Ce serait en effet ouvrir un cercle vicieux et prêter le flanc à l'illogisme que d'entreprendre de qualifier un problème en vertu de la loi étrangère alors qu'on ignore encore si celle-ci doit s'appliquer et qu'on s'apprête à rechercher précisément quel système de loi doit régir les relations entre les parties[1].

Pourtant, la Cour suprême du Canada a parfois choisi d'autres solutions. Dans l'affaire *Pouliot et al.* c. *Cloutier*, concernant la qualification d'une institution connue dans le droit de New Hampshire (États-Unis), « le droit du conjoint survivant », invoquée par la veuve pour contester le testament de son conjoint québécois, elle s'est plutôt basée sur l'approche de la *common law* pour conclure que la question relève du droit successoral[2]. Par contre, dans une autre affaire, la Cour a combiné les qualifications *lege fori* et *lege causae* pour arriver à considérer la qualité pour ester en justice du représentant d'une succession, une exigence du droit du Maine (États-Unis) portant sur l'action des héritiers d'une personne décédée dans un accident, comme une question de procédure plutôt que de statut personnel[3].

Le renvoi est un autre exemple. Face au silence du droit positif, les tribunaux québécois ont eu des attitudes différentes sur l'utilisation de cette technique. Même si la jurisprudence n'était pas en général favorable au recours au renvoi, cela n'empêche pas la haute juridiction de la province de l'utiliser dans une affaire relative à la validité d'un testament fait à l'étranger[4].

Ce développement divergent a constitué un des motifs importants de la codification du DIP québécois. Dans le cas du Vietnam, au contraire, c'est l'inefficacité pratique de ce droit qui doit motiver la codification.

L'inefficacité pratique du droit international privé vietnamien

Si la jurisprudence québécoise a joué un rôle efficace pour combler les lacunes du DIP, au Vietnam, ce droit ne produit au contraire que très peu d'effet dans la pratique, malgré la quantité des règles codifiées. Cette inefficacité peut s'observer aussi bien dans le désintérêt du milieu judiciaire que dans l'ignorance du public.

---

[1] Gauthier *c.* Bergeron, 1973 QCCA 77 79.

[2] *Pouliot et al.* c. *Cloutier*, [1944] R.C.S. 284, 288-289.

[3] Samson *c.* Holden, [1963] R.C.S. 373, 381 : « Étant d'avis que tant d'après le DIP du Québec que d'après la loi du Maine, il s'agit en l'espèce d'une question de procédure n'affectant pas la substance du droit donné aux intimés ».

[4] Ross *c.* Ross. Dans cette décision, la Cour du banc de la Reine pour le Bas-Canada déclara valide un testament olographe fait dans l'État de New York (É.-U.) malgré la loi de cet État qui le rend invalide, pour le motif qu'elle renvoie à la loi du domicile du défunt, c'est-à-dire la loi du Québec, en vertu de laquelle ce testament est valide. La décision de la cour d'appel a été confirmée par la Cour suprême du Canada : Ross. *c.* Ross, [1894] 25 R.C.S. 307.

Le désintérêt de l'appareil judiciaire

Un rapport du ministère de la Justice en 2013[1] a souligné que les autorités vietnamiennes se sont très souvent contentées d'appliquer les règles matérielles du droit vietnamien, sans chercher à consulter préalablement les règles de rattachement pour trancher les litiges transnationaux. L'examen de 174 485 affaires gracieuses traitées pendant la période du 1er janvier 2006 au 31 décembre 2012 a mis en lumière l'absence de recours aux règles de rattachement, malgré la présence d'éléments d'extranéité. En effet, concernant les mariages dont l'un des époux est étranger, les services judiciaires municipaux exigent toujours de la personne étrangère la justification de sa capacité à se marier en vertu de la loi vietnamienne, nonobstant l'article 762 (1) du Code civil de 2005[2], qui prévoit l'application de la loi nationale de la personne concernée. Au contraire, aucune vérification de la capacité de la personne selon la loi de son pays n'est faite, ce qui pourrait favoriser la fraude. Le même constat s'impose en matière d'acte de naissance et d'enregistrement au registre d'état civil. En matière d'adoption internationale, de 2005 à 2013, le ministère de la Justice a traité plus de dix mille dossiers[3]. L'article 758 du Code civil de 2005, définissant les rapports comportant un élément d'extranéité, est utilisé pour déterminer le caractère international de l'adoption, mais l'application de la loi étrangère désignée par les règles de rattachement est toujours écartée en faveur de la loi vietnamienne.

En ce qui concerne les affaires contentieuses, selon un rapport de la Cour populaire suprême sur la période de 2006 à 2013, plus de douze mille affaires, soit 2,42% des affaires civiles portées devant les tribunaux vietnamiens, ont un caractère international[4]. Pourtant, dans la plupart de cas, les juges saisis se déclarent compétents sans chercher à le justifier sur la base des règles de compétence internationale prévues au Code de procédure civile. Quant à la loi applicable au fond du litige, les tribunaux vietnamiens ont tendance à appliquer immédiatement le droit vietnamien, sans motiver ce choix.

En matière de reconnaissance et d'exécution de décisions de justice et de sentences arbitrales étrangères, la situation est « inquiétante »[5]. De 2010 à 2014, seul un petit nombre de requêtes (une soixantaine sur des centaines de requêtes déposées) ont été entendues par les tribunaux vietnamiens et le nombre d'actions favorablement accueilles est très bas. Par exemple, sur douze requêtes reçues en 2013 et 2014, une seule sentence a été reconnue et mise en exécution au Vietnam[6].

Plus récemment, en juillet 2021, un bilan de la Cour populaire suprême révélait que, depuis l'entrée en vigueur en 2016 du nouveau Code de procédure civile,

---

[1] Statistiques fournies par la direction de l'État civil, de Nationalité et de Certification, ministère de la Justice, le 26 avril 2013.

[2] *Code civil*, n° 33/2005/QH11 du 14 juin 2005, remplacé par le Code civil de 2015 (ci-après « Code civil de 2005 »).

[3] Statistiques fournies le 17 mai 2013 par la direction de l'Adoption, ministère de la Justice du Vietnam.

[4] Vietnam, Cour populaire suprême, « Rapport sur le Bilan décennal de mise en œuvre du Code de procédure civile », 26 février 2015.

[5] Vietnam, Cour populaire suprême, paragr. 2.2.1, 2.2.2, 2.2.6 et 2.2.9.

[6] Ibid.

aucune application du droit étranger par les tribunaux vietnamiens n'a été enregistrée[1].

Les rapports n'ont pas fourni d'explications sur ce désintérêt[2]. Il pourrait être dû à plusieurs facteurs, tels que la faible capacité du personnel, l'insuffisance du droit procédural, les hésitations des tribunaux à adopter l'internationalisme, etc. Sans aucun doute, l'état fragmentaire, dispersé et compliqué du DIP décourage aussi ceux qui tentent d'explorer la matière. L'application d'un droit étranger est un grand défi, à la fois pour les parties et pour le juge n'ayant pas reçu une formation adéquate de la matière, ni l'habitude de le faire. Plus largement, il s'agit de l'ignorance du public en général vis-à-vis de ce « droit savant »[3].

Le désintérêt du public

Malgré le caractère abstrait et indirect des règles de rattachement, il est dans l'intérêt de tout individu d'en prendre la connaissance, notamment pour d'éventuels contentieux. Pour emprunter l'exemple donné par M. Euangelos N. Vasilakakēs, il est utile, dans un contexte international, pour les époux qui envisagent la dissolution de leur mariage, de connaître la règle de rattachement du for afin de s'assurer si le tribunal sera compétent pour entendre leur demande de divorce et de savoir quelle loi sera applicable. Au mieux, ils devront aussi se renseigner sur le contenu de cette loi. « Cette recherche n'a d'autre objectif que celui de leur permettre de suivre un comportement susceptible d'aboutir à ce que le juge du for prononce la dissolution du mariage »[4].

Malheureusement, le DIP reste un domaine très peu connu, d'autant moins au Vietnam. La difficulté vient non seulement des problèmes actuels du droit même, mais aussi de la façon dont il est perçu et enseigné.

---

[1] Manh Hung Le, « Application du droit étranger dans la résolution des litiges civils comportant un élément d'extranéité » (Hanoi : Cour populaire suprême, 21 juillet 2021), consulté le 2 novembre 2021, tapchitoaan.vn/index.php/bai-viet/nghien-cuu/ap-dung-phap-luat-nuoc-ngoai-trong-giai-quyet-cac-vu-viec-dan-su-co-yeu-to-nuoc-ngoai. Le bilan se base sur la réponse des 63 Cours provinciales et trois Cours supérieures à Hanoi, à Hochiminh-ville et à Danang au message nº 132/TANDTC-HTQT du 27 août 2020 de la Cour populaire suprême sur la pratique d'application du droit étranger par les tribunaux vietnamiens depuis 2016.

[2] Il convient de noter que le bilan de 2021 de la Cour populaire suprême mentionne certaines raisons qui peuvent expliquer cette situation, notamment la difficulté dans l'établissement du contenu du droit étranger. Cependant, en réalité, la question de l'application du droit étranger ne se pose même pas.

[3] Dans les termes de Oppetit, « Le droit international privé, droit savant », 344, 354, 357 et 364-81, c'est un droit qui réside « dans un art dominé par le rôle du savant », dans l'implication des juristes, et « plus spécialement de la doctrine savante », dans le processus de sa création. En ces temps modernes, où règnent le positivisme légaliste et le légicentrisme, le rôle des juristes est réduit « à des tâches purement doctorales dissociées de l'élaboration du droit », qui appartient désormais au législateur. Le DIP, avec ses particularités quant à son histoire et à ses caractères, fait exception à cette tendance. Sa « nature de droit savant apparaît tout de même comme une constance, [ce qui] le dépeint dans sa formation historique et subsiste à l'époque moderne ».

[4] Euangelos N. Vasilakakēs, *Orientations méthodologiques dans les codifications récentes du droit international privé en Europe*, t. 195 (Paris : L.G.D.J., 1987), notamment p. 162. Selon l'auteur, les règles de rattachement pourraient donc régir autant le comportement des individus que les règles matérielles.

Au milieu des années 2000, un débat a été lancé sur le contenu et la portée du DIP enseigné dans les universités vietnamiennes. Ce débat fut le début d'un mouvement tranquille, caractérisé par des évolutions dans la perception du milieu académique, suivies de modifications législatives.

L'approche d'enseignement traditionnelle, qui met l'accent sur le caractère « international » de ce droit, est remise en question[1]. Jusqu'alors, les manuels et les cours de DIP enseignaient aux étudiants l'histoire en Europe et les méthodes et règles existant dans différents pays. Par contre, très peu d'informations sur le droit vietnamien étaient fournies, de sorte qu'on pouvait douter de l'existence même d'un « droit international privé vietnamien »[2]. En effet, dans les programmes de formation en droit du premier au troisième cycle, le DIP était souvent placé à côté du droit international public comme deux matières de base du bloc de connaissance de « droit international ». Plusieurs manuels ont été rédigés sur la base des livres étrangers, notamment ceux de l'Union soviétique et non à partir de la réalité vietnamienne. Jusqu'en 2000, très peu d'auteurs se sont investis dans l'étude des règles de DIP *propres au Vietnam*. On constate des changements dans les manuels publiés dans les années 2010, qui accordent une part de plus en plus importante à l'étude des règles vietnamiennes.

Bien que, désormais, l'accent soit mis davantage sur l'enseignement du DIP vietnamien, la question de la portée et du contenu de ce droit ne fait toujours pas l'unanimité. Elle varie largement d'une période à l'autre et d'un professeur à l'autre. Il y a eu une tendance à mettre toutes les matières pouvant concerner les rapports avec l'étranger dans son champ. Ainsi, on peut y trouver une grande partie sur la nationalité et le statut des étrangers[3], comme cela se fait encore actuellement en France[4]. Un traité de DIP peut contenir des longues parties sur le droit régissant le commerce international, le travail, les paiements et les investissements internationaux, ce qu'on voit toujours dans les livres récents[5]. Parallèlement, on observe une nouvelle tendance à traiter le DIP selon trois aspects principaux : conflits de lois, conflits de juridictions et reconnaissance des jugements étrangers[6].

Tout cela montre que le DIP reste « étranger » pour les Vietnamiens. On peut s'attendre à une amélioration de la conscience du public grâce à la codification de

---

[1] Voir les principaux arguments dans Thi Nam Giang Le, « Quelques réflexions sur le contenu du droit international privé enseigné au Vietnam », *Revue de Science juridique*, n° 6 (2006) : 1 ; Van Dai Do, « Échanges de vues sur l'article "Quelques réflexions sur le contenu du droit international privé enseigné au Vietnam" », *Revue de Science juridique*, n° 2 (2007) : 47.

[2] Do, « Échanges de vues sur l'article "Quelques réflexions sur le contenu du droit international privé enseigné au Vietnam" », 48. Selon l'auteur, nombre de professeurs de cette époque n'acceptent pas l'idée que le DIP soit un « droit national ».

[3] En exemple, Nang Doan, *Éléments théoriques fondamentaux du droit international privé* (Hanoi : Politique nationale, 2001).

[4] *Cf.* Bernard Audit et Louis d'Avout, *Droit international privé*, 8e éd. (Paris : L.G.D.J., 2018) ; Pierre Mayer et Vincent Heuzé, *Droit international privé*, 11e éd. (Issy-Les-Moulineaux : L.G.D.J., 2014).

[5] En exemple, Ba Dien Nguyen, éd., *Traité de droit international privé* (Hanoi : Presses de Université nationale, 2013) ; Xuan Nhu Bui, éd., *Le droit international privé* (Hanoi : Police populaire, 2011).

[6] En exemple, Do et Mai, *Droit international privé vietnamien*, 22 ; Thi Nam Giang Le, *Traité de droit international privé* (Hochiminh-ville : Presses de Université nationale, 2006).

ce droit dans l'avenir, permettant d'unifier toutes les règles éparses dans un corps avec clarté et hiérarchie. Cependant, cette codification doit-elle être absolument mise en œuvre au niveau national ou est-il possible de se fier à une codification sur le plan international, étant donné la place importante des traités dans le système de droit vietnamien ?

1.2 Les limites de la codification internationale du droit international privé

L'idée de la codification internationale du DIP a été solennellement énoncée, pour la première fois, par M. Tobias M. C. Asser lors de son discours d'ouverture de la première Conférence de La Haye de droit international privé en 1893[1]. Bien que ce concept de « codification internationale », jugée trop vaste par certains délégués, ait été abandonné en faveur d'approches plus pragmatiques basées sur une unification progressive et sélective des règles[2], c'est lors de cette première conférence qu'ont été posés les fondements de la codification internationale du DIP[3]. À l'heure actuelle, ce processus s'incarne dans les travaux de la Conférence de La Haye[4].

Pour plusieurs auteurs vietnamiens, les conventions internationales qui visent à unifier le droit privé font partie également de la sphère du DIP. Cette vue s'exprime bien dans les traités et manuels couvrant cette matière, publiés au Vietnam, qui citent souvent des conventions conclues sous les auspices des Nations Unies[5] pour uniformiser les règles de droit commercial, telles que la *Convention de New York pour la reconnaissance et l'exécution des sentences arbitrales étrangères*[6] et la *Convention de Vienne sur la vente internationale des marchandises*[7], dont le Canada et le Vietnam sont tous les deux signataires. Sont également cités les travaux de l'UNIDROIT, qui s'est attribué la vocation d'élaborer de règles uniformes matérielles seulement, les règles de droit applicable n'étant incluses dans les textes élaborés par l'Institut que « de façon

---

[1] Tobias M. C. Asser, conseiller d'État des Pays-Bas, président de la Conférence, présenta aux délégués des treize États participants un avant-projet de « codification internationale du droit international privé » relatif aux conflits de lois, aux conflits de juridiction et à l'entraide judiciaire dans le but de faire disparaître les règles de DIP de nature étatique, jugées imparfaites. Voir : Arthur Eyffinger, éd., *T. M. C. Asser (1838-1913), founder of The Hague tradition : dreaming the ideal, living the attainable* (La Haye : T.M.C. Asser Press, 2011), 36 ; G.J.W. Steenhoff, « Asser et la fondation de la Conférence de La Haye de droit international privé », *R.C.D.I.P.* 82 (1994) : 297.

[2] Eyffinger, *T. M. C. Asser (1838 - 1913), founder of The Hague tradition*, 36-38.

[3] Steenhoff, « Asser et la fondation de la Conférence de La Haye de droit international privé ».

[4] Dans une certaine mesure, la codification supranationale du DIP peut s'effectuer au niveau régional, comme c'est le cas dans l'Union Européenne. Néanmoins, ce n'est pas le cas avec les régions où se trouvent le Québec et le Vietnam.

[5] La Commission des Nations Unies pour le droit commercial international (CNUDCI).

[6] Convention pour la reconnaissance et l'exécution des sentences arbitrales, 10 juin 1958, (1958) 330 R.T.N.U. 3, ratifiée par le Canada le 12 mai 1986, adhésion du Vietnam le 12 septembre 1995 (ci-après « Convention de New York »).

[7] Convention sur les contrats de vente internationale de marchandises, 11 avril 1980, (1988) 1489 R.T.N.U. 3,adhésion du Canada le 23 avril 1991 et du Vietnam le 18 décembre 2015. La Convention est en vigueur au Québec depuis le 18 décembre 1991 (« Loi concernant la convention des Nations Unies sur les contrats de vente internationale des marchandises », RLRQ, c. C-67.01).

incidente »[1]. Dans certains cas, les conventions qui codifient le droit international, mais où se trouvent quelques règles de rattachement[2], sont aussi mentionnées dans le cadre d'études du DIP au Vietnam. Pour nous, cependant, ces exemples concernent l'unification du droit privé visent plutôt à bâtir un *droit privé international* qui doit se distinguer du *droit international privé*, dans le sens où le premier contient des règles substantielles uniformisées, alors que le dernier est composé des règles rattachant un litige transnational à un ordre juridique donné[3].

L'objet de notre étude concerne le DIP défini comme un droit du rattachement[4]. Pour cette raison, seuls les travaux de la Conférence de La Haye paraissent correspondre à cet objet, puisqu'ils visent à unifier les règles de rattachement normatif, juridictionnel et procédural. Ainsi, les efforts de codification internationale du DIP s'effectuent principalement dans le cadre de la Conférence de La Haye et ils ont contribué à matérialiser l'idée de cette codification. Les travaux de la Conférence sont toutefois loin d'atteindre cet objectif et la tendance est toujours en faveur de la codification nationale.

1.2.1 Les efforts de codification internationale du droit international privé dans le cadre de la Conférence de La Haye

Vers la fin du XIXe siècle, lors de la première Conférence de La Haye, les ambitions de codification internationale de ce droit se sont cristallisées. Bien que le terme « codification internationale » n'ait pas été retenu dans le Statut de la Conférence, cette démarche s'incarne et progresse dans les travaux continus de la Conférence.

L'importance de la Conférence de La Haye de droit international privé

La Conférence de La Haye est une organisation intergouvernementale ayant pour mission de « travailler à l'unification progressive des règles de droit international privé »[5]. Cette unification passe par l'adoption des conventions internationales, dénommées les Conventions de La Haye.

---

[1] L'Institut international pour l'unification du droit privé (UNIDROIT) est une organisation intergouvernementale indépendante dont le siège est à Rome ayant pour vocation « d'étudier des moyens et méthodes en vue de moderniser, harmoniser et coordonner le droit privé – en particulier le droit commercial – entre des États ou des groupes d'États et, à cette fin, d'élaborer des instruments de droit uniforme, des principes et des règles ».
Voir : UNIDROIT, « Présentation de l'UNIDROIT », 29 août 2018, www.unidroit.org/fr/presentation/presentation. Au niveau européen, on peut citer les « Principes du droit européen des contrats », consulté le 12 janvier 2022, www.unisob.na.it/ateneo/d005/pecl_part1e2_francese.pdf, qui n'ont pas de valeur légale, mais qui sont issus d'un travail d'harmonisation des différents droits européens relatifs au contrat.

[2] Par exemple, la Convention de Varsovie du 12 octobre 1929 pour l'unification de certaines règles relatives au transport aérien international (art. 21 et 28), la Convention de Berne du 9 septembre 1886 pour la protection des œuvres littéraires et artistiques (art. 5 et 7), etc.

[3] Voir Sylvette Guillemard et Van Anh Ly, *Éléments de droit international privé québécois* (Montréal : Éditions Yvon Blais, 2019), notamment p. 3-4.

[4] Voir *infra*, chapitre II, 2.1 « La portée de la codification ».

[5] Article premier du « Statut de la Conférence de La Haye de droit international privé », Conférence de La Haye de droit international privé, 31 octobre 1951, consulté le 20 décembre 2020.

La Conférence s'est réunie pour la première fois en 1893 avec la participation des représentants de la plupart des pays de l'Europe continentale. Jusqu'à la Première Guerre mondiale, elle a tenu quatre sessions et élaboré plusieurs Conventions touchant les domaines de la famille et de la procédure. La Première Guerre mondiale et les tensions de l'entre-deux-guerres ont interrompu ses activités. C'est seulement après la Deuxième Guerre mondiale que les travaux de la Conférence ont repris de façon intensive. À la septième session, en 1951, le Statut de la Conférence a été adopté, lui octroyant un statut permanent d'organisation intergouvernementale.

Depuis l'entrée en vigueur du Statut, le 15 juillet 1955, les sessions ordinaires de la Conférence ont lieu tous les quatre ans. Les projets de conventions préparés par les commissions spéciales sont discutés et adoptés lors des sessions plénières. D'un projet de portée régionale, la Conférence est devenue une organisation internationale dont le nombre de membres n'a cessé d'augmenter, pour atteindre actuellement 86[1]. Le Canada est membre de la Conférence depuis 1986. Le Vietnam s'y joint plus tard, en 2013.

De 1954 à nos jours, 40 conventions et principes ont été adoptés pour unifier, d'une part, les rattachements juridictionnels et normatifs dans les matières de la famille, des personnes, des biens, des obligations contractuelles et extracontractuelles, et, d'autre part, la procédure transnationale telle que la signification, la légalisation et la reconnaissance des décisions étrangères[2].

L'ampleur des travaux de la Conférence de La Haye est donc indéniable même si beaucoup de chemin reste à parcourir, vu l'efficacité très relative de ses conventions. De par sa méthode, la Conférence a en quelque sorte concrétisé l'idée de codification internationale du DIP à travers les traités négociés et adoptés par les États.

Le rôle de la Conférence de La Haye dans la codification du droit international privé

La codification du droit est toujours motivée par les besoins de sécurité juridique. Dans ce sens, on pourrait apprécier le rôle que joue la Conférence de La Haye dans la codification du DIP au niveau supranational, à plusieurs titres.

Par ses objectifs tout d'abord, l'unification sur le plan international des règles de rattachement permettrait d'augmenter la sécurité juridique aux justiciables, en leur garantissant une prévision raisonnable du résultat auquel conduirait leur « procès international »[3].

Par la nature des travaux et par ses méthodes, la Conférence peut également contribuer à l'unification, à la rationalisation et à la modernisation du DIP.

---

[1] Ce nombre inclut 90 États provenant de tous les continents et une organisation régionale (Union Européenne) : Conférence de La Haye, « Membres de la Conférence de La Haye de droit international privé », consulté le 2 novembre 2021, www.hcch.net/fr/states/hcch-members.

[2] Conférence de La Haye, « Conventions (incl. Statut, Protocoles et Principes) », consulté le 2 novembre 2021, www.hcch.net/fr/instruments/conventions/.

[3] M. H. Van Hoogstraten, « La codification par traités en droit international privé dans le cadre de la Conférence de La Haye », *R.C.A.D.I.* 122 (1967) : 349-52.

La méthode conventionnelle à laquelle recourt principalement la Conférence dans ses travaux garantit le succès de l'unification du droit, en permettant de créer des règles communément acceptées au niveau international, réduisant ainsi le risque qu'une situation soit traitée différemment d'un pays à l'autre. Les justiciables des États parties sont bénéficiaires directement de cette unification, ce qui facilite beaucoup leur vie et leur activité quotidiennes. On peut citer ici le succès de quelques conventions de La Haye. Adoptée en 1993, la *Convention de La Haye sur la protection des enfants et la coopération en matière d'adoption internationale* a connu un succès remarquable avec 104 États parties, dont plusieurs ne sont pas encore membres de la Conférence[1]. De même, la *Convention de La Haye relative à la signification et la notification à l'étranger des actes judiciaires et extrajudiciaires en matière civile ou commerciale*, adoptée en 1965, en vigueur sur une grande partie du globe (79 pays)[2], permet de faciliter la coopération judiciaire internationale.

De par sa nature, le droit conventionnel ayant un effet contraignant, l'effectivité des conventions internationales, une fois en vigueur, est garantie dans tous les pays membres. Cet avantage est encore amplifié dans le cas des Conventions de La Haye qui sont ouvertes à la participation de tous les pays du monde, sans être limitées aux membres de la Conférence. Cela permet d'élargir au maximum la portée des instruments d'unification préparés par la Conférence. Le nombre important de membres de la Conférence et l'ouverture des conventions de La Haye à tous les pays dans le monde donnent aux travaux d'unification de la Conférence une ampleur universelle[3]. Le fait que la Conférence de La Haye limite strictement le recours aux réserves[4] et que la pratique même y est restreinte permet également une certaine unité de ses conventions.

De plus, la Conférence a progressé dans ses méthodes en acceptant, depuis 1980, des techniques plus flexibles : « la Conférence, tout en conservant pour objectif principal l'élaboration de Conventions internationales, [peut] néanmoins utiliser d'autres procédés moins contraignants, tels que la recommandation et la loi modèle, lorsque, en raison des circonstances, cela paraît particulièrement approprié »[5]. Tel est le cas des *Principes sur le choix de la loi applicable aux contrats commerciaux internationaux* approuvés le 19 mars 2015, qui permet aux

---

[1] Convention sur la protection des enfants et la coopération en matière d'adoption internationale.

[2] « Convention relative à la signification et la notification à l'étranger des actes judiciaires et extrajudiciaires en matière civile ou commerciale », Conférence de La Haye de droit international privé, 15 novembre 1965, consulté le 20 décembre 2020.

[3] 66 pays ne sont pas membres de la Conférence, mais ont signé, ratifié ou adhéré à une ou plusieurs Conventions de La Haye : Conférence de La Haye, « Autres parties liées », consulté le 2 novembre 2021, www.hcch.net/fr/states/other-connected-parties.

[4] La Conférence a admis le principe général selon lequel seules les réserves permises par le texte de la convention peuvent être faites. Voir : Van Hoogstraten, « La codification par traités en droit international privé dans le cadre de la Conférence de La Haye », 399 ; Georges A. L. Droz, « Les réserves et les facultés dans les Conventions de La Haye de droit international privé », *R.C.D.I.P.* 58 (1969) : 388.

[5] « Acte final », Conférence de La Haye de droit international privé, quatorzième session, 25 octobre 1990, point D.4.

acteurs – étatiques et non étatiques – de s'en servir de manière différente[1]. Certes, les instruments de *soft law* n'ont pas d'effet contraignant sur les États, et ne font pas eux-mêmes partie de la codification internationale. Cependant, ils peuvent jeter des bases nécessaires à ce travail en favorisant « l'adoption plus facile et la diffusion plus large de solutions communes »[2].

Enfin, les travaux de la Conférence ont contribué, dans une certaine mesure, à faire évoluer le DIP en facilitant sa modernisation et sa rationalisation. En effet, la réunion de pays de traditions différentes permet d'enrichir la réflexion juridique et de mener à une compréhension mutuelle. La préparation des conventions oblige les juristes chargés des travaux à réexaminer l'état actuel des droits nationaux, à analyser la doctrine et la jurisprudence des États pour proposer des solutions communément acceptables. Grâce à ces efforts, de nouveaux concepts largement adoptés par les ordres juridiques différents ont été développés dans le cadre de la Conférence de La Haye. Par exemple, la notion de « résidence habituelle » a été conçue pour remplacer celle de « domicile », dont il est difficile de trouver une définition commune[3]. Il s'agit aussi du développement de nouvelles méthodes de rattachement, telles que les rattachements multiples ou les clauses d'exception, permettant à un juge national de retenir une ou des lois applicables selon les critères nationaux, ce qui devrait faciliter la participation d'un plus grand nombre d'États aux conventions de La Haye[4]. Enfin, la Conférence a souvent procédé à la révision de ses textes pour tenir compte de nouvelles réalités. Ainsi, la Convention relative à la procédure civile adoptée en 1905 a été remplacée par celle de 1954, qui apporte « les améliorations suggérées par l'expérience »[5] et son chapitre premier a été remplacé par la Convention de 1965 sur la signification et la notification[6]. De même, la Convention de 1961 sur les mineurs a pris la place de la Convention de 1902 sur la tutelle[7].

Cependant, les travaux de la Conférence de La Haye aboutissent-ils déjà à une « codification internationale » du DIP ? On peut en douter.

[1] « Principes sur le choix de la loi applicable aux contrats commerciaux internationaux », Conférence de La Haye de droit international privé, 19 mars 2015, consulté le 20 décembre 2020. Tel qu'énoncé dans le préambule, ces principes peuvent « servir de modèle pour des instruments nationaux, régionaux, supranationaux ou internationaux », « être utilisés pour interpréter, compléter et élaborer des règles de droit international privé » ou « être appliqués par des tribunaux étatiques ou arbitraux ».

[2] Acte final, point D.4.

[3] Van Hoogstraten, « La codification par traités en droit international privé dans le cadre de la Conférence de La Haye », 355-65.

[4] Armelle Bodénès-Constantin, *La codification du droit international privé français* (Toulouse : Defrénois, 2005), 84-85.

[5] « Convention relative à la procédure civile », Conférence de La Haye de droit international privé, 1er mars 1954, consulté le 20 décembre 2020, Préambule.

[6] Convention relative à la signification et la notification à l'étranger des actes judiciaires et extrajudiciaires en matière civile ou commerciale, art. 22.

[7] « Convention concernant la compétence des autorités et la loi applicable en matière de protection des mineurs », Conférence de La Haye de droit international privé, 5 octobre 1961, consulté le 20 décembre 2020, art. 18.

1.2.2 L'absence de codification internationale du droit international privé

Malgré l'évolution de la Conférence de La Haye, une codification internationale est loin d'être atteinte pour le DIP. Des auteurs parlent même d'un « échec »[1]. Cela s'explique tout d'abord par la portée limitée des travaux, faute de l'appui des gouvernements[2]. De plus, la difficulté pour les particuliers d'accéder aux sources conventionnelles rend la codification internationale[3] moins efficace dans le domaine du DIP régissant principalement les rapports entre personnes privées.

Les limites du droit conventionnel dans la codification du droit international privé

On observe des limites dans le succès des Conventions de La Haye en particulier et dans les travaux de la Conférence de La Haye en général. Celles-ci s'expliquent par des caractéristiques intrinsèques et extrinsèques du DIP faisant obstacle à sa codification au niveau supranational.

L'échec relatif de la Conférence de La Haye dans la codification internationale du droit international privé

L'idée d'une codification internationale du DIP s'est heurtée à des obstacles dès qu'elle a été présentée à l'ouverture de la Conférence de La Haye en 1893. L'ambition du président Asser, a dû, à la suite de vifs reproches provenant des délégués français et suisse, céder la place à un objectif plus pragmatique d'unification progressive, étape par étape, matière par matière, du DIP[4]. Le refus de ne pas procéder à une codification globale du DIP se justifie en effet par le caractère particulier de ce droit. Comme son objet est lié aux rapports privés exprimés dans des formes les plus diverses entre les États, il est extrêmement difficile d'obtenir l'approbation universelle d'un projet trop ambitieux. Il serait donc plus réaliste de procéder par sujets restreints et d'une utilité pratique à une période donnée.

Ainsi, la Conférence de La Haye a mis sur pied des conventions dont le champ d'application est bien défini et circonscrit à un domaine ou à un autre du DIP. Cela constitue un système non exhaustif de textes qui se séparent en fonction de leur objet. De ce point de vue, l'unité internationale n'est pas encore atteinte pour le DIP à travers les conventions de La Haye. On a donc raison de conclure que « les textes élaborés par la Conférence de La Haye doivent plutôt être considérés comme des éléments de codification »[5].

Le peu de succès de la plupart des conventions de La Haye reflète également la complexité du DIP, rendant plus difficile la concertation entre les États. Sur

---

[1] Sylvette Guillemard et Alain Prujiner, « La codification internationale du droit international privé : un échec? », *C. de D.* 46 (2005) : 175.
[2] Guillemard et Prujiner, 177-79.
[3] Zaradny, « Codification et État de droit », 677.
[4] Eyffinger, *T. M. C. Asser (1838 - 1913), founder of The Hague tradition*, 36.
[5] Guillemard et Prujiner, « La codification internationale du droit international privé », 178.

40 conventions adoptées depuis l'origine de la Conférence, huit ne sont jamais entrées en vigueur – plusieurs datées des années 1950 –, alors que beaucoup ne sont en vigueur que pour un très petit nombre d'États. Il en va ainsi de la *Convention du 1er février 1971 sur la reconnaissance et l'exécution des jugements étrangers en matière civile et commerciale* (5 membres), la *Convention du 2 octobre 1973 sur l'administration internationale des successions* (3 membres), la *Convention du 14 mars 1978 sur la célébration et la reconnaissance de la validité des mariages* (3 membres), la *Convention du 14 mars 1978 sur la loi applicable aux régimes matrimoniaux* (3 membres) et la *Convention du 5 juillet 2006 sur la loi applicable à certains droits sur des titres détenus auprès d'un intermédiaire* (3 membres)[1]. Dans certains cas, la concertation n'a pu être obtenue pour l'unification des règles de rattachement, de sorte qu'il a fallu la remplacer par une unification du droit substantiel. Tel est le cas de l'adoption internationale, où le projet de la *Convention sur la compétence des autorités, la loi applicable et la reconnaissance des décisions en matière d'adoption* (1965) a abouti à l'échec – avec 3 pays qui l'ont ratifiée, mais l'ont dénoncée par la suite[2] – par rapport au grand succès de la *Convention de 1993 sur la protection des enfants et la coopération en matière d'adoption internationale*, qui ne contient que quelques règles de rattachement.

On observe donc avec regret que les Conventions de La Haye qui font l'objet d'un grand succès sont celles visant l'unification des règles substantielles plutôt que celle des règles de rattachement. Elles touchent les aspects de la coopération entre États, un domaine relevant plus au droit international public. Tel est le cas des Conventions portant sur les aspects civils de l'enlèvement d'enfants et sur l'adoption internationale, qui visent à renforcer la coopération interétatique dans ces domaines[3]. La Conférence a ainsi dévié de son objectif d'origine d'unifier les règles de rattachement pour s'adapter à la réalité internationale.

Les obstacles à la codification internationale du droit international privé

La difficulté d'une codification internationale du DIP provient tout d'abord de la particularité des domaines concernés, notamment ceux de la personne et de la famille. Il s'agit en effet de sujets sensibles liés à la culture et aux traditions propres à chaque pays. Dans ces domaines de grande diversité, l'unification internationale du droit s'avère presque impossible. Si les États arrivent à s'entendre sur les termes d'une Convention, le risque d'une application divergente demeure important. L'auteur M.H. van Hoogstraten a mentionné plusieurs exemples : la notion d'« enfants illégitimes » a dû être remplacée par celle

[1] Conférence de La Haye, « Conventions (incl. Statut, Protocoles et Principes) ».

[2] « Convention concernant la compétence des autorités, la loi applicable et la reconnaissance des décisions en matière d'adoption », Conférence de La Haye de droit international privé, 15 novembre 1965, consulté le 20 décembre 2020.

[3] « Convention sur les aspects civils de l'enlèvement international d'enfants », Conférence de La Haye de droit international privé, 25 octobre 1980, consulté le 20 décembre 2020 ; Convention sur la protection des enfants et la coopération en matière d'adoption internationale. On peut également citer la Convention du 13 janvier 2000 sur la protection internationale des adultes et la Convention du 23 novembre 2007 sur le recouvrement international des aliments destinés aux enfants et à d'autres membres de la famille.

d'« enfants non légitimes » après qu'on a pris connaissance qu'en droit turc, la catégorie des enfants illégitimes ne couvrait pas tous les enfants qui n'étaient pas légitimes ; lors de la révision de la Convention de 1902 sur la tutelle, l'expression « tutelle », devenue trop restrictive face à l'introduction dans plusieurs États d'autres institutions visant à soumettre l'enfant à l'autorité d'une personne ou d'une organisation, a été remplacée par « des mesures tendant à la protection de la personne ou de ses biens »[1]. Il appartiendra donc au juge national d'interpréter les termes et de déterminer le champ d'application de la convention à sa manière, d'où le risque d'application divergente des conventions dans le contexte national. Certes, les États membres de la Conférence ont très tôt pris conscience du problème en conférant, par un traité conclu en 1931[2], à la Cour permanente de Justice internationale – actuellement la Cour internationale de Justice – la compétence pour connaître la demande d'un État intéressé concernant l'interprétation des Conventions de La Haye. Toutefois, il faut rappeler que seuls les États peuvent avoir accès à ce mécanisme, et non leurs ressortissants qui, eux, sont directement touchés par la divergence d'application des conventions. Cela « réduit à l'extrême les cas où une différence d'interprétation est en fait soumise à la Cour »[3]. À cet égard, il n'est pas surprenant que la Cour n'ait été saisie qu'une seule fois, en 1958, dans une affaire concernant l'application de la Convention de La Haye de 1902 pour régler la tutelle des mineurs qui oppose les Pays-Bas et la Suède[4].

Le risque de conflits entre les conventions est une autre préoccupation, étant donné que chaque État participe à une multitude de traités internationaux négociés sous l'égide de différentes organisations. À titre d'exemple, la reconnaissance et l'exécution d'un jugement prononcé en matière d'aliments peuvent être soumises à la fois à la Convention de La Haye de 1958[5], à celle de 1973[6] et à la Convention de Bruxelles de 1968[7] pour les États qui sont parties aux trois conventions.

Bref, plus il y a de conventions, plus le risque de conflit est grand[8]. Or, « [i]l est presque impossible d'imposer à ces États de faire prévaloir leur loyauté à la

---

[1] Van Hoogstraten, « La codification par traités en droit international privé dans le cadre de la Conférence de La Haye », 346-47.

[2] « Protocole du 27 mars 1931 pour reconnaître à la Cour Permanente de Justice Internationale la compétence d'interpréter les Conventions de La Haye de droit international privé », Conférence de La Haye de droit international privé, 27 mars 1931, consulté le 20 décembre 2020.

[3] Van Hoogstraten, « La codification par traités en droit international privé dans le cadre de la Conférence de La Haye », 406.

[4] Affaire relative à l'application de la Convention de 1902 pour régler la tutelle des mineurs (Pays-Bas *c.* Suède), arrêt, C.I.J. Recueil 1958, p. 55.

[5] « Convention concernant la reconnaissance et l'exécution des décisions en matière d'obligations alimentaires envers les enfants », Conférence de La Haye de droit international privé, 15 avril 1958, consulté le 20 décembre 2020.

[6] « Convention sur la loi applicable aux obligations alimentaires », Conférence de La Haye de droit international privé, 2 octobre 1973, consulté le 20 décembre 2020.

[7] « Convention de Bruxelles de 1968 concernant la compétence judiciaire et l'exécution des décisions en matière civile et commerciale », J.O.U.E. nº L 299, 31 décembre 1972, p. 32, consulté le 12 avril 2019.

[8] Dominique Bureau, « Les conflits de conventions », in *Travaux du Comité français de droit international privé. Années 1998-1999, 1999-2000* (Paris : A. Pedone, 2001), 201.

Conférence de La Haye sur les réglementations souvent plus détaillées faisant partie d'une intégration plus générale qu'ils auraient introduite ou qu'ils désireraient introduire dans leur groupe restreint »[1]. Au-delà de ce risque de conflit, la profusion des instruments conventionnels porte sérieusement atteinte au principe d'accès au droit[2]. Les efforts de codification internationale du DIP n'ont donc donné jusqu'à maintenant que des éléments très épars.

La négociation des textes internationaux, comme nous le savons, fait toujours l'objet de compromis, parfois politiques, entre les États pour arriver à un résultat final communément accepté. Cela étant, les textes adoptés multilatéralement ne portent pas toujours des solutions totalement satisfaisantes aux divers ordres juridiques. Cela peut donc poser des problèmes de mise en œuvre, quand arrive le temps de les insérer dans l'ordre interne, surtout si les solutions ne s'adatent pas à ce dernier. Sur ce problème, un auteur a constaté avec justesse qu'« il convient de souligner le fait [que l'unification du DIP] est peu compatible avec l'élaboration des règles de [rattachement] par le législateur national »[3].

Les traités bilatéraux, quant à eux, n'ont qu'une portée restreinte, vu le nombre limité d'États engagés. Ils ne permettent pas non plus de réduire l'hétérogénéité des systèmes de DIP.

La part modeste du droit conventionnel dans le droit international privé du Québec et du Vietnam

Les conventions internationales peuvent être une source d'inspiration pour les réformes du droit national. On n'oubliera pas que plusieurs conventions de La Haye, ainsi que certaines conventions de l'Union européenne, ont inspiré le Québec dans la rédaction du livre X du Code civil. De même, ces sources conventionnelles ont été consultées par le législateur vietnamien lors des réformes récentes du DIP. Ces consultations ont permis, tant au Québec qu'au Vietnam, de retenir dans le droit national des solutions modernes cristallisées par des efforts d'unification internationale. Néanmoins, outre cette inspiration, la codification internationale n'a que peu d'impacts sur les deux ordres juridiques, pour des raisons différentes.

Les conventions de La Haye au Québec

Au Canada, la participation aux traités internationaux relève de la compétence fédérale, mais leur mise en œuvre est principalement assurée au niveau provincial, notamment dans le cas des conventions de DIP. Membre de la Conférence de La Haye depuis 1968, le Canada n'a pourtant pas encore ratifié un grand nombre de ses conventions. Une des raisons est l'absence dans ces textes de « clauses fédérales » qui permettent une ratification tenant compte de la répartition

[1] Van Hoogstraten, « La codification par traités en droit international privé dans le cadre de la Conférence de La Haye », 404.

[2] Bodénès-Constantin, *La codification du droit international privé français*, 92.

[3] Vasilakakēs, *Orientations méthodologiques dans les codifications récentes du droit international privé en Europe*, paragr. 12.

constitutionnelle des pouvoirs[1]. En effet, le statut fédéral du Canada oblige son gouvernement, compétent dans la signature des traités internationaux, à obtenir l'engagement des provinces, responsables de les mettre en œuvre dans les domaines relevant de leur compétence[2]. Cette exigence de concertation fédérale-provinciale explique la participation modeste du Canada aux conventions internationales de DIP. Le pays a ratifié la Convention sur la notification et la signification[3], la Convention sur les aspects civils de l'enlèvement international d'enfants[4], la Convention sur le trust[5] et la Convention sur l'adoption internationale[6] – il faut rappeler encore une fois que ces conventions ne concernent pas vraiment le DIP au sens que nous lui donnons. Parmi ces quatre conventions, le Québec s'est déclaré lié par seulement trois, la Convention sur le trust n'ayant pas encore été étendue au Québec[7], en raison, sans doute, des difficultés d'incorporer des concepts de la *common law* dans son système de droit civiliste[8].

Les traités internationaux ne produisent d'effet au Québec que par le biais des lois d'incorporation ou de mise en œuvre. Par exemple, la *Loi sur les aspects civils de l'enlèvement international et interprovincial d'enfants*[9] a repris la plupart des dispositions de la *Convention de La Haye sur les aspects civils de l'enlèvement international d'enfants* en les adaptant au contexte québécois, tout en référant directement à la Convention dans son préambule[10]. La Convention sur l'adoption internationale a été incorporée de façon intégrale dans la *Loi assurant la mise en œuvre de la Convention sur la protection des enfants et la coopération en matière*

---

[1] Gérald Goldstein et Ethel Groffier, *Droit international privé*, t. I « Théorie générale » (Cowansville : Éditions Yvon Blais, 1998), 15.

[2] Sylvie Scherrer, « La pratique québécoise en matière de traités, accords et autres instruments internationaux » (XIe Conférence des juristes de l'État, Québec, 1992), 127-28, www.conferencedesjuristes.gouv.qc.ca/files/documents/2l/e5/lapratiquequebecoiseenmatieredetraites.pdf.

[3] Convention relative à la signification et la notification à l'étranger des actes judiciaires et extrajudiciaires en matière civile ou commerciale, adhésion du Canada le 26 septembre 1988.

[4] Convention sur les aspects civils de l'enlèvement international d'enfants, ratifiée par le Canada 2 juin 1983.

[5] « Convention relative à la loi applicable au trust et à sa reconnaissance », Conférence de La Haye de droit international privé, 1er juillet 1985, consulté le 20 décembre 2020, ratifiée par le Canada le 1er janvier 1993.

[6] Convention sur la protection des enfants et la coopération en matière d'adoption internationale, ratifiée par le Canada le 19 décembre 1996.

[7] Goldstein et Groffier, *Droit international privé*, t. I « Théorie générale », 15 ; Scherrer, « La pratique québécoise en matière de traités, accords et autres instruments internationaux », 133 ; John B. Claxton, « Langage du droit de la fiducie », *R. du B.* 62 (2002) : n. 39.

[8] Goldstein et Groffier, *Droit international privé. T. 2*, 278 et suiv. ; Voir aussi Luc Thévenoz, « Les enjeux de la ratification de la Convention de la Haye pour les pays de droit civil », in *Trust et fiducie : la Convention de La Haye et la nouvelle législation luxembourgeoise*, éd. par André Prüm et Claude Witz (Paris : Montchrestien, 2005), 35.

[9] « Loi sur les aspects civils de l'enlèvement international et interprovincial d'enfants », RLRQ, c. A-23.01.

[10] Scherrer, « La pratique québécoise en matière de traités, accords et autres instruments internationaux », 134.

d'adoption internationale[1]. Quant à la Convention sur la notification et la signification, des dispositions ont été ajoutées au *Code de procédure civile* en 1989 pour en assurer la mise en œuvre, pourtant sans aucune référence à la Convention[2]. Cela a eu pour conséquence que de nombreux juristes ignoraient l'existence de cette convention[3].

Les conventions de La Haye au Vietnam

Au Vietnam, au contraire, les traités internationaux peuvent avoir un effet direct et ils se situent immédiatement après la Constitution, dans la hiérarchie des normes. Les lois contiennent toujours une disposition générale affirmant la primauté des traités en cas de conflit. On peut citer, dans le cas du DIP, l'article 665 du Code civil, l'article 2 (3) du Code de procédure civile et l'article 122 (1) de la *Loi sur le mariage et la famille*. Toutefois, la référence est vague, sans aucune mention du titre précis des traités. Cela explique en partie pourquoi les dispositions conventionnelles sont rarement invoquées dans la pratique.

Malgré le nombre important de traités internationaux auxquels le Vietnam adère, la participation du pays aux conventions de DIP reste très modeste. La doctrine vietnamienne mentionne souvent le succès du pays dans l'adhésion aux deux plus grandes conventions dans le domaine commercial, soit la *Convention de New York* et la *Convention sur les contrats de vente internationale de marchandises*. Cependant, comme nous l'avons suggéré, ce sont des conventions de droit privé international et non de DIP. Dans cette même logique, nous pouvons dire que la participation récente du Vietnam à la Conférence de La Haye et à ses trois conventions[4] qui portent plus sur la coopération interétatique en matière procédurale que sur le rattachement montre que le Vietnam ne semble pas prêt à adhérer réellement aux efforts d'unification du DIP.

Tout cela montre qu'une codification est loin d'être atteinte, codification à laquelle un pays comme le Vietnam pourrait se fier pour résoudre les problèmes de son DIP. Les codifications nationales continuent à proliférer partout dans le monde pour répondre aux besoins de plus en plus nombreux des relations

[1] « Loi assurant la mise en œuvre de la Convention sur la protection des enfants et la coopération en matière d'adoption internationale », RLRQ, c. M-35.1.3.

[2] Cette omission a été réparée lors de la réforme en 2016 (art. 494 C.p.c.).

[3] Scherrer, « La pratique québécoise en matière de traités, accords et autres instruments internationaux », 135. Notons que c'était la situation avant la codification du DIP. Le nouveau « Code de procédure civile », RLRQ, c. C-25.01, en vigueur depuis 2016, a remédié à ce problème en incluant un chapitre (chapitre III) sur la notification internationale dans le titre quatrième. L'article 494 qui débute le chapitre réfère explicitement à la Convention de La Haye et affirme sa « force de loi au Québec ».

[4] Convention sur la protection des enfants et la coopération en matière d'adoption internationale ; Convention relative à la signification et la notification à l'étranger des actes judiciaires et extrajudiciaires en matière civile ou commerciale ; « Convention sur l'obtention des preuves à l'étranger en matière civile ou commerciale », Conférence de La Haye de droit international privé, 18 mars 1970, consulté le 20 décembre 2020. Les dates d'adhésion du Vietnam sont respectivement le 1er février 2012, le 1er octobre 2016 et le 3 mai 2020 : Conférence de La Haye, « Conventions (incl. Statut, Protocoles et Principes) ».

transnationales[1]. La codification nationale demeure toujours la voie la plus efficace pour ce chantier. Nous verrons que la codification a des vertus indéniables permettant de remédier aux défauts mentionnés du DIP.

2. L'UTILITÉ DE LA CODIFICATION DU DROIT INTERNATIONAL PRIVÉ POUR LE QUÉBEC ET POUR LE VIETNAM

La codification du droit présente de nombreux avantages. Cette méthode est souvent considérée comme un remède à l'insécurité juridique, en offrant au droit la clarté, la rationalité et la cohérence, qui ont tendance à se détériorer en raison de son évolution et de son inflation au fil du temps. Tant sur la forme que sur le fond, la codification permet de réorganiser le droit – qui à un moment de l'histoire peut être rendu compliqué et inaccessible par l'éclatement de ses normes – dans une structure cohérente et condensée. Ce faisant, elle améliore l'accès des praticiens en particulier et du public en général au droit. C'est d'ailleurs la plus noble mission de la « loi » qui, au point de vue de Bentham, « s'adresse à tous puisque nul n'est censé l'ignorer »[2]. De ce point de vue, la codification remplit aussi une fonction pédagogique, dans la mesure où elle facilite l'apprentissage du droit grâce à sa vertu systémique.

Les auteurs voient dans la codification non seulement la possibilité de rendre le droit plus clair, concis, accessible, simple et rationnel, mais aussi l'opportunité de le moderniser et de le rénover[3]. Pour cela, la codification n'intervient pas seulement comme moyen de diffusion de l'information et de la connaissance du droit. Elle peut aussi servir de prétexte pour une reconsidération des solutions[4]. D'un autre côté, une œuvre de codification a en général pour vocation de durer dans le temps, ce qui permet de garantir la stabilité du droit, donc la sécurité juridique.

Dans le domaine du DIP, les débats sur la codification sont beaucoup plus récents, car les caractères particuliers de ce droit – par exemple sa souplesse et sa mutation rapide – peuvent semer le doute sur l'utilité de sa codification. Au Vietnam, c'est encore un sujet tout frais, compte tenu de la jeunesse de son DIP.

Malgré les controverses, la codification du DIP au niveau national est devenue un phénomène répandu, notamment depuis le début du XXe siècle[5]. Celle du Québec constitue un bel exemple d'une codification réussie. Effectuée dans le cadre de la recodification du droit civil, dont le résultat est le dernier livre du Code civil de 1994, elle se fait remarquer par la modernisation et l'amélioration à la fois quantitative et qualitative d'un droit antérieurement incomplet et fragmentaire[6],

---

[1] L'étude comparative menée par Symeonides, *Codifying choice of law around the world*, 5-11, fait état d'une centaine de codifications nationales mises en œuvre entre 1962 et 2012.

[2] Jeremy Bentham, cité dans Gérard Cornu, « L'art d'écrire la loi », *Pouvoirs*, Le Code civil, 107 (2003) : 6.

[3] Cornu, 11. Voir aussi Heuzé, « Recodifier le droit international privé? »

[4] Heuzé, « Recodifier le droit international privé? », 406.

[5] Jayme, « Considérations historiques et actuelles sur la codification du droit international privé », 27 ; Symeonides, *Codifying choice of law around the world*, 1.

[6] Gaudet, « Le Livre X du Code civil du Québec : Bilan et enjeux », 313.

grâce à l'introduction de règles nouvelles, rationnelles et efficaces[1], ainsi que par la capacité de concilier les solutions provenant des deux grandes familles de droit, le droit civiliste et la *common law*.

Un regard critique sur les résultats de la codification du DIP québécois pourrait inspirer le Vietnam dans l'avenir. Il permettrait de vérifier dans quelle mesure la codification est profitable au DIP dans le cas du Québec (1.1) et, de façon prospective, dans le cas du Vietnam (1.2).

2.1 Les résultats positifs de la codification du droit international privé québécois

Si l'on se fie aux objectifs de la codification du DIP québécois, exprimés clairement dans le commentaire de l'O.R.C.C. publié en 1978[2], le livre X du *Code civil du Québec* peut être considéré comme le reflet concret de son succès. La majorité des règles de rattachement ont été regroupées et organisées d'une façon systématique dans un texte et plusieurs nouveautés ont été introduites pour combler les lacunes du droit. Les solutions adoptées reflètent les tendances et débats contemporains sur le DIP et sont le résultat d'une réflexion bien pesée du codificateur. Il s'agit donc d'une codification réussie, inspirée et inspirante. Cependant, la mise en œuvre des nouvelles règles a aussi révélé des problèmes que le codificateur de 1994 n'avait pas envisagés, tant dans le fond que dans la forme. Cela relativise le succès de la codification, mais n'affecte en rien son utilité.

2.1.1 Une codification réussie

Le succès de la codification québécoise du DIP s'observe dans la réalisation des objectifs essentiels à toute codification du droit, ceux de lutte contre l'insécurité juridique par le moyen de la systématisation, de la rationalisation et de la modernisation du droit. Dans une large mesure, elle a permis de le compléter et de le moderniser et, dans une certaine mesure, d'améliorer son accessibilité.

L'effet de systématisation de la codification

Le DIP québécois a longtemps été considéré comme un « droit jurisprudentiel et doctrinal » à cause de l'intervention très modeste du législateur jusqu'à la réforme de 1994. Dans ce contexte, on peut tout à fait comprendre ces éloges vis-à-vis du résultat de la codification : « L'entrée en vigueur du *Code civil du Québec* a radicalement changé la donne. Son Livre X est venu opérer une véritable codification du droit international privé québécois »[3].

---

[1] Groffier, *La réforme du droit international privé québécois, supplément au Précis de droit international privé québécois*, 3.

[2] Québec, Office de révision du Code civil, *Rapport sur le Code civil du Québec*, 1978, Vol. II, t. 2 « Livres 5 à 9 – Commentaires » : 975 : il s'agit d'offrir au Québec « un corps de règles de droit international privé aussi complet que possible », des règles « qui, tout en étant claires et précises, doivent être assez flexibles pour permettre des solutions nouvelles et originales lorsque la nécessité s'en fait sentir », ainsi que « des solutions rapides et exemptes d'incertitude ».

[3] Gaudet, « Le Livre X du Code civil du Québec : Bilan et enjeux », 313.

Au-delà d'un simple livre du Code civil, le Livre X peut être considéré comme un vrai « code » de DIP[1]. Il regroupe la presque totalité des règles en ce domaine, soit les règles existantes, « qui se trouvaient éparpillées un peu partout dans le droit québécois »[2], et de nombreuses règles nouvelles. Il peut même être considéré comme le plus complet par rapport au reste du Code civil, dans la mesure où ses dispositions s'étendent aux domaines hors du Code, tels que la consommation et le travail[3]. Selon le professeur P. Glenn, la codification québécoise fait partie de celles qui représentent « un engagement législatif dans la matière qui dépasse de loin ce qui a été effectué ailleurs dans le monde » par son envergure et sa complétude[4].

Le mode de présentation exprime bien le caractère systématique de la codification : les 93 articles (3076 à 3168 C.c.Q.) sont répartis en quatre titres. Le premier – « dispositions générales » – énonce les principes et règles communément applicables. Il est accompagné de trois titres touchant les trois grandes questions du DIP, à savoir le rattachement normatif (le Titre 2 – 51 articles), la compétence internationale des autorités du Québec (le Titre 3 – 21 articles), et enfin, la reconnaissance et l'exécution des décisions étrangères (le Titre 4 – 14 articles). Les règles sont ainsi organisées selon un plan ordonné, un plan qui suit bien « la structure taxinomique »[5] du Code civil, avec « des principes qui chapeautent des règles plus précises »[6].

D'aucuns peuvent trouver que la place des règles de compétence internationale et de reconnaissance des jugements étrangers aurait dû être dans le *Code de procédure civile*[7]. Le choix contraire du codificateur a été expliqué dans le Rapport de l'O.R.C.C., publié en 1978, en ligne avec l'esprit de la codification. En effet, au lieu de « répartir les règles du DIP dans le corps du Code civil et du Code de procédure civile au regard des matières correspondantes », il a été convenu de « grouper toutes les dispositions qui relèvent du droit international

---

[1] Dans son commentaire, la Chambre des notaires du Québec, *Mémoire de la Chambre des notaires du Québec. Projet de loi 125 – Code civil du Québec*, vol. t. II « Livre sixième au Livre dixième » (Montréal, 1991), 3, considère avec justesse le Livre X comme « un code à l'intérieur d'un code ».

[2] Jeffrey Talpis et Jean-Gabriel Castel, « Le Code civil du Québec. Interprétation des règles du droit international privé », in *La réforme du Code civil*, t. 3 « Priorités et hypothèques, preuve et prescription, publicité des droits, droit international privé, dispositions transitoires » (Québec : Presses de l'Université Laval, 1993), 808.

[3] H. Patrick Glenn, « Codification of Private International Law in Quebec », *RabelsZ* 60 (1996) : 232.

[4] H. Patrick Glenn, « Réflexions sur la codification du droit international privé au Québec et en Europe », *R.D.U.S.* 11 (1980) : 233.

[5] Cette structure du Code civil est décrite par Messieurs John E. C. BRIERLEY et Roderick A. MACDONALD, *Quebec Civil Law : An Introduction to Quebec Private Law*, Toronto, Emond Montgomery, 1993, p. 102-104, cité et traduit par la Cour suprême dans Dell Computer Corp. *c.* Union des consommateurs, [2007] 2 R.C.S. 801 paragr. 14, consulté le 1 novembre 2017, comme suit : « [Le Code] est d'abord divisé en grands livres – par exemple, des personnes, des biens, des modes d'acquisition des biens, du droit commercial – chacun d'eux étant subdivisés en titres. Les titres du Code sont subdivisés en chapitres qui, à leur tour, sont divisés en sections et parfois en sous sections. Ainsi, toutes les notions relevant d'un domaine particulier du droit sont dérivées logiquement des principes fondamentaux, développées méticuleusement et ordonnées systématiquement… ».

[6] Gaudet, « Le Livre X du Code civil du Québec : Bilan et enjeux », 313.

[7] Code de procédure civile, RLRQ, c. C-25.01 (ci-après « C.p.c. »).

privé et qui se trouvent disséminées un peu partout »[1]. Cet esprit de codification s'exprime clairement dans le livre X, aussi comme dans l'ensemble du *Code civil du Québec*, celui de construire « un ensemble organique, ordonné, structuré, agencé et cohérent »[2] des règles. L'effet de systématisation améliore énormément l'accès au DIP, car le lecteur peut tout trouver dans un seul texte, au lieu d'effectuer une recherche colossale dans de multiples instruments.

De plus, il ne s'agissait pas seulement et simplement d'adopter une gamme de règles écrites et de les rassembler dans un texte législatif. La codification de 1994 a été l'occasion d'une réforme totale et radicale du DIP québécois – on peut même parler d'une réécriture de ce droit –, avec l'introduction d'un grand nombre de nouveautés permettant de combler ses innombrables lacunes. Une lecture des commentaires du ministre de la Justice sur le *Code civil du Québec* révèle que 70% des dispositions du livre X sont de droit nouveau[3] par rapport à 30% (en moyenne) de tout le Code civil[4].

L'exemple le plus notable est le Titre 3 portant sur la compétence internationale des autorités québécoises, permettant désormais aux tribunaux d'établir leur compétence dans des litiges internationaux, au lieu de chercher à adapter des règles internes comme dans le passé. De même, le chapitre relatif à la compétence internationale des autorités étrangères est inédit. Ces règles de « compétence indirecte » assez particulières du Québec ont été introduites comme une des conditions pour donner effet aux jugements étrangers sur le territoire québécois, grâce à un contrôle de la compétence des autorités étrangères, effectué selon les critères québécois. Concernant le rattachement normatif, régi par le Titre 2, plusieurs nouveautés ont été introduites, tant parmi les principes généraux pour servir de cadre à l'application des règles spécifiques qu'en ce qui concerne les solutions détaillées pour des sous-catégories.

Les dispositions générales qui débutent le Livre X C.c.Q. incorporent les développements récents du DIP, telles que les lois d'application immédiate, l'ordre public international, la qualification, le renvoi et le principe de proximité, qui sont inclus dans plusieurs codifications nationales de l'époque. Elles servent désormais de cadre pour l'interprétation des règles de rattachement exposées tout au long du livre X. Dans certains cas, elles ont mis fin aux applications jusque-là divergentes en raison du caractère lacunaire du DIP québécois avant la codification[5]. Un grand nombre de règles spécifiques ont été élaborées pour

---

[1] Québec, Office de révision du Code civil, *Rapport sur le Code civil du Québec*, 1978, Vol. II, t. 2 « Livres 5 à 9 – Commentaires » : 976.

[2] Paul-André Crépeau, « Une certaine conception de la recodification », in *Du Code civil du Québec : contribution à l'histoire immédiate d'une recodification réussie*, éd. par Jean-Guy Belley, Nicholas Kasirer, et Serge Lortie (Montréal : Éditions Thémis, 2005), 40.

[3] 62 sur 93 articles du Livre X le sont et 23 sur 93 articles le sont plus ou moins. Voir : Ministère de la Justice du Québec, *Code civil du Québec. Commentaires du ministre de la Justice* (Montréal : Publications du Québec, 1993), 1019-57.

[4] Jean-François Niort, « Le nouveau Code civil du Québec et la théorie de la Codification : une perspective française », *Droits* 24 (1996) : 137.

[5] Comme le cas de la qualification des rapports juridiques et du renvoi. Voir *supra*, chapitre I, 1. « Les problèmes du droit international privé québécois et du droit international privé vietnamien en l'absence de codification ».

couvrir la plus large gamme de questions que le codificateur a pu envisager, liées au rattachement.

Des lacunes étant comblées, la sécurité juridique est mieux assurée, car on peut éviter les vides juridiques et mettre fin aux ambiguïtés créées par la jurisprudence et par la doctrine, faute d'instructions du législateur. Les tribunaux peuvent désormais trouver la solution ou sont guidés dans la recherche des solutions pour presque tous les problèmes du DIP, grâce aux règles codifiées assez complètes.

De plus, la codification n'a pas seulement pour effet de faire valoir les règles écrites, elle contribue aussi à affirmer leur autonomie dans le système juridique fédéral. En premier lieu, la primauté des règles codifiées a été consacrée par la Cour suprême du Canada dans *Spar Aerospace*[1]. En raison de la codification, les tribunaux doivent désormais s'aligner tout d'abord sur le libellé des dispositions du Livre X, ce qui incite à une application plus uniforme. En deuxième lieu, les règles codifiées québécoises sont en soi autosuffisantes par rapport aux exigences constitutionnelles. Autrement dit, elles ont été confectionnées de façon à prendre en compte ces exigences, toujours selon la Cour suprême. Tel est, par exemple, le cas de l'article 3148 C.c.Q. sur les critères de compétence internationale des tribunaux québécois dans les actions personnelles à caractère patrimonial, qui est considéré comme ayant inclus la condition de l'existence du « lien réel et substantiel », condition établie par la jurisprudence de la plus haute juridiction du pays avant l'adoption du *Code civil du Québec*[2]. En dernier lieu, la codification a été l'occasion de réaffirmer l'identité du droit civiliste dans certains cas. On peut mentionner, à titre d'exemple, le retour du rattachement traditionnel en matière de responsabilité civile dans le DIP québécois – la règle de la *lex loci delicti* à l'article 3126 C.c.Q. – après des années sous le règne du test de la « *double actionability* » provenant du système de *common law*, imposée au Québec depuis 1930 par la Cour suprême du Canada, faute de règles édictées par le législateur de la province[3].

L'effet modernisateur de la codification

« Moderniser » est un des objectifs donnés pour la réforme du DIP québécois dans le cadre de la révision du Code civil[4]. La codification de 1994 a réussi à lui apporter la modernité, tant dans la forme que dans le fond. Datant du XIXe siècle, les quelques règles de DIP contenues dans le *Code civil du Bas-Canada*, ainsi que la terminologie étaient devenues obsolètes[5]. Dans plusieurs cas, la jurisprudence développée en l'absence d'instructions législatives était ambigüe et controversée.

---

[1] *Spar Aerospace Ltée* c. *American Mobile Satellite Corp.*, [2002] 4 R.C.S. 205.

[2] Spar Aerospace Ltée *c.* American Mobile Satellite Corp., [2002] 4 R.C.S. 205 paragr. 55 et suiv., dans la lignée de *Morguard Investments Ltd.* c. *De Savoye*, [1990] 3 R.C.S. 1077 ; *Hunt* c. *T&L plc.*, [1993] 4 R.C.S. 289.

[3] Voir *supra*, chapitre I, 1. « Les problèmes du droit international privé québécois et du droit international privé vietnamien en l'absence de codification ».

[4] Québec, Office de révision du Code civil, *Rapport sur le Code civil du Québec*, 1978, Vol. II, t. 2 « Livres 5 à 9 – Commentaires » : 975.

[5] Claude Emanuelli, *Droit international privé québécois*, 3e éd. (Montréal : Wilson & Lafleur, 2011), 43.

L'action législative a été importante pour doter le DIP québécois d'un caractère novateur, afin de répondre aux besoins croissants des échanges commerciaux et de la circulation des personnes. Ainsi, le législateur « a pris parti dans plusieurs controverses (par exemple pour la qualification, le renvoi, etc.) et a innové en tenant compte des tendances modernes (protection de certains intérêts, comme ceux du consommateur, du créancier alimentaire, du travailleur, etc.) [...] On constate donc, de la part du législateur, un effort remarquable qui dépasse une codification du droit positif, pour proposer des règles représentant un développement considérable du droit international privé québécois »[1].

Dans cette lignée de modernité, on observe dans le Livre X C.c.Q. une grande évolution méthodologique vers la pluralité, avec la combinaison des méthodes unilatérale et bilatérale, des rattachements multiples et la prise en compte de la « justice matérielle » permettant de faire valoir, dans certains cas, l'intérêt de la personne concernée ou de la politique législative[2]. Comme dans l'ensemble du Code civil, « le vocabulaire a été renouvelé, rajeuni »[3]. Plusieurs nouveaux concepts et procédés ont été reçus dans le code après de vifs débats, tels que la prestation caractéristique eu égard aux obligations contractuelles (art. 3113 C.c.Q.), ou bien la règle du miroir dans le contrôle de la compétence des autorités étrangères (art. 3164 C.c.Q.).

La codification a été également une occasion pour importer des principes modernes du DIP, tels que le principe de proximité et l'autonomie de la volonté. Les règles exceptionnelles de compétence, comme le *forum non conveniens* et la litispendance, sont désormais expressément reconnues. Il s'agit d'une réforme importante, même si elle est, dans certains cas, contestable.

À l'occasion de la codification, certaines règles devenues dépassées ont été supprimées pour répondre au besoin des échanges commerciaux et pour prendre en compte l'évolution du DIP dans d'autres systèmes juridiques. Tel est le cas de la révision de fond d'un jugement étranger préalable à la reconnaissance, qui est désormais interdite (art. 3158 C.c.Q.). Les conditions de reconnaissance deviennent maintenant identiques tant pour les jugements étrangers que pour ceux des autres provinces canadiennes[4]. De même en ce qui concerne les règles sur la preuve du droit étranger devant les tribunaux québécois, l'article 2809 prévoit désormais que le juge peut prendre connaissance d'office du droit étranger, à

[1] Jeffrey A. Talpis et Gérald Goldstein, « Analyse critique de l'avant-projet de la loi du Québec en droit international privé », *R. du N.* 91 (1989) : 301-2.

[2] Par exemple, l'article 3091 C.c.Q. prévoit un rattachement normatif basé sur le choix du facteur de rattachement parmi plusieurs, en fonction de l'intérêt de l'enfant (la loi qui lui est la plus avantageuse). Les articles 3117 et 3118 contiennent des clauses protégeant le consommateur et le travailleur lorsque la loi désignée dans leur contrat les prive de la protection nécessaire. Ces dispositions expriment bien la politique du Québec de protéger certains groupes de personnes.

[3] Paul-André Crépeau, « Réflexions sur la Codification du Droit Privé », *Osgoode Hall Law Journal* 38 (2000) : 292.

[4] Castel, *Droit international privé québécois*, 842-43. Sous le régime des articles 178 à 180 de l'ancien *Code de procédure civile* (1965), la procédure de reconnaissance des jugements étrangers comprenait la révision de fond, alors que les jugements rendus dans une autre province du Canada possédaient de l'autorité de la chose jugée et en conséquence, n'étaient pas soumis à la révision de fond pour leur reconnaissance au Québec.

condition seulement qu'il soit allégué[1]. Il n'est plus obligatoire pour les parties de prouver le droit étranger, sauf si le juge le demande.

Parmi les innovations, la codification consacre la théorie des lois d'application nécessaire, développée par la doctrine européenne des années 1960[2]. Le nouveau DIP prévoit également la possibilité de prendre en compte des dispositions impératives étrangères sous certaines conditions. Cette possibilité permettrait « aux parties d'obtenir plus facilement la reconnaissance de leur jugement dans l'État concerné », selon la justification du codificateur[3].

La vérification de la compétence internationale des autorités étrangères comme une des conditions de reconnaissance des jugements étrangers est désormais codifiée avec des nouveautés. Avant 1994, les règles sur la compétence indirecte étaient établies par la jurisprudence suivant les motifs différents en fonction de la nature du litige[4], car cette question subissait les mêmes lacunes que la compétence directe des autorités québécoises. Le codificateur a introduit, à l'article 3164, la règle dite du « miroir », qui prévoit une vérification de la compétence des autorités étrangères basée sur les règles de compétence applicables aux autorités québécoises, mais assortie d'une condition additionnelle du lien de rattachement important entre le litige et l'État étranger. Il faut cependant noter que cette nouvelle règle a rapidement posé des problèmes d'application, que nous aborderons plus loin.

Enfin, l'introduction de la nationalité comme un des facteurs de rattachement – quoique subsidiaire ou additionnel – dans le système de DIP québécois, où elle n'a pas de valeur pratique en raison du statut fédéré de la province, montre la volonté du codificateur de tenir compte de la réalité courante dans plusieurs autres pays où celle-ci demeure le facteur de rattachement principal.

L'effet révélateur de la codification

L'esprit de la codification a été expliqué justement par la Cour suprême du Canada dans *Dell Computer* en ces termes : « La codification implique donc une réflexion sur l'ensemble des normes et sur leur organisation à l'intérieur d'un document central dans le but de simplifier les règles, de les clarifier et, ainsi, de les rendre plus accessibles. L'organisation des normes constitue une caractéristique essentielle de la codification »[5].

---

[1] Pourtant, du point de vue du professeur Alain Prujiner, « Livre dixième : Droit international privé », in *Les livres du Code civil du Québec*, éd. par Marie-France Bureau et Mathieu Devinat (Sherbrooke : Éditions de la Revue de droit de l'Université de Sherbrooke, 2014), 346, cette disposition reste insatisfaisante, car en imposant le devoir d'alléguer le droit étranger, le législateur a attribué au droit étranger un « statut inférieur », ce qui « entraîne une fragilité certaine à l'ensemble du Livre X ». Malgré cette critique, il s'agit déjà d'une amélioration, car le droit étranger ne doit plus être prouvé pour pouvoir être appliqué.

[2] Voir Phocion Francescakis, « Quelques précisions sur les "lois d'application immédiate" et leurs rapports avec les règles de conflits de lois », *R.C.D.I.P.* 55 (1966) : 1.

[3] Ministère de la Justice du Québec, *Code civil du Québec. Commentaires du ministre de la Justice*, 1021.

[4] Groffier, *Précis de droit international privé québécois*, 285-99.

[5] Dell Computer Corp. *c.* Union des consommateurs, [2007] 2 R.C.S. 801 paragr. 14.

Dans une large mesure, la codification de 1994 a apporté de nettes améliorations en termes d'intelligibilité, grâce à son effet de rationalisation. Elle a été une occasion précieuse pour reconsidérer des solutions autrefois ambigües, sources de divergences doctrinales et jurisprudentielles et d'introduire de nouvelles règles issues d'une réflexion attentive. Il s'agit tout d'abord d'une bonne articulation entre prévisibilité et flexibilité. « Le livre X atteint [...] un équilibre entre flexibilité et prévisibilité tout à fait remarquable. Il établit de nombreuses règles assez précises, tout en les dotant de mécanismes d'adaptation bien conçus »[1].

En effet, d'une part, la sécurité juridique est renforcée par « l'extension du domaine de l'autonomie de la volonté »[2] et l'exclusion du renvoi, ainsi que la clarification de certaines questions fondamentales, telles que la qualification et l'ordre public en DIP. « La précision de nouvelles règles a augmenté la prévisibilité des solutions de nombreuses questions »[3].

D'autre part, la flexibilité, indispensable au DIP, est garantie par l'introduction du principe de proximité – énoncé implicitement dans la clause échappatoire à l'article 3082 et explicitement à l'article 3112 concernant la loi applicable aux contrats – et d'autres mécanismes dérogatoires partout dans le Livre, ainsi que par l'adoption de la pluralité des méthodes de rattachement.

Pour parler de l'effet de rationalisation, empruntons le constat du professeur Alain Prujiner selon lequel la codification, dont le résultat est incarné dans le Livre X C.c.Q., « a doté le Québec de mécanismes de rattachement parmi les plus performants dans le monde actuel »[4].

La réforme a en effet permis d'adopter des solutions plus rationnelles. En termes de rattachement juridictionnel, des règles propres à la compétence internationale ont été conçues et les conditions de reconnaissance des jugements étrangers ont été « considérablement simplifiées »[5]. Quant au rattachement normatif, les règles générales sont suffisamment clarifiées pour servir de cadre à l'interprétation des règles spécifiques.

À cette rationalité substantielle s'ajoute la rationalité formelle. Elle touche la structure du Livre portant sur le DIP. À l'inverse du Code civil, le codificateur de 1994 a adopté, pour le livre X, « une position intermédiaire entre une codification très détaillée, résolvant exhaustivement tous les problèmes susceptibles de se présenter et une codification de caractère plus général, n'indiquant que de solutions de principe »[6].

Les trois titres représentant les trois piliers du DIP (rattachement normatif, la compétence internationale et la reconnaissance des décisions étrangères) exposent

---

[1] Prujiner, « Livre dixième : Droit international privé », 446.

[2] Talpis et Castel, « Le Code civil du Québec. Interprétation des règles du droit international privé », 920.

[3] Prujiner, « Livre dixième : Droit international privé », 345.

[4] Prujiner, 357.

[5] Groffier, *La réforme du droit international privé québécois, supplément au Précis de droit international privé québécois*, 3.

[6] Talpis et Goldstein, « Analyse critique de l'avant-projet de la loi du Québec en droit international privé », 300.

les règles de base du rattachement, telles que les dispositions régissant les questions relatives à l'ordre public, à la pluralité législative, à la qualification, au renvoi, et surtout au principe de proximité. Chaque titre commence par des dispositions générales énonçant les principes de rattachement communs, suivies de dispositions particulières traitant des situations concrètes que peuvent connaître les sous-catégories de rattachement. Cette structure d'entonnoir, inhérente à tout code et qui reflète la pensée civiliste déductive, facilite la recherche et l'application des bonnes solutions pour une situation donnée. Il en va de même pour le mode de présentation, car le livre X « expose de manière très visible la fonction générale de rattachement, normatif ou juridictionnel du droit international privé »[1]. Cette clarté, qui va de pair avec le regroupement des règles du domaine en un tout juridique, a considérablement amélioré l'accessibilité du DIP, tant pour les professionnels que pour le public.

Sur ce plan, l'auteure Madeleine Cantin Cumyn trouve que « le déploiement du droit international privé » est une des réalisations dans le cadre de la réforme Code civil dont les praticiens sont « particulièrement satisfaits »[2].

Aussi, la codification a-t-elle sans doute une utilité pédagogique. Elle facilite l'enseignement et l'étude du DIP, car les règles sont désormais beaucoup plus faciles à repérer dans le Code civil et à explorer. À l'expérience du professeur A. Prujiner dans son enseignement de la matière, il s'agit d'un changement qualitatif important. En effet, avant la codification, « les professeurs de droit international privé québécois enseignaient, avec une base législative extrêmement restreinte, une matière fondée surtout sur des données doctrinales et une jurisprudence éparse »[3]. À la suite de la codification, l'enseignement de ce droit est désormais appuyé « par une abondante législation, ainsi qu'une jurisprudence beaucoup plus développée » et « la matière jouit [...] d'un statut respectable auprès des étudiants »[4]. La codification a ainsi créé de nouvelles conditions beaucoup plus favorables tant pour les professeurs dans leur enseignement que pour les étudiants dans leur apprentissage de cette discipline complexe et difficile. Cela élargit encore l'accessibilité et la diffusion des connaissances sur le DIP.

2.1.2 Une codification inspirée et inspirante

La codification québécoise s'inscrit dans le mouvement général de codifications qu'ont connu les pays de droit civiliste au XXe siècle[5]. Il s'agit d'une codification fortement inspirée des solutions du droit conventionnel et du droit codifié à cette époque, comme l'a affirmé le ministre de la Justice dans son

---

[1] Prujiner, « Livre dixième : Droit international privé », 344.

[2] Madeleine Cantin Cumyn, « Les innovations du *Code civil du Québec*, un premier plan », *C. de D.* 46 (2005) : 474.

[3] Prujiner, « Livre dixième : Droit international privé », 353.

[4] Prujiner, 353.

[5] Voir Horatia Muir Watt, « La codification en droit international privé », *Droits* 27 (1998) : 150 ; Overbeck, « Les questions générales du droit international privé à la lumière des codifications et projets récents : cours général de droit international privé » ; Jayme, « Considérations historiques et actuelles sur la codification du droit international privé ».

commentaire sur le Code civil[1]. Cette inspiration a non seulement permis de rendre le DIP québécois plus complet, mais lui a également apporté la modernité et la rationalité recherchées, grâce aux leçons apprises de l'expérience internationale et étrangère. Elle a ainsi contribué grandement au succès de la codification québécoise, qui est, à son tour, devenue une source d'inspiration pour d'autres pays.

L'inspiration internationale et étrangère dans le droit international privé québécois codifié

La grande réforme du DIP québécois avait trouvé son inspiration dans des conventions internationales et des codifications nationales de certains pays. Cette inspiration variait selon les différentes étapes de la codification au Québec, qui s'est étalée sur une durée de près de trente ans, avec des changements de circonstances.

Dans un premier temps (1965-1977), le Comité sur le droit international privé s'est notamment inspiré du projet français de « loi complétant le Code civil en matière de droit international privé »[2], et des efforts d'unification de la Conférence de La Haye. Les solutions adoptées par les autres provinces du Canada et le pays voisin, les États-Unis, ont aussi été prises en considération[3]. Les codifications ou projets de codification dans d'autres pays civilistes, notamment en Europe, ont alors été ignorés. Cela a produit un écho sur la structure du texte du neuvième Livre, ainsi que sur les règles de rattachement principales qui s'y trouvaient. Dans son commentaire comparatif de certaines codifications nationales du DIP à cette époque, le professeur H. Patrick Glenn constate que « le projet québécois [...] démontre le moins de chaleur à l'égard de certains courants doctrinaux et jurisprudentiels qui se sont affirmés pendant les quarante dernières années »[4].

À partir de 1985, les travaux entrepris dans le cadre du Comité de réforme du Code civil ont apporté une toute nouvelle couleur en termes d'influence. L'élaboration de nouvelles règles était particulièrement inspirée du DIP suisse[5], dont la codification a été achevée en décembre 1987[6]. Le projet québécois dénote cette fois l'influence des « théories nouvelles que l'on retrouve dans les codifications européennes récentes », alors que « la grande révolution du droit international privé américain », contrairement à la période précédente, « s'est peu fait sentir au Québec »[7].

---

[1] Ministère de la Justice du Québec, *Code civil du Québec. Commentaires du ministre de la Justice*, 1019.

[2] Il faut noter que ce projet n'est resté que projet, la France n'étant jamais arrivée à la codification de son DIP.

[3] Québec, Office de révision du Code civil, *Rapport sur le Code civil du Québec*, 1978, Vol. II, t. 2 « Livres 5 à 9 – Commentaires » : 975.

[4] Glenn, « Réflexions sur la codification du droit international privé au Québec et en Europe », 239.

[5] Goldstein et Groffier, *Droit international privé*, t. I « Théorie générale », 38.

[6] *Loi fédérale sur le droit international privé*, adoptée le 18 décembre 1987 et entrée en vigueur le 1er janvier 1989.

[7] Goldstein et Groffier, *Droit international privé*, t. I « Théorie générale », 37. Aussi, le professeur P. Glenn remarque le fait que le Québec n'a pas opté pour la méthode américaine du « *comparative impairment* » dans la détermination de la compétence et de la loi applicable, contrairement au choix

Les principales sources d'inspiration du Livre X sont donc les Conventions de La Haye, des règles uniformisées européennes et le DIP suisse codifié.

Les commentaires du ministre de la Justice montrent que le codificateur a, pour formuler les solutions de rattachement pour le Québec, consulté un nombre important des Conventions de La Haye, y compris celles dont le Canada n'est pas membre[1]. On peut citer, par exemple, la *Convention de 1961 concernant la compétence des autorités et la loi applicable en matière de protection des mineurs*, la *Convention de 1980 sur les aspects civils de l'enlèvement international d'enfants* et la *Convention de 1965 sur les accords d'élection de for de La Haye*, qui ont inspiré les règles relatives à la compétence internationale des autorités québécoises. Le Titre 4 du Livre X portant sur la reconnaissance des jugements étrangers a été élaboré sur la base du modèle des conventions de La Haye dans ce domaine[2]. Enfin, on retrouve l'empreinte des conventions relatives à la loi applicable dans chaque article des titres premier et seconde du Livre X C.c.Q.[3].

Les conventions de La Haye offrent « une véritable harmonisation du droit international privé entre les divers États dans le monde » et sont les moyens par lesquels « les divers législateurs s'inspirent mutuellement » – a constaté le professeur A. Prujiner[4]. La rétention des solutions prises dans ces conventions a donc offert aux règles codifiées dans le livre X un caractère moderne, rationnel et harmonieux. C'est aussi ce qui a motivé le choix de l'O.R.C.C. dès le début : « promouvoir l'uniformité des solutions »[5]. Ces sources d'inspiration ont également permis d'introduire dans le droit québécois de nouveaux concepts, théories et solutions. Le livre X C.c.Q. témoigne bien « de l'intégration du droit québécois dans les courants internationaux les plus actifs en droit international privé »[6]. Cette attitude favorable du Québec envers les conventions de La Haye

de la Louisiane, un autre système de droit mixte comme le Québec, dans sa codification mise en œuvre au même temps. Glenn, « Codification of Private International Law in Quebec », 233.

[1] Ministère de la Justice du Québec, *Code civil du Québec. Commentaires du ministre de la Justice*, 1019-56.

[2] La Convention de 1971 sur la reconnaissance et l'exécution des jugements étrangers en matière civile et commerciale, la Convention de 1958 concernant la reconnaissance et l'exécution des décisions en matière d'obligations alimentaires envers les enfants et la Convention de 1970 sur la reconnaissance des divorces et des séparations de corps.

[3] Convention de 1989 sur la loi applicable aux successions à cause de mort (art. 3077, 3098 et 3099 C.c.Q.) ; Convention de 1961 sur les conflits de lois en matière de forme des dispositions testamentaires (art. 3109 C.c.Q.), Convention de 1978 sur la loi applicable aux contrats d'intermédiaires et à la représentation (art. 3079 et 3116 C.c.Q.), Convention de 1985 relative à la loi applicable au trust et à sa reconnaissance (art. 3079, 3080, 3107, 3108 et 3112 C.c.Q.), Convention de 1986 sur la loi applicable aux contrats de vente internationale de marchandise (art. 3080, 3114, 3115 C.c.Q.), Convention de 1955 sur la loi applicable aux ventes à caractère international d'objet (art. 3114 et 3115 C.c.Q.), Convention de 1961 concernant la compétence des autorités et la loi applicable en matière de protection des mineurs (art. 3084 C.c.Q.), Convention de 1973 sur la loi applicable aux obligations alimentaires (art. 3094 à 3096 C.c.Q.), Convention de 1978 sur la loi applicable aux régimes matrimoniaux (art. 3123 C.c.Q.)

[4] Prujiner, « Livre dixième : Droit international privé », 352.

[5] Québec, Office de révision du Code civil, *Rapport sur le Code civil du Québec*, 1978, Vol. II, t. 2 « Livres 5 à 9 – Commentaires » : 976.

[6] Prujiner, « Livre dixième : Droit international privé », 352.

prouve la participation active de la province au mouvement d'unification internationale du DIP.

Outre les conventions de La Haye, le Québec s'est également inspiré des règles européennes unifiées dans la *Convention de Rome sur la loi applicable aux obligations contractuelles*[1]. Cette convention, qui était en vigueur dans les pays membres de la Communauté européenne dans les années 1980, a unifié les règles de rattachement normatif concernant les obligations contractuelles, qui ont été par la suite incorporées dans les codifications nationales de ses membres[2]. On retrouve son inspiration dans les articles 3077 (système plurilégislatif), 3079 (dispositions impératives étrangères), 3080 (renvoi), 3109 (forme de l'acte juridique – avec la suggestion des rattachements multiples) du Code civil. À ce s'ajoutent les articles portant sur la loi applicable aux contrats – avec l'introduction du principe de l'autonomie de la volonté à l'article 3111 C.c.Q., du principe de proximité à l'article 3112 C.c.Q., de la notion de prescription caractéristique à l'article 3113 C.c.Q. pour déterminer les liens les plus étroits entre le contrat et l'ordre juridique, et de la protection de la partie faible dans certains contrats, tels que contrats de consommation et contrats de travail, aux articles 3117 et 3118 C.c.Q.

La codification québécoise s'inspire également des droits étrangers pour certaines solutions de rattachement. À titre d'exemple, l'article 3100 C.c.Q. apportant des correctifs à l'application de la loi successorale sur des biens situés à l'étranger a repris la solution courante dans plusieurs pays[3] comme la France[4], la Belgique[5], le Chili[6], la Colombie[7] et l'Équateur[8]. De son côté, la loi hongroise a inspiré le deuxième paragraphe de l'article 3078 C.c.Q, qui prévoit la possibilité de tenir compte de la qualification étrangère lorsque celle-ci est inconnue au Québec[9].

Surtout, on peut retracer tout au long du livre X du Code civil québécois[10] l'influence de la Loi suisse de droit international privé[11], qui incorpore des

---

[1] « Convention de Rome de 1980 sur la loi applicable aux obligations contractuelles », J.O.U.E. n° C 027, 26 janvier 1998, p. 34, consulté le 12 avril 2019 (ci-après « Convention de Rome de 1980 »).
[2] François Rigaux, « Codification of Private International Law : Pros and Cons », *La. L. Rev.* 60 (2000) : 1326-27.
[3] Voir Ministère de la Justice du Québec, *Code civil du Québec. Commentaires du ministre de la Justice*, 1029.
[4] Loi de 1819 sur le prélèvement, art. 14-7.
[5] Loi de 1865 sur le prélèvement, art. 4.
[6] Code de 1855, art. 955.
[7] Code civil de 1886, art. 1054.
[8] Code civil de 1861, art. 1065.
[9] *Décret-loi n° 13/1979 du Présidium de la République populaire hongroise sur le droit international privé*, voir : Ministère de la Justice du Québec, *Code civil du Québec. Commentaires du ministre de la Justice*, 1020.
[10] Aux articles 3076, 3079, 3082, 3087, 3089, 3091, 3097, 3102, 3112, 3113, 3114, 3116, 3117, 3118, 3120, 3121, 3126, 3127, 3128, 3133, 3134, 3136, 3138, 3141, 3143, 3145, 3147, 3149, 3155, 3167 et 3168 C.c.Q.
[11] Loi fédérale du 18 décembre 1987 sur le droit international privé.

solutions modernes et fonctionnelles[1] issues d'une codification réussie préalable à la codification québécoise.

Le législateur québécois n'a cependant pas repris le modèle suisse tel quel, notamment en ce qui concerne la structure du code qu'il cherche à adapter au contexte québécois[2]. De même, étant donné que la province est entourée du monde de *common law*, on peut voir à plusieurs reprises une combinaison des solutions du droit continental et du droit anglo-saxon ou l'introduction des institutions de la *common law* dans le DIP québécois.

À titre d'exemple, l'article 3137 C.c.Q. sur la litispendance internationale est en quelque sorte une conciliation. Tout en reprenant le modèle suisse concernant la condition de plausibilité de la reconnaissance du jugement étranger, il écarte le caractère automatique de la litispendance, en la soumettant au pouvoir discrétionnaire du tribunal saisi, une souplesse trouvée dans l'approche des pays de *common law*[3]. Enfin, certaines institutions de la *common law* ont été introduites dans la codification, inspirées des lois uniformes de la Conférence sur l'uniformisation des lois au Canada de 1987[4].

En bref, le Québec a profité pleinement de l'expérience internationale et étrangère de l'époque et, en général, a su bien combiner les différentes approches pour bâtir un « code » de DIP qui atteint en grande partie les objectifs de la codification – la systématisation, la rationalisation et la modernisation des règles. L'utilité de cette codification inspirée a été bien démontrée pour le DIP québécois.

L'influence de la codification québécoise

La codification québécoise du droit civil, dont le DIP, est devenue, à son tour, source d'inspiration pour plusieurs autres pays[5]. Du point de vue des praticiens Yolanda Boti et Victor Boti, « le Code civil du Québec [a] un impact important auprès de plusieurs systèmes juridiques de droit dans le monde. La disponibilité du Code civil en anglais, en plus du français, la langue officielle du Québec, a facilité son exportation dans de nombreux pays, notamment ceux d'Afrique, ainsi

---

[1] Alain Prujiner, « Le droit international privé au Québec : une codification de la flexibilité et de l'autonomie de la volonté », in *Colloque du trentenaire 1975-2005 : Regards croisés sur le droit privé (22 et 23 septembre, Faculté de droit, Université McGill)*, éd. par Centre de recherche en droit privé et comparé du Québec (Cowansville : Éditions Yvon Blais, 2008), 80.

[2] Le Québec a choisi d'être fidèle au plan classique des trois parties – rattachement normatif, compétence internationale, reconnaissance des jugements étrangers (avec des dispositions générales suivies de dispositions particulières) –, au lieu d'une « division tripartite pour chaque sujet particulier » pour éviter des répétitions qui rendent le texte plus lourd : Groffier, « La réforme du droit international privé québécois », 587.

[3] Goldstein et Groffier, *Droit international privé*, t. I « Théorie générale », 324.

[4] À savoir l'*Uniform Personal Property Security Act*, qui inspire les articles 3103 à 3106 C.c.Q. concernant les sûretés mobilières ; la *Loi uniforme sur les règles de conflit de loi en matière de fiducie* dont les articles 5 et 6 ont servi de modèle pour la rédaction de l'article 3108 C.c.Q.

[5] Il s'agit de pays de l'Amérique latine et de l'Europe de l'Est (Argentine, Brésil, Roumanie, Slovaquie, Slovénie, Bulgarie, etc.). Voir Jean-Louis Baudouin et Pierre-Gabriel Jobin, « Le Code civil français et les Codes civils québécois », in *Le Code civil 1804-2004. Livre du Bicentenaire* (Paris : Dalloz/LexisNexis, 2004), 650.

que dans la réforme du Code civil en Russie, en Espagne, en Bulgarie et [...] en Roumanie »[1].

À titre d'exemple, le *Code civil du Québec* a été choisi par le législateur roumain comme source principale de référence pour la refonte de son Code civil (dont le DIP, codifié dans le Livre Septième), travail qui a duré plus de dix ans, à compter de 1997[2]. L'auteur Marian Nicolae énumère les motifs de ce choix qui, outre les raisons pratiques liées à l'accord d'assistance technique entre le Québec et la Roumanie, étaient le caractère mixte et moderne du système juridique québécois. En effet, le codificateur roumain a vu dans le nouveau *Code civil du Québec* « le dépositaire des plus nouvelles tendances de modernisation et d'uniformisation en matière », qui a su démontrer « la possible conciliation entre deux systèmes traditionnellement opposés »[3]. On peut aussi citer la recodification du droit civil argentin, inspirée par la modernité et de l'« effort intéressant de conciliation du droit continental avec le droit anglo-saxon » du *Code civil du Québec*[4].

En somme, la codification québécoise peut servir de modèle pour d'autres pays qui cherchent à se lancer dans un tel processus. Son utilité a été amplement démontrée à travers les résultats observés. Sont surtout appréciés les efforts du Québec d'avoir intégré dans son DIP des solutions harmonisées au niveau multilatéral, contenues dans les Conventions de La Haye et celles de l'Europe, ainsi que des solutions modernes et rationnelles, formulées grâce au travail de droit comparé. Enfin, comme nous l'avons mentionné, le droit québécois se fait remarquer par la capacité de conciliation de solutions provenant de différentes sources, y compris des traditions juridiques très différentes.

À notre avis, le DIP étant un droit « à l'intersection [des] ordres juridiques, dont il doit assurer la coordination »[5], une telle capacité constitue sans aucun doute un gage de réussite de toute codification inspirée du modèle québécois, « modèle vivant de droit comparé »[6]. L'expérience québécoise sera un bon modèle pour le Vietnam, qui est lui aussi prêt à apprendre d'autres systèmes juridiques pour réformer son droit privé en général.

2.1.3 Une codification à succès relatif

Malgré son succès indéniable, la codification du DIP québécois en 1994 laisse encore à désirer, tant dans la forme que dans le fond.

---

[1] Yolanda Boti et Victor Boti, « Code civil du Québec et ses influences dans la réforme du Code civil roumain », consulté le 2 novembre 2021, www.umk.ro/images/documente/publicatii/Buletin19/6_code.pdf, p 8.

[2] Avasilencei Catalina, « La codification des conflits de lois dans le nouveau Code civil roumain : une nouvelle forme en attente d'un contentieux », *R.C.D.I.P.* 101 (2012) : 247.

[3] Nicolae et Bob, « La recodification du droit civil roumain en quête de modèle », 118-19.

[4] Rivera, « Le projet de code civil pour la République argentine », 309. Voir aussi Georges Aubé, « Le *Code civil du Québec* : source d'inspiration pour la recodification du droit civil argentin », *Entracte*, vol 13, n° 12, 23 septembre 2004, consulté le 20 décembre 2020, à la page 2.

[5] Oppetit, « Le droit international privé, droit savant », 377.

[6] Niort, « Le nouveau Code civil du Québec et la théorie de la Codification : une perspective française », 135.

Un regret dans la forme tout d'abord. Si l'on est arrivé à rassembler la plupart des règles de DIP dans le Livre X de sorte que ce dernier peut être considéré comme équivalent à un « code de droit international privé », quelques autres se trouvent encore éparpillées dans différents textes juridiques. On regrettera par exemple que les règles sur l'arbitrage international, ainsi que la reconnaissance des sentences arbitrales étrangères continuent à rester dans le *Code de procédure civile* (art. 649 à 655), alors que celles sur la compétence internationale des tribunaux québécois et celles sur la reconnaissance des jugements étrangers figurent dans le *Code civil du Québec*. Ainsi, si le DIP est considéré, dans l'optique de son autonomie par rapport aux autres branches de droit, comme « un corps de règles qui est plus en lien avec les autres règles du même type existant ailleurs qu'avec le contenu des normes juridiques internes » et constituant « une discipline distincte »[1], la codification de 1994 n'est qu'à mi-chemin de ce parcours. Cet inconvénient est expliqué en partie par l'emplacement du DIP dans le Code civil, plutôt que dans un texte distinct, ce qui limite sans doute le champ des règles à inclure[2]. Le fait qu'un livre complet consacré au DIP risque d'induire en erreur le lecteur au sujet de son exhaustivité et de l'incite à ne pas fouiller ailleurs.

En ce qui concerne la substance, plusieurs problèmes qui restent ou qui surgissent à la suite de la codification appellent aussi à une réévaluation de la codification en quête d'une meilleure rationalité. Sauf dans les domaines où le choix des parties a la primauté, certains auteurs trouvent que « le Code n'assure pas un haut degré de sécurité juridique et de prévisibilité en raison des nombreux mécanismes dérogatoires qu'il contient, comme la clause échappatoire, et les règles d'application nécessaire du for et étrangère »[3]. Il ne l'est non plus en raison de l'extension du pouvoir discrétionnaire du juge dans plusieurs cas du rattachement juridictionnel, tels que la litispendance (art. 3137 C.c.Q.), le for de nécessité (art. 3136 C.c.Q.), les mesures provisoires ou de sauvegarde (art. 3138 et 3140), bien que ces formules de *common law* favorisent une certaine souplesse. L'introduction de la doctrine du *forum non conveniens* dans un système de droit codifié augmente encore cette incertitude et incite aux abus[4]. L'article 3164 C.c.Q. est un autre exemple d'une rédaction non soignée de la règle du miroir qui peut conduire à des interprétations divergentes par la jurisprudence et par la doctrine[5], à l'encontre de l'esprit de la codification.

---

[1] Prujiner, « Livre dixième : Droit international privé », 352-53.

[2] Nous l'aborderons en détail dans une vue critique au deuxième chapitre de ce livre.

[3] Talpis et Castel, « Le Code civil du Québec. Interprétation des règles du droit international privé », 920.

[4] Sur ce sujet, voir Sylvette Guillemard, Alain Prujiner, et Frédérique Sabourin, « Les difficultés de l'introduction du *forum non conveniens* en droit québécois », *C. de D.* 36 (1995) : 913 ; Sylvette Guillemard et Marjorie Tête, « *Forum non conveniens* au Québec, une vingtaine d'années plus tard : encore quelques questions non résolues », *R.Q.D.I.* 25 (2012) : 175 ; Sylvette Guillemard, « Chronique – Le libellé de l'article 3135 C.c.Q. : l'exception confirme la règle », *Repères*, avril 2013, EYB2013REP1339 (La Référence).

[5] Voir Sylvette Guillemard et Van Anh Ly, « La décision *Barer* et l'article 3164 C.c.Q. : encore beaucoup de buée sur le miroir », *R. du N.* 121 (2019) : 317.

On constate également que « certains problèmes sont ignorés par le Livre X »[1]. À titre d'exemple, l'absence de définition de la notion de « règles d'application nécessaire » dans l'article 3076 pourrait poser des problèmes d'interprétation lors de l'application de cette disposition. De même, le Livre X est silencieux sur les questions préalables, le conflit mobile et la fraude à la loi. L'explication de cette omission peut être trouvée dans certains cas, mais pas dans tous. À titre d'illustration, concernant les règles d'application nécessaire, le choix était tellement difficile que le législateur a finalement opté pour une description générale, équivalant, pour certains, à une « trop large discrétion judiciaire », car la précision était au contraire considérée comme « trop restrictive »[2].

Ce défaut peut néanmoins s'expliquer. Selon les professeurs J. Talpis et J.-G. Castel,

> [s]i le législateur a sacrifié un certain degré de sécurité juridique et de prévisibilité, c'est pour pouvoir atteindre un objectif encore plus important : permettre aux autorités québécoises de rendre une justice plus humaine. Cet objectif impose d'écarter l'application d'une loi désignée ou la compétence d'une autorité, lorsque la solution qui en résulterait ne correspondrait pas à l'idéal de justice qui est celui du Québec[3].

En résumé, pour citer le professeur Claude Emanuelli, le bilan est « plutôt positif dans l'ensemble »[4]. La codification a permis d'atteindre les objectifs importants fixés dès le début pour le DIP québécois, qui sont de se doter d'un corps de règles « aussi complet que possible », la sécurité juridique trouvée dans la certitude des solutions, des règles claires et précises, tout en restant flexible, afin de favoriser le commerce international et les relations humaines. Au-delà de la stabilité juridique, la codification a amélioré notamment l'accessibilité et l'éligibilité d'un droit longtemps considéré comme compliqué et inaccessible.

2.2 Les résultats attendus de la codification du droit international privé vietnamien

Contrairement à ce que l'on connaît du Québec, au Vietnam, la jurisprudence joue un rôle minime dans l'évolution du droit, et la contribution de la doctrine aux travaux législatifs n'est que très récente. Se doter d'un corps juridique le plus complet et le mieux organisé possible est l'objectif primordial pour le Vietnam, au service d'une gouvernance efficace d'une société qui évolue très rapidement. Le DIP vietnamien, dont les défauts ont été analysés dans le chapitre précédent, est en attente d'une codification globale pour résoudre ses problèmes radicaux. Celle-ci devrait permettre tout d'abord d'améliorer la sécurité juridique grâce à une meilleure rationalité formelle et substantielle de ce droit. Elle serait en outre

---

[1] Emanuelli, *Droit international privé québécois*, 46.

[2] Certains suggèrent « de ne considérer que les règles dont le caractère impératif est explicité par le législateur ». Voir Gil Rémillard, « Présentation du projet de Code civil du Québec », *R.G.D.* 22 (1991) : 75.

[3] Talpis et Castel, « Le Code civil du Québec. Interprétation des règles du droit international privé », 920.

[4] Emanuelli, *Droit international privé québécois*, 46.

une occasion de modernisation, indispensable face aux changements du contexte socio-économique national et mondial.

2.2.1 La rationalisation du droit international privé

Essentiellement, la sécurité juridique s'exprime dans la prévisibilité, la stabilité et l'accessibilité des règles de droit. Le DIP vietnamien, dans son état actuel, n'a pas ces qualités[1]. Une codification globale promettrait de remédier à l'insécurité juridique, par son effet de rationalisation tant de la forme que du contenu.

La rationalisation formelle

La codification est « une méthode qui permet de délimiter, au sein de la législation, des ensembles ordonnés de dispositions afin d'en faciliter le repérage et la compréhension par les usagers de la loi »[2].

Les règles de DIP se trouvent actuellement dispersées partout dans le système juridique vietnamien. Cela affecte sans aucun doute l'accès à ce droit, car la recherche des règles applicables pour résoudre une situation donnée est rendue beaucoup trop difficile, même pour les professionnels, qui font face à une tâche de fouille énorme, dispendieuse et décourageante. La difficulté d'accès au DIP vietnamien explique en partie son inefficacité pratique, car les parties au litige se sentent découragées de l'alléguer, et les tribunaux, réticents à appliquer les règles d'un droit qui nécessite des recherches laborieuses.

La systématisation des normes pour en assurer la cohérence au sein du système juridique attire depuis longtemps l'attention du législateur vietnamien, mais il a fallu attendre pour matérialiser cet objectif. La première *Loi sur la promulgation des actes normatifs*[3], adoptée en 1996 dans le courant de la réforme juridique au service du Renouveau et de l'ouverture du pays, prévoyait, à l'article 8, que les différents organismes d'État devraient procéder régulièrement à la révision et à la systématisation des normes juridiques « dans leur domaine de responsabilité », et proposer, à cette fin, des modifications ou l'abrogation des règles devenues contradictoires ou désuètes. Il ne s'agit toutefois pas d'un travail de systématisation mais plutôt de modifications sporadiques.

Seule une codification globale permettra d'obtenir une systématisation efficace grâce au regroupement de toutes les règles jusqu'alors dispersées et à leur intégration dans un seul corpus juridique, selon un plan ordonné.

Rappelons que la doctrine distingue souvent deux types de « codification » : la « codification-modification » et la « codification-compilation ». La première est celle qui « opère une modification plus ou moins importante de ces textes

---

[1] Voir *supra*, chapitre I, 1. « Les problèmes du droit international privé québécois et du droit international privé vietnamien en l'absence de codification ».

[2] Michel Sparer et Wallace Schwab, *Rédaction des lois : rendez-vous du droit et de la culture* (Québec : Conseil de la langue française, 1980), 107.

[3] « Loi sur la promulgation des actes normatifs », nº 52-L/CTN du 12 novembre 1996.

rassemblés », alors que la seconde n'est qu'« un simple rassemblement de textes existants mis en forme »[1].

Certains trouvent que la codification-compilation suffit pour améliorer l'accès au droit, car le regroupement de toutes les règles d'un domaine de droit donné à un même endroit est simple et ne représente aucun risque de bouleversement du système juridique existant, puisqu'aucune intervention législative n'est requise.

Le Vietnam semble avoir adopté cette vision afin d'améliorer l'accessibilité de son droit. En 2008, la *Loi sur la promulgation des actes normatifs*[2] inclut, en ce qui concerne la systématisation des normes, une disposition concrétisant cette tâche. Il s'agit de l'article 93 (2), qui prévoit la révision, le regroupement et l'organisation des normes juridiques en vigueur dans des « compilations »[3]. Une nouvelle loi adoptée en 2015 impose la mise en place, en plus des « compilations », de « recueils systématiques d'actes normatifs »[4].

La production des compilations[5] doit suivre les directives fixées dans l'*Ordonnance sur la codification du système des normes juridiques*[6]. Ce processus n'implique aucun acte du législateur, c'est-à-dire de l'Assemblée nationale

---

[1] Cabrillac, « La codification : histoire, définitions, attentes », 11. D'autres appellations sont utilisées pour distinguer ces deux types de codifications. Par exemple, Philippe Stoffel-Munck, « Les résultats de la codification », *R.J.O.I.* 4 (2005) : 121, utilise les termes de « codification réelle » ou « codification substantielle » pour désigner toute « œuvre intellectuelle [...] qui a pour objet de fondre un corpus juridique ancien et hétérogène en un matériau nouveau, durable, inoxydable comme l'acier », et le terme de « codification formelle » qui n'est, selon l'auteur, qu'une compilation, un travail d'éditeur plus que de législateur. Le doyen Gérard Cornu, « Codification », in *Vocabulaire juridique* (Paris : Presses universitaires de France, 2016), quant à lui, distingue la « codification à droit nouveau », qui signifie « [l]a codification dite réelle, donnant naissance à une œuvre nouvelle [...] », avec la « codification à droit constant », qui est « purement formelle », une « codification administrative (par décret) de textes préexistants reclassés selon leur nature (partie législative, partie réglementaire) non modifiés en substance ».

[2] « Loi sur la promulgation des actes normatifs », n° 17/2008/QH12 du 3 juin 2008.

[3] [en vietnamien] « *Bộ pháp điển* ». En 2012, une Ordonnance a été promulguée par le Comité permanent de l'Assemblée nationale pour détailler le processus : « Ordonnance sur la codification du système des normes juridiques », n° 03/2012/UBTVQH13 du 16 avril 2012. Le ministère de la Justice à cette époque explique ce choix : « Puisque la codification est compliquée, et qu'on n'a pas beaucoup d'expérience, il nous faut l'effectuer d'abord de la façon la plus facile possible. Dans un premier temps, nous codifierons à "droit constant" pour acquérir de l'expérience afin de mettre en œuvre du contenu classique dans un processus plus complexe ». Discours de M. Le Thanh Long, Vice-ministre de la Justice, 2012, cité et traduit par Nguyen, « La codification française comme référence pour le législateur vietnamien », 123.

[4] [en vietnamien] « *Tập hệ thống hóa văn bản quy phạm pháp luật* » : Loi sur la promulgation des actes normatifs, art. 169 et 170.

[5] En vertu de l'article 7, les normes juridiques seront regroupées selon 45 thèmes, mais cette liste est ouverte aux modifications nécessaires.

[6] Ordonnance sur la codification du système des normes juridiques, art. 3.

> 1. La codification ne conduira pas au changement du contenu des règles juridiques concernées ;
> 2. Les règles juridiques seront classées en ordre, en fonction de leurs effets dans le système juridique ;
> 3. Les compilations devront être mises à jour grâce à l'inclusion des normes nouvellement promulguées et l'enlèvement des normes abrogées ;
> 4. Le processus de codification doit être conforme à l'attribution de compétence et à la procédure prévue.

vietnamienne. Elle est purement l'œuvre du gouvernement, qui en est le seul responsable. En effet, toujours selon l'Ordonnance, les compilations, une fois achevées, seront approuvées par le gouvernement et par la suite publiées, en version numérique uniquement, sur la page officielle de codification[1]. Cette page est gérée par le ministère de la Justice, qui détient le droit de propriété intellectuelle, au nom du gouvernement (art. 12). Quant à l'effet juridique de ces compilations, l'Ordonnance prévoit clairement qu'elles ne constituent pas de nouvelles lois et ne remplacent pas les textes normatifs en vigueur.

Un processus de « codification formelle » est donc mis en place et devrait s'achever en 2023[2]. Cependant, une dizaine d'années après son lancement, les résultats observés restent très modestes. De plus, outre quelques thèmes qui concernent le statut des étrangers au Vietnam[3] et le statut des Vietnamiens à l'étranger[4], on constate avec regret qu'il n'y a aucun thème portant proprement sur le DIP.

Certes, chaque codification comprend avant tout un volet de compilation, qui consiste en un rassemblement et une organisation des textes en vigueur selon un certain ordre logique pour faciliter leur recherche. La recodification du droit civil au Québec en offre un exemple. À l'occasion du lancement du premier projet du nouveau Code civil en 1978, le professeur Paul-André Crépeau, directeur de l'O.R.C.C., a écrit : « le Projet de Code civil que nous présentons ne paraîtra, aux yeux de ceux, nombreux, qui ont suivi les travaux de l'Office de révision du Code civil, ni tout à fait inédit, ni tout à fait familier. [L]a même volonté imposait aussi de conserver du droit existant tout ce qu'il n'était pas nécessaire de changer »[5].

Cependant, au-delà d'un simple travail de regroupement des règles existantes, une codification doit être nécessairement modificatrice et rénovatrice. La compilation seule peut rendre le droit plus accessible, mais ne suffit pas pour assurer sa cohérence et pour améliorer son intelligibilité. Une fois les règles regroupées et mises l'une à côté de l'autre, il pourrait arriver en effet qu'elles entrent en contradiction, que des chevauchements ou, au contraire, des lacunes apparaissent. Il est alors nécessaire de procéder aux modifications pour supprimer les dispositions répétitives ou en conflit et combler les lacunes par des règles nouvelles. Cette intervention est indispensable à la cohérence des normes rassemblées.

Ce travail de réorganisation facilitera le repérage et la compréhension des règles désormais disponibles dans un ensemble ordonné. La codification réduit

---

[1] Voir en ligne : <phapdien.moj.gov.vn/Pages/home.aspx> (page consultée le 3 novembre 2021).

[2] On doute cependant de cet objectif, car comme la loi change constamment, la codification formelle, étant un processus d'adaptation et de mise à jour sans intervention de l'organe législatif, ne s'achèvera jamais.

[3] À savoir l'entrée et le séjour des étrangers au Vietnam (nº 1.8), l'enregistrement et les activités des ONG au Vietnam (nº 23.3), les bureaux de représentation des organisations de coopération étrangères (nº 23.7), la presse étrangère au Vietnam (nº 32.2).

[4] À savoir « Les vietnamiens travaillant à l'étranger en convention de travail » (nº 20.3), « Les Vietnamiens résidant à l'étranger » (nº 23.8), « La publication des ouvrages vietnamiens à l'étranger » (nº 41.3).

[5] Paul-André Crépeau, « Préface », in *Rapport sur le Code civil du Québec*, par Office de révision du Code civil, Vol. I (Québec : Éditeur officiel du Québec, 1978), XXX.

ainsi ce qu'on appelle le « labyrinthe inextricable des lois »[1]. On peut donc dire qu'elle est « saluée par tous comme un instrument de stabilisation et de clarification du droit, et donc comme le gage d'un droit intelligible et accessible »[2].

L'amélioration de l'accès au DIP incitera sa prise de connaissance par le public, son recours plus fréquent par les justiciables dans leur vie quotidienne et son application plus régulière par l'appareil judiciaire. Cet avantage est d'autant plus important pour le DIP, considéré comme un droit savant, qui est presque inaccessible au grand public. Grâce à une meilleure connaissance du DIP, une personne concernée pourrait mieux imaginer, avant d'entrer dans une relation transnationale ou lorsqu'un litige survient, que sa cause pourrait ou non être entendue devant les tribunaux vietnamiens, quelle loi (vietnamienne ou étrangère) serait appliquée et avec quelle conséquence, etc. Une meilleure application par les tribunaux vietnamiens pourrait aussi augmenter la chance de voir les décisions vietnamiennes reconnues et exécutées à l'étranger. À titre d'exemple, si les tribunaux vietnamiens appliquent attentivement la règle relative à la litispendance ou celle à la compétence exclusive étrangère, leurs jugements se heurteront moins au risque de non-reconnaissance dans les États étrangers où la reconnaissance est recherchée, pour le motif de la chose jugée ou du fait que le litige soit soumis à la compétence exclusive de ces États.

Cette réorganisation permettra également d'identifier des contradictions entre les règles existantes, les lacunes et désuétudes. La codification devient donc une occasion pour « faire le bilan du droit positif dans une matière donnée, [qui] permet d'une part de repérer les défauts intellectuels ou formels de cette législation et, d'autre part, de percevoir les besoins d'actualisation de ce secteur du droit »[3]. Ainsi, la rationalisation formelle va de pair avec la rationalisation substantielle.

La rationalisation substantielle

« Si la codification du droit international privé ne peut se justifier par le souci d'en faire connaître les solutions, elle peut être envisagée comme un moyen de les fixer »[4].

Différentes réformes mises en œuvre au fil du temps ont permis d'inclure au DIP vietnamien de plus en plus de solutions spécifiques et de raffiner plusieurs règles générales pour encadrer la recherche des solutions. Néanmoins, des défauts existent encore, par exemple en ce qui concerne la qualification, question de base pour l'application des règles de rattachement spécifiques, et la notion de règles d'application nécessaire, qui sont absentes, ainsi que l'ambiguïté qui persiste concernant le principe de l'autonomie de la volonté ou l'exception d'ordre public… Les règles conçues ou modifiées occasionnellement selon différents modèles étrangers rencontrent parfois un problème de cohérence. Tous ces défauts

[1] Crépeau, « Réflexions sur la Codification du Droit Privé », 290.
[2] Grimaldi, « "Code et codification" : pour souligner le dixième anniversaire de l'entrée en vigueur du *Code civil du Québec* et le bicentenaire du Code Napoléon », 18.
[3] Sparer et Schwab, *Rédaction des lois*, 108.
[4] Heuzé, « Recodifier le droit international privé? », 406.

sont dus essentiellement au manque de considérations théoriques dans leur ensemble.

La codification peut intervenir pour améliorer la rationalité des normes, ainsi que leur cohérence.

La rationalité des normes

La codification est sans aucun doute l'occasion pour une révision attentive des normes dans le but de les rendre plus rationnelles et plus intelligibles. Cela est vrai autant pour les normes existantes qui feront l'objet des modifications nécessaires que pour des normes nouvelles qui seront introduites dans le système. L'illustration de cette qualité de la codification peut se trouver à travers le Livre X C.c.Q., où les règles législatives révisées et celles codifiant la pratique[1] côtoient les règles complètement nouvelles, rédigées par les comités de rédaction, le tout poursuivant un but de clarté et de prévisibilité.

Ainsi, le premier effet rationalisant de la codification est de mettre fin aux ambiguïtés des normes. Une étude critique du DIP vietnamien montrera un manque de clarté, surtout en ce qui concerne le rattachement juridictionnel. En effet, les règles trop générales font en sorte que le juge vietnamien peut avoir compétence pour entendre tous les litiges transnationaux dès qu'il y a un lien quelconque avec le Vietnam[2]. Cette façon large de déterminer la compétence internationale rend les tribunaux nationaux surchargés. De plus et surtout, elle entraîne la difficulté de faire reconnaître les jugements vietnamiens à l'étranger à cause de l'inexistence du lien de rattachement important entre le litige et le Vietnam[3]. De même, les dispositions portant sur l'élection de for ne sont pas claires et peuvent conduire à des interprétations contradictoires[4].

La rationalité des normes s'exprime également dans la rationalité des solutions apportées par les normes elles-mêmes, dont la reconsidération devrait être poussée par la codification. Ce sera donc l'occasion pour le Vietnam de clarifier plusieurs points de controverse dans son DIP, tels que l'autorité des règles de rattachement, l'intervention de l'ordre public et le mécanisme de renvoi[5].

La rationalité implique aussi leur complétude. Lorsque les règles se rassemblent dans un ordre logique, il est plus facile de découvrir des lacunes à combler. La codification permettra ainsi d'introduire des dispositions sur la

[1] La moitié environ des dispositions du Livre X C.c.Q. reprend des articles du C.c.B.C., des lois spéciales et des règlements, avec des modifications et adaptations au nouveau contexte d'une part et d'autre part, codifie la jurisprudence majoritaire, ou dans certains cas, minoritaire, comme le cas de la doctrine du *forum non conveniens*. Voir : Ministère de la Justice du Québec, *Code civil du Québec. Commentaires du ministre de la Justice*, 1019-56 ; Groffier, « La réforme du droit international privé québécois ».

[2] Voir : Code de procédure de 2015, art. 469.

[3] C'est l'un des critères appliqués par plusieurs pays pour vérifier la compétence des autorités étrangères qui ont rendu le jugement à reconnaître. Par exemple, en vertu de l'article 3164 C.c.Q., « [l]a compétence des autorités étrangères est établies suivant les règles de compétence applicables aux autorités québécoises en vertu du titre troisième du présent livre, *dans le mesure où le litige se rattache d'une façon importante à l'État dont l'autorité a été saisie* » (nos italiques).

[4] Voir *infra*, chapitre III, 1.2 « L'évolution du rôle de la volonté en droit international privé ».

[5] Ly, « Le renvoi en droit international privé vietnamien : Commentaires de la disposition du Code civil de 2015 ». Voir aussi *infra*, partie III qui étudie en détail le contenu de la codification.

qualification, nécessaire pour guider l'application des règles de rattachement spécifiques, ainsi que sur les règles d'application nécessaire, car plusieurs existent dans les lois spéciales, mais le DIP ne les mentionne nulle part. Il est temps également d'ajouter plus de règles de rattachement spécifiques pour les sous-catégories, encore peu nombreuses, au corps de DIP vietnamien. Dans le contexte où les règles écrites demeurent la source quasi exclusive du droit vietnamien, la complétude des règles contribuera à l'efficacité de ce droit.

La codification contribuera enfin à assurer une certaine stabilité pour le DIP. Le regroupement des règles de rattachement, jusqu'à maintenant dispersées dans d'autres lois, permettra de réduire leurs changements continus en lien avec la réforme du droit substantiel. Certes, il y a un risque de stagnation du droit codifié. Pourtant, la stabilité semble plus importante dans le contexte de l'inflation normative que connaît actuellement le Vietnam.

La cohérence entre les normes

Puisque l'un des effets de la codification est la systématisation des normes, elle assure une certaine cohérence entre elles. En effet, comme les textes dispersés sont désormais rapprochés selon un plan logique, il est plus facile de détecter des contradictions pour y remédier. Des modifications nécessaires doivent donc être mises en œuvre pour garantir cette cohérence.

Pour mémoire, la codification de 1994 a permis au Québec de résoudre plusieurs contradictions créées par la jurisprudence, par exemple dans le domaine du renvoi, de la qualification et de certaines solutions de rattachement. Dans son rapport publié en 1978, l'O.R.C.C. a expliqué son travail de révision dans le but d'assurer la cohérence au sein du DIP nouveau et avec l'ensemble du système juridique :

> [L]'Office de révision du Code civil n'a pas hésité à entreprendre la révision du droit international privé, en se livrant à un examen critique [...] des règles en vigueur au Québec [...]
>
> L'on a aussi examiné certaines matières dont les règles internes de droit matériel relèvent de la compétence législative fédérale, afin de proposer des règles de conflits correspondantes, tout en étant conscient des difficultés d'ordre constitutionnel qu'elles peuvent soulever. [...]
>
> Enfin, l'on a examiné les dispositions qui, dans les diverses lois statutaires, se rapportant au droit international privé afin de suggérer les modifications qui paraissent s'imposer[1].

Une codification globale devrait aussi permettre de résoudre le problème fondamental du DIP vietnamien : l'incohérence en raison de l'éclatement des règles dans une multitude de textes législatifs et réglementaires. Elle en assurera surtout l'uniformisation des solutions.

Le premier effet de la codification quant à l'unification des solutions réside dans l'uniformisation nécessaire des définitions, qui demeurent dans plusieurs cas

[1] Québec, Office de révision du Code civil, *Rapport sur le Code civil du Québec*, 1978, Vol. II, t. 2 « Livres 5 à 9 – Commentaires » : 975-76.

très divergentes pour les mêmes termes[1]. Le langage uniforme implique également la cohérence des termes utilisés, ce qui fait encore défaut au sein du DIP vietnamien, en raison de son état fragmentaire et de sa rédaction par différents acteurs.

Ce sera aussi l'occasion de rendre plus uniformes les solutions incluses dans différents textes qui sont jusqu'à maintenant très divergentes pour un même problème, par exemple le recours à l'exception d'ordre public[2] et le rattachement normatif pour les contrats[3].

Enfin, le rassemblement des règles dans un code réduirait le risque de modifications sporadiques, qui menacent l'unité du DIP. Les révisions, si elles ont lieu, se feront dans une vue d'ensemble.

2.2.2 La modernisation du droit international privé

En plus de l'effet de rationalisation, la codification offre aussi l'opportunité de rénover le droit. La modernisation du DIP vient du besoin de l'adaptation à l'évolution du contexte socio-économique et juridique interne, mais aussi de la nécessité de l'harmonisation internationale.

Rappelons que la codification du DIP québécois a été motivée en partie par l'évolution rapide de l'immigration et du commerce international, qui nécessitait de nouvelles solutions. Basée sur la consultation d'un large éventail de conventions internationales et régionales, ainsi que de codifications nationales antérieures, la codification de 1994 a largement permis cette modernisation.

Au Vietnam, ce besoin se fait sentir à la suite de l'ouverture économique du pays, notamment depuis sa participation à un grand nombre d'accords commerciaux multilatéraux et régionaux, ainsi qu'aux traités d'unification du droit privé et du DIP, y compris ceux de la Conférence de La Haye. La toute récente réforme du droit civil vietnamien a permis d'adopter plusieurs solutions modernes pour le DIP, formulées sur le modèle des Conventions de La Haye et de l'Europe, et de certains modèles nationaux[4]. La codification à venir devrait permettre de poursuivre cette voie d'innovation dans une vision plus globale.

L'évolution du contexte socio-économique

Le droit doit évoluer pour s'adapter aux changements socio-économiques, tant sur le plan international qu'au niveau national. Dans le domaine du DIP, certaines

---

[1] Il s'agit, par exemple, de la notion d'« élément d'extranéité », qui est définie différemment dans les textes, des termes de « domicile » et de « résidence » qui sont utilisés dans les sens différents selon les lois. Voir *supra*, chapitre I, 1. « Les problèmes du droit international privé québécois et du droit international privé vietnamien en l'absence de codification ».

[2] Les conditions fixées diffèrent largement entre le Code civil, le Code maritime, la Loi sur le mariage et la famille et la Loi sur le commerce.

[3] La différence est remarquée entre l'article 683 du Code civil de 2015 qui prévoit le rattachement multiple pour la validité de forme et l'article 4 de la Loi sur l'aviation civile, qui impose un facteur de rattachement unique.

[4] La révision du DIP a bénéficié de l'aide d'experts provenant de la France, du Japon, de l'Allemagne et des États-Unis. Voir Ngo et Ly, « Le nouveau droit international privé vietnamien : grand pas et faux pas de la réforme », 616.

nouvelles donnes incitent à cette modernisation, occasionnée par la codification à venir.

Selon le professeur Yves Lequette, depuis le XXe siècle, « le monde est emporté par un double mouvement » qui est la mondialisation et la fondamentalisation[1]. La mondialisation s'exprime non seulement dans l'« accroissement de la vie internationale se traduisant par une circulation accrue des personnes et des biens », mais aussi et au-delà, dans la « remise en cause de la division du monde en États souverains »[2]. La fondamentalisation du droit, quant à elle, se rapporte à l'importance accordée aux droits et libertés fondamentales. Dans le domaine du DIP, ces deux facteurs influencent la création d'un nouveau paradigme conflictuel, caractérisé par le recul de l'État en faveur des individus dans la régularisation de leurs activités privées[3].

Il ne faut pas attendre des années 2010 pour découvrir les impacts de ce changement. Douze ans avant le discours de M. Yves Lequette en 2016 sur la mutation du DIP dans ce qu'il appelle le « monde d'après », la professeure Horatia Muir Watt avait parlé, dans son cours à La Haye en 2004, du « triple changement de paradigme » dû à la « globalisation économique »[4]. Ce triple changement réside dans l'avènement d'un monde virtuel, qui dilue la signification des frontières étatiques, et dans la tendance à la déréglementation en faveur de la liberté des acteurs privés sur le marché, personnes physiques ou morales[5].

Ces mutations ont eu des effets sur le DIP, qui s'expriment notamment dans la promotion du rôle primordial de la volonté. Elles continuent à nourrir les débats sur l'innovation de cette branche de droit concernant d'autres questions.

Au Vietnam, la réforme partielle en 2015 du DIP a été effectuée pour tenir compte de la progression rapide des flux commerciaux et d'investissements que le pays souhaite promouvoir davantage. Ainsi, le champ d'application du principe d'autonomie de la volonté a été élargi pour le rattachement normatif[6] et on entrevoit l'autorisation du choix des parties dans les nouvelles règles de compétence internationale[7]. Cela montre l'attirance du pays vers la modernité du DIP, en ligne avec l'évolution des circonstances connues dans le monde.

Cela n'empêche pas cependant que plusieurs aspects sont toujours inadaptés au nouveau contexte et nécessitent par conséquent une nouvelle réforme plus fondamentale.

---

[1] Yves Lequette, « Les mutations du droit international privé : vers un changement de paradigme? », *R.C.A.D.I.* 387 (2016) : 303.
[2] Lequette, 303.
[3] Lequette, 405 et 406.
[4] Horatia Muir Watt, « Aspects économiques du droit international privé (réflexions sur l'impact de la globalisation économique sur les fondements des conflits de lois et de juridictions) », *R.C.A.D.I.* 307 (2004) : 25.
[5] Muir Watt, 43-45.
[6] Code civil de 2015, art. 664 (2) et 687 (1).
[7] Code de procédure civile de 2015, art. 470 et 472.

L'effet de modernisation de la codification vis-à-vis du droit international privé

La codification offre une chance de modernisation du DIP vietnamien sur plusieurs aspects.

Premièrement, si le rôle de la volonté est assez bien reconnu en matière du rattachement normatif, son exercice reste très modeste en matière juridictionnelle. Or la grande mobilité créée par la globalisation économique et le développement du *forum shopping* ont fait de la compétence juridictionnelle « un enjeu bien plus essentiel que les conflits de lois »[1]. La codification future sera donc l'occasion pour tenir compte de cette réalité à laquelle le DIP vietnamien doit s'adapter.

Deuxièmement, dans le domaine familial, les mariages internationaux impliquant les citoyens vietnamiens sont de plus en plus fréquents. Ils entraînent d'autres problèmes de caractère transfrontalier à résoudre. Si le mariage reste la seule forme d'union légale au Vietnam, dans plusieurs autres pays, différentes formes d'union conjugale sont reconnues par la loi – telles que l'union civile au Québec ou le pacte civil de solidarité en France. La formation de plus en plus fréquente de familles transfrontalières exige une certaine adaptation du DIP pour pouvoir proposer des solutions aux problèmes posés. Cela fait penser, par exemple, à la possibilité de prendre en compte la qualification étrangère, comme l'a fait le codificateur québécois à l'article 3078 al. 2 C.c.Q.

De plus, depuis 2014, la *Loi sur le mariage et la famille* instaure deux régimes matrimoniaux : à côté du régime légal, qui existait jusqu'alors comme l'unique régime matrimonial reconnu au Vietnam, s'est ajouté le régime conventionnel prévu désormais à l'article 28[2]. Les règles de rattachement n'ont pas encore été adaptées à cette évolution[3]. La codification sera donc l'occasion pour le DIP à donner suite à cette innovation dans le droit familial vietnamien.

Le DIP vietnamien n'est pas donc entièrement adapté à l'évolution socio-économique et juridique du pays. Cela fait appel à la modernisation qui pourra se réaliser à l'occasion d'une codification globale. En plus du contexte interne, l'harmonisation internationale est une autre motivation à la modernisation.

La réforme de 2015 illustre ces efforts. À titre d'exemple, pour la première fois, le principe de proximité[4] a été consacré comme un des principes directeurs du rattachement normatif[5]. Aussi, le DIP vietnamien intègre pour la première fois la théorie de la prestation caractéristique pour déterminer la loi ayant les liens les

---

[1] Muir Watt, « Aspects économiques du droit international privé (réflexions sur l'impact de la globalisation économique sur les fondements des conflits de lois et de juridictions) », 41.

[2] « Loi sur le mariage et la famille », n° 52/2014/QH13 du 19 juin 2014, art. 28 (1) : « Les mariés ont le droit de choisir entre le régime matrimonial légal ou le régime matrimonial conventionnel ».

[3] Il faut même dire qu'aucune solution de rattachement n'est encore prévue pour le régime matrimonial en général.

[4] Principe dont la systématisation et le développement sont dus au professeur Paul Lagarde, qui l'a présenté en 1986 dans son cours de DIP à La Haye. Le principe de proximité est vite devenu un des principes classiques et fondamentaux du DIP contemporain. Voir Paul Lagarde, « Le principe de proximité dans le droit international privé contemporain. Cours général de droit international privé », *R.C.A.D.I.* 196 (1986) : 13. Voir aussi *infra*, chapitre III, 2.1 « Le principe de proximité comme principe directeur du rattachement ».

[5] Code civil de 2015, art. 664 (3).

plus étroits avec le contrat international, ainsi que l'exception liée à la protection de la partie plus faible[1].

Mais la mondialisation, comme nous avons pu le constater, a fait apparaître de nouvelles donnes, qui font appel à l'adaptation du DIP. La notion d'« élément d'extranéité » est la première illustration du besoin d'innovation. Classiquement, l'extranéité est toujours déterminée sur une base territoriale[2]. Or, grâce aux progrès technologiques, « le territoire tend à perdre sa signification », et « l'avènement d'espaces virtuels ou purement informationnels »[3] ont rendu de moins en moins appropriée l'approche classique. Comment repérer l'extranéité dans des transactions complètement passées sur l'Internet, où les acteurs anonymes se lient par une simple opération sur l'ordinateur ou le téléphone intelligent, peu importe d'où ils viennent[4] ? Des solutions modernes devront donc être créées pour en tenir compte. De même, le rôle de la résidence comme facteur de rattachement devrait être mis à l'ordre du jour, vu la baisse du rôle de la nationalité – facteur dominant du DIP vietnamien – en raison de la libre circulation des personnes et de la naissance des firmes multinationales.

En somme, en poursuivant les objectifs de rationalité et de modernité, la réforme effectuée en 2015 dans le cadre du Code civil et du Code de procédure civile a jeté les bases pour une codification globale du DIP vietnamien. La nécessité d'une telle codification étant démontrée, il reste à examiner si le contexte socio-politique et juridique est suffisamment favorable pour sa mise en route.

3. L'OPPORTUNITÉ DE LA CODIFICATION DU DROIT INTERNATIONAL PRIVÉ : EXPÉRIENCES DU QUÉBEC ET PERSPECTIVES DU VIETNAM

« Chaque codification apparait liée à l'histoire, aux données sociales, politiques et humaines du cadre géographique et temporel duquel elle est entreprise »[5]. Pouvant être promue par des conditions favorables, mais aussi face aux défis à surmonter, la codification présente des enjeux sociopolitiques et juridiques importants.

La codification du DIP au Québec faisait partie du mouvement de codification connu dans de nombreux pays de tradition civiliste[6]. Elle répondait aux besoins de sécurité juridique d'une société en pleine mutation, prise par la mondialisation,

---

[1] Ibid, art. 683.

[2] Ibid, art. 663 (2) : Le caractère étranger est déterminé grâce à la nationalité des sujets ou à la localisation territoriale des objets ou du rapport juridique même.

[3] Muir Watt, « Aspects économiques du droit international privé (réflexions sur l'impact de la globalisation économique sur les fondements des conflits de lois et de juridictions) », 44.

[4] Pour une analyse ciblée, lire Sylvette Guillemard, *Le droit international privé face au contrat de vente cyberspatial* (Cowansville/Bruxelles : Éditions Yvon Blais/Bruylant, 2006). Voir aussi *infra*, chapitre III, 1.1 « La perception moderne de certains éléments de base du droit international privé ».

[5] Cabrillac, *Les codifications*, 136.

[6] H. Patrick Glenn, « Droit international privé », in *La réforme du Code civil*, t. 3 « Priorités et hypothèques, preuve et prescription, publicité des droits, droit international privé, dispositions transitoires » (Québec : Presses de l'Université Laval, 1993), 673.

dont témoignait la croissance spectaculaire des flux migratoires et des échanges commerciaux. Inscrite dans la recodification globale du droit civil, elle a éprouvé des moments alternatifs de stagnation et d'avancement, en fonction des hauts et des bas des circonstances politiques, durant tout le processus (1955-1994).

En général, toute codification de droit fait face aux critiques sur son aspect rigide. Pour reprendre les termes de Paul-André Crépeau, quand il décrit le vieillissement du *Code civil du Bas-Canada*, « le plus sérieux est, sans doute, pour qui n'y prend garde, une certaine tendance à figer les politiques législatives et, ainsi, à amorcer une situation dangereuse : celle d'un décalage grandissant entre les réalités et la loi appelée à les régir »[1].

Dans le domaine du DIP, les oppositions à la codification sont d'autant plus fortes, en raison de ses caractères particuliers. En effet, à part sa nouveauté, qui laisse douter de l'efficacité d'une codification, sa souplesse et son adaptabilité appellent à « dénoncer le principe même de la codification »[2]. Il y a aussi des doutes sur le succès de la codification du DIP, vu sa complexité extrême, tant dans son contenu que dans ses sources. Ainsi, selon le professeur Pierre Mayer, « le caractère particulièrement complexe des problèmes appelle une conception des règles à partir de l'examen des cas concrets. Faute de ce guide, l'esprit humain, quelle que soit sa puissance d'abstraction, risque d'errer »[3]. La codification implique aussi des modifications aux règles existantes, d'où la crainte d'un bouleversement du système juridique. Ce sont des facteurs à considérer de façon attentive par le futur codificateur vietnamien.

Au Vietnam, des doutes existent encore sur l'opportunité d'une codification globale du DIP, vu l'état actuel du droit vietnamien en général et du DIP en particulier. Certains auteurs voient dans ce processus plus de risques que d'intérêts. Ils plaident vigoureusement pour le maintien du *statu quo*, avec des modifications « sur mesure » aux règles existantes si nécessaire, car le succès d'une codification globale est, à leur avis, trop incertain[4].

Toutefois, comme le Québec d'il y a un demi-siècle, il est possible de voir, pour le Vietnam d'aujourd'hui, des conditions favorables à la codification du DIP, tant sur le plan socio-politique que sur le plan juridique (3.1). Par ailleurs, les obstacles à cette codification ne sont pas grands au point de pouvoir empêcher ou retarder ce processus (3.2).

3.1 Les conditions favorables à la codification

Dans son livre sur les codifications, le professeur Rémy Cabrillac a montré l'« alchimie [indispensable] d'un besoin social et d'une volonté politique » vis-à-

---

[1] Crépeau, « Une certaine conception de la recodification », 26.

[2] Hervé Lecuyer, « La codification du droit international privé », *R.J.O.I.* 4 (2001) : 68.

[3] Pierre Lalive, « Les réactions de la doctrine à la création du droit par les juges en droit international privé », in *Trav. Ass. Capitant*, vol. t. XXXI (Economica, 1982), 388. Pierre Mayer, « Les réactions de la doctrine à la création du droit par les juges en droit international privé », *Trav. Ass. Capitant*, t. XXXI, Economica, 1982, p. 388, cité dans Hervé Lecuyer, « La codification du droit international privé ».

[4] Nguyen, « Bases théoriques et pratiques pour la réforme du système des règles de conflit au Vietnam » ; Quoc Tuan Banh, « La non-codification : tendance inévitable du droit international privé vietnamien pour la période à venir », *Études législatives* 285 (2015) : 23.

vis de toute codification[1]. De même, en parlant de la recodification du code civil québécois, le juge Jean-Louis Baudouin a écrit : « Recodifier n'est pas simplement un exercice de style ou une coquetterie doctrinale. La recodification ne peut être, en effet, que l'aboutissement d'une volonté sociale et politique »[2]. Aux conditions sociopolitiques, devraient sans doute s'ajouter des conditions juridiques favorables, qui s'expriment notamment dans le niveau de développement du droit à codifier même, soit dans le cas qui nous occupe, le DIP.

3.1.1 Les conditions sociales

L'opportunité d'une codification est née tout d'abord du besoin social d'un cadre juridique adapté à l'évolution de la société : « Pas de code sans besoin social : un code imposé par le seul pouvoir politique qui ne répondait pas à un besoin social de sécurité juridique paraît voué à l'ineffectivité »[3]. Dans le domaine du DIP, c'est l'épanouissement des relations transfrontalières qui stimule le besoin d'adaptation juridique. Un droit lacunaire, incohérent et obsolète compromettrait sa capacité d'encadrer de façon efficace les relations transnationales, de plus en plus complexes. Telle est la situation observée au Québec au milieu du siècle dernier et celle au Vietnam aujourd'hui. La codification est donc considérée comme un bon remède pour améliorer la sécurité juridique, propice à l'ouverture économique et sociale. La clarté et l'accessibilité du droit, mieux assurées par l'effet de systématisation de la codification, rassureraient les partenaires économiques du pays.

Le besoin social de sécurité juridique

Après un siècle d'existence, le *Code civil du Bas-Canada* était devenu inadapté à la société québécoise en peine évolution, d'où la nécessité d'une recodification globale du droit civil[4]. Le caractère obsolète était souligné partout dans l'ancien Code : « Il s'agit du décalage de la plupart des institutions de droit civil par rapport à l'ensemble de la vie sociale et économique du Québec. Ce décalage, cette désharmonisation s'accentuent chaque jour davantage »[5]. M. Jean Turgeon avait ainsi écrit sur ce sujet : « [L]expérience acquise, les progrès de la science et les conditions économiques et sociales nouvelles exigent une revision complète tenant compte de la recherche scientifique »[6].

Dans ce contexte, la réforme du DIP au moyen de la codification est d'autant plus motivée par les besoins socio-économiques particuliers de l'après-guerre mondial, comme le démontre l'O.R.C.C. dans son rapport sur le projet du nouveau Code civil :

---

[1] Cabrillac, *Les codifications*, 86.

[2] Jean-Louis Baudouin, « Quelques perspectives historiques et politiques sur le processus de codification », in *Conférences sur le nouveau Code civil du Québec (Actes des Journées Louisianaises 1991)* (Cowansville : Éditions Yvon Blais, 1992), 14.

[3] Cabrillac, *Les codifications*, 86.

[4] Sylvio Normand, « La première décennie des travaux consacrés à la révision du Code Civil », *R.D. McGill* 39 (1994) : 830.

[5] Jean-Louis Baudouin, « De certaines réformes nécessaires du droit québécois », *Ottawa L. Rev.* 2 (1968) : 370.

[6] Jean Turgeon, « De la révision du Code civil », *R. du Bar. Can.* 29 (1951) : 77.

Depuis la Deuxième Guerre mondiale, des dizaines de milliers de personnes sont venues s'installer au Québec tout en continuant à maintenir des liens avec l'étranger. Les relations humaines et commerciales de plus en plus importantes que le Québec entretient avec ses voisins, aussi bien à l'échelon national qu'à l'échelon international, créent une foule de problèmes juridiques qui demandent des solutions rapides et exemptes d'incertitude[1].

« Un urgent besoin de réforme s'était [donc] fait sentir », d'une part pour remédier à l'insécurité juridique due aux lacunes du DIP et aux développements incohérents de la jurisprudence qui ont emprunté des solutions aux sources les plus diverses « sans distinction de ses origines »[2]. D'autre part, sa codification vise aussi à l'adaptation au progrès social. Ainsi, l'évolution du statut des femmes a eu des impacts sur la réforme des règles de rattachement en matières personnelles et familiales[3]. On peut aussi mentionner la plus grande liberté accordée aux parties dans le domaine des obligations.

Au Vietnam, la mise en œuvre du Renouveau depuis 1986 a fait appel au retour du droit et de sa codification. L'objectif était de réformer globalement et radicalement le système économique en pleine crise (grâce notamment à l'implantation de l'économie de marché à la place de l'économie planifiée, très inefficace). La réforme juridique s'avérait indispensable pour encadrer les nouveaux mécanismes mis en place et surtout pour établir la confiance des citoyens, des États et des investisseurs[4]. Ainsi, le besoin social de sécurité juridique a fortement motivé la première codification civile dans les années 1990, suivie par la production d'un arsenal de lois et de règlements régissant différents domaines de la vie socio-économique. Le premier Code civil du Vietnam contemporain, daté de 1995, fait preuve de l'unité et de la cohésion sociale[5]. Il est considéré comme un symbole de la réunification d'un pays longtemps déchiré par des guerres successives contre des puissances hégémoniques et une liaison entre le passé (exprimé dans le respect des bonnes mœurs et traditions) et le présent (coloré des règles modernes). Les règles de rattachement normatif, qui occupent toute une partie (la septième) du Code – ce qui montre l'importance accordée par le codificateur au DIP – sont tirées du modèle des accords d'entraide juridique du Vietnam et de l'expertise française.

Depuis trente ans, grâce à l'ouverture du pays, la société vietnamienne connaît des changements profonds. Les circulations transfrontalières sont devenues plus

---

[1] Québec, Office de révision du Code civil, *Rapport sur le Code civil du Québec*, 1978, Vol. II, t. 2 « Livres 5 à 9 – Commentaires » : 975.

[2] Jianing Zheng et Gérald Goldstein, « Analyse comparative de la loi chinoise de 2011 portant sur les conflits de lois à la lueur du droit international privé québécois », *R.J.T.* 48 (2014) : 336.

[3] Par exemple, comme il est désormais reconnu que la femme peut avoir son propre « domicile », plusieurs règles introduisent le « domicile commun » des époux comme le facteur de rattachement principal et proposent des solutions de remplacement lorsque les époux sont « domiciliés dans des États différents » (art. 3089, 3090, 3090.3, 3123, 3124 C.c.Q.).

[4] Bézard, « L'élaboration de la nouvelle codification vietnamienne : la coopération juridique française 1990-2000 », 380.

[5] Pierre Bézard, « Bicentenaire du Code civil : Le Viêtnam », in *Le Code civil 1804-2004. Livre du Bicentenaire* (Paris : Dalloz/LexisNexis, 2004), 659.

libres et fluides et les relations privées comportant des éléments d'extranéité se sont multipliées chaque jour. Le besoin d'un cadre juridique pour ce type de relations a été très tôt pris en compte par le législateur. De multiples dispositions intéressant le DIP ont été ainsi incluses dans différents codes, lois et règlements.

Cependant, la dispersion des règles et le manque de cohérence ont des impacts considérables sur l'effectivité du DIP. Un besoin de codification globale existe véritablement pour remédier à cette insécurité juridique. Ce serait également une bonne opportunité pour rénover les règles désuètes et les adapter à l'évolution sociale.

Le besoin social d'ouverture économique

La codification est aussi un moyen efficace pour soutenir la politique d'ouverture économique, en offrant une image crédible aux investisseurs et aux commerçants étrangers. Ce besoin s'est fait sentir au Québec dès les années 1950 comme une des motivations de la codification du DIP : « Le développement du commerce international dont dépend en grande partie l'avenir de notre pays requiert l'existence de règles de DIP qui, tout en étant claires et précises, doivent être assez flexibles pour permettre des solutions nouvelles et originales lorsque la nécessité s'en fait sentir »[1].

Au Vietnam, l'ouverture économique est d'autant plus importante pour appuyer la ferme détermination du pays de lutter contre la pauvreté et de se développer. Il faut rappeler qu'actuellement, l'économie vietnamienne dépend en grande partie du commerce international et de l'investissement étranger.

Dans la lignée du Renouveau, l'ouverture économique a permis de maintenir un taux de croissance assez élevé et d'améliorer le niveau de vie. Or, pendant les années 2010, le contexte socio-économique a changé. D'une part, un ajustement des politiques économiques, « un deuxième Renouveau », a été effectué, face à une certaine stagnation du rythme de croissance, accompagnée du ralentissement des flux commerciaux et d'investissements. D'autre part, est fortement ressentie une volonté de pousser davantage l'intégration à la société mondiale qui évolue elle aussi. En plus de sa participation active dans le cadre de l'OMC et de la zone économique de l'ASEAN, le Vietnam intensifie sa coopération internationale avec la conclusion récente d'importants accords de libre-échange dits de nouvelle génération[2] et à l'adhésion à la Conférence de La Haye. Pour ce faire, une harmonisation du système juridique national avec les règles internationales s'impose.

Le besoin d'harmonisation du DIP se fait sentir notamment dans la sphère des contrats internationaux. Actuellement, les règles de rattachement relatives aux obligations contractuelles se dispersent dans les lois différentes et elles sont

[1] Québec, Office de révision du Code civil, *Rapport sur le Code civil du Québec*, 1978, Vol. II, t. 2 « Livres 5 à 9 – Commentaires » : 975.

[2] Il faut citer notamment l'Accord de libre-échange Union européenne – Vietnam (EVFTA, conclu en fin de 2015 et en vigueur depuis le 1er août 2020), l'Accord de partenariat transpacifique en 2016 (le PTP, remplacé par le PTPGP – Partenariat transpacifique global et progressiste, qui est en vigueur depuis le 30 décembre 2018) et l'Accord de partenariat régional économique global (RCEP, en vigueur en janvier 2022).

encore divergentes. Si le Code civil de 2015 consacre la primauté de la volonté des parties au contrat, celle-ci demeure négligée dans les lois spéciales. On peut citer par exemple le *Code maritime*[1], qui autorise les parties à un contrat international à choisir la loi étrangère applicable à leur contrat, sans reconnaître toutefois la primauté de ce choix. La *Loi sur l'aviation civile*[2] ne mentionne nulle part la possibilité des parties de choisir la loi applicable à leur contrat. La législation sur la construction refuse même cette possibilité vis-à-vis des contrats de construction[3]. Dans l'objectif de créer un environnement juridique équitable et favorable à l'intégration économique du Vietnam, l'uniformisation des règles vers la primauté de la volonté des parties serait souhaitable à l'occasion de la codification globale du DIP.

Un autre exemple concerne la reconnaissance des jugements étrangers et des sentences arbitrales étrangères. Une préoccupation s'impose, surtout pour les partenaires étrangers, face au taux très faible des sentences arbitrales étrangères reconnues et exécutées au Vietnam. La situation est encore pire dans le cas des décisions étrangères dont aucune donnée n'est publiée sur l'homologation. Un cadre juridique plus rassurant et effectif est sans nul doute nécessaire dans le milieu des affaires, d'où l'opportunité de la codification du DIP.

3.1.2 Les conditions politiques

Si le besoin social motive la codification, son succès dépend de la volonté politique. « Il ne peut y avoir de codification qui aboutisse sans une forte volonté politique. Cette volonté qui doit émaner des plus hautes autorités du pays doit se manifester d'abord dans la décision de codifier et dans les moyens mis à la disposition des codificateurs »[4]. La codification est donc considérée comme « un acte éminemment politique », car elle marque le choix du codificateur de consolider telle ou telle pratique ou tendance de la société contemporaine[5].

Les codifications québécoises et vietnamiennes partagent un point commun : le choix politique pour le droit codifié, même si la volonté de préserver la tradition civiliste se fait plus sentir dans le cas du Québec. De plus, il ressort de l'expérience québécoise que les conditions politiques ont de grands impacts sur le déroulement et l'avancement du processus de codification.

La préférence du droit codifié

Le droit codifié est tout d'abord un choix politique, à la fois du Québec et du Vietnam. Le professeur Rémy Cabrillac a, sur ce sujet, mentionné le Québec comme « un des plus éloquents » exemples de la persévérance en faveur du droit codifié :

> [L]e *Code civil du Bas Canada* de 1866 marque la ferme volonté des Québécois de s'opposer à l'application du droit anglais, en

---

[1] Code maritime, art. 3.
[2] Loi sur l'aviation civile.
[3] Décret du gouvernement portant sur les contrats de construction, art. 11 (1).
[4] Guy Braibant, « Utilité et difficultés de la codification », *Droits* 24 (1997) : 67-68.
[5] Niort, « Le nouveau Code civil du Québec et la théorie de la Codification : une perspective française », 142.

vigueur dans le reste du Canada, dans l'ancienne « Belle Province », ce qu'avait tenté d'instaurer Georges III à la suite de la cession du Québec à l'Angleterre par le Traité de Paris de 1763. [...] Le nouveau *Code civil du Québec* de 1994 semble demeurer le porte-drapeau de la culture francophone comme de son rayonnement[1].

À l'époque du *Code civil du Bas-Canada*, « la survie du droit civil était effectivement menacée par l'influence des règles de common law »[2]. C'est pourquoi la codification de 1866 « marquait la volonté de se joindre de façon formelle à la famille civiliste prévenant ainsi une éventuelle assimilation par le système de common law », permettant non seulement « la survie du droit civil québécois, mais [aussi] son épanouissement et l'acquisition de son autonomie »[3].

Un siècle plus tard, le droit civil québécois reste toujours « fidèle à la tradition civiliste »[4], malgré la forte influence de la *common law* provenant de ses alentours[5]. Outre des raisons techniques, sa recodification a été motivée par la volonté de sauvegarder cette identité :

> Le vieillissement sinon le discrédit du *Code civil du Bas Canada* privait la pensée civiliste de l'instrument requis pour endiguer la balkanisation du droit privé et pour réaffirmer la valeur irremplaçable des règles codifiées et de leur interprétation doctrinale dans un régime de droit civil de plus en plus enclin à chercher ses lignes directrices dans la jurisprudence. Quelle que soit la nouveauté des règles qui y seraient énoncées, le *Code civil du Québec* aurait cette vertu très apaisante pour l'esprit juridique de procurer un ordonnancement formel renouvelé[6].

---

[1] Rémy Cabrillac, « Les enjeux de la codification en France », *C. de D.* 46 (2005) : 543-44. Grimaldi, « "Code et codification" : pour souligner le dixième anniversaire de l'entrée en vigueur du *Code civil du Québec* et le bicentenaire du Code Napoléon », 17, a comparé cet aspect du droit codifié entre le droit civiliste et le droit anglo-saxon : « le droit codifié est, dit-on, un droit plus démocratique. Œuvre du législateur, il exprime la volonté du peuple, alors que, créé par les tribunaux et les cours, le droit de common law émane de la classe des juristes, de la caste des juges : la volonté générale se dégage du débat parlementaire, mieux que d'un délibéré judiciaire ».

[2] Baudouin, « Quelques perspectives historiques et politiques sur le processus de codification », 15.

[3] Baudouin, 16.

[4] Niort, « Le Code civil face aux défis de la société moderne : une perspective comparative entre la révision française de 1904 et le nouveau *Code civil du Québec* de 1994 », 846.

[5] N'oublions pas que la Louisiane, aux États-Unis, n'a pas pu résister aussi bien à l'emprise de la *common law* que le Québec. La codification du DIP louisianais achevé en 1991 a été considérée comme faisant partie des efforts de préserver la tradition civiliste de cet État fédéré. Voir : Thomas E. Carbonneau, « Les facteurs affectant la codification du droit en Louisiane », *Rev. jurid. polit. Indép. Coop.*, 1986, 581 ; Alain Levasseur, « La codification du droit civil en Louisiane : Un langage juridique contemporain pour une cause perdue? », *Rev. jurid. polit. Indép. Coop.*, 1986, 588 ; Symeon C. Symeonides, « Les grands problèmes du droit international privé et la nouvelle codification de Louisiane » 81 (1992) : 223.

[6] Jean-Guy Belley, « Présentation », in *Du Code civil du Québec : contribution à l'histoire immédiate d'une recodification réussie*, éd. par Jean-Guy Belley, Nicholas Kasirer, et Serge Lortie (Montréal : Éditions Thémis, 2005), 18.

À la différence du Québec, la primauté du droit codifié au Vietnam est plutôt expliquée par l'histoire et par son attachement au droit socialiste[1]. Toutefois, l'héritage civiliste de l'époque coloniale a aussi eu une certaine influence sur les codifications contemporaines.

À la fin du XIXe siècle et au début du XXe siècle, le Vietnam était placé sous l'emprise de la colonisation française (1858-1945). Les codifications ont été mises en œuvre par les autorités colonisatrices notamment dans la période allant de 1910 à 1930[2] comme un moyen pour renforcer son pouvoir politique et promouvoir les échanges commerciaux, sous couvert d'une noble mission civilisatrice. Nous pouvons citer en particulier le *Code civil du Tonkin* de 1931, le *Code pénal de l'Annam* de 1933, le *Code civil d'Annam* de 1936 et différents arrêtés du Gouverneur général codifiant les procédures civiles[3].

Les codifications colonisatrices n'ont pas été faites sans difficulté. La volonté du législateur colonisateur d'exporter son droit codifié dans un but d'assimilation progressive s'affrontait fortement à un « légisme » autochtone qui prônait les coutumes villageoises et qui, par l'influence de la longue histoire du confucianisme, dénonçait « le trop plein de lois et préférant aux formules abstraites et rigides de l'individualisation des cas, l'équité, l'arbitrage et la prise en compte des circonstances »[4]. Dans ce contexte, les codificateurs français ont su trouver un compromis et développer des techniques adaptées pour mener jusqu'au bout les codifications.

L'implantation des premiers codes civils à l'occidentale a changé la vie juridique d'un pays où un droit écrit régissant les relations entre individus faisait presque défaut, seul le rapport entre l'empereur et ses soumis étant l'objet du droit féodal. Certes, les codes coloniaux ont eu une courte existence, puisqu'en 1945, le Vietnam a regagné son indépendance, et décidé par la suite de poursuivre la voie socialiste. Cependant, la codification à l'occidentale a laissé son empreinte dans la culture juridique du pays. Elle a sans doute influencé les choix des codificateurs contemporains. Le recours à l'expertise française et au modèle du Code civil français en est une preuve éloquente[5]. Le droit français a été en effet

---

[1] Les États socialistes ont la conviction que la codification est le meilleur moyen pour soutenir la construction socialiste de la société : Varga, *Codification as a Socio-Historical Phenomenon*, 219 (« The newly born regimes formed after World War II strengthened the conviction that the transformation of law suitable for socialist social construction has to culminate in codification »). Voir aussi Hubert Izdebski, « Les sources du droit dans les pays socialistes européens (Histoire, théorie, pratique) », *R.I.D.C.* 38 (1986) : 7 ; Ngoc Dien Nguyen, « Le Code civil vietnamien comme exemple de l'adaptation du Code Napoléon dans le système de la propriété publique des sols », *C. de D.* 46 (2005) : 255 (« La rencontre entre l'idéologie juridique socialiste et la tradition juridique vietnamienne a facilité le travail de codification des lois »).

[2] Durand, Langlet, et Nguyen, *Histoire de la codification juridique au Vietnam*, 11.

[3] Voir Bernard Durand, « La codification de la procédure civile indigène en Indochine (Annam, Cochinchine et Tonkin) sous la troisième République », in *Histoire de la codification juridique au Vietnam*, éd. par Bernard Durand, Philippe Langlet, et Chanh Tam Nguyen (Montpellier : Impr. du Progrès, 2011), 283 ; Royer, « Le Code civil du Tonkin à l'usage des juridictions indigènes promulgué le 30 mars 1931 ».

[4] Durand, Langlet, et Nguyen, *Histoire de la codification juridique au Vietnam*, 12.

[5] Voir notamment Bézard, « L'élaboration de la nouvelle codification vietnamienne : la coopération juridique française 1990-2000 » ; Bézard, « Bicentenaire du Code civil : Le Viêtnam ».

choisi comme référence, car « il s'agit d'abord d'un droit écrit, ce qui répond au désir des autorités vietnamiennes d'établir des règles précises et de les faire évoluer par les modifications qu'elles auraient décidées »[1]. Le droit écrit est considéré comme un instrument indispensable à la gouvernance et au maintien de l'ordre du pays. D'ailleurs, dans l'esprit juridique socialiste, la codification du DIP fait partie des moyens mis en place pour servir les objectifs de la politique étrangère de l'État[2].

La volonté politique en faveur de la codification du droit international privé

Sur la réforme du *Code civil du Bas-Canada*, le juge J.-L. Baudouin a écrit : « c'est finalement aux politiciens élus que revient la tâche fort difficile de faire accepter la recodification en tant que principe et surtout de veiller à l'adoption finale de l'ensemble »[3]. Une lecture de l'histoire du *Code civil du Québec*, dans lequel a été codifié le DIP québécois, montre comment la dimension politique a été essentielle à l'avancement du projet de codification.

Le processus de recodification civile a commencé au Québec le 10 février 1955 avec l'adoption par l'Assemblée législative de la *Loi concernant la révision du Code civil*[4], sous l'impulsion du Premier ministre Maurice Duplessis. Partant d'un objectif assez modeste[5], le processus a revêtu une plus grande ambition, à la suite de la *Loi modifiant la Loi concernant la révision du Code civil*[6] adoptée en 1960, qui prévoyait expressément l'élaboration d'un « projet définitif de nouveau Code civil ». Il a fallu cependant des années avant de voir progresser ce projet de recodification, car le nouveau gouvernement issu des élections législatives provinciales quelques mois après l'adoption de la Loi du 16 mars 1960 n'y tenait pas vraiment : « [L]a réforme du Code civil ne paraissait pas être une priorité gouvernementale, il ne paraissait pas y avoir la volonté politique de réformer le Code ; or, la codification est avant tout un acte de volonté, un acte de volonté politique, à défaut de quoi on ne légifère qu'en pièces détachées, au gré des besoins les plus pressants »[7].

C'est en 1985, avec le changement de gouvernement et la détermination du nouveau ministre de la Justice, M. Herbert Marx, ainsi que de son successeur, M. Gil Rémillard, que la recodification civile a connu une nouvelle relance et un aboutissement heureux à la fin de 1993. La volonté politique est sans aucun doute le « carburant indispensable à la bonne marche de l'opération »[8]. Une forte volonté de mener à terme le processus de codification s'est donc fait sentir.

[1] Bézard, « Bicentenaire du Code civil : Le Viêtnam », 657.
[2] Voir Francis A. Gabor, « A Socialist Approach to Codification of Private International Law in Hungary : Comments and Translation », *Tul. L. Rev.* 55 (1981 1980) : 63.
[3] Baudouin, « Quelques perspectives historiques et politiques sur le processus de codification », 14.
[4] « Loi concernant la révision du Code civil », S.Q. 1954-55 (3-4 ElizII), c. 47.
[5] Crépeau, « Une certaine conception de la recodification », 30 : « en 1955, le législateur ne paraissait pas envisager une réforme en profondeur des institutions juridiques de droit privé québécois ».
[6] *Loi modifiant la Loi concernant la révision du Code civil.*
[7] Jean Pineau, « La réforme d'un Code civil », in *Du Code civil du Québec : contribution à l'histoire immédiate d'une recodification réussie*, éd. par Jean-Guy Belley, Nicholas Kasirer, et Serge Lortie (Montréal : Éditions Thémis, 2005), 268.
[8] Pineau, 268.

« L'échec contemporain des essais de remplacement du Code civil français n'avait pas anéanti la confiance des codificateurs d'ici »[1].

Au Québec, le nouveau Code civil, qui porte en son sein la codification du DIP québécois, a pris de la distance avec le droit codifié français qui a longtemps inspiré le droit de la province. « Le Code civil français a été pour les codificateurs québécois de 1866 une source d'inspiration sur tous les plans, il n'a joué qu'un rôle secondaire à l'égard du nouveau Code civil de 1994, le droit civil québécois étant parvenu à sa maturité »[2]. Ainsi, le Québec a choisi une recodification intégrée, au lieu d'une réforme par tranches successives[3]. « Il s'agit donc ici d'un succès de l'esprit civiliste, devant lequel le législateur québécois s'est enclin, tandis que son homologue français est toujours resté dans la voie des réformes partielles et successives »[4].

Ce succès peut notamment être observé dans le domaine du DIP. En effet, l'œuvre que le Québec a achevée constituait une des rares codifications d'envergure à cette époque, alors que la France résistait toujours à mettre en œuvre un tel processus. La codification témoigne en outre de la vision progressiste du législateur québécois : « Il s'agit également d'une législation tournée vers l'avenir qui vise des problèmes qui ne se sont pas encore posés et des conventions internationales auxquelles il n'y a pas eu encore d'adhésion »[5].

La volonté politique a joué un rôle décisif dans le lancement et l'achèvement des premières codifications du Vietnam contemporain. En décembre 1986, le Sixième Congrès du Parti communiste a lancé la nouvelle politique de Renouveau, en vue de faire sortir le pays de la crise économique causée par une mauvaise gestion de l'économie planifiée des deux décennies précédentes. Pour cela, les autorités vietnamiennes ont décidé d'adopter l'économie de marché « susceptible d'être plus créatrice de valeur avec ses conséquences libérales nécessaires », tout en désirant préserver « les grands principes de l'État socialiste »[6]. La volonté d'établir un « État de droit » a été très vite exprimée au sommet[7], accompagnée d'une détermination à la codification. Le Code civil adopté par l'Assemblée nationale le 28 octobre 1995 et entré en vigueur le 1er juillet 1996 a été l'aboutissement d'un long processus de quinze ans. Il sert de fondement juridique pour réguler d'une nouvelle façon la vie de la société et d'inspiration pour la construction d'un ensemble normatif encadrant l'ouverture et la réforme socio-économique du pays. Les règles de DIP ont été élaborées en

---

[1] Belley, « Présentation », 11.

[2] Baudouin et Jobin, « Le Code civil français et les Codes civils québécois », 629.

[3] Sauf le droit de la famille, qui a fait l'objet d'une réforme intervenue en 1980 et dont le Livre deuxième du *Code civil du Québec* n'est qu'une reproduction de l'essentiel de la « Loi instituant un nouveau Code civil et portant réforme du droit de la famille », L.Q. 1980, c. 39. Voir Monique Ouellette, « Livre deuxième : De la famille », in *La réforme du Code civil* (Québec : Presses de l'Université Laval, 1993), 151.

[4] Niort, « Le Code civil face aux défis de la société moderne : une perspective comparative entre la révision française de 1904 et le nouveau *Code civil du Québec* de 1994 », 855 et 856 (notes de bas de page omises).

[5] Groffier, « La réforme du droit international privé québécois », 607.

[6] Bézard, « Bicentenaire du Code civil : Le Viêtnam », 654.

[7] Résolution de mi-session du Septième Congrès national du Parti communiste vietnamien en 1994.

même temps et incluses, d'une part dans le Code civil et, d'autre part, dans différentes lois spéciales adoptées peu de temps après. Leur évolution sont alors dispersée dans le cadre de multiples codes et lois, d'où les problèmes de cohérence et de complexité. La doctrine commence à discuter d'une éventuelle codification globale. Par ailleurs, les bases ont été jetées par la législation qui préconise l'unification des textes du même domaine et leur systématisation périodique[1].

Cette idée de la codification du DIP a reçu un fort appui du gouvernement. En effet, il a été prévu en 2016 qu'une proposition de Loi de droit international privé devrait être inclus au programme de travail du gouvernement vers 2020[2]. Les recherches ont été entamées au ministère de la Justice pour évaluer le besoin, les impacts et la faisabilité d'un tel projet[3].

L'adhésion du Vietnam à la Conférence de La Haye le 10 avril 2013 montre également la volonté de ses dirigeants de participer activement aux efforts d'harmonisation du DIP. En même temps, dans une décision promulguée à la suite de l'adhésion du Vietnam à la Conférence de La Haye en vue de la mise en œuvre des obligations du Vietnam en tant que membre de la Conférence[4], le Premier ministre a souligné l'importance de la formation et du renforcement des capacités humaines dans le domaine du DIP, dont la mise en œuvre a été confiée au ministère de la Justice.

Enfin, la codification s'inscrit bien dans la lignée de l'objectif de construction d'un État de droit que le Vietnam poursuit depuis le lancement du Renouveau il y a une trentaine années.

3.1.3 Les conditions juridiques

Pour envisager une codification, il faut, en plus de conditions politiques et sociales favorables, que le droit à codifier atteigne un certain niveau de développement. Un droit trop « jeune » ne serait pas prêt pour la codification. Par ailleurs, ce droit doit avant tout être suffisamment autonome pour être codifié. Il est possible d'affirmer que le DIP vietnamien satisfait à ces deux conditions juridiques.

L'autonomie du droit international privé

Dans le monde, le premier pas vers l'autonomie du DIP a été marqué par la codification italienne en 1865, où sont incluses certaines règles de rattachement

[1] Loi sur la promulgation des actes normatifs, art. 168-170.

[2] Ngo, Ly, et Hoang, *Le droit international privé : à la recherche d'un modèle pour le Vietnam*, 101. Ce projet a été cependant repoussé de quelques années, selon une source non officielle du ministère de la Justice.

[3] À titre d'exemple, l'étude « Fondements théoriques et pratiques de la Loi de droit international privé » (*Cơ sở lý luận và thực tiễn xây dựng Luật tư pháp quốc tế*), menée par le ministère de la Justice en 2015-2017, l'étude « Choix de la loi applicable dans les contrats commerciaux internationaux conclus par les nationaux vietnamiens » (*Lựa chọn luật áp dụng trong hợp đồng thương mại quốc tế mà một bên là thương nhân Việt Nam*), menée par l'Institut des Sciences juridiques (ministère de la Justice) en 2020 (non publiées).

[4] « Décision du Premier Ministre portant sur le plan de mise en œuvre des droits et obligations du Vietnam en tant que membre de la Conférence de La Haye de droit international privé », n° 1440/QD-TTg du 16 août 2013.

dans la partie préliminaire du Code civil[1]. Malgré son attachement au droit privé, le DIP est depuis lors reconnu comme un droit tout à fait autonome. Les codifications nationales sont devenues courantes dans ce domaine. Selon un professeur français, « le droit international privé a ses exigences propres qui obligent parfois à prendre quelques distances avec les catégories de droit civil »[2].

Dans son cours donné à l'Académie de La Haye, le professeur Erik Jayme a mentionné un arrêt de la Cour suprême portugaise pour illustrer le fait que les qualifications dans le DIP ne coïncident pas nécessairement celles dans le droit civil et ses conséquences :

> Des époux – la femme était Portugaise – avaient fait un testament conjonctif aux États-Unis, en Pennsylvanie, selon les lois de cet État. La loi nationale d'un des testateurs, la loi portugaise, cependant, prohibait le testament conjonctif.
>
> Quoique la prohibition du testament conjonctif fût considérée, en droit civil portugais, comme une question de fond, la Cour suprême portugaise caractérisa une telle prohibition, aux fins du droit international privé, comme une règle de forme et se prononça pour la validité du testament fait en Pennsylvanie. C'était, apparemment, *l'élément international qui exigeait une qualification différente de celle donnée par le droit civil.* La protection, à l'étranger, des citoyens portugais qui se servirent des règles locales pour faire une disposition testamentaire conduisit à une qualification internationale de la question, qualification autonome vis-à-vis du droit civil de la loi du for[3].

Au Vietnam, l'autonomie du DIP n'est pas clairement affirmée dans la législation. Les règles de rattachement demeurent dispersées dans les codes et lois régissant différentes matières de droit privé et sous le titre de « règle régissant les rapports comportant un élément d'extranéité ». L'expression de « droit international privé » proprement dite n'existe dans aucun texte juridique. Les travaux de compilation édictés par l'Ordonnance du législateur en 2013, comme nous l'avons mentionné à la section précédente, ne classent pas ce droit parmi les thèmes faisant l'objet des compilations.

La doctrine a évolué depuis les années 2000. Le DIP avait été longtemps traité par une partie de la doctrine, sous l'influence juridique soviétique, comme faisant partie du système de droit international[4]. Par ailleurs, certains auteurs le considéraient comme un système tout à fait indépendant de ceux de droit international et de droit interne, tout en maintenant des liens étroits avec ces deux

---

[1] Jayme, « Considérations historiques et actuelles sur la codification du droit international privé », 40 : « La première nouveauté de la codification mancinienne consistait en l'élaboration d'une loi sur la promulgation, l'interprétation et l'application des lois dans le temps et dans l'espace. Par cela, le droit international privé se séparait du droit civil ; l'acte législatif spécial constituait un premier pas vers ce qu'on peut nommer "l'autonomie du droit international privé" ».

[2] Heuzé, « Recodifier le droit international privé? », 402.

[3] Jayme, « Considérations historiques et actuelles sur la codification du droit international privé », 48 (nos italiques).

[4] Ngoc Lam Nguyen, « La fonction et la place du droit international privé dans le système juridique », *Revue de Science juridique*, n° 1 (2004) : 24-25.

systèmes[1]. À la suite des réformes juridiques pendant les années 2000, le DIP est désormais largement reconnu comme étant une branche de droit interne vietnamien[2]. Cette vue coïncide bien avec celle des autres pays concernant le statut de ce droit, qui, tout en faisant partie du droit interne, maintient son autonomie par rapport aux autres matières.

La maturité du droit international privé

Le professeur Rémy Cabrillac a constaté à juste titre que la « codification serait souhaitable quand la règle juridique atteint une certaine maturité »[3]. Deux raisons ont été avancées touchant les deux facettes d'un même problème : la maturité du droit comme condition préalable à la codification et la conséquence de la codification sur l'évolution des règles codifiées. D'une part, si le droit est jeune, aucun problème de sécurité juridique résultant de la « surproduction législative » ne se pose encore pour faire appel à la codification. D'autre part, une « codification précoce pourrait perturber la croissance des règles juridiques codifiées ou pourrait être vouée à l'échec »[4]. La jeunesse du DIP est souvent mentionnée pour expliquer l'échec du premier projet de codification française en 1954 – le projet Niboyet –, qui n'a pas pu attirer l'attention de la Commission de réforme du Code civil. Certes, c'est plutôt le manque de volonté politique qui a fait échouer toutes les tentatives de codification du DIP français[5]. Néanmoins, l'insuffisant développement de la matière en a été l'une des causes. Celle-ci a été donc exclue de la codification du droit civil en 1804, le *Code Napoléon* ne contenant que quelques règles de rattachement unilatéral. De même, « l'état du développement des relations privées internationales [des années 1950] n'a pas engendré des règles suffisamment enchevêtrées et confuses pour faire naître un vrai besoin social de codification »[6], d'où l'échec du projet Niboyet.

Cette situation ne s'est pas produite au Québec. Mentionnons pour mémoire que le DIP québécois d'avant 1994 ne s'exprimait qu'en quelques articles dans le *Code civil du Bas-Canada*, en ce qui concerne le rattachement normatif, et dans le *Code de procédure civile* de 1965, pour le rattachement juridictionnel. Toutefois, la jurisprudence et la doctrine sont venues en compléter les lacunes. Au moment du lancement de la codification, on peut dire que le DIP québécois a été très bien développé, via différentes voies pratiques, conditions propices à sa codification menée dans le cadre de la recodification civile. Il faut cependant noter que c'est la volonté politique qui a poussé le processus jusqu'au bout, ce dont la France manque jusqu'à maintenant.

---

[1] École de droit de Hanoi et Xuan Nhu Bui, *Droit international privé* (Hanoi : Police populaire, 1997), 6 et 7 ; Ba Dien Nguyen, éd., *Traité de droit international privé* (Hanoi : Presses de Université nationale, 1997), 7 ; Doan, *Éléments théoriques fondamentaux du droit international privé*, 51.

[2] Le, *Traité de droit international privé* ; Le, « Quelques réflexions sur le contenu du droit international privé enseigné au Vietnam » ; Do, « Échanges de vues sur l'article "Quelques réflexions sur le contenu du droit international privé enseigné au Vietnam" ».

[3] Cabrillac, *Les codifications*, 257.

[4] Cabrillac, 257.

[5] Voir surtout Paul Lagarde, « Sur la non-codification du droit international privé français » 25 (1998) : 45.

[6] Cabrillac, *Les codifications*, 259.

Au Vietnam, l'histoire du DIP est très récente, d'autant qu'elle est marquée par des ruptures successives d'une époque à une autre. C'est également un droit très peu développé dans la pratique en raison de son inefficacité relative[1]. Cela ne l'empêche pas, cependant, d'atteindre un niveau de maturité suffisant pour justifier l'opportunité de la codification.

Malgré sa jeunesse, le DIP vietnamien a connu une évolution rapide à travers des codifications dites « partielles » réalisées dans le cadre des différentes matières du droit interne.

Tout d'abord, à l'occasion de la première codification du droit civil achevée en 1995, les règles de droit applicable sont aussi formulées de façon systématique dans une partie séparée du Code civil. Il s'agit de la septième partie, intitulée « des rapports civils comportant un élément d'extranéité », avec 13 articles énonçant les principes de rattachement normatif et prévoyant la détermination de la loi applicable dans certains cas particuliers (la propriété, le contrat, la responsabilité civile et le transfert de technologies). D'autres règles de rattachement ont été aussi introduites dans des lois spéciales[2]. En 2004, le premier Code de procédure civile[3] a été promulgué, regroupant les dispositions régissant la compétence internationale des autorités vietnamiennes (partie IX) et la reconnaissance des décisions et sentences arbitrales étrangères (partie VI). Un DIP, assez structuré et adapté aux circonstances économiques et sociales, a pris forme pendant cette période[4].

Depuis 1995, des modifications sont intervenues, dans le cadre des réformes périodiques des matières du droit interne où sont incluses les règles de DIP. À l'heure actuelle, les éléments du DIP vietnamien se trouvent éparpillés dans un grand nombre de lois et règlements. On peut conclure que son développement a atteint un niveau de « surproduction » susceptible de porter atteinte à la sécurité juridique. Une codification globale est alors appelée à intervenir pour endiguer cette « balkanisation », comme le Québec a vécu auparavant pour son droit privé.

La maturité d'un droit s'exprime également dans la richesse doctrinale, qui, elle aussi, a un rôle à jouer dans le sort de la codification. Le juge J.-L Baudouin a ainsi constaté : « Une bonne part de la réussite ou l'échec de la codification dépend de la façon dont le milieu juridique accueille le nouveau code »[5]. Les débats doctrinaux qui peuvent naître avant ou pendant la codification contribueraient à son succès, dans la mesure où ils nourrissent la réflexion du

---

[1] Voir *supra*, chapitre I, 1. « Les problèmes du droit international privé québécois et du droit international privé vietnamien en l'absence de codification ».

[2] Loi sur le mariage et la famille, chap. IX ; « Loi sur les investissements étrangers », n° 4-HĐNN8 du 29 décembre 1987, art. 25 ; « Loi sur l'aviation civile », n° 63/LCT-HĐNN8 du 26 décembre 1991, art. 4, 5, 89 et 90 ; « Code maritime », n° 42-LCT/HĐNN8 du 30 juin 1990, art. 4-7 et 242 ; « Loi sur le commerce », n° 58/L-CTN du 10 mai 1997, art. 4.

[3] « Code de procédure civile », n° 24/2004/QH11 du 15 juin 2004.

[4] Do et Mai, *Droit international privé vietnamien*, 30.

[5] Baudouin, « Quelques perspectives historiques et politiques sur le processus de codification », 16. Même si cette constatation vise principalement le milieu judiciaire – les praticiens, en d'autres termes –, elle n'écarte pas pour autant les auteurs de doctrine qui contribuent, eux, largement à l'évolution du droit dans la pratique.

législateur. Dans plusieurs cas, ils inspirent la rédaction et l'accompagnent tout le long du processus.

Au Québec, la doctrine juridique, dont la naissance a été stimulée par la recodification civile a, à son tour, eu une influence non négligeable sur le processus[1]. Elle a contribué grandement au succès du *Code civil du Québec* et en particulier à la codification du DIP.

Dans sa présentation d'un ouvrage collectif publié à l'occasion du 5e anniversaire du *Code civil du Québec*, J.-G. Belley a fait l'éloge de la contribution des juristes au succès de la recodification civile québécoise :

> La mobilisation qui a produit le *Code civil du Québec* fut donc tour à tour celle de juristes civilistes animés par un même désir de réhabiliter le droit civil au sein de la communauté juridique et celle de juristes d'État déterminés à faire en sorte que la recodification du droit privé ne soit pas victime des engrenages d'un système administratif de plus en plus complexe et d'une action gouvernementale peu encline à se préoccuper d'un vieux code dont le sort n'était pas au programme des débats politiques et sociaux[2].

Les commentaires des professeurs au projet de codification du DIP ont certainement inspiré le codificateur dans son œuvre finale[3]. Dans la même veine, ceux émis à la suite de l'entrée en vigueur du *Code civil du Québec* ont contribué à clarifier l'intention du législateur et à uniformiser l'interprétation des dispositions du nouveau DIP[4].

Parmi les figures connues, le professeur Jean-Gabriel Castel, de la Osgoode Hall Law School de l'Université York et ancien directeur en chef de la *Revue du Barreau canadien*, est souvent mentionné en tant que grand contributeur à la codification. Le professeur P.-A. Crépeau considère son collègue comme « l'un des principaux artisans […] de la réforme du droit international privé québécois »[5] dans le rôle de président et rapporteur du Comité sur le droit international privé. L'ancien président de l'O.R.C.C. n'a pas hésité « à déclarer que le mérite, en ce qui concerne le droit international privé, en revient incontestablement au Professeur Castel et à ses collaborateurs »[6].

Au Vietnam, le DIP a commencé à attirer l'attention de la doctrine dans les années 2000. Les débats portant notamment sur sa réforme ont inspiré la

---

[1] Niort, « Le Code civil face aux défis de la société moderne : une perspective comparative entre la révision française de 1904 et le nouveau *Code civil du Québec* de 1994 », 850.

[2] Belley, « Présentation », 8 et 9.

[3] Voir, par exemple, Deleury et Prujiner, « Quelques commentaires sur le Rapport de l'O.R.C.C. sur le droit international privé » ; Groffier, « Le Projet de codification du droit international privé » ; Glenn, « Réflexions sur la codification du droit international privé au Québec et en Europe » ; Castel, *Droit international privé québécois* ; Talpis et Goldstein, « Analyse critique de l'avant-projet de la loi du Québec en droit international privé ».

[4] Parmi les plus connus, Talpis et Castel, « Le Code civil du Québec. Interprétation des règles du droit international privé » ; Glenn, « Droit international privé » ; Prujiner, « Le droit international privé au Québec : une codification de la flexibilité et de l'autonomie de la volonté » ; Prujiner, « Livre dixième : Droit international privé » ; Groffier, *La réforme du droit international privé québécois, supplément au Précis de droit international privé québécois*.

[5] Crépeau, « Réflexions sur la Codification du Droit Privé », 272.

[6] Crépeau, 273.

préparation du nouveau Code civil[1]. Si les premières codifications civiles, dans les années 1990, étaient dues essentiellement à l'expertise étrangère, les professeurs de droit vietnamiens ont été appelés à contribuer aux récentes codifications tant dans la rédaction que lors de la discussion sur les projets de loi à l'Assemblée nationale[2]. Par ailleurs, les points de vue novateurs, exprimés dans différents articles et manuels de DIP, ont sans doute inspiré le législateur dans ses réformes[3].

À la suite de cette dernière réforme, le DIP vietnamien a été beaucoup rénové dans le contenu, sans pour autant connaître le même niveau de progrès dans la structure et la forme. La doctrine continue à faire preuve de son rôle à travers les débats actuels sur l'éventuelle codification de ce droit en tant que matière autonome[4].

3.2 Les obstacles à la codification

Même si elle bénéficie de conditions favorables, toute codification du droit devrait aussi affronter différents obstacles. Alors que certains y sont inhérents, tels que le risque de rigidité et de bouleversements du système juridique, d'autres prennent leur origine dans la spécificité du DIP même. Outre sa complexité en général, la jeunesse du DIP vietnamien pourrait ébranler les convictions sur la faisabilité d'une codification d'envergure en la matière. Toutefois, comme chaque médaille a son revers, certains obstacles peuvent être une incitation à la codification. H. Lecuyer a écrit, en ce qui concerne l'argument sur la complexité

---

[1] Citons, à titre d'exemple, Tien Vinh Nguyen, « Sur la réforme de la partie VII "Rapports civils comportant un élément d'extranéité" du Code civil du Vietnam », *L'État et le Droit* 181 (2003) : 36 ; Trung Tin Nguyen, « Quelques réflexions sur les règles générales de la partie VII du Code civil de 1995 "Rapports civils comportant un élément d'extranéité" », *L'État et le Droit* 190 (2004) : 42 ; Ba Binh Nguyen, « Les rapports civils comportant un élément d'extranéité : problèmes de détermination de la loi applicable selon la Partie VII du Code civil de 2005 », *Revue de Science juridique*, n° 10 (2006) : 27 ; Hong Quy Mai, « Les dispositions du Code civil de 2005 sur les rapports civils comportant un élément d'extranéité et les lignes directrices pour la réforme », *Revue de Science juridique*, n° 2 (2012) : 3.

[2] Voir surtout Van Dai Do, *Commentaires sur les nouveautés du Code civil de 2015* (Hochiminh-ville : Hong Duc, 2016). Dans l'introduction, l'auteur raconte son expérience en tant que professeur de droit et consultant à la fois du ministère de la Justice chargé de la rédaction du projet du nouveau code civil et de l'Assemblée nationale vietnamienne lors de ses discussions sur le projet. Pour lui, il s'agit d'une grande innovation du processus législatif au Vietnam, où la doctrine était grandement consultée pour la confection législative.

[3] En illustration, Le, « Quelques réflexions sur le contenu du droit international privé enseigné au Vietnam » ; Do, « Échanges de vues sur l'article "Quelques réflexions sur le contenu du droit international privé enseigné au Vietnam" » ; Do et Mai, *Droit international privé vietnamien* ; Van Dai Do et Hong Quy Mai, *Droit international privé vietnamien : relations civiles, commerciales et du travail comportant un élément d'extranéité* (Hanoi : Politique nationale, 2010).

[4] Voir Quoc Chien Ngo, « Plaidoyer pour la codification du droit international privé », *Études législatives* 306 (2016) : 34 ; Tien Vinh Nguyen, « Le Code civil de 2015 dans la tendance mondiale de la codification et de l'harmonisation du droit international privé », *Étude juridiques*, n° 7 (2017) : 102 ; Banh, « La non-codification : tendance inévitable du droit international privé vietnamien pour la période à venir » ; Ngo, Ly, et Hoang, *Le droit international privé : à la recherche d'un modèle pour le Vietnam* ; Thi Nam Giang Le, « Propositions sur la Loi de droit international privé », *Études législatives* 250 (2013) : 18.

du DIP : « Il encourage, au contraire, à la codification. Le Code doit servir à exprimer des réalités complexes »[1]. De même, il faudrait plutôt considérer les risques que présenterait la codification comme un rappel à la prudence chez ses entrepreneurs, et non un obstacle définif.

3.2.1 La faisabilité de la codification

La complexité et la jeunesse du DIP sont perçues par certains comme des obstacles majeurs à la codification. Par contre, les mêmes caractéristiques peuvent aussi être vues comme un avantage ou même un encouragement à la codification.

La complexité du droit international privé – de l'expérience du Québec

Le DIP est indéniablement un droit très complexe, par son objet, ses sources et ses mécanismes. Il des « rapports de droit [qui] s'inscrivent dans le cadre de la vie internationale, élément certain de complexité »[2]. Jusqu'à maintenant, aucune unanimité n'est atteinte sur son domaine. Son champ d'application chevauche souvent d'autres matières[3] et ses frontières restent floues. Cette ambiguïté constituerait en effet une difficulté à la codification. Comment alors peut-on procéder à la codification d'un droit dont les contours ne sont pas faciles à délimiter ?

Il ne faudrait pas considérer l'ambiguïté comme un obstacle insurmontable à la codification du DIP. Au contraire, ce processus serait, à notre avis, une bonne occasion pour mettre un terme aux polémiques persistantes sur le domaine d'application du DIP dans son rapport avec les autres matières. Nous verrons dans le deuxième chapitre qu'il s'agirait d'une des questions fondamentales à résoudre pour le DIP vietnamien, à l'occasion de sa codification à venir.

La complexité vient notamment de ses sources. Comme le droit international privé touche différentes matières, ses sources se trouvent souvent éclatées partout dans le système normatif. Or, comme H. Lecuyer a fait observer à juste titre au sujet du le DIP français : « La codification impose, pour pouvoir être réalisée, une unité, au moins relative, des sources normatives. Leur éclatement et leur multiplication, aux plans interne comme international, semble rendre l'entreprise inutile, voire impossible »[4]. Cette constatation correspond bien à l'état actuel du DIP vietnamien. L'éclatement et la multiplication incessante des règles posent en effet de grands problèmes. Néanmoins, la codification n'existe-elle pas pour aider à la recherche de l'uniformité des règles ? À notre point de vue, cette difficulté réfère plutôt à la nécessité de bien organiser les travaux de compilation requis avant d'entamer le processus de codification et non à l'empêchement d'une codification.

De plus, bien que le DIP relève du droit interne, une partie non moins importante de ses sources est internationale. L'effet des traités internationaux dans

---

[1] Lecuyer, « La codification du droit international privé », 68.
[2] Lecuyer, 68.
[3] Le droit civil, le droit familial et droit commercial en sont les exemples les plus notables. Les règles sur le contrat international et le mariage international relèvent-elles du DIP ou du droit commercial/familial ? Ce sont des questions qui se posent souvent dans la relation entre ces droits.
[4] Lecuyer, « La codification du droit international privé », 69.

le système juridique interne, qui varie largement d'un pays à l'autre, aura des impacts sur la codification. Comment et dans quelle mesure faudrait-il en tenir compte dans la codification des traités auxquels le pays est partie ? Au Québec, la participation aux conventions internationales ne pose pas de vrais problèmes sur l'unité de la codification. Puisqu'au Canada, les traités ne produisent d'effet que « si le droit interne en permet l'application »[1], le gouvernement fédéral devrait toujours prendre en compte de cet aspect dès le début du processus[2]. Le risque est tout autre pour le Vietnam, où la primauté des traités sur les lois nationales est explicitement reconnue, impliquant l'idée de leur effet direct sur le droit interne. Les traités internationaux constituent-ils un système parallèle ou font-ils partie du code ? Quelles en sont les conséquences possibles ? Pour éviter le risque de contradictions avec les sources conventionnelles, notamment après la codification, qui pourrait porter atteinte à l'unité du code, une des solutions serait la consultation des conventions internationales, comme le Québec l'a fait pour la codification de son DIP.

Enfin, les divergences sur les mécanismes du DIP pourraient rendre le codificateur plus perplexe. Ce droit se limite-il aux rattachements, ou inclut-il aussi la recherche des solutions matérielles ? Aller dans la deuxième voie risquerait sans doute de devoir envisager un code colossal qui chevaucherait largement les autres matières. Dans ce cas, la codification deviendrait certainement beaucoup moins faisable. Cependant, une fois encore, de telles questions ne constituent pas vraiment un obstacle à la codification, mais plutôt un défi à surmonter.

La jeunesse du droit international privé – le cas du Vietnam

Nous avons eu l'occasion d'évoquer, dans la section précédente, la jeunesse du DIP vietnamien. On a également observé que malgré cela, ce droit avait atteint une maturité suffisante pour la codification.

Par ailleurs, il faut noter que, malgré l'absence d'un héritage du passé comme en Europe, le Vietnam a pu en tirer des avantages. Le pays a choisi d'apprendre de l'expérience des autres pour bâtir son DIP et l'améliorer au fur et à mesure. La première codification civile a été entreprise avec l'aide des experts européens, surtout français. M. Pierre Bézard, ancien procureur de la République française, a ainsi raconté son expérience en tant que consultant étranger au gouvernement vietnamien dans la rédaction du code civil :

> Les autorités vietnamiennes, dans leur longue démarche d'élaboration du Code civil et leur désir d'établir un texte de qualité et moderne, se sont tournées vers les législations étrangères. [...] Au cours des discussions qui ont lieu par référence au projet vietnamien, les solutions du Code civil français sont en permanence

[1] Christiane Verdon, « Le Canada et l'unification internationale du droit privé », *A.C.D.I.* 32 (1994) : 16.

[2] Verdon, 24-31. Cela est assuré par la consultation régulière, voire la participation, des représentants provinciaux aux négociations internationales, ainsi que les clauses fédérales permettant la participation du Canada aux conventions internationales, « sans avoir à obtenir l'appui de toutes les provinces » (p. 26).

> évoquées. Les Vietnamiens ont étudié attentivement ce texte. Bien des points de leur projet en font écho[1].

Malgré cette influence du Code civil français sur l'ensemble du Code civil vietnamien de 1995, la partie VII, qui porte sur les rapports civils comportant un élément d'extranéité, n'a pas repris le modèle français[2]. Elle comporte 12 articles qui énoncent des règles assez modernes avec les facteurs de rattachement courants à cette époque : la nationalité pour les rapports qui touchent la personne, la situation des objets pour ceux concernant les biens, le lieu de l'acte pour la validité de la forme et la volonté pour les obligations contractuelles.

Aussi, l'évolution contemporaine du DIP est fortement exprimée dans les nouvelles règles de rattachement normatif du Code civil de 2015, dont l'élaboration est inspirée de sources internationales et étrangères. Il faut citer notamment l'introduction du principe de proximité comme règle générale de détermination de la loi applicable – « une solution retenue dans de nombreuses conventions internationales et dans le droit international privé de nombreux pays »[3] –, la prise en compte du domicile comme facteur de rattachement pour le statut personnel et le renforcement du principe d'autonomie de la volonté.

Bref, il faudrait voir dans la jeunesse du DIP vietnamien un avantage au lieu d'un obstacle, celui de pouvoir prendre des raccourcis en tirant profit de la consultation des sources conventionnelles et des expériences étrangères. Sur la base de cette approche, une codification pourrait toujours être envisagée et mise en œuvre avec succès.

3.2.2 Les effets indésirables de la codification

À côté des difficultés qui prennent leur origine dans la nature du DIP, certains effets pervers de la codification pourraient appeler à la prudence, et pour plusieurs, à la réticence. Le plus souvent, le reproche porte sur la rigidité du droit rendue par la codification, conséquence qui surviendrait pour n'importe quelle matière, non seulement pour le DIP. Au Vietnam, la doctrine soulève, en outre, la crainte de bouleverser le système juridique en raison de la codification du DIP vietnamien. Ces risques sont-ils vraiment des obstacles ?

Le risque de rigidité – de l'expérience du Québec à la perspective du Vietnam

Si la codification, pour emprunter les termes du professeur R. Cabrillac, permet de « cristalliser » le droit à une époque, donc d'améliorer son uniformité et sa prévisibilité, cet « effet de cristallisation » a aussi son revers : le droit sera « figé » dans le temps et son évolution sera sans doute « freinée »[4]. C'était ainsi

[1] Bézard, « Bicentenaire du Code civil : Le Viêtnam », 661 et 662.
[2] L'article 3 peut être considéré comme la seule véritable disposition de DIP dans le Code civil français, qui ne prévoit que quelques rattachements unilatéraux.
[3] Vietnam, Ministère de la Justice, « Rapport explicatif des modifications de la Septième partie du Code civil de 2005 portant sur les rapports civils comportant un élément d'extranéité », 2014, 11.
[4] Cabrillac, *Les codifications*, 96-99.

un des motifs pour lequel Savigny s'est vigoureusement opposé à un « code civil pangermanique » construit sur le modèle de la codification française[1].

Cette objection est encore plus forte dans le cas du DIP, dont la souplesse et la flexibilité sont primordiales, compte tenu de son besoin d'adaptation aux situations impliquant divers ordres juridiques. En France, les tentatives de codification ont échoué notamment à cause des arguments contre l'effet de rigidité de la codification : « la codification constituerait une prison pour les juges »[2]. En effet,

> [e]n optant pour la prévisibilité des solutions, le législateur restreint l'incidence de l'intervention judiciaire : du fait qu'il a à se conformer à un texte législatif quelconque, le juge ne peut pas se permettre, du moins en principe, d'y déroger afin d'aboutir à une solution plus appropriée au cas d'espèce. Ainsi, le contenu de ses décisions est conditionné par les choix du législateur. [...] . L'effet négatif de la codification sur l'évolution jurisprudentielle du droit est particulièrement perceptible en matière de droit international privé, où la jurisprudence a toujours joué un rôle de premier ordre[3].

Toutefois, comme H. Lecuyer a répliqué à juste titre, la rigidité « n'est pas inéluctablement liée au phénomène de la codification et l'on peut toujours prévenir ce danger par l'utilisation de formules souples pour ne pas entraver la jurisprudence »[4]. De plus, elle serait un avantage dans certaines circonstances. Pour Guy Braibant, « l'un des grands reproches que l'on peut faire actuellement au droit, c'est son évolution trop rapide [...], un peu de rigidité ne nuirait pas. [Au contraire], la codification facilite les vraies réformes »[5]. Aussi, la codification « instaure une pause indispensable et sécurisante dans l'évolution du droit »[6]. Ces constatations valent parfaitement pour l'état actuel du DIP vietnamien, emporté par le changement incessant des textes de droit, auxquels des règles de rattachement sont greffées.

D'autre part, des solutions existent pour remédier au risque de rigidité lié à la codification. « L'effet technique de glacis ou de lacis que produit la cohérence d'ensemble d'un code substantiel n'est pourtant pas insurmontable. Une recodification partielle est possible si le Code a été construit par blocs bien délimités »[7].

---

[1] Zdenek Krystufek, « La querelle entre Savigny et Thibaut et son influence sur la pensée juridique européenne », n° 44 : 65. C'est sur la base de cette critique que Savigny a construit « la théorie de l'anti-codification » et que le rayonnement du Code civil français de 1804 est considéré, sous sa plume, comme « un cancer » répandu : Friedrich Carl von Savigny, *De la vocation de notre temps pour la législation et la science du droit* (1814) (Paris : Presses universitaires de France, 2006), 49. Voir aussi Olivier Beaud, « L'essai contre la codification ou le refus d'un droit uniforme pour l'Allemagne tout entière. Considération sur l'impensé "territorial" dans la pensée juridique de Savigny », *Droit & philosophie*, n° 1 (2010) : 3.

[2] Cabrillac, *Les codifications*, 97 et 98.

[3] Vasilakakēs, *Orientations méthodologiques dans les codifications récentes du droit international privé en Europe*, paragr. 6.

[4] Lecuyer, « La codification du droit international privé », 68.

[5] Braibant, « Utilité et difficultés de la codification », 65 et 66.

[6] Cabrillac, *Les codifications*, 98.

[7] Stoffel-Munck, « Les résultats de la codification », 125.

Le professeur H. P. Glenn propose par ailleurs des solutions concrètes pour garantir la souplesse du code :

> En même temps, cependant, un code doit posséder un élément de souplesse – souplesse pour s'accommoder aux situations imprévues, souplesse pour répondre aux nouvelles circonstances sociales qui peuvent surgir bien après le jour de promulgation. Ce besoin de souplesse s'exprime dans le processus de codification ou bien par la réticence législative – la lacune intentionnelle – ou bien par la clause générale, la clause d'équité, qui permet en certains cas d'écarter les règles normales devenues trop contraignantes[1].

Au Québec, le codificateur a pris pleinement conscience de cet enjeu. Sa prudence dans le choix des domaines à codifier en est la première preuve : « Dans certains domaines où les idées ne sont pas encore cristallisées, l'on a estimé qu'il valait mieux ne pas légiférer afin de laisser le champ libre à la jurisprudence. Des formules trop rigides risqueraient d'enrayer le dynamisme du droit international privé »[2]. Cette décision de laisser « délibérément » de côté certains points controversés, tels que le conflit mobile, les questions préalables et la fraude à la loi, a été appréciée par la doctrine, en lien avec les caractères du DIP : « Le législateur exprime par là sa sage volonté de laisser les juges faire évoluer naturellement le droit sur ces points. Cette discrétion s'avère en effet particulièrement nécessaire, en droit international privé, étant donné la complexité de la matière et l'importance reconnue à la doctrine dans l'exposé des nombreux problèmes théoriques et pratiques qu'elle pose encore »[3].

De plus, la flexibilité du DIP codifié en 1994 est garantie par deux types de clauses. D'une part, tant pour le rattachement normatif que juridictionnel, les dispositions particulières sont toujours chapeautées par une disposition générale énonçant le principe de rattachement et permettant de compléter les lacunes des règles particulières, si elles existent. En 1980, la doctrine a réagi à l'absence des clauses générales dans le projet du DIP présenté par l'O.R.C.C. en 1977 :

> Mais ce sont en fin de compte les clauses générales des textes suisse et autrichien qui offrent le plus grand contraste avec le projet québécois. Ces clauses générales ont sans doute leur inspiration dans le processus de codification du droit international privé des pays du Marché commun, et notamment dans la fameuse clause générale de la convention sur la loi applicable aux obligations contractuelles[4].

Cette réaction a été sans doute prise en compte dans l'Avant-Projet de loi soumis à l'Assemblée nationale en 1989, qui se dote de la structure allant des clauses générales aux clauses particulières comme on le voit dans l'actuel Livre X C.c.Q.

---

[1] Glenn, « Réflexions sur la codification du droit international privé au Québec et en Europe », 233.

[2] Québec, Office de révision du Code civil, *Rapport sur le Code civil du Québec*, 1978, Vol. II, t. 2 « Livres 5 à 9 – Commentaires » : 976.

[3] Talpis et Goldstein, « Analyse critique de l'avant-projet de la loi du Québec en droit international privé », 300.

[4] Glenn, « Réflexions sur la codification du droit international privé au Québec et en Europe », 237.

D'autre part, les clauses d'exception jouent le rôle correctif et préservent la marge de manœuvre des tribunaux pour assurer une certaine évolution du droit par la voie jurisprudentielle. En ce qui concerne le rattachement normatif, une clause échappatoire a été ajoutée pour permettre « de corriger les inadéquations ponctuelles »[1] des règles de rattachement. Ainsi, si la loi désignée n'a qu'un lien éloigné avec la situation, le juge peut l'écarter et se lancer à la recherche d'une autre loi étrangère, recherche guidée par le principe de proximité (art. 3082 C.c.Q.). Quant au rattachement juridictionnel, plusieurs clauses exceptionnelles ont été incluses au code, à savoir l'article 3135 codifiant la doctrine du *forum non conveniens*, l'article 3136 sur le for de nécessité, les articles 3138 et 3140 applicables aux situations urgentes. S. Gaudet a constaté, à l'occasion du quinzième anniversaire du *Code civil du Québec* : « Le droit international privé québécois avait un réel besoin de flexibilité en matière de compétence internationale et les notions de *forum non conveniens* et de forum de nécessité ont largement contribué à le satisfaire, malgré leur caractère exceptionnel »[2]. Dans les deux cas, le Livre X attribue au juge un pouvoir discrétionnaire de déroger aux règles édictées par le législateur si les conditions sont réunies.

Par ailleurs, comme propose H. Lecuyer, « [l]a préservation de la souplesse et de l'adaptabilité de la matière commande enfin une autre exigence, quant au contenu du code, celle de ne pas trop enserrer la jurisprudence pour permettre à celle-ci de cultiver une interprétation évolutive des dispositions »[3]. Au Québec, le codificateur était conscient de cette nécessité, en introduisant plusieurs clauses générales et celles qui accordent au tribunal un pouvoir discrétionnaire. La jurisprudence a jusqu'à maintenant bien rempli son rôle de compléter et de faire évoluer le DIP québécois[4].

Au Vietnam, des changements positifs sont observés en faveur du rôle de la jurisprudence. D'une part, cette évolution contribuerait largement à améliorer l'adaptabilité et la flexibilité du droit vietnamien. D'autre part, elle incite le promoteur de la codification à accorder plus d'importance à la souplesse pour le code qui sera confectionné. C'est d'ailleurs déjà l'esprit adopté pour le Code civil de 2015, que le codificateur a décidé de réduire aux dispositions très générales du droit commun[5]. Un bon code, à notre avis, doit être un savant mélange de règles – relativement pointues – et de principes généraux, de formules souples, voire d'énoncés un peu théoriques. En ce sens, la codification est, contrairement à ce que peuvent penser certains, un gage de souplesse.

---

[1] Talpis et Goldstein, « Analyse critique de l'avant-projet de la loi du Québec en droit international privé », 327.

[2] Gaudet, « Le Livre X du Code civil du Québec : Bilan et enjeux », 316. Si nous souscrivons en général à la conclusion de l'auteur, nous sommes d'avis que la constatation concernant le *forum non conveniens* doit être nuancée. Voir notre analyse détaillée dans le troisième chapitre de ce livre.

[3] Lecuyer, « La codification du droit international privé », 71.

[4] Voir *infra*, chapitre II, 1.2 « Les suites de la codification ».

[5] Tel que confirmé par le Directeur du droit civil au ministère de la Justice et membre du Comité de rédaction du Code civil de 2015, Thanh Tu Nguyen, « La réforme du droit international privé vietnamien dans le Code civil de 2015 » (Cours de droit international privé, Hanoi, Académie diplomatique du Vietnam, mars 2016) (non publié).

Le risque de bouleversement du système juridique – le souci du Vietnam

Lors des débats sur la codification du DIP vietnamien, certains auteurs ont mentionné le risque de bouleversement du système juridique, étant donné que ce droit touche un trop grand nombre de matières du droit interne. À leur avis, une codification globale entraînerait inévitablement la modification de nombreux textes législatifs et réglementaires dans les domaines ayant un lien avec ce droit[1]. Cette constatation provient sans doute d'une conception extrêmement large de la portée du DIP qui est encore courante au Vietnam[2].

Une telle conception explique naturellement la crainte mentionnée ci-dessus, car l'éventuelle codification impliquerait la modification des normes dans l'ensemble. Néanmoins, un rétrécissement de la portée du DIP aiderait à résoudre en grande partie le problème. Il faudrait rappeler la spécificité du DIP, un droit de cheminement, ce qui diffère nettement du reste du droit interne. Cette conception pour le DIP vietnamien – que nous développerons en détail dans la deuxième partie du livre – permettrait de limiter au maximum le risque de collision et de chevauchement avec les autres matières du droit national, et donc d'amoindrir le risque de bouleversement du système juridique.

Par ailleurs, même si la portée du DIP est définie de façon limitative, le risque continue à être présent à un certain niveau. Comme les règles de rattachement se trouvent actuellement dispersées, la codification ferait surgir plusieurs questions à résoudre afin de maintenir la stabilité du système existant. Il s'agit notamment de savoir quel sera l'impact de la codification sur les règles existantes et quel sera leur sort après la codification. Toutefois, cette difficulté n'est pas nécessairement un obstacle insurmontable, car la même difficulté se pose pour n'importe quel nouveau texte législatif. Elle commande plutôt la prudence dans les étapes, notamment lors des travaux de compilation, préalables à la codification, et lors du développement d'un droit transitoire permettant l'intégration progressive du nouveau code dans le système juridique[3].

*

* *

L'analyse comparative du DIP québécois et du DIP vietnamien, mise en contexte, nous a permis de conclure à l'intérêt de la codification pour le Vietnam. Ce processus est motivé non seulement par la nécessité de remédier aux défauts de ce droit, grâce aux avantages que la codification peut apporter, mais également par l'opportunité trouvée dans des conditions socio-politiques et juridiques propices à son entreprise.

Malgré plusieurs réformes successives depuis sa formulation dans les années 1990, le DIP vietnamien demeure très peu efficace, à cause de son état

---

[1] Voir surtout Banh, « La non-codification : tendance inévitable du droit international privé vietnamien pour la période à venir ». À notre avis, il faut aussi penser à la situation inverse, soit l'impact des autres matières et de leur ordonnancement sur le code de DIP.

[2] Selon cette conception, le DIP vietnamien inclut toutes les règles (matérielles et de rattachement) qui régissent les relations privées (y compris celles de caractère civil, familial, commercial, de travail, d'investissement, d'entreprises, etc.) et teintées d'éléments étrangers.

[3] Voir *infra*, chapitre II, 1. « Les considérations sur l'organisation de la codification du droit international privé ».

dispersé et lacunaire. La contradiction est parfois aggravée par des réformes sporadiques, tandis que la désuétude persiste dans certaines règles. Bien que le poids de chaque problème soit différent dans le DIP du Québec et dans celui du Vietnam, il est possible de trouver des points communs qui motivent une codification globale dans des deux cas.

Les travaux de codification au Québec, qui ont duré pendant une quarantaine d'années, avec des hauts et des bas, a été menée jusqu'au bout grâce aux conditions favorables sur différents plans et une forte motivation à la réforme. Dans l'ensemble, l'œuvre a atteint les objectifs fixés, soit de remédier aux problèmes existants par la construction d'un corps complet de règles modernes et cohérentes. Le Livre X du *Code civil du Québec* et sa vitalité depuis plus d'un quart de siècle sont des preuves concrètes de ce succès[1].

Ainsi, les leçons tirées du succès de la codification du DIP québécois nous enseignent que ce processus serait aussi utile pour le Vietnam. Les effets de systématisation et de rationalisation que présente la codification permettraient sans aucun doute de remédier à l'insécurité juridique, créée par les défauts actuels du DIP vietnamien, en améliorant la rationalité des solutions, l'accessibilité et l'intelligibilité des règles, et par conséquent l'efficacité de ce droit dans son ensemble.

Cette amélioration permettrait à son tour de servir les objectifs de développement du pays à travers sa politique d'ouverture. Elle répondrait surtout aux besoins d'une société vietnamienne qui évolue jour après jour depuis son ouverture. Le DIP, malgré son avènement assez récent, a pu tirer profit d'abondantes expériences internationales et étrangères pour se développer rapidement et atteindre une maturité nécessaire pour la codification.

L'opportunité de la codification du DIP vietnamien ainsi démontrée, il est important de souligner que les soucis relatifs à la faisabilité et aux effets pervers d'une telle codification sont fondés. Toutefois, ces obstacles présumés ne sont pas insurmontables. De tels obstacles commandent plutôt la prudence et suggèrent des pistes de réflexion pour une meilleure entreprise. Sur ce volet, la codification québécoise offre de bonnes leçons, tant dans la forme que dans la substance, qui inspireront les suggestions de mise en œuvre dans les deux prochains chapitres.

---

[1] Pour un bilan de 25 ans de la jurisprudence québécoise relative au DIP (depuis 1994 jusqu'en 2019), voir Sylvette Guillemard, « Revue de la jurisprudence 1994-2019 : Naissance du droit international privé québécois moderne », *R. du N.* 122 (2020) : 169.

CHAPITRE II

LES PERSPECTIVES DE MISE EN ŒUVRE DE LA CODIFICATION DU DROIT INTERNATIONAL PRIVÉ

Une codification réussie nécessite impérativement des préparations accompagnées de réflexions théoriques sur différents aspects techniques liées à son organisation. Que ce soit en termes de temps, de finances, de personnes ou de méthodes, il s'agit de considérations que le professeur R. Cabrillac appelle « la *codistique* », lorsqu'il parle de la codification civile du Québec et des Pays-Bas, « pays dans lesquels la *codistique* est particulièrement développée »[1].

Le livre X du *Code civil du Québec* portant le DIP est « le fruit de longues années de travail »[2] mené dans le cadre de la recodification du droit civil de la province, de 1955 au 1er janvier 1994, date d'entrée en vigueur du *Code civil du Québec*. Une codification qui dure longtemps comme celle du Québec risque toujours de subir les impacts négatifs des mouvements politiques, du changement humain et de nombreux autres facteurs que le temps peut aggraver. Son succès est dû, sans aucun doute, aux efforts sérieux de travail collectif, à la concertation entre, d'une part, l'action gouvernementale qui représente la volonté politique et, d'autre part, les juristes, qui ont apporté leur appui et leur expertise. Par-dessus tout, c'est la vue d'ensemble du codificateur qui a permis d'optimiser les solutions. Cela s'est exprimé, par exemple, dans la détermination des entrepreneurs, dans l'organisation des travaux et dans l'investissement des ressources[3].

Il y une trentaine d'années, la première codification civile du Vietnam a aussi connu un succès exemplaire, notamment en termes de connaissances et d'expériences, malgré toutes les difficultés que le pays a vécues à cette période, et les pressions d'une situation socio-économique en pleine crise. Ce succès prend son origine non seulement dans la ferme volonté politique, mais aussi dans le fait que le pays a su tirer profit très tôt de l'expertise étrangère. En effet, les responsables vietnamiens ont appris et assimilé rapidement le savoir-faire transmis[4].

Le contexte a beaucoup évolué en faveur de la codification du DIP. Le Vietnam est bien sorti de sa crise économique et est en plein développement. Les techniques législatives, de même que les ressources humaines et financières, se sont beaucoup améliorées. Grâce à la politique d'ouverture poursuivie, la coopération internationale est plus que jamais promue. Cependant, d'autres défis

---

[1] Cabrillac, *Les codifications*, 186.

[2] Groffier, *La réforme du droit international privé québécois, supplément au Précis de droit international privé québécois*, 1.

[3] Belley, « Présentation ».

[4] Cf. Bézard, « L'élaboration de la nouvelle codification vietnamienne : la coopération juridique française 1990-2000 ».

ont surgi : le système juridique est désormais plus complexe et les besoins de la société sont plus grands. Malgré tout, certains aspects essentiels de la codification restent inchangés.

Poursuivre des objectifs légitimes, être conscients des contraintes, bien se préparer en termes de ressources investies, humaines notamment, et de méthodologie, sont des atouts pour le succès de la codification. Dans le présent chapitre, nous tenterons d'apporter des réflexions théoriques sur les perspectives de mise en œuvre de la codification du DIP vietnamien grâce aux leçons tirées de certaines codifications nationales, en particulier de celle du Québec. Elles consistent en des considérations de type organisationnel (1) et fonctionnel (2).

1. LES CONSIDÉRATIONS SUR L'ORGANISATION DE LA CODIFICATION

Si le Québec se trouve parmi les pays où les techniques de codification sont particulièrement développées, celles-ci demeurent toujours un terrain très peu exploré au Vietnam. Le système juridique vietnamien est actuellement caractérisé par une surproduction normative[1], accompagnée de modifications intenses, ce qui porte certainement atteinte à l'accessibilité du droit. Des efforts ont été déployés aussi bien par voie législative que dans la pratique pour améliorer cette situation. On a ainsi prévu différentes techniques, telles que la consolidation, la systématisation et la codification, dont les travaux ont commencé dans les années 2010. Toutefois, la « codification » prévue demeure administrative, consistant en la révision, le regroupement et la systématisation des normes en vigueur dans des compilations. Au contraire, la codification de droit nouveau, au sens que nous adoptons dans le cadre de cette étude, n'est prévue nulle part.

Au Vietnam, la production des normes est encadrée par la *Loi sur la promulgation des actes normatifs*, dont la dernière version en vigueur date de 2015. Les codes et les lois sont des actes normatifs adoptés par le législateur – l'Assemblée nationale – sans aucune distinction entre les deux[2]. L'élaboration de la nouvelle législation doit être programmée chaque année, après avoir été approuvée par l'Assemblée nationale l'année précédente. Le processus commence toujours par une initiative qui peut provenir des différents organismes d'État – Président d'État, Comité permanent de l'Assemblée nationale, différents Comités de l'Assemblée nationale, Gouvernement, Cour populaire suprême, Parquet populaire suprême, etc. – ou des parlementaires[3]. Un projet de loi soumis par le gouvernement à l'Assemblée nationale doit être accompagné d'études d'impacts, du constat des sources financières et humaines nécessaires pour la mise en œuvre, et d'une évaluation de la compatibilité de la nouvelle loi avec la

[1] Elle s'explique en grande partie par le grand nombre de textes reconnus comme ayant une valeur normative et d'acteurs dans la production normative. L'article 4 de la Loi sur la promulgation des actes normatifs prévoit 15 catégories d'actes normatifs promulgués par les organismes d'État et de collectivités locales différentes.

[2] Loi sur la promulgation des actes normatifs, art. 4.2, qui propose d'appeler « codes » et « lois » communément « lois ».

[3] Loi sur la promulgation des actes normatifs, art. 32 et 33.

Constitution et les autres lois, ainsi que du compte-rendu des consultations publiques[1]. Le gouvernement est chargé de la proposition de loi, mais la rédaction du projet de loi est assumée par un comité établi par l'Assemblée nationale[2]. Cette disposition peut affecter la préparation de la loi, car l'auteur de la proposition n'est pas le même que ceux qui sont responsables de la rédaction du projet.

Bien que la loi prévoie la participation d'experts et de scientifiques dans les comités de rédaction, la confection des textes normatifs au Vietnam est restée longtemps le terrain exclusif des fonctionnaires d'État, l'expertise provenant principalement de l'étranger. Toutefois, la pratique récente indique une implication grandissante des professeurs d'université dans la rédaction des projets de loi, non seulement dans le rôle consultatif, mais aussi en tant que rédacteur. Le Code civil de 2015 est un exemple. La large consultation du public et la participation des universitaires dans la rédaction ont contribué au succès du Code civil, en comparaison avec son jumeau – le Code de procédure civile de 2015 – dont les bénéfices de la réforme se font sentir assez modestement[3].

Pour une œuvre d'envergure comme la codification du DIP, plusieurs facteurs interviennent en plus du facteur humain. Les considérations relatives à l'organisation de la codification ne peuvent se limiter aux aspects purement techniques. Des réflexions théoriques préalables s'imposent pour différentes phases de la codification, en tenant compte des particularités de la matière. Dans la section suivante, nous proposons une analyse – à la lumière de la codification québécoise, ainsi que de certaines autres codifications nationales – des facteurs à considérer pour la préparation (1.1) et des suites (1.2) de la codification du DIP vietnamien.

1.1 Préparation de la codification

La préparation consiste en la prise de conscience, non seulement des objectifs à poursuivre, mais aussi des contraintes et des ressources nécessaires à la codification. Le choix des entrepreneurs et la coordination humaine sont aussi des facteurs décisifs pour le succès de la codification du DIP.

1.1.1 Les objectifs de la codification

Parler de la codification, c'est tout d'abord parler de la systématisation et de la rationalisation du droit. La codification du DIP doit en outre poursuivre des objectifs spécifiques, qu'ils soient liés à la matière ou à la codification. Ils sont fixés en tenant compte du contexte et des besoins propres au pays. Dans cette mesure, les leçons tirées de la codification québécoise et celle de certains autres pays peuvent inspirer le Vietnam.

---

[1] Loi sur la promulgation des actes normatifs, art. 34 et 51.

[2] Loi sur la promulgation des actes normatifs, art. 52.

[3] On peut aussi citer l'exemple du « Code pénal », n° 100/2015/QH13 du 27 novembre 2015, qui a été adopté à la hâte dans l'ignorance des avis des experts, et dont l'entrée en vigueur a été suspendue pour des modifications.

Les objectifs liés à la matière

L'étude de différents projets de codification du DIP contemporain montre qu'il y a trois objectifs souvent partagés, à savoir la prévisibilité, la modernité et la flexibilité des solutions codifiées. Le Vietnam ne fait pas exception.

La prévisibilité

S'il faut reconnaître que la prévisibilité – autrement dit, la transparence – est un des premiers objectifs de n'importe quelle codification du droit[1], il s'agit, pour le DIP, d'un objectif particulièrement important, vu la complexité incomparable et le risque permanent d'obscurité de la matière. La prévisibilité profite d'abord aux juges qui sont responsables de résoudre les litiges impliquant plusieurs ordres juridiques et, puis, de manière indirecte, aux justiciables. Parlant de la codification du DIP européen, le professeur Thomas Kadner Graziano a souligné l'importance de ce caractère prévisible : « *Judges, who only occasionally deal with cross-border scenarios, need a system of private international law in which they can easily find their way and conflict of laws rules that they can handle and apply easily. In the international context, legal certainty and predictability of the outcome is just as necessary as in purely domestic situations* »[2].

La prévisibilité ordonne non seulement les solutions certaines qu'offrent les règles codifiées, mais aussi – et avant tout – la façon dont ces règles sont rédigées et présentées dans le code. C'est l'exigence d'une forme soignée, qui s'exprime dans un langage clair, sans équivoque et sans ambiguïté, dans une organisation bien structurée des dispositions. La transparence se manifeste aussi dans les titres, qui peuvent rendre le code plus lisible et facile à suivre. La codification belge du DIP illustre cela :

> Alors que d'habitude, les articles de lois belges ne sont pas titrés, le Code en projet imite ceux d'Allemagne, d'Autriche, d'Italie et de Suisse, ainsi que la Convention sur la loi applicable aux obligations contractuelles, signée à Rome le 19 juin 1980, en proposant pour chaque article un titre bref qui en résume l'objet. Les praticiens applaudiront sans doute devant cette présentation qui rend la loi plus aisée à consulter, plus « transparente » donc[3].

De plus, l'objectif de prévisibilité ne serait pas parfaitement atteint s'il n'y avait pas de règles transitoires claires, ce que nous aborderons plus tard.

Enfin, il ne faudrait pas oublier l'aspect pédagogique de la codification, qui fait sans aucun doute partie intégrante de l'objectif de prévisibilité. Un code accessible est un code qui est intelligible, bien structuré, et dont les dispositions

---

[1] Aude Fiorini, « The Codification of Private International Law : The Belgian Experience », *I.C.L.Q.* 50 (2005) : 508 : « *Transparency is obligatory in any form of codification given the underlying objective of establishing a coherent and fully comprehensive set of rules which will guarantee legal certainty and predictability* ».

[2] Thomas Kadner Graziano, « Codifying European Union Private International Law : The Swiss Private International Law Act – A Model for a Comprehensive EU Private International Law Regulation? », *Journal of Private International Law* 11 (2015) : 586.

[3] Michel Verwilghen, « Vers un Code belge de droit international privé », in *Travaux du Comité français de droit international privé. Années 1998-1999* (Paris : A. Pedone, 2001), 133 et 134.

sont faciles à retenir, même pour les profanes. Le souci de pédagogie doit s'exprimer dans le soin du rédacteur « à guider le justiciable vers le sens que le législateur entend donner [au code] », et aussi, dans « la structure du texte, le vocabulaire employé, le temps des verbes, l'ordre des idées, la description et la qualification des réalités, le recours au principe ou au détail, [...] éléments qui concouraient ou nuisaient, selon le cas, à la bonne livraison du message »[1].

La modernité

Une codification cherche non seulement à améliorer l'accessibilité du droit, mais également à le réformer. L'objectif de modernité est d'autant plus recherché pour le DIP, qui connaît de fortes évolutions ces derniers temps, en lien avec les matières de droit privé qu'il concerne, et avec ses méthodes mêmes. Cet objectif était clairement fixé dans le projet de codification du DIP de plusieurs pays – par exemple la Suisse, le Québec et la Belgique –, pour des raisons assez semblables. Il s'agit notamment de la réponse nécessaire du droit à l'évolution de la société, caractérisée par l'ouverture des frontières et la libre circulation des biens et des personnes, ainsi qu'un fort mouvement d'immigration, le tout intensifiant les rapports impliquant l'intervention du DIP[2]. Dans le cas de la Belgique, où la nationalité était le facteur de rattachement principal, le besoin d'opter pour un nouveau facteur plus adapté au contexte de la mondialisation – la résidence habituelle – était l'un des motifs qui ont ordonné la codification :

> [U]n changement fondamental a affecté le mode d'acquisition de la nationalité depuis la codification du début du dix-neuvième siècle. D'un côté, la nationalité a perdu la permanence qui la caractérisait, les législations nationales ayant facilité les changements de nationalité. D'un autre côté, ces législations ont renoncé à préserver l'unité de nationalité au sein de la famille. En d'autres termes, le concept de nationalité ne garantit plus la permanence de l'état de la personne, pas davantage qu'il n'apporte l'assurance d'un rattachement unitaire des rapports de famille[3].

Ces arguments sont tout à fait valables à l'état actuel du DIP vietnamien : « Dans le contexte du mouvement international des personnes et des flux d'immigration, et comme conséquence du principe de proximité, la résidence habituelle a largement substitué à la nationalité, qui, ayant perdu ses plusieurs avantages comme facteur de rattachement en termes de permanence et unité, s'est révélée beaucoup moins convenable qu'auparavant »[4].

Aussi, dans l'objectif de modernité, la codification du DIP doit être prévue avec un esprit d'ouverture internationale. En effet, l'interaction des ordres

---

[1] Sparer et Schwab, *Rédaction des lois*, 155.

[2] SUISSE, CONSEIL FÉDÉRAL, *Message concernant une loi fédérale sur le droit international privé (loi de DIP) du 10 novembre 1982*, 1 février 1983 ; *Proposition de loi portant le Code de droit international privé*, 2-1225/1 (1 juillet 2002), Sénat de Belgique, session de 2001-2002 ; QUÉBEC, OFFICE DE RÉVISION DU CODE CIVIL, *Rapport sur le Code civil du Québec*, Vol. II, t. 2 « Livres 5 à 9 : Commentaires », Québec, Éditeur officiel, 1978.

[3] Proposition de loi portant le Code de droit international privé, 4.

[4] Fiorini, « The Codification of Private International Law : The Belgian Experience », 509.

juridiques requiert surtout « l'harmonie des solutions ». Cet internationalisme s'explique avec justesse dans le cas du Québec : « Le droit international privé exprime aussi l'intérêt de l'État à l'application ou à la non-application de ses lois, mais la règle de conflit détermine le domaine d'application des lois de plusieurs États et doit donc tenir compte de leurs intérêts respectifs. On doit donc chercher à atteindre la *coordination des systèmes* et l'*harmonie internationale des solutions* »[1].

L'acceptation de la nationalité, traditionnellement inhabituelle pour le Québec, comme un des facteurs de rattachement dans le Livre X du *Code civil du Québec*[2] et la présomption favorable à la reconnaissance des décisions étrangères au Québec sont des exemples de cette recherche d'harmonie internationale dans les solutions nationales.

Le projet belge offre aussi des suggestions sur la façon de procéder pour concrétiser l'esprit d'ouverture dans la codification :

> D'un côté, lors de la formulation des hypothèses visées par les règles de rattachement ou formulation de la catégorie de rattachement, le texte s'efforce de se détacher des termes propres au droit belge afin d'assurer la praticabilité de la règle au regard d'institutions juridiques étrangères de nature équivalente. D'un autre côté, lors de la formulation du facteur de rattachement, le code tend à s'inspirer, dans la mesure du possible, des tendances exprimées par les instruments internationaux existants, même si la Belgique ne les a pas ratifiés, et par les codifications nationales récentes[3].

Le rédacteur du code belge explique l'utilité de cette organisation : « Conçue en de tels termes, une codification nationale ne compromet pas nécessairement un rapprochement des droits nationaux en la matière : elle constitue un pas vers l'harmonie des solutions si elle suit les tendances du droit comparé et si elle privilégie un principe de proximité objective »[4].

L'étude comparative et la consultation des conventions internationales de DIP offrent donc de bos exemples de solutions harmonieuses. Cette approche est bien imprégnée dans le projet québécois, où l'inspiration étrangère et internationale s'observe dans chaque article[5].

L'esprit d'ouverture se révèle également dans la bilatéralité et dans l'autorité des règles de rattachement, c'est-à-dire dans l'application d'office de ces règles

[1] Goldstein et Groffier, *Droit international privé*, t. I « Théorie générale », 41.
[2] Afin de déterminer la loi applicable à certaines questions juridiques (art. 3091, 3098, 3109, 3123 C.c.Q.) ou la compétence des autorités étrangères en vue de la reconnaissance de leurs décisions au Québec (art. 3166 et 3167 C.c.Q.)
[3] Proposition de loi portant le Code de droit international privé, 5. Le Livre X du *Code civil du Québec* donne aussi des exemples semblables, comme l'utilisation du terme « autorités » au lieu de « tribunaux » et l'inspiration de nombreuses conventions internationales dont il n'est pas membre.
[4] *Id.*
[5] Voir *supra*, chapitre I, 2.1 « Les résultats positifs de la codification du droit international privé québécois ».

et du droit étranger par le juge. Cette dernière question, jusqu'à maintenant négligée dans le DIP vietnamien, devra être traitée dans la codification à venir[1].

Dans les rattachements concrets, l'internationalisme influence bien le choix du codificateur de prendre en compte des solutions étrangères, la litispendance internationale et l'effet des décisions étrangères.

La flexibilité

L'objectif de flexibilité complète celui de la prévisibilité en vue de l'équilibre requis dans tous les cas de codification du droit en général et celle du DIP en particulier, ce dernier étant caractérisé par la souplesse.

Le souci d'assurer à la fois la prévisibilité et la flexibilité s'exprime bien dans différents projets de codification que nous avons étudiés. Pour la Belgique, « [l]a préférence va ainsi à des dispositions qui, tout en cherchant la précision, maintiennent un degré de souplesse suffisant pour permettre une adaptation de la règle à la diversité des rapports juridiques internationaux »[2].

Le codificateur suisse, quant à lui, a souligné le besoin de souplesse dans son message sur le projet du DIP :

> C'est avant tout parce que la codification du [droit international privé] offrait une plus grande sécurité juridique au justiciable et une vision plus claire au praticien – donc une certaine simplification – que la codification a été bien accueillie. Mais on a soulevé aussi le risque inhérent à pareille codification de restreindre le pouvoir d'appréciation du juge en matière de droit international privé et de supprimer la flexibilité d'interprétation nécessaire qui sied à chaque cas particulier[3].

Inspiré par l'exemple suisse, le Québec a introduit dans le Livre X du *Code civil du Québec* plusieurs clauses offrant au DIP codifié la flexibilité nécessaire. Elle s'exprime dans la pluralité des méthodes de rattachement, dans les clauses d'exception et dans l'attribution au juge d'un certain pouvoir discrétionnaire.

Cependant, dans les systèmes de droit codifié comme ceux du Québec et du Vietnam, où le droit écrit joue le rôle primordial, la flexibilité, chère au DIP, devra être très bien encadrée. Cela est d'autant plus essentiel pour le droit vietnamien, où la place de la jurisprudence et la marge de manœuvre du juge sont encore très modestes.

Les objectifs liés à la codification

La codification de droit nouveau a toujours un effet de rupture. Les modifications et l'abrogation des règles anciennes sont des retombées fréquentes de la codification. Cet effet de rupture a conduit, dans la réalité, de vives

---

[1] Voir *infra*, chapitre III, 3.1 « La question de l'autorité de la règle de rattachement ».

[2] Proposition de loi portant le Code de droit international privé, 2.

[3] Suisse, Conseil fédéral, « Message concernant une loi fédérale sur le droit international privé (loi de DIP) du 10 novembre 1982 », 267.

oppositions provenant des partisans de l'École historique, dont Savigny en particulier, contre la codification du droit[1].

L'objectif de continuité peut être dégagé des principes qui ont orienté la codification du DIP québécois. Par ailleurs, il ne faut pas oublier un autre caractère indispensable – une exigence – de la codification : la durabilité.

La continuité

Pour l'École historique, « un code ne pourrait que s'inscrire dans le prolongement du droit antérieur »[2]. Une codification réussie est en effet une qui ne rompt pas totalement avec le passé. Cette continuité se manifeste dans le respect des valeurs traditionnelles et les principes fondamentaux, consacrés dans la Constitution et d'autres textes importants, comme la Charte des droits de la personne.

Exemple remarquable, le *Code civil du Québec* est, aux yeux des auteurs québécois, un prolongement du passé :

> Le rapport du nouveau Code à l'ancien serait celui d'une continuité profonde malgré les changements nécessaires. La philosophie et la portée des modifications n'allaient pas produire un rapport de rupture semblable, par exemple, à celui que la réforme du système d'éducation avait établi entre le nouveau collège d'enseignement général et professionnel et l'ancien collège classique[3].

Selon le juge Jean-Louis Baudouin, « 70% des textes proposés ne font que reprendre le droit législatif ou jurisprudentiel » en vigueur, les innovations étant intervenues principalement au niveau linguistique pour s'adapter au vocabulaire, qui a beaucoup évolué[4].

Si le livre sur le DIP diffère des autres livres du *Code civil du Québec* par sa nouveauté dans l'ensemble, il reste aligné sur les principes fondamentaux ancrés dans la tradition juridique de la province. D'une part, les nouvelles règles codifiées doivent « *refléter les valeurs acceptées par l'ensemble de la communauté* »[5] reconnues dans les Chartes des droits et libertés du Québec et du Canada[6]. D'autre part, même si l'harmonisation internationale est importante pour le DIP, en raison de son côté « international », la codification doit être guidée par l'esprit civiliste auquel le droit privé québécois adhère depuis toujours. Ainsi, l'introduction des solutions de la *common law*, parfois utile en pratique et inévitable, vu la situation géographique du Québec au sein d'une fédération de

---

[1] Beaud, « L'essai contre la codification ou le refus d'un droit uniforme pour l'Allemagne tout entière. Considération sur l'impensé "territorial" dans la pensée juridique de Savigny ».

[2] Cabrillac, *Les codifications*, 93.

[3] Belley, « Présentation », 18.

[4] Baudouin, « Quelques perspectives historiques et politiques sur le processus de codification », 18.

[5] Goldstein et Groffier, *Droit international privé*, t. I « Théorie générale », 41.

[6] « Charte des droits et libertés de la personne », RLRQ, c. C-12 ; « Charte canadienne des droits et libertés », partie I de la *Loi constitutionnelle de 1982*, Annexe B de la *Loi de 1982 sur le Canada*, 1982, c. 11 (R.-U.).

common law, ne doit pas porter atteinte à la « cohérence logique de l'ensemble civiliste »[1].

La codification du DIP vietnamien devra aussi suivre cette idée de continuité. Contrairement au Québec, où la plupart des règles codifiées au Livre X C.c.Q. sont nouvelles, au Vietnam, les réformes régulières ont jeté des bases pour une codification sans rupture avec le système existant. Cependant, comme le droit vietnamien est en pleine évolution, le codificateur ne devrait pas se contenter de cette continuité. Il lui faudra adopter une vision à long terme afin de proposer un code qui pourra durer dans le temps.

La durabilité

Compte tenu de son ampleur, toute codification doit pouvoir durer longtemps. La réforme globale – la recodification – n'interviendra que si « le décalage entre le [code] et les réalités sociales qu'il avait vocation de régir » ne peut plus se résoudre par d'autres moyens[2]. Les codes centenaires, parmi lesquels nous pouvons citer le Code civil français de 1804 et le Code civil du Bas-Canada de 1866, ne sont pas rares. La durabilité ne signifie pas que le code reste statique dans le temps. Le droit codifié évolue pour s'adapter à la réalité sociale grâce aux réformes occasionnelles, qui ne doivent toutefois pas affecter l'unité du code.

Au Vietnam, il s'agit d'un objectif difficile à atteindre. En effet, même les codes y ont une durée de vie assez courte et subissent un remplacement au bout de dix ans. L'évolution rapide de la société vietnamienne et la capacité législative laissant à désirer peuvent expliquer cette situation.

Pour la codification du DIP, à notre avis, la durabilité peut être favorisée si les solutions codifiées répondent aux objectifs de prévisibilité, de modernité et de flexibilité. Le codificateur peut tirer profit des travaux d'unification internationale et régionale et de codifications réussies à l'étranger, dont celle du Québec. Un quart de siècle après son entrée en vigueur, le DIP québécois codifié a prouvé sa capacité à s'adapter et à évoluer sereinement.

Sur ce chemin, par contre, de nombreux défis attendent l'aventurier.

1.1.2 Les contraintes à la codification

La préparation, et ultimement l'achèvement, d'une codification dépendent de la capacité d'appréhender plusieurs contraintes provenant de l'extérieur, mais aussi de l'intérieur, et de les gérer avec succès.

Les contraintes extrinsèques

Si le temps est un facteur qui complique considérablement, mais inévitablement, des travaux d'envergure de codification, comme dans le cas du Québec, les faibles ressources humaines constituent une autre contrainte pour un pays en développement comme le Vietnam.

[1] Goldstein et Groffier, *Droit international privé*, t. I « Théorie générale », 42.

[2] Crépeau, « Réflexions sur la Codification du Droit Privé », 293.

Le facteur de temps

La codification est une grande entreprise, dans laquelle sont mobilisées d'énormes ressources. Elle s'inscrit souvent dans la durée. Le professeur A. Prujiner a ainsi écrit, à propos de la codification du DIP québécois : « La codification est l'événement majeur des vingt-cinq dernières années en droit international privé au Québec. Sa préparation a pris plus de quinze ans, avec une contribution importante de la doctrine soit de manière directe, dans la préparation des textes du Code, soit de manière indirecte, dans de multiples articles et notes »[1].

Il a donc fallu une quinzaine d'années pour la préparation et une autre quinzaine d'années pour l'achèvement du processus au Québec. Le temps constitue en effet un facteur déterminant, que le codificateur ne peut négliger. G. Braibant l'a ainsi affirmé : « La codification s'inscrit dans la durée. On ne peut pas faire un code sérieusement en moins de trois ou quatre ans »[2]. Or, tant de changements peuvent intervenir pendant le processus. Favorables ou défavorables, ces changements bouleversent le déroulement de la codification.

La réforme du droit civil au Québec, dans laquelle s'inscrivait la codification du DIP, offre un exemple typique des complications que la durée pouvait causer sur la codification. À la suite des élections législatives qui ont conduit à des changements de la majorité à l'Assemblée nationale, le processus de codification a connu une dérive. Le projet de code civil entier soumis en 1977 par l'Office de révision du Code civil, accompagné de ses commentaires, a été mis de côté. Le nouveau gouvernement a opté pour l'approche de réformes législatives partielles à la française[3]. Il a fallu attendre la nouvelle législature plus favorable à la recodification pour faire avancer de nouveau le processus et mener à l'adoption du *Code civil du Québec* en décembre 1991.

Au Vietnam, la difficulté est d'une autre nature. Les codes sont souvent construits sous la pression de l'achèvement du programme législatif établi au début de chaque nouvelle législature (quinquennale). Or, comme l'a fait remarquer Gérard Cornu, « [l]a codification fut assez sereinement un travail de tapisserie, au petit point, aux finitions »[4]. On n'obtiendra jamais un code de qualité achevé à la hâte. Il faut non seulement prévoir du temps pour la rédaction, mais aussi, et surtout, pour la consultation des différents acteurs de la société. En effet, le code doit avant tout refléter l'intérêt des justiciables.

Si la durée est inhérente à la codification, les entrepreneurs doivent être conscients des difficultés que le temps pourrait produire tout le long du processus et se préparer à y faire face. Ainsi, le facteur humain joue un rôle extrêmement important dans le succès de la codification.

---

[1] Prujiner, « Le droit international privé au Québec : une codification de la flexibilité et de l'autonomie de la volonté », 69.

[2] Guy Braibant, « Problématique de la codification », *R.F.A.P.*, 1997, 169.

[3] Niort, « Le Code civil face aux défis de la société moderne : une perspective comparative entre la révision française de 1904 et le nouveau *Code civil du Québec* de 1994 », 855.

[4] Gérard Cornu, « L'avènement du Nouveau Code de procédure civile », in *Le nouveau code de procédure civile : vingt ans après. Actes du colloque des 11 et 12 décembre 1997* (Paris : La Documentation française, 1998), 27.

Le facteur humain

L'étude des codifications du DIP suisse, québécois et belge montre l'importance de l'implication du monde universitaire dans la rédaction du code et du rôle consultatif des praticiens. Un auteur a souligné l'influence des figures de prestige dans le succès de la codification : « Lorsque l'autorité des juristes est élevée, leur participation aux travaux de codification influe d'une certaine façon sur le rang élevé des Codes, tant dans l'esprit des praticiens interprétant et appliquant le Code que dans la conscience de la société »[1].

Au Québec, si la recodification du droit civil a été amorcée à l'initiative du gouvernement, qui a laissé son empreinte à toutes les étapes, ce sont les juristes universitaires qui ont rédigé les projets. Le *Code civil du Québec* est en effet le produit d'un travail collectif, où la réputation des personnes à la tête de l'équipe a contribué à l'avancement de la codification. On a ainsi noté un grand élan du projet de réforme du Code civil depuis l'arrivée du professeur P.-A. Crépeau à la direction de l'O.R.C.C. en 1965. Étant une figure très connue du milieu universitaire, ce nouveau dirigeant des travaux de révision était considéré comme « un juriste plus convaincu que ses prédécesseurs des vertus scientifiques et modernisatrices de la codification envisagée »[2]. Près de 150 juristes ont travaillé sous sa direction pour préparer, pendant une décennie, le premier projet de code qui servira de base au *Code civil du Québec*. La participation au Comité chargé de la codification du DIP des universitaires les plus connus en la matière, sous la direction du professeur J.-G. Castel à partir de 1965, a été un gage de réussite du projet de codification[3].

Dans le cas de la Suisse, dont la codification a servi de modèle pour plusieurs pays, y compris le Québec, c'est la Société suisse des juristes qui a pris l'initiative. Les rapporteurs du projet de codification, des professeurs d'université connus, Messieurs Frank Vischer et Gerardo Broggini, ont étudié respectivement les côtés pratique et théorique de la codification pour conclure sur l'opportunité de l'événement[4]. Le groupe de travail chargé de la rédaction de la *Loi de droit international privé* était composé principalement de professeurs et de docteurs en droit venant de différents coins du pays[5].

De même, en Belgique, c'est le monde universitaire qui a « tourné la clef de contact pour faire démarrer le processus de codification » du DIP. Les professeurs qui enseignent cette matière dans des universités belges se sont mobilisés dans le « Groupe belge de droit international privé », officiellement chargé par le gouvernement d'étudier « une codification d'ensemble du droit international privé »[6].

---

[1] H. Rot, « Les critères d'appréciation d'une codification du droit », in *Rapports polonais présentés au XIe congrès international de droit comparé* (Caracas : Ossolineum, 1982), 20.
[2] Belley, « Présentation », 12.
[3] Crépeau, « Réflexions sur la Codification du Droit Privé », 272-73.
[4] Suisse, Conseil fédéral, « Message concernant une loi fédérale sur le droit international privé (loi de DIP) du 10 novembre 1982 », 264.
[5] Suisse, Conseil fédéral, 266.
[6] Verwilghen, « Vers un Code belge de droit international privé », 129.

L'expérience de plusieurs pays montre l'importance de l'implication du monde universitaire dans le processus de codification[1]. Cela est d'autant plus vrai pour le DIP, « droit savant ». Par ailleurs, comme la codification touche l'ensemble du système juridique, elle exige la coordination des experts dans différents domaines, afin d'assurer la cohérence non seulement au sein du code, mais aussi celle entre le code et son entourage. Ce sont les contraintes intrinsèques de la codification.

Les contraintes intrinsèques

Les contraintes intrinsèques de la codification sont nombreuses. Elles peuvent concerner les techniques, les méthodes de codification ou le contenu du code. Toutes ces considérations visent à assurer la cohérence du système normatif dans lequel est mis en œuvre le processus de codification.

La cohérence dans le système juridique

Le codificateur doit, tout au long du processus, être conscient du maintien de l'uniformité du système juridique dans son ensemble[2].

L'élaboration du code devra donc être menée dans le respect constant de la hiérarchie des normes et des principes fondamentaux du système juridique national dans lequel le code sera introduit. La Cour suprême du Canada, dans *Jensen* c. *Tolofson*, a rappelé l'importance du respect de cette hiérarchie : malgré leur caractère qui nous recommande de tourner « vers la réalité sous-jacente de l'ordre juridique international » pour « établir un régime rationnel et pratique de droit international privé », les règles de rattachement « comportent leurs propres impératifs constitutionnels et d'autres éléments structurels », du fait qu'elles font partie du droit « interne »[3]. Ainsi, toujours selon la Cour, les solutions de rattachement doivent avoir été construites sur la base de la prise en compte de ces impératifs. C'est aussi avec cette conviction que la Cour suprême a affirmé dans l'arrêt *Spar Aerospace* que l'exigence du lien réel et substantiel entre le problème et l'ordre juridique, établie par la Cour dans les affaires précédant la codification de 1994[4], avait été bel et bien prise en considération par le codificateur québécois dans les solutions de rattachement du Livre X C.c.Q.[5]

---

[1] Cela était aussi observé dans le système du droit socialiste. En Hongrie, par exemple, c'est l'Académie des sciences (*Institute of State and Legal Sciences – Hungarian Academy of Science*) qui a pris l'initiative et était la pionnière de la première codification du droit international privé hongrois : Gabor, « A Socialist Approach to Codification of Private International Law in Hungary : Comments and Translation », 66.

[2] Nous avons parlé du risque de bouleversement du système juridique causé par la codification. Voir *supra*, chapitre I, 3. « L'opportunité de la codification : expériences du Québec et perspectives du Vietnam ».

[3] Tolofson *c.* Jensen, [1994] 2 R.C.S. 1022, 1048.

[4] *Morguard Investments Ltd.* c. *De Savoye*, [1990] 3 R.C.S. 1077 ; *Hunt* c. *T&L plc.*, [1993] 4 R.C.S. 289.

[5] Pour reprendre les termes du juge LeBel dans l'arrêt Spar Aerospace Ltée *c.* American Mobile Satellite Corp., [2002] 4 R.C.S. 205 paragr. 56 : « À l'examen du libellé même de l'art. 3148, on peut soutenir que la notion de "lien réel et substantiel" se trouve déjà subsumée sous les dispositions du par. 3148 (3) ».

Le projet de DIP doit aussi tenir compte des particularités du système fédéral dont le Québec fait partie. Cela a des impacts sur les règles codifiées au Livre X du *Code civil du Québec* et sur leur interprétation. À titre d'exemple, comme le divorce relève de la compétence fédérale[1], on comprend facilement l'absence des règles de compétence des autorités québécoises en la matière. Cependant, l'ajout de facteurs de rattachement non prévus à l'article 22 de la Loi fédérale sur le divorce[2], la constitutionnalité de l'article 3167 C.c.Q., portant sur la compétence de l'autorité étrangère qui a prononcé le divorce dont on recherche la reconnaissance au Québec, a été mis en question[3].

En même temps, comme « produit de l'ordre juridique dans lequel il se développe », c'est-à-dire l'ordre juridique québécois – qui se distingue du reste du Canada – le DIP québécois doit également s'inscrire dans la tradition civiliste, « afin de *respecter sa cohérence interne* »[4].

Par ailleurs, bien que la méthode particulière du DIP le distingue des autres domaines du droit interne, ce droit peut toujours être touché par l'évolution de ces derniers. Un regard sur les motifs de la réforme du DIP de plusieurs pays offre des exemples concrets. Dès les années 1970, la reconnaissance de l'égalité homme-femme et de la non-discrimination des enfants nés hors du mariage a poussé les législateurs à réformer le droit de la famille. Ces réformes ont à leur tour eu des effets sur les règles de rattachement (Portugal en 1978, Espagne et Grèce en 1981)[5]. De même, la Corée du Sud a réformé son DIP en 2001 pour assurer la conformité avec les principes constitutionnels en matière d'égalité homme-femme. Les anciennes solutions de rattachement, basées uniquement sur la *lex patriae* de l'époux pour définir les effets du mariage, le régime matrimonial et le divorce, ainsi que celle du père pour régir la filiation, ont été remplacées par les nouvelles solutions qui font valoir cette égalité – le facteur de rattachement étant désormais la *lex patriae* ou la résidence habituelle commune des époux ou des parents[6]. Les mêmes évolutions ont été observées dans le droit québécois. En 1980, la réforme du droit de la famille en vue de rendre effectifs les principes énoncés dans la *Charte des droits et libertés de la personne* – l'égalité absolue

[1] « Loi constitutionnelle de 1867 *(R-U)* », 30 & 31 Vict, c. 3, art. 91 al. 26.

[2] « Loi sur le divorce », L.R.C. 1985, c. 3 (2e suppl.).

[3] En vertu de l'article 3167 C.c.Q., cette compétence est reconnue « soit que l'un des époux avait son domicile dans l'État où la décision a été rendue, ou y résidait depuis au moins un an, avant l'introduction de l'action, soit que les époux ont la nationalité de cet État, soit que la décision serait reconnue dans l'un de ces États ». Or, l'article 22 de la Loi fédérale sur le divorce ne retient que la résidence des époux comme facteur de rattachement pertinent pour reconnaître la compétence de l'autorité étrangère qui a prononcé le divorce. On peut constater qu'à première vue, l'article 3167 C.c.Q. déborde largement ce qu'a prévu le législateur fédéral. La jurisprudence n'est pas encore fixée, même si la question s'est posée à plusieurs reprises devant les tribunaux. Sur ce sujet, voir Guillemard, « Revue de la jurisprudence 1994-2019 : Naissance du droit international privé québécois moderne », 191-94.

[4] Goldstein et Groffier, *Droit international privé*, t. I « Théorie générale », 42.

[5] Les facteurs de rattachement sont unifiés sans distinction entre les enfants nés dans ou hors le mariage. Voir Jayme, « Considérations historiques et actuelles sur la codification du droit international privé », 22.

[6] Kwang Hyun Suk, « New Conflict of Laws Act of the Republic of Korea », *Journal of Korean Law* 1 (2001) : 197.

entre les époux, la non-discrimination entre les sexes et l'abolition des distinctions entre enfants légitimes et naturels – a eu des impacts sur les facteurs de rattachement relatifs aux relations familiales : désormais le domicile ou la résidence *commune* des époux et le domicile de l'enfant (art. 3089 à 3093 C.c.Q.).

Au Vietnam, la hiérarchie des normes n'est pas prévue explicitement. Il semble, à partir d'une lecture de la *Loi sur la promulgation des actes normatifs*[1], que ces actes soient classés en fonction des organismes d'État qui produisent ces textes. Il est cependant prévu que les projets d'actes doivent passer le contrôle de la constitutionnalité auprès des comités de l'Assemblée nationale. De même, les textes réglementaires sont soumis à l'exigence de conformité avec la législation – les lois et ordonnances.

Il n'y a pas de distinction entre code et loi, les deux se plaçant au même niveau. Il est couramment reconnu par la doctrine que, comme dans les autres pays, le code énonce le droit commun, tandis que la loi régit un domaine spécial. En dehors de l'article 4 du Code civil, la règle *lex specialis derogat legi generali*[2] n'est pas prise comme principe d'interprétation général au Vietnam. Il serait donc important de préciser dans le code son rapport avec les lois spéciales, ainsi qu'avec les autres codes[3]. Pour que les règles soient coordonnées, on devra effectuer avec attention une révision de l'ensemble des lois ayant lien avec le code de DIP, à savoir le Code civil, les lois sur la famille, les lois régissant les activités commerciales, le travail, la propriété intellectuelle, etc. La codification du DIP pourrait ainsi conduire à la modification des autres lois pour atteindre cette coordination.

Une chose est certaine cependant : le nouveau code de DIP doit d'abord respecter les impératifs constitutionnels, tel qu'énoncés dans la *Constitution* de 2013. Son harmonie avec l'ensemble du système devra guider la formulation des solutions et s'exprimer dans les dispositions qui précisent son rapport avec le reste du système juridique.

La cohérence au sein du code

S'il est important que le code existe en harmonie avec son entourage, il faut aussi veiller à la cohérence au sein du code même. La codification, qui consiste à rassembler les normes de différentes sources, doit en effet refléter les efforts d'uniformisation des normes placées désormais dans un même corps. Le doyen Cornu écrit à juste titre : « Codifier, c'est légiférer dans un esprit d'ensemble, sous la préoccupation constante d'élaborer un tout. L'harmonie intérieure que l'unité de paternité imprime à la codification par l'unité de projet et d'écriture est un gage

---

[1] Loi sur la promulgation des actes normatifs, art. 4.

[2] Maxime latine qui signifie que la loi spéciale déroge à la loi générale.

[3] La formule de l'article 663 (1) du *Code civil* peut être reprise dans le futur code. Cette disposition reconnaît la règle de la *lex specialis*, tout en y faisant exception en faveur de certains principes directeurs : « La présente partie prévoit la loi applicable aux rapports civils comportant un élément d'extranéité. Les règles rattachement prévues dans d'autres lois dérogent aux dispositions de la présente partie *pourvu qu'elles ne soient pas contraires aux articles de 664 à 671 [principes de rattachement] du présent Code* » (nos italiques).

supérieur de coordination et de non-contradiction »[1]. C'est cet esprit d'ensemble qui justifie le caractère global et modificateur, plutôt que partiel et compilateur, de la codification[2].

Une telle cohérence peut être assurée dans l'organisation du plan du code, permettant d'établir une bonne hiérarchie des dispositions. Prenons l'exemple du Livre X du *Code civil du Québec*, chaque titre contient les dispositions générales et les dispositions spéciales. Les premières regroupent soit les principes directeurs de rattachement, soit les exceptions générales. Elles peuvent aussi contenir des solutions qui complètent les lacunes des dispositions spéciales. Cette structure en entonnoir[3] permet d'assurer l'harmonie intérieure du code.

L'exigence de cohérence suppose aussi une révision de l'ensemble des règles rassemblées. Elle conduira à la modification ou à l'abrogation des normes existantes et à l'introduction de nouvelles normes. Pour cela, des solutions substantielles concrètes sont élaborées dans la dernière partie de ce livre.

1.1.3 Les entrepreneurs de la codification du droit international privé

Le choix du codificateur joue un rôle important dans le succès de la codification. En général, il est question de choisir un codificateur unique ou une commission de codification. En tout cas, ce qui importe, c'est la collaboration étroite entre les différents acteurs impliqués dans le processus. Dans le cas du DIP, le choix du codificateur doit se baser sur la prise en compte des particularités de la matière, notamment de son indépendance et interdépendance avec les autres domaines de droit interne.

Le choix du codificateur

Dans son ouvrage sur les codifications, le professeur R. Cabrillac a fait une analyse de plusieurs options de codificateurs. En principe, l'envergure de la codification justifie la nécessité de confier ce travail au parlement ou au gouvernement, « seul organe ayant compétence pour adopter [le code] »[4]. Pourtant, l'inconvénient de ce codificateur « politique » est le manque d'expertise et la lenteur causée par l'implication d'un trop grand nombre de parlementaires, qui travaillent sous l'influence des fins et des pressions politiques diverses. Par contre, confier la codification à des « techniciens non élus » risque d'exposer celle-ci à la critique. Même si le code est une œuvre technique, il doit tenir compte des objectifs politiques et économiques de l'État, sans quoi il ne franchira jamais l'étape de l'adoption par le Parlement[5]. Pour cette raison, l'auteur insiste sur « la nécessité d'une collaboration entre l'organe chargé de l'élaboration du code et

---

[1] Cornu, « Codification contemporaine : valeurs et langage », 365.
[2] Cabrillac, *Les codifications*, 131-32.
[3] C'est intéressant d'imaginer la structure du code en termes quantitatifs et qualitatifs qui donnent deux images opposées de pyramide et d'entonnoir. Quantitativement, elle fait penser à une pyramide avec le nombre croissant des dispositions spéciales, détaillées vers le bas. Au contraire, sur le plan qualitatif, plus on s'enfonce dans le Code, plus les articles visent des cas et des situations très précises, d'où l'entonnoir.
[4] Cabrillac, *Les codifications*, 204.
[5] Cabrillac, 206-8.

celui chargé de son adoption ». Par ailleurs, la codification peut être une œuvre individuelle ou collective. Chaque option présente des avantages et des inconvénients. Quelle est la meilleure modalité pour la codification du DIP en général et pour le Vietnam en particulier ?

En général : codificateur individuel ou collectif ?

Les codes anciens sont souvent l'œuvre d'un individu. On peut citer en illustration le *Code d'Hammourabi*, le *Code Justinien* ou le *Code Napoléon*, portant les noms des empereurs qui en ont pris l'initiative, dirigé l'élaboration et décidé l'adoption, avec l'assistance d'une équipe restreinte. À l'époque moderne, où l'adoption des lois est soumise à un parlement, certaines codifications continuent à porter l'empreinte d'une figure connue, par exemple le Code civil chilien de 1855, qui est dû au juriste vénézuélien Andrès Bello, et le Code civil suisse de 1912, élaboré par Eugène Huber[1]. Confier la codification à une seule personne présente plusieurs avantages, tels que l'unité d'inspiration, et parfois, la rapidité.

Pourtant, la démocratisation et l'ampleur de la codification recommandent plutôt un effort et une participation collectifs. En réalité, même si plusieurs codifications sont attachées à un personnage connu, leur achèvement est toujours dû à une mobilisation de différents acteurs. Le Code civil suisse a été d'abord élaboré par Eugène Huber, puis finalisé par une commission[2].

La recodification du droit civil au Québec est l'exemple éloquent du travail collectif, bien que l'on mentionne souvent qu'il soit le chef-d'œuvre de Paul-André Crépeau. Le processus a été amorcé avec la formation de comités d'étude chargés de proposer un projet de réforme dans leur secteur. Ces comités, au nombre de 46, sont composés de trois à sept juristes – magistrats, praticiens, fonctionnaires et professeurs – et travaillent en étroite collaboration sous l'égide de l'Office de révision du Code civil, que le professeur Crépeau dirige jusqu'en 1977[3].

L'auteur J.-F. Niort rappelle qu'il y avait des réticences à l'époque vis-à-vis l'idée d'une recodification par voie de commissions nombreuses et la possibilité de finaliser le processus au Parlement : « on regrette le temps où un seul homme, un homme décidé, pouvait initier et faire aboutir par son autorité et sa volonté un projet entier de code »[4]. La réalité a prouvé la lucidité de cette approche. En 1977, le grand projet du nouveau code civil avait été déposé par l'O.R.C.C. Malgré une interruption intervenue par la suite pour des raisons politiques, le Comité de réforme du ministère québécois de la Justice, formé par le ministre Gil Rémillard en 1988, a pris le relais pour pousser le projet du code civil jusqu'à l'adoption en décembre 1993 par l'Assemblée nationale.

À notre avis, le modèle de codification chargée par une commission convient particulièrement au DIP.

---

[1] Cabrillac, 211.

[2] Cabrillac, 212.

[3] Crépeau, « Une certaine conception de la recodification », 68 et 69.

[4] Niort, « Le Code civil face aux défis de la société moderne : une perspective comparative entre la révision française de 1904 et le nouveau *Code civil du Québec* de 1994 », 854.

Le codificateur du droit international privé

Malgré son approche de rattachement, indirecte, qui le distingue aux autres domaines de droit interne, l'évolution de ceux-ci a des répercussions directes et immédiates sur le DIP, comme nous l'avons mentionné dans les paragraphes précédents. Ainsi, la codification du DIP nécessite une expertise aussi diversifiée que possible. L'étude des codifications suisse et québécoise nous aide à comprendre l'efficacité du travail par commissions.

Parlons tout d'abord de la codification suisse des années 1970-1980, qui a inspiré plusieurs pays, dont le Québec. Pour sa préparation, le Conseil fédéral a créé, le 18 juin 1973, une commission d'experts chargée de préparer un avant-projet de loi, accompagné d'un rapport. La commission se composait d'une direction générale et de sous-commissions responsables de différentes catégories de droit[1]. Chaque commission préparait un avant-projet partiel dans son domaine attribué, accompagné de rapports explicatifs. C'est sur la base de ces avant-projets partiels que la Commission a élaboré l'avant-projet complet pour le soumettre aux consultations. Le projet de loi est achevé le 30 juin 1978[2].

Au Québec, la codification du DIP s'est effectuée dans le cadre de la révision du code civil, sous la responsabilité du Comité sur le droit international privé, relevant de l'O.R.C.C., et dirigé par le professeur J.-G. Castel, président et rapporteur. Le comité comprenait six membres permanents dont cinq étaient professeurs de DIP dans les universités du Québec[3]. Ont également participé, à titre de membres ou de consultants, six autres experts dans le domaine[4]. Pendant 11 ans (de 1965 à 1976), le Comité a tenu 197 réunions et rédigé 13 rapports sur différents aspects, pour finalement parvenir à un projet du DIP, qui, comme l'indiquait le président Castel dans sa lettre de présentation du rapport, « va au-delà d'une simple révision et constitue une véritable codification du droit international privé »[5].

De ces deux exemples, on peut constater que la rédaction du projet de la codification a été principalement confiée aux professeurs de droit. Le gouvernement est intervenu dans les phases de prise de décision, notamment lorsque les procédures législatives exigeaient son implication, par exemple la soumission du projet devant le législateur pour le faire adopter. Il s'agit d'un choix lucide. Qui pourrait mieux maîtriser les aspects théoriques et logiques, et le vocabulaire du droit que les professeurs de droit ?

Au Vietnam, au contraire, la préparation d'un projet de loi est confiée à un comité de rédaction composé des représentants de ministères et d'organismes

---

[1] Celles chargées de la partie générale du DIP ; du droit du mariage, du droit de la filiation et des droits réels ; du droit des personnes, des régimes matrimoniaux et du droit successoral ; du droit des contrats et des obligations ; du droit délictuel et du droit des sociétés ; et enfin, de la procédure civile.

[2] Suisse, Conseil fédéral, « Message concernant une loi fédérale sur le droit international privé (loi de DIP) du 10 novembre 1982 », 266.

[3] Jean-Gabriel Castel, Ethel Groffier, Jean-Guy Fréchette, Etienne Croteau et Raymond Lette.

[4] Jules Deschênes, H. Patrick Glenn, Armand de Mestral, Peter Sand, Jeffrey Talpis et Marcelle Farinelli. Voir Québec, Comité du droit international privé, « Rapport sur le droit international privé » (Québec, 1975).

[5] Québec, Comité du droit international privé, p. i.

concernés dans le domaine de la loi. En tête de ce comité, il y a toujours un ministre. Au sein du comité, une équipe est directement chargée de la rédaction article par article. Cette équipe noyau se compose de fonctionnaires du ministère ou de l'organisme principalement responsable du domaine visé par le projet de loi – par exemple, le ministère de la Justice pour le projet du Code civil et la Cour populaire suprême pour le projet du Code de procédure civile. L'implication dite officielle de professeurs et d'experts non-fonctionnaires dans cette structure demeure modeste. Cela explique en partie la qualité de la rédaction sujette à l'amélioration.

La coordination entre les acteurs

La coordination entre les acteurs durant le processus de codification contribue grandement à son succès, étant donné l'ampleur du travail et de la mobilisation humaine requise. Cette coordination doit être tout d'abord assurée au sein de la commission de codification. Elle doit aussi l'être avec les autres acteurs politiques et sociaux.

Les exemples provenant de la Suisse, du Québec et de la Belgique, où la codification du DIP a été effectuée avec grand succès au cours de trois décennies consécutives (1980, 1990 et 2000), montrent l'efficacité de la coordination des travaux de codification.

En Suisse, les sous-commissions ont été chargées de rédiger les avant-projets partiels, accompagnés de rapports explicatifs. Les présidents de sous-commissions se rencontraient régulièrement pendant cette phase pour assurer la coordination des travaux. Dans la deuxième phase (1975-1976), ils se sont réunit pour examiner les avant-projets partiels et ont élaboré ensemble un premier avant-projet complet, discuté et amélioré au fur et à mesure. Le résultat de cette troisième phase (1976-1978) est un projet de loi avec le rapport explicatif, qui a été soumis le 30 juin 1978 au Département fédéral de Justice et Police. Ce projet de loi a ensuire fait l'objet de consultations en octobre 1978. La procédure a donné lieu à plus de 70 réponses, provenant de différents milieux (universitaires, administratifs, judiciaires, etc.) et à de nombreuses publications et réunions en Suisse et à l'étranger[1].

En Belgique, c'est l'université qui était le « creuset » de la codification du DIP[2]. La consultation étroite avec le milieu des praticiens a permis de générer un code qui s'adapte bien à la pratique. En effet, « *[d]espite its scientific origin, the text was principally aimed at responding to the needs of legal practitioners who were consulted throughout the entire process* »[3].

Il est intéressant de voir, à partir des expériences suisse et belge, que les milieux politiques sont presque totalement exclus des premières phases de la codification, celles visant la la rédaction de l'avant-projet du code. M. Verwilghen a ainsi écrit sur le projet belge :

---

[1] Suisse, Conseil fédéral, « Message concernant une loi fédérale sur le droit international privé (loi de DIP) du 10 novembre 1982 », 266-67.

[2] Verwilghen, « Vers un Code belge de droit international privé », 126.

[3] Fiorini, « The Codification of Private International Law : The Belgian Experience », 507.

> Au cours de l'élaboration de cet avant-projet de loi, ces professeurs prirent soin de recueillir les réactions de quelques praticiens du droit : des notaires et des magistrats connus pour s'intéresser à la discipline ou à certains de ses secteurs, en fonction de leur profession. En revanche, aucune personnalité politique ne fut approchée, pas plus dans le milieu parlementaire qu'au sein des partis[1].

La raison est que, selon les auteurs, une intervention politique prématurée pourrait compliquer inutilement les travaux préparatoires. On a pu observer, par exemple en Belgique, lors de la phase de consultation du gouvernement sur l'avant-projet de code, des divergences de vues entre les ministères, « ce qui étonnera seulement les personnes peu familières aux réalités politiques belges et ignorant la tradition des gouvernements de coalition, qui comptent des personnalités issues de divers partis politiques aux programmes souvent bien différents »[2].

Donc, c'est seulement après la rédaction du projet de code que les fonctionnaires d'État sont impliqués, durant la phase de consultation. Cette implication est nécessaire, car c'est le gouvernement qui soumet le projet de code à l'organe législatif. C'est aussi à cette étape que le projet de code sera examiné en fonction de considérations politiques et sociopolitiques au niveau macro, les organismes d'État étant les mieux placés pour cet exercice.

Au Québec, les commissions de codification – l'O.R.C.C. jusqu'en 1977 et le Comité de réforme du Code civil depuis 1987 –, même si elles sont établies par le gouvernement, ont poursuivi un travail de rédaction presque autonome entre les membres, en majorité des universitaires et juristes praticiens. Pendant ces phases, les différents comités ont travaillé en étroite collaboration au sein de l'O.R.C.C.

La procédure de consultation publique a été amorcée en 1979 sur différents projets partiels portant sur la famille (1979-1982), le droit des personnes et les successions (1982-1983), le droit des biens (1983), etc. Elle a permis d'accueillir plusieurs commentaires et suggestions provenant de différents milieux. De 1982 à 1988, à la demande du ministère de la Justice, des experts ont examiné le projet de l'O.R.C.C. et les propositions recueillies. Ce travail a bénéficié notamment de la « collaboration attentive » du Barreau du Québec et de la Chambre des notaires[3]. Les universitaires et juristes ont continué à jouer un rôle important jusqu'à la fin du processus. Ils ont été convoqués au sein du Comité spécial, créé en août 1989, pour donner un avis sur l'Avant-projet du Code civil, avant sa soumission à l'Assemblée nationale[4].

La consultation publique a été favorisée par les bonnes méthodes de travail des commissions de codification. En effet, les avant-projets de lois présentés par l'O.R.C.C. sont accompagnés de rapports détaillés expliquant les sources des

---

[1] Verwilghen, « Vers un Code belge de droit international privé », 129.
[2] Verwilghen, 130.
[3] Rémillard, « Présentation du projet de Code civil du Québec », 10.
[4] Tous les documents de travail de l'O.R.C.C. peuvent être trouvés sur Office de révision du Code civil, « Les archives de l'Office de Révision du Code civil », consulté le 2 novembre 2021, digital.library.mcgill.ca/ccro/index.php.

nouvelles dispositions et notant la jurisprudence codifiée, article par article. Cette approche a facilité la saisie des propositions de réforme. Pour M. Jean-Louis Baudouin :

> Cet exposé est indispensable. Indispensable à tous les usagers, mais surtout au praticien et au magistrat. Au praticien, il indiquera la filiation des textes et lui permettra de savoir quelles sont les dispositions qui sont vraiment de droit nouveau, par rapport à celles qui, au contraire, ne font que reproduire le droit existant. Au magistrat, même si théoriquement cet exposé ne le lie pas, il permettra de mieux diriger son interprétation [...]. À la doctrine, il sera également utile puisque l'exposé permettra aux auteurs qui auront la tâche d'exposer le droit nouveau, de faire les liens indispensables avec les sources des nouvelles dispositions législatives[1].

Toujours selon le juge, « [l]a réussite de la recodification du droit civil québécois dépend donc en très grande partie d'une coordination des efforts de tous les milieux juridiques »[2].

Au Vietnam, comme nous l'avons mentionné, l'élaboration des projets de loi est confiée principalement aux fonctionnaires d'État[3]. Bien que la participation des universitaires en tant qu'experts à l'élaboration des projets de loi ait été promue récemment, elle reste insuffisante, notamment dans les opérations de grande envergure comme celle de la codification. Or, les fonctionnaires d'État sont souvent trop occupés pour participer pleinement au processus de rédaction, très minutieuse, alors que les travaux sont bousculés par les délais, en vertu du programme législatif approuvé. Toutes ces pressions portent certainement atteinte à la qualité des projets de loi. Une telle approche ne semble pas efficace pour des travaux de codification dont l'ampleur exige des ressources humaines et des efforts de coordination plus grands.

En somme, pour que la codification du DIP se déroule efficacement et aboutisse aux meilleurs résultats, il est fortement recommandé de confier la rédaction des avant-projets aux experts dans le domaine. Cette suggestion est tirée non seulement de l'expérience des codifications très réussies de la Suisse, du Québec et de la Belgique, mais aussi de la pratique récente du Vietnam, comme en témoigne le récent Code civil. Les universitaires peuvent jouer un rôle primordial dans la rédaction de l'avant-projet, car ce sont eux qui maîtrisent bien les fondements théoriques, le vocabulaire et le langage du droit. Ils doivent de plus travailler en étroite collaboration avec les juristes d'État, qui peuvent apporter au projet de codification des perspectives politiques et socio-économiques, et les praticiens, à qui le code s'adresse en premier lieu, afin de l'adapter aux besoins de la pratique. Selon l'expérience du Québec et des autres

---

[1] Baudouin, « Quelques perspectives historiques et politiques sur le processus de codification », 20.

[2] Baudouin, 22.

[3] En vertu de l'article 53 de la Loi sur la promulgation des actes normatifs, le Comité de rédaction du projet de loi se compose d'au moins neuf personnes, qui représentent les organismes responsables du domaine concerné par le projet et les experts. Le président du comité doit toujours être le chef de l'organisme principal.

pays, les avocats et les notaires, aussi bien que les juges, contribuent largement à la qualité de la codification.

Néanmoins, il ne faut pas négliger le rôle essentiel du gouvernement dans la coordination des étapes du processus. Il est non seulement l'acteur qui fait avancer le processus, mais aussi celui qui veille à la suite de la codification, pour assurer l'entrée du nouveau code dans la vie juridique, grâce à son pouvoir réglementaire. D'autre part, un droit transitoire et l'interprétation des nouvelles dispositions favorisent une intégration harmonieuse dans le système juridique existant.

1.2 Les suites de la codification

« On ne doit pas oublier que la promulgation d'un code civil nouveau ne saurait être considérée comme un aboutissement ; elle ne peut être qu'un nouveau départ »[1].

Une fois adopté par le législateur, le code devra être intégré dans le système juridique, par différentes voies, afin d'assurer son adaptation au système existant et, *vice versa*, celle du système au code lui-même. Cette adaptation doit toujours être exercée dans l'esprit de l'évolution continue du droit après la codification. Et cela, jusqu'au moment où les modifications sporadiques au sein du code et les réformes multiples à l'extérieur du code vont briser son unité systémique ; il sera alors inévitablement le temps de recodifier.

Le défi s'exprime donc dans deux directions réciproques : l'adaptation du code avec le système auquel il appartient et l'adaptation du système avec le code.

1.2.1 L'adaptation du code

L'adaptation du droit codifié se fait sur deux plans. Son intégration dans le système juridique est assurée par des dispositions transitoires. À plus long terme, les règles codifiées sont adaptées aux situations nouvelles par le moyen de l'interprétation.

La transition

L'intégration d'un nouveau code à la vie juridique exige une période de transition pour un passage doux et progressif de l'ancien droit au nouveau droit. Le rôle du droit transitoire ne s'arrête pas là. Le professeur Pierre-André Côté a souligné : « Si le droit transitoire se rapporte au passage d'un régime juridique à un autre, il ne s'agit pas pour autant d'un droit de caractère passager, car le droit transitoire crée des liens à caractère permanent entre certains faits et les règles de droit destinées à les régir »[2].

---

[1] Québec, Office de révision du Code civil, *Rapport sur le Code civil du Québec*, Vol. I « Projet de Code civil » (Québec : Éditeur officiel, 1978), xxxvii (Préface).

[2] Pierre-André Côté, « Le passage de l'ancien Code civil au nouveau : Le défi relevé d'une transition en douceur », in *Du Code civil du Québec : contribution à l'histoire immédiate d'une recodification réussie*, éd. par Jean-Guy Belley, Nicholas Kasirer, et Serge Lortie (Montréal : Éditions Thémis, 2005), 446.

Le droit transitoire permet de régler « les conflits de lois dans le temps »[1], soit par la méthode indirecte – règles qui déterminent laquelle de la loi ancienne ou de la loi nouvelle s'appliquera à une situation donnée –, soit par la méthode directe – règles matérielles visant à assurer le passage de la loi ancienne à la loi nouvelle[2].

Malgré cette importance, le droit transitoire n'est pas pour autant tellement développé au Vietnam. Le passage au droit nouveau est souvent prévu dans une disposition finale très brève et de portée générale. Prenons l'exemple du nouveau Code civil. L'article 688, intitulé « Dispositions transitoires », contient deux alinéas et cinq paragraphes. Il prévoit, pour les transactions civiles conclues avant l'entrée en vigueur du Code et qui ne sont pas exécutées ou en exécution, deux solutions : (1) celles dont le fond et la forme sont « différents » des dispositions du nouveau code continuent à être régies par l'ancien Code civil ; (2) celles dont le fond et la forme sont « conformes » aux dispositions du nouveau code seront régies par ce dernier.

Cette formulation trop générale et ambigüe peut rendre difficile l'application des dispositions transitoires mêmes. Comment doit-on interpréter les termes « différents » et « conformes » ? Qui sera habilité à les interpréter ? Comment les parties aux transactions civiles peuvent-elles en apprécier la conformité de fond et de forme pour prévoir quel code s'appliquera ?

Par ailleurs, comme il n'y a aucune disposition transitoire concernant la partie V du Code civil portant sur le DIP, nous ne pouvons pas en évaluer le contenu ni l'efficacité. Il est donc intéressant d'étudier l'expérience d'autres pays aux fins de la codification que nous envisageons pour le DIP vietnamien.

Les défis de la transition au nouveau code sont toujours grands. Pierre-André Côté écrit sur les préoccupations du Québec après la recodification civile de 1994 : « Plus il y a de changements, sous forme d'ajout, de suppression ou de remplacement de règles, plus on risque de rencontrer des difficultés dans l'identification des problèmes de transition à résoudre et plus s'alourdit la tâche de concevoir les solutions »[3].

Cette province a en effet fait face à des difficultés dans la préparation du droit transitoire pour l'entrée en vigueur du nouveau Code civil. Outre l'ampleur à la fois quantitative et qualitative des changements dont il faut aménager la transition – environ 800 dispositions, soit 25% du code, sont de droit nouveau, dont beaucoup appartiennent au droit commun, qui touche tous les sujets de droit –, c'est surtout « l'état lacunaire du droit québécois en ce qui concerne les principes de droit transitoire applicables en matière civile » qui préoccupait[4]. Malgré cela, le Québec a su développer une gamme de moyens pour organiser le passage entre

---

[1] Pierre-André Côté et Daniel Jutras, *Le droit transitoire civil : sources annotées* (Cowansville : Éditions Yvon Blais, 1994), I/1-1 : « Il y a conflit de loi dans le temps lorsque deux lois successives énonçant des règles différentes sont susceptibles de s'appliquer à un même fait ou à un même groupe de faits et d'entrer ainsi en compétition, en conflit ».

[2] Marcel Guy, « Considérations générales sur le nouveau système de droit transitoire civil en vigueur au Québec depuis le premier janvier 1994 » (Sherbrooke, 1 mars 1995), 2 et 3.

[3] Côté, « Le passage de l'ancien Code civil au nouveau : Le défi relevé d'une transition en douceur », 446.

[4] Côté, 447 et 448.

l'ancien et le nouveau droit civil. Il s'agit d'une part de mesures législatives et d'autre part des mesures d'accompagnement.

Tout d'abord, un délai suffisamment long a été prévu entre l'adoption du nouveau Code et son entrée en vigueur, permettant aux justiciables de prendre pleinement conscience des effets du nouveau Code et d'adopter des mesures visant à amoindrir les préjudices qu'ils pourraient subir. Ainsi, le *Code civil du Québec* sanctionné le 18 décembre 1991 n'est entré en vigueur que deux ans après, le 1er janvier 1994. Les commentaires du ministre de la Justice, publiés quelques mois avant l'entrée en vigueur du Code civil, offrent une explication article par article de l'état du droit recodifié – nouveau, plus ou moins nouveau ou pas de changements –, des sources d'inspiration des nouveautés et de l'intention du législateur. Tout cela a permis une sensibilisation sur le nouveau droit et son introduction progressive dans le système.

Ensuite, les dispositions transitoires regroupées dans les 170 articles de la *Loi sur l'application de la réforme du Code civil* visent à « régler les conflits de lois résultant de l'entrée en vigueur du *Code civil du Québec* et des modifications corrélatives apportées par la présente loi »[1]. La solution à ces conflits se trouve à la fois dans les principes généraux et dans les dispositions particulières de la loi.

Les principes généraux de la transition sont énoncés aux articles 2 et 3, incluant la non-rétroactivité du droit nouveau[2] et son application immédiate aux situations juridiques en cours de création ou d'extinction. Ces deux principes constituent le noyau du droit transitoire moderne du Québec, conçu sur la base de la doctrine de Paul Roubier de l'effet immédiat[3] en substitution au système de résolution des conflits de lois dans le temps basé sur les droits acquis, considéré comme dépassé dans le domaine du droit privé[4]. Ils assurent, d'une part, de « ne

---

[1] « Loi sur l'application de la réforme du Code civil », L.Q. 1992, c. 57, disposition préliminaire.

[2] C'est avec l'entrée en vigueur du *Code civil du Québec* que le principe de non-rétroactivité des lois nouvelles a acquis un fondement législatif dans le droit privé québécois, par le biais de la *Loi sur l'application de la réforme du Code civil*. Voir Guy, « Considérations générales sur le nouveau système de droit transitoire civil en vigueur au Québec depuis le premier janvier 1994 », notamment p. 4.

[3] Voir Paul Roubier, *Le droit transitoire (Conflits des lois dans le temps)*, 2e éd. (Paris : Dalloz et Sirey, 1960) (réimpression par les Éditions Yvon Blais, Cowansville, Québec, 1993). Il s'agit de la refonte entière de la première édition datée en 1929 avec des allègements (Paul Roubier, *Les conflits de lois dans le temps*, vol. 2 tomes [Paris : Recueil Sirey, 1929]). Voir aussi l'édition la plus récente, Paul Roubier, *Le droit transitoire : conflits des lois dans le temps* (Paris : Dalloz, 2008).

[4] Dans le système des droits acquis, la période d'application est divisée en deux temps – le passé et l'avenir, correspondant aux effets rétrospectif et prospectif de la nouvelle loi. Ce système contient des faiblesses, tant dans la méthode d'analyse – critiquée comme « peu rigoureuse » – que dans la notion de droit acquis qui est très floue. Le professeur français Paul Roubier a proposé, en 1960, un système basé sur la notion de « situations juridiques », où sont distingués les trois modes d'action de la loi dans le temps, à savoir la rétroactivité, l'application immédiate de la loi nouvelle et la survie de la loi ancienne après son abrogation, à l'égard des « situations juridiques en cours au moment de la prise d'effet de loi ». Ce système, dénommé de « l'effet immédiat », a l'avantage d'être « plus précis et plus développé » sur le plan théorique que celui des droits acquis.

Le système de transition que le Québec a adopté pour son droit civil depuis 1994 est innovateur du fait qu'il ne régit pas l'application de la loi dans le temps seulement par un simple choix entre ces trois modalités, mais consiste en une combinaison de choix, dont l'un porte sur la période d'applicabilité de la loi – choix entre l'effet rétrospectif et l'effet prospectif de la loi nouvelle – et

pas bouleverser inutilement les rapports juridiques créés sous l'empire de l'ancien droit » et, d'autre part, de « permettre aux citoyens d'accéder le plus rapidement possible aux avantages [que le nouveau droit] leur confère »[1]. Ces principes doivent encadrer à la fois l'élaboration du droit transitoire et l'application du nouveau code[2].

Viennent ensuite plusieurs dispositions spécifiques, qui sont elles aussi très importantes au plan pratique. Elles peuvent déroger aux dispositions générales ou en préciser la portée[3]. Pour le DIP, quatre articles ont été inclus dans la *Loi sur l'application de la réforme du Code civil* pour assurer la transition de l'ancien au nouveau droit (art. 167 à 170).

Une lecture de ces dispositions montre qu'elles visent principalement à préciser la portée d'application de certaines nouvelles règles de DIP dans le temps, rèlges qui ont des impacts sur les situations juridiques existant au moment de l'entrée en vigueur du nouveau code. Les solutions proposées reflètent une habile harmonisation entre les deux principes généraux de transition que sont la non-rétroactivité et l'effet immédiat du nouveau droit. Dans certains cas, l'application rétroactive peut être prévue, par exemple lorsque les dispositions nouvelles sont plus favorables aux justiciables. Tel est le cas de l'article 3088 C.c.Q. sur la loi applicable à la forme du mariage qui s'applique à tout mariage célébré avant ou après l'entrée en vigueur du Code civil[4], ou encore celui de l'article 3100 C.c.Q. permettant des mesures correctives lorsque l'application de la loi successorale québécoise sur les biens situés à l'étranger s'avère impossible.

Outre l'intervention législative pour assurer la transition vers le nouveau droit, les mesures d'accompagnement jouent un rôle important dans la sensibilisation et la familiarisation avec ce changement juridique majeur. Au Québec, à côté de la publication des *Commentaires du ministre de la Justice*, document très utile pour faciliter la saisie des changements que le nouveau code apporte, des activités obligatoires de formation et de sensibilisation ont été faites de façon intensive et

---

l'autre se rapporte à l'applicabilité de cette loi aux situations en cours – choix entre l'effet immédiat de la nouvelle loi et la survie de la loi ancienne. Les articles 2 et 3 de la *Loi sur l'application de la réforme du Code civil* traduisent bien cet esprit et le choix du législateur : la loi nouvelle n'exerce pas d'effets rétrospectifs, mais s'appliquent immédiatement aux situations en cours – correspondant également à la non-survie de la loi ancienne.

Pour une analyse détaillée sur le nouveau système de droit transitoire civil du Québec, lire Côté et Jutras, *Le droit transitoire civil*, notamment la Partie I, les citations sont aux paragraphes 1.011 et 1.013.

[1] Ministère de la Justice du Québec, *Code civil du Québec. Commentaires du ministre de la Justice*, 2.

[2] Côté, « Le passage de l'ancien Code civil au nouveau : Le défi relevé d'une transition en douceur », 454 et 455.

[3] Pierre-André Côté et Daniel Justras, « Le droit transitoire relatif à la réforme du Code civil », in *La réforme du Code civil* (Québec : Presses de l'Université Laval, 1993), 1032.

[4] Selon les *Commentaires du ministre de la Justice* (sur l'article 167 de la *Loi sur l'application de la réforme du Code civil*), en ce qui concerne l'article 3088 C.c.Q., qui a multiplié les facteurs de rattachement normatif concernant la forme du mariage, « étant plus [favorable] à la reconnaissance des mariages, il a semblé approprié d'en assurer une certaine application rétroactive ». Voir aussi Côté et Jutras, *Le droit transitoire civil*, II/167-1. Il faut cependant rappeler que les modifications intervenues en 2016 ont enlevé cette multiplicité de rattachements. Voir nos critiques dans la partie III « Les grandes orientations du contenu de la codification du droit international privé ».

régulière par le Barreau et la Chambre des notaires. La doctrine a également joué un rôle important à cet égard[1].

Les principes de non-rétroactivité et d'effet immédiat de la nouvelle loi de DIP sont également énoncés dans les textes suisse et belge, mais avec nuances. De même, les dispositions transitoires de ces deux pays sont organisées différemment de celles du Québec. Elles s'adressent respectivement au rattachement juridictionnel et au rattachement normatif.

Dans la Loi suisse de droit international privé, quatre articles portent sur la transition (art. 196 à 199). Le principe général de la non-rétroactivité est énoncé à l'article 196 pour tous les faits ou actes juridiques existant avant l'entrée en vigueur de la loi. Toutefois, les effets juridiques constatés après l'entrée en vigueur de la nouvelle loi sont régis par cette dernière. Les articles 197 à 199 contiennent des dispositions transitoires particulières concernant respectivement la compétence internationale, le droit applicable et la reconnaissance et exécution des décisions étrangères. L'objectif est « de garantir une continuité et une certaine sécurité du droit (en matière de compétence notamment) »[2].

En Belgique, les dispositions transitoires contenues dans deux articles du Code de droit international privé de 2004 portent en détail sur différentes situations qui concernent les trois piliers de ce droit. Le principe de non-rétroactivité est exprimé clairement dans chaque article[3]. En vertu de l'article 126, les nouvelles règles de rattachement juridictionnel ne s'appliquent qu'aux procédures engagées après l'entrée en vigueur du Code (le 1er octobre 2004), ainsi qu'aux décisions étrangères rendues et aux actes authentiques établis après cette date. Toutefois, il y a deux exceptions concernant *l'exequatur* : l'une pour les décisions rendues ou les actes établis avant l'entrée en vigueur du code, s'ils satisfont aux conditions prévues, et l'autre, pour les mariages conclus entre personnes de même sexe, dont l'effet peut être reconnu en Belgique à partir du 1er juin 2003 si les conditions prévues dans le code sont réunies. L'article 127 (1) précise que les nouvelles règles de rattachement normatif sont applicables aux « actes et faits juridiques qui sont survenus après [l'entrée en vigueur du nouveau code] », ainsi qu'aux « effets produits après [son entrée en vigueur] par un acte ou un fait juridique survenu avant son entrée en vigueur ». Cependant, des dérogations sont prévues pour les cas particuliers (art. 127 par. 2 à 8).

Ces exemples du droit transitoire au service du DIP codifié peuvent servir de modèles pour la codification du Vietnam.

L'interprétation du code

Bien que la codification permette de générer un corps de règles assez complet, cela ne signifie pas que le code englobe tout le droit et qu'il n'a donc plus besoin d'autres outils pour sa saisie et son application. L'interprétation joue un rôle particulièrement important dans l'adaptation du code à la réalité juridique souvent

---

[1] Voir Côté, « Le passage de l'ancien Code civil au nouveau : Le défi relevé d'une transition en douceur », 461-66.

[2] Suisse, Conseil fédéral, « Message concernant une loi fédérale sur le droit international privé (loi de DIP) du 10 novembre 1982 », 454 et 455.

[3] Fiorini, « The Codification of Private International Law : The Belgian Experience », 508.

très diverse et compliquée[1]. Citons, par exemple, le commentaire de la Cour suprême du Canada : « Le Code civil ne contient pas tout le droit civil. Il est fondé sur des principes qui n'y sont pas tous exprimés et dont il appartient à la jurisprudence et à la doctrine d'assurer la fécondité »[2]. Ainsi, chaque codification doit toujours réserver une place pour l'interprétation grâce à la généralité et à la flexibilité des solutions retenues[3]. Cela est d'autant plus vrai pour le DIP, dont le caractère abstrait des règles codifiées exige une adaptation continue à la spécificité des cas. Pour cela, l'appréciation du juge, qui applique la règle, a une influence décisive. « L'interprète judiciaire parachève ainsi l'œuvre législative »[4] en contribuant « à dégager et à créer le contenu indéterminé parfait, mais déterminable de la loi »[5].

L'interprétation du code est soumise à plusieurs contraintes. En plus d'utiliser les règles généralement applicables à cette tâche[6], l'interprète doit veiller à la cohérence du système juridique dans lequel se trouve le code. Par exemple, dans une affaire récente impliquant le DIP, la Cour suprême du Canada a souligné l'importance du respect des impératifs constitutionnels dans l'interprétation des dispositions du Livre X C.c.Q. : « Il faut interpréter les règles énoncées au Livre dixième à la lumière des impératifs de notre ordre constitutionnel »[7].

Toujours dans cet objectif de cohérence, l'interprétation du code doit suivre l'esprit de continuité, que nous avons abordé plus haut. À cette fin, elle doit en premier lieu s'aligner sur la tradition à laquelle le droit national appartient – dans le cas du Québec, la tradition civiliste[8], et dans le cas du Vietnam, les principes

---

[1] Il est intéressant de reprendre ici l'exemple donné par le juge Louis LeBel, « La méthode d'interprétation moderne : le juge devant lui-même et en lui-même », in *L'art de juger*, éd. par Bjarne Melkevik (Québec : Presses de l'Université Laval, 2019), 80 : l'article 2925 C.c.Q., qui fixe le délai de prescription des droits personnels à trois ans paraît tout à fait suffire pour l'application, sans aucune nécessité d'interprétation. Toutefois, lorsqu'une partie soulève un cas d'interruption de prescription, la réponse donnée par le juge ne peut plus se baser sur une simple lecture de l'article. Il devra « développer les virtualités des textes, pour ceux que touche sa décision », d'où l'importance de la fonction d'interprétation du juge.

[2] Cie Immobilière Viger *c.* L. Giguère Inc., [1977] 2 R.C.S. 67, 76.

[3] Sur l'effet de la codification du droit civil québécois, Louis Perret, « L'évolution du Code civil du Bas-Canada ou d'une codification à l'autre : réflexion sur le Code civil et son effet de codification », *R.G.D.* 20 (1989) : 734, a écrit : « la codification étant un effort de sélection de principes généraux et permanents, elle permettra au code de s'adapter d'autant plus facilement aux situations nouvelles ».

[4] Louis LeBel, « La loi et le droit : la nature de la fonction créatrice du juge dans le système de droit québécois », *C. de D.* 56 (2015) : 93.

[5] LeBel, 96.

[6] Voir Pierre-André Côté, Mathieu Devinat, et Stéphane Beaulac, *Interprétation des lois*, 4e éd. (Montréal : Thémis, 2009) ; Elmer Abram Driedger, *Construction of statutes*, 2e éd. (Toronto : Butterworths, 1983) ; Ruth Sullivan et Elmer A. Driedger, *Driedger on the construction of statutes*, 3e éd. (Toronto : Butterworths, 1994). La méthode d'interprétation moderne consacrée par la Cour suprême du Canada dans l'arrêt Rizzo & Rizzo Shoes Ltd. (Re), [1998] 1 R.C.S. 27, paragr. 21, pour ses travaux d'interprétation est résumée dans cette phrase de Driedger : « Aujourd'hui il n'y a qu'un seul principe ou solution : il faut lire les termes d'une loi dans leur contexte global en suivant le sens ordinaire et grammatical qui s'harmonise avec l'esprit de la loi, l'objet de la loi et l'intention du législateur ».

[7] Terre-Neuve-et-Labrador (Procureur général) *c.* Uashaunnuat (Innus de Uashat et de Mani-Utenam), 2020 CSC 4, paragr. 17.

[8] Il s'agit d'ailleurs d'une des motivations de la recodification du droit civil québécois de 1994.

du droit socialiste. Pour le Québec, une des conséquences de la codification du droit civil est de mettre fin à certaines pratiques judiciaires de la *common law*, en excluant la règle du *stare decisis* et le *judge made law*[1]. En deuxième lieu, le nouveau code devra être interprété en harmonie avec la jurisprudence et la doctrine antérieures[2]. Pour ce faire, un rapport explicatif accompagnant le nouveau code, indiquant clairement les nouveautés, leurs sources et leurs motivations, est extrêmement utile. D'une part, il fournit des éléments indicatifs à l'interprétation de telle ou telle disposition. D'autre part, il permet de comprendre l'intention du législateur, un moyen d'interprétation subsidiaire. Les *Commentaires du ministre de la Justice*, publiés au Québec à la suite de l'adoption du nouveau Code civil, offrent un bon modèle pour le Vietnam.

Dans de nombreux pays, la doctrine et la jurisprudence jouent un rôle actif dans l'adaptation du code. Ce sont surtout les juges qui le font vivre, grâce à leur pouvoir d'interprétation. Au Québec, la jurisprudence constitue une source abondante permettant de compléter et d'adapter le DIP codifié en 1994. Dans un bilan des 25 années du Livre X du *Code civil du Québec*, la professeure S. Guillemard a ainsi constaté que « le droit international privé québécois codifié et interprété par les tribunaux offre maintenant une palette presque complète de la discipline »[3]. Plusieurs articles du Livre X ont en effet pu se concrétiser grâce à la jurisprudence, sans laquelle ces dispositions codifiées auraient été difficilement applicables. On peut mentionner, à titre d'exemple, les critères d'application de l'article 3135 C.c.Q. (*forum non conveniens*) établis par la Cour d'appel dans l'arrêt *Oppeinhem*[4], qui sont aussi devenus ceux pour fonder la décision discrétionnaire des tribunaux en cas de la litispendance internationale, codifiée à l'article 3137 C.c.Q.[5]. La Cour a également clarifié certaines ambiguïtés des règles codifiées, telles que le rapport entre le principe d'autonomie de la volonté reconnu aux articles 3111, 3148 et 3168 C.c.Q., et les autres dispositions du Livre

[1] Perret, « L'évolution du Code civil du Bas-Canada ou d'une codification à l'autre : réflexion sur le Code civil et son effet de codification », 735. Dans le système juridique québécois, c'est la règle du précédent qui prend la place du *stare decisis*. Selon Mme Charlotte Lemieux, « Éléments d'interprétation en droit civil », *R.D.U.S.* 24 (1994) : 249, « le précédent est une notion civiliste ne conférant aucune obligation au juge, mais se contentant d'une autorité morale [...] Les jugements antérieurs éclairent le juge, sans le lier pour l'avenir. Par contre, la doctrine occupe en droit civil une place prépondérante ». Si la notion de « *stare decisis* » existe dans le droit privé québécois, il faut la comprendre avec nuance. La Cour d'appel parle de « l'approche [ou la conception] moderne du *stare decisis* » qui reconnaît qu'un tribunal est lié par la jurisprudence antérieure, mais avec souplesse. C'est « la courtoisie judiciaire » qui guide ce respect. Voir : Guillemard, « Vérité judiciaire et *stare decisis* en droit privé québécois », citant la juge Thibault dans Laurentienne-vie, Cie d'assurances inc. *c.* Empire, Cie d'assurance-vie, 2000 CanLII 9001 (Qc C.A.) paragr. 59 et 60.

[2] Alain-François Bisson, « Nouveau code civil et jalons pour l'interprétation : traditions et transitions », *R.D.U.S.* 23 (1992) : 9 et 10.

[3] Guillemard, « Revue de la jurisprudence 1994-2019 : Naissance du droit international privé québécois moderne », 219.

[4] Oppenheim Forfait GmbH *c.* Lexus Maritime inc., J.E. 98-1592, 1998 CanLII 13001 (Qc C.A.).

[5] Voir par exemple Droit de la famille – 172244, 2017 QCCA 1470.

X[1], celui entre les règles de rattachement codifiées du Québec et le droit fédéral[2], etc. L'honorable juge LeBel a tout à fait raison de rappeler « que le juge québécois est un créateur de droit et que, ce faisant, il remplit une fonction nécessaire et légitime dans la formation et l'évolution du système juridique québécois »[3].

La réalité est relativement différente au Vietnam, où théoriquement seul l'émetteur de la norme est reconnu pouvoir l'interpréter[4]. À titre d'exemple, la loi prévoit explicitement que la Constitution et les lois sanctionnées par l'Assemblée nationale ne peuvent être interprétées que par son Comité permanent[5]. La fonction des tribunaux est de juger en conformité stricte avec les règles promulguées par le législateur. En d'autres termes, leur pouvoir est de « dire le droit », et non de l'interpréter, de le faire évoluer ou encore d'y apporter une intervention quelconque. Cette conception étroite du rôle de la magistrature est attachée à la tradition civiliste et la distingue de la *common law*, où les juges participent activement à la création du droit (*judge-made law*)[6]. Au Vietnam, la limite au pouvoir d'interpréter le droit est d'autant plus stricte, étant donné la conception du droit socialiste, auquel le Vietnam continue à adhérer, qui refuse de reconnaître la jurisprudence comme une source de droit[7]. Si la place de la jurisprudence a beaucoup été mis en avant dans les systèmes de droit civiliste, l'évolution en ce sens est moindre au Vietnam.

Sur le plan épistémologique, il est utile de mentionner un point de vue doctrinal qui remet en question l'existence même du droit sans une intervention judiciaire. Les auteurs prétendent que la création du « droit » dans son vrai sens n'est réalisée qu'à travers un processus d'argumentation, dans un procès juste et équitable. Le droit est ainsi établi dans la solution proposée par le juge et acceptée par les parties comme étant, pour elles, le « droit »[8]. Pour le professeur Friedrich

---

[1] Voir Grecon Dimter Inc. *c.* J.R. Normand Inc., [2005] 2 R.C.S. 401, 2005 CSC 46.

[2] Par exemple Spar Aerospace Ltée *c.* American Mobile Satellite Corp., [2002] 4 R.C.S. 205 (l'exigence du lien réel et substantiel dans les rattachements établie par la Cour suprême avant la codification).

[3] LeBel, « La loi et le droit », 88.

[4] Loi sur la promulgation des actes normatifs, art. 159.

[5] Loi sur la promulgation des actes normatifs, art. 158.

[6] La Cour suprême du Canada a affirmé ce pouvoir des tribunaux de *common law* dans l'affaire *Douez* c. *Facebook Inc.*, [2017] 1 R.C.S. 751, paragr. 25 :

> Les cours de justice ne sont pas que des organes appelés à [TRADUCTION] « dire le droit et à l'appliquer » ; ce sont des institutions « dont la mission est de créer et de consacrer des normes publiques qui encadrent l'établissement et la perception des rapports dans des sociétés pluralistes et démocratiques ».

Au contraire, dans la tradition civiliste, le rôle créateur du droit du juge se heurte à de vives résistances politiques et juridiques : LeBel, « La loi et le droit », notamment 88 et 89.

[7] Cette idéologie s'imprègne dans les textes fondamentaux du droit vietnamien, à savoir la Constitution vietnamienne de 1992 et ses amendements de 2013. Une grande partie de la doctrine est aussi convaincue que reconnaître la jurisprudence comme source de droit pourrait donner lieu à des excès du pouvoir judiciaire et porterait atteinte au principe de la légalité socialiste au Vietnam. Voir : Université nationale à Hanoi, *Théories de l'État et du Droit* (Hanoi : Justice, 2006), 354 et 355.

[8] Bjarne MELKEVIK, « Le ciel embrumé du déjà-droit : Une critique épistémologique », dans Georges AZZARIA (dir.), *Les cadres théoriques et le droit. Actes de la 2ème Journée d'étude sur la méthodologie et l'épistémologie juridique*, Cowansville, Éditions Yvon Blais, 2013, p. 361 à la page 363.

Müller, « le texte de la norme ne doit pas être compris “en soi”, mais seulement de façon à ce que – étant présupposé qu’il est approprié à l’espèce – il puisse apporter une réponse au problème juridique concret »[1]. Selon les auteurs, en effet, la normativité ne résulte pas du texte lui-même, qui est simplement un énoncé linguistique ayant pour vocation de « préparer les grandeurs normatives ultérieures »[2]. Autrement dit : « un *point de départ* pour la réflexion sur ce que “dit” le droit »[3]. Elle est plutôt produite à partir d’un processus d’argumentation – l’interprétation – permettant d’attribuer un sens juridique aux « signes sémantiques » que contient le texte de la règle[4].

Sans pour autant adhérer à cette école de pensée, qui a tendance à nier l’existence du droit dans les textes promulgués par le législateur, nous pensons que le rôle des tribunaux dans le processus créateur de droit ne doit pas être négligé. Citons en appui l’opinion plus modérée du juge LeBel : « s’il ne fait pas de lois, le juge crée du droit » et, en ce qui concerne la codification, « [s’]il ne peut se considérer comme un codificateur, [...] il doit œuvrer dans le cadre des codes »[5]. Ce faisant, le juge agit comme un « médiateur entre le législateur et le citoyen pour constituer le sens de la loi »[6]. Cela est d’autant plus vrai dans le cas du DIP où la pratique s’échappe toujours du droit positif en raison de l’implication et de l’interaction de plusieurs ordres juridiques en même temps. C’est dans le DIP que la créativité du juge est vouée à servir le plus pour proposer des solutions appropriées à chaque cas, sur la base des normes générales contenues dans la loi.

Au Vietnam, le débat sur la place de la jurisprudence n’est pas nouveau. Une partie de la doctrine trouve problématique l’écart entre la législation et le besoin pratique dans la conception de la fonction d’interprétation du juge, étant convaincue que seuls les tribunaux pourraient assumer avec efficacité cette tâche[7].

En réalité, la Cour populaire suprême exerçait *de facto* sa fonction d’interprétation des lois, soit pour détailler les règles générales de la législation, soit pour les compléter. Par exemple, la Cour a établi les critères pour déterminer l’existence d’un litige comportant un élément d’extranéité concernant les « contrats économiques » et indiqué la juridiction vietnamienne compétente pour entendre ces litiges, en l’absence de dispositions pertinentes dans l’*Ordonnance*

[1] Friedrich Müller, *Discours de la méthode juridique (1993)* (Paris : Presses universitaires de France, 1996), 209.

[2] Müller, 168 et 169.

[3] Patrick Nerhot, « L’interprétation en sciences juridiques. La notion de la cohérence narrative », *Revue de synthèse* 3 (1999) : 302.

[4] Bjarne Melkevik, « Discours d’application des normes en droit : Méthodologie juridique et considération de philosophie du droit », in *Philosophie du jugement juridique* (Québec : Presses de l’Université Laval, 2010), 151 et 152.

[5] LeBel, « La loi et le droit », 91. Le juge distingue avec justesse la loi – qui n’exprime pas tout le droit – et le droit, « qui dépasse le cadre de la loi ».

[6] LeBel, « La méthode d’interprétation moderne : le juge devant lui-même et en lui-même », 83. La nécessité de l’interprétation tient en effet à l’incomplétude inévitable des règles de droit et pour qu’il comprenne sa fonction d’interprétation, le juge doit être conscient « qu’il contribue à la création du droit » et « [qu’il] élabore celui-ci en l’appliquant » (à la page 84).

[7] Vang Phu Tran, « Quelques principes d’interprétation du droit dans les systèmes juridiques et suggestions pour le Vietnam », *Études législatives* 382 (2019) : 58.

sur la procédure de règlement des différends économiques[1]. V.D. Do voit dans cet exercice de la fonction d'interprétation une « création de normes » par la plus haute cour du pays[2].

L'évolution est également observée dans la législation récente. La nouvelle *Loi sur l'organisation des Tribunaux populaires*, adoptée le 24 novembre 2014, a posé la pierre angulaire, en confiant à la Cour populaire suprême la tâche d'établir la jurisprudence à partir de la pratique judiciaire[3]. Le 29 octobre 2015, la Cour populaire suprême a promulgué la *Résolution nº 03/2015/NQ-HDTP sur la procédure de sélection, de publication et d'application de la jurisprudence* pour concrétiser cette tâche.

C'est le nouveau Code civil qui a marqué un tournant dans la reconnaissance officielle de la jurisprudence comme une source de droit. En vertu de l'article 6 (2), en l'absence des dispositions pertinentes du droit positif, les tribunaux pourront recourir aux principes fondamentaux du droit et à la jurisprudence, ou juger *ex aequo et bono*.

Il faut cependant noter que la construction jurisprudentielle au Vietnam diffère largement de celle de la *common law*, qui est basée sur la règle du *stare decisis*, mais aussi de celle des pays de droit civiliste. En effet, conformément à la Résolution de 2015, la jurisprudence est constituée à partir des décisions judiciaires « sélectionnées » et « publiées » par la Cour populaire suprême. Elle peut être modifiée ou abrogée par cette dernière pour des motifs énumérés dans la Résolution (erreurs, caducité, etc.). La procédure ressemble plus à la confection des actes normatifs[4] qu'à l'établissement de la jurisprudence en tant que telle. Malgré cela, la nouvelle législation a marqué une grande amélioration conceptuelle du rôle de la jurisprudence et, par conséquent, de façon implicite, celle de la fonction d'interprétation des lois des tribunaux au Vietnam.

Conformément à la Résolution de 2015, la jurisprudence sélectionnée par la Cour populaire suprême est publiée et mise à jour de façon constante sur son site officiel, dans la rubrique « Jurisprudence vietnamienne », accessible depuis le

---

[1] « Ordonnance sur la procédure de règlement des différends économiques », nº 31-L/CTN du 29 mars 1994 (caduque).

[2] Van Dai Do, « Le droit international privé et la construction "des normes" par les tribunaux en France et au Vietnam », *Revue de Science juridique*, nº 7 (2002) : 35. L'auteur indique des raisons juridiques et pratiques pour justifier la valeur de la jurisprudence dans le système juridique vietnamien, notamment pour combler les lacunes du DIP.

[3] « Loi sur l'organisation des Tribunaux populaires », nº 62/2014/QH13 du 24 novembre 2014, en vigueur depuis le 1er juin 2015, art. 22 (2c) : « Le Conseil des magistrats de la Cour populaire suprême sélectionne ses arrêts en cassation, les arrêts et décisions judiciaires ayant force de chose jugée des autres tribunaux pour faire le bilan, établit la jurisprudence et la publie pour l'étude et l'application par les Tribunaux » et art. 27 (5) : « Le Président de la Cour populaire suprême surveille les travaux de bilan des pratiques juridictionnelles, d'élaboration et la promulgation des Résolutions du Conseil des magistrats de la Cour populaire suprême visant l'application uniforme du droit, le développement et la publication de la jurisprudence ».

[4] Voir la Loi sur la promulgation des actes normatifs : la Cour suprême populaire est aussi un organe créateur d'actes normatifs.

19 octobre 2016[1]. Elle est regroupée en six domaines – droit pénal, droit administratif, droit civil, droit familial, droit des affaires et droit du travail. On peut voir qu'il n'y a pas de section réservée au DIP. Un regard sur les jugements prononcés dans des affaires comportant un élément d'extranéité montre que les règles de rattachement sont rarement invoquées.

Nous sommes convaincue que la codification du DIP incitera à un recours plus fréquent à la jurisprudence et au développement dans ce domaine.

Par ailleurs, il est important de souligner la contribution de la doctrine dans la promotion de la jurisprudence au Vietnam. La publication de recueils de décisions commentées par des professeurs d'université est devenue une pratique bien appréciée[2]. Ces travaux ouvrent l'accès du public à un grand nombre de décisions judiciaires, jusqu'alors très peu accessibles. Cela incite aussi les tribunaux à veiller en permanence à la qualité de leurs jugements.

En résumé, le rôle des tribunaux dans l'interprétation des lois et celui de la jurisprudence dans le système juridique vietnamien sont grandement promus dans la pratique. Toutefois, pour faire valoir effectivement ce rôle, la fonction d'interprétation du juge doit être reconnue dans la législation[3]. Cette consécration officielle permettrait au juge de motiver davantage sa décision, d'où la valeur réelle de la jurisprudence – qui est d'apporter une réponse aux questions juridiques concrètes, que le législateur ne peut toutes prévoir.

Si le code doit exister en harmonie avec son environnement, il est aussi important que les nouveaux éléments introduits au système juridique soient en cohérence avec lui.

---

[1] Le site www.anle.toaan.gov.vn fournit non seulement la liste et le texte intégral ou extrait des arrêts reconnus comme jurisprudence, mais également les dispositions légales concernant l'autorité et la procédure de sélection, de publication et d'application de la jurisprudence au Vietnam.

[2] À titre d'exemple, Duy Luong TUONG, Commentaires de certains arrêts de droit civil et familial, Hanoi, Politique nationale, 2001 ; Van Dai DO, Recueil des arrêts des tribunaux vietnamiens sur le droit d'usage de la terre, 2 tomes, Hochiminh-ville, Éditions du Travail, 2010 ; Van Dai DO et Hoang Hai TRAN, Recueil des arrêts des tribunaux vietnamiens sur l'arbitrage commercial, Hanoi, Éditions du Travail, 2010 ; Van Dai Do et Van Tien NGUYEN, Recueil des arrêts des tribunaux vietnamiens sur la procédure civile, Hochiminh-ville, Éditions du Travail, 2011 ; Van Dai DO, Le droit du contrat. Commentaires des arrêts, 2 tomes, Hanoi, Politique nationale, 2013 et 2014 ; Van Dai DO, Le droit des obligations. Commentaires des arrêts, tomes 1 et 2, Politique nationale, 2010-2014 ; Van Dai DO, La responsabilité non-contractuelle. Commentaires des arrêts, 2 tomes, Hochiminh-ville, Presses de l'Université nationale, 2010-2018 ; Van Dai DO, Le droit de la succession. Commentaires des arrêts, 2 tomes, Hanoi, Politique nationale, 2010-2019.

[3] Voir les suggestions pour le Vietnam à partir de l'expérience étrangère dans Tran, « Quelques principes d'interprétation du droit dans les systèmes juridiques et suggestions pour le Vietnam » ; Thi Ngoc Hai Doan, « La jurisprudence – questions théoriques et pratiques – et suggestions pour le Vietnam », *Ministère de la Justice*, 25 mai 2016, moj.gov.vn/qt/tintuc/Pages/nghien-cuu-trao-doi.aspx?ItemID=1968 ; Van Sua Le, « La jurisprudence et son rôle dans les activités judiciaires des tribunaux », *Ministère de la Justice*, 3 novembre 2015, moj.gov.vn/qt/tintuc/Pages/nghien-cuu-trao-doi.aspx?ItemID=1867.

1.2.2 L'adaptation avec le code

Sur le *Code civil du Bas-Canada*, Louis Perret a écrit : « le système de la codification n'a pas empêché l'évolution des esprits à l'intérieur du Code civil »[1]. En effet, une fois entré dans le système juridique, le nouveau code subit à son tour les impacts que produiront les mouvements et l'évolution du système juridique même. D'une part, dans le court terme, une gamme de mesures réglementaires devra être prévue pour assurer la mise en œuvre du code. D'autre part, à long terme, il faudra envisager l'adaptation de la production normative avec le code.

L'attribution de pouvoirs réglementaires

Au Vietnam, la mise en œuvre de la nouvelle législation dépend largement des décrets d'application issus du gouvernement. Cela n'est pas étrange, car au Québec, c'est aussi le gouvernement qui est « la plupart du temps le maître d'œuvre de la législation » et qui « voit dans l'attribution de pouvoirs réglementaires une possibilité de souplesse et de rapidité accrue dans la conduite de sa politique »[2]. Cependant, contrairement au Québec, où cette attribution est faite par le législateur avec vigilance, en raison du « danger de dessaisissement inconsidéré de son droit de détermination première de la règle fondamentale qu'est la loi »[3], au Vietnam, ce pouvoir est généreusement délégué au gouvernement[4].

La réglementation joue en effet un rôle important dans la pratique pour assurer l'effectivité d'une nouvelle législation. Elle permet de fournir une réponse rapide et détaillée à une situation donnée pour laquelle la loi n'offre que des instructions générales. Toutefois, elle pourrait aussi contribuer à une inflation normative si le pouvoir réglementaire n'est pas bien encadré. L'exemple suivant donne une idée de l'ampleur du défi. Pour la mise en œuvre de la *Loi sur la sécurité alimentaire* de 2010, 123 textes réglementaires ont été promulgués pendant 5 ans (2011-2016), dont 23 décrets gouvernementaux et 77 circulaires ministérielles[5]. Ces chiffres illustrent eux-mêmes parfaitement la surproduction normative connue actuellement au Vietnam.

Ainsi, il faut rappeler que l'attribution de pouvoirs réglementaires, comme elle constitue une délégation du pouvoir législatif, est soumise à des contraintes.

Tout d'abord, les textes réglementaires doivent respecter la hiérarchie des normes. Il est en effet impératif que les textes inférieurs soient en conformité avec les textes supérieurs. Au Vietnam, c'est le contrôle de la conformité des projets

---

[1] Perret, « L'évolution du Code civil du Bas-Canada ou d'une codification à l'autre : réflexion sur le Code civil et son effet de codification », 732.

[2] Sparer et Schwab, *Rédaction des lois*, 44.

[3] Sparer et Schwab, 44.

[4] Loi sur la promulgation des actes normatifs. Selon l'article 19, le gouvernement promulgue les décrets pour détailler les dispositions des lois et pour des mesures de mise en œuvre. En vertu de l'article 24, les circulaires ministérielles sont émises pour détailler les dispositions des lois et des règlements.

[5] Thi Hoa Chu, « Quelques suggestions visant à améliorer l'organisation de la mise en œuvre de la législation au Vietnam », *Ministère de la Justice*, 21 novembre 2019, moj.gov.vn/qt/tintuc/Pages/nghien-cuu-trao-doi.aspx?ItemID=2516.

de textes avant l'adoption, prévu dans la *Loi sur la promulgation des actes normatifs*, qui assure la constitutionnalité et la légalité de la réglementation[1]. Cette hiérarchie doit également guider l'opération d'interprétation de la loi et des règlements.

Ensuite, l'attribution de pouvoirs réglementaires s'exprime sous forme de clauses habilitantes. Plus ces clauses sont claires et précises, moins les règlements risquent d'être contestés sur le fondement de leur validité même. Messieurs M. Sparer et W. Schwab ont décrit l'importance de cette clarté : « La clarté de l'expression prendra d'autant plus d'importance que les règlements seront susceptibles de rencontrer une résistance du corps social lors de leur application. Il est certain qu'un règlement venant déranger les mœurs ou qui soulève une question épineuse fera l'objet d'attaques des plus virulentes »[2].

Cette crainte relative à l'excès de pouvoirs réglementaires est justifiée. Au Vietnam, les clauses habilitantes sont souvent très vagues. La formule type est la suivante : « Le Gouvernement prévoit en détail la mise en œuvre de cette loi ». En réalité, une nouvelle loi n'est fonctionnelle qu'à la suite des instructions gouvernementales et il n'est pas rare que les règlements dépassent la portée de la loi dont ils assurent la mise en œuvre, malgré le contrôle de conformité. Les pouvoirs réglementaires sont d'autant plus puissants, vu l'absence de la fonction d'interprétation attribuée aux tribunaux et la place modeste de la jurisprudence au Vietnam.

Parallèlement avec l'amélioration du rôle des tribunaux et de la jurisprudence, le risque d'excès de pouvoir pourrait et devrait être réduit par des clauses habilitantes qui indiquent clairement le lien entre l'objet de la loi et le rôle confié au délégataire. Cela permettrait à ce dernier « de ne produire que la réglementation nécessaire et suffisante à la réussite de sa mission »[3]. En DIP notamment, la réglementation ne doit intervenir que pour détailler les procédures et les formalités relatives aux affaires comportant un élément d'extranéité et, dans une certaine mesure, clarifier les critères d'application des règles de rattachement. Cela permettrait aussi d'éviter une inflation normative inutile, voire nuisible.

L'adaptation de la production normative ultérieure avec le code

La codification n'enraye pas totalement la production normative dans le domaine codifié. D'une part, cette perspective est impossible, car la codification ne peut pas résoudre une fois pour toutes l'inflation normative. D'autre part, la production normative ultérieure à la codification se révèle parfois nécessaire pour l'adaptation du code à la réalité sociale et à l'évolution des situations juridiques qui pourrait rendre désuète une partie du code.

Adapter la production normative ultérieure à la codification consiste donc à la contrôler pour éviter le retour de l'inflation normative, qui était à l'origine de la codification, et préserver l'unité systématique du code. En premier lieu, la

[1] Le ministère de la Justice est responsable du contrôle de la constitutionnalité et de la légalité des projets de textes réglementaires, en vertu des articles 92, 98, 102 de la Loi sur la promulgation des actes normatifs.
[2] Sparer et Schwab, *Rédaction des lois*, 57.
[3] Sparer et Schwab, 59.

nécessité de légiférer en dehors du code sera moindre si un code est rédigé de façon à exister durablement. Cela exige du codificateur une vision qui dépasse le contexte présent, et donc une capacité prédictible exprimée dans chaque disposition. Une bonne conjugaison des principes généraux et des dispositions particulières dans le code, la modernité et la flexibilité des solutions codifiées contribuent à cette durabilité. En deuxième lieu, dans le cas du Vietnam, des propositions ont été avancées, à savoir limiter l'adoption des lois en rapport avec le code par le législateur aux seuls cas nécessaires[1] et contrôler la fonction normative du gouvernement[2].

Par ailleurs, comme le droit vietnamien est en pleine évolution, la réforme juridique dans d'autres domaines pourra avoir des impacts sur le code de DIP. Il faut ainsi envisager, en troisième lieu, des mesures visant à préserver l'unité de la codification face à l'introduction de nouvelles normes ou modifications.

Le regroupement des règles dans un seul corps permet d'amoindrir des modifications sporadiques et, par conséquent, de maintenir l'unité du code dans le temps. Cela n'empêche toutefois pas des réformes législatives en fonction de l'évolution du droit. Il y a en général deux façons d'y procéder : par des réformes à l'extérieur du code ou par des modifications directes au sein du code. La première approche a l'avantage d'être plus souple et sécuritaire, dans la mesure où elle ne touche pas le code. Cependant, elle entraîne aussi des conséquences pour l'avenir. C'est le dilemme auquel le législateur québécois a fait face avec le *Code civil du Bas-Canada* avant sa recodification : « Le législateur en multipliant les lois à l'extérieur du Code civil a sans doute considéré qu'il était plus souple et aussi politiquement plus visible de procéder à des réformes à l'extérieur du code. La doctrine s'en est plainte en raison du risque d'incohérence qui pouvait en résulter pour le système »[3].

Une des techniques couramment utilisées pour préserver la cohérence du code et avec le code est la consolidation des textes. Elle permet de greffer dans le code les nouveautés adoptées en dehors de lui. Les modifications intervenues en 2002 aux articles 3144, 3145, 3154 et 3167 C.c.Q. à la suite de la *Loi instituant l'union civile et établissant de nouvelles règles de filiation*[4] en sont un bon exemple pour le DIP.

Au Vietnam, la technique de consolidation fait partie, depuis une dizaine d'années, des moyens privilégiés pour améliorer la transparence du droit. En vertu de l'*Ordonnance sur la consolidation des actes normatifs*[5], la consolidation des textes doit être achevée au plus tard 5 jours à compter de la date de promulgation d'un nouvel acte normatif ou des modifications à un acte existant, par l'autorité

[1] Au Vietnam, la première mesure peut être mise en œuvre via la discussion sur les programmes législatifs annuels de l'Assemblée nationale.

[2] Chu, « Quelques suggestions visant à améliorer l'organisation de la mise en œuvre de la législation au Vietnam ».

[3] Perret, « L'évolution du Code civil du Bas-Canada ou d'une codification à l'autre : réflexion sur le Code civil et son effet de codification », 736.

[4] « Loi instituant l'union civile et établissant de nouvelles règles de filiation », L.Q. 2002, c. 6 (2002).

[5] « Ordonnance sur la consolidation des actes normatifs », n° 01/2012/UBTVQH13 du 22 mars 2012, art. 5-7.

émettrice de l'acte. Le texte consolidé sera par la suite publié, accompagné du texte portant modifications, dans le Journal officiel et sur les sites officiels de l'Assemblée nationale ou du Gouvernement (art. 8). L'Ordonnance prévoit également en détail les formalités et les exigences de forme de la consolidation. Elle contient une clause d'application rétroactive pour tous les actes normatifs promulgués avant l'entrée en vigueur de l'Ordonnance, pour lesquels la consolidation devra être achevée au cours des deux ans suivant son entrée en vigueur (art. 19).

Pour la mise en œuvre de l'Ordonnance, le Gouvernement a approuvé, en 2013, la *Feuille de route pour la consolidation des actes normatifs*[1] et le *Décret portant application de l'Ordonnance sur la consolidation des actes normatifs*[2]. Depuis, la consolidation se fait sur une base régulière.

Enfin, la création d'un organisme chargé du suivi de la codification est une suggestion intéressante. Au Québec, à l'achèvement de la recodification civile (décembre 1991), le législateur québécois a adopté, en 1992, une loi créant l'« Institut québécois de réforme du droit »[3]. Cet organisme, « composé de cinq à neuf membres nommés par le gouvernement sur la recommandation du ministre » (art. 8), aura « pour mission de soumettre au ministre des propositions de réforme et de développement du droit, notamment par l'adaptation du système juridique aux besoins de la société, par la simplification, la codification et l'harmonisation des règles de droit et par l'humanisation des institutions liées à l'administration de la justice » (art. 2). Les programmes de recherches, les rapports de recherches et les rapports d'activités de l'Institut seront communiqués au ministre de la Justice, puis soumis dans les 60 jours à l'Assemblée nationale (art. 17). Toutefois, pour des raisons que l'on ignore, l'Institut n'a jamais vu le jour. Dix ans après l'entrée en vigueur du *Code civil du Québec*, l'ancien ministre québécois Gil Rémillard exprimait encore son regret et insistait sur la nécessité d'un organisme chargé d'assurer l'harmonisation de l'évolution du droit avec les dispositions codifiées et *vice versa*, après tant de modifications intervenues au nouveau Code civil[4]. Malgré l'échec du projet gouvernemental, cette initiative du Québec sur un organe subsidiaire chargé du suivi de la codification peut bien inspirer le Vietnam. Les travaux de consolidation ne suffisent pas sans l'existence d'un organisme doté d'une vision globale permettant de bien mesurer les impacts de l'évolution du

---

[1] « Décision du Premier Ministre annonçant la Feuille de route pour la consolidation des actes normatifs », n° 63/QD-TTg du 7 janvier 2013.

[2] « Décret portant application de l'Ordonnance sur la consolidation des actes normatifs », n° 63/2013/NĐ-CP du 27 juin 2013.

[3] « Loi sur l'Institut québécois de réforme du droit », L.Q. 1992, c. 43.

[4] Gil Rémillard, « Le nouveau Code civil : Un véritable contrat social », in *Du Code civil du Québec : contribution à l'histoire immédiate d'une recodification réussie*, éd. par Jean-Guy Belley, Nicholas Kasirer, et Serge Lortie (Montréal : Éditions Thémis, 2005), 312. En 2018, un effort collectif des juristes québécois a abouti à la création de l'Institut québécois de réforme du droit et de la justice (IQRDJ), un organisme de recherche indépendant, pour poursuivre les mêmes objectifs fixés dans la Loi de 1992, dont « l'adaptation continue de la législation et du système judiciaire à la réalité contemporaine et l'accès des citoyens au droit et à la justice ». Voir : Institut québécois de réforme du droit et de la justice (IQRDJ), « Présentation de l'IQRDJ », consulté le 2 novembre 2021, www.iqrdj.ca/.

système juridique sur les dispositions codifiées. Un tel organisme veille à l'harmonie des projets de loi et de règlement avec le code en particulier et avec l'ensemble du système juridique en général.

2. LES CONSIDÉRATIONS FONCTIONNELLES DE LA CODIFICATION

Dans son livre publié en 2014, qui offre une analyse synthétique des codifications nationales du DIP autour du monde[1], le professeur américain S. Symeonides divise leur histoire en deux grandes périodes. Les codifications de la « première génération », qui avaient lieu au début du XIXe siècle, diffèrent bien de celles de la « deuxième génération », qui ont commencé vers le milieu du XXe siècle, à la fois dans leur dimension géographique et juridique.

Le premier mouvement de codifications nationales du DIP était connu uniquement en Europe et concrétisé principalement sous forme d'un nombre limité des dispositions préliminaires dans les codes civils. Le dernier mouvement a eu lieu sur tous les continents et s'est fait remarquer par l'ampleur des codifications. Selon les statistiques, 94 codifications ou recodifications du DIP ont été adoptées dans 84 pays entre 1962 et 2012[2]. Si la plupart de ces codifications demeurent intégrées aux codes civils et, par conséquent, concernent principalement les rattachements normatifs, une quarantaine de codifications autonomes ont été enregistrées et touchent aussi bien des rattachements normatifs que juridictionnels[3].

La codification québécoise est un cas exceptionnel, puisque, malgré son emplacement dans le *Code civil du Québec*, le Livre X codifie des règles touchant les trois piliers du droit international privé, à savoir la loi applicable, la compétence internationale des autorités québécoises et la reconnaissance des décisions étrangères.

Cette diversité des codifications du DIP provient bel et bien du choix que chaque pays effectue quant à la portée et à la structure de la codification. Ce choix, à son tour, dépend de facteurs variables, dont la conception de la notion de DIP et de sa place dans le système juridique national.

L'évolution du DIP vietnamien contemporain s'inscrit dans la deuxième génération de codifications au sens large et se démarque progressivement de la conception socialiste du DIP[4]. Les règles de rattachement sont introduites dans

---

[1] Symeonides, *Codifying choice of law around the world*, 2-36. Le terme de « codification » est compris dans le sens large, c'est-à-dire la promulgation des règles écrites de DIP, qui sont regroupées dans un texte autonome ou incorporées dans différents textes juridiques.

[2] Symeonides, 12.

[3] Symeonides, 21-26.

[4] Cette conception politique du rôle du DIP comme « l'un des accessoires de la politique étrangère » s'exprime dans le système des traités bilatéraux d'assistance et d'entraide juridique et la réglementation spécifique des activités commerciales internationales (le cas par exemple du *Code de commerce international* tchécoslovaque de 1963). La codification du droit sert à souligner l'importance exclusive des textes législatifs. Voir Vasilakakēs, *Orientations méthodologiques dans les codifications récentes du droit international privé en Europe* notamment p. 16 et 17. Après des années d'attachement à cette conception socialiste, les codifications de l'ère de Renouveau au

différents codes et lois spéciales. Il s'agit, selon les termes de S. Symeonides, de « codifications partielles », car elles ne couvrent qu'une partie du DIP. Au sens strict, les règles éparses, insérées dans différents textes juridiques, ne peuvent être considérées que comme des éléments d'une vraie codification, qui permet, elle, de regrouper l'ensemble de règles dans un corps ordonné.

Dans la présente section, nous étudierons, toujours dans une approche comparative, les deux aspects que nous jugeons très importants pour la codification du DIP vietnamien. Il s'agit tout d'abord de bien définir la portée de la codification (2.1), avant de nous interroger sur la structure de la codification (2.2).

2.1 La portée de la codification

Bien définir la portée de la codification joue un rôle primordial dans le processus, vu son impact sur les efforts à déployer et sur le résultat recherché. Compte tenu de la variété des conceptions sur le domaine et la nature du DIP même, l'objet de la codification devra *a priori* être clairement identifié, afin de guider le travail du codificateur. L'ampleur, les sources et les frontières de la codification font également partie des questions permettant de clarifier la portée de la codification.

2.1.1 L'objet de la codification

Quel est l'objet de la codification du DIP ? La première réponse sera naturellement « le droit international privé ». La réalité n'est cependant pas si simple, car aucune conception unanime n'a été adoptée sur le domaine d'application et la nature de ce droit. Elle varie largement entre les États. Au Vietnam, la question n'est pas encore véritablement tranchée. Or, une certaine clarté est indispensable pour amorcer la codification.

Le domaine du droit international privé

Par « domaine du droit international privé », on entend déterminer si le DIP traite, outre les rattachements juridictionnels et normatifs, d'autres questions qui touchent les rapports privés comportant un élément d'extranéité. Parmi les diverses conceptions, le Vietnam devrait en choisir une au service de la codification.

La diversité des conceptions et la solution retenue par le Québec

Dans la conception restrictive, représentée notamment par la doctrine allemande, le DIP – en allemand « *Verweisungsrecht* », droit de référence –, se limite à la seule désignation du droit applicable. L'explication en est simple : seuls les « conflits de lois » posent un problème nécessitant l'intervention du DIP, alors que les règles destinées à la détermination de la compétence des tribunaux

---

Vietnam s'inspirent peu à peu de la conception occidentale du droit privé. Voir le Code civil de 1995 et notre brève présentation de l'histoire des codifications vietnamiennes dans l'introduction.

étatiques dans un litige transnational sont assimilables à celles de compétence judiciaire interne[1].

À l'autre extrémité du spectre, la conception extensive adoptée par la France étend le domaine de ce droit au-delà des simples rattachements (juridictionnel et normatif). En effet, le DIP français régit également les questions relatives au statut des individus, c'est-à-dire à la nationalité des citoyens et à la condition des étrangers sur le territoire étatique.

Situées entre ces deux conceptions opposées, des conceptions plus modérées en retiennent les trois piliers : la détermination de la loi applicable – autrement dit le rattachement normatif – la compétence internationale des autorités étatiques et la reconnaissance des décisions étrangères – rattachements juridictionnels. Il s'agit de l'approche prévalant dans les pays de la *common law*, où les questions de compétence internationale et de lois applicables sont étroitement liées, le rattachement juridictionnel entraînant des conséquences sur le rattachement normatif. Cette conception est de plus en plus largement adoptée, même dans plusieurs pays de droit civil, comme l'Italie, l'Espagne, plusieurs pays d'Amérique latine, qui incluent dans le domaine du DIP les conditions des étrangers, en raison de leur politique favorable à l'immigration[2].

C'est la conception modérée anglo-saxonne qui est adoptée au Québec. La Cour suprême du Canada dans *Dell Computer* l'a affirmé : « La structure [du livre X C.c.Q.] témoigne de l'adoption par le législateur québécois de la conception intermédiaire du droit international privé anglais »[3].

La lecture des projets successifs du nouveau Code civil québécois nous renseignera davantage sur la décision du codificateur sur ce sujet. Dans le premier projet du Code civil, rendu public en 1977, le livre neuvième portant sur le DIP contenait 100 articles traitant non seulement des rattachements –conflits de lois ; conflits de juridictions ; la reconnaissance et l'exécution des décisions étrangères et des sentences arbitrales étrangères –, mais aussi des questions de l'immunité de juridiction civile et d'exécution. Dans leur commentaire sur ce projet de l'O.R.C.C., les professeurs A. Prujiner et E. Deleury avaient soulevé des doutes sur la constitutionnalité de l'inclusion des questions relatives aux immunités étatiques dans le projet du code québécois[4].

Ils ont eu sans doute raison, car le chapitre sur les immunités étatiques a été retiré, une dizaine d'années plus tard, de la version finale du Livre sur le DIP dans l'*Avant-projet portant réforme du Code civil* présenté en 1988[5] et le *Projet de loi 125 sur le Code civil du Québec* soumis aux débats parlementaires en 1989[6]. Le Livre X du *Code civil du Québec*, en vigueur depuis le 1er janvier 1994, ne

[1] Emanuelli, *Droit international privé québécois*, 15.

[2] Emanuelli, 15 et 16. L'auteur l'appelle la « conception modérément extensive ».

[3] Dell Computer Corp. *c.* Union des consommateurs, [2007] 2 R.C.S. 801 paragr. 21.

[4] Deleury et Prujiner, « Quelques commentaires sur le Rapport de l'O.R.C.C. sur le droit international privé », 263.

[5] « Loi portant réforme au Code civil du Québec du droit de la preuve et de la prescription et du droit international privé », Avant-projet de loi (présentation – 1998), 2e sess., 33e légis. (Qc).

[6] « Code civil du Québec », Projet de loi 125 (1989), 1re sess., 34e légis. (Qc).

traite plus que des trois piliers traditionnels du DIP québécois, qui correspondent aux titres 2, 3 et 4[1].

Dans leurs commentaires, les professeurs J.A. Talpis et G. Goldstein soulignent ce choix du codificateur : « malgré l'apparition de nouveaux domaines en droit international privé, le législateur a justement voulu suivre la doctrine » en optant pour « les divisions traditionnelles de la matière [...] : principes généraux, conflits de lois, compétence internationale des tribunaux québécois, reconnaissance des décisions étrangères »[2]. Le Livre X, intitulé « du droit international privé », est une codification de l'ensemble – presque – des règles de rattachement québécoises – normatif et juridictionnel[3]. S'il existe, au sein du Livre, quelques dispositions de nature peu ou prou différente, elles servent au fonctionnement des règles de rattachement, comme celles sur le renvoi, la protection de l'ordre public ou les mesures correctives[4].

Après 25 ans, le choix du Québec s'est avéré positif, par le succès de la codification. Serait-ce un bon modèle pour le Vietnam ?

Le domaine du droit international privé vietnamien en vue de la codification

La diversité des approches nous amène à nous interroger sur un choix approprié pour le Vietnam quant au domaine du DIP à codifier. Dans le cadre de notre étude comparative, la question pourrait se poser plus concrètement : est-ce que la solution retenue par le codificateur québécois en 1994 serait pertinente pour la codification vietnamienne ?

Avant d'entrer dans la discussion, il nous est utile de faire état de la conception vietnamienne actuelle du domaine du DIP. Le débat sur ce sujet, vieux dans plusieurs autres pays, est toujours d'actualité au Vietnam.

Il est à préciser, en premier lieu, que le terme « droit international privé » n'apparaît dans aucun texte juridique vietnamien. Son existence s'exprime le plus souvent dans les règles se rapportant aux « rapports comportant d'éléments d'extranéité » insérées dans les textes de droit substantiel – soit en quelques articles[5], soit en une partie ou un chapitre séparé[6]. Faute d'un « code de droit international privé », la législation ne nous permet pas de cerner avec certitude les contours du DIP vietnamien.

---

[1] « Des conflits de lois », « Des conflits de juridictions » et « De la reconnaissance et de l'exécution des décisions étrangères ». Le titre premier énonce les principes généraux du droit international privé.

[2] Talpis et Goldstein, « Analyse critique de l'avant-projet de la loi du Québec en droit international privé », 297.

[3] Certaines règles continuent toutefois à se trouver hors du Livre X. Par exemple, les dispositions portant sur la reconnaissance des sentences arbitrales demeurent toujours dans le *Code de procédure civile* (Chapitre IX du Titre II du Livre VII). Cela a fait l'objet de critiques sur l'intégrité du DIP québécois codifié. Voir Alain Prujiner, « Les nouveautés en droit international privé dans le Code de procédure civile du Québec », in *Le Code de procédure civile : quelles nouveautés?*, éd. par Sylvette Guillemard (Cowansville : Éditions Yvon Blais, 2016), 187. Voir aussi nos critiques dans le chapitre 1 et dans la section suivante du présent chapitre.

[4] Voir *infra*, p. 151.

[5] Par exemple, les articles 3 et 5 du *Code maritime* de 2015, l'article 4 de la *Loi sur l'aviation civile* de 2006, les articles 4 et 5 de la *Loi sur le commerce* de 2005.

[6] Tels que la partie V du Code civil de 2015, les parties VII et VIII du *Code de procédure* de 2015, le chapitre VIII de la *Loi sur le mariage et la famille* de 2014.

Les positions doctrinales ne permettent pas non plus de mieux clarifier la portée de ce droit au Vietnam. Dans le passé, la question de la nationalité était parfois incluse dans les plans de cours universitaires, tout comme les questions de rattachement et du statut des personnes étrangères au Vietnam.

Une conception modérément extensive paraît maintenant est adoptée par la majorité des manuels de DIP vietnamien. S'il est généralement admis que la compétence internationale des tribunaux, la recherche de la loi applicable et la reconnaissance et l'exécution des décisions étrangères constituent les trois piliers du DIP, une partie assez importante des manuels est encore réservée à l'étude de la condition des étrangers au Vietnam et des immunités étatiques dans les transactions transfrontalières[1].

Face à cette situation manquant de clarté, il est nécessaire, à notre avis, de réviser sérieusement la conception actuelle du domaine du DIP vietnamien, dans le but de bien identifier l'objet de la codification. D'une part, le droit international privé, étant un droit privé, doit se délester des questions relevant de la sphère de droit public, que sont le statut des étrangers et la nationalité. D'autre part, le droit international privé ne peut se limiter, comme cela se fait souvent en Asie, à la seule recherche de la loi applicable.

Pourquoi une conception extensive quant au domaine du droit international privé ne conviendrait-elle pas ?

Compte tenu de la façon dont la doctrine vietnamienne conçoit plus ou moins largement le domaine du DIP, une question se pose immédiatement : faut-il traiter, dans le cadre d'une éventuelle codification, les questions relatives à la nationalité, au statut des personnes et aux immunités de l'État ? À notre avis, la réponse doit être négative.

Étant donné que la codification est définie comme « la systématisation législative d'un ensemble plus ou moins étendu de règles de droit ayant des points communs en ce qui concerne leur objet ou leur fonction »[2], ces questions relevant bien du droit public devraient être exclues du champ de la codification du DIP.

En France, la conception extensive traditionnelle est actuellement remise en question par la doctrine. Les professeurs Bernard Audit et Louis d'Avout constatent qu'une telle conception, apparue dans les programmes universitaires au début du XXe siècle, « est aujourd'hui de plus en plus difficile à justifier en raison de l'hétérogénéité fondamentale des questions respectivement soulevées par les deux groupes de matières » : s'un côté, le DIP qui concerne la méthode de choix de la loi nationale applicable, et de l'autre, le droit de la nationalité et le

---

[1] Quoc Chien Ngo, éd., *Traité de droit international privé* (Hanoi : Éditions du Travail, 2019) ; Nguyen, *Traité de droit international privé*, 2013 ; Hong Quy Mai, *Traité de droit international privé* (Hanoi : Éditions Hong Duc, 2013) ; Le, *Traité de droit international privé* ; Do et Mai, *Droit international privé vietnamien* ; Bui, *Le droit international privé*.

[2] Vasilakakēs, *Orientations méthodologiques dans les codifications récentes du droit international privé en Europe*, 4.

statut des étrangers font davantage l'objet du droit public[1]. Cette opinion est largement partagée dans les débats sur la codification du DIP français[2].

En effet, la nationalité, avant d'être un facteur de rattachement, très important dans le DIP de nombreux pays, dont la France et le Vietnam, est tout d'abord l'élément qui lie une personne à son État, et qui fonde ses droits et obligations en tant que citoyenne. Le professeur P. Lalive a remarqué, à juste titre : « ce qui peut lier la nationalité au droit international privé, ce n'est pas son origine ou ses caractères essentiels, ce sont ses effets »[3]. En réalité, le droit de la nationalité « sert à bien d'autres fins qu'à celles du droit international privé »[4].

Puisque la question de nationalité est étroitement liée à la souveraineté d'un pays, elle est souvent réglementée dans un texte séparé dont l'objet principal est de fixer les conditions de son acquisition. Au Vietnam, c'est la *Loi sur la nationalité vietnamienne*[5] qui la régit. Pour les entités fédérées, comme le Québec, l'inclusion dans la codification du DIP des règles relatives à la nationalité ne peut même pas se poser, car la question relève de la compétence fédérale[6], d'autant que la nationalité n'y est pas un facteur de rattachement pertinent.

Le même raisonnement vaut pour ce qui concerne les immunités de l'État, question qui relève en grande partie du droit public[7]. Au Québec, les auteurs ont soulevé le risque d'inconstitutionnalité de l'inclusion de ce sujet dans la codification provinciale, car les immunités de juridiction relèvent, elles aussi, de la compétence fédérale[8]. Cela explique sans doute le choix du législateur québécois de supprimer le chapitre sur les immunités d'États du projet final de codification du DIP.

Quant à la condition des étrangers, il faut rappeler que l'entrée et le séjour des étrangers sur le territoire d'un pays sont régis par la législation sur l'immigration, relevant du droit public également. Le lien assez ténu entre le DIP et la législation relative à l'immigration a été souligné par la jurisprudence au Québec. Dans l'affaire *Adoption – 152*[9], malgré l'existence d'une violation flagrante des règles de l'immigration par les personnes concernées, la Cour d'appel a donné autorité

[1] Audit et d'Avout, *Droit international privé*, 11.

[2] Voir Bodénès-Constantin, *La codification du droit international privé français* notamment p. 292-295.

[3] Pierre Lalive, « Tendances et méthodes en droit international privé », *R.C.A.D.I.* 155 (1977) : 42.

[4] Lalive, 44.

[5] « Loi sur la nationalité vietnamienne », n° 24/2008/QH12 du 13 novembre 2008. Cette loi a été modifiée en 2014 par la « Loi portant modifications et amendements de certains articles de la Loi sur la nationalité vietnamienne », n° 56/2014/QH13 du 24 juin 2014.

[6] « Loi sur la citoyenneté », L.R.C. 1985, c. C-29.

[7] À notre avis, la question devrait être traitée dans une loi séparée, comme l'a fait le Canada en adoptant la « Loi sur l'immunité des États », L.R.C. (1985), c. S-18. Au Vietnam, la doctrine se montre favorable à cette idée, voir Quoc Tuan Banh, « Fondements d'une Loi sur les immunités des États étrangers au Vietnam », *Développement scientifique et technologique*, n° 17 (2014) : 112.

[8] Loi sur l'immunité des États. Voir Deleury et Prujiner, « Quelques commentaires sur le Rapport de l'O.R.C.C. sur le droit international privé », 263.

[9] Adoption – 152, 2015 QCCA 348. Les adoptés sont arrivés au Canada avec des visas touristiques quand ils étaient mineurs et sont demeuré au Québec avec leur tante jusqu'à leur majorité de façon semi-clandestine. En réponse à la demande d'adoption par la tante, la Cour du Québec refusait de reconnaître leur domicile au Québec en raison de la violation des règles de l'immigration au Canada. La Cour d'appel a infirmé cette décision.

aux deux critères établis à l'article 75 C.c.Q.[1] pour statuer sur leur domicile au Québec aux fins de l'adoption[2]. Selon la Cour, « la détermination du domicile au sens de l'article 75 et ss. C.C.Q. ne dépend pas des lois sur l'immigration et celles-ci n'ont pas préséance »[3].

En France, où la condition des étrangers est traditionnellement traitée comme un volet du DIP, les hésitations s'expriment aussi quant à son inclusion dans une éventuelle codification : « La législation relative à l'entrée et au séjour des étrangers en France présente un caractère trop sensible et fortement empreint de souveraineté. Son insertion dans une codification du droit international privé nuirait à l'œuvre d'ensemble portant le risque d'insuffler le doute dans les hémicycles parlementaires sur l'utilité d'une telle entreprise »[4].

Cet argument est bien pertinent pour la codification du DIP vietnamien. Les questions relatives aux régimes de traitement des étrangers, à leur entrée, à leur sortie et à leurs déplacements, à leurs droits et obligations, etc., sont naturellement liées à la souveraineté étatique. Elles doivent donc se soumettre à l'autorité des lois publiques et non du DIP.

Pourquoi une conception qui, au contraire, limite le domaine du droit international privé aux seuls rattachements normatifs ne conviendrait-elle pas non plus ?

L'exclusion du rattachement juridictionnel de la sphère du DIP n'est pas raisonnable, car la détermination de la compétence joue un rôle primordial dans la détermination de la loi applicable. Le professeur Henri Batiffol a insisté sur l'importance du rattachement juridictionnel : « Pratiquement, la détermination de la juridiction compétente est indissociable de la détermination de la loi applicable, et la première précède nécessairement la seconde »[5]. L'étude de la jurisprudence québécoise montre « la nette prédominance » des questions relatives aux rattachements juridictionnels, qui, selon le bilan des quinze premières années du *Code civil du Québec*, occupent près de 60% des litiges[6].

Une brève étude de différentes codifications nationales montre que la plupart des codes de DIP incluent à la fois le rattachement normatif et le rattachement juridictionnel[7]. En Asie, les lois sont adoptées pour traiter seulement du

---

[1] Ce sont la résidence au Québec – le fait que les intéressés y demeurent de façon habituelle – et l'intention de faire du Québec le lieu de leur principal établissement – « intention qui correspond à leurs faits et gestes ».

[2] Adoption – 152, 2015 QCCA 348 paragr. 36-38.

[3] Ibid, paragr. 55.

[4] Bodénès-Constantin, *La codification du droit international privé français*, 292.

[5] Henri Batiffol, « Les tendances doctrinales actuelles en droit international privé », *R.C.A.D.I.* 72 (1948) : 35.

[6] Gaudet, « Le Livre X du Code civil du Québec : Bilan et enjeux », 314.

[7] Cette approche, adoptée par la codification suisse du DIP en 1987, a influencé les codifications nationales modernes, comme celles du Québec, de l'Italie, du Vénézuéla et de la Tunisie : Andrea Bonomi, « The Influence of Swiss Private International Law on the Italian Codification », *Int'l J. Legal Info.* 30 (2002) : 248. On peut citer d'autres exemples plus récents, à savoir les codifications belge (2004) et monténégrine (2014).

rattachement normatif, et le titre de la loi précise souvent ce champ d'application limité[1].

Enfin, il est important de rappeler que certaines questions de rattachement ne sont pas traitées dans le Livre X du *Code civil du Québec*, notamment la reconnaissance des sentences arbitrales étrangères. Il s'agit pour nous d'un point regrettable parmi ceux qui font de la codification québécoise une « réforme inachevée », termes utilisés par le professeur C. Emanuelli[2]. La scission entre le rattachement juridictionnel en matière judiciaire et celui en matière arbitrale, dont une partie se trouve dans le Livre X et une autre partie plus importante demeure dans le *Code de procédure civile* conduit à un « résultat paradoxal », d'ailleurs peu justifiable, selon le professeur A. Prujiner, qui fait remarquer que « le Code civil est la source principale des règles de compétence judiciaire, alors que le *Code de procédure civile* l'est en matière d'arbitrage »[3]. La reconnaissance des sentences arbitrales étrangères devrait aussi faire partie du DIP, puisqu'il s'agit de recevoir dans l'ordre juridique du for les effets d'une décision issue d'un ordre étranger, quoique non étatique. D'ailleurs, il est à noter que cette question est traitée dans plusieurs autres codifications nationales, y compris la codification suisse, qui a inspiré celle du Québec[4].

La nature du droit international privé

Sur la prémisse que le DIP régit les rapports privés comportant un élément d'extranéité, deux opinions opposées sont avancées sur la nature de ses règles et ses méthodes. Le débat aura des impacts sur l'étendue de la codification.

Deux conceptions opposées et la position du Québec

Le DIP se compose-t-il seulement des règles de rattachement ? Ou bien doit-il être perçu plus largement comme un droit visant à la résolution d'un litige transnational grâce non seulement aux solutions de rattachement, mais aussi aux solutions matérielles ? Le débat prend son origine dans des points de vue différents sur l'objet de ce droit, qui est, pour le professeur Pierre Lalive d'un côté, un *droit des rapports transnationaux*, et de l'autre côté, dans la conception défendue par le professeur Alain Prujiner, un *droit du rattachement*.

Reposant sur deux postulats – « d'une part l'existence d'États souverains » et « d'autre part l'existence des relations autres qu'interétatiques » – le professeur P. Lalive définit le DIP comme un « droit des relations "transfrontières" ou [...]

[1] « Loi sur les conflits des lois », BE2481 (1938) (Thaïlande), consulté le 2 novembre 2021, www.enthailande.org/lois-thailandaise/ ; « Act of the General Rules of Application of Laws », Law n° 10 of 1898 (as newly titled and amended 21 June 2006) (Japon) ; « Law of the People's Republic of China on the Laws Applicable to Foreign-related Civil Relations », 28 octobre 2010 ; « Conflict of Laws Act », amended by Law n° 6465 (2001) (Corée du Sud). La loi sud-coréenne ne comporte qu'un seul article sur la compétence internationale.

[2] Emanuelli, *Droit international privé québécois*, 46.

[3] Prujiner, « Les nouveautés en droit international privé dans le Code de procédure civile du Québec », 190.

[4] Loi fédérale du 18 décembre 1987 sur le droit international privé, chap. 12 ; Loi sur le droit international privé ; Loi relative au droit international privé et à la procédure civile internationale.

“transnationales” »[1]. Partant, il propose d’étendre sa portée à toutes les règles régissant ces relations : « L’objet du droit international privé est donc pour nous, en bref, la réglementation applicable au fond d’un litige, ou, mieux, d’une question à caractère international »[2]. Une telle conception est extrêmement large, car elle prétend que le DIP ne s’arrête pas à la détermination de la juridiction et de la loi applicable : « En reconnaissant pour objet au droit international privé la détermination, plutôt que du droit, de la “réglementation” applicable au fond d’une question “internationale”, nous englobons dans les solutions possibles aussi bien l’application d’une loi interne que celle de règles spécifiques et matérielles »[3].

Cependant, l’auteur le précise, ce n’est pas tout le contenu de la loi applicable qui est mis en jeu, seulement certains « aspects spécifiques ou caractéristiques, touchant aux difficultés [...] créées par la présence d’un ou plusieurs éléments d’extranéité »[4]. Pierre Lalive semble sous-entendre la prise en compte des règles matérielles internes conçues spécifiquement pour régir les rapports transnationaux, telles que celles régissant la procédure internationale ou le commerce international. Cette approche est reprise dans certaines codifications nationales, qui incluent, à côté des règles de rattachement, ses règles de procédure internationale[5].

Le Vietnam suit cette approche. Cela s’explique sans doute par l’influence de la conception socialiste du DIP. Non seulement en terme idéologico-politique, la doctrine est influencée en grande partie par les nombreux professeurs vietnamiens qui ont été formés dans l’ex-Union soviétique et dans les autres pays de l’Europe de l’Est. Ainsi, dans la conception socialiste exprimée par M. Pérétersky, « que l’on considère comme fondateur de la science soviétique du droit international privé », le DIP « ne saurait se réduire aux seules questions de conflit de lois ; il faut [...] y joindre *toutes les formes de réglementation par le droit matériel des rapports civils impliquant un élément étranger* »[6]. Dans cette logique, la procédure civile internationale fait également partie du DIP[7].

Au contraire, le professeur québécois Alain Prujiner défend, en 1993, dans un ouvrage collectif en l’honneur de M. Pierre Lalive, son idée de limiter le DIP aux seuls rattachements. N’étant pas simplement la méthode principale, le rattachement est, selon l’auteur, l’objet même de ce droit, « [r]ien que le

---

[1] Lalive, « Tendances et méthodes en droit international privé », 15.

[2] Lalive, 34. C’est-à-dire que le DIP englobe à la fois les règles de rattachement et les règles matérielles régissant le fond du litige, car il comprend, selon l’auteur, non seulement « la détermination de la réglementation applicable », mais aussi « *l’application* de ladite réglementation ».

[3] Lalive, 34.

[4] Lalive, 35.

[5] Par exemple, *Loi de droit international privé* (6 août 1998) (Vénézuéla) (chap. XI), *Loi relative au droit international privé et à la procédure civile internationale*, n° 2675 du 20 mai 1982, J.O. n° 17701 (22 mai 1982) (Turquie) (Partie II), *Loi sur le droit international privé*, J.O. n° 1/2014 du 9 janv. 2014 (Monténégro) (Partie II, chap. XI).

[6] L. A. Lunz, « L’objet et les principes fondamentaux du droit international privé en U.R.S.S. et dans les autres pays socialistes européens », *Clunet* 100 (1973) : 98.

[7] Lunz, 101.

rattachement, donc sans entrer dans l'application des juridictions ou normes désignées »[1]. Le DIP est donc, selon lui, un « droit du rattachement ». Cette conception coïncide avec celle proposée par le professeur J.-G. Castel dans les décennies précédentes :

> Les litiges contenant un ou plusieurs éléments de fait étrangers pertinents ne sont pas résolus directement par application des dispositions du droit matériel québécois ou étranger. Le législateur et les tribunaux se contentent de formuler des règles qui désignent la loi locale ou étrangère applicable à la substance du problème posé. Il résulte qu'en général, les règles de droit international privé sont attributives de compétence. Elles désignent le système juridique qui peut être soit un système étranger soit celui dont elles sont elles-mêmes issues dont les dispositions matérielles seront appliquées pour trancher le litige[2].

La codification québécoise illustre cette conception de « droit du rattachement ». La grande majorité des articles du Livre X C.c.Q. codifient les règles de rattachement, sauf quelques très rares dispositions de caractère mixte, qui ne se détachent néanmoins pas de leur fonction de rattachement[3]. Une nette distinction s'observe par exemple en matière d'adoption internationale, où les règles de rattachement se trouvent dans le Livre X (art. 3092 et 3147 C.c.Q.), tandis que les règles matérielles et procédurales, modifiées et complétées en 2017[4], ont été insérées dans le livre sur la famille (art. 562.1 à 565 C.c.Q.). Cette séparation apparemment « surprenante » n'est finalement pas un hasard. Elle reflète sans doute le choix clair du législateur québécois de traiter le DIP comme un droit du rattachement.

---

[1] Alain Prujiner, « Le droit international privé : un droit du rattachement », in *Études de droit international en l'honneur de Pierre Lalive*, éd. par Christian Dominicé, Robert Patry, et Claude Reymond (Bâle : Helbing & Lichtenhahn, 1993), 172.

[2] Castel, *Droit international privé québécois*, 3 (note de bas de page omise).

[3] Art. 3085 al. 2 : « « Lorsqu'un mineur ou un majeur protégé domicilié hors du Québec possède des biens au Québec ou a des droits à y exercer et que la loi de son domicile ne pourvoit pas à ce qu'il est un représentant, il peut lui être nommé un tuteur ou un curateur pour le représenter dans tous les cas où un tuteur ou un curateur peut représenter un mineur ou un majeur protégé d'après les lois du Québec » ; art. 3088 al. 2 « [...] Toutefois, lorsque l'un des époux est domicilié au Québec et est mineur au moment de la célébration du mariage, cette dernière doit être autorisée par le tribunal » ; art. 3100 C.c.Q. : « Dans la mesure où l'application de la loi successorale sur des biens situés à l'étranger ne peut se réaliser, des correctifs peuvent être apportés à mêmes les biens situés au Québec notamment au moyen d'un rétablissement des parts, d'une nouvelle participation aux dettes ou d'un prélèvement compensatoire constatés par un partage rectificatif » ; art. 3110 C.c.Q. : « Un acte peut être reçu hors du Québec par un notaire du Québec lorsqu'il porte sur un droit réel dont l'objet est situé au Québec, ou lorsque l'une des parties y a son domicile ».
Il est facile de voir que ces dispositions servent à ajuster quelques cas particuliers de rattachement. Elles fonctionnent toujours sur la base de la situation géographique du rapport juridique concerné ou de son objet.

[4] « Loi modifiant le Code civil et d'autres dispositions législatives en matière d'adoption et de communication de renseignements », L.Q. 2017, c. 12.

Le choix pour le Vietnam : le droit international privé – un droit du rattachement

De nombreuses raisons motivent notre option pour la deuxième façon de concevoir le DIP vietnamien.

Pour la commodité tout d'abord. La limitation du domaine du DIP aux rattachements permettrait d'éviter en grande partie les chevauchements avec les autres matières[1]. L'inclusion de règles matérielles de toutes sortes rendrait la codification extrêmement lourde et difficile à gérer. Le professeur P. Lalive a soulevé le risque du « particularisme » – terme qu'il a utilisé pour contester l'approche limitant le DIP aux étapes de rattachement – « risque de l'éclatement du droit international privé en des morceaux séparés, absorbés bientôt dans diverses branches de droit interne »[2]. Cependant, le risque de chaos serait encore plus grand si l'on adoptait une portée trop extensive. En effet, la scission entre règles matérielles destinées aux situations internationales et celles destinées aux situations internes risquerait fort bien de porter atteinte à l'unité des branches de droit concernées. Ne serait-il pas plus compliqué, par exemple, que les formalités de mariage international soient (imagine-t-on...) désormais séparées des formalités de mariage interne, les premières appartenant au DIP et les dernières, au droit familial. Au contraire, la séparation entre règles de rattachement et règles matérielles, de même que le regroupement des premières, s'avère beaucoup plus avantageuse. Le nombre accru des codifications nationales en témoigne.

Sur le plan théorique, l'inclusion des règles matérielles dans le DIP est aussi difficile à justifier. Certaines règles relèvent du droit public, donc hors du champ du DIP. Comme l'ont remarqué Messieurs B. Audit et L. d'Avout :

> Pour l'essentiel, il s'agit de réglementation de leurs échanges extérieurs (réglementation douanière, des investissements, des changes). S'agissant de règles de droit public, la question de leur application « transnationale » ne suscite pas un conflit de lois au sens qui vient d'être défini, car chaque État applique les siennes selon ses propres critères et ne se soucie pas d'appliquer des règles étrangères[3].

On peut également mentionner les règles de droit privé conçues particulièrement pour les situations internationales. Il s'agit par exemple de la loi tchécoslovaque de 1963 portant le « Code de commerce international », ou la loi

[1] Telles que la procédure civile, les lois sur l'état civil, le commerce, l'investissement étranger, le transfert technologique et la propriété intellectuelle, etc. Une étude statistique en 2016 révèle que le nombre des textes qui s'adressent aux situations internationales est autour d'une soixantaine. Voir Ngo, « Plaidoyer pour la codification du droit international privé », 35 ; Ngo, Ly, et Hoang, *Le droit international privé : à la recherche d'un modèle pour le Vietnam*, 166-68 (Annexe 1).

[2] Lalive, « Tendances et méthodes en droit international privé », 49.

[3] Audit et d'Avout, *Droit international privé*, 19. Par exemple, en droit vietnamien, la *Loi sur la gestion du commerce extérieur*, n° 05/2017/QH14 du 12 juin 2017, et la *Loi sur les travailleurs vietnamiens à l'étranger*, n° 72/2006/QH11 du 29 novembre 2006.

est-allemande de 1976 sur les contrats économiques internationaux[1]. Avant le Renouveau, le Vietnam a aussi promulgué un nombre de textes pour régir spécifiquement les rapports privés impliquant les étrangers[2]. Auourd'hui, les textes de ce type n'existent plus, en raison de l'exigence du traitement non discriminatoire entre les nationaux et les étrangers. Néanmoins, de nombreuses règles procédurales continuent à être adoptées pour des situations internationales. De telles règles doivent cependant toujours être considérées comme faisant partie du droit interne, malgré leur objet international. Leur particularité provient seulement du besoin de l'adaptation au contexte international et leur application nécessite toujours un rattachement préalable, c'est-à-dire à la suite d'un raisonnement relevant du DIP[3].

D'aucuns peuvent argumenter que les règles d'application nécessaires, qui sont matérielles, interviennent avant même l'étape du rattachement et que cela justifie l'idée d'étendre le DIP aux règles matérielles. Cependant, nous pouvons toujours regarder le phénomène sous l'angle du rattachement : les règles d'application nécessaires s'appliquent aux situations internationales grâce au rattachement unilatéral à la loi du for, par leur caractère impératif. Autrement dit, l'application de ces règles résulte toujours d'un raisonnement du DIP, que l'on peut dénommer « rattachement impératif ». Cela permet d'expliquer aussi la possibilité de tenir compte des règles étrangères d'application nécessaire (art. 3079 C.c.Q.). De plus, il faut rappeler que le DIP mène vers l'application des règles matérielles impératives, il ne régit pas l'application de ces règles.

Un autre argument en faveur de l'étendue large du DIP concerne le mécanisme d'intervention de l'ordre public. Le professeur P. Lalive partage l'opinion de M. Werner Goldschmidt, pour qui, « [la conception restrictive] ne peut expliquer l'existence de l'ordre public, car l'indication de ce qu'un droit déterminé s'applique à un problème n'enfreint jamais l'ordre public ; entre autres parce que le système de rattachement et l'ordre public appartiennent tous deux au droit national, et que ce qui peut violer l'ordre public, c'est la solution que le droit déclaré applicable donne au problème de fond »[4].

Certes, le raisonnement lié à l'ordre public suppose une application pronostique de la loi étrangère et une comparaison du résultat de cette application avec l'ordre public du for. Cependant, cet argument ne suffit pas pour englober dans le DIP toutes les solutions matérielles du litige. Il serait difficile par exemple d'accepter qu'une loi étrangère fasse aussi partie du DIP d'un pays (le for), seulement parce qu'elle est désignée à s'appliquer.

---

[1] Plusieurs auteurs ont classées ces règles dans le domaine du DIP. Voir, notamment en détail, Overbeck, « Les questions générales du droit international privé à la lumière des codifications et projets récents : cours général de droit international privé », chap. 3.

[2] Par exemple, l'Ordonnance sur le mariage entre les citoyens vietnamiens et les étrangers, nº 28-L/CTN du 2 décembre 1993 (abrogée) ; la Loi sur l'investissement étranger au Vietnam, nº 52-L/CTN du 12 novembre 1996 (abrogée).

[3] Par exemple, en vertu de l'article 3132 C.c.Q., la procédure est régie par la loi du tribunal saisi, tandis que la preuve et la prescription sont régies par la loi qui s'applique au fond du litige (art. 3130 et 3131 C.c.Q.)

[4] Werner Goldschmidt, « Droit international privé latino-américain », *J.D.I.* 100 (1973) : 87.

À notre avis, l'ordre public étant le cadre pour l'application de toute règle de droit, dont le DIP, est donc assez indissociable de lui, sans pour autant nécessairement en faire intrinsèquement partie. Le refus d'appliquer une loi étrangère ou de reconnaître une décision étrangère en raison d'une contrariété à l'ordre public ne fait pas de la procédure un élément constitutif du DIP. Pour aller jusqu'au bout du raisonnement, l'analyse du résultat de l'application du droit étranger ou de la reconnaissance de la décision étrangère sous l'angle de l'ordre public du for appartient plutôt à la science autonome du droit comparé.

Faut-il enfin considérer les règles de droit privé uniformisées au niveau international[1] comme faisant partie du DIP ? Ces règles, issues des efforts d'uniformisation internationale des solutions matérielles du droit privé aux problèmes transnationaux, font partie de ce qu'on peut dénommer « le droit privé international ». Cette opinion a été clairement exprimée dans notre publication en fin 2019 : « Résumons en suggérant que le fait que ces normes régissent des relations mettant en jeu divers ordres juridiques ne les qualifie pas de règles de droit international privé, avec toute la complexité attachée à la discipline. En agençant les mêmes termes autrement, nous proposons plutôt de qualifier ces normes de "droit privé international" »[2].

Les rattachements demeurent toujours nécessaires pour déclencher l'application de ces règles. Par exemple, les dispositions de la *Convention des Nations Unies sur la vente internationale des marchandises* ne s'appliquent que si les parties aux contrats de vente internationale ont leur établissement dans des États différents qui sont parties à la Convention ou si « les règles du droit international privé mènent à l'application de la loi d'un État contractant » (art. 1.1 de la Convention). Un raisonnement préalable relevant du DIP est donc nécessaire pour arriver à l'application de la Convention. Le professeur A. Prujiner a donc tout à fait raison d'affirmer que « le rattachement reste l'opération fondamentale. [Les normes distinctes] pour les relations transnationales au sein d'un ordre juridique [...] qu'elles soient d'origine nationale, internationale ou transnationale, ne peuvent s'appliquer à une situation donnée qu'à la suite d'un rattachement résultant d'une règle de rattachement »[3].

En résumé, une fois que la juridiction compétente et le système de normes sont identifiés par les rattachements, le rôle du DIP doit s'arrêter et le raisonnement passe le relais au droit interne. Il ne joue donc que le rôle de cheminement vers la recherche des solutions au fond du litige. Cette conception doit, selon nous, être adoptée préalablement à la codification vietnamienne, en vue de rendre la tâche du codificateur beaucoup moins lourde et de donner à la codification de meilleures chances de réussite[4].

---

[1] On peut citer, à titre d'exemple, la Convention sur les contrats de vente internationale de marchandises, 11 avril 1980, (1988) 1489 R.T.N.U. 3, en vigueur dans la grande majorité des États.

[2] Guillemard et Ly, *Éléments de droit international privé québécois*, 4.

[3] Prujiner, « Le droit international privé : un droit du rattachement », 167.

[4] Notons toutefois que cette délimitation sert essentiellement à déterminer la portée de la codification du DIP. Nous ne visons pas à imposer une telle conception, par exemple, dans l'enseignement de la matière, où il est possible que plusieurs aspects autres que les rattachements soient étudiés pour offrir aux étudiants une vue d'ensemble sur le DIP, leur permettant de bien l'appliquer en pratique.

En réalité, une partie de la doctrine vietnamienne suit déjà cette voie[1]. La même approche semble également avoir été adoptée par le législateur vietnamien lors de la réforme récente du droit civil. Ce changement de cap s'exprime tout d'abord dans le titre de la partie V du Code civil de 2015, qui précise bien la vocation de cette partie destinée au rattachement normatif – « Loi applicable aux rapports civils comportant un élément d'extranéité », au lieu de « Rapports comportant un élément d'extranéité » dans les plus anciennes versions du Code civil (de 1995 et de 2005). De plus, le codificateur a enlevé de cette partie toutes les règles matérielles, qui existaient dans l'ancien code, et n'a retenu que des règles de rattachement. L'exemple notable concerne la propriété intellectuelle, les règles matérielles du Code civil de 2005[2] étant remplacées par une seule règle de rattachement dans le Code civil de 2015[3].

2.1.2 L'ampleur de la codification

Les codifications nationales de DIP varient en fonction du nombre de matières codifiées et du niveau de détail des dispositions. Il s'agit donc de choisir entre la codification sommaire et la codification détaillée. Certes, plus le code est détaillé, plus le risque de rigidité est grand. Au contraire, la codification des grands principes, qui permet plus de flexibilité, pourrait être limitée en termes d'efficacité et de prévisibilité du droit. Quel modèle sera recommandé pour le Vietnam ? Avant de répondre à cette question, il est intéressant d'étudier l'expérience de certains pays pour comprendre les enjeux du choix.

Codification sommaire et codification détaillée – le choix du Québec

Certains pays ont opté pour une réglementation très détaillée, en divisant les grandes catégories en multiples sous-catégories, alors que d'autres ont préféré une codification sommaire, limitée à l'énoncé des principes du DIP.

Parmi les codifications sommaires, on peut citer la Loi turque de droit international privé[4] avec 48 articles. Elle couvre l'ensemble des questions de DIP, mais la réglementation est assez générale, se limitant à des règles de principe. Les codifications en Asie portent principalement sur le rattachement normatif[5]. Ce

[1] Do et Mai, *Droit international privé vietnamien*. Dans ce traité de DIP, seules les règles de rattachement sont étudiées.

[2] Code civil de 2005, art. 774 : « Les droits d'auteur d'une personne physique ou morale étrangère sur une œuvre publiée et divulguée pour la première fois au Vietnam ou créée et exprimée sous une forme précise au Vietnam, sont protégés conformément à la loi vietnamienne et aux conventions internationales dont la République Socialiste du Vietnam est membre » et art. 775 : « Les droits de propriété industrielle ainsi que les droits sur les obtentions végétales d'une personne physique ou morale étrangère à qui l'État de la République Socialiste du Vietnam a délivré un titre de propriété industrielle ou un titre reconnaissant ses droits, sont protégés conformément à la loi vietnamienne et aux conventions internationales dont la République Socialiste du Vietnam est membre »

[3] Code civil de 2015, art. 679 : « Le droit de propriété intellectuelle est soumis à la loi de l'État où la protection est demandée ».

[4] Loi relative au droit international privé et à la procédure civile internationale, n° 2675 du 20 mai 1982, J.O. n° 17701 (22 mai 1982).

[5] Act of the General Rules of Application of Laws (43 articles) ; Conflict of Laws Act (62 articles) ; Law of the People's Republic of China on the Laws Applicable to Foreign-related Civil Relations (52 articles). Le texte coréen ne comporte qu'un seul article sur la compétence internationale (art. 2).

type de codification a l'avantage d'assurer une grande flexibilité, mais il constitue un inconvénient si l'application n'atteint pas un certain degré de cohérence, ou encore si elle est abusive. L'exemple de l'ancien droit international privé québécois a montré que la réglementation sommaire nuisait à son bon fonctionnement.

La codification détaillée est devenue la tendance dans le domaine du droit international privé. Des exemples de ce groupe sont la *Loi fédérale de droit international privé* (Suisse) avec 200 articles[1], le *Code de droit international privé* (Belgique) avec 140 articles[2], la *Loi sur le droit international privé* (Monténégro) avec 169 articles[3]. Le caractère commun de ces codifications est la l'exhaustivité des domaines couverts, mais surtout le niveau de détails dans les réglementations. En effet, en plus des dispositions qui énoncent les principes généraux de rattachement, déjà très détaillées, il y a, pour chaque sous-catégorie de rapports privés, des règles spéciales de rattachement à la fois normatif et juridictionnel, comme c'est le cas dans les textes suisse et belge. Ce type de législation permet surtout une application cohérente du DIP et facilite considérablement le travail des tribunaux. Il présente par contre un risque de rigidité pour lequel le codificateur devrait prévoir des solutions.

Au Québec, la préférence pour la codification détaillée a été exprimée dès la rédaction du projet du futur Livre sur le DIP. En effet, dans leurs commentaires de l'avant-projet, les auteurs J. Talpis et G. Goldstein ont trouvé que le texte devrait dépasser « le simple énoncé de principes », qui « ne suffit pas à régler les nombreuses situations conflictuelles »[4]. Ils ajoutent que « la tendance constante [...] est à la multiplication des catégories de rattachement », ce qui est motivé par « la complexité croissante des relations internationales » et que « l'Avant-Projet actuel est remarquablement bien équipé pour écarter [des inquiétudes sur le risque de rigidité] »[5].

Le codificateur québécois a finalement choisi une codification plutôt détaillée. En donnant une place prioritaire à la codification des principes généraux de droit international privé, un bon nombre de dispositions particulières sont introduites pour accompagner, dans la mesure du possible, les dispositions générales. Les professeurs J. Talpis et J.-G. Castel ont mis en exergue l'intention du législateur : « Le nombre relativement élevé des règles contenues dans la partie du Code civil consacré au droit international privé montre que le législateur a adopté une position intermédiaire entre une codification très détaillée destinée à résoudre pratiquement tous les problèmes susceptibles de se présenter et une codification de caractère plus général, n'indiquant que les solutions de principe »[6].

---

[1] Loi fédérale du 18 décembre 1987 sur le droit international privé.

[2] Loi du 16 juillet 2004 portant le Code de droit international privé, nº 2004-07-16/31 (état le 4 avril 2019) (Belgique), consulté le 20 octobre 2020.

[3] Loi sur le droit international privé, J.O. n° 1/2014 (9 janvier 2014).

[4] Talpis et Goldstein, « Analyse critique de l'avant-projet de la loi du Québec en droit international privé », 300.

[5] *Id.*

[6] Talpis et Castel, « Le Code civil du Québec. Interprétation des règles du droit international privé », 810.

L'exemple du Québec montre qu'une codification détaillée du droit international privé correspond bien aux tendances modernes et ne présente pas de danger grâce à une combinaison harmonieuse de rigueur, de complétude et de souplesse.

L'ampleur de la codification du droit international privé vietnamien

Vu la complexité des situations internationales, une codification détaillée visant le maximum des problèmes connus correspondrait bien aux besoins de la pratique. Dès les années 1980, le professeur A. Overbeck a fait une description illustrée de l'ampleur du problème :

> Il semblerait que les juges connaissent les principes de leur droit international privé. Ils savent si leur pays soumet les relations de famille à la loi nationale ou à la loi du domicile, ou si l'autonomie de la volonté est reconnue. Mais que doivent-ils faire si les époux ont des nationalités différentes, alors que la règle de conflit prévoit la loi nationale commune, si une partie abuse de l'autonomie en imposant une clause préétablie à un partenaire peu expérimenté, si on leur demande de reconnaître une adoption faite dans un pays lointain[1] ?

L'auteur conclue sur la nécessité des règles plus diversifiées « pour guider le juge », qui « est rarement un spécialiste du droit international privé et c'est beaucoup lui demander que de rechercher des réponses de la doctrine et de la jurisprudence qui, au surcroît, seront souvent contradictoires »[2].

On n'oublie pas que le nombre limité de règles de rattachement dans le *Code civil du Bas-Canada* avait conduit à un développement très hétérogène de la jurisprudence, d'où la nécessité de la codification du DIP québécois. La Suisse avait connu la même situation avant la codification de 1987. Les codificateurs suisses et québécois ont dû être conscients de ce problème, qui a sans doute influencé leur choix de codification détaillée. Dans son message en appui au projet de la *Loi de droit international privé*, le comité de rédaction suisse a ainsi motivé sa préférence pour la diversité des solutions :

> Pour que la codification amène une plus grande sécurité du droit, il est nécessaire que sa diversité tienne mieux compte de la réalité. Les nouvelles dispositions ont apporté des réponses satisfaisantes à des questions particulières typiques. Il y a lieu de créer une règle de conflit adéquate dans les situations juridiques typiques pour lesquelles un principe général ne suffit pas. Cela conduit à analyser à fond chaque cas particulier et à approfondir les analyses de droit comparé[3].

Une codification détaillée est fortement suggérée pour le DIP vietnamien, compte tenu de son état actuel, mais aussi de ses perspectives. De nombreuses

---

[1] Overbeck, « Les questions générales du droit international privé à la lumière des codifications et projets récents : cours général de droit international privé », 46.
[2] *Id.*
[3] Suisse, Conseil fédéral, « Message concernant une loi fédérale sur le droit international privé (loi de DIP) du 10 novembre 1982 », 277.

solutions sont déjà bien établies et améliorées au fur et à mesure des réformes. Ces parcelles, qui se trouvent pour le moment dispersées dans des textes juridiques différents, constituent la base importante d'un code détaillé. La même observation a été faite par l'auteur P. Glenn en étudiant les projets de codification de la Suisse, de l'Autriche et du Québec : « Il existe certes de bonnes raisons pour le caractère détaillé de ces textes. On sait que le droit international privé des trois juridictions a été particulièrement fragmenté. La codification extensive permet de faire la collecte des textes préexistants, d'aller au-delà d'une jurisprudence hésitante ou inexistante dans certains domaines, et de créer une structure harmonieuse »[1].

De plus, étant donné que la législation demeure la source presque exclusive du droit vietnamien, tandis que la jurisprudence joue encore un rôle très passif dans l'évolution du DIP en particulier[2], plus le code est détaillé, plus la prévisibilité sera assurée.

2.1.3 Les sources et les frontières de la codification

Font aussi partie des considérations sur la portée de la codification la détermination des sources retenues, question située en amont du processus, et, en aval, le rapport entre le code ainsi modelé et les autres éléments du système juridique.

Les sources de la codification

Par « sources de la codification », on entend désigner toutes les sources – normatives, coutumières, juridictionnelles ou doctrinales – auxquelles le législateur peut recourir pour achever son œuvre de codification. Ces sources comprennent à la fois les sources directes et les sources d'inspiration.

La codification du DIP peut se baser sur des sources différentes. L'importance de l'une par rapport à l'autre varie selon les pays, en fonction de leur tradition, de leur histoire et de leur évolution juridique. On observe, parmi les sources les plus importantes de la codification suisse, la législation, dispersée partout dans le système, et les normes conventionnelles[3] auxquelles la Loi de 1987 renvoie régulièrement. Le code belge, quant à lui, codifie non seulement la jurisprudence « qui a vécu les grandes questions du droit des conflits de lois », mais incorpore aussi de nombreuses solutions de rattachement européennes dans le contexte « où l'emprise du droit de l'Union européenne sur le droit international privé se fait pressante »[4].

---

[1] Glenn, « Réflexions sur la codification du droit international privé au Québec et en Europe », 233.

[2] Voir nos propos sur l'inefficacité pratique du DIP vietnamien, *supra*, chapitre I, 1.1 « Les problèmes au niveau national ».

[3] Suisse, Conseil fédéral, « Message concernant une loi fédérale sur le droit international privé (loi de DIP) du 10 novembre 1982 », 257-63.

[4] Marc Fallon, « La Loi belge de droit international privé, pour un bicentenaire », in *Travaux du Comité français de droit international privé. Années 2004-2005* (Paris : A. Pedone, 2008), 89. Le professeur Marc Fallon, de l'Université catholique de Louvain, est un des membres du Groupe belge de DIP chargé de la rédaction du projet du Code de droit international privé de la Belgique.

Au Québec, la législation antérieure à la codification étant assez modeste, le DIP a évolué principalement par la voie jurisprudentielle et doctrinale. Il s'agissait donc des deux sources importantes de la codification québécoise[1].

Par ailleurs, nombre de règles de rattachement, adoptées dans diverses lois statutaires pour répondre aux besoins de la pratique, sont codifiées à l'aide d'une combinaison avec des modifications nécessaires, en tenant compte du partage des pouvoirs avec le gouvernement fédéral.

Les traités internationaux et les lois nationales de DIP ont été des sources d'inspiration très importantes pour la codification du Québéc[2]. Malgré la participation encore modeste du Canada aux conventions internationales de droit international privé au moment de la codification, le législateur québécois n'a pas hésité à consulter largement les dispositions de différentes conventions pour teinter ses solutions de couleurs modernes et harmonieuses. Parmi les codifications nationales étrangères, la loi suisse de 1987 a été la source d'inspiration principale, pour environ 30% des dispositions du Livre X C.c.Q. Le codificateur québécois a aussi consulté plusieurs autres législations étrangères, telles que les codes civils du Chili, de l'Équateur et de la Colombie, les lois belges et françaises, ainsi que le DIP hongrois, pour construire des solutions flexibles au rattachement normatif lié à la succession (art. 3100 C.c.Q.) et à la qualification d'un problème juridique (art. 3078 C.c.Q.)[3].

Au Vietnam, le droit écrit joue toujours le rôle principal, sinon exclusif, dans le système juridique. Dans le domaine du DIP, la jurisprudence n'existe presque pas et la doctrine n'a qu'une influence modeste sur le législateur. Ainsi, les règles de rattachement actuellement dispersées dans différents textes doivent constituer la source principale de la codification. Pour ce faire, un travail de compilation devra être effectué préalablement à la rédaction du code de DIP.

Il est important, à notre avis, que la doctrine joue un rôle plus actif en tant que source de référence pour la codification. Les débats doctrinaux, les études approfondies sur différents aspects du DIP, surtout celles portant sur les expériences et solutions étrangères, contribuent largement à la réflexion du législateur et permettent d'étayer les propositions de solutions codifiées.

Par ailleurs, les textes internationaux et étrangers, qui étaient toujours des sources d'inspiration importante pour la codification du droit vietnamien, doivent continuer à l'être pour celle du DIP. La consultation de ces sources, comme nous l'avons bien souligné, permettrait au Vietnam de se construire des solutions efficaces et harmonieuses, tout en économisant temps et argent. La récente participation du Vietnam à la Conférence de La Haye lui offre également

---

[1] Groffier, *La réforme du droit international privé québécois, supplément au Précis de droit international privé québécois*, 2 : « De nombreuses règles constituent une codification de la jurisprudence tandis que d'autres reflètent une jurisprudence minoritaire comme celle qui a appliqué le principe du forum non conveniens [...], ou celle qui a rejeté la règle de la common law en matière de responsabilité civile ».

[2] Québec, Office de révision du Code civil, *Rapport sur le Code civil du Québec*, 1978, Vol. II, t. 2 « Livres 5 à 9 – Commentaires » : 976.

[3] Voir : Ministère de la Justice du Québec, *Code civil du Québec. Commentaires du ministre de la Justice.*

l'opportunité de tirer profit des efforts internationaux en vue d'uniformiser les solutions et les concepts du DIP.

Les frontières de la codification

Nous avons souligné l'importance d'assurer la cohérence entre le code et ses alentours. À cette fin, le codificateur devra bien déterminer la position du nouveau code dans le système juridique. De plus, dans le cas du Vietnam, où les traités internationaux constituent une source directe du droit, il sera nécessaire de les prendre en considération dans la codification en précisant le rapport entre le nouveau code et les normes conventionnelles.

Le code de droit international privé et les normes internes

Un des avantages de la codification est la réduction du risque de conflit entre les textes juridiques grâce à l'effet de systématisation, les normes dispersées étant regroupées dans un corps unique et ordonné. Ainsi, l'avènement d'un code de DIP complet libèrera en grande partie du souci de gérer le rapport entre les règles de rattachement actuellement éparses.

Il reste cependant la question du rapport entre le code en question et les autres actes normatifs dans le système juridique[1].

De prime abord, une conception limitant le du DIP aux seules règles de rattachement contribue sans aucun doute à éviter au maximum le risque de confrontation avec les autres règles – matérielles – du droit interne. En réalité, la vraie question se pose plutôt sur l'ordre d'application de ces règles dans une situation internationale. Ainsi, lorsqu'un rapport juridique comporte un élément d'extranéité, les règles de rattachement devront-elles être appliquées en priorité, parce qu'elles ont été particulièrement conçues pour de telles situations ? En réalité, la réponse n'est pas toujours si simple. La question de l'autorité de la règle de rattachement demeure en effet ambiguë et traitée différemment d'un pays à l'autre.

Comme nous allons le démontrer, dans le troisième chapitre, pour renforcer l'autorité de la règle de rattachement, il sera utile d'introduire une disposition imposant l'application d'office de telle règle par le juge, dès que l'affaire comportera un élément d'extranéité. Cela permettra de renforcer non seulement la prévisibilité, mais aussi l'efficacité du DIP, conformément à l'esprit d'ouverture internationale que le Vietnam a adopté.

En plus de l'insertion d'une disposition précisant l'application prioritaire de ses règles, le code peut faire des renvois aux autres règles du droit interne, par

[1] Il faut faire un petit rappel étymologique. Au Vietnam, pas d'hésitation possible, le code est un acte normatif, classé au même rang que les lois : Loi sur la promulgation des actes normatifs, art. 4 « le système des actes normatifs » (voir l'annexe 2). Cette conception est différent de celles d'autres pays de la famille de droit civiliste, où le code est défini comme « un ensemble systématique de règles de portée générale ayant force de loi », selon Jean Gaudemet, « Codes, collections, compilations. Les leçons de l'histoire de Grégorius à Jean Chappuis », *Droits* 24 (1996) : 4. Ainsi, selon une auteure, « le code [qui regroupe différentes composantes de niveaux normatifs différents] n'est pas un acte normatif en lui-même » (Zaradny, « Codification et État de droit », 494). Que le code soit un acte normatif ou un ensemble systématique d'actes normatifs de niveaux différents, il est possible de déterminer sa place dans la hiérarchie des normes.

exemple, celles sur la détermination de la nationalité, du domicile ou de la résidence d'une personne, aspects ne relevant pas vraiment au DIP, mais ayant des impacts sur lui[1]. Le renvoi peut aussi être fait aux formalités et procédures réservées aux relations comportant un élément d'extranéité. Ces renvois assurent la coordination entre le code de DIP et les autres textes de droit interne concernés.

Le code de droit international privé et les normes internationales

Au Québec, les traités ne produisent pas d'effets directs dans le système juridique interne, seules les normes internationales acceptées et introduites par une loi d'incorporation pouvant y avoir une certaine place[2]. Même dans ce cas, la reproduction des normes internationales en annexe de la loi d'incorporation ne leur donne pas force de loi[3], c'est la loi elle-même qui prévaut. Le rapport entre le code de DIP et les normes internationales ne se pose pas au Québec. D'ailleurs, la disposition relative à ce rapport prévue dans le projet de codification de 1977 n'a pas été reprise dans le projet final du *Code civil du Québec*[4].

Au contraire, les normes internationales occupent une place importante au Vietnam. La *Loi sur les traités internationaux*[5] reconnaît explicitement leur effet direct dans le système normatif : « En cas de différence entre un texte normatif interne et un traité international auquel le Vietnam est partie sur la même question, la disposition du traité sera appliquée, exception faite à la Constitution ».

Par ailleurs, la primauté des normes conventionnelles sur les lois et les actes normatifs inférieurs est affirmée dans chaque loi. Le DIP n'échappe pas à ce principe. En vertu de l'article 665 (2) du Code civil, les règles de droit applicable dans ce code et dans les autres lois sont soumises, en cas de conflit, aux traités en vigueur au Vietnam.

En ce qui concerne l'application des normes conventionnelles au Vietnam, la *Loi sur les traités internationaux* prévoit deux situations : (1) lorsque le traité peut s'appliquer directement, aucun autre acte législatif ne sera alors nécessaire ; et (2) lorsque le traité ne peut s'appliquer directement, il faut adopter des textes de mise en œuvre. Toutefois, aucun critère n'est prévu pour déterminer la possibilité d'application immédiate d'un traité international. Ce sont les autorités chargées de la conclusion et la ratification du traité qui doivent tenir compte de cette nécessité pour proposer l'application directe ou l'adoption des textes de mise en œuvre (art. 6 (2)). Dans la deuxième situation, se pose la question de savoir comment il faut traiter le rapport entre les textes de mise en œuvre du traité international et les autres textes de droit interne. Peut-on déduire du principe de

---

[1] Il faut noter par ailleurs que certains pays ont pu éviter ce problème en incluant des définitions de nationalité, de domicile ou de résidence propres au DIP. Tel est le cas de la Loi suisse de 1987 et du Code belge de 2003. Voir nos développements dans le dernier chapitre.

[2] Scherrer, « La pratique québécoise en matière de traités, accords et autres instruments internationaux », 126 et 127.

[3] Verdon, « Le Canada et l'unification internationale du droit privé », 30.

[4] L'article 1 al. 2 du projet du Livre sur le droit international privé prévoyait : « Les règles du droit international privé s'appliquent sous réserve des traités en vigueur ». Cette disposition ne correspond pas à la conception dualiste canadienne du rapport entre les normes internationales et l'ordre juridique national.

[5] « Loi sur les traités internationaux », n° 108/2016/QH13 du 9 avril 2016, art. 6 (1).

primauté des traités internationaux pour leur accorder une place supérieure aux textes de mise en œuvre ? La réponse ne se trouve pas de manière concluante dans la législation en vigueur.

À première vue, l'incorporation des normes internationales dans le futur code n'est pas du tout conseillée, voire impossible[1], en raison de la quantité volumineuse et la difficile harmonisation des sources internationales et des normes internes. Une disposition qui répèterait la primauté des normes internationales reste fortement recommandée, par exemple : « Les dispositions du présent code s'appliquent sous réserve des traités internationaux du Vietnam et des textes de mise en œuvre ». Outre cette disposition générale, il serait utile de faire des renvois réguliers aux dispositions conventionnelles si cela s'avère nécessaire, comme dans l'exemple de la codification du DIP suisse[2]. Ces renvois sont nécessaires, car ils rappellent de l'existence des traités internationaux qui lient le Vietnam, et auxquels il faut accorder la priorité en cas de conflit avec le code. L'incorporation de nouvelles normes internationales dans le code, quant à elle, devrait être effectuée avec prudence afin de ne pas briser l'unité de la codification, tout en permettant son adaptation à l'évolution des circonstances.

2.2 La structure de la codification

Après avoir déterminé sa portée, il faudra opter pour la structure de la codification. Avant d'étudier l'organisation des dispositions au sein du code, il est nécessaire de nous interroger sur son emplacement dans le système.

2.2.1 Le code de droit international privé au sein de l'ordonnancement normatif

Concernant cette « structure externe de la codification »[3] en DIP, la distinction est souvent faite entre les codifications autonomes[4] et les codifications intégrées[5]. L'expérience du Québec est un peu particulière car, intégré dans le Code civil, le Livre X est sans aucun doute une codification autonome et complète du DIP. Le modèle québécois serait-il une bonne suggestion pour le Vietnam ? Sinon, quelle lui sera la meilleure solution ?

---

[1] Lecuyer, « La codification du droit international privé », 71.

[2] Art. 11a (4), 24, 49, 83 (1), 85, 93, 108a, 108c, 118, 134, 149a, 149c, etc., qui renvoient à différentes Conventions de La Haye (relatives à la procédure civile, à la loi applicable aux obligations alimentaires, aux rattachements en matière de responsabilité parentale et la protection des enfants, à la protection internationale des adultes, à la loi applicable à la forme du testament, à la loi applicable aux titres intermédiés…) et certaines Conventions des Nations Unies concernant les apatrides, la reconnaissance et l'exécution des sentences arbitrales étrangères, etc.

[3] Expression empruntée de Mme Bodénès-Constantin, *La codification du droit international privé français*, 309.

[4] Vasilakakēs, *Orientations méthodologiques dans les codifications récentes du droit international privé en Europe*, 9 : « Une codification autonome, c'est-à-dire un ensemble législatif consacré à la réglementation des relations privées internationales, se caractérise par le fait qu'elle a sa propre cohérence ; il s'ensuit qu'elle doit faire l'objet d'un texte législatif indépendant ».

[5] Vasilakakēs, 8. Considérée comme l'opposée de la codification autonome, la codification intégrée du DIP consiste en « une élaboration des règles isolées qui seraient en quelque sorte annexe des dispositions de droit interne »

__Différentes options__

Selon l'étude empirique du professeur S. Symeonides, 36 sur 86 codifications nationales enregistrées entre les années 1960 et les années 1990 sont des codifications autonomes, c'est-à-dire qui ont donné naissance à des textes indépendants (codes ou lois de droit international privé). La proportion alors observée de codifications autonomes (41%) et de codifications intégrées (59%) montre que les États n'ont pas une nette préférence pour l'un ou l'autre mode d'emplacement du code de DIP. Chaque option présente des avantages et des inconvéniens.

Codification intégrée

La codification intégrée est le premier modèle adopté par les États pour le DIP. En Europe, jusqu'au début du XXe siècle, les premières règles de DIP codifiées étaient principalement placées dans le Code civil. À cette époque, « l'intérêt principal du législateur se portait sur l'élaboration des règles de droit interne »[1].

Bien que la tendance ait beaucoup changé par la suite, le modèle de codification intégrée continue à être adopté dans un grand nombre de pays, et ce, non seulement en Europe. Pour certains auteurs, l'emplacement du DIP dans une partie ou un livre du Code civil porte une signification symbolique, présentant une « occasion de redonner un nouveau souffle de vie au Code civil »[2]. Pour la plupart des autres, cependant, la codification du DIP dans le cadre du Code civil est une simple question pratique. Les premières règles régissant les relations civiles comportant un élément d'extranéité sont depuis toujours codifiées dans le Code civil. Il est donc naturel de procéder aux réformes de ces règles dans leur emplacement traditionnel.

Ce type de codification dite « intégrée » va vite présenter des inconvénients, face au développement des différentes branches de droit interne et à la diversification des relations privées transnationales, qui échappent de plus en plus à la portée du Code civil. Cela est d'autant plus vrai dans les pays du système de droit socialiste, où le droit familial et le droit commercial sont séparés du droit civil. Ainsi, la conception restrictive du droit civil dans ces pays a conduit, dès les années 1960, à la rapide reconnaissance du caractère autonome du DIP et à

[1] Vasilakakēs, paragr. 10.
[2] Bodénès-Constantin, *La codification du droit international privé français*, 310.

l'adoption de codifications autonomes[1]. On peut citer, à titre d'exemples, la Tchécoslovaquie en 1963[2], la Pologne en 1965[3], l'Autriche en 1978[4], la Hongrie en 1979[5], la Turquie[6] et la Yougoslavie en 1982[7].

La plupart des codifications intégrées sont partielles, caractérisées par l'emplacement des règles de rattachement dans plusieurs textes juridiques différents, tels que le Code civil, la loi sur la famille et la loi commerciale, etc. Le DIP vietnamien actuel peut être classé dans ce groupe, supposant qu'on accepte la notion de « codification partielle ».

Codification autonome

Pour rappel, une codification autonome du DIP peut être définie comme « un ensemble législatif consacré à la réglementation des relations privées internationales [qui] se caractérise par le fait qu'elle a sa propre cohérence »[8].

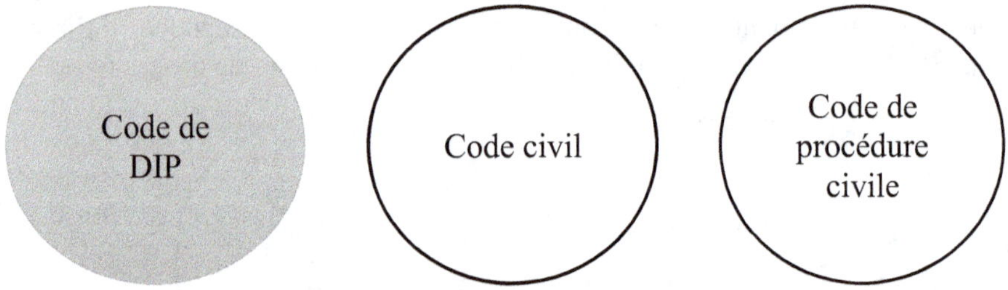

Les codifications autonomes ne sont pas rares, comme le montrent les statistiques dans l'ouvrage du professeur S. Symeonides. L'autonomie n'équivaut pas néanmoins à la complétude. Dans plusieurs pays[9], la codification couvre les trois piliers du DIP, à savoir la compétence internationale, la loi applicable et la reconnaissance des décisions étrangères. Ailleurs, il y a aussi des codifications qui ne sont que « partielles ». Tel est le cas des pays d'Asie de l'Est, qui ont choisi

[1] Vasilakakēs, *Orientations méthodologiques dans les codifications récentes du droit international privé en Europe*, paragr. 18.

[2] *Loi n° 97 de 1963 sur le droit international privé et la procédure*, en vigueur en avril 1964. Après la scission du pays, cette loi demeure en vigueur en Slovaquie et est modifiée plusieurs fois. Elle était aussi en vigueur en République Tchèque jusqu'au 1er juillet 2014, puis remplacée par la nouvelle codification (*Loi n° 91 du 25 janvier 2012 sur le droit international privé*).

[3] *Loi du 12 novembre 1965 sur le droit international privé*, en vigueur le 1er juillet 1966. Cette codification a été remplacée par la nouvelle codification en 2011 (*Loi du 4 février 2011 du droit international privé*).

[4] Loi du 15 juin 1978 sur le droit international privé, BGBl I 1978, p. 304.

[5] Décret-Loi n° 13 de 1979 sur le droit international privé.

[6] Loi relative au droit international privé et à la procédure civile internationale, n° 2675 du 20 mai 1982, J.O. n° 17701, 22 mai 1982.

[7] *Loi du 15 juillet 1982 concernant la résolution des conflits de lois avec les autres pays dans certains domaines*, J.O. n° 43/1982, en vigueur le 1er juillet 1983. Cette codification demeure en vigueur en Bosnie-Herzégovine, Croatie, Monténégro et Serbie, avec des modifications légères.

[8] Vasilakakēs, *Orientations méthodologiques dans les codifications récentes du droit international privé en Europe*, paragr. 10.

[9] Par exemple, la Suisse, la Belgique, l'Italie, la Turquie, les pays de l'Europe de l'Est, certains pays de l'Amérique latine et de l'Afrique du Nord – le Vénézuéla et la Tunisie.

de se concentrer sur la question de la loi applicable (Chine, Thaïlande, Corée du Sud, Japon, Taiwan)[1].

Parmi les codifications autonomes, la *Loi fédérale de droit international privé* (Suisse) adoptée en 1987 est exemplaire. En réalité, certaines codifications de ce type avaient été achevées antérieurement, par exemple, en Autriche (1978 – 54 articles), en Hongrie (1979 – 75 articles), en Yougoslavie (1982 – 109 articles) et en Turquie (1982 – 48 articles). Toutefois, la codification suisse est devenue la source d'inspiration pour plusieurs pays, dont le Québec, en raison de sa complétude et sa modernité incomparables[2]. Surtout en Europe, la codification autonome et complète du DIP est devenue la tendance majeure[3].

La codification autonome présente plusieurs avantages par rapport à la codification intégrée. Tout d'abord, elle permet d'éviter le grand défaut de la dernière, celui de la portée limitée des règles à codifier. En effet, selon N. Vasilakakēs,

> [l]'insertion des dispositions de droit international privé dans un texte indépendant constitue le prolongement de l'idée selon laquelle il faut systématiser ces règles. En revanche, l'admission parcellaire de telles règles implique une certaine réticence en ce qui concerne l'opportunité de l'intervention législative : celle-ci n'a qu'une portée restreinte puisqu'elle affecte des rapports de droit bien déterminés[4].

L'auteur conclue : « L'autonomie législative est donc la conséquence de ce que le droit international privé constitue une branche autonome du droit »[5]. Codifier le DIP dans un texte indépendant, « [c]'est reconnaître son autonomie face au droit interne »[6].

Certains auteurs voient aussi dans la codification autonome un avantage lié à l'organisation. Ainsi, selon M. Yvon Loussouarn, à propos d'un projet de codification du DIP français, « l'élaboration d'un Code indépendant a toutes les chances d'être confiée à une commission d'internationalistes, ce qui n'est pas

---

[1] Law of the People's Republic of China on the Laws Applicable to Foreign-related Civil Relations ; Conflict of Laws Act, B.E. 2481 (1938) (Thaïlande) ; Conflict of Laws Act, amended by Law n° 6465 (2001) (Corée du Sud) ; Act of the General Rules of Application of Laws, Law n° 10 of 1898 (as newly titled and amended 21 June 2006) (Japon) ; Act Governing the Application of Laws in Civil Matters Involving Foreign Elements, 26 mai 2010 (Taiwan), en vigueur le 26 mai 2011. Sauf la Chine et Taiwan dont les lois sont récentes (2010), les trois autres pays maintiennent des textes anciens, avec des réformes dans le cas du Japon et de la Corée du Sud. La Loi coréenne est exceptionnelle, car elle contient une disposition brève sur la compétence internationale (art. 2).

[2] Parmi les codifications autonomes inspirées de la codification suisse, on peut citer celles de l'Italie en 1995, de la Belgique en 2004, de la Bulgarie en 2005, de l'Ukraine et de l'Albanie en 2011, et de la Macédoine en 2007. Voir Kadner Graziano, « Codifying European Union private international law », 591.

[3] Kadner Graziano, 591-92. Ces dernières décennies, la majorité des États européens ont opté pour la codification à la suisse.

[4] Vasilakakēs, *Orientations méthodologiques dans les codifications récentes du droit international privé en Europe*, paragr. 9 et 10.

[5] *Id.*

[6] Bodénès-Constantin, *La codification du droit international privé français*, 311.

toujours le cas lorsqu'elle est à la remorque d'une réforme du Code civil »[1]. La qualité et le professionnalisme des rédacteurs du code contribuant largement à sa réussite, cette chance serait donc plus grande avec la codification autonome.

Enfin, la codification autonome conviendrait mieux à la codification détaillée que nous avons suggérée précédemment pour le DIP vietnamien.

Le choix particulier du Québec

Le DIP codifié au Québec est un des rares cas de codification d'apparence intégrée, mais qui se distingue par son caractère autonome en substance. Codification intégrée, d'une part, parce que les travaux ont été mis en place dans le cadre de la recodification du droit civil, d'où l'emplacement des règles de DIP dans le *Code civil du Québec*. Codification autonome, d'autre part, parce que malgré son emplacement dans le *Code civil du Québec*, le Livre X constitue un corps complet de règles régissant les trois piliers du droit international privé. Il serait ainsi peut-être étonnant qu'un code civil comporte les règles portant sur la compétence et la reconnaissance des jugements étrangers, traditionnellement considérées comme faisant partie de la procédure.

Au contraire, cette intégration dans le *Code civil du Québec* a des conséquences pratiques. À titre d'exemple, le Comité de révision de la procédure civile a relevé, en l'an 2000, les problèmes d'application judiciaire des règles de compétence internationale lorsque toutes les dispositions régissant les situations internationales ne sont pas incluses dans le Livre X du *Code civil du Québec*, mais dans des textes différents : « L'agencement actuel des dispositions applicables aux litiges de droit international privé ne favorise aucunement la transparence ni l'atteinte des objectifs d'accessibilité du droit. [S]i ce sont les règles de portée générale prévues au Livre X du *Code civil* qui permettent d'établir la compétence, quelques jugements s'appuient encore sur les articles 68 à 75 du *Code de procédure civile* pour asseoir la compétence internationale des tribunaux du Québec »[2].

On constate donc que malgré l'existence du Livre X comme résultat de la codification complète du DIP, plusieurs règles de rattachement continuent à être placées hors du « code ». C'est le cas des règles relatives à la reconnaissance et à l'exécution des sentences arbitrales étrangères, qui demeurent dans le *Code de procédure civile*. L'emplacement du DIP dans le Code civil a sans doute empêché l'inclusion de ces règles, pourtant considérées par plusieurs pays comme faisant partie du DIP.

Dans certains cas, les tribunaux québécois continuent à appliquer des règles internes aux situations internationales, en les interprétant de manière à en élargir la portée. En illustration, dans la récente affaire *Ferretti Art Establishment et Chiassi*, la Cour supérieure du Québec s'est basée sur l'article 613 C.c.Q., qui prévoit que la succession s'ouvre au dernier domicile du défunt, pour conclure

[1] Yvon Loussouarn, « Les vicissitudes de la codification du droit international privé », in *E Pluribus Unum, Liber Amicorum Georges A L Droz – Sur l'unification progressive du droit international privé*, éd. par Alegría Borrás et al. (La Haye : Martinus Nijhoff, 1996), 196.

[2] Québec, Comité de révision de la procédure civile, *La révision de la procédure civile : document de consultation* (Québec : Ministère de la Justice, 2000), 113 et 114.

que la succession internationale en question est régie par la loi de ce lieu[1]. Ce recours à une règle de droit interne pour une situation internationale peut surprendre, car le Livre X offre clairement des solutions de rattachement normatif pour les successions comportant des éléments d'extranéité[2].

L'emplacement du futur code de droit international privé vietnamien

Si la codification du DIP québécois a pu être quasi-complète, c'est grâce à la large portée du *Code civil du Québec*. Ce n'est pas le cas pour le Vietnam, où le droit civil, d'inspiration socialiste, est d'une portée plus limitée. Cela explique pourquoi la partie V du Code civil en vigueur ne codifie que des règles de rattachement normatif, qui, de plus, ne peuvent s'étendre au-delà des domaines du Code. Il serait plus logique que le rattachement relatif aux relations familiales demeure sous l'autorité de la *Loi sur le mariage et la famille* plutôt que de celle du Code civil. De même pour les relations commerciales internationales, qui sont mieux régies par la *Loi sur le commerce*. Par conséquent, une codification intégrée ne conviendrait pas à l'objectif de codification globale du DIP vietnamien.

Par ailleurs, compte tenu des conditions actuelles du Vietnam, la codification autonome présente plusieurs avantages. Premièrement, une telle codification permet d'atteindre un certain niveau de spécialisation dans l'organisation de la codification. En particulier, elle permettrait la constitution d'une commission de codification réunissant des experts en DIP, un atout pour le succès de cette entreprise. Deuxièmement, un code autonome faciliterait les modifications dans l'avenir, et, au besoin, une éventuelle recodification, sans devoir être à la remorque d'un texte dont il est dépendant. Finalement, l'option en faveur de la codification autonome coïncide bien avec la volonté politique : cette idée a été bien accueillie par le Gouvernement et est censée d'être bientôt incluse dans le programme législatif[3].

2.2.2 La structure interne de la codification

Parler de la structure interne de la codification, c'est réfléchir à l'agencement des différentes dispositions au sein du futur code. Autrement dit, il s'agit de décider comment organiser le plan du code de DIP. L'analyse de différents modèles nationaux d'organisation d'un code inspirera le choix pour le Vietnam.

Deux modes de structuration du code

Il existe actuellement, pour ne parler que de la codification détaillée recommandée pour le Vietnam, deux modes d'organisation des dispositions du code. Il s'agit, d'une part, du plan organisé en fonction des grands pans du DIP, et d'autre part, celui en fonction des catégories juridiques. La *Loi fédérale de droit international privé* (Suisse) et le *Code de droit international privé* (Belgique), notamment, représentent le deuxième mode d'organisation, tandis que le Livre X

---

[1] Ferretti Art Establishment et Chiassi, 2016 QCCS 3470 paragr. 23 et suiv.

[2] Art. 3098 al. 1 C.c.Q. : « Les successions portant sur des meubles sont régies par la loi du dernier domicile du défunt ; celles portant sur des immeubles sont régies par la loi du lieu de leur situation ».

[3] Voir *supra* le chapitre I, 3 « L'opportunité de la codification du droit international privé ».

du *Code civil du Québec* est typique du premier, qui est aussi celui adopté par la plupart des pays. Chaque modèle contient ses propres avantages et inconvénients.

Le plan axé sur les grands pans du droit international privé – modèle québécois

Ce plan est très classique. Il commence par des dispositions générales énonçant des principes généralement applicables. Viennent ensuite les règles réunies dans différents titres correspondant aux trois pilliers du DIP : la compétence internationale, la loi applicable et l'effet des décisions étrangères.

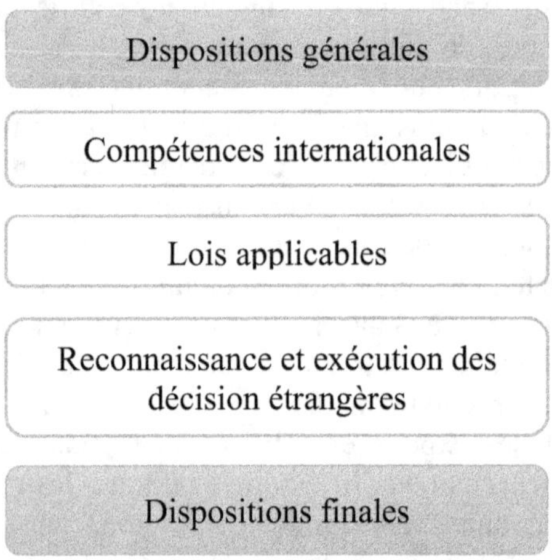

Le Québec a opté pour ce plan, bien que la loi suisse ait servi de modèle tout au long de la deuxième moitié du processus. Le plan du Livre X manque donc d'originalité, mais ce choix est justifié. Une division tripartite comme celle de la loi suisse rendrait le texte trop long, car il faut prévoir, pour chaque sous-catégorie de question, tous les trois volets de DIP. Cela ne convient pas à un Livre du Code civil. Sa longueur ne peut en effet être en déséquilibre avec le reste du Code.

L'aménagement du Livre X montre quand même les efforts du législateur d'atteindre une certaine harmonie entre le désir de se doter d'une réglementation détaillée et les contraintes de dimension du texte. En d'autres termes, le plan actuel du Livre X convient parfaitement à son contexte. Ainsi, après le premier titre, qui énonce les dispositions générales encadrant tous les types de rattachement, les trois titres qui suivent traitent des trois volets du DIP. Chaque titre est organisé selon le même plan, allant des règles générales aux règles spéciales conçues pour des sous-catégories différentes.

Néanmoins, les divisions ne concordent pas parfaitement d'un type de rattachement à l'autre. Par exemple, les solutions de rattachement normatif (titre 2) sont regroupées selon les statuts – personnel, réel, des obligations et de la procédure –, alors que les règles de compétence (titre 3) sont organisées selon les actions – actions personnelles à caractère extrapatrimonial et familial, actions personnelles à caractère patrimonial, et actions réelles et mixtes. La Cour suprême du Canada a récemment fait cette remarque dans l'affaire *Terre-Neuve-et-Labrador* : « Selon les débats de l'Assemblée nationale, chaque disposition a été conçue afin de correspondre de manière générale au droit applicable à une matière donnée [...]. Toutefois, les parallèles entre les règles régissant le DIP et les conflits de compétence sont imparfaits, et les premières ne devraient pas être directement transposées aux questions de compétence »[1].

Certes, une catégorisation distincte entre le rattachement juridictionnel et le rattachement normatif est naturelle, car chacun a recours aux concepts structurants de son domaine. Cependant, le manque de concordance entre les différentes sous-catégories peut rendre plus difficile la recherche des règles de rattachement pertinentes. Dans l'arrêt *Terre-Neuve-et-Labrador*, par exemple, où la question préliminaire portait sur la compétence des tribunaux québécois d'entendre l'action intentée par la Première Nation innue et basée sur ses droits ancestraux vis-à-vis des terrains réclamés, droits reconnus à l'article 35 de la *Loi constitutionnelle de 1982*, la Cour suprême du Canada – afin d'identifier la règle de compétence applicable – a qualifié cette action d'« action mixte non classique »[2], compte tenu de la teneur complexe des droits en question[3]. Cette qualification a permis de confirmer la compétence des tribunaux québécois[4], mais serait difficile à transposer au rattachement normatif pour trouver la loi applicable, car les divisions et subdivisions dans le titre 2 sont différentes de celles du titre 3. Un plan axé sur les catégories juridiques détaillées permettrait à mieux gérer ce problème de non-concordance.

Le plan axé sur les catégories juridiques

Avec ce type de plan, les règles codifiées sont organisées selon les catégories juridiques auxquelles elles s'adressent.

---

[1] Terre-Neuve-et-Labrador (Procureur général) *c.* Uashaunnuat (Innus de Uashat et de Mani-Utenam), 2020 CSC 4, paragr. 19.

[2] Ibid, paragr. 56.

[3] Ibid, paragr. 27 : « Les droits protégés par l'art. 35 couvrent un vaste éventail de sujets, englobant les titres jusqu'à l'utilisation du tabac et ils touchent tous les aspects de la vie, de l'adoption d'enfants à la commémoration des lieux de sépulture des ancêtres de la communauté ».

[4] Nous avons toutefois du mal à comprendre le raisonnement de la Cour pour arriver à l'application des articles 3148 et 3134 C.c.Q. (relatives aux actions personnelles), considérés comme pertinents pour régir les « aspects tant personnel que *sui generis* de la demande » qualifiée d'action mixte non classique. Pour les commentaires au sujet de cet arrêt, lire Sylvette Guillemard, « Commentaire sur la décision *Terre Neuve et Labrador (Procureur général)* c. *Uashaunnuat (Innus de Uashat et de Mani-Utenam)* – L'art de la qualification et son importance en droit international privé », *Repères*, avril 2020, EYB2020REP2967 (La Référence).

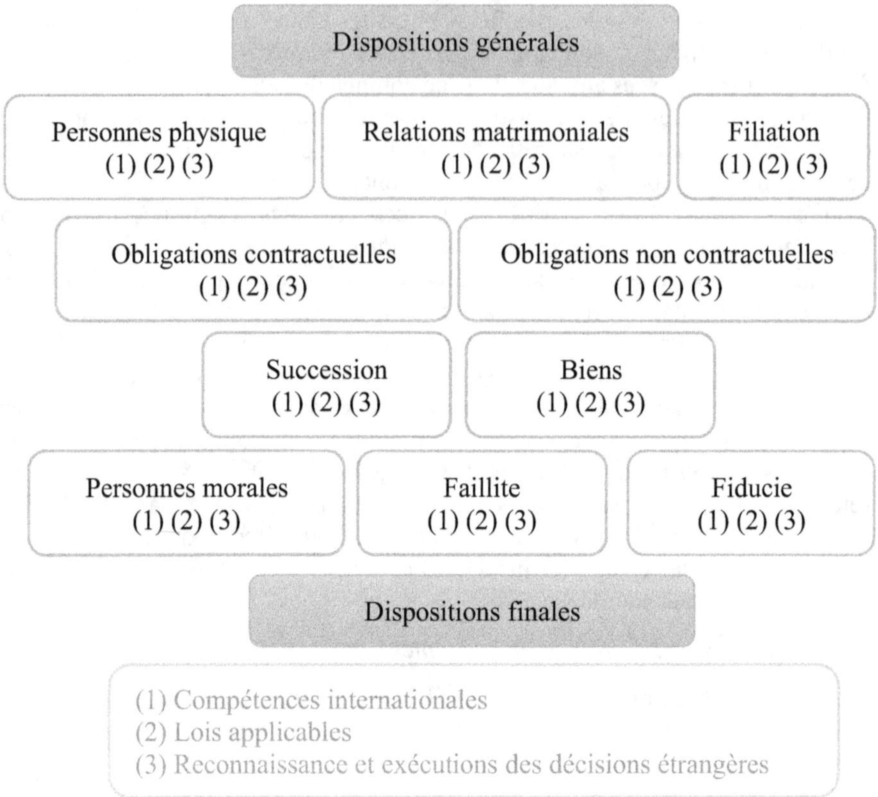

La Loi suisse de 1987 et, près de 20 ans plus tard, le *Code belge de droit international privé* (2014) qui a suivi le modèle suisse, ont adopté cette structure : « c'est à l'intérieur de chacun des domaines abordés que les trois questions fondamentales, compétence, droit applicable, reconnaissance et exécution, sont réglées »[1]. Selon M. Fallon, cette organisation à l'intérieur du code peut être décrite plus en détail selon comme suit : « On y reconnaît un premier groupe de dispositions portant des règles générales (chapitre Ier), suivi de plusieurs chapitres consacrés aux matières particulières, présentées selon un ordre traditionnel (droit de la personne et de la famille, droit des successions, droit des biens, droit des obligations, droit des personnes morales, suivis du droit de l'insolvabilité et de dispositions sur le trust) »[2].

Une telle organisation risque d'entraîner des répétitions dans le code. Par contre, il y a aussi des avantages, notamment pragmatiques. La division tripartite facilite surtout l'accès aux règles de rattachement, réunies et classées par catégories et sous-catégories juridiques. Ainsi, « chaque chapitre devrait

[1] Suisse, Conseil fédéral, « Message concernant une loi fédérale sur le droit international privé (loi de DIP) du 10 novembre 1982 », 276.
[2] Fallon, « La Loi belge de droit international privé, pour un bicentenaire », 90.

constituer un tout complet »[1]. Quiconque peut facilement trouver, dans un seul endroit, toutes les solutions de rattachement proposées, que ce soit juridictionnel ou normatif, pour une question juridique posée. « Le praticien est ainsi invité à consulter d'abord les dispositions relatives à la matière qui l'occupe, et il trouvera, dans le chapitre pertinent, un renvoi éventuel aux règles générales dont il aura également à tenir compte »[2].

Par ailleurs, grâce à cet effet favorable à l'accessibilité et à l'intelligibilité du code, le plan horizontal contribue aussi à poursuivre « un but pédagogique, qui n'est pas anodin à propos d'une discipline mal aimée des auditoires et des prétoires au prétexte d'être bien savante »[3].

La structure interne du futur code de droit international privé vietnamien

Dans la mesure où une codification autonome est fortement recommandée pour le Vietnam, la structure basée sur les catégories juridiques comme celle de la loi suisse et de la loi belge serait un bon choix pour son futur code de DIP. La longueur du texte ne fera pas d'obstacle, car la codification est tout à fait autonome. Les répétitions éventuelles pourraient être acceptables dans une certaine mesure, vu l'avantage le plus important de ce type de structuration, soit l'accessibilité du droit. Le professeur A.E. Overbeck, un des architectes de la *Loi suisse de droit international privé*, a souligné le choix du législateur de prioriser cet objectif : « On a reproché au projet sa longueur [...]. L'intention était de faciliter la consultation de la loi »[4]. Une telle organisation facilite aussi l'inclusion des nouveautés ou des modifications correspondantes à l'évolution du droit interne[5]

Ainsi, il est possible d'imaginer le plan suivant pour le code de DIP vietnamien. Le code débuterait par un chapitre introductif dont les dispositions générales définissent les notions de base et énoncent les grands principes, ainsi que les solutions générales de rattachement. Ce chapitre pourrait être inspiré à la fois des modèles suisse et québécois. Parmi les notions de base à définir, peuvent être mentionnés le champ d'application, l'élément d'extranéité et les facteurs de

[1] François Knoepfler et Philippe Schweizer, « La nouvelle loi fédérale suisse sur le droit international privé (partie générale) », *R.C.D.I.P.* 77 (1988) : 211.
[2] Fallon, « La Loi belge de droit international privé, pour un bicentenaire », 90.
[3] Fallon, 90.
[4] Alfred E. von Overbeck, « Quelques solutions générales du projet suisse de loi sur le droit international privé et premières réactions à leur égard », in *Travaux du Comité français de droit international privé. Années 1980-1981*, Vol. 31 (Paris : A. Pedone, 1981), 80.
[5] Parmi de nombreux sujets actuellement discutés, prenons comme exemple la question de la responsabilité sociale (ou sociétale) de l'entreprise. Cet aspect nouveau de responsabilité de l'entreprise vis-à-vis de la société pose des problèmes à résoudre en DIP, en premier lieu, celui de la qualification. Les solutions varient largement d'un État à l'autre, selon le domaine duquel la question relève (droit des sociétés, droit des contrats, droit de responsabilité délictuelle ou quasi-délictuelle). Au Vietnam, la responsabilité sociétale des entreprises est un concept tout nouveau et très peu traitée dans la législation, ce qui affecte naturellement les solutions de rattachement en DIP. Voir Catherine Kessedjian et Humberto Cantú Rivera, éd., *Private International Law Aspects of Corporate Social Responsibility* (Cham : Springer, 2020). Il est encore trop tôt pour inclure une telle question dans la codification de DIP, tant qu'elle n'a pas été adéquatement traitée en droit interne. Toutefois, le plan axé sur les catégories reste ouvert, ce qui permet l'ajout dans le futur.

rattachement. Une disposition référant aux traités internationaux sera recommandée pour assurer une coordination harmonieuse entre la codification nationale et les règles internationales qui lient le Vietnam. Les solutions générales peuvent concerner la qualification, le système plurilégislatif, l'autorité des règles de rattachement et l'application de la loi étrangère. Elles incluent notamment les solutions de rattachement juridictionnel et normatif applicables à tous les cas ou en l'absence de solutions particulières. Ce chapitre énonce également les principes généraux, tels que l'autonomie de la volonté et la proximité, ainsi que les exceptions aux rattachements liées à l'ordre public, à la nécessité, aux urgences ou à la courtoisie internationale, telles que le for de nécessité, les règles d'application nécessaire, l'exception d'ordre public, la litispendance, etc.

Par la suite, divers chapitres contiendront des solutions spéciales de rattachement (compétence, loi applicable, effet des décisions et sentences étrangères), prévues pour chaque catégorie ou sous-catégorie juridique. Plus la catégorisation est détaillée, plus le code est complet, prévisible et facile à consulter. Chaque chapitre peut commencer, au besoin, par une disposition de principe, prévoyant la solution générale de rattachement pour la catégorie juridique concernée, applicable en l'absence de solutions particulières, qui, elles, seront prévues dans les dispositions suivantes pour chaque sous-catégorie, concernant respectivement la compétence, la loi applicable et l'effet des décisions étrangères. Pour prendre l'exemple de la loi suisse, la catégorie « mariage » (chapitre 3) est divisée en quatre sous-catégories équivalentes à quatre sections : célébration du mariage, les effets du mariage, le régime matrimonial, et dissolution du mariage. Pour chaque sous-catégorie, la loi prévoit la compétence internationale des autorités suisses, le droit applicable, et les conditions de reconnaissance des décisions étrangères. Dans certains cas, peuvent aussi être ajoutées les dispositions sur les effets accessoires de la compétence, les mesures provisoires ou d'urgence, le for d'origine, etc., selon leurs besoins particuliers.

Enfin, les dispositions finales devront comprendre les dispositions transitoires, les dispositions les modifiant et abrogeant, et celles sur l'entrée en vigueur.

Plan proposé de la Loi de droit international privé

Partie I. Dispositions générales
Article… Champs d'application
Article… Définitions
Article… Règles d'application nécessaire
Article… Rapport avec les traités et les autres lois
Article… Détermination de la nationalité
Article… Détermination de la résidence
Article… Qualification

Chapitre 1. Compétence internationale des autorités vietnamiennes
Article… Compétence générale
Article… Compétence exclusive
Article… Dérogation volontaire à la compétence internationale des autorités vietnamiennes

Article… For de nécessité
Article… Mesures provisoires ou conservatoires
Article… Demandes incidentes ou reconventionnelles
Article… Vérification d'office de la compétence et compétence interne
Article… Litispendance internationale

Chapitre 2. Droit applicable
Article… Principe de proximité
Article… Renvoi
Article… Système plurilégislatif
Article… Allégation et preuve du droit étranger
Article… Exception d'ordre public
Article… Droit applicable à la prescription et à la procédure

Chapitre 3. Reconnaissance et exécution des décisions étrangères
Article… Conditions de reconnaissance et d'exécution des décisions judiciaires et actes authentiques étrangers
Article… Compétence des autorités étrangères
Article… Conditions de reconnaissance et d'exécution des sentences arbitrales étrangères

Partie II. Dispositions spécifiques
Chapitre 1. Personnes
Chapitre 2. Mariage et famille
Chapitre 3. Succession
Chapitre 4. Propriété
Chapitre 5. Obligations
Chapitre 6. Faillite

Partie III. Dispositions finales
Article… Entrée en vigueur
Article… Abrogation et modification
Article… Dispositions transitoires

*

* *

Le succès d'une codification dépend largement de la qualité des préparations et de l'organisation du processus. Le codificateur se trouve ainsi devant de multiples contraintes pour faire un choix parmi les options proposées. L'étude du processus de la codification québécoise montre que le succès est dû à un ensemble de facteurs.

Le premier est la bonne concertation et l'organisation adéquate des étapes. J.-G. Belley a conclu à juste titre que le succès de la codification était dû à son caractère « tranquille »[1]. Pendant tout ce long processus, malgré les mutations du personnel, la vue d'ensemble a pu être maintenue. Grâce à cela, les compromis

[1] Belley, « Présentation », 20.

nécessaires se sont faits pour que les travaux continuent dans la bonne direction. C'est le gouvernement, en l'occurrence le ministère de la Justice, qui assurait cette vue d'ensemble. Son rôle s'exprime non seulement depuis le début du processus jusqu'à la soumission du projet des textes au législateur – celui de convaincre ce dernier d'adopter le projet – mais aussi dans les années suivant la codification, où il a dû préparer des dispositions d'application « pour assurer la transition entre l'ancien et le nouveau droit, pour ajuster les mécanismes procéduraux et pour harmoniser les règles nouvelles avec les lois existantes »[1].

Dans le succès de la codification québécoise, on voit aussi le rôle actif de la communauté juridique. En particulier sous la présidence du professeur Paul-André Crépeau, les universitaires ont été grandement mobilisés en substitution aux praticiens comme maîtres d'œuvre[2]. Ils ont participé, d'une part, directement aux travaux de l'O.R.C.C. – en différentes commissions intervenant dans toutes les étapes – et d'autre part, aux mandats d'étude sur diverses questions confiées par le ministère de la Justice. Les études menées par les juristes, à l'intérieur et à l'extérieur du cadre de l'O.R.C.C., ont donné lieu à une documentation de grande envergure, permettant de renseigner le gouvernement et le législateur sur les solutions de codification, et ainsi, de servir abondamment à la rédaction des *Commentaires du ministre de la Justice* sur l'ensemble des articles du Code civil. Des expériences similaires ont été observées dans d'autres codifications réussies, comme celles de la Suisse et de la Belgique.

Le deuxième facteur qui détermine le succès de la codification a trait au choix de sa forme. Le Québec a opté pour une codification complète des trois pans du DIP. Jusqu'à maintenant, les solutions adoptées gardent toujours leur valeur d'actualité, ce qui montre la bonne vision du codificateur à l'époque. À des solutions très concrètes assurant la prévisibilité du droit, s'ajoutent des solutions générales permettant une flexibilité adéquate, ainsi que la possibilité d'adapter et de faire évoluer le droit par la jurisprudence.

Sur la base de ces expériences tirées de la codification québécoise et de certaines autres codifications exemplaires, il est possible de formuler des suggestions pour le Vietnam concernant aussi bien l'organisation des travaux que l'organisation du futur code. Nous avons étudié divers facteurs à considérer attentivement par le législateur avant d'entamer le processus de codification. Il est nécessaire tout d'abord de toujours garder à l'esprit les objectifs à poursuivre, qu'ils soient liés à la matière – la prévisibilité, la flexibilité et la modernité – ou à la codification – la continuité et la durabilité.

Les considérations doivent être aussi faites sur plusieurs contraintes que la codification imposera en général, telles que la durée et la nécessité de maintenir la cohérence du système juridique et de la codification même, ainsi que celles auxquelles le Vietnam devra faire face, qui sont en particulier des limites en ressources humaines. Compte tenu de ces contraintes, une réflexion attentive

---

[1] Marie José Longtin, « La réforme du Code civil : la gestion d'un projet », in *Du Code civil du Québec : contribution à l'histoire immédiate d'une recodification réussie*, éd. par Jean-Guy Belley, Nicholas Kasirer, et Serge Lortie (Montréal : Éditions Thémis, 2005), 166.

[2] Voir Normand, « La première décennie des travaux consacrés à la révision du Code Civil ».

s'impose concernant le choix du codificateur. À la lumière de l'expérience du Québec, de la Suisse et de la Belgique, est suggérée une commission de codification pour le Vietnam, qui regroupe, outre les juristes d'État, des professeurs d'université, spécialisés en DIP, ayant un rôle important à jouer tout le long du processus.

Si la confection des textes normatifs est prévue dans la législation, l'établissement d'une procédure propre à la codification doit être envisagé. Cela est bénéfique non seulement pour le DIP, mais aussi pour d'autres futures codifications, compte tenu de l'envergure et du caractère exceptionnel du processus. Une telle procédure doit tenir compte de la durée souvent longue du processus de codification et permettre une concertation plus poussée entre les acteurs durant tout le processus.

Il ne faudrait pas non plus oublier les efforts déployés pour faire valoir les résultats de la codification. Ces efforts consistent à assurer l'adaptation du nouveau code avec l'enceinte juridique dans laquelle il est introduit – par le moyen du droit transitoire et de l'interprétation – et l'adaptation de la production réglementaire et normative ultérieure avec le code. Parmi ces questions, le développement d'une théorie de droit transitoire et d'une autre, sur l'interprétation du droit devrait constituer des priorités pour le Vietnam, car malgré leur importance vis-à-vis de l'existence et l'évolution du droit, elles n'y bénéficient pas encore d'une place adéquate.

Ces questions liées à l'organisation ouvrent la porte à des considérations fonctionnelles de la codification, qui consistent à discuter sur la portée et la structure de la codification. Compte tenu de la complexité du DIP en soi et de la divergence des conceptions sur son objet, sa nature et sa portée, il serait nécessaire pour le codificateur de bien choisir sa position dans ce débat, afin d'arriver à une décision sur l'objet, les sources et l'ampleur de la codification, ainsi que la place du futur code dans le système juridique.

Quelle que soit son organisation, il serait surtout important de concevoir le DIP comme un droit du rattachement, c'est-à-dire un droit dont l'objet consiste à rechercher un ordre judiciaire et juridique auquel est attaché le problème surgissant dans une situation internationale. Cette conception restrictive permettrait d'éviter les problèmes actuels de chevauchement qui rendraient la codification plus difficile et compliquée, avec un risque plus grand de bouleversement du système juridique.

L'étude comparative de différents modèles de codification nationale – en particulier celui du Québec, de la Suisse et de la Belgique – a permis de comparer diverses situations en vue de concevoir et de suggérer des solutions potentielles pour le Vietnam. Étant donné qu'une codification détaillée est fortement conseillée, un texte indépendant serait préférable. Contrairement au Québec, la portée du Code civil vietnamien ne permet pas d'obtenir une codification complète du DIP si celle-ci est intégrée dans le Code civil. De même, en ce qui concerne l'organisation des dispositions au sein du futur code, une structure tripartite basée sur les catégories juridiques, suivant le modèle de la loi suisse, serait plus conseillée au Vietnam que le plan axé sur les trois pans du DIP à la québécoise.

CHAPITRE III

LES GRANDES ORIENTATIONS DU CONTENU DE LA CODIFICATION DU DROIT INTERNATIONAL PRIVÉ

Nous avons abordé dans le deuxième chapitre les objectifs que doit poursuivre la codification du DIP vietnamien, qui sont, en particulier et compte tenu de la matière, la modernité, la flexibilité et la prévisibilité des solutions. Ces trois objectifs visent conjointement à renforcer l'efficacité de ce droit.

Modernité, flexibilité, prévisibilité et efficacité sont autant de directives qui doivent guider la conception de chaque solution du droit à codifier. Pourtant, leur degré d'importance respectif peut varier d'une question à l'autre. Ainsi, dans certains volets, une modernisation est recommandée, alors que dans d'autres, le besoin de flexibilité se fait plus sentir. Dans tous les cas, cependant, la prévisibilité doit être garantie.

Au Québec, le succès de la codification réside dans l'atteinte des objectifs fixés. Cela s'exprime dans la forme et dans le contenu des règles, dans la modernité des solutions, dans la flexibilité qui coexiste harmonieusement avec la prévisibilité, et dans l'efficacité dont témoigne la riche jurisprudence depuis l'entrée en vigueur du *Code civil du Québec*. Cela n'empêche pas néanmoins que certains défauts demeurent.

De nombreuses leçons tirées de l'étude du DIP québécois peuvent inspirer la codification du Vietnam. Il faut cependant noter que, si plusieurs solutions adoptées par le Québec s'avèrent très bonnes pour le Vietnam, certaines pourront ne pas lui convenir, compte tenu des différences entre les deux ordres juridiques. Le choix devra donc être bien pesé.

Dans ce dernier chapitre, nous développerons, à partir d'études thématiques, toujours menées dans une approche critique et comparative, différentes solutions à inclure dans le futur code. Les questions traitées sont choisies en fonction de leur caractère fondamental pour assurer la complétude et la cohérence du contenu du futur code et pour atteindre les objectifs fixés – la modernité et la flexibilité, en harmonie avec la prévisibilité et l'efficacité des règles.

Ainsi, pour cibler l'objectif de modernité, la révision des éléments de base du DIP et la promotion du principe d'autonomie de la volonté, ordonnées par l'évolution de la société moderne, seront au centre de notre analyse (1). Les enjeux du maintien de l'équilibre entre flexibilité et prévisibilité sont surtout exprimés dans le cadre du principe de proximité et de la pluralité des méthodes (2). Le besoin de renforcer l'efficacité du DIP exige en particulier une révision de l'autorité de la règle de rattachement et de l'intervention de l'ordre public (3).

L'étude comparative avec le droit québécois, complétée dans certains cas par un regard sur le DIP d'autres pays, comme la Suisse et la Belgique, par exemple, permet non seulement de tirer profit des expériences pour le Vietnam, mais aussi de réviser les solutions retenues ou rejetées par le codificateur québécois, à la lumière de la pratique.

Tout en étant consciente de la diversité des questions nécessitant un traitement approfondi préalable à la codification, nous sommes convaincue que les sujets étudiés dans le présent chapitre constituent un cadre de réflexion permettant d'inspirer le codificateur vietnamien sur l'ensemble des solutions de DIP.

1. VERS LA MODERNITÉ DES SOLUTIONS

Le droit évolue avec le temps. Cette tendance est d'autant plus nette en DIP au cours des deux derniers siècles. Au Québec, la codification de 1994 a réussi à moderniser le DIP, en réponse aux besoins croissants des échanges commerciaux et de l'immigration. Au Vietnam, les réformes successives ont été l'occasion d'importer de nouvelles solutions inspirées d'autres pays.

La modernité peut être observée dans plusieurs aspects du DIP. On note surtout le développement, guidé par un esprit ouvert à l'international, de nouveaux concepts et de nouvelles méthodes et solutions de rattachement. À notre avis, cette direction de modernité doit notamment diriger la codification vietnamienne vers deux volets dont les solutions restent encore désuètes ou très peu rénovées. Il s'agit en premier lieu de la perception de certains éléments de base du DIP – la notion d'élément d'extranéité et les facteurs de rattachement –, perception qui doit être modernisée pour s'adapter à l'évolution de la société vietnamienne en particulier et du monde en général (1.1). En second lieu, le principe d'autonomie de la volonté des parties, couramment admis dans le droit privé interne, mais beaucoup moins en DIP, devra bénéficier d'une place plus grande et en même temps d'un encadrement suffisamment strict pour permettre de concilier les préoccupations d'ordre privé et d'ordre public (1.2). Le DIP du Québec offre non seulement des exemples dans la législation, sa jurisprudence très développée a permis d'assurer l'évolution continue des solutions. La codification vietnamienne à venir pourrait en tirer profit pour atteindre un de ses objectifs importants, celui de la modernité.

1.1 La perception moderne de certains éléments de base du droit international privé

L'élément d'extranéité est le déclencheur du DIP. Toutefois, il n'est pas facile à définir. Certains auteurs l'assimilent au facteur de rattachement, alors que d'autres plaident pour une distinction entre ces deux concepts, en raison de leur nature différente. Comment ces deux notions très fondamentales du DIP doivent-elles être perçues dans le contexte actuel de la mondialisation et comment faut-il les prendre en considération dans la codification du DIP vietnamien ? La section qui suit aborde ces deux questions.

1.1.1 La notion d'élément d'extranéité revisitée

Malgré son importance dans le DIP, la notion d'élément d'extranéité est rarement définie dans les codifications nationales, y compris celle du Québec. Cependant, la doctrine et la jurisprudence n'ont pas tardé à apporter des précisions. La législation vietnamienne accorde au contraire une attention particulière à la définition du terme, considérée comme essentielle pour délimiter le champ d'application du DIP. Cette définition n'est pourtant pas parfaite. Une question se pose alors : l'inclusion d'une définition de l'élément d'extranéité dans la codification est-elle nécessaire. Pour répondre à cette question, il faut examiner la notion non seulement dans sa conception traditionnelle, mais aussi dans sa conception moderne, compte tenu de la mondialisation et des progrès technologiques.

La conception traditionnelle de l'élément d'extranéité

En des termes très simples, l'élément d'extranéité est l'élément étranger qui se présente dans une situation juridique et qui peut conduire à l'application du DIP. Autrement dit, l'existence de cet élément est primordiale pour que ce droit entre en jeu. Toutefois, est-il vrai que n'importe quel élément étranger pourrait suffire pour soumettre une situation juridique au DIP ? Comment devrait-on percevoir cet élément ? En d'autres termes, l'élément d'extranéité est-il un simple fait que l'on peut observer ou une notion juridique résultant de l'application d'une règle de droit ?

Le professeur A. Prujiner voit dans l'élément d'extranéité un « construit juridique » dont l'existence est étroitement liée à celle des ordres juridiques. Dans son plaidoyer en faveur de la perception du DIP comme un droit du rattachement, l'auteur a poussé loin ses analyses vers ce qu'il considère comme le noyau de ce droit : le rattachement. Il est convaincu que « l'élément d'extranéité est un autre nom du facteur de rattachement »[1]. Inspiré par ce que l'éminent internationaliste Pierre Lalive avait présenté au sujet de l'élément qui mettait en jeu le DIP, A. Prujiner est arrivé à une définition très étroite de l'élément d'extranéité : « C'est la possibilité de lien avec un autre droit par un facteur de rattachement qui oblige l'ordre juridique saisi à mettre en œuvre la logique du droit international privé. Il ne s'agit pas d'une question de fait, mais bien d'une démarche fondée sur une règle de droit. Le *facteur d'extranéité* est un construit juridique »[2].

Cette prétention n'a néanmoins pas convaincu la professeure S. Guillemard. Dans son étude toujours d'actualité sur le DIP à l'ère du cyberespace, elle soutient que l'élément d'extranéité est par-dessus tout « factuel » : « À notre avis, la découverte d'un élément d'extranéité repose sur l'observation factuelle »[3]. L'auteure s'explique : « Il s'agit en effet, comme le sens étymologique de l'extranéité l'indique, de discerner ce qui est en dehors, à l'extérieur du cadre dans lequel on se situe, qu'il soit matériel ou conceptuel. […] Il n'est pas nécessaire d'avoir des connaissances juridiques pour percevoir ou comprendre que lorsqu'on franchit une frontière, on se déplace à l'extérieur de son pays »[4].

Nous ne pouvons qu'être d'accord avec cet argument. Il ne faut pas en effet confondre l'élément d'extranéité avec le facteur de rattachement, car le premier

[1] Prujiner, « Le droit international privé : un droit du rattachement », 165.
[2] Prujiner, 165 et 166.
[3] Guillemard, *Le droit international privé face au contrat de vente cyberspatial*, 363.
[4] Guillemard, 363.

doit comporter en soi l'extranéité, alors que le deuxième ne doit pas toujours l'être par rapport à l'ordre juridique de repère. Pour l'illustrer, en ce qui concerne l'effet du mariage entre un Québécois et une Française, le mariage comporte l'élément d'extranéité, qui est la nationalité française de l'épouse. Cependant, le facteur de rattachement est le domicile commun des époux au Québec. Du point de vue du juge québécois, la nationalité française est pour lui l'élément étranger, alors que le domicile québécois ne l'est pas.

L'élément d'extranéité existe donc objectivement et s'observe factuellement. Au contraire, le facteur de rattachement est un choix subjectif du législateur. C'est ce facteur qui est un « construit juridique »[1]. La distinction entre élément d'extranéité et facteur de rattachement a été soulignée par la Cour suprême du Canada dans *Dell Computer* :

> Rattachement et extranéité peuvent donc se chevaucher. Le facteur de rattachement est un lien avec le système juridique interne ou un système juridique étranger, alors que l'élément d'extranéité signale la possibilité d'un lien avec un système juridique étranger. Ainsi, dans une action personnelle intentée au Québec, le domicile québécois du défendeur constitue un facteur de rattachement au droit québécois, mais non un élément d'extranéité, alors que le domicile anglais du défendeur sera considéré à la fois comme un facteur de rattachement au ressort anglais et un élément d'extranéité par rapport au régime québécois[2].

La définition de l'élément d'extranéité dans l'actuel Code civil vietnamien semble aller dans cette direction. Reste à voir si cette définition couvre tous les aspects de la notion. En vertu de l'article 663 (2) du Code civil de 2015,

> Sont qualifiés de rapports civils comportant un élément d'extranéité :
>
> a) Le rapport civil auquel est partie au moins une personne physique ou morale étrangère ;
>
> b) Le rapport civil dont toutes les parties sont des citoyens vietnamiens ou des personnes morales vietnamiennes, mais qui est établi, modifié, exécuté ou prend fin à l'étranger.
>
> c) Le rapport civil dont toutes les parties sont des citoyens vietnamiens ou des personnes morales vietnamiennes, mais dont l'objet est localisé dans un pays étranger.

Au lieu d'une définition abstraite de l'élément d'extranéité, le législateur a choisi d'illustrer le terme en proposant une liste exhaustive des éléments « étrangers » permettant de soumettre un rapport juridique aux règles de DIP. L'énumération de ces éléments se fait sur la base de trois composantes du rapport juridique : les personnes, le rapport lui-même et l'objet du rapport. Ainsi, pour les personnes, c'est la nationalité étrangère qui compte pour définir l'extranéité. Pour les deux autres composantes, c'est le lieu (*locus*) hors du pays qui détermine l'extranéité.

---

[1] Guillemard, 364.

[2] Dell Computer Corp. *c.* Union des consommateurs, [2007] 2 R.C.S. 801 paragr. 28.

Il est curieux de voir que le domicile ou la résidence des personnes ne comptent pas, seule la nationalité est retenue pour définir l'extranéité. Il s'agit d'une modification importante et d'un choix délibéré, mais difficile à comprendre, par rapport à l'ancien droit[1]. L'explication de l'organisme responsable de la rédaction, selon laquelle « les Vietnamiens domiciliés à l'étranger », s'ils accomplissent des actes au Vietnam sur des biens situés au Vietnam, doivent être traités comme les nationaux, ne s'avère pas très convaincante. Il serait difficile d'exclure un mariage entre deux Vietnamiens, dont une partie est domiciliée à l'étranger, de la sphère du DIP, même si le mariage est célébré au Vietnam. Ce changement est d'autant moins justifiable que la résidence est devenue un facteur de rattachement reconnu dans plusieurs cas pour déterminer la compétence internationale des tribunaux vietnamiens[2] et la loi applicable[3].

D'autre part, la définition de l'extranéité par une simple énumération de tous les éléments extérieurs de l'ordre juridique concerné – dans ce cas, l'ordre juridique vietnamien – ne suffirait pas en tant que définition juridique. Parce qu'encore faut-il que l'élément d'extranéité soit pertinent, ou pour emprunter les termes du professeur P. Lalive, qu'il soit « juridiquement significatif »[4], pour une question juridique posée. Il donne en exemple concernant la vente d'une voiture étrangère conclue aux Pays-Bas entre deux Néerlandais et explique comment un élément d'extranéité pourrait être considéré comme pertinent en fonction du rapport ou de la question juridique :

> Que l'objet de la vente soit une automobile anglaise ou française constitue, en soi, un élément « étranger » ; mais, dira-t-on aussitôt, un élément dénué de signification. Cette réponse mérite approbation si la question posée est celle de la validité de la vente. En revanche, si le litige mettait en cause, outre la responsabilité du vendeur, celle du fabricant, on conçoit aussitôt que l'élément d'extranéité, c'est-à-dire l'origine étrangère du véhicule, pourrait revêtir une importance[5].

Ainsi, il y a lieu de distinguer, selon nous, entre le sens sémantique et le sens juridique de la notion d'extranéité. C'est le sens juridique qui doit être pris en compte dans une définition à inclure dans la législation. En effet, « la présence d'un élément qui ne se situe pas dans le même ordre juridique que d'autres n'est pas un indicateur systématique du recours au droit international privé »[6]. Un élément étranger peut appeler l'entrée en jeu du DIP dans une situation, mais pas

---

[1] L'article 758 du Code civil de 2005 tient compte au contraire du domicile dans la définition de l'élément d'extranéité : « Le rapport civil comportant un élément d'extranéité visé par le présent Code est celui auquel est partie au moins une personne physique ou morale étrangère *ou un Vietnamien domicilié à l'étranger*, ou celui qui lie des personnes physiques ou morales vietnamiennes, mais qui est établi, modifié, prend fin en référence à une législation étrangère ou qui porte sur un bien situé dans un pays étranger » (nos italiques).

[2] Code de procédure de 2015, art. 469.

[3] Code civil de 2015, art. 681 (Testament), art. 682 (tutelle), art. 683 (contrats), art. 684 (acte unilatéral), art. 687 (responsabilité extracontractuelle).

[4] Lalive, « Tendances et méthodes en droit international privé », 22.

[5] Lalive, 18.

[6] Guillemard et Ly, *Éléments de droit international privé québécois*, 13.

dans une autre. Comme dans l'exemple donné par P. Lalive, l'origine étrangère de la voiture fait appel au DIP pour une question concernant la responsabilité du fabricant et non pour la validité du contrat de vente.

En DIP québécois, le caractère pertinent de l'élément d'extranéité a été consacré sans équivoque dans la jurisprudence. Dans l'arrêt *Dell Computer*, la Cour suprême du Canada a cité les professeurs A. Talpis et J.-G. Castel en soulignant la pertinence juridique de la notion : « Il est cependant possible de cerner cet élément d'extranéité. Il doit s'agir d'"un point de contact *juridiquement pertinent* avec un État étranger", c'est-à-dire un contact suffisant pour jouer un rôle dans la détermination de la juridiction compétente »[1]. Par exemple, en ce qui concerne la qualification d'une adoption internationale, la Cour du Québec a affirmé en 2006 que « seul un élément d'extranéité, *tel le domicile à l'étranger de l'une des parties*, entraîne l'application des règles de droit international privé »[2].

Une autre question mérite d'être mentionnée : le choix d'un for étranger ou d'une loi étrangère peut-il lui-même introduire un élément d'extranéité au litige concerné et, par conséquent, le rendre « international » ? Cette question fait l'objet de prétentions opposées en lien avec le caractère objectivement ou subjectivement international d'un rapport juridique.

Selon une partie de la doctrine, l'internationalité objective vient des éléments étrangers objectifs, tels que la nationalité étrangère des parties, leur domicile étranger, le lieu de l'acte à l'étranger, etc. Certains auteurs préconisent au contraire que le choix de rattachement par les parties puisse teinter leur rapport de couleur internationale. Il s'agit de l'internationalité subjective[3]. Il convient de rappeler que l'article 3111 C.c.Q. autorise les parties à un acte juridique, « qu'il présente ou non un élément d'extranéité » à choisir une loi applicable non québécoise. Cette disposition semble montrer que le législateur québécois conçoit l'extranéité uniquement en tant qu'élément objectif. De la même manière, la Cour suprême du Canada, dans l'affaire *Dell Computer* en 2007, a refusé de reconnaître que le choix de la procédure d'arbitrage pouvait constituer un élément d'extranéité au litige : « Je ne peux donc concevoir que le simple fait pour les parties de choisir la juridiction arbitrale soit constitutif d'extranéité. Cette interprétation viderait de son sens la notion d'extranéité »[4]. Il faut noter cependant qu'un revirement a semblé intervenir dans la législation récente. La modification du *Code de procédure civile* en 2016 a ajouté des éléments de définition du terme « arbitrage mettant en cause des intérêts de commerce international », qui comprend, entre autres, l'arbitrage étranger que les parties ont choisi[5]. Le législateur a-t-il ainsi accepté que la clause d'arbitrage puisse introduire elle-même l'élément

---

[1] Dell Computer Corp. *c.* Union des consommateurs, [2007] 2 R.C.S. 801 sur 27.

[2] Adoption (En matière d'), 2006 QCCQ 8524, paragr. 30 (nos italiques).

[3] Voir Sylvette Guillemard, « Liberté contractuelle et rattachement juridictionnel : le droit québécois face aux droits français et européen », *E.J.C.L* 8, n° 2 (2004) : 1.

[4] Dell Computer Corp. *c.* Union des consommateurs, [2007] 2 R.C.S. 801 paragr. 53 (j. Deschamps).

[5] Art. 650 C.p.c. : « L'arbitrage est notamment considéré mettre en cause des intérêts du commerce international si les parties avaient leur établissement dans des États différents au moment de la conclusion de la convention d'arbitrage ou si *elles choisissent de tenir l'arbitrage dans un autre État que celui dans lequel elles ont leur établissement* » (nos italiques).

d'extranéité au rapport des parties, dans la mesure où celle-ci met en cause des « intérêts de commerce international » ? Dans cet ordre d'idée, l'article 3111 C.c.Q. peut être interprété comme permettant aux parties de faire intervenir le DIP par leur choix de rattachement normatif, même à défaut d'éléments d'extranéité objectifs. L'article 3111 en est ainsi ambigu et un léger changement de la formulation serait souhaitable avec, par exemple, l'ajout du qualitatif « objectif » après le terme d'« élément d'extranéité »[1].

Le DIP vietnamien, quant à lui, n'accepte pas que la volonté des parties puisse introduire un élément d'extranéité aux rapports juridiques, qu'elle soit exprimée ou non dans une clause de juridiction ou de loi applicable. Les définitions de l'élément d'extranéité à l'article 663 (2) du Code civil de 2015 et à l'article 464 (1) du Code de procédure civile de 2015 ne mentionnent pas le choix des parties parmi les éléments qui peuvent rendre un rapport juridique international.

Pour conclure, l'inclusion d'une définition de l'élément d'extranéité dans le code de DIP peut être une bonne idée, dans la mesure où elle met en exergue le champ d'intervention de ce droit. Cependant, la définition existante dans la loi vietnamienne ne suffit pas pour guider les tribunaux dans l'application des règles de DIP, pour deux raisons : le manque de complétude et l'absence de la pertinence juridique. Pour illustrer comment la notion d'élément d'extranéité peut être interprétée de façon large et flexible, examinons la décision de la Cour supérieure du Québec dans l'affaire *Beterbiev*[2]. Bien que le contrat entre M. Beterbiev, un boxeur professionnel, et Group Yvon Michel Inc. ait été signé au Québec et que les deux parties y aient leur résidence, la Cour a découvert l'extranéité dans l'objectif du contrat de promouvoir la carrière internationale du boxeur, qui prévoit une exécution principalement à l'étranger[3].

Il est donc fortement recommandé d'inclure dans le futur code une définition abstraite de l'élément d'extranéité, qui devrait contenir à la fois le sens sémantique et le sens juridique du terme. Sémantiquement, l'élément d'extranéité désigne tout élément du rapport juridique qui existe en dehors de l'ordre juridique concerné et

---

[1] Ainsi, cette disposition se lirait comme suit : « L'acte juridique, qu'il présente ou non un élément d'extranéité *objectif*, est régi par la loi désignée expressément dans l'acte [...] ». La solution correspond à celle adoptée dans la *Convention interaméricaine sur la loi applicable aux contrats internationaux*, Mexico, Conférence interaméricaine de DIP, 17 mars 1994, art. 1 al. 2 : « Il est entendu qu'un contrat revêt un caractère international lorsque les parties au contrat ont leur résidence habituelle, ou leurs établissements liés à l'opération envisagée dans d'autres États parties, ou lorsque le contrat a des *rapports objectifs* avec plus d'un État partie » (nos italiques).

[2] Beterbiev *c.* Groupe Yvon Michel inc., 2018 QCCS 2536.

[3] Beterbiev *c.* Groupe Yvon Michel inc., 2018 QCCS 2536 paragr. 6-8. Selon la Cour, l'analyse de savoir si un contrat contient un « élément étranger » ne peut pas se limiter à la résidence des parties et au lieu de signature, car une approche aussi étroite pourrait amener les tribunaux à négliger l'essence de la transaction en question. Elle constate que les éléments de preuve liés aux circonstances dans lesquelles le contrat a été signé montrent clairement qu'il s'agissait d'un élément clé d'une stratégie plus large visant à promouvoir la carrière de M. Beterbiev au niveau international, et que, par conséquent, les services de promotion que GYM s'est engagée à fournir devaient être réalisés principalement en dehors du Québec. Pour cette raison, la Cour rejette l'argument que le contrat ne contient aucun « élément étranger » au sens de l'article 3111 *C.c.Q.*

peut être observé dans les faits. Toutefois, pour être juridiquement pertinent, l'élément d'extranéité doit être « le fait qui provoque le besoin de rattachement »[1].

Nous examinons ci-dessous ce que pourrait signifier l'existence d'un élément « en dehors de l'ordre juridique », notamment dans le nouveau contexte des progrès technologiques.

La conception moderne de l'élément d'extranéité

La définition de l'élément d'extranéité s'aligne souvent sur l'existence dans l'espace réel d'ordres juridiques différents de celui où il est localisable. Selon un dictionnaire juridique, c'est l'« [é]lément d'une situation juridique qui met en contact les systèmes juridiques de deux ou plusieurs États »[2]. De même, le professeur C. Emanuelli est d'avis que l'existence du DIP dépend de « l'existence d'ordres juridiques différents, ou [du] morcellement politico-juridique de la planète »[3].

La définition basée sur l'intersection d'ordres juridiques semble bien suivre la logique du DIP, qui vise la recherche des solutions de « conflits »[4], grâce au rattachement du rapport juridique en question à un ordre juridique parmi ceux qui pourraient le concerner, soit sur le plan juridictionnel, soit sur le plan normatif. Toutefois, les progrès technologiques ont des répercussions sur les relations interindividuelles et leur façon classique de se passer. L'avènement du cyberespace, surtout, a changé complètement la donne. Dans son étude sur l'application du DIP aux contrats de vente cyberspatiale, la professeure S. Guillemard a donné l'exemple d'une opération commerciale qui s'effectue « *intégralement* » dans un espace n'ayant aucun lien avec l'espace traditionnel dont on peut délimiter les frontières et qui n'est donc pas lié à un ordre juridique quelconque : « formation et conclusion du contrat, paiement et livraison du bien, le tout en ligne. Les parties, dans ce cas, ne font plus que communiquer. Elles interagissent socialement, et ce, dans le cyberespace »[5]. L'auteure qualifie cet espace d'« anational »[6].

Quels que soient la nationalité et le domicile des personnes impliquées dans ces opérations en ligne et quel que soit le lieu où elles se trouvent lors des transactions, l'espace virtuel où ces dernières se passent constitue en soi un élément d'extranéité. En effet, le cyberespace, étant une « entité qui se situe en dehors de la planète et de son découpage territorial »[7], peut être considéré comme un espace étranger. Dans ce contexte, une définition de l'élément d'extranéité basée sur la localisation purement géographique et corporelle comme celle qui existe actuellement dans la législation vietnamienne est devenue trop étroite.

---

[1] Guillemard, *Le droit international privé face au contrat de vente cyberspatial*, 362.

[2] Hubert Reid, *Dictionnaire de droit québécois et canadien*, éd. abrégée, Montréal, Wilson & Lafleur, 2016, p. 169.

[3] Emanuelli, *Droit international privé québécois*, 6.

[4] Sur la perception du DIP comme un « droit des conflits » ou un « droit du rattachement », lire Guillemard et Ly, *Éléments de droit international privé québécois*, 16 et suiv.

[5] Guillemard, *Le droit international privé face au contrat de vente cyberspatial*, 208.

[6] Guillemard, 220.

[7] Guillemard, 362.

Dans sa thèse sur le droit applicable aux biens virtuels, Mme Dobah Carré a réfuté cette qualification proposée par la professeure S. Guillemard : « certains auteurs se sont aventurés à tenter de justifier la qualification du facteur de rattachement à la localisation cyberspatiale. Pour eux, le cyberespace en tant qu'entité "étrangère" à la terre est en lui-même un élément d'extranéité »[1]. Selon cette auteure, une telle qualification conduit à assimiler le cyberespace à un « lieu », alors que celui-ci est plutôt « "un espace imaginaire" ne pouvant pas être localisé »[2]. Cet argument se base sur la prémisse que « puisque la localisation d'un fait en droit international privé présuppose l'existence d'un lieu (élément d'extranéité) et d'un ordre juridique (facteur de rattachement), et que le cyberespace n'est pas un "lieu" [...] et n'a pas d'ordre juridique, alors la localisation cyberspatiale n'existe pas »[3]. Nous ne pouvons pas être d'accord avec ces arguments. Premièrement, le raisonnement est vraisemblablement à l'inverse de la logique du DIP, car c'est plutôt la localisation – d'une personne, d'un objet ou d'un fait – qui conditionne l'existence de l'élément d'extranéité d'une situation juridique et par conséquent, l'entrée en jeu du DIP, et non l'inverse. Ainsi, si la localisation cyberspatiale est impossible, comment peut-on résoudre la question préalable au déclenchement du DIP qui est l'existence d'un élément d'extranéité[4] ? Deuxièmement, il est difficile d'accepter que la localisation d'un fait ou d'un objet ne puisse se faire que dans un « lieu » et non dans un « espace ». La distinction entre lieu et espace est pour nous un peu absurde, dans le sens où le lieu est compris par l'auteure comme exclusif à une localisation concrète sur la terre, alors que rien ne donne établir un sens aussi étroit du terme « lieu »[5].

Certes, la nature et le mécanisme du DIP sont de rattacher un rapport juridique à un ordre juridique qui, en ce moment, a son identification et ses frontières concrètes sur la terre. Le fait que le cyberespace soit un espace étranger, mais qu'il soit loin de pouvoir être assimilé à un ordre juridique[6] dénuerait-il le sens du DIP ? Selon la professeure S. Guillemard, si au bout du cheminement, on n'aboutit pas à un ordre juridique, « cela ne signifie pourtant pas ni l'inexistence de l'élément d'extranéité ni l'impuissance du droit international privé »[7].

Une telle qualification peut au contraire présenter des avantages pratiques. Dans l'affaire *Dell Computer* par exemple, si la Cour suprême du Canada avait considéré l'espace internet sur lequel s'est effectué l'achat – objet du litige – comme suffisant pour qualifier le litige d'international, elle aurait pu éviter de

---

[1] Dobah Carré, *Le droit applicable aux biens virtuels* (Montréal : Édition Thémis, 2019), 279.

[2] Carré, 279.

[3] Carré, 282.

[4] Pour reprendre les termes de la Cour suprême du Canada dans l'arrêt Dell Computer Corp. *c.* Union des consommateurs, [2007] 2 R.C.S. 801 paragr. 66 : « [l]'extranéité est une condition préalable à l'application des règles en matière de compétence internationale des autorités québécoises ».

[5] Le lieu est défini par le dictionnaire *Le Robert*, éd. numérique, v° « Lieu », en ligne : <dictionnaire.lerobert.com/definition/lieu> (consulté le 2 novembre 2021), comme une « portion déterminée de l'espace (considérée de façon générale et abstraite) ». On peut voir de cette définition qu'il y a aucune contradiction entre « lieu » et « espace ».

[6] Ce qui n'exclut pas la possibilité qu'il puisse l'être dans l'avenir, si les conditions nécessaires sont réunies. Voir Guillemard, *Le droit international privé face au contrat de vente cyberspatial*, 366-68.

[7] Guillemard, 365.

longs raisonnements – d'ailleurs très critiqués – et parvenir à une conclusion contraire, qui serait en faveur du consommateur québécois, grâce à l'application de l'article 3149 C.c.Q.[1].

En résumé, l'élément d'extranéité dans son sens moderne ne devrait plus être cloué dans des repères géographiques et physiques. Dans ce contexte moderne, la définition actuelle dans la législation vietnamienne risquerait de rétrécir considérablement la portée du DIP.

En continuant le raisonnement, il faut certainement rattacher par la suite la question juridique à une juridiction et à un système normatif pour en trouver la réponse. Le rattachement ne peut pas se détacher des ordres juridiques. Or, les changements de la société moderne forcent à réviser certaines solutions de rattachement.

1.1.2. L'adaptation du recours aux facteurs de rattachement au nouveau contexte

Contrairement à l'élément d'extranéité qui peut être observé à travers les faits, le facteur de rattachement est un construit juridique. Bien qu'ils soient sans doute des retombées de l'élément d'extranéité, les facteurs de rattachement sont conçus pour relier une question juridique donnée à un ordre juridique selon des critères précis. Ils jouent le rôle central dans la méthode de rattachement principale du DIP, qui consiste à rattacher un rapport de droit avec l'ordre juridique où se trouve son centre de gravité[2].

---

[1] Dell Computer Corp. *c.* Union des consommateurs, [2007] 2 R.C.S. 801. L'affaire concerne une commande effectuée en ligne en 2003 par M. Dumoulin d'un d'ordinateur de la compagnie Dell dont le prix affiché était considérablement bas par erreur, commande qui a été par la suite refusée par Dell. Les conditions de vente comprennent une clause d'arbitrage précisant que l'arbitrage sera régi par les règles du National Arbitration Forum, situé aux États-Unis. La compagnie invoque cette clause pour demander le renvoi à l'arbitrage, alors que les demandeurs, M. Dumoulin et l'Union des consommateurs, plaident pour l'application de l'article 3149 C.c.Q., en vertu duquel, est inopposable toute renonciation du consommateur résidant au Québec à la compétence des autorités québécoises lorsque le contrat comporte un élément d'extranéité. La question examinée par la Cour était de déterminer si la clause d'arbitrage référant aux procédures étrangères constituait un élément d'extranéité conduisant à l'application de l'article 3149 C.c.Q. La Cour suprême du Canada a répondu par la négative. L'arrêt de la Cour suprême a fait l'objet de vives critiques doctrinales sous l'angle du DIP, du droit de l'arbitrage, du droit de la consommation et du droit du commerce électronique. Voir notamment Alain Prujiner, « Canada – Cour suprême du Canada – 13 juillet 2007 – *Dell Computer Copr.* c. *Union des consommateurs*, 2007 CSC 34 : note », *Revue de l'arbitrage* 3 (2007) : 1 ; Richard Dufour et Alexandre Morin, « Chronique de jurisprudence québécoise portant sur le droit international privé », *R.Q.D.I.* 20 (2007) : 207 ; Vincent Gautrais, « Le vouloir électronique selon l'affaire *Dell Computer* : Dommage! », *R.G.D.* 37 (2007) : 407 ; Shelley McGill, « Consumer Arbitration and Class Actions : The Impact of *Dell Computer Corp.* v. *Union des Consommateurs* », *Can. Bus. L.J.* 45 (2007) : 334. Il faut noter que la modification en 2006 de la *Loi sur la protection du consommateur* a introduit une disposition interdisant d'imposer au consommateur le recours à l'arbitrage (*Loi sur la protection du consommateur*, RLRQ, c. P-40.1, art. 11.1).

[2] Chaque « classe de rapport de droit » est rattachée à un ordre juridique compétent pour la régir. C'est là où se trouve le « siège » du rapport de droit. Friedrich-Carl von Savigny, *Traité de droit romain*, trad. par Charles Guenoux, 2e éd., vol. Tome huitième (Paris : Firmin Didot Frères, 1860), 120, énumère : « Le domicile d'une personne que concerne le rapport de droit ; Le lieu de la situation

Or, tant de changements intervenus dans la société moderne appellent à la révision du recours à certains facteurs de rattachement.

Les impacts de la mondialisation sur les facteurs de rattachement liés à la personne

Au cours de ces dernières décennies, le processus de mondialisation a eu des impacts sur le rôle des facteurs de rattachement personnel. D'une part, on constate une baisse du recours à la nationalité. D'autre part, la difficile notion de « domicile » tend à être remplacée par la « résidence », ou encore « résidence habituelle », dans les textes nationaux et internationaux de DIP.

Le rôle relativisé de la nationalité

La nationalité était, dans de nombreux pays de droit civil principalement, le facteur de rattachement dominant pour les rapports juridiques liés aux personnes, car elle est considérée comme le lien authentique, sinon le plus étroit, entre une personne et un État[1]. Lorsqu'il y a contestation sur la nationalité d'une personne, question soumise à l'autorité de l'État auquel elle appartient, la réponse doit être trouvée dans la loi de cet État. Cette solution de rattachement est explicitement prévue dans le DIP de la Suisse et de la Belgique[2].

Comme la nationalité est un concept juridique défini par la loi de chaque État, il arrive dans la pratique qu'un individu ait plusieurs nationalités ou, au contraire, qu'il n'ait aucune nationalité (le cas des « apatrides »). Le droit international a cherché à résoudre ce problème par la voie conventionnelle ou juridictionnelle. En ce qui concerne la multiplicité de nationalités, la Cour internationale de justice, saisie par le Liechtenstein et le Guatemala dans l'affaire *Nottebohm* en 1955, a mis l'accent sur l'effectivité de la notion : « la nationalité est un lien juridique ayant à sa base un fait social de rattachement, une solidarité effective d'existence, d'intérêts, de sentiments, jointe à une réciprocité de droits et de devoirs »[3]. Quant aux apatrides, la *Convention des Nations Unies relative au statut des apatrides*[4] prévoit, à l'article 12 (1), que : « Le statut personnel de tout apatride sera régi par la loi du pays de son domicile ou, à défaut de domicile, par la loi du pays de sa résidence ». Cette solution de rattachement pour remédier aux défauts du facteur de « nationalité », par le recours aux notions de « domicile » et de « résidence »,

---

d'une chose qui fait l'objet du rapport de droit ; Le lieu d'un acte juridique fait ou à faire ; Le lieu du tribunal appelé à connaître du rapport de droit ».

[1] C'est l'émergence de l'État moderne qui a donné naissance au « concept actuel de nationalité », reconnue comme le critère de définir un des éléments constitutifs de l'État qui est la population. Cette notion se situe « au carrefour » du droit public et du droit privé : Sarah Cassella, « La nationalité : naissance et évolution d'une notion », in *La nationalité au carrefour des droits*, éd. par Brunessen Bertrand, Sarah Cassella, et Céline Rapoport (Rennes : Presses universitaires de Rennes, 2019), 14 et 15.

[2] *Loi fédérale du 18 décembre 1987 sur le droit international privé*, art. 22 (« La nationalité d'une personne physique se détermine d'après le droit de l'État dont la nationalité est en cause ») ; *Code de droit international privé* 2004, art. 3 (1) (« La question de savoir si une personne physique a la nationalité d'un État est régie par le droit de cet État »).

[3] Affaire Nottebohm (Liechtenstein *c.* Guatemala), arrêt, C.I.J. Recueil 1955, p. 4, à la page 23.

[4] Convention relative au statut des apatrides*, 28 septembre 1954*, (1960) 360 R.T.N.U. 117, 95 membres (février 2021), ni le Canada, ni le Vietnam n'est membre de la Convention.

ainsi qu'au caractère effectif de la nationalité, est retenue dans le DIP vietnamien depuis la première codification civile en 1995[1].

Contrairement au cas d'États unitaires, comme le Vietnam, le cas d'une entité fédérée comme le Québec, pourtant de tradition civiliste, est différent. La nationalité comme facteur de rattachement n'existait presque pas dans le DIP québécois avant la codification de 1994. C'est pourquoi son introduction dans certaines dispositions du Livre X C.c.Q. relatives à la loi applicable[2] et comme fondement de la compétence internationale des autorités étrangères en vue de la reconnaissance des décisions étrangères[3] constitue une innovation et exprime bien l'esprit ouvert adopté par le codificateur québécois. La prise en compte de la nationalité dans certains rattachements fait preuve de l'adaptation du DIP québécois au contexte international, notamment sous l'influence des conventions internationales auxquelles le Canada est partie[4].

Même si la nationalité reste le principal facteur de rattachement dans le DIP de nombreux pays, dont le Vietnam, l'ouverture des frontières nationales comme conséquence inévitable de la mondialisation depuis le siècle dernier a beaucoup dilué son caractère authentique. Il est devenu assez fréquent de voir les nationaux d'un État s'installer à vie dans un autre pays. Dans ce cas, le lien d'attachement de ces personnes avec le pays où elles résident peut devenir beaucoup plus fort que celui avec le pays de leur nationalité. C'est le cas d'une partie non négligeable des Vietnamiens domiciliés à l'étranger, qu'ils aient acquis ou non la nouvelle nationalité[5]. Le domicile ou la résidence est aussi utilisé(e) pour résoudre la difficulté de la double (ou multiple) nationalité, un phénomène de plus en plus fréquent dans cette ère de globalisation.

D'aucuns peuvent argumenter que la nationalité est, par rapport au domicile et à la résidence, un facteur de rattachement plus stable[6]. Cependant, force est de

---

[1] Art. 829 Code civil de 1995, art. 760 Code civil de 2005 et art. 672 Code civil de 2015. Dans les codes de 2005 et de 2015, la notion de « résidence » a remplacé la notion de « domicile », ce qui donne plus de flexibilité. Le caractère effectif de la nationalité (prévu dans les termes suivants : « liens d'attachement les plus étroits en termes de droits et obligations civiques ») devient le critère de détermination lorsque la personne est domiciliée dans un État autre que son État national (solution retenue dans les codes de 1995 et de 2005) et lorsque l'apatride est sans résidence ou a résidences dans plusieurs pays (Code civil de 2015). Il faut noter que la loi vietnamienne s'appliquera si l'une des nationalités est vietnamienne. Cette solution, qui privilégie la nationalité du for, est aussi celle adoptée par la Belgique (*Code de droit international privé* 2004, art. 3 (2) (1)).

[2] Art. 3091 (filiation), 3098 (succession), 3109 (validité de la forme testamentaire), 3123 (régime matrimonial). Il faut noter que la nationalité n'est jamais prévue comme seul facteur de rattachement, mais qu'elle l'est toujours parmi d'autres.

[3] Art. 3166 (filiation) et 3167 (divorce).

[4] Dans ses commentaires sur le *Code civil du Québec*, le ministre de la Justice de l'époque a parlé de la « courtoisie à l'égard des autorités étrangères ». Voir Ministère de la Justice du Québec, *Code civil du Québec. Commentaires du ministre de la Justice*, 1055.

[5] Selon les statiques officieuses du Vietnam, environ 4,5 millions de vietnamiens sont domiciliés à l'étranger. Ce nombre inclut à la fois les Vietnamiens résidant à l'étranger tout en gardant leur nationalité vietnamienne et les personnes d'origine vietnamienne, nées à l'étranger mais n'ayant jamais eu la nationalité vietnamienne.

[6] Comme on change moins souvent de nationalité que de domicile, la nationalité permet mieux d'assurer la permanence du statut personnel. Voir Hélène Gaudemet-Tallon, « Le pluralisme en droit international privé : richesses et faiblesses », *R.C.A.D.I.* 371 (2005) : 201.

constater qu'elle n'est pas toujours le facteur de rattachement le plus fort, dans le contexte actuel de mondialisation. Le maintien de ce facteur de rattachement dans la législation s'explique plutôt par des préoccupations d'ordre politique et économique, soit de maintenir le lien entre la diaspora vietnamienne, son pays d'orgine et son développement.

L'internationaliste argentin W. Goldschmidt a remis en question la véritable fonction de la nationalité dans le DIP :

> [L]a nationalité, en tant que moyen technique de constituer la politique d'un État, est *un concept étranger à la sphère du droit international privé.* En effet, le droit international privé est l'instrument par lequel la société internationale défend son unité contre le fractionnement dont la menace la multiplicité des États ; et cette multiplicité est précisément édifiée sur le concept de la nationalité. Par l'entremise de la nationalité, un État détermine sa population, en la conservant et, s'il le peut, en l'augmentant. Le point de rattachement, au contraire, a pour objet de placer un cas ou un de ses éléments sous l'égide du droit du pays auquel il appartient. La nationalité est *anti-fonctionnelle* dans le droit international privé[1].

Au Vietnam, des considérations pratiques ont été prises par le législateur lors de la réforme de 2015. Ainsi, à côté de la nationalité, qui continue d'être le principal facteur de rattachement pour les questions liées au statut personnel, la résidence est désormais utilisée plus souvent, soit comme facteur de rattachement principal[2], soit comme facteur additionnel ou subsidiaire à la nationalité[3].

Le recours croissant à la résidence

La promotion du recours à la résidence dans le rattachement normatif montre la volonté du législateur vietnamien de soutenir l'intégration du pays sur le plan du DIP[4]. La résidence – en vietnamien « *nơi cư trú* » – est définie à l'article 40 du Code civil de 2015 comme « le lieu où la personne demeure de façon habituelle »[5] (par. 1) ou, à défaut, « le lieu où elle se trouve » (par. 2). La notion de résidence a donc remplacé celle de « domicile »[6], discutable, des anciens codes.

---

[1] Goldschmidt, « Droit international privé latino-américain », 85.

[2] Pour déterminer la compétence internationale des tribunaux vietnamiens (domicile du défendeur, domicile des parties dans un divorce) (Code de procédure civile de 2015, art. 469) et pour déterminer la loi applicable à la tutelle, au contrat (en cas du silence des parties) et à la responsabilité extracontractuelle (Code civil de 2015, art. 682, 683 et 687 al. 2).

[3] Dans le cas de la double nationalité ou de la situation d'apatride (Code civil de 2015, art. 672), pour déterminer la loi applicable à la forme du testament, au contrat, à l'acte unilatéral ou à la responsabilité délictuelle (Code civil de 2015, art. 681, 683, 684 et 687)

[4] Il nous est nécessaire de rappeler que le Vietnam a adhéré à la Conférence de La Haye du droit international privé en 2013 et que plusieurs efforts législatifs ont été déployés pour soutenir sa pleine intégration aux travaux d'unification du DIP de l'organisation.

[5] La loi ne prévoit toutefois pas les critères pour définir la caractéristique « habituelle » de la résidence (la durée ou un autre facteur).

[6] Le terme « domicile » est exprimé en vietnamien soit par « *nơi thường trú* », dont la preuve est le livret de famille, devenu obsolète le 1er juillet 2021 (voir *supra*, p. 39), soit par un groupe de mots (« *cư trú, làm ăn, sinh sống lâu dài* », qui désigne le fait de s'établir à un lieu la résidence, le travail

Le domicile continue à être le facteur dominant dans le DIP québécois. Défini à l'article 75 C.c.Q., cette notion comprend, en plus de l'élément factuel qui est le lieu de résidence, l'élément intentionnel, car l'article 76 C.c.Q. ajoute que « [l]e changement de domicile s'opère par le fait d'établir sa résidence dans un autre lieu, avec l'intention d'en faire son principal établissement », l'intention dont la preuve « résulte des déclarations de la personne et des circonstances »[1]. En cas de difficulté, car l'intention n'est pas toujours facile à prouver, l'article 78 C.c.Q. prévoit quelques présomptions de domicile : « La personne dont on ne peut établir le domicile avec certitude est réputée domiciliée au lieu de sa résidence. À défaut de résidence, elle est réputée domiciliée au lieu où elle se trouve ou, s'il est inconnu, au lieu de son dernier domicile connu ».

Toutefois, le codificateur de 1994 a introduit la résidence dans plusieurs dispositions du livre X C.c.Q. comme facteur de rattachement subsidiaire au domicile dans le rattachement normatif, lorsque la détermination de ce dernier présente des difficultés[2] et même comme facteur principal dans le domaine du contrat[3]. En particulier, elle est très souvent utilisée pour établir la compétence internationale des tribunaux québécois[4].

La notion de « résidence » est définie à l'article 77 C.c.Q. : « La résidence d'une personne est le lieu où elle demeure de façon habituelle »[5]. Le caractère habituel se prouve, selon la doctrine et la jurisprudence, par la stabilité et la durée, pour être distingué d'avec la simple présence d'une personne en un lieu[6]. Une question se pose : la notion de « résidence », telle que définie dans la loi vietnamienne et dans la loi québécoise, correspond-elle à la notion de « résidence habituelle » privilégiée dans les Conventions de La Haye ? Rappelons que, face à

---

avec l'intention d'y rester longtemps) (Code de procédure civile de 2004). Cependant, la dernière définition continue d'être un facteur de rattachement pour déterminer la compétence internationale des autorités vietnamiennes et la loi applicable au divorce, à la filiation naturelle et adoptive (Loi sur le mariage et la famille, art. 127 et 128 ; Loi sur l'adoption, chap. III).

[1] Il convient de noter qu'un tel critère a du mal à s'appliquer à un mineur et la solution adoptée par le législateur est de fixer le domicile de celui-ci chez son tuteur (art. 80 al. 1 C.c.Q.). Si les parents n'ont pas de domicile commun, l'enfant est présumé demeurer chez celui de ses parents avec lequel il réside habituellement. Malgré cette présomption, le juge peut fixer lui-même le domicile de l'enfant (art. 80 al. 2 C.c.Q.).

[2] À titre d'exemple, les articles 3089 (effets du mariage), 3090 (séparation de corps), 3123 et 3124 (régime matrimonial), 3126 et 3128 (responsabilité civile) C.c.Q.

[3] Art. 3113, 3114, 3117 et 3119 C.c.Q.

[4] Art. 3143 (pensions alimentaires), 3144 (nullité du mariage), 3145 (effets du mariage), 3146 (séparation de corps), 3148 (1) (actions personnelles à caractère patrimonial), 3149 et 3150 (certains types de contrats), 3154 (régime matrimonial) C.c.Q. Au contraire, seul le domicile est retenu pour déterminer la compétence des tribunaux étrangers.

[5] La définition fournie dans le Code civil vietnamien (art. 40 (1)) correspond donc à la définition de la « résidence » dans le *Code civil du Québec*.

[6] Ce caractère stable et durable se prouve par un examen des éléments tels que « la durée de la résidence, le transport des biens familiaux, le paiement des taxes et de l'impôt sur le revenu ; l'inscription sur les listes électorales et l'exercice du droit de vote, la perception des allocations familiales, la comparution devant le tribunal du lieu de sa nouvelle résidence, la naturalisation, c'est-à-dire l'acquisition de la citoyenneté canadienne » : Dominique Goubau, Anne-Marie Savard, et Edith Deleury, *Le droit des personnes physiques*, 6e éd. (Montréal : Éditions Yvon Blais, 2019), 412 (notes de bas de page omises).

la difficulté d'arriver à une définition unanime du terme « domicile » entre les États membres, la Conférence de La Haye a introduit le terme de « résidence habituelle » dans ses projets de Convention. Toutefois, ce nouveau terme n'est défini nulle part[1]. Sur son aspect morphologique, le terme fait l'objet de controverses au Québec. Selon le professeur C. Emanuelli, la notion de « résidence » contient en soi le caractère habituel. « Dès lors, ajouter "habituelle" à la résidence paraît superflu et conduit à faire une distinction entre "résidence" et "résidence habituelle" »[2]. Au contraire, la Cour d'appel dans l'arrêt *Ree* c. *Convergia*, ne voit pas « une simple redondance » dans l'expression « résidence habituelle ». La Cour a fait une distinction entre « la simple résidence » et « la résidence habituelle », qui exige en plus « une importante prédominante de cette résidence sur d'autres »[3].

Certains pays ont essayé de résoudre le problème en proposant des définitions propres au DIP. Par exemple, en Suisse, la *Loi fédérale de droit international privé*[4] prévoit :

> 1. Au sens de la présente loi, une personne physique :
>   a. a son domicile dans l'État dans lequel elle réside avec l'intention de s'y établir ;
>   b. a sa résidence habituelle dans l'État dans lequel elle vit pendant une certaine durée, même si cette durée est de prime abord limitée ;
>   c. a son établissement dans l'État dans lequel se trouve le centre de ses activités professionnelles ou commerciales.
>
> Nul ne peut avoir en même temps plusieurs domiciles. Si une personne n'a nulle part de domicile, la résidence habituelle est déterminante. Les dispositions du Code civil suisse relatives au domicile et à la résidence ne sont pas applicables.

Cet exemple est une bonne suggestion pour la codification future au Vietnam, avec des adaptations. Étant donné que la définition de la « résidence » dans le Code civil en vigueur risque de causer une confusion entre « résidence habituelle » et « résidence actuelle », il est recommandé de distinguer les deux termes et d'en fournir des définitions séparées.

L'utilisation de la « résidence habituelle » comme facteur de rattachement dans les actions personnelles suit aussi la tendance internationale. De plus, nous sommes d'avis qu'elle est un facteur plus adapté pour le Vietnam dans le contexte actuel que le domicile. D'une part, la découverte de l'intention des parties pour déterminer le domicile s'avère compliquée. D'autre part, le recours au livret de

---

[1] Dans une note sur ce concept, la Conférence de La Haye reconnaît qu'il s'agit d'une « question de fait » et donc la détermination de la résidence habituelle se fait « au cas par cas sur la base d'éléments factuels » (Conférence de La Haye, *Note sur la résidence habituelle et le champ d'application de la Convention de La Haye de 1993 sur la protection des enfants et la coopération en matière d'adoption internationale* [La Haye : Conférence de La Haye de droit international privé, 2018], 8).

[2] Emanuelli, *Droit international privé québécois*, 59.

[3] Rees *c.* Convergia, 2005 QCCA 353 paragr. 28.

[4] Loi fédérale du 18 décembre 1987 sur le droit international privé, art. 20. Le DIP belge comporte aussi des définitions propres du domicile et de la résidence (Loi du 16 juillet 2004 portant le Code de droit international privé, art. 4).

famille pour prouver le domicile n'est plus pertinent en raison de sa suppression depuis juillet 2021[1], d'autant que ce mode de gestion ne reflète pas la réalité des mouvements géographiques de la population.

Enfin, le caractère instable de la résidence appelle à des solutions supplémentaires pour éviter le problème du « conflit mobile », causé par le déplacement des facteurs de rattachement d'un pays à l'autre. Une de ces solutions serait de fixer le rattachement à un moment déterminé, à l'exemple du *Code civil du Québec*[2].

La localisation de l'objet et de l'acte dans un monde numérique

Les progrès technologiques ont conduit à des changements importants dans la perception de nombreuses notions de DIP et par conséquent, à la remise en question de la pertinence de certains rattachements traditionnels. Cela s'observe aussi bien dans les mutations de la nature des biens, qui rend leur *situs* plus difficile, que dans la localisation du rapport juridique dans l'espace (le *locus actum*)

La localisation de l'objet dans l'espace

Le *situs* est utilisé dans le DIP québécois pour les rattachements concernant les droits et actions réels[3]. La loi du lieu où le bien est situé s'applique aussi pour déterminer si un bien est mobilier ou immobilier[4]. Or, ce n'est pas toujours facile de déterminer le *situs* d'un bien dans l'espace.

Autrefois, les biens – l'objet du rapport juridique – existaient principalement sous forme corporelle : on pouvait donc normalement les voir et le toucher[5]. Ils se classaient en deux groupes, mobiliers et immobiliers, que l'on peut facilement repérer géographiquement. Exceptionnellement, la localisation juridique est utilisée pour certains biens mobiliers pour lesquels le recours à la situation physique n'est pas juridiquement pertinent. À titre d'exemple, les navires et les aéronefs sont souvent localisés au lieu de leur enregistrement[6].

Avec le temps sont apparus des « biens incorporels » ou « biens immatériels », dont l'existence ne peut être déterminée que juridiquement. Au Québec, la jurisprudence a développé des solutions pour un nombre de biens incorporels. Ainsi, les créances et dettes sont quérables puisqu'elles sont réputées être situées

---

[1] Voir *supra*, p. 39.
[2] Voir *infra*, chapitre II, section II « La diversification des solutions de rattachement ».
[3] Pour le rattachement juridictionnel, la situation du bien en litige permet l'établissement de la compétence internationale des tribunaux vietnamiens et québécois (art. 469 (1) c) et e) du Code civil vietnamien de 2015 et art. 3152 C.c.Q.). Pour le rattachement normatif, voir : art. 678 al. 1 du Code civil vietnamien de 2015 (« L'acquisition, l'exercice, les mutations, l'extinction du droit de propriété et d'autres droits réels sont soumis à la loi du pays où se trouve le bien, sauf les cas prévus au paragr. 2 du présent article ») ; Art. 3097 (1) C.c.Q. (« Les droits réels ainsi que leur publicité sont régis par la loi du lieu de la situation du bien qui en fait l'objet »).
[4] Art. 677 du Code civil vietnamien de 2015 et art. 3078 C.c.Q.
[5] Il faut cependant noter certains cas particuliers où la loi reconnaît des biens corporels non tangibles, comme la présomption à l'article 906 C.c.Q. : « Sont réputées meubles corporels les *ondes* ou *l'énergie* maîtrisée par l'être humain et mises à son service, quel que soit le caractère mobilier ou immobilier de leur source » (nos italiques).
[6] Castel, *Droit international privé québécois*, 356.

au domicile du débiteur, là où s'effectue le paiement[1] ; les actions de compagnie, au lieu où se trouvent les registres de transfert[2] ; les dépôts bancaires, à la succursale où ils ont été faits[3] ; etc.

Le développement numérique fait apparaître ce qu'on appelle les « biens virtuels »[4]. Ces derniers incluent les biens échangeables créés dans les mondes virtuels[5], dont le cas particulier est les « cryptomonnaies »[6]. Jusqu'à maintenant, ce type de « biens » n'est pas encore juridiquement reconnu par les États. Pourtant, lorsque les transactions qui y sont relatives s'échappent du monde virtuel pour devenir des véritables transactions monnayées[7], elles peuvent créer des liens de droit entre des personnes venant de différentes parties du monde. La difficulté ne réside pas seulement dans la localisation, mais aussi et surtout dans la qualification juridique des objets virtuels et des droits qui en résultent[8].

Au Vietnam, à l'exception de la propriété intellectuelle, dont la solution de rattachement est nouvellement incluse dans le Code civil de 2015[9], aucune solution n'a été envisagée pour les autres biens incorporels, ni dans la législation

---

[1] Southern Pacific Co. *c.* M. Botner & Sons Inc., [1973] R.P. 97 (C.A.).

[2] Brassard *c.* Smith, [1925] A.C. 371.

[3] Roi *c.* Lovitt, [1912] A.C. 212.

[4] Contrairement aux biens actuellement reconnus par la loi, qui sont réels (divisés en biens corporels et incorporels), les biens virtuels sont « des images de synthèse provenant du logiciel soutenant le "monde virtuel" », dont l'existence est sous forme de données numériques : Dobah Carré, « La loi applicable aux droits réels portant sur des biens virtuels », *R.C.D.I.P.*, n° 3 (2017) : 340.

[5] Par exemple, dans les jeux en ligne, les joueurs peuvent produire des biens virtuels grâce aux tâches accomplies et les échanger avec les autres joueurs contre d'autres biens virtuels ou de l'argent virtuel ou réel. Voir Carré, *Le droit applicable aux biens virtuels* ; Carré, « La loi applicable aux droits réels portant sur des biens virtuels », où l'auteure donne de nombreux exemples des mondes virtuels et de leur façon de fonctionner comme un vrai monde avec des activités simulées de la vie réelle, réalisées par les avatars des personnes qui ont ouvert leur compte, comme Second Life, Habbo Hotel ou Entropia Universe.

[6] *Le Robert*, éd. numérique, v° « Cryptomonnaie », en ligne : <dictionnaire.lerobert.com/definition/cryptomonnaie> (consulté le 2 novembre 2021) : « Monnaie numérique en usage sur Internet, indépendante des réseaux bancaires et liée à un système de cryptage », dont l'exemple le plus connu est le Bitcoin. Des milliers de monnaies virtuelles créées depuis la dernière décennie ont donné naissance à un grand marché financier virtuel, qui génère profits et pertes réels, et à leur usage comme moyens de paiement en concurrence avec les devises nationales. Cela aura des conséquences sur le DIP et une des premières questions relatives à ces monnaies virtuelles sera comment qualifier ces « monnaies » ainsi que leurs transactions, et comment les localiser. Lire, entre autres, l'article d'Amaury Perrin, « Le bitcoin et le droit : problématiques de qualifications, enjeux de régulation », *Gestion et Finances publiques*, 2019, dans lequel l'auteur démontre le « vide juridique des solutions positives pointes » dans le cas particulier du bitcoin.

[7] On peut citer en exemple le cas du bitcoin, la plus connue des cryptomonnaies, dont le cours s'élève à 60 000 USD par pièce en mars 2021 et qui est devenu un moyen de spéculation et de paiement *de facto*. Courrier international, « Le bitcoin pulvérise la barre des 60 000 dollars », 22 juin 2022, www.courrierinternational.com/article/finance-le-bitcoin-pulverise-la-barre-des-60-000-dollars. Il convient aussi de noter que le Salvador est devenu le premier pays du monde qui vient de reconnaître le bitcoin comme légal : AFP, « Le Salvador, premier pays au monde à légaliser le bitcoin », *Journal de Montréal*, 2 novembre 2021, www.journaldemontreal.com/2021/06/09/le-salvador-premier-pays-au-monde-a-legaliser-le-bitcoin.

[8] Sur ce sujet, lire la thèse de Carré, *Le droit applicable aux biens virtuels*.

[9] Art. 679 : « Le droit de propriété intellectuelle est soumis à la loi de l'État où la protection est demandée ». La solution de rattachement vise directement à déterminer la loi applicable et non le *situs* de ce type de propriété.

ni dans les instructions de la Cour populaire suprême. Cela devrait donc être prévu dans la future codification du DIP, au moins pour les biens les plus courants.

La localisation de l'acte dans l'espace

La *lex locus actum* est appliquée dans le DIP du Québec et celui du Vietnam pour établir la validité formelle d'un acte juridique[1]. Elle joue aussi un rôle dans la détermination de la compétence internationale des tribunaux, car le lieu du fait dommageable est un des facteurs de rattachement juridictionnel pour les actions personnelles à caractère patrimonial dans le droit québécois[2].

La détermination du lieu d'un acte ou d'un fait n'est pas toujours facile. Dans l'affaire *Royal Bank of Canada*, la Cour supérieure à Montréal a dû, pour déterminer sa compétence dans une action relative à la responsabilité délictuelle, localiser une faute résultant d'une omission d'agir. Comment pourrait-on repérer le lieu d'une omission – équivalente à une action qui n'a pas lieu ? La Cour a suivi la jurisprudence antérieure pour localiser l'omission d'avertir à l'endroit où l'avertissement aurait dû être reçu[3].

La localisation des actes accomplis totalement à distance constitue un vrai défi. La difficulté a été éprouvée dans la pratique judiciaire québécoise et une solution n'est trouvée qu'au cas par cas. Dans l'affaire *Sclifos* c. *McBride*[4], par exemple, pour conclure sur la loi applicable, la Cour du Québec a dû déterminer le lieu de négociation et de conclusion d'une vente de véhicule[5] qui s'est passée principalement à distance[6]. La Cour s'est basée sur les articles 1385-1388 C.c.Q. relatifs à la formation du contrat pour localiser la vente chez l'acheteur au Québec, car c'est ce dernier qui a fait la proposition d'achat acceptée à distance par le vendeur, et le paiement a été effectué « avant même de prendre possession et de vérifier l'état du véhicule »[7].

La localisation des transactions commerciales et financières serait encore plus compliquée pour celles effectuées via des plateformes virtuelles. Or, le risque de survenance plus régulière de pandémies comme la Covid-19 incite d'autant à la prolifération des transactions à distance depuis le début de l'année 2020. Sans doute, l'espace virtuel sera un jour le principal espace pour une partie non négligeable des interactions humaines.

---

[1] Du côté québécois : art. 3109 C.c.Q. (la forme de l'acte juridique), art. 3088 al. 2 C.c.Q. (la forme du mariage) et art. 3090.1 C.c.Q. (validité de fond et de forme de l'union civile). Du côté vietnamien : art. 681 al. 2 (la forme du testament) et 683 al. 7 du Code civil de 2015 (la forme du contrat) et art. 36 al. 1 a) du « Décret portant application de la Loi sur le mariage et la famille », n° 126/2014/ND-CP du 31 décembre 2014 (validité du mariage célébré à l'étranger).

[2] Art. 3148 (3°) C.c.Q.

[3] Royal Bank of Canada *c.* Capital Factors Inc., 2013 QCCS 2214 paragr. 60.

[4] Sclifos *c.* McBride, 2018 QCCQ 6317.

[5] En vertu de l'article 3114 C.c.Q., la vente d'un meuble corporel est normalement régie par la loi de l'État où le vendeur a sa résidence, en l'absence de désignation par les parties, mais lorsque les négociations ont été menées et que le contrat a été conclu dans l'État de résidence de l'acheteur, la loi de cet État s'appliquera.

[6] Par échanges de courriels entre l'acheteur demeurant au Québec et le vendeur demeurant en Ontario et paiement par transfert bancaire.

[7] Sclifos *c.* McBride, 2018 QCCQ 6317, paragr. 34-37.

Dans un avenir pas trop lointain, des mariages pourraient également se célébrer et des contrats de mariage pourraient être conclus dans les espaces virtuels. Il est ainsi intéressant de lire qu'un projet d'un mariage enregistré sur la chaîne de blocs (*blockchain*)[1] a été réalisé pour la première fois en 2014 par les futurs époux David Mondrus, un conseiller en *blockchain*, et Joyce Bayo, lors d'une cérémonie sur Skype[2]. En 2018, le premier contrat de mariage *blockchain* a été signé par deux époux suisses, même s'il n'est pas reconnu par la loi[3]. En 2019, les médias annoncent qu'un contrat de mariage *blockchain* reconnu par la loi autrichienne a été signé entre Lukas Götz, le PDG de *Block24*, et son épouse à la suite de leur mariage en Autriche[4]. Certes, il est encore trop tôt pour envisager que le mariage célébré dans l'espace virtuel sera juridiquement reconnu par les États. Cependant, une fois que ce mode de mariage deviendra courant, les États n'auront pas d'autres choix que de chercher à adapter leur législation à la nouvelle réalité, ce qui aura certainement des impacts sur le DIP[5].

Dans le domaine de la responsabilité délictuelle, la même difficulté se pose avec la localisation du lieu du délit commis en ligne (le cyberdélit). Or c'est le facteur de rattachement principal pour cette catégorie (*lex loci delicti commissii).*

Les États cherchent à tenir compte de cette réalité évolutive dans leur droit. Toutefois, les solutions adoptées sont très variées et consistent principalement en une adaptation des moyens traditionnels au contexte de l'internet. Pour les

---

[1] « Technologie de stockage et de transmission d'information sans organe central de contrôle [car les blocs qui contiennent un nombre d'informations codées sont authentifiées, actualisées et enregistrées dans tous les ordinateurs du réseau, et non dans un serveur central]. La blockchain est constituée d'une chaîne de blocs contenant chacun un certain nombre de transactions. Pour être formé, un bloc nécessite une clé cryptographique qui permettra d'appareiller les transactions du bloc et sera également doté d'une clé de sortie qui permettra l'horodatage et la validation des informations cryptées ». Cette nouvelle technologie a une grande potentialité pratique grâce à ses vertus fiables, sécuritaires et décentralisés : Perrin, « Le bitcoin et le droit : problématiques de qualifications, enjeux de régulation », 84. Dans cet article, l'auteur suggère une « qualification nouvelle dédiée à la blockchain », ainsi qu'une « régulation supranationale », vu son caractère virtuel et mondial.

[2] Spencer Neale, « Getting Married and Divorced on the Blockchain », 9 octobre 2019, www.libertarianism.org/building-tomorrow/getting-married-and-divorced-blockchain.

[3] Le News, « Switzerland's first blockchain marriage », 3 août 2018, lenews.ch/2018/08/03/switzerlands-first-blockchain-marriage/. Voir, par exemple, ce que la compagnie *Block42* propose pour un contrat de mariage *blockchain* qui peut être reconnu par la loi autrichienne :

> According to Austrian law a written contract is obligatory for a marriage contract.
>
> Together with our attorneys (Stadler/Völkel) we set up a common marriage contract and enhanced it by referencing to the Smart Wedding Contract. Several parts like the separation of property in case of a divorce, are handled exclusively by the Smart Wedding Contract.
>
> The written contract was uploaded to the decentralized file storage IPFS and can be viewed here.

Block42, « Smart Wedding Contract – How does it look like? », consulté le 22 juin 2022, www.block42.tech/how-does-it-look-like.

[4] Salzgeber Ramona, « Smart Wedding Contracts – How Blockchain Could Simplify Divorce », 2 janvier 2019, www.ico.li/smart-wedding-contracts/.

[5] Sur ce sujet, voir les propos de la professeure Sylvette Guillemard sur l'impossibilité actuelle de conclure sur la validité et la localisation de ce type de « mariage » aux yeux du DIP : *Droit international privé + numérique* (Conférence CRDP/IRDA « Le droit à l'épreuve du numérique », Université de Montréal, 7 mai 2018), consulté le 24 juin 2022, www.lesconferences.ca/videos/droit-international-prive-numerique/.

contrats entre « non-présents », leur conclusion est localisée par la Cour suprême du Canada à l'endroit de la réception de l'offre, alors qu'elle l'est au lieu de l'expédition selon la jurisprudence de la Cour de cassation française[1]. Appliquées aux contrats en ligne, ces théories de réception ou d'expédition ne semblent pas totalement satisfaisantes, car le contrat est formé soit au lieu où se trouvent l'acheteur ou le vendeur qui accomplissent leur acte – ce qui est éphémère –, soit au lieu où se situe le serveur – qui peut n'avoir aucun lien avec la transaction. La loi vietnamienne, quant à elle, considère que les activités ayant lieu sur les sites internet utilisant les noms de domaine vietnamien « .vn » comme étant passées sur le territoire vietnamien[2]. Toutefois, tous les noms de domaine ne correspondent pas nécessairement à un territoire déterminé. C'est le cas des sites finis par « .eu » (pour toute l'Union européenne) ou par « .com », « .net » ou « .org » pour les affaires ou organisations.

Ainsi, pour nous inspirer de la thèse soutenue par la professeure S. Guillemard, la solution la moins discutable serait de considérer le cyberespace comme le lieu du passage des transactions en ligne, car « chercher des correspondances entre cyberespace et territoires terrestres mène à des impasses »[3]. Certes, cette prétention n'offre pas de solution de rattachement puisque le cyberespace, on le sait, ne correspond à aucun ordre juridique étatique[4]. Pourtant, comme derrière toutes les opérations cyberspatiales, il y a des humains, celles-ci peuvent toujours être rattachées à un ordre juridique grâce aux facteurs de rattachement traditionnels. Il existe, et il est donc recommandé aux législateurs d'y penser, plusieurs moyens pour résoudre la difficulté causée par le cyberespace.

Le premier moyen consiste à multiplier les facteurs de rattachement permettant des alternatives à la loi du lieu de l'acte. Sans parler du rattachement juridictionnel, qui bénéficie depuis toujours de la pluralité des facteurs de rattachement, c'est dans la recherche de la loi applicable que l'on observe des rénovations, aussi bien dans la codification québécoise de 1994 que dans la réforme vietnamienne en 2015.

À titre d'exemple, l'article 3109 C.c.Q. prévoit une multitude de rattachements possibles pour régir la validité de forme d'un acte juridique. L'alinéa 1 reprend la formule traditionnelle de la *lex locus actum*[5]. Cependant, l'alinéa 2 permet de reconnaître que l'acte est aussi valide s'il « est fait dans la forme prescrite par la loi applicable au fond de cet acte ou par celle du lieu où, lors de sa conclusion, sont situés des biens qui en font l'objet ou, encore, par celle du domicile de l'une des parties lors de la conclusion de l'acte ». De plus, en ce qui concerne un testament, l'alinéa 3 reconnaît aussi sa validité « dans la forme prescrite par la loi

---

[1] Charlebois *c.* Baril, [1928] R.C.S. 88 ; SARL Reich-France *c.* SARL FHM Pinel, Civ. 3e, 22 juin 1976, *Bull. civ.* III, n° 215, cités dans Sylvette GUILLEMARD, *Le droit international privé face au contrat de vente cyberspatial*, Cowansville/Bruxelles, Éditions Yvon Blais/Bruylant, 2006, p. 263.
[2] « Décret sur le commerce électronique », n° 52/2013/ND-CP du 16 mai 2013, art. 2 c].
[3] Guillemard, *Le droit international privé face au contrat de vente cyberspatial*, 257 et 258.
[4] Existe-il un ordre juridique cyberspatial ? Il s'agit d'une question intéressante qui attire l'attention des recherches juridiques. Pourtant, la réponse doit être négative pour le moment. Voir, entre autres, Serge Kablan et Arthur Oulaï, « L'essence des approches du droit cyberspatial et l'opportunité de la co-régulation », *R.G.D.* 39 (2014) : 5.
[5] Art. 3109 al. 2 C.c.Q. : « La forme d'un acte juridique est régie par la loi du lieu où il est passé ».

du domicile ou de la nationalité du testateur ». Ainsi, le codificateur a prévu plusieurs facteurs de rattachement additionnels. Cette multiplication a pour objectif « de diminuer le plus possible le risque qu'un acte soit invalidé pour des questions de forme »[1]. Elle constitue aussi, sans aucun doute, un bon remède à l'éventuelle difficulté de localiser un facteur quelconque.

Au Vietnam, la réforme de 2015 du droit civil a aussi introduit plusieurs facteurs de rattachement pour déterminer la validité formelle d'un acte juridique. En vertu de l'article 683 du Code civil de 2015, le contrat est reconnu valable dans la forme prescrite soit par la loi applicable au fond du contrat, soit par la loi du lieu où il est conclu, soit par la loi vietnamienne. De même, le testament est reconnu valable s'il est fait dans la forme prescrite soit par la loi du lieu où il est établi, soit par la loi de la résidence ou de la nationalité du testateur au moment où il a disposé ou au moment de son décès, soit par la loi du lieu où est situé le bien immobilier faisant l'objet du testament.

Il est néanmoins regrettable que la forme du mariage reste soumise à un facteur de rattachement unique, qui est le lieu de sa célébration[2]. Au Québec, une modification intervenue en juin 2016 a conduit au même résultat. Avant cette date, l'article 3088 al. 2 C.c.Q. reconnaissait la validité de forme du mariage selon plusieurs lois applicables : « [Le mariage] est régi, quant à ses conditions de forme, par la loi du lieu de célébration ou par la loi de l'État du domicile ou de la nationalité de l'un des époux ». La modification en 2016 a supprimé tous les facteurs de rattachement additionnels, ne gardant que la loi du lieu de la célébration du mariage. Une telle modification a été critiquée comme « inutile et plutôt nuisible », car elle diminue d'autant la possibilité de validation du mariage à l'étranger pour des questions de forme[3]. Il faut rappeler de plus que la *lex loci celebrationis* risque de ne pas s'adapter aux éventuelles évolutions du mode de célébration du mariage dans l'avenir, tel que celui sur blockchain, et il serait nécessaire de trouver des alternatives, comme celles prévues à l'ancien article 3088 C.c.Q.

En ce qui concerne la responsabilité délictuelle, le Québec et le Vietnam adoptent l'application prioritaire de la loi du domicile ou de la résidence de l'auteur et de la victime, s'ils demeurent dans un même État[4]. Le lieu où le préjudice est subi – moins difficile à repérer en cas de cyberdélits ou de délits plurilocalisés que le lieu du fait dommageable – est retenu comme facteur principal dans le droit vietnamien et comme facteur alternatif dans le droit québécois. On admet aussi en droit vietnamien la possibilité pour les parties de s'entendre sur la loi applicable à leur litige relatif à la responsabilité.

De plus, le principe de proximité peut intervenir pour combler les lacunes ou corriger les rattachements faits de façon fortuite ou aléatoire. C'est ce que la Cour supérieure du Québec a choisi dans la décision *Giesbrecht* c. *Nadeau (Succession de)*, où la loi du lieu de l'accident aérien a été écartée en faveur de la loi

[1] Guillemard et Ly, *Éléments de droit international privé québécois*, 40.
[2] Décret portant application de la Loi sur le mariage et la famille, art. 36.
[3] Voir Sylvette Guillemard, « Chronique – La modification de l'article 3088, al. 2 C.c.Q., quelle erreur! », *Repères*, novembre 2016, EYB2016REP2083 (La Référence).
[4] Art. 3126 al. 2 C.c.Q. et art. 687 (2) du Code civil de 2015 du Vietnam.

québécoise, conformément à l'article 3082 C.c.Q.[1] La solution est pertinente pour les cyberdélits dont la détermination du lieu de survenance s'avère extrêmement difficile.

Enfin, dans plusieurs cas, le rattachement basé sur la volonté des parties contribue grandement à cette adaptation au nouveau contexte, car avec l'application de la loi choisie par les parties, on évite la difficile tâche de localiser certains actes.

1.2 L'évolution du rôle de la volonté en droit international privé

La liberté contractuelle et l'autonomie de la volonté sont des notions qui se situent depuis longtemps au cœur de réflexions et débats. Elles évoluent, donnant naissance à des courants théoriques différents. Inscrite dans la tendance actuelle à la libéralisation commerciale et à l'émancipation humaine, la place du principe d'autonomie de la volonté a bien évolué en DIP, pour s'appliquer non seulement aux rapports contractuels, mais aussi aux obligations non contractuelles, aux droits réels et aux relations familiales (ce qu'on peut observer dans plusieurs codifications contemporaines[2]), ainsi qu'à la procédure[3]. Son rôle est également renforcé dans le domaine du rattachement juridictionnel, comme en témoigne l'admission plus générale de la volonté des parties dans le choix du for[4]. Cette évolution est observée clairement dans le DIP québécois et le DIP vietnamien si l'on compare l'avant et l'après-réforme, mais la portée du principe reste à préciser.

Le principe étant ainsi largement admis, il est nécessaire d'adopter un bon encadrement pour l'exercice de la volonté. Si le droit québécois est assez développé sur cette question, certaines ambiguïtés dans la codification de 1994 peuvent faire surgir des problèmes d'application. Quant au DIP vietnamien, il comporte de nombreuses lacunes, mettant en cause l'effectivité de la réforme. Promouvoir la volonté des parties et renforcer la réglementation étatique pour assurer la sécurité juridique sont deux tendances opposées, mais indissociables,

---

[1] Giesbrecht *c.* Nadeau (Succession de), 2016 QCCS 4929. Cette décision a été renversée par la Cour d'appel de façon très contestable, voir *infra*, chapitre II, section I « Le principe de proximité comme principe directeur de rattachement ».

[2] Les auteurs Tito Ballarino et Gian Paolo Romano, « Le principe de proximité chez Paul Lagarde : quelques précisions et développements récents », in *Le droit international privé : esprit et méthodes. Mélanges en l'honneur de Paul Lagarde*, éd. par Marie-Noëlle Jobard-Bachellier et Pierre Mayer (Paris : Dalloz, 2005), 37, ont recensé, dans différents droits nationaux, l'admission de ce principe pour les catégories suivantes : les obligations quasi contractuelles, les régimes matrimoniaux, les successions, les rapports personnels entre époux, le divorce et la séparation de corps, la légitimation, les trusts, le droit des noms, les droits réels mobiliers, les aliments, la représentation volontaire, la capacité et même le droit des sociétés.

[3] La jurisprudence française permet aux parties de convenir de la loi applicable à la procédure de jugement lorsque leur litige international est porté devant le tribunal français pour les droits dont elles ont la libre disposition. Voir Civ. 1re, 19 avril 1988 (*Roho*), *R.C.D.I.P.* 1989.68, note H. Batiffol.

[4] Voir Christian Kohler, « L'autonomie de la volonté en droit international privé : un principe universel entre libéralisme et étatisme », *R.C.A.D.I.* 359 (2012) : 285, notamment chap. III.

du DIP moderne[1]. Ces tendances devraient, à notre avis, être bien intégrées dans la future codification vietnamienne.

1.2.1 Propos préliminaires sur la liberté contractuelle et l'autonomie de la volonté en droit international privé

Il y a environ 2000 ans, Platon a fait éloge de la liberté des parties de choisir leur tribunal en ces termes : « Regardons donc comme le tribunal le plus compétent celui que les parties se seront donné à elles-mêmes, en choisissant d'un commun accord de leurs juges »[2]. Basée sur l'idée d'un droit naturel de l'Homme, la théorie de l'autonomie de la volonté – la volonté qui se donne elle-même à la loi – a été formulée au XIXe siècle par les jusnaturalistes, dont les plus grandes figures sont Hugo Grotius avec sa notion de « volonté des peuples » développée à partir de la volonté des contractants comme la base d'un « *jus gentium* » (droit des gens)[3] et Jean-Jacques Rousseau avec le concept de « volonté générale » comme la base d'une société organisée, formulé dans sa célèbre thèse sur le contrat social[4].

Les retombées pratiques les plus connues de l'autonomie de la volonté s'expriment dans le principe de la liberté contractuelle. En reconnaissant aux individus la liberté de contracter et de choisir les termes de leur contrat, le législateur accorde une place très importante à la volonté individuelle dans son système juridique. Toutefois, cette primauté peut présenter des risques en termes de hiérarchie des normes – lorsque la volonté devient supérieure à la loi – et d'équité – lorsqu'une partie forte impose ses conditions à une autre partie plus faible. On fait donc face à un conflit entre, d'une part, le volontarisme qui fait primer la volonté individuelle sur la volonté souveraine et, de l'autre, l'étatisme qui tend à restreindre la volonté individuelle dans le souci de maintenir l'ordre de la société. Pour assurer l'équilibre entre ces deux antagonistes, des conditions et

---

[1] Kohlor.

[2] Platon, *Les lois*, livre VII, p. 130, cité dans Guillemard, *Le droit international privé face au contrat de vente cyberspatial*, 17.

[3] GROTIUS, *De jure belli ac pacis*, 1625 (*Le droit de la guerre et de la paix*, traduit par Jean BARBEYRAC, Amsterdam, Chez Pierre de Coup, 1625). Bien que l'ouvrage se consacre au droit international public, Grotius a recours à la notion de contrat et à l'obligation de tenir ses promesses pour justifier sa thèse sur l'obligation des peuples de respecter leurs traités de bonne foi. C'est pourquoi l'ouvrage contient d'importants développements sur le droit privé, notamment sur le contrat, dont Grotius propose une nouvelle conception fondée sur la volonté des contractants : les conventions sont obligatoires non seulement par la loi, mais par la volonté ; le devoir de tenir ses promesses repose sur une communauté de raison entre les hommes, selon les exigences du droit naturel (t. 2, chap. XI « Des promesses »). Ainsi, dans l'ordre international, les traités sont aussi liés par la « volonté des peuples ».

[4] Jean-Jacques ROUSSEAU, *Du contrat social*, Amsterdam, Bibliothèque du Peuple, 1762. Dans son ouvrage, Rousseau propose une organisation « juste » de la société reposant sur un pacte garantissant l'égalité et la liberté entre tous les citoyens, où ils renoncent à leur liberté naturelle pour gagner une liberté civile. En principe, chaque individu est libre de contracter et l'interaction entre les gens repose totalement sur leurs volontés propres. Du « contrat social » résulte la volonté générale grâce à « l'aliénation totale de chaque associé avec tous ses droits à toute la communauté », permettant d'assurer la stabilité des fondements de la société. L'idée que la société est construite par un accord librement donné trouve son écho dans le principe d'autonomie de la volonté.

des limites sont prévues pour encadrer l'exercice de la volonté dont l'autonomie est devenue une tendance irréversible.

La première apparition du terme « autonomie de la volonté » en DIP remonte à 1843 dans un traité français de DIP[1]. À l'instar des juristes allemands à qui l'on doit l'utilisation juridique du terme[2], l'auteur de ce traité, le professeur Foelix, considère l'autonomie de la volonté non pas comme une théorie mais comme une technique qui justifie l'application d'une loi au contrat en l'absence d'un choix exprès des parties. Cela, grâce à ce qu'il nomme « l'autonomie tacite » de volonté que le juge doit rechercher[3]. C'est avec Weiss, dans son *Traité élémentaire de droit international privé*, publié pour la première fois en 1885[4], que l'autonomie de la volonté a pris une dimension plus importante en tant que « principe » qui « fait de la volonté un concurrent de la loi »[5]. Weiss conçoit la volonté comme une « modification atténuante » de la doctrine de la *personnalité du droit* chez les juristes italiens, énoncée dans le discours célèbre de Mancini en 1851[6], qu'il reformule en ces termes : « La loi, lorsqu'elle statue sur un intérêt privé, a toujours pour objet l'utilité de la personne ; elle ne peut régir que ceux pour qui elle a été faite ; mais ceux-là, elle doit, en principe, les régir en tous lieux et dans tous leurs rapports juridiques, *sauf les exceptions ou atténuations qui résultent de* l'ordre public international*, de la règle* locus regit actum, *de l'autonomie de la volonté* »[7]. En examinant le rôle de la volonté en matière de testament et de conventions, Weiss en est arrivé à conclure que, basée uniquement sur l'intérêt des personnes, la volonté reste « subordonnée à la loi personnelle de l'intéressé qui peut lui en refuser l'exercice »[8]. Il indique par exemple des domaines qui se trouvent hors de l'autonomie de la volonté d'une personne : « la capacité [...] qui est gouvernée par sa loi personnelle, des formes extérieures de l'acte [...] auxquelles la règle *locus regit actum* sera applicable, enfin des dispositions d'*ordre public international*, auxquelles il est interdit de déroger sur le territoire où elles sont en vigueur »[9].

Au sujet des limites de l'autonomie de la volonté en DIP, plusieurs thèses se sont opposées. D'après la première, l'autonomie de la volonté étant totale, les parties peuvent utiliser ce qu'elles veulent dans la loi à laquelle elles se réfèrent. En revanche, selon l'autre, l'autonomie se limite au seul droit des parties de

---

[1] Jean Jacques Gaspard Foelix, *Traité de droit international privé, ou du conflit des lois des différentes nations en matière de droit privé* (Paris : Joubert, 1843). Voir : Innocent Fetze Kamdem, « L'autonomie de la volonté dans les contrats internationaux », *C. de D.* 40 (1999) : 647 et 648.

[2] En Allemagne, le terme « autonomie » désigne « le privilège appartenant à la noblesse et à plusieurs corporations de régler elles-mêmes leurs rapports particuliers par une espèce de législation domestique » : Savigny, *Traité de droit romain*, Tome huitième : 113.

[3] Foelix, *Traité de droit international privé, ou du conflit des lois des différentes nations en matière de droit privé*, 127.

[4] André Weiss, *Traité élémentaire de droit international privé* (Paris : L. Larose et Forcel, 1885).

[5] Kamdem, « L'autonomie de la volonté dans les contrats internationaux », 652.

[6] Pascal-Stanislas Mancini, « Discours d'ouverture de la chaire de droit international de l'Université de Turin » (Turin, 22 janvier 1851).

[7] André Weiss, *Traité élémentaire de droit international privé*, 2e éd. (Paris : L. Larose et Forcel, 1890), 298, 314 et suiv. (italiques dans l'original).

[8] Weiss, 315.

[9] Weiss, 315.

choisir une loi applicable à leur rapport. Ces deux conceptions conduisent à des points de vue opposés sur la portée et les conséquences de l'exercice de la volonté, ainsi que sur le rapport entre la volonté et la loi – le subjectivisme et l'objectivisme, que nous aborderons plus tard dans cette section. Savigny adopte une opinion intermédiaire. Tout en ne reconnaissant pas l'autonomie de la volonté, il est d'avis que la volonté peut exercer une influence sur le droit applicable et la juridiction compétente par la « soumission volontaire » des parties. Ainsi, « [l]e droit local applicable à chaque rapport de droit se trouve sous l'influence de la volonté libre des personnes intéressées, qui se soumettent volontairement à l'empire d'un droit déterminé, bien que cette influence ne soit pas illimitée. Cette soumission volontaire étend aussi son efficacité à la juridiction compétente pour connaître des divers rapports de droit »[1]. Pour Savigny, la soumission volontaire s'exprime non seulement dans le choix exprès des parties, mais aussi dans leur choix d'entrer dans des rapports juridiques en un lieu donné. Par exemple, lorsqu'une personne décide d'acquérir un immeuble dans un pays, elle se soumet volontairement à la loi de ce pays, ce qui justifie la compétence du *forum rei sitae* et l'application de la *lex rei sitae*[2]. C'est sur la base de la « présomption de soumission volontaire » que Savigny propose ses solutions de rattachement juridictionnel et normatif, en particulier pour les obligations[3]. Cette présomption justifie aussi l'application d'une loi au lieu d'une autre : « [si] le contrat se trouve soumis à un droit local (celui du lieu de l'exécution, par exemple) qui le déclare nul, tandis qu'il serait valable d'après le droit du domicile, on ne saurait admettre que les parties aient voulu se soumettre à un droit local en contradiction directe avec leurs intentions »[4].

La polémique entre les partisans et les adversaires de l'autonomie de la volonté en DIP continue à être vive au XXe siècle. Du côté des anti-autonomistes, c'est surtout la thèse de Niboyet, prononcée en 1927 lors de son cours à l'Académie de La Haye consacré à ce thème, qui rejette l'idée même de l'autonomie de la volonté. Selon ce professeur français, si les tribunaux et la doctrine croyaient à l'existence de celle-ci, c'est parce qu'« on a fait une confusion tout à fait fondamentale entre ce concept et un autre, seul véritablement exact : celui de la *liberté des conventions* dont le contenu est tout à fait différent »[5]. Sa critique contre la théorie de l'autonomie de la volonté défendue par Dumoulin repose sur la prémisse que « la volonté des parties n'est jamais supérieure, ni même parallèle à la loi, mais qu'elle doit toujours se mouvoir dans le cercle admis par le

---

[1] Savigny, *Traité de droit romain*, Tome huitième : 110.

[2] Savigny, Tome huitième : 110 et suiv.

[3] Savigny, Tome huitième : 246. Le droit local déterminé sur cette base ne sera plus applicable que dans deux cas : lorsqu'« il se trouve en contradiction avec une loi rigoureusement obligatoire établie dans le lieu où siège le juge appelé à prononcer [...] car les lois de cette nature ne laissent aucune influence à la volonté libre des parties » et lorsque « la présomption de soumission volontaire est détruite par une déclaration contraire expresse ».

[4] Savigny, Tome huitième : 247.

[5] Jean-Paulin Niboyet, « La théorie de l'autonomie de la volonté », *R.C.A.D.I.* 16 (1927) : 51. L'auteur oppose la liberté des conventions exercée dans les limites fixées par la loi à la volonté créatrice de droit qui ne peut jamais appartenir aux individus.

législateur compétent »[1]. Niboyet accepte seulement l'existence d'une « liberté des conventions » que les parties peuvent utiliser « dans les limites fixées par la loi compétente »[2]. Cette conception a diverses conséquences pratiques : elle écarte d'emblée toute nécessité et possibilité pour le juge d'investiguer l'intention des parties. Ainsi, si la loi choisie rend le contrat invalide, il n'est pas question de rechercher une loi remplaçante, en attribuant au contrat une quelconque volonté contraire des parties. De même, la notion de « volonté tacite » que les autonomistes songent à rechercher en cas de silence des parties n'est pour Niboyet qu'« une chose imaginaire », car « [s]i les parties n'ont rien voulu, [c'est] parce qu'elles n'ont pensé à rien »[3]. De nombreux auteurs de droit civil et de *common law* rejoignent Niboyet dans ce combat contre la théorie d'autonomie de la volonté qu'ils considèrent comme absurde et dont ils ont présagé le rapide déclin[4].

Niboyet a certes raison de croire que la volonté de l'individu est toujours soumise aux lois impératives qui peuvent faire échec à son exercice. Force est de noter que sa thèse contre l'existence de l'autonomie de la volonté est fortement influencée par sa vision unilatéraliste en faveur de l'application de la *lex fori*, fondée sur le principe de territorialité qu'il protège à tout prix. Or, à notre avis, il n'y a pas nécessairement d'incompatibilité entre la liberté contractuelle – ou pour reprendre les termes de Niboyet, « la liberté des conventions » – et l'autonomie de la volonté. Cette liberté sur laquelle sont fondés les rattachements découle bien, comme l'a souligné la professeure S. Guillemard, de l'autonomie de la volonté[5], qui servira de base pour une extension rapide du champ de la liberté contractuelle vers d'autres domaines non contractuels, tels que les statuts personnels, réels, extracontractuels et procéduraux.

En 1972, dans ses arguments contre les anti-autonomistes, le professeur A. Curti Gialdino justifie l'existence de l'autonomie de la volonté en tant qu'une délégation du pouvoir étatique manifestée dans la règle attribuant ce pouvoir aux individus :

> Il est bien vrai que la volonté des sujets est impuissante à elle seule à produire, comme n'importe quel autre effet juridique, celui de l'application d'une certaine loi aux rapports entre les mêmes sujets : mais rien n'empêche que l'indication de cette loi de la part des intéressés ne puisse être envisagée par une règle de droit qui lui attribuerait les effets juridiques correspondant à son contenu. Si elle existe, cette norme est une règle de conflit : et c'est elle qui renferme par conséquent la justification de l'autonomie de la volonté en droit international privé. [...] Le tort des anti-autonomistes a été de négliger l'expérience dérivant des premières

---

[1] Niboyet, 51.
[2] Niboyet, 60.
[3] Niboyet, 63.
[4] Pour une synthèse doctrinale, voir A. Curti Gialdino, « La volonté des parties en droit international privé », *R.C.A.D.I.* 137 (1972) : 766 et 767.
[5] Guillemard, *Le droit international privé face au contrat de vente cyberspatial*, notamment p. 15.

codifications que la plupart d'entre eux passent sous silence ou évitent de commenter[1].

Il conclut ainsi : « Que les sujets de droit puissent déterminer, dans une mesure plus ou moins étendue, la loi devant régler ceux parmi leurs actes ou rapports qui sont compris dans certaines catégories, est aujourd'hui retenu admissible par la plus grande partie de la doctrine »[2]. L'auteur apporte aussi son appui à une conception étendue de l'autonomie de la volonté avec sa notion d'« adhérence psychologique »[3] à un ordre juridique déterminé. Cette approche permet, outre la constatation de la volonté explicitement exprimée – ce qu'il appelle la « volonté réelle » –, de justifier la découverte de l'intention des parties dans des situations où « les sujets n'ont manifesté, pour ce qui concerne la détermination de la loi compétente, aucune volonté »[4] – qu'il dénomme la « volonté hypothétique ».

Près d'un siècle après le premier cours complètement dédié à la théorie de l'autonomie de la volonté donné par Niboyet, le monde a beaucoup changé. Avec la libre circulation et la multiplication des relations transfrontalières, on assiste dès les années 1960 à une évolution remarquable du rôle de la volonté attribué dans les codifications de DIP[5]. Personne n'a pu échapper à cette tendance. Il convient en effet de rappeler que le premier projet de codification du DIP français de 1953, qui porte le nom de Niboyet, contient deux dispositions permettant de déterminer la loi applicable au fond et aux effets du contrat (art. 89), ainsi qu'à la convention matrimoniale (art. 70) sur la base de la volonté des parties[6].

Aujourd'hui, le principe d'autonomie de la volonté, qui s'exprime dans la liberté des parties de choisir le système judiciaire et juridique pour régir leur relation, est admis dans le DIP de la plupart des États et dans les textes internationaux. N'étant pas « le seul principe (ni même le principe "primordial") », il « fait [cependant] partie des principes directeurs qui guident les législations et codifications récentes »[7]. Outre la désignation expresse par les parties, le professeur Christian Kohler indique multiples manifestations possibles de la volonté. Elles comprennent aussi, par exemple, des rattachements volontaires indirects, lorsque les parties, par leur choix du for ou du facteur de rattachement, effectuent une influence sur la détermination de la loi applicable[8].

---

[1] Curti Gialdino, « La volonté des parties en droit international privé », 769.

[2] Curti Gialdino, 752.

[3] Curti Gialdino, 756.

[4] Curti Gialdino, 758 et 759.

[5] Curti Gialdino, 770-77, pour une vue d'ensemble de cette tendance.

[6] Sur les projets de codification du DIP français, voir Lagarde, « Sur la non-codification du droit international privé français ».

[7] Kohler, « L'autonomie de la volonté en droit international privé : un principe universel entre libéralisme et étatisme », 303.

[8] Kohler, 321 et suiv. : En choisissant le tribunal compétent, les parties peuvent aussi viser une loi donnée pour leur rapport, car le juge détermine toujours la loi applicable en vertu des règles de rattachement de son pays. Il en va de même pour les facteurs de rattachement. Lorsque les parties fixent leur domicile ou passent leur acte à un lieu donné, ils peuvent prévoir aussi la loi applicable déterminée par les règles de rattachement utilisant de tels facteurs. Ces possibilités peuvent « motiver l'exercice de la volonté » mais aussi les tentatives de « fraude à la loi » que les États cherchent à condamner.

La liberté des parties de choisir la juridiction et la loi applicable à leur rapport présente plusieurs avantages, notamment en termes de prévisibilité juridique et de confort en leur faveur[1]. Le principe est aussi considéré comme « un instrument de coordination de systèmes différents »[2], étant donné que ce sont les parties qui connaissent le mieux quel for et quelle loi leur conviendront. Il est donc devenu un principe prééminent et confirmé par l'évolution du DIP[3]. Des arguments sont aussi avancés pour soutenir son application étendue. Selon le professeur Erik Jayme, « [s]i l'on accepte [ce principe fondé sur les droits de l'homme], l'autonomie ne concerne pas seulement les contrats conclus pour atteindre des buts économiques, mais aussi les actes juridiques concernant les questions personnelles, comme le mariage ou le testament »[4].

1.2.2 La consécration du principe d'autonomie de la volonté dans les textes de droit international privé du Québec et du Vietnam

L'évolution du principe d'autonomie de la volonté s'exprime à des degrés différents dans les textes de DIP du Québec et du Vietnam, en fonction du type de rattachement, à la suite de la codification québécoise en 1994 et de la réforme du droit civil vietnamien en 2015.

L'évolution du principe dans le droit international privé québécois

Avant la codification civile de 1994, la liberté du choix de rattachement avait une place très modeste dans le DIP québécois. Elle n'était pas prévue explicitement dans le *Code civil du Bas-Canada*. Le *Code de procédure civile* interdisait même aux parties de s'entendre sur la juridiction jusqu'à ce que la clause d'arbitrage soit introduite en 1966 et que l'interprétation jurisprudentielle plus flexible permette de tolérer les clauses d'élection de for assimilées à l'élection de domicile. On observe ainsi une évolution progressive de l'autonomie de la volonté dans la jurisprudence et dans la législation. C'est le *Code civil du Québec* qui a marqué un tournant du DIP québécois, en introduisant des dispositions qui reconnaissent et encadrent le choix juridictionnel et normatif des parties pour certaines actions ou catégories juridiques. Cette ouverture est expliquée par la tendance internationale et l'appui national à la libéralisation commerciale.

De l'interdiction à l'autorisation du choix de rattachement juridictionnel

Le libre choix juridictionnel des parties dans un rapport transnational s'exprime dans leur liberté d'élire une juridiction étatique ou de désigner

[1] Selon la professeure Guillemard, *Le droit international privé face au contrat de vente cyberspatial*, 20, « la détermination préalable de l'autorité empêche le forum shopping, mécanisme qui, en plus de contribuer à l'incertitude, même s'il s'inscrit dans un cadre tout à fait légal, favorise le demandeur ». Elle permet donc de ne pas surprendre le défendeur. Cette constatation vaut aussi bien pour le rattachement normatif.

[2] Erik Jayme, « Identité culturelle et intégration : le droit international privé postmoderne », *R.C.A.D.I.* 251 (1995) : 166.

[3] Constatation de Mme Hélène Gaudemet-Tallon, *La prorogation volontaire de juridiction en droit international privé* (Paris : Dalloz, 1965), 142.

[4] Jayme, « Identité culturelle et intégration : le droit international privé postmoderne », 148.

l'arbitrage pour leur litige existant ou à venir. La possibilité pour les parties de choisir leur for présente de nombreux avantages. Outre l'élimination de l'incertitude et la familiarité du for choisi pour les parties, surtout en termes de procédure et de langue, « la détermination préalable de l'autorité empêche le *forum shopping*, mécanisme qui, en plus de contribuer à l'incertitude, même s'il s'inscrit dans un cadre tout à fait légal, favorise le demandeur »[1]. Pourtant, il faut attendre la codification de 1994 pour que ce droit soit généralement admis dans la législation.

En effet, avant 1994, les clauses d'élection de for étaient interdites sous l'influence de l'article 68 de l'ancien *Code de procédure civile*[2], qui attribuait strictement la compétence territoriale aux tribunaux québécois, et ce, « nonobstant convention contraire ». La jurisprudence était par contre plus ouverte. Dans l'arrêt *Alimport*[3], la Cour suprême du Canada a *de facto* reconnu la validité d'une clause d'élection de for, en l'assimilant à une clause d'élection de domicile autorisée à l'article 85 C.c.B.C.[4] et qui donnait compétence aux tribunaux du Québec en vertu du paragraphe 1 de l'article 68 C.p.c.[5].

La clause d'arbitrage, quant à elle, a été introduite dans le *Code de procédure civile* à la suite d'une modification en 1966[6]. La situation restait néanmoins ambigüe car l'article 68, qui interdisait toute « convention contraire », était toujours maintenu[7]. Il a fallu attendre jusqu'en 1983 pour mettre fin à « une [telle] controverse qui durait depuis plus de soixante ans »[8], avec l'arrêt *Zodiak*, où la Cour suprême du Canada a affirmé qu'« [e]n adoptant l'art. 951 C.p.c. dans sa forme actuelle, le législateur a reconnu la validité et la légalité de la clause compromissoire parfaite en droit québécois »[9].

La codification de 1994 a mis fin aux ambiguïtés quant à l'autonomie de la volonté dans le rattachement juridictionnel. Le *Code civil du Québec* autorise expressément l'élection de for à l'article 3148 C.c.Q., pour les actions personnelles à caractère patrimonial, aussi bien en faveur des tribunaux

---

[1] Guillemard, *Le droit international privé face au contrat de vente cyberspatial*, 20.

[2] Code de procédure civile, abrogé en 2016. La compétence internationale des tribunaux québécois était déterminée par une transposition des règles de compétence interne au contexte international, faute de règles dédiées à ces litiges.

[3] Alimport (Empresa Cubana Importadora de Alimentos) *c.* Victoria Transport Ltd., [1977] 2 R.C.S. La question était de vérifier si la Cour supérieure à Montréal était compétente pour entendre le litige concernant un contrat de vente de pommes de terre entre le vendeur au Nouveau-Brunswick et l'acheteur à Cuba, en vertu d'une clause de juridiction incluse dans ce contrat, qui désignait les tribunaux de Montréal comme compétents pour entendre toute demande liée au contrat.

[4] Art. 85 C.c.B.C. : « Lorsque les parties à un acte y ont fait, pour son exécution, élection de domicile dans un autre lieu que celui du domicile réel, les significations, demandes et poursuites qui y sont relatives, peuvent être faites au domicile convenu et devant le juge de ce domicile ».

[5] Alimport (Empresa Cubana Importadora de Alimentos) *c.* Victoria Transport Ltd., [1977] 2 R.C.S. sur 868. Toutefois, la Cour n'a pas donné effet à cette clause en raison du non-respect du délai requis pour le dépôt du moyen déclinatoire.

[6] Art. 951 C.p.c. : « La clause compromissoire doit être constatée par écrit ».

[7] Guillemard, *Le droit international privé face au contrat de vente cyberspatial*, 65.

[8] Zodiak International Productions Inc. *c.* Polish People's Republic, [1983] 1 R.C.S. 529, 541.

[9] Ibid, 529.

québécois[1] qu'en faveur des juridictions étrangères et de l'arbitrage[2]. Le principe est également affirmé pour la détermination de la compétence des tribunaux étrangers[3].

L'évolution du rôle de la volonté dans le rattachement normatif est encore plus remarquable.

Du rôle secondaire de la volonté à son admission totale dans le rattachement normatif

Jusqu'à l'entrée en vigueur du *Code civil du Québec* en 1994, la volonté ne jouait qu'un rôle secondaire dans la détermination de la loi applicable, car, en vertu de l'article 8 C.c.B.C., le principe était la *lex loci contractus* : « Les actes s'interprètent et s'apprécient suivant la loi du lieu où ils sont passés, à moins qu'il y ait quelque loi à ce contraire, que les parties ne s'en soient exprimées autrement ». Le choix des parties n'était donc accepté qu'à titre d'exception dans la législation, même si la pratique ultérieure s'est développée de telle sorte que le ministre de la Justice commentait en 1993 : « Le principe de l'autonomie de la volonté des parties est bien ancré dans la tradition juridique québécoise »[4].

La codification de 1994 a été révolutionnaire en termes de promotion de l'autonomie de la volonté. Le libre choix de la loi applicable est désormais admis de façon explicite à l'article 3111 C.c.Q. pour tout acte juridique, bilatéral ou unilatéral[5], « qu'il présente ou non un élément d'extranéité ». Cette ouverture impressionnante à la volonté des parties est sans aucun doute inspirée du droit européen[6] et montre un esprit moderne en faveur du commerce international. La liberté totale s'exprime aussi dans l'autorisation du « dépeçage » : les parties peuvent désigner la loi applicable « à la totalité ou à une partie seulement d'un acte juridique ».

Le codificateur québécois a ainsi élargi le domaine de la volonté au-delà du domaine traditionnel des obligations contractuelles. Comme la volonté est admise pour tout acte juridique, on comprend que l'article 3111 C.c.Q. s'applique également, par exemple, à la donation[7], ainsi qu'à la succession et à la fiducie[8].

Il est curieux que la possibilité pour les parties de modifier leur choix de droit applicable ne soit pas prévue dans le Livre X C.c.Q., à la différence de la Convention européenne, de laquelle le codificateur québécois s'est fortement

[1] Art. 3148 al.1 (4°) : « [L]es autorités québécoises sont compétentes [si] [l]es parties, par convention, leur ont soumis les litiges nés ou à naître entre elles à l'occasion d'un rapport de droit déterminé ».
[2] L'alinéa 2 du même article reconnaît également l'effet de l'élection de for étranger ou d'arbitre qui peut rendre les tribunaux québécois incompétents, à moins que le défendeur n'ait reconnu la compétence de ces derniers.
[3] Art. 3165 et 3168 C.c.Q.
[4] Ministère de la Justice du Québec, *Code civil du Québec. Commentaires du ministre de la Justice*, 1034.
[5] Talpis et Castel, « Le Code civil du Québec. Interprétation des règles du droit international privé », 870.
[6] *Convention de Rome de 1980*, art. 3 (3), actuellement « Règlement (CE) n° 593/2008 du Parlement européen et du Conseil du 17 juin 2008 sur la loi applicable aux obligations contractuelles », J.O.U.E. n° L 177, 4 juillet 2008, p. 6, art. 3 (3) (ci-après « Règlement Rome I »).
[7] Glenn, « Droit international privé », 716.
[8] Art. 3098 al. 2 et 3107 C.c.Q.

inspiré. La pratique judiciaire semble montrer que les tribunaux québécois sont ouverts à cette possibilité[1]. La doctrine rejoint cette position. Selon les professeurs J. Talpis et J.-G. Castel, « cela découle naturellement du principe de l'autonomie de la volonté »[2]. À notre avis, le silence du législateur dans le Livre X doit avoir une signification, étant donné que la Convention de Rome a été prise comme modèle pour que le Québec construise ses règles sur l'autonomie de la volonté. La modification du choix lorsque la situation juridique est en cours pourrait avoir des impacts sur les tiers, alors que la législation ne dit rien à ce sujet. C'est pourquoi l'interprétation extensive de l'article 3111 C.c.Q. doit être effectuée avec prudence.

L'évolution du principe dans le droit international privé vietnamien

Tout comme la réforme au Québec en 1994, celle du droit civil vietnamien en 2015 a marqué un tournant pour le principe d'autonomie de la volonté dans les rattachements. Bien qu'un encadrement efficace fasse encore défaut, l'admission explicite de la volonté des parties dans la détermination de la compétence et de la loi applicable constitue un pas en avant vers la prévisibilité du droit.

L'admission générale de la liberté du choix de rattachement juridictionnel à la suite de la réforme

Le Code de procédure civile (2004) ne contenait aucune disposition permettant aux parties de choisir la juridiction pour leur litige comportant un élément d'extranéité. Toutefois, ce droit est reconnu dans certaines lois spéciales pour les contrats liés au transport aérien ou maritime. Tandis que le *Code maritime* autorise seulement le choix de fors étrangers[3], la *Loi sur l'aviation civile* ne le permet qu'en faveur des tribunaux vietnamiens[4]. Cette différence est peu justifiable et ne montre que l'incohérence entre les textes juridiques portant sur l'élection du for[5].

La situation était plus positive pour ce qui est du choix de l'arbitrage, le droit vietnamien ayant très tôt reconnu cette possibilité pour certains contrats[6]. Le libre choix de l'arbitrage est aussi affirmé dans la législation portant sur l'arbitrage

---

[1] Sony Music Canada Inc. *c.* Kardiak Productions Inc, 1997 CanLII 10719 (QC CA). Dans cette affaire, les parties à un contrat international ont modifié une clause d'élection de droit ontarien en une clause d'élection de for et de droit québécois (paragr. 10.13 du contrat), et la Cour supérieure n'y a eu aucune objection.

[2] Talpis et Castel, « Le Code civil du Québec. Interprétation des règles du droit international privé », 871.

[3] L'article 260 (1) du *Code maritime* de 2005 prévoit que les parties au contrat comportant un élément d'extranéité peuvent choisir en commun accord de soumettre leur litige à l'arbitrage ou aux tribunaux étrangers.

[4] L'article 172 de la *Loi sur l'aviation civile* de 2006 permet aux parties de soumettre aux tribunaux vietnamiens leur litige lié au contrat de transport aérien.

[5] Quoc Tuan Banh, « Le droit des parties de choisir les tribunaux pour entendre leur litige comportant un élément d'extranéité », *Développement scientifique et technologique*, 2014, 172.

[6] Art. 173 de la *Loi sur l'aviation civile* de 2006, pour les contrats de transport aérien et art. 239 et 249 de la *Loi sur le commerce* de 1997, pour les contrats commerciaux.

commercial[1]. Toutefois, comme le Code de procédure civile de 2004 n'inclue pas la désignation d'un arbitre parmi les motifs d'incompétence ou de sursis des tribunaux étatiques, il n'y a aucune garantie pour le défendeur d'obtenir le renvoi vers l'arbitrage, malgré l'existence d'une clause compromissoire.

La réforme de 2015 a marqué une évolution importante du principe d'autonomie de la volonté dans le rattachement juridictionnel. Le nouveau Code de procédure civile admet désormais, de façon explicite, l'élection de for pour les litiges transnationaux. La désignation des parties donnera ainsi la compétence exclusive aux tribunaux vietnamiens, en vertu de l'article 470, tandis que l'article 472 reconnaîtra le même effet au choix d'un tribunal étranger et à celui de l'arbitrage. Cependant, ces articles ne précisent pas dans quels types d'actions est autorisé le choix juridictionnel des parties, laissant donc une grande lacune à combler.

L'admission explicite de la liberté du choix de rattachement normatif à la suite de la réforme

L'évolution est aussi observée dans le domaine du rattachement normatif. L'article 769 du Code civil de 2005 mentionne la volonté des parties plutôt comme une exception au principe de la loi du lieu d'exécution du contrat : « Les droits et obligations des parties à un contrat sont déterminés selon la loi du pays où le contrat est exécuté, à moins que les parties n'en conviennent autrement ». La disposition n'est pas claire, notamment sur la portée de la convention des parties. Comment peut-on interpréter les termes « convenir autrement » ? Plus précisément, les parties peuvent-elles désigner n'importe quelle loi ou doivent-elles choisir parmi les lois liées par un facteur de rattachement valable ? À moins d'une autorisation expresse prévue pour certains types de contrats dans des lois spéciales[2], la situation restait jusqu'à récemment très floue. De plus, selon le deuxième alinéa du même article 769, les contrats conclus et entièrement exécutés au Vietnam devaient être soumis au droit vietnamien, ce qui excluait toute possibilité pour les parties de s'entendre sur la loi applicable.

La réforme de 2015 a marqué un tournant en faveur du principe d'autonomie de la volonté dans la détermination de la loi applicable. Le nouveau Code civil inclut désormais trois articles reconnaissant explicitement le droit des parties de choisir la loi applicable à leur relation. Le principe général est énoncé à l'article 664 (2) : la loi applicable est déterminée selon le choix des parties, si ce choix est permis dans les lois vietnamiennes ou dans les traités internationaux auxquels le Vietnam est partie. Les articles 683 et 687 le concrétisent pour les obligations contractuelles et extracontractuelles respectivement.

---

[1] « Ordonnance sur l'arbitrage commercial », n° 08/2003/PL-UBTVQH11 du 25 février 2003, art. 2 (2) et art. 49. Cette ordonnance a été remplacée par la « Loi sur l'arbitrage commercial », n° 54/2010/QH12 du 17 juin 2010, art. 16-19.

[2] *Loi sur le commerce* de 2005 (art. 5) et le *Code maritime* de 2005 (art. 4). Au contraire, la *Loi sur l'aviation civile* de 2006 a supprimé la disposition permettant le libre choix des parties dans la loi de 1992 (art. 4) qu'elle a remplacée.

En ce qui concerne les obligations contractuelles, le droit des parties de convenir sur la loi applicable à leur contrat est reconnu à l'article 683 (1)[1] : « Les parties peuvent choisir la loi applicable à leur contrat ». C'est seulement en l'absence de désignation que la loi applicable sera déterminée par les règles de rattachement énumérées dans les paragraphes suivants. Il est également possible aux parties de modifier, d'un commun accord, leur choix, en vertu du paragraphe 6. Au contraire, le libellé de l'article 683 ne permet pas de conclure si le « dépeçage » est autorisé. Cette ambiguïté pourrait empêcher les parties de profiter pleinement de leur droit. Il est donc important de clarifier ce point dans la codification à venir, de préférence en faveur du dépeçage, comme le recommande un auteur[2].

Au contraire, en matière d'obligations non contractuelles, l'admission de la volonté des parties à l'article 687 du Code civil est considérée comme « une révolution du DIP vietnamien, qui était assez réservé vis-à-vis de cette liberté »[3]. Cette solution est inspirée du droit européen[4], bien que son encadrement ne soit pas aussi complet[5].

Évaluation de l'évolution du principe d'autonomie de la volonté dans le droit international privé du Québec et celui du Vietnam

Un bref survol historique montre que, tant pour le Québec que pour le Vietnam, le principe d'autonomie du choix a connu une évolution remarquable à la suite de la grande réforme du DIP de chaque pays. D'une place très limitée dans le passé, la volonté des parties a acquis une importance prioritaire par rapport aux autres facteurs de rattachement, ce qui est confirmé par la législation et la jurisprudence. En revanche, des réticences se manifestent quant à l'étendue de l'admission du principe.

La primauté de la volonté

La primauté de la volonté dans le domaine de la compétence internationale des tribunaux a été affirmée par la jurisprudence de la Cour suprême du Canada. Ainsi, en 2005, les règles de DIP ont été invoquées dans une affaire qui opposait deux compagnies québécoises, Scierie Thomas-Louis Tremblay inc. et J.R. Normand inc., en raison d'une demande incidente contre la société allemande GreCon Dimter Inc., avec laquelle J.R. Normand inc. avait conclu un contrat pour

---

[1] À la différence du droit québécois, le Code civil du Vietnam n'autorise la désignation de la loi applicable que pour les contrats et non pour n'importe quel acte juridique. Par exemple, cette possibilité n'est pas reconnue en matières successorales.

[2] Voir Van Dai Do, « Les clauses de droit applicable au Vietnam », *R.D.A.I.*, n° 5 (2005) : 601, notamment paragr. 10.

[3] Ngo et Ly, « Le nouveau droit international privé vietnamien : grand pas et faux pas de la réforme », 624.

[4] Règlement Rome II, art. 14.

[5] Il n'est pas prévu, comme dans le droit européen, à quel moment le choix des parties intervient, ni qu'il ne doit pas porter atteinte aux droits des tiers. En vertu de l'art. 684 (2), les parties ne peuvent pas choisir le droit applicable si elles résident dans un même État, mais le moment de l'appréciation n'est pas prévu, alors qu'il est fixé à celui « de la survenance du dommage » dans le Règlement Rome II, art. 4 (2).

l'exécution de ses obligations contractuelles avec la Scierie Thomas-Louis Tremblay inc. Comme ce contrat comportait une clause d'élection de for en faveur des tribunaux allemands, il fallait résoudre le conflit entre, d'une part l'article 3148 al. 1 (4) C.c.Q., qui consacre la volonté des parties, et, d'autre part, l'article 3139 C.c.Q. prévoyant la réunion des débats, pour déterminer si les tribunaux québécois étaient compétents. La Cour supérieure et la Cour d'appel du Québec ont rejeté le moyen déclinatoire de GreCon Dimter Inc., estimant que la clause d'élection de for ne pouvait pas prévaloir sur le principe de réunion des débats. La Cour suprême du Canada a infirmé ces décisions, considérant l'art. 3148 al. 2 C.c.Q. comme la « pierre angulaire d'une politique législative de respect de l'autonomie de la volonté des parties »[1], à laquelle est subordonnée l'application de l'art. 3139[2]. Le message est donc très clair : « la liberté contractuelle doit l'emporter sur toute autre considération »[3]. Ce virement jurisprudentiel a marqué la fin de longues hésitations des tribunaux à accorder cette primauté à la volonté sur les considérations procédurales durant la période précédant et suivant l'entrée en vigueur du Livre X C.c.Q. [4]

Dans cet esprit, le choix des parties devrait aussi l'emporter sur l'exigence de proximité qui commande les rattachements. Pourtant, si cette primauté est clairement prévue pour le rattachement normatif, elle ne l'est pas dans le cas de l'élection de for. En effet, contrairement à l'article 3082, qui affirme que la clause échappatoire « n'est pas applicable lorsque la loi est désignée dans un acte juridique », l'article 3135 C.c.Q.[5] n'exclut pas le choix des parties du champ du *forum non conveniens*. Cette différence suscite plusieurs questions, notamment celles de savoir si et dans quelle mesure l'exception de *forum non conveniens* peut s'appliquer contre la volonté des parties ? Si la réponse ne se trouve pas dans la législation, elle ne l'est pas plus dans la jurisprudence. Dans une certaine mesure, l'affaire *Kardiak* peut être mentionnée, dans laquelle la Cour d'appel s'est basée sur l'article 3135 C.c.Q. pour écarter le choix des parties en faveur de la Cour du Québec qui, selon elle, « [aurait dû] décliner la compétence […] au profit du

---

[1] Grecon Dimter Inc. *c.* J.R. Normand Inc., [2005] 2 R.C.S. 401, 2005 CSC 46 paragr. 35.

[2] Ibid, paragr. 37.

[3] Guillemard et Ly, *Éléments de droit international privé québécois*, 58. Il faut noter qu'elle ne doit pas échapper à l'ordre public.

[4] La Cour supérieure et la Cour d'appel ont privilégié le principe de la réunion des débats sur les clauses d'arbitrage et d'élection de for dans les affaires *Guns n'Roses Missouri Storm Inc.* c. *Productions musicales Donald K. Donald inc.*, [1994] R.J.Q. 1183 (C.A.) (avant 1994) et *Crestar Ltd.* c. *Canadian National Railway Co.*, [1999] R.J.Q. 1191 (C.S.) (après 1994). Le premier changement est intervenu peu après, lorsque le juge Fréchette de la Cour supérieure s'est référé à l'article 3148 C.c.Q. pour refuser d'entendre la demande en garantie en raison d'une clause d'élection de for attribuant compétence à un tribunal français (Camionex inc. *c.* Bombardier inc., C.S. 1999-06-16, J.E. 99-1378 (Qc C.S.)). Il s'agit là du début du virement jurisprudentiel vers la priorité de la liberté des parties. Voir les analyses de la professeure Sylvette Guillemard dans son allocution prononcée sur ce sujet lors du Séminaire de la magistrature tenu en février 2013 au Palais de justice de Québec.

[5] En vertu de cet article, qui codifie la doctrine anglo-saxonne du *forum non conveniens*, les autorités québécoises compétentes à entendre un litige comportant un élément d'extranéité peuvent décliner leur compétence en faveur d'un for étranger qu'elles estiment « mieux à même de trancher le litige ». Voir en détail *infra*, chapitre II « Vers un équilibre entre flexibilité et prévisibilité ».

tribunal ontarien »[1]. Cependant, il est difficile de conclure que l'arrêt *Kardiak* a mis fin aux controverses, puisque le tribunal ontarien est aussi désigné par les parties dans le contrat en question[2].

Malgré le manque de clarté du DIP québécois sur cette question, la réponse peut être déduite à l'aide d'une lecture enchaînée des différents articles. Tout d'abord, partant de l'article 3148 C.c.Q., l'exception du *forum non conveniens* ne peut être invoquée pour écarter le choix des parties puisque « par définition, une clause d'élection de for emporte dénégation de la compétence des autres tribunaux [...] surtout si l'autre tribunal a le même respect de clauses d'élection de for »[3]. Cela est conforté par l'article 3165 C.c.Q., qui reconnaît que la compétence des autorités québécoises est rendue exclusive par la « convention entre les parties ». Cette solution a été d'ailleurs adoptée dans la *Convention de La Haye sur les accords d'élection de for*[4] : « Le tribunal ayant compétence en vertu du paragraphe premier ne peut refuser d'exercer sa compétence au motif qu'un tribunal d'un autre État devrait connaître du litige ». Il convient enfin de noter que la jurisprudence va dans le même sens. Dans une décision de 2013, la Cour supérieure a déduit de l'interprétation de la Cour suprême du Canada dans l'affaire *Grecon*[5] que la règle du *forum non conveniens* ne s'applique pas au choix juridictionnel des parties :

> Relativement aux exclusions qui se retrouvent aux articles 3149, 3150 et 3151 *C.c.Q.*, la Cour Suprême prend soin de souligner que par le langage utilisé, le législateur indique son intention claire de limiter les situations où il est possible de passer outre au principe de l'autonomie de la volonté des parties. En d'autres termes, la Cour exprime l'opinion que, outre ces cas d'exclusion, le législateur n'a pas voulu davantage limiter le droit des justiciables de se soustraire à l'autorité québécoise en faveur d'une autorité étrangère ou d'un arbitre[6].

La liberté des parties prime surtout dans le choix de l'arbitrage, qui n'est lié à aucune condition de proximité. « L'arbitrage s'inscrivant en dehors de la sphère de l'ordre juridique étatique, il sort du cadre des compétences judiciaires et il est d'autant plus évident que le même principe vaut ici »[7]. La situation est beaucoup plus claire quant à l'effet de la convention d'arbitrage. Tout d'abord, la *Convention de New York* de 1958, en vigueur à la fois au Québec et au Vietnam, pose le principe d'incompétence des tribunaux étatiques face à l'arbitrage choisi

[1] Sony Music Canada Inc. *c.* Kardiak Productions Inc., J.E. 97-1395, 1997 CanLII 10719 (Qc C.A).

[2] Au début, les parties avaient désigné le tribunal ontarien pour leur litige (clause 10.14). À la suite d'une modification du contrat, une autre clause désignant le tribunal québécois a été ajoutée (clause 10.13). Le contrat contenait donc deux clauses d'élection de for différentes.

[3] Guillemard et Ly, *Éléments de droit international privé québécois*, 93.

[4] « Convention sur les accords d'élection de for », Conférence de La Haye de droit international privé, 30 juin 2005, consulté le 20 décembre 2020 art. 5 (2). La Convention est en vigueur le 1er octobre 2015 sur le territoire de 32 membres dont l'Union européenne. Le Canada et le Vietnam ne sont pas encore membres.

[5] Grecon Dimter Inc. *c.* J.R. Normand Inc., [2005] 2 R.C.S. 401, 2005 CSC 46.

[6] Construction injection EDM inc. *c.* SNC-Lavalin Construction, 2013 QCCS 5049 paragr. 22 et 23.

[7] Guillemard, *Le droit international privé face au contrat de vente cyberspatial*, 76.

par les parties dans des conditions régulières[1]. Cette disposition est reprise dans l'article 3148 al. 2 C.c.Q., selon lequel les autorités québécoises ne sont pas compétentes si les parties ont choisi l'arbitrage pour entendre leur litige, « à moins que le défendeur n'ait reconnu la compétence des autorités québécoises ». Ainsi, les parties ont la liberté de saisir l'arbitrage ou de renoncer à leur choix en faveur de la compétence des autorités québécoises. Toutefois, des délais sont établis pour la demande de renvoi. Lorsque le litige comporte un élément d'extranéité, ce délai est de 90 jours à compter du dépôt de la demande introductive d'instance[2].

La même constatation peut être tirée du DIP vietnamien réformé. En ce qui concerne le choix du droit applicable, on peut déduire des articles 664 et 683 du Code civil de 2015 que la volonté est supérieure à la proximité. Quant au rattachement juridictionnel, en vertu du nouveau Code de procédure civile, la volonté peut déroger à tout autre facteur de rattachement, car les articles 470 et 472 reconnaissent que la compétence du tribunal ou de l'arbitrage choisi est exclusive.

La portée de l'admission du principe

Une première observation au sujet de la portée de l'admission du principe concerne les domaines où la volonté est admissible. Tant le Québec que le Vietnam demeurent réservés vis-à-vis du libre choix des parties dans les matières personnelles et familiales, même dans le domaine des régimes matrimoniaux qui, pourtant, ont « de tout temps été l'objet classique d'un choix de la loi applicable par les époux »[3]. Une telle restriction est regrettable, notamment lorsque la loi autorise les conjoints à convenir d'ententes sur leurs biens matrimoniaux. Certes, les droits personnels et familiaux font partie des droits indisponibles, où la liberté des parties est en général limitée. Cependant, plusieurs pays, en particulier en Europe, ont commencé à admettre la volonté des parties dans ces domaines. Par exemple, l'Union européenne reconnaît depuis 2010 le droit des parties de désigner, dans une certaine mesure, la loi applicable à leur divorce ou à leur séparation de corps[4]. De même, un règlement adopté en 2016 autorise l'élection de for et de droit pour les actions liées au régime matrimonial[5] portées devant les juridictions nationales de l'Union. L'ouverture du Québec à la désignation par le testateur du droit applicable à la succession et celle du Vietnam au choix de loi

---

[1] Convention pour la reconnaissance et l'exécution des sentences arbitrales, 10 juin 1958, (1958) 330 R.T.N.U. 3, art. II (3). Ce principe ne s'applique pas en cas de silence des parties devant le tribunal ou lorsque la convention d'arbitrage est « caduque, inopérante ou non susceptible d'être appliquée ».

[2] Art. 622 al. 2 C.p.c.

[3] Jayme, « Identité culturelle et intégration : le droit international privé postmoderne », 163.

[4] « Règlement (UE) n° 1259/2010 du Conseil du 20 décembre 2010 mettant en œuvre une coopération renforcée dans le domaine de la loi applicable au divorce et à la séparation de corps », J.O.U.E. n° L 343, 29 décembre 2010, p. 10, art. 5 (ci-après « Règlement Rome III »).

[5] « Règlement (CE) n° 2016/1103 du Conseil du 24 juin 2016 mettant en œuvre une coopération renforcée dans le domaine de compétence, de la loi applicable, de la reconnaissance et de l'exécution des décisions en matière de régimes matrimoniaux », J.O.U.E. n° L 183, 8 juillet 2016, p. 1, art. 5 (2) et 7 pour l'élection de for et art. 22 pour le choix de la loi applicable (ci-après « Règlement Rome IV »).

applicable à la responsabilité extracontractuelle montrent qu'une évolution plus poussée est envisageable.

Malgré certaines réticences liées à des préoccupations d'ordre public, on peut se fier aux mécanismes d'exception d'ordre public et aux règles d'application nécessaire pour amoindrir le risque. À titre d'exemple, au Québec, la disposition du « patrimoine familial »[1] s'impose. Au Vietnam, un régime de protection similaire a aussi été mis en place par la réforme du droit familial, parallèlement à l'autorisation donnée aux époux de convenir sur leur régime matrimonial[2].

En somme, s'il est intéressant de voir que des textes européens ont servi de modèle à la fois pour le Québec et pour le Vietnam dans la rédaction des dispositions concrétisant le principe d'autonomie de la volonté, chaque pays s'en est inspiré avec des réserves et des choix qui lui sont propres. L'encadrement de l'exercice de la volonté dans le droit vietnamien est plus faible qu'en droit québécois, et il en nécessite la prise en considération dans la codification.

1.2.3 La nécessité de l'encadrement de l'exercice de la volonté dans la codification

L'efficacité du principe de l'autonomie de la volonté dépend largement des dispositions qui encadrent l'exercice de ce droit. Il est donc nécessaire d'en fixer les conditions, d'en limiter la portée et d'en déterminer l'effet. Les solutions discutées dans la présente section permettront de comprendre et de combler les lacunes du DIP vietnamien en ce sens.

Les conditions de l'exercice de la volonté

La convention des parties visant à déterminer soit la juridiction, soit la loi compétente, ou les deux, constitue en elle-même un contrat qui doit satisfaire à toutes les conditions fixées par la loi pour être valide. Sans exigences particulières, l'élément primordial pour un contrat valide est le consentement des parties, quelle qu'en soit la forme d'expression. Ce principe du consensualisme, qui domine le droit du contrat, s'exprime bien à l'article 1385 C.c.Q., selon lequel l'accord des parties peut être établi « par le seul échange de consentement entre des personnes capables de contracter ». En quelque sorte, l'article 119 du Code civil vietnamien reflète le même esprit en prévoyant que « l'acte juridique peut être conclu verbalement, par écrit ou déduit d'une action concrète »[3].

Dans la présente section, nous nous concentrons sur des conditions spécifiques à l'exercice de la volonté dans le DIP, à savoir celles sur l'expression

[1] Certains biens font partie du patrimoine familial, qui fait l'objet du partage en cas de dissolution de l'union, sans égard à celui qui détient la propriété sur ces biens (art. 414 et suiv. C.c.Q.).

[2] Loi sur le mariage et la famille, section III du deuxième chapitre « Régimes matrimoniaux ». Cette admission est une nouveauté du droit familial vietnamien. Voir Vietnam, Ministère de la Justice, « Rapport explicatif des modifications de la Loi de 2000 sur le mariage et la famille », 2013.

[3] Il faut noter qu'au Vietnam, les contrats commerciaux doivent être établis « sous la forme écrite ou sous toute autre forme ayant la même valeur juridique qu'un écrit », selon la Loi sur le commerce, art. 27. Il en résulte qu'en matière commerciale, les clauses de rattachement doivent aussi être établies sous la forme écrite.

du choix et sur l'existence de l'élément d'extranéité pour faire valoir le droit au libre choix.

L'expression du choix

Plusieurs questions se posent quant à cette première condition. En premier lieu, il est important de définir les exigences de forme pour que l'accord de rattachement soit opposable. En deuxième lieu, il faut savoir s'il existe des particularités liées au contenu de cet accord. Les réponses varient dans le DIP québécois, selon que le rattachement est juridictionnel ou normatif, tandis que le droit vietnamien est encore assez flou à cet égard.

L'article 3148 C.c.Q. ne prescrit, pour l'élection de for, aucune exigence vis-à-vis de la « convention » des parties. Toutefois, la Cour suprême du Canada, dans l'affaire *Grecon*, parle d'« une intention claire exprimée dans une clause d'élection de for »[1] lorsqu'elle considère la dérogation par les parties de la compétence des tribunaux québécois, dont l'effet sera pleinement reconnu par l'article 3148 al. 2 C.c.Q. Cette condition ne semble pas s'appliquer à la prorogation de la compétence de ces derniers, car la lecture de l'alinéa 2 donne à comprendre qu'un accord « tacite » peut résulter du fait que le défendeur a reconnu leur compétence. Cette reconnaissance a été interprétée de façon très large, mais critiquable, dans l'affaire *Barer*[2], où la compétence des tribunaux étrangers a été examinée sous l'effet du miroir prévu aux articles 3164 C.c.Q. et suivants[3], dans le cadre d'une procédure d'*exequatur*. Ainsi, se basant sur le droit québécois, la majorité de la Cour conclut que dès que le défendeur soulève des arguments de fond « qui, s'ils étaient retenus, permettraient de trancher le litige »[4], il est considéré comme avoir reconnu la compétence du tribunal. Selon l'opinion divergente – que nous partageons – de Mme la juge Côté, M. Barer ne s'était pas soumis à la compétence du tribunal d'Utah du simple fait qu'il avait soulevé des arguments de fond dans sa requête préliminaire. Elle plaide donc pour une approche qui tient compte de l'intention du défendeur : « Le défendeur qui

---

[1] Grecon Dimter Inc. *c.* J.R. Normand Inc., [2005] 2 R.C.S. 401, 2005 CSC 46 paragr. 37.

[2] Barer *c.* Knight Brothers LLC, 2019 CSC 13. L'affaire concerne la reconnaissance d'une décision du tribunal de l'Utah (États-Unis). Le défendeur, M. Barer, un résident du Québec, avait été poursuivi en Utah par la société Knight pour une certaine somme d'argent due par deux sociétés dont il est dirigeant. En soulevant les moyens préliminaires, il a invoqué des arguments « fondé[s] sur les pertes purement financières [qui, selon la Cour suprême, s'apparentaient] donc à un moyen de défense sur le fond » (paragr. 71).

[3] L'article 3164 C.c.Q. pose le principe de détermination de la compétence des autorités étrangères dont la décision fait l'objet de la procédure de reconnaissance et d'exécution au Québec. Le test se fait en deux étapes. D'une part, la compétence étrangère est déterminée suivant les règles de compétences applicables aux autorités québécoises. D'autre part, il faut prouver l'existence du lien de rattachement « important » entre le litige et l'État dont l'autorité étrangère a été saisie. Trois articles ont été ajoutées pour tenir compte de la pratique des autres pays et du Québec lui-même dans certains domaines spécifiques, à savoir l'article 3166 (filiation), l'article 3167 (divorce) et l'article 3168 (action personnelle à caractère patrimonial). Pour des critiques sur l'application de ces articles dans l'affaire *Barer*, lire Guillemard et Ly, « La décision *Barer* et l'article 3164 C.c.Q. : encore beaucoup de buée sur le miroir » ; Gérald Goldstein, « La compétence internationale indirecte et la soumission au tribunal étranger selon la Cour suprême du Canada après l'arrêt *Barer* c. *Knight Brothers* », *R. du Bar. Can.* 97 (2019) : 448.

[4] Barer *c.* Knight Brothers LLC, 2019 CSC 13 paragr. 69.

souhaite contester la compétence d'une autorité étrangère devrait être en mesure d'expliquer *pourquoi* cette autorité n'est pas compétente sans courir le risque qu'un tribunal en arrive à la conclusion qu'il a reconnu cette compétence ». La doctrine adhère à ce point de vue en considérant cette approche comme « plus souple et moins défavorable au défendeur »[1]. À notre avis, elle est aussi nettement plus logique et efficace en terme procédural, car sinon, comment un défendeur pourrait-il soulever un moyen déclinatoire ?

Les conditions imposées à la convention d'arbitrage, quant à elles, sont très strictes, car le choix de ce mode privé de règlement des différends correspond à un « rejet »[2] de l'autorité des juges étatiques qui, comme le professeur A. Prujiner l'a révélé, « sont souvent jaloux de leurs prérogatives et [qui] regardent avec réticence toutes les tentatives de restriction de leurs compétences, qu'elles soient d'origine législative ou contractuelle »[3]. Ainsi, en vertu de l'article 2640 C.c.Q., la « convention d'arbitrage doit être constatée par écrit », bien qu'elle puisse être contenue ou exprimée dans des instruments différents. Le droit vietnamien adopte la même solution[4], certainement influencée par la *Convention de New York*[5], en vigueur à la fois au Québec et au Vietnam, dont l'article II (1) précise que la convention d'arbitrage reconnue par les États membres doit être écrite. « L'exigence de l'écrit [...] ne semble viser qu'une question de preuve. Il apparaît tout à fait logique qu'un acte de l'importance de celui-ci, dans la mesure où il fait exception à la juridiction des tribunaux étatiques, puisse faire relativement facilement l'objet d'une preuve »[6]. En vertu de l'article II (2) de la *Convention de New York*, une « convention écrite » signifie « une clause compromissoire insérée dans un contrat, ou un compromis, signés par les parties ou contenus dans un échange de lettres ou de télégrammes ».

Il faut noter que la notion d'« écrit » évolue avec les progrès technologiques. En ces temps modernes, avec la prolifération de l'internet, des moyens de communication numérique doivent aussi s'ajouter dans cette liste d'expression écrite du consentement, tels que les courriels. Dans l'affaire *Talentik Conseil* c. *REP Solution interactive inc. (Dialog Insight)*, la Cour supérieure du Québec a en effet pris en compte des échanges de courriels entre les parties sur la juridiction compétente[7]. Au Vietnam, l'impact des progrès technologiques est aussi reflété dans la *Loi sur l'arbitrage commercial*, qui prévoit que la convention d'arbitrage peut être établie par l'échange de télégrammes, de télécopies ou de courriels, ou

---

[1] Goldstein, « La compétence internationale indirecte et la soumission au tribunal étranger selon la Cour suprême du Canada après l'arrêt *Barer* c. *Knight Brothers* », 469.

[2] Guillemard, *Le droit international privé face au contrat de vente cyberspatial*, 64.

[3] Alain Prujiner, « La force obligatoire des clauses d'arbitrage (Art. 8 de la Loi-type de la CNUDCI) », *Revue de l'arbitrage* 3 (1994) : 570.

[4] Loi sur l'arbitrage commerciale, art. 16 (2).

[5] Convention pour la reconnaissance et l'exécution des sentences arbitrales, 10 juin 1958, (1958) 330 R.T.N.U. 3.

[6] Guillemard, *Le droit international privé face au contrat de vente cyberspatial*, 72. L'importance de la forme écrite est illustrée par l'article II de la Convention de New York. Il convient d'ajouter que si la question de preuve est importante, l'écrit permet aussi un temps – même microscopique – de réflexion, notamment pour un acte aussi grave que se soustraire aux tribunaux étatiques.

[7] Talentik Conseil *c.* REP Solution interactive inc. (Dialog Insight), 2019 QCCS 4941, paragr. 20-24.

bien par une simple référence à un document qui contient la clause d'arbitrage, comme le statut de la société ou un contrat type[1].

Quant à la clause de droit applicable, en vertu de l'article 3111 C.c.Q., le choix des parties peut être exprimé de façon expresse dans l'acte ou « résulte[r] d'une façon certaine de cet acte ». Le libellé de cet article donne à comprendre que, dans les deux cas, « la clause de choix de loi ne peut être purement verbale »[2]. D'une part, le libellé de l'article force à comprendre qu'il y a un support tangible. D'autre part, en cas de doute, l'acte permettra de découvrir la volonté.

Comme nous l'avons mentionné, l'élément essentiel de l'accord entre les parties est leur consentement, ce qui n'est pas toujours facile à prouver à l'ère numérique. Examinons à titre d'exemple le cas des contrats d'adhésion cyberspatiaux, incluant des clauses de règlement des différends, le tout préconçu par une partie. Pour établir que le consentement est valablement donné, les tribunaux vérifieront si ces clauses sont suffisamment lisibles, accessibles et apparentes aux adhérents. Il est intéressant de voir que les tribunaux nationaux appliquent cette condition de façons contradictoires. Les décisions du Québec et de la France dans les affaires qui opposent d'un côté Facebook, la société qui gère un des réseaux sociaux les plus connus et répandus du monde, et ses usagers de l'autre côté, vont bien illustrer l'ampleur du problème.

Dans l'affaire *St-Arnaud* c. *Facebook inc.* portée devant la Cour supérieure du Québec en 2011, le demandeur résidant à Montréal demande l'autorisation d'un recours collectif contre Facebook pour avoir dévoilé à des tiers les renseignements personnels de ses utilisateurs sans leur permission[3]. Les politiques d'accès de Facebook contiennent une clause d'élection de for en faveur des tribunaux californiens, d'où le moyen déclinatoire invoqué par le défendeur. Devant la Cour, le demandeur allègue que la clause d'élection de for par défaut est abusive en vertu de l'article 1437 C.c.Q. et qu'il ne l'a jamais acceptée. La Cour supérieure rejette cet argument. Selon elle, quand les utilisateurs s'inscrivent à Facebook, ils doivent confirmer avoir lu et accepté les termes des politiques d'accès en cliquant sur un bouton pour achever l'inscription. De plus, chaque fois qu'ils se branchent à cette page, la page de configuration et leur page personnelle incluent toujours un lien vers ces politiques. « La clause d'élection de for a été signalée aux utilisateurs de façon non équivoque »[4]. La Cour conclut donc qu'elle n'a pas compétence en vertu de l'article 3148 al. 2 C.c.Q.

Au contraire, les tribunaux français refusent à plusieurs reprises l'effet de la clause d'élection de for incluse dans les politiques d'accès de Facebook. Dans l'arrêt *Sébastien R.* c. *Société Facebook inc.* en 2012[5], la Cour d'appel de Pau, se basant sur l'article 48 du Code de procédure civile français, est d'avis qu'une clause de dérogation de la compétence internationale n'est opposable qu'à la

---

[1] Loi sur l'arbitrage commercial, art. 16 (2).

[2] Guillemard, *Le droit international privé face au contrat de vente cyberspatial*, 100.

[3] St-Arnaud *c.* Facebook inc., 2011 QCCS 1506.

[4] St-Arnaud *c.* Facebook inc., 2011 QCCS 1506 paragr. 43.

[5] Sébastien R. *c.* Société Facebook inc., 23 mars 2012, n° 12/1373 (Pau C.A.). Le demandeur réclame de Facebook une indemnisation de 1500 euros de dommages et intérêts en réparation du préjudice qu'il estime avoir subi à la suite de la fermeture abusive de son compte d'utilisateur.

partie qui l'a acceptée « en pleine connaissance de cause », c'est-à-dire que cette clause doit être « spécifiée de façon très apparente dans l'engagement de [cette] partie »[1]. Or, la Cour trouve que la clause d'élection de for contenue dans les conditions générales d'utilisation du site « n'est pas facilement identifiable et lisible »[2], alors que la manipulation est trop simple (en un seul clic) « pour que le consentement de l'utilisateur soit considéré comme acquis ».

L'exemple donné suggère au codificateur vietnamien de bien tenir compte des difficultés de nature technologique dans l'appréciation des modes d'expression du choix de rattachement.

Aux conditions relatives à la forme d'expression s'ajoutent des conditions sur l'exclusivité du choix.

Dans l'arrêt *Zodiak* en 1983, la Cour suprême du Canada, en reconnaissant l'effet de la clause d'arbitrage, a en même temps fixé les conditions de ce qu'elle appelle la « clause compromissoire parfaite ». Il s'agit d'une clause qui est « réelle, complète, véritable », grâce à laquelle « les parties s'obligent à l'avance à soumettre à l'arbitrage les litiges qui pourraient naître relativement à leur contrat et qui comporte que la sentence rendue sera finale et liera les parties »[3]. La distinction est donc faite entre la clause compromissoire parfaite d'une part, et d'autre part, la clause purement facultative, ainsi que la clause préjudicielle ou d'arbitrage préalable, qui n'excluent pas le recours aux autres juridictions.

Vingt ans plus tard, la Cour suprême a eu l'occasion de se prononcer sur le caractère exclusif de la dérogation de compétence internationale. Dans l'arrêt *GreCon*, elle souligne que l'article 3148 al. 2 reconnaît seulement l'effet d'« une *clause d'élection de for valide et exclusive* de soumettre un litige à la juridiction d'autorités étrangères »[4].

Par rapport au droit québécois, le droit vietnamien reste très lacunaire sur cette condition d'exclusivité. On pourrait se demander comment le juge vietnamien agira si les parties désignent à la fois les tribunaux vietnamiens et étrangers dans leur clause d'élection de for. La réponse ne sera pas facile, car d'une part, l'article 470 (2) c) donne la compétence exclusive aux tribunaux vietnamiens désignés dans la clause d'élection de for, et d'autre part, l'article 472 (1) a) les oblige à surseoir si les parties ont désigné les tribunaux étrangers pour entendre leur litige. Une telle clause sera-t-elle invalide ou l'acceptera-t-on en octroyant la

---

[1] Sébastien R. *c.* Société Facebook inc., 23 mars 2012, n° 12/1373 (Pau C.A.), p 7.

[2] Ibid : « [E]n petits caractères », cette clause « est noyée dans de très nombreuses dispositions dont aucune n'est numérotée ». De plus, elle se trouve à la fin d'une « lecture complexe de douze pages format A4 » et la lecture est d'autant « plus difficile sur un écran d'ordinateur ou de téléphone portable ».

[3] Zodiak International Productions Inc. *c.* Polish People's Republic, [1983] 1 R.C.S. 529 sur 533. La distinction est aussi faite entre clause compromissoire et compromis qui « est un acte par lequel les parties pour éviter un litige ou y mettre fin, promettent de s'en rapporter à la décision d'un ou de plusieurs arbitres dont elles conviennent ». Contrairement à la clause compromissoire, le compromis est toujours autorisé.

[4] Grecon Dimter Inc. *c.* J.R. Normand Inc., [2005] 2 R.C.S. 401, 2005 CSC 46 paragr. 37 (nos italiques). Sur les clauses d'élection de for non exclusives au Québec, voir Sylvette Guillemard et Frédérique Sabourin, « Les clauses d'élection de for facultatives en droit international privé québécois », in *Optional Choice of Court Agreements in Private International Law*, éd. par Mary Keyes (Cham : Springer, 2020), 124 notamment.

priorité aux tribunaux vietnamiens ? De plus, même si la loi autorise le choix de l'arbitrage, la controverse peut surgir quant à la primauté de l'arbitrage sur le tribunal, dans les cas où la clause d'arbitrage n'est que facultative ou n'est pas « parfaite », pour reprendre le terme de la Cour suprême du Canada. Ce sont des points ambigus sur lesquels la codification à venir devra apporter des clarifications. La *Convention de La Haye sur les accords d'élection de for* offre une bonne suggestion sur la définition du caractère exclusif de la clause d'élection de for à l'article 3 a) : « un accord conclu entre deux ou plusieurs parties, [...] qui désigne, pour connaître des litiges nés ou à naître à l'occasion d'un rapport de droit déterminé, [un ou plusieurs tribunaux particuliers d'un État], *à l'exclusion de la compétence de tout autre tribunal* »[1].

L'exigence du caractère transnational

Le *Code civil du Québec* est silencieux sur la nécessaire internationalité du litige pour l'élection de for[2]. Au contraire, il admet explicitement la liberté des parties de choisir la loi applicable à leur acte juridique, « qu'il présente ou non un élément d'extranéité »[3]. La comparaison des dispositions portant respectivement sur les deux types de rattachement permet de conclure que, contrairement à l'élection de droit, « l'élection de for n'est autorisée en droit québécois que dans le cadre d'une affaire comportant d'un élément d'extranéité », puisque le législateur « ne parle pas pour ne rien dire »[4].

Cette ouverture du codificateur québécois au choix des parties dans le rattachement normatif est révolutionnaire, mais suscite des questions sur les motifs derrière cette décision, ainsi que sur son efficacité en pratique. Il faut rappeler que les projets de 1977 et de 1988 du Code civil insistaient encore sur le caractère international des actes juridiques pour lesquels les parties sont autorisées à désigner la loi applicable[5]. À l'adoption du *Code civil du Québec* en 1991, le législateur a finalement opté pour la solution inverse, inspirée du droit européen[6], mais avec une reformulation des termes. Il nous a été impossible de découvrir les

---

[1] Convention sur les accords d'élection de for (nos italiques).

[2] Les articles 3148 et 3168 C.c.Q. admettent la convention des parties pour les litiges nés ou à naître entre elles « à l'occasion d'un rapport de droit déterminé ».

[3] Art. 3111 C.c.Q.

[4] Guillemard, *Le droit international privé face au contrat de vente cyberspatial*, 46.

[5] Projet de 1977, art. 21 du Livre neuvième : « Les actes juridiques *présentant un caractère international* sont régis par la loi de l'État désigné expressément par les parties » (nos italiques) ; L'avant-projet de 1988, art. 3477 : « L'acte juridique *présentant un élément d'extranéité* est régi par la loi désignée expressément dans l'acte ou dont la désignation résulte d'une façon certaine des dispositions de cet acte » (*Loi portant réforme au Code civil du Québec du droit de la preuve et de la prescription et du droit international privé*, avant-projet de loi – présenté par M. Hebert Marx, ministre de la Justice en 1988 –, 2e sess., 33e légis) (nos italiques). Dans son rapport explicatif, l'O.R.C.C. a mis l'accent sur cette condition d'internationalité : « On notera que le texte s'applique aux actes juridiques présentant un caractère international. Les parties ne peuvent se référer à une loi quelconque, qui n'aurait aucun rapport avec leur acte, à moins que ce dernier ne présente un élément d'extranéité ». Québec, Office de révision du Code civil, *Rapport sur le Code civil du Québec*, 1978, Vol. II, t. 2 « Livres 5 à 9 – Commentaires » : 993.

[6] Ministère de la Justice du Québec, *Code civil du Québec. Commentaires du ministre de la Justice*, 1034.

raisons de ce revirement dans l'historique des débats parlementaires, ainsi que dans les commentaires sur le nouveau code civil. La raison serait sans doute une forte volonté de promouvoir le commerce, motivée par la montée de la mondialisation des années 1990 et l'exemple impressionnant de la libéralisation économique européenne. Selon les professeurs J.-G. Castel et J. Talpis, « [l]a possibilité de choix illimité repose sur l'idée [...] que les parties n'agissent jamais d'une manière arbitraire ou capricieuse. S'il y a choix sans lien, c'est que les parties y ont intérêt »[1].

L'efficacité d'une clause faisant la promotion de la volonté n'est cependant pas assurée. Il nous est utile de comparer les textes européens et québécois pour mieux comprendre l'intention des rédacteurs et évaluer l'efficacité de la solution québécoise.

L'article 3 (3) de la *Convention de Rome* prévoit :

> Le choix par les parties d'une loi étrangère, assorti ou non de celui d'un tribunal étranger, ne peut, lorsque tous les autres éléments de la situation sont localisés au moment de ce choix dans un seul pays, porter atteinte aux dispositions auxquelles la loi de ce pays ne permet pas de déroger par contrat, ci-après dénommées « dispositions impératives ».

L'idée du libre choix normatif même pour un contrat interne a été reprise dans la codification québécoise de 1994 en des termes suivants :

> **Article 3111**
> L'acte juridique, qu'il présente ou non un élément d'extranéité, est régi par la loi désignée expressément dans l'acte ou dont la désignation résulte d'une façon certaine des dispositions de cet acte. Néanmoins, s'il ne présente aucun élément d'extranéité, il demeure soumis aux dispositions impératives de la loi de l'État qui s'appliquerait en l'absence de désignation.

Quelques différences entre les deux textes peuvent être observées. En premier lieu, le texte québécois utilise directement le terme d'élément d'extranéité sans pour autant en donner de définition nulle part. L'article 3111 est d'ailleurs le seul article du *Code civil du Québec* en général, et du Livre X en particulier, qui mentionne cette notion fondamentale du DIP. Cela conduit à se demander si le Livre X est réservé aux seules relations présentant un élément d'extranéité ? On pourrait le croire par son titre – « Du droit international privé », ce qui signifie donc que l'article 3111 fait exception en incluant les actes ne présentant aucun élément d'extranéité dans son champ d'application. Cependant, qu'entend-on par élément d'extranéité ? À quel moment la présence de l'élément d'extranéité doit-elle être établie, celui de la conclusion de l'acte ou celui du litige ? Ce sont autant de questions auxquelles on ne trouve de réponse ni dans la loi ni dans la jurisprudence.

Le texte européen est beaucoup plus clair. Au lieu de se référer à l'élément d'extranéité, il paraphrase ce terme et fixe le moment d'appréciation : « lorsque

[1] Talpis et Castel, « Le Code civil du Québec. Interprétation des règles du droit international privé », 870.

tous les autres éléments de la situation sont localisés au moment de ce choix dans un seul pays ». L'ajout du qualitatif « *relevant* »[1] dans la version anglaise rend la phrase plus proche de la définition de l'élément d'extranéité[2]. En comparaison avec l'article 3 (3) de la *Convention de Rome*, l'article 3111 C.c.Q. est donc plus flou. Cela réduit certainement l'efficacité de la disposition, notamment lorsque la détermination de l'existence de l'élément d'extranéité est nécessaire pour appliquer le deuxième alinéa, qui soumet l'acte aux dispositions impératives de la loi normalement applicable malgré la désignation d'une autre loi. La jurisprudence, très rare, ne permet pas de conclure si les Québécois peuvent bien tirer profit de l'esprit très libéral de l'article 3111 C.c.Q. Dans *Bal Global Finance Canada Corporation* c. *Aliments Breton (Canada) inc.*[3] – la seule décision portant sur l'article 3111 al. 2 C.c.Q. que nous ayons trouvée – la Cour supérieure a cherché à définir le terme d'élément d'extranéité. En réponse au défendeur qui invoque l'absence de l'élément d'extranéité de l'accord de paiement tripartite (*Payment Plan Agreement*) pour demander l'application des dispositions impératives du droit québécois, en dépit d'une clause prévoyant l'application de la loi ontarienne, la Cour indique que l'élément d'extranéité existe dans le domicile d'une partie qui se trouve en Ontario, donc hors du Québec[4]. Pour ce faire, elle a repris la définition proposée par le professeur P. Glenn :

> Par élément d'extranéité, il faut entendre au moins un point de contact juridiquement pertinent avec un État étranger dans le contexte où la question se pose. Ainsi, pour les fins des articles 3111 à 3113, la résidence des parties contractantes dans des États différents, ou le fait qu'une ou plusieurs des obligations contractuelles doivent être exécutées dans des États différents constituent des éléments d'extranéité[5].

Cette définition tient compte du caractère juridiquement pertinent de l'élément examiné pour déterminer l'extranéité. Cependant, elle ne précise pas quel est le moment « où la question se pose ». Entre le moment du choix et celui où le litige surgit, un acte interne pourrait être rendu international avec l'apparition d'éléments d'extranéité, le déplacement du domicile des parties à l'étranger par exemple. Par ailleurs, la situation portée devant la Cour supérieure était assez simple à résoudre, étant donné que le domicile de l'une des parties tel que désigné sur le contrat se situe hors du Québec.

Dans la pratique, il existe des « éléments d'extranéité » dont la pertinence peut être mise en cause et le différend débouchera sur des résultats différents en

---

[1] Elle se lit comme suit : « The fact that the parties have chosen a foreign law, whether or not accompanied by the choice of a foreign tribunal, shall not, where all the other *elements relevant to the situation* at the time of the choice are connected with one country only, prejudice the application of rules of the law at the country which cannot be derogated from by contract, hereinafter called "mandatory rules" » (nos italiques). Curieusement, ce qualitatif n'existe pas dans la version française.

[2] Voir notre discussion dans la section précédente « La perception moderne de certains éléments de base du droit international privé », où nous défendons le caractère juridiquement pertinent de l'élément d'extranéité.

[3] Bal Global Finance Canada Corporation *c.* Aliments Breton (Canada) inc., 2008 QCCS 2749.

[4] Ibid, paragr. 49.

[5] Glenn, « Droit international privé », 717, cité au paragraphe 47 de la décision.

fonction de l'interprétation du tribunal. Ainsi, dans le contexte européen, les tribunaux anglais se sont récemment prononcés sur la même question dans deux affaires en 2016 et 2017[1], où l'une des parties plaide pour l'application des dispositions impératives du droit italien dans la première, et du droit portugais dans la seconde, au lieu du droit anglais désigné dans les contrats, invoquant l'article 3 (3) de la *Convention de Rome*. Les approches différentes sont utilisées en première instance et donnent des résultats inverses. Dans l'arrêt *Dexia*, le juge Walker, qui adopte l'interprétation étroite, arrive à conclure qu'aucun élément pertinent à la situation n'était localisé à l'extérieur de l'Italie et que, par conséquent, le contrat de *swap* (crédits croisés)[2] est invalide selon les règles impératives italiennes. Au contraire, dans l'affaire *Santander*, l'interprétation large par le juge Blair conduit à découvrir un nombre d'éléments étrangers qui effacent le caractère « purement interne » de la situation, tels que la nature internationale du marché de crédits croisés, la formule transfrontalière multidevise de l'accord-cadre et l'existence des contrats de couverture que la banque a conclus à l'extérieur du Portugal. Ce faisant, le juge refuse d'appliquer les règles impératives portugaises. La Cour d'appel confirme le jugement de première instance, trouvant que l'article 3 (3) de la *Convention de Rome*, en tant qu'exception au principe d'autonomie de la volonté, doit être appliqué de façon limitative[3]. Dans cet esprit, n'importe quel élément peut être pris en compte pour démontrer le caractère international du contrat. La jurisprudence est ainsi établie en faveur de l'interprétation étendue de la notion d'élément d'extranéité.

Ce point de vue de la Cour d'appel anglaise coïncide avec celui du Royaume-Uni lors des négociations, tel que reporté dans le commentaire sur la *Convention de Rome*, selon lequel, l'article 3 (3) est « le résultat d'un compromis entre deux lignes d'arguments [au sein du Groupe de travail sur l'élaboration de la Convention] : d'une part, le souhait de certains experts de limiter la liberté du choix des parties au moyen d'un facteur correctif […] et de l'autre, la préoccupation notamment des experts du Royaume-Uni que ce facteur correctif pourrait être un trop grand obstacle à la liberté des parties dans des situations où leur choix paraît justifié »[4].

En somme, malgré le caractère assez uniforme des droits nationaux au sein de l'Union européenne, qui favorise la libre désignation de la loi applicable même

[1] Banco Santander Totta SA *c.* Companhia de Carris de Ferro De Lisboa SA, [2016] EWCA Civ. 1267 ; Dexia Crediop SPA *v.* Comune di Prato, [2017] EWCA Civ. 428.

[2] Selon le dictionnaire *Larousse*, éd. numérique, v° « Swap », en ligne : <www.larousse.fr/dictionnaires/francais/swap/75999> (consulté le 2 novembre 2021), le « swap », en français « crédit croisé », signifie l'« échange de créances ou de dettes pratiqué entre banques ou entre entreprises » ou l'« échange de monnaie nationale contre une devise étrangère, avec engagement de procéder à l'échange inverse à une certaine échéance et à un taux de change déterminé ».

[3] Banco Santander Totta SA *c.* Companhia de Carris de Ferro De Lisboa SA, [2016] EWCA Civ. 1267.

[4] Mario Guiliano et Paul Lagarde, « Report on the Convention on the law applicable to contractual obligations », Conseil des Communautés Européennes, paragr. 8.

pour les contrats internes[1], et les efforts de clarifier les termes pour mieux encadrer l'exercice de cette liberté, l'article 3 (3) des textes européens continue à être interprété de façon très variable. Le manque de clarté dans la version québécoise rend certainement la disposition très peu efficace, d'autant que le débat sur le rôle de la volonté dans l'internationalisation d'un acte juridique n'est pas encore clos[2].

Ce doute n'est pas sans fondement, car en matière d'arbitrage, le subjectivisme semble avoir été adopté à la suite de la réforme du *Code de procédure civile* en 2016 : le choix de l'arbitrage international peut rendre international le rapport des parties[3]. Cette solution suit la tendance reflétée dans la *Convention de New York* de 1958, qui n'exigeait pas de caractère international du contrat pour que la clause d'arbitrage soit valide[4].

À notre avis, dans l'intérêt de la prévisibilité du droit, il serait nécessaire de préciser le terme d'« élément d'extranéité » utilisé à l'article 3111 C.c.Q. en mettant l'accent sur le caractère pertinent et le moment d'appréciation d'un tel élément, en suivant à la lettre l'exemple européen[5]. Il est d'ailleurs logique de fixer ce moment à celui du choix, car c'est à ce moment que les parties sont pleinement conscientes de leur décision et car personne ne peut prédire l'avenir.

Au Vietnam, l'existence d'un élément d'extranéité est clairement exigée pour les clauses d'élection de for et de droit[6], tandis que l'ambiguïté reste pour la

---

[1] Bien qu'il soit possible de désigner la loi d'un pays non européen, nous sommes convaincue que, dans la pratique, le choix des parties porte principalement sur les droits nationaux de l'Union européenne, qui leur sont familiers.

[2] Si la désignation d'une loi étrangère peut rendre l'acte international, comme le prétendent les subjectivistes, on tombera dans un cercle vicieux avec l'article 3111 C.c.Q. : comment prouver qu'un acte ne présente aucun élément d'extranéité alors que la loi étrangère désignée dans cet acte constitue déjà un élément d'extranéité ? Pour la prévisibilité, nous suggérons soit de reformuler l'article soit de l'interpréter tout simplement comme applicable à tout acte qui « ne présente aucun élément d'extranéité *objectif* au moment du choix ».

[3] Art. 650 C.p.c. : « L'arbitrage est notamment considéré mettre en cause des intérêts de commerce international si les parties avaient leur établissement dans des États différents au moment de la conclusion de la convention d'arbitrage ou si elles choisissent de tenir l'arbitrage dans un autre État de celui dans lequel elles sont leur établissement ».

[4] Guillemard, *Le droit international privé face au contrat de vente cyberspatial*, 76.

[5] Il faut noter que, dans le Règlement Rome I, qui succède à la *Convention de Rome*, l'article 3 (3) a été reformulé comme suit : « Lorsque tous les autres éléments de la situation sont localisés, au moment de ce choix, dans un pays autre que celui dont la loi est choisie, le choix des parties ne porte pas atteinte à l'application des dispositions auxquelles la loi de cet autre pays ne permet pas de déroger par accord ». Certains termes controversés ont été enlevés, notamment celui de « dispositions impératives », critiquées pour confusion avec celles prévues dans les autres articles 5 (2), 6 (1), 7 et 9 (6). Voir, par exemple, Simona Travnickova, « Limitations of Choice of Law – Mandatory Rules and International Mandatory Rules » (Faculté de droit, Université Masaryk), 4, consulté le 2 avril 2021, www.law.muni.cz/sborniky/dp08/files/pdf/mezinaro/travnickova.pdf. Selon l'auteur, « [t]he term "mandatory rule" in the article 7 and 9.6 means "internationally mandatory rules" whereas the term "mandatory rules" in the article 3.3 expresses only "mandatory rules" in the meaning of rules of "contractual ius cogens rules" and in articles 5.2 and 6.1 it is used instead of protective mandatory rules ».

[6] En ce qui concerne le rattachement juridictionnel, la huitième partie du Code de procédure civile, intitulée « Procédure de jugement des affaires civiles comportant un élément d'extranéité », annonce, parmi les principes d'application : « La présente Partie prévoit la compétence et les procédures pour juger les affaires civiles comportant un élément d'extranéité » (art. 464 (1)). De même, la cinquième

convention d'arbitrage. À la différence du droit québécois, cette condition dans le choix normatif permet de réduire le risque d'excès de recours au droit étranger pouvant entraîner une charge assez lourde pour les tribunaux vietnamiens qui n'y sont pas encore habitués. C'est aussi la solution récemment adoptée par la Conférence de La Haye d'exclure expressément l'effet du choix de la loi applicable sur la détermination de l'internationalité d'un contrat commercial[1]. Au contraire, le silence de la législation en ce qui concerne le choix de l'arbitrage est une lacune qui devra être comblée.

Les limites à l'exercice de la volonté

Tout comme le frein est indispensable pour qu'un véhicule roule sans trop de risques, la liberté de la volonté doit être bien encadrée pour éviter les abus. Ainsi, la liberté du choix des parties est soumise à un certain nombre de limites et entraîne des conséquences différentes selon le type de rattachement. Ces limites peuvent être imposées en raison de la matière ou des personnes concernées.

En raison de la matière

Les parties ne sont pas autorisées à exercer leur choix dans tous les domaines. La loi ne l'accepte que pour des actions précises. Le non-respect de ces limites entraînera la nullité du choix et la non-reconnaissance des jugements étrangers ou des sentences arbitrales étrangères.

Le DIP vietnamien est assez ambigu à ce sujet. C'est seulement dans le domaine du rattachement normatif que la réponse est claire[2]. Au contraire, le Code de procédure civile admet l'élection de for en des termes flous : « dans les domaines où les parties ont le libre choix de l'arbitrage ou du tribunal pour entendre leur litige ». La réponse doit donc se trouver au cas par cas, en examinant des lois spéciales[3], ce qui porte atteinte à la prévisibilité du droit. Au Québec, l'encadrement est plus clair. L'élection de for ou d'arbitrage n'est autorisée que

---

partie du Code civil de 2015, dont le titre est « Loi applicable aux rapports civils comportant un élément d'extranéité », affirme son champ d'application à l'article 663 (1) : « La présente partie prévoit la loi applicable aux rapports civils comportant un élément d'extranéité ». Les dispositions des lois spéciales qui intéressent le DIP insistent aussi sur l'internationalité dans leur champ d'application.

[1] *Principes sur le choix de la loi applicable aux contrats commerciaux internationaux*, Conférence de La Haye de droit international privé, 2015, art. 2.1 : « Aux fins de ces Principes, *un contrat est international* sauf si les parties ont leur établissement dans le même État et si la relation des parties et tous les autres éléments pertinents, *quelle que soit la loi choisie*, sont liés uniquement à cet État » (nos italiques).

[2] Le choix de la loi applicable par les parties est autorisé aux articles 678 (2) (droits réels sur les objets en cours d'acheminement), 683 (contrats), 686 (gestion d'affaires d'autrui sans mandat) et 687 (obligations non contractuelles) du Code civil de 2015.

[3] Jusqu'à maintenant, la liberté du choix de juridictions est prévue dans les textes suivants : le *Code maritime* de 2015 (remplaçant le *Code maritime* de 2005), art. 339 ; la *Loi sur l'aviation civile* de 2006, art. 173 ; la *Loi sur les investissements*, n° 61/2020/QH14 du 17 juin 2020, art. 14, et la *Loi sur le partenariat public-privé*, 64/2020/QH14 du 18 juin 2020, art. 97.

pour les actions personnelles à caractère patrimonial[1], tandis que le choix du droit applicable est admis uniquement pour les obligations[2] et les successions[3].

En plus des limites mentionnées, le choix de l'arbitrage n'est autorisé que pour les matières dites « arbitrables ». Dans le cas du Vietnam, le Code de procédure civile prévoit que la sentence arbitrale étrangère ne sera pas reconnue au Vietnam si le litige n'est pas arbitrable « en vertu du droit vietnamien »[4], sans pour autant préciser ce que sont les matières arbitrables[5]. Au contraire, le *Code civil du Québec* indique clairement les matières non admissibles à l'arbitrage, qui sont l'état et la capacité des personnes, les matières familiales[6] et les autres questions qui intéressent l'ordre public (art. 2639 C.c.Q.). Cette approche prévisible et raisonnable pourrait très bien inspirer le Vietnam.

L'exercice de la volonté est en outre restreint dans les matières où les tribunaux nationaux ou la loi nationale possèdent une compétence exclusive[7]. Au Québec, la responsabilité civile liée aux matières premières provenant du Québec est l'exemple le plus notable[8]. De même, la loi québécoise s'applique exclusivement

---

[1] Art. 3148 C.c.Q. Elle n'est pas admise pour les autres actions, comme l'a affirmé la jurisprudence. Voir Guillemard et Sabourin, « Les clauses d'élection de for facultatives en droit international privé québécois », 116 notamment.

[2] Chapitre III du Titre 2 du Livre X C.c.Q.

[3] En vertu de l'article 3098 al. 2 C.c.Q., une personne peut désigner la loi applicable à sa succession, mais seulement parmi les lois indiquées dans cet article, à savoir celle de l'État de la nationalité ou de son domicile au moment de la désignation ou de son décès, ou celle de la situation d'un immeuble, mais seulement pour la succession vis-à-vis de cet immeuble.

[4] Code de procédure civile de 2015, art. 459 (2) a).

[5] Le code mentionne l'arbitrage commercial et l'arbitrage de travail (chap. XXXII relatif aux procédures judiciaires vis-à-vis de l'arbitrage commercial et art. 33 (4) sur la compétence des tribunaux vietnamiens vis-à-vis de la reconnaissance des sentences arbitrales étrangères sur les litiges liés au travail). Il faut noter cependant que le « Code du travail », n° 10/2012/QH13 du 16 juin 2012, ne prévoit nulle part la possibilité pour les parties d'inclure une clause compromissoire dans leur contrat de travail. Le compromis est autorisé à l'article 204 (2b), seulement pour les actions collectives.

[6] Ce sont les domaines de droit pour lesquels les parties n'ont pas la libre disposition et où l'État se considère comme le gardien ultime de la moralité.

[7] Il convient de noter que la question fait l'objet de divergences au Vietnam. Le Code de procédure de 2015 restreint seulement l'élection de for en faveur d'un tribunal étranger dans les domaines relevant de la compétence exclusive du tribunal vietnamien. Il est muet sur le sort de la clause d'arbitrage en ce cas. L'article V de la Convention de New York, quant à lui, ne mentionne pas la compétence exclusive du juge national de l'État d'accueil comme motif de refus de reconnaissance d'une sentence arbitrale. La jurisprudence semble en défaveur du choix de l'arbitrage lorsque le contrat porte sur un immeuble au Vietnam, considéré comme relevant de la compétence exclusive du juge national. Or, une partie de la doctrine se montre favorable à la clause d'arbitrage dans de telles situations. En réalité, dans la pratique du Centre d'arbitrage international du Vietnam, les affaires relatives aux contrats de construction ou portant sur les biens immeubles résolues par l'arbitrage ne sont pas rares. Voir Van Dai Do, éd., « Expériences étrangères et internationales relatives au règlement des différends par l'arbitrage dans le contexte d'intégration économique internationale. Acte de colloque » (École de droit de Hochiminh-ville, 10 décembre 2020).

[8] Art. 3129 et 3151 C.c.Q. La Cour suprême du Canada l'a affirmé dans Grecon Dimter Inc. *c.* J.R. Normand Inc., [2005] 2 R.C.S. 401, 2005 CSC 46 paragr. 20. Cette conclusion a été constamment suivie par les tribunaux québécois dans plusieurs affaires ultérieures : Construction injection EDM inc. *c.* SNC-Lavalin Construction, 2013 QCCS 5049 paragr. 22 ; Simbol Test Systems Inc. *c.* Gnubi Communications Inc., 2002 CanLII 9728 (Qc C.S.) paragr. 35 ; Canadian Merchandising and

à tout contrat d'assurance « qui porte sur un bien ou un intérêt situé au Québec ou qui est souscrit au Québec par une personne qui y réside » et ce, « malgré toute convention contraire »[1]. Au Vietnam, les tribunaux vietnamiens ont la compétence exclusive pour les litiges portant sur des biens immobiliers et les demandes en divorce entre deux époux domiciliés au Vietnam, dont l'un est vietnamien[2]. En matière de rattachement normatif, certains actes portant sur les biens immeubles sont exclusivement soumis à la loi de leur situation[3].

En raison des personnes

La volonté des parties elles-mêmes est limitée dans certains cas pour protéger les parties faibles ou le droit des tiers.

En matière juridictionnelle, plusieurs exceptions visent à protéger les consommateurs et les travailleurs domiciliés ou résidents au Québec. Le tribunal québécois constitue leur for naturel et personne ne peut les obliger à y renoncer[4]. Cela signifie que ces personnes ne seront pas liées par une clause d'élection de for qui déroge à la compétence des autorités québécoises, même si elles ont donné leur consentement. En matière d'arbitrage, la clause compromissoire est totalement interdite dans les contrats de consommation depuis 2006[5].

Il est intéressant de mentionner les points de vue opposés des tribunaux étatiques sur la définition du « consommateur » dans certaines ententes de service fourni sur l'internet. Dans de nombreux différends qui opposent des fournisseurs de réseaux sociaux et leurs utilisateurs partout dans le monde, la question de savoir si ces derniers sont « consommateurs » a été discutée et tranchée différemment d'un pays à l'autre. Pour les tribunaux québécois, les utilisateurs de Facebook ne sont pas des consommateurs, car « [l]'accès à Facebook est complètement gratuit et libre », un contrat de consommation étant « nécessairement onéreux et implique un paiement et une considération »[6]. Par conséquent, ils ne sont pas protégés par l'article 3149 C.c.Q. Au contraire, les tribunaux français trouvent qu'un contrat de consommation existe entre Facebook et ses utilisateurs, parce que celui-ci « retire des bénéfices » des services qui leur sont offerts gratuitement. Sur la base de cette qualification, les tribunaux français refusent de donner effet à la clause d'élection de for qualifiée d'abusive :

Assembly Services Inc. *c.* Carlson Company inc., 2014 QCCS 732 paragr. 6 ; Svensson *c.* Groupe Ovo inc., 2019 QCCS 1278 paragr. 16.

[1] Art. 3119 C.c.Q.

[2] Code de procédure civile de 2015, art. 470.

[3] Code civil de 2015, art. 683 (4) : « Lorsque le contrat porte sur un bien immobilier, le transfert de propriété et d'autres droits réels, la location du bien ou l'utilisation du bien pour assurer une obligation sont soumis à la loi du pays où se trouve ce bien immobilier ».

[4] Art. 3149 C.c.Q. : « Les autorités québécoises sont, en outre, compétentes pour connaître une action fondée sur un contrat de consommation ou un contrat de travail si le consommateur ou le travailleur a son domicile ou sa résidence au Québec ; la renonciation du consommateur ou du travailleur à cette compétence ne peut lui être opposée ».

[5] « Loi sur la protection du consommateur », RLRQ, c. P-40.1, art. 11.1. En revanche, le recours à l'arbitrage est autorisé pour un litige qui survient *après* la conclusion du contrat.

[6] St-Arnaud *c.* Facebook inc., 2011 QCCS 1506 paragr.s 51-56, la Cour se référant à la définition du contrat de consommation à l'article 1348 C.c.Q.

> Considérant que le juge de la mise en état a justement relevé qu'il est incontestable que la société Facebook Inc. a pour activité principale de proposer un service de réseau social sur internet à des utilisateurs situés dans le monde entier ; que si le service proposé est gratuit pour l'utilisateur, la société Facebook Inc. retire des bénéfices importants de l'exploitation de son activité, via notamment les applications payantes, les ressources publicitaires et autres, de sorte que sa qualité de professionnel ne saurait être sérieusement contestée ; qu'il n'est pas plus contestable que le contrat souscrit est un contrat d'adhésion sans aucune latitude autre que l'acceptation ou le refus[1].

L'interprétation des tribunaux québécois semble minoritaire au Canada, car même la Cour suprême du Canada et certains tribunaux provinciaux n'ont aucun doute sur le fait que les utilisateurs de Facebook sont des consommateurs. Ainsi, dans l'arrêt *Douez* c. *Facebook Inc.*[2], la Cour suprême constate qu'« en 2021, Facebook a déclaré des revenus publicitaires de près de 4,28 milliards de dollars »[3]. Cela montre qu'en réalité, Facebook gagne de l'argent en exploitant les informations de ses membres à travers ses services « gratuits ». La Cour indique que l'« inégalité flagrante du pouvoir de négociation » entre les parties « dans un contrat de consommation » et les considérations d'ordre public de protéger la vie privée des résidents justifient la compétence des tribunaux canadiens de trancher les litiges de tel type[4]. À notre avis, les tribunaux du Québec auraient dû adopter, pour protéger le droit légitime à la justice de ses résidents, une interprétation évolutive tenant compte des nouveaux rapports créés dans l'ère numérique.

Au Vietnam, comme les termes du Code de procédure civile de 2015 sont très généraux sur la compétence internationale des tribunaux établie par convention, il faut chercher dans les lois spéciales pour plus d'informations. Le *Code du travail* ne fournit aucune indication et la *Loi sur la protection des consommateurs* est également muette sur l'exercice de la volonté des parties en matière de rattachement. Cependant, en vertu de l'article 16 (1) b) de la *Loi sur la protection des consommateurs*, les clauses qui « privent le consommateur de son droit à la justice ou qui limitent ce droit » sont nulles. Est-il possible de se prévaloir de cette disposition pour contester la validité des clauses d'élection de for étranger ou d'arbitrage qui portent atteinte à l'accès du consommateur vietnamien à la justice ? En l'absence de pratique, la réponse est in certaine. Toutefois, nous

[1] Société Facebook inc. *c.* Frédéric Durand, 12 février 2016, n° 2016-58 (Paris C.A.), conf. la décision du Tribunal de grande instance, p. 4.

[2] Douez *c.* Facebook Inc., [2017] 1 R.C.S. 751. L'affaire concerne l'action portée par une résidante de la Colombie-Britannique contre la société Facebook pour avoir utilisé le nom et la photo de membres sans leur consentement pour faire la publicité d'entreprises et de produits auprès des autres membres. La Cour suprême infirme la décision de la Cour d'appel de Colombie-Britannique et rétablit la décision de première instance refusant de décliner sa compétence face à la clause d'élection de for en faveur du tribunal californien, qualifiée d'abusive.

[3] Douez *c.* Facebook Inc., [2017] 1 R.C.S. 751, paragr. 54.

[4] Ibid, paragr. 51-63.

sommes d'avis que cette possibilité existe[1]. Le problème est que la charge de la preuve pèsera sur le consommateur, alors que les critères d'appréciation d'un tel obstacle ne sont pas précis. Dans un efforten vue de protéger les consommateurs, la *Loi sur l'arbitrage commercial* a introduit une nouvelle disposition qui rend inopposable toute clause compromissoire incluse dans les contrats de consommation[2]. La protection des parties faibles est donc prévue pour le choix de l'arbitrage. Elle devra l'être pour le choix des tribunaux, en suivant le modèle du droit québécois.

En ce qui concerne le rattachement normatif, des limites sont imposées à la volonté des parties dans le droit des deux pays, à l'inspiration du droit européen. Au Québec, la liberté accordée à l'article 3111, al. 1 C.c.Q. ne s'applique pas aux contrats de consommation interne[3]. Par ailleurs, si le contrat comporte un élément d'extranéité, le choix des parties « ne peut avoir pour résultat de priver le consommateur de la protection que lui assurent les dispositions impératives de la loi de l'État où il a sa résidence, si la conclusion du contrat a été précédée, dans ce lieu, d'une offre spéciale ou d'une publicité et que les actes nécessaires à sa conclusion y ont été accomplis par le consommateur, ou encore, si la commande de ce dernier y a été reçue »[4]. La même limite est prévue au contrat de travail : « Le choix par les parties de la loi applicable au contrat de travail ne peut avoir pour résultat de priver le travailleur de la protection que lui assurent les dispositions impératives de la loi de l'État où il accomplit habituellement son travail, même s'il est affecté à titre temporaire dans un autre État ou, s'il n'accomplit pas habituellement son travail dans un même État, de la loi de l'État où son employeur a son domicile ou son établissement »[5].

---

[1] Voir Van Anh Ly, « La compétence internationale dans les affaires Facebook devant les tribunaux français : quelques réflexions pour le Vietnam », *L'État et le Droit* 341 (2016) : 75. Nous indiquons dans cette étude que les utilisateurs vietnamiens de Facebook doivent être qualifiés de consommateurs et que, par conséquent, leur déplacement obligatoire pour défendre leur cause devant les tribunaux californiens engendre des dépenses énormes hors de leurs capacités, ce qui décourage totalement toute tentative de porter plainte contre Facebook pour ses atteintes aux droits des utilisateurs vietnamiens.

[2] Loi sur l'arbitrage commercial, art. 17 : « Pour tout litige entre fournisseur de biens ou de services et consommateur, ce dernier peut choisir le tribunal ou l'arbitrage pour entendre sa cause, mêm si une clause compromissoire a été incluse dans les conditions générales rédigées par le fournisseur. Celui-ci ne peut intenter des poursuites en arbitrage qu'avec le consentement du consommateur ».

[3] « Loi sur la protection du consommateur », n° 59/2010/QH12 du 17 novembre 2010, art. 19 : « Une clause d'un contrat assujettissant celui-ci, en tout ou en partie, à une loi autre qu'une loi du Parlement du Québec ou du Canada est interdite ».

[4] Art. 3117 C.c.Q. Cet article est « calqué sur l'article 5 de la Convention de Rome » : Guillemard, *Le droit international privé face au contrat de vente cyberspatial*, 107. La lecture de l'article 3117 C.c.Q. montre que la seule « extranéité » repose sur le commerçant, toute consommation à l'étranger ayant pour conséquence d'enlever au consommateur la protection prévue à cet article, ce qui fait qu'à notre avis, le DIP québécois ignore la notion de consommateur international. L'application de l'article 3117 C.c.Q. au « cyberconsommateur » est d'autant moins évidente, car on a du mal à définir la notion de « consommateur » dans le cyberespace et une catégorisation classique des parties à un contrat cyberspatial se révèle « inexacte, nuisible et inutile ». Pour les développements intéressants sur ce thème, lire Sylvette Guillemard, « Le "cyberconsommateur" est mort, vive l'adhérent », *J.D.I.*, 2004, 7, où l'auteure propose de recourir à la notion d'adhérent pour résoudre l'impasse de la notion de cyberconsommateur en droit international privé.

[5] Art. 3118 C.c.Q.

Au Vietnam, la réforme intervenue en 2015 a aussi importé les solutions de droit européen, mais avec nuances, car la protection accordée au consommateur ou au travailleur dans la loi désignée est alignée sur les standards vietnamiens et non sur ceux du droit applicable sans désignation comme le prévoit le *Code civil du Québec*. Ainsi, en vertu de l'article 683 (5) du Code civil vietnamien : « En matière de travail et de consommation, la loi vietnamienne sera appliquée si la loi choisie par les parties à ces contrats porte atteinte aux protections minima que la loi vietnamienne accorde aux travailleurs et aux consommateurs ». On peut, dans une certaine mesure, rapprocher cette disposition de la protection de l'ordre public du for[1]. Avec cette approche, le juge vietnamien, au lieu de devoir comparer deux droits étrangers – celui désigné par les parties et celui applicable sans désignation– , doit seulement le faire entre le droit élu et sa propre loi en termes de protection impérative. Cette tâche est sans doute moins lourde. Dans cette mesure, la solution adoptée au Code civil de 2015 est, selon nous, acceptable.

Enfin, le libre choix des parties peut aussi être limité s'il porte atteinte au droit des tiers. En vertu de l'article 683 (6) du Code civil vietnamien, « les parties peuvent convenir du changement de la loi applicable au contrat à condition que ce changement ne nuise pas aux droits et intérêts légitimes dont bénéficie un tiers avant ce changement, sauf accord de celui-ci ». La limite s'impose donc à la modification de la loi applicable, basée sur une comparaison des lois choisies par les parties avant et après la modification. Cette solution intéressante, inspirée du droit européen[2], n'a pas été retenue dans le *Code civil du Québec*.

En matière successorale, les différents régimes de protection mis en place dans plusieurs autres pays[3] sont pris en compte dans l'article 3099 C.c.Q. qui privera d'effet la désignation d'une loi applicable à la succession, dans la mesure où la loi désignée affecte gravement le droit successoral de l'époux ou du conjoint civil ou d'un enfant du défunt, ou encore si elle « porte atteinte aux régimes successoraux particuliers auxquels certains biens sont soumis par la loi de l'État de leur situation en raison de leur destination économique, familiale ou sociale »[4]. Comme le droit vietnamien n'autorise pas encore la désignation de la loi applicable à la succession, une telle disposition protectrice n'existe pas. Cependant, dans une optique de modernisation, il sera souhaitable d'étendre le champ de l'autonomie de la volonté à d'autres domaines non traditionnels, dont la succession. Cette

---

[1] Le professeur Kohler, « L'autonomie de la volonté en droit international privé : un principe universel entre libéralisme et étatisme », 349 et suiv., établit une distinction entre les « dispositions impératives de protection », celles en faveur de la partie faible – le consommateur ou le travailleur – , et les « dispositions impératives de sauvegarde des intérêts et politiques essentielles », qui sont des « lois de police » ou des « dispositions d'application immédiate ». Dans le premier cas, le contrat reste soumis aux dispositions impératives de la loi applicable à défaut de choix, alors que dans le deuxième cas, ce sont les dispositions impératives du for qui prévalent sur le choix normatif des parties.

[2] Convention de Rome de 1980 et Règlement Rome I, art. 3 (2).

[3] Par exemple, le droit français et le droit vietnamien comportent des dispositions qui protègent la part réservataire des enfants et/ou du conjoint vivants ou encore des parents du défunt (art. 913 du Code civil français et art. 644 du Code civil vietnamien).

[4] Art. 3099 C.c.Q.

autorisation devra alors être accompagnée de règles de protection comme cela a été prévu au Québec.

Les effets de l'exercice de la volonté

Malgré l'admission générale du principe d'autonomie de la volonté dans le DIP du Québec et du Vietnam, l'effet du choix des parties n'y est pas le même. Or, comme la professeure S. Guillemard a écrit à juste titre, l'effet de la clause de rattachement est un gage d'efficacité de l'exercice de cette volonté, sans quoi, « la prévisibilité, la sécurité ainsi recherchées par les [personnes] ne sont qu'un leurre »[1].

L'indépendance de la clause de rattachement

La question de l'indépendance de la clause de juridiction par rapport à l'acte juridique qui la contient est rarement traitée. C'est peut-être parce que la réponse est trop évidente : la question de compétence se pose toujours préalablement aux questions de fond. Il est donc logique que les clauses de juridictions ne soient pas affectées par la validité de l'acte. Malgré cela, les pays membres de la *Convention de La Haye sur les accords d'élection de for*[2] ont choisi d'affirmer cette indépendance en des termes précis : « Un accord exclusif d'élection de for faisant partie d'un contrat est considéré comme un accord distinct des autres clauses du contrat. La validité de l'accord exclusif d'élection de for ne peut être contestée au seul motif que le contrat n'est pas valable ».

Cette même solution est retenue, aussi bien dans le droit québécois que le droit vietnamien, pour la convention d'arbitrage, mais pas pour la clause d'élection de for. À l'instar de l'article 2642 C.c.Q.[3], l'article de la *Loi sur l'arbitrage commercial*, adoptée au Vietnam en 2010, reconnaît pleinement l'autonomie de la convention d'arbitrage par rapport au contrat : « La convention d'arbitrage est entièrement indépendante du contrat. Toute modification, prolongation, annulation, nullité ou non-opération de ce dernier n'affectera pas la validité de la convention d'arbitrage ». Il sera aussi utile d'introduire dans la future codification une disposition reconnaissant l'autonomie de la clause d'élection de for, qui pourrait être tout à fait inspirée de la Convention de La Haye.

Contrairement à ce qui concerne les clauses de rattachement juridictionnel, le rapport entre la clause de droit applicable et l'acte juridique concerné ne fait pas l'unanimité. Deux théories sont opposées – l'objectivisme et le subjectivisme – sur la portée de la liberté contractuelle et ses effets. Pour les objectivistes, comme la liberté des parties n'est pas illimitée, celles-ci ne peuvent choisir que les lois qui ont un lien suffisant avec l'acte juridique. Par conséquent, si l'application de la loi choisie entraîne la nullité du contrat, il faudra toujours respecter le choix des parties, car ladite loi est objectivement applicable par son lien de proximité. Le contrat sera donc anéanti. Au contraire, le subjectivisme préconise une liberté

---

[1] Guillemard, *Le droit international privé face au contrat de vente cyberspatial*, 55.

[2] Convention sur les accords d'élection de for, art. 3 (d).

[3] Art. 2642 C.c.Q. : « Une convention d'arbitrage contenue dans un contrat est considérée comme une convention distincte des autres clauses de ce contrat et la constatation de la nullité du contrat par les arbitres ne rend pas nulle pour autant la convention d'arbitrage ».

totale dans le choix de la loi applicable, et ce, peu importe le lien entre cette loi et le contrat. Par conséquent, si la loi choisie annule le contrat, le choix des parties, étant « une convention [qui] peut être traitée comme telle »[1], doit être écarté et le contrat sera sauvé, quitte à rechercher une autre loi applicable[2].

C'est la seconde théorie qui a été adoptée par le codificateur québécois et dont la trace peut être trouvée dans plusieurs articles du Livre X. En premier lieu, l'article 3111 en est une expression éloquente : il autorise la désignation de règles étrangères à un acte purement québécois ainsi que le dépeçage – à son troisième alinéa. L'article 3082 C.c.Q., un autre exemple du choix subjectiviste du *Code civil du Québec*, en accordela priorité au choix des parties sur la recherche de la proximité par le juge. Le subjectivisme est encore accentué à l'article 3112 C.c.Q, qui prévoit l'application d'une autre loi au cas où « la loi désignée rend l'acte juridique invalide ». En plus de promouvoir la liberté totale de parties, cette approche s'avère plus bénéfique pour elles, car les parties ne concluent pas un contrat pour ensuite le rendre nul[3].

Au Vietnam, bien que le sujet ait été évoqué plusieurs fois lors de la révision du Code civil, le législateur a malheureusement choisi de ne pas le traiter dans le nouveau code. Le silence du législateur laisse la question de l'indépendance de la clause de rattachement, sans réponse et deux hypothèses peuvent être envisagées. Soit, « il est fort probable que si le contrat est nul, la clause de la loi applicable insérée dans ledit contrat sera également nulle par application de l'article 131 du Code civil de 2015 »[4]. Dans ce cas, la loi ne prévoit pas si ni comment le juge vietnamien cherchera un autre droit pour régir le contrat. Soit, la clause d'élection de droit est considérée comme indépendante du contrat, qui sera rendu nul, et le juge continuera à appliquer la loi choisie pour en résoudre les conséquences. La future codification devra donc régler ce problème. L'exemple du Québec, qui, selon nous, présente plusieurs avantages pour les parties, derait être suivi.

La nature de la norme choisie

Théoriquement, la question de la nature de la norme choisie par les parties est liée à celle sur la portée du rattachement volontaire. Dans son cours de DIP à La Haye en 2012, le professeur Christian Kohler abordait la question en distinguant ce qu'il appelle le « renvoi conflictuel » du « renvoi de droit matériel »[5]. Il est

---

[1] Henri Batiffol, « Subjectivisme et Objectivisme dans le droit international privé des contrats », in *Mélanges Jacques Maury*, vol. t. 1 (Paris : Dalloz et Sirey, 1960), 44.

[2] Pour plus de détails sur les débats, voir Batiffol, « Subjectivisme et Objectivisme dans le droit international privé des contrats » ; Guillemard, *Le droit international privé face au contrat de vente cyberspatial*, 91.

[3] Jayme, « Identité culturelle et intégration : le droit international privé postmoderne », 162 : « Invalider un contrat au nom de l'autonomie de la volonté serait contradictoire. C'est pour cette raison que la solution du Code civil du Québec est convaincante ».

[4] Quoc Chien Ngo, « Le droit des obligations dans le nouveau droit international privé vietnamien », *R.D.A.I.*, n° 1 (2017) : 55. En vertu de cet article, si le contrat est nul, il ne produit aucun effet sur les droits et obligations des parties, qui seront restitués à l'état connu au moment précédant sa conclusion. Cette suggestion d'interprétation est proche à la vision subjectiviste.

[5] Kohler, « L'autonomie de la volonté en droit international privé : un principe universel entre libéralisme et étatisme », 316.

important de ne pas confondre ces termes avec le « renvoi », qui est tellement spécifique à la théorie du même nom très connue en DIP[1]. En fait, le terme « renvoi » utilisé par C. Kohler se rapporte plutôt à la « désignation » d'une loi applicable – soit par la volonté, soit par la règle de rattachement – terme que nous préférons pour éviter toute confusion. Le plus souvent, par leur choix, les parties « [visent] en principe la loi désignée dans *son intégralité*, à la place de la loi qui serait applicable à défaut de choix »[2]. Cette conception soulève une question résiduelle concernant l'applicabilité de la théorie du renvoi à l'autonomie de la volonté. Plus précisément, il s'agit de se demander s'il faut inclure ou non les règles de DIP contenues dans la loi désignée. La réponse, pour nous, doit être négative, car une telle interprétation serait nuisible à la prévisibilité du droit. Si les parties désignent la loi d'un pays pour leurs rapports, ce doit être les règles apportant la solution finale à leur litige.

En opposition avec cette solution dite « conflictuelle », c'est le rattachement « matériel », aux termes de C. Kohler, qui signifie la désignation de dispositions « supplétives » par les parties, le contrat restant soumis aux dispositions impératives de la loi normalement applicable en l'absence de désignation. Selon l'auteur, cette « opération vise à déterminer le contenu du contrat par référence aux dispositions matérielles d'une autre loi et relève de la liberté contractuelle plutôt que de l'autonomie de la volonté au sens du droit international privé »[3]. Pour illustrer, il cite comme exempl l'article 3 (3) de la Convention de Rome 1980 et du Règlement Rome I, qui autorise les parties à un contrat interne à désigner une loi étrangère pour leur contrat, qui reste néanmoins soumis aux dispositions impératives de la loi normalement applicable. À ce sujet, il commente : « le législateur européen *assimile* le choix de loi par les parties à un [rattachement] de droit matériel »[4]. Toutefois, l'exemple le plus pertinent de ce mode de rattachement devrait être la désignation par les parties de règles matérielles non étatiques, telles que celles de la Convention de Vienne sur les contrats de vente internationale de marchandises ou les règles d'UNIDROIT[5]. Plus largement, il s'agit de la *lex mercatoria*[6], qui ne remplace pas totalement la loi étatique, dont les dispositions impératives continuent à s'imposer au contrat. Cet esprit est bien reflété dans l'article 8 des *Principes de La Haye sur le choix de la loi applicable aux contrats commerciaux internationaux* de 2015[7].

---

[1] Il s'agit du renvoi qui résulte de l'application des règles de rattachement étrangers et conduit à l'application d'une loi autre que la loi désignée par la règle de rattachement du for. Sur ce sujet, voir *infra*, chapitre II, section II « La diversification des solutions de rattachement ».

[2] Kohler, « L'autonomie de la volonté en droit international privé : un principe universel entre libéralisme et étatisme », 314 et 315.

[3] Kohler, 316.

[4] Kohler, 316.

[5] Voir *supra*, p. 46. Les principes d'UNIDROIT sont considérés comme la « codification » de la *lex mercatoria*.

[6] La *lex mercatoria* désigne l'ensemble des règles créées par la communauté des marchands pour répondre aux besoins du commerce international. Comme les règles de *lex mercatoria* ont des origines et des contenus variés, leur statut reste discutable dans les droits nationaux. Cela n'empêche pas leur utilisation courante et leur développement dans les échanges commerciaux.

[7] Principes sur le choix de la loi applicable aux contrats commerciaux internationaux, point 3.1 : « Les parties à un litige porté devant des tribunaux étatiques n'ont généralement pas la possibilité d'opter

La référence aux règles supranationales et anationales que les parties peuvent désigner pour régir leur contrat soulève donc une autre question pratique sur la nature des normes choisies et leur effet devant le juge et devant l'arbitre, comme prévu dans la législation de DIP.

Des termes différents sont utilisés dans le droit québécois pour désigner les normes choisies par les parties selon qu'elles sont appliquées par un juge ou par un arbitre. Dans le premier cas, le législateur utilise le terme « loi », comme dans l'article 3111 C.c.Q.[1], alors que dans le second, il préfère « règles de droit », comme l'indique l'article 651 C.p.c. à propos de l'arbitrage[2]. Pour mémoire, le terme « droit » a un sens plus large en ce qu'il comprend, outre la loi, les autres sources de droit, telles que la jurisprudence et, dans certains pays, la doctrine. Cette nuance est bien reflétée dans la constatation suivante du juge Lebel : « s'il ne fait pas de lois, le juge crée du droit »[3]. Si les arbitres peuvent sans aucun doute appliquer aussi les règles non étatiques choisies par les parties, en particulier la *lex mercatoria*[4], les tribunaux judiciaires peuvent-ils le faire ?

Le débat porte donc sur le mot « loi » utilisé à l'article 3111 C.c.Q.[5]. Au Québec, des opinions opposées se sont exprimées dès l'entrée en vigueur du nouveau Code civil. Selon le professeur P. Glenn, le caractère subjectif des articles 3111 et 3112 C.c.Q. « semble laisser ouverte la possibilité que les parties peuvent choisir un droit non étatique (la *lex mercatoria*) et même adopter une clause excluant l'application de tout droit étatique »[6]. Au contraire, dans le même ouvrage collectif, deux autres auteurs sont d'avis que « [l]a désignation de la *lex mercatoria* pour régir le contrat semble être exclue », en admettant seulement la

---

pour des "règles de droit". L'article 3 élargit le champ d'application de l'autonomie de la volonté prévu à l'article 2 (I), en précisant que les parties peuvent désigner non seulement la loi d'un État mais aussi des "règles de droit" comme loi applicable à leur contrat, quel que soit le mode de règlement des différends choisi ». Les points 3.5 et 3.6 donnent des exemples de « règles de droit » : « Les conventions et traités internationaux peuvent être considérés comme une source généralement acceptée de "règles de droit" lorsque ces instruments s'appliquent uniquement du fait du choix de loi des parties. […] Les Principes d'UNIDROIT sont un [autre] exemple de "règles de droit qui sont "généralement acceptées au niveau international" ».

[1] Art. 3111 C.c.Q. : « L'acte juridique, qu'il présente ou non un élément d'extranéité, est régi par la loi désignée expressément dans l'acte ou dont la désignation résulte d'une façon certaine des dispositions de cet acte ».

[2] Art. 651 C.p.c. : « L'arbitre tranche le différend conformément aux règles de droit choisies par les parties ».

[3] Voir *supra*, p. 135.

[4] Cette interprétation est appuyée par la doctrine. Voir notamment Guillemard et Ly, *Éléments de droit international privé québécois*, 106 ; Jeffrey A. Talpis, « Retour vers le futur : application en droit québécois des Principes d'UNIDROIT au lieu d'une loi nationale », *R.J.T.* 36 (2002) : 617 et 618. Même en l'absence du choix des parties, l'article 651 C.p.c. prévoit que l'arbitre peut appliquer toute règle de droit qu'il estime appropriée.

[5] Sur l'état du débat, lire Guillemard, *Le droit international privé face au contrat de vente cyberspatial*, 113-19 ; Frédérique Sabourin, « Le contrat sans loi en droit international privé canadien », *R.Q.D.I.* 19 (2006) : 35.

[6] Glenn, « Droit international privé ».

possibilité pour les tribunaux québécois d'appliquer les règles non étatiques si la loi désignée reconnaît cette possibilité[1].

Plusieurs arguments peuvent être avancés pour militer en faveur d'une interprétation plus libérale de la portée du choix des parties devant le juge québécois, même s'« il serait plus juste de reconnaître que "[t]elle qu'elle est administrée par les tribunaux étatiques, la loi d'autonomie implique que le choix des parties ait pour objet la loi d'un État" »[2]. Outre le subjectivisme explicitement adopté, la terminologie utilisée dans le Livre X permet de croire à l'intention du codificateur de ne pas restreindre le choix des parties aux seules lois étatiques. Notons que d'autres dispositions du *Code civil du Québec* réfèrent à la « loi d'un État », contrairement à l'article 3111[3].

Il faut rappeler l'historique des travaux de codification pour étayer cette approche. Ainsi, le projet de 1977 proposait de ne tenir compte que de « *la loi de l'État* désignée expressément par les parties »[4]. La suppression du possessif « de l'État » dans le texte final montre sans doute « la philosophie très libérale du principe de la volonté d'autonomie en droit québécois » et « la tendance vers la globalisation [qui] favorise l'expansion de normes uniformes et autonomes »[5]. Dans la pratique, l'examen des contrats internationaux montre que « la *lex mercatoria* est bien vivante dans le droit québécois » et les tribunaux québécois sont ouverts à son application[6].

L'adoption d'une interprétation évolutive du terme « loi » dans l'article 3111 C.c.Q. est justifiée par le besoin d'adaptation au contexte actuel de mondialisation, accentuée par les progrès technologiques. L'argument est sans doute consolidé par la récente réforme du *Code de procédure civile*, avec l'introduction d'un tout nouvel article qui prévoit que la mission des tribunaux est de « trancher les litiges dont ils sont saisis en conformité avec les *règles de droit* qui leur sont applicables »[7]. Les mêmes termes de « règles de droit » sont désormais utilisés pour indiquer aussi bien ce que les tribunaux judiciaires et les arbitres appliquent, au lieu de la distinction classique entre « lois étatiques » applicables aux premiers et « règles de droit », ces dernières comprenant également les règles non étatiques. L'application de règles anationales comme la *lex mercatoria* par un juge ou par un arbitre diffère dans le fait que, pour un arbitre, elle peut se faire à sa propre initiative, alors qu'une telle application ne peut être envisagée devant le juge qu'en vertu d'une convention des parties.

La réponse est moins ambiguë dans le droit vietnamien, ce qui ne signifie pas pour autant que la solution est meilleure. Si le litige est porté devant les tribunaux

---

[1] Talpis et Castel, « Le Code civil du Québec. Interprétation des règles du droit international privé », 871.

[2] Guillemard, *Le droit international privé face au contrat de vente cyberspatial*, 119.

[3] Par exemple, art. 3080 (« loi d'un État étranger »), art. 3082 (« loi d'un autre État »), art. 3112 et 3114 (« loi de l'État »).

[4] Art. 21 du Livre neuvième (nos italiques).

[5] Talpis, « Retour vers le futur : application en droit québécois des Principes d'UNIDROIT au lieu d'une loi nationale », 620.

[6] Goldstein et Groffier, *Droit international privé. T. 2*, 488 et 489. Ces auteurs soulignent aussi que l'article 1426 C.c.Q. prévoit le recours aux usages dans l'interprétation du contrat.

[7] Art. 9 al. 1 C.p.c. (nos italiques).

vietnamiens, les parties peuvent choisir soit la loi d'un État[1], soit « les coutumes internationales »[2]. Au contraire, si le litige est porté en l'arbitrage, le choix des parties est plus limité, car la *Loi sur l'arbitrage commerciale* distingue la « loi » choisie par les parties des « coutumes internationales » que l'arbitre peut appliquer à défaut du choix[3]. Une telle distinction explicite donne à comprendre que les parties ne peuvent choisir que la loi étatique si le litige est porté devant l'arbitrage. Or, cette approche ne s'adapte pas du tout à la pratique et risque fort bien de porter atteinte aux intérêts du commerce international, les contrats internationaux référant très souvent à la *lex mercatoria*[4].

2. VERS UN ÉQUILIBRE ENTRE FLEXIBILITÉ ET PRÉVISIBILITÉ DES SOLUTIONS

Au XIXe siècle, le professeur allemand Friedrich-Carl von Savigny (1779-1861) a élaboré, pour le DIP, une méthode de rattachement centrée sur la recherche du siège du rapport juridique pour déterminer l'ordre juridique compétent[5]. Cette méthode, qui a une large application mondiale a l'avantage d'offrir une solution générale et neutre à presque toutes les situations de « conflit » juridictionnel ou normatif. Toutefois, le caractère « aveugle » et « mécanique » des règles de rattachement à la savignienne fait aussi l'objet de critiques. Il convient de citer surtout celles provenant de la doctrine américaine qui, en s'opposant à la rigidité et à l'abstraction de la méthode savignienne, a développé, dans des années 1960 et 1970, des approches de recherche de loi applicable consistant en l'analyse comparative du contenu des lois concernées, à la lumière des intérêts étatiques. Pourtant, les approches américaines n'ont pas été accueillies avec enthousiasme dans d'autres pays, en raison du particularisme qui ne permet

---

[1] Code civil vietnamien, art. 683 (1) et 687 (1).

[2] *Id.*, art. 666. Le Code civil ne définit pas le terme « coutumes internationales », mais les rapports explicatifs sur le projet du Code civil indiquent que le rédacteur a voulu se référer aux usages et pratiques internationales tels que les principes d'UNIDROIT (Vietnam, Ministère de la Justice, « Rapport explicatif des modifications de la Septième partie du Code civil de 2005 portant sur les rapports civils comportant un élément d'extranéité », 10).

[3] Art. 14 (3) : « Au cas où la *loi vietnamienne* ou *la loi choisie* par les parties ne contient pas de dispositions pertinentes relatives au litige, le conseil arbitral *peut appliquer les coutumes internationales* pour statuer si l'application ou les conséquences de cette application ne sont pas contraires aux principes fondamentaux du droit vietnamien » (nos italiques).

[4] La référence aux Incoterms en est un exemple typique. Les *International Commercial Terms* sont des codes de transport élaborés et mis à jour régulièrement par la Chambre de commerce international de Paris et définissent les obligations réciproques de chaque partie (vendeur, acheteur), dans la transaction commerciale concernant respectivement la livraison, l'assurance, le transport, les risques et les documents obligatoires. Comme ces termes favorisent beaucoup la transaction commerciale, ils sont fréquemment utilisés dans les contrats internationaux.

[5] Savigny, *Traité de droit romain*, Tome huitième : 120. Ainsi en est-il, pour le rattachement juridique, du domicile des personnes pour les actions personnelles, du lieu de situation du bien pour les actions réelles, du lieu de conclusion ou d'exécution du contrat pour les obligations contractuelles et du lieu du fait dommageable pour les obligations extracontractuelles, etc. La même logique s'applique au rattachement normatif : « Le domicile d'une personne que concerne le rapport de droit ; Le lieu de la situation d'une chose qui fait l'objet du rapport de droit ; Le lieu d'un acte juridique fait ou à faire ; Le lieu du tribunal appelé à connaître du rapport de droit ».

pas de fournir de solutions générales aux problèmes compliqués du DIP[1]. De l'autre côté de l'Atlantique, parmi des réactions contre les démarches américaines, le principe de proximité est la réponse la plus significative de l'Europe occidentale – qui a aussi trouvé que l'analyse de la nature du rapport de droit selon la méthode savignienne est insuffisante pour la recherche de solutions complètes aux problèmes de DIP[2]. Par rapport aux rattachements indifférents aux circonstances, le principe de proximité offre une souplesse en ordonnant de tenir compte, en plus du facteur de rattachement fixe, d'un nombre des facteurs variables liés au rapport juridique pour trouver l'ordre juridique avec lequel il maintient des liens les plus étroits. Le principe permet également de préserver la méthode de rattachement, qui est toujours le noyau du DIP, contre l'imprévisibilité des approches américaines.

Au Québec, l'objectif de flexibilité est réalisé à travers la consécration du principe de proximité et l'adoption de la pluralité des méthodes dans la codification de 1994, tant pour le rattachement juridictionnel que normatif. Au Vietnam, la réforme de 2015 constitue le premier pas du DIP dans cette direction. La préservation de la méthode de rattachement neutre, tout en l'améliorant par des ajustements en fonction des cas particuliers, constitue un choix sage correspondant à la tendance moderne du DIP et permettant un équilibre entre les deux extrémités, dont l'une est la méthode totalement abstraite de Savigny et l'autre, la destruction de la règle de rattachement au profit d'une analyse matérielle des solutions à l'américaine.

Dans cette recherche de l'équilibre entre flexibilité et prévisibilité des solutions, le DIP québécois offre de bons exemples de succès et d'échec. La question posée est de savoir ce que le Vietnam pourrait apprendre des expériences du Québec. Cette section tente de fournir la réponse à travers l'étude critique et comparative du droit des deux pays dans la consécration du principe de proximité comme principe directeur de rattachement (2.1) et dans la diversification des solutions de rattachement (2.2).

2.1 Le principe de proximité comme principe directeur du rattachement

La proximité s'exprime dans les liens étroits entre une situation internationale et un ordre juridique appelé à la régir. En 1986, à l'Académie de La Haye de DIP, le professeur français Paul Lagarde a donné son cours consacré entièrement au principe de proximité[3]. Développé notamment en Europe occidentale comme un remède à la rigidité de la méthode savignienne et aux limites des approches américaines, le principe de proximité consiste en une localisation du rapport juridique « fondée sur l'examen des différents éléments de la situation dans son ensemble »[4]. Son application se manifeste sous une forme ou autre dans la

[1] Voir les critiques du professeur Castel, *Droit international privé québécois*, 76-81.

[2] Lagarde, « Le principe de proximité dans le droit international privé contemporain. Cours général de droit international privé », 29 et suiv.

[3] Voir Lagarde, « Le principe de proximité dans le droit international privé contemporain. Cours général de droit international privé ».

[4] Lagarde, 30.

jurisprudence, puis dans la législation des pays européens[1], avant de devenir un des principes directeurs retenus dans de nombreuses codifications nationales et conventions internationales de DIP. Dans la pratique, les considérations de proximité peuvent s'exprimer soit dans la conception des règles de rattachement, soit dans la clause d'exception en tant que correctrice du caractère aveugle du bilatéralisme savignien, soit dans le rôle de complément à l'absence de règle correspondante.

Si le domaine principal du principe de proximité est le droit des obligations, son effet est en réalité généralisé grâce aux mécanismes correctifs permettant de combler les lacunes et de corriger les erreurs ponctuelles des règles de rattachement préconçues. Ce faisant, le principe constitue un bon moyen d'assouplir la méthode classique critiquée pour son caractère rigide, tout en évitant les démarches américaines, qui mènent au contraire à une trop grande instabilité et à l'arbitraire[2].

Le principe est désormais consacré dans le DIP du Québec et du Vietnam dans des formes et à des degrés différents. Sa concrétisation dans des clauses d'exception, à l'exemple du Québec, offre des suggestions pour le codificateur vietnamien dans sa recherche de l'équilibre entre flexibilité et prévisibilité.

2.1.1 La consécration du principe de proximité dans la codification

Le principe de proximité est admis de façon explicite dans le DIP québécois codifié et dans le DIP vietnamien réformé. Au Québec, l'exigence de proximité a été introduite dans la pratique judiciaire avant la réforme, et largement dans la codification de 1994. Au Vietnam, le critère de proximité était retenu au Code civil de 2005 pour certains cas spécifiques[3]. Cependant, il faut attendre la réforme de 2015 pour que le principe soit généralement admis dans le domaine du rattachement normatif.

---

[1] Lagarde, 29 et suiv. Le professeur P. Lagarde analyse la pratique de quatre pays : la France, l'Angleterre, la Suisse et l'Allemagne. En France, les tribunaux des années 1960 ont commencé à déterminer la loi applicable au contrat non pas selon un lieu fixe (lieu de conclusion), mais « d'après l'économie de la convention et les circonstances de la cause ». L'idée de proximité s'exprime donc, bien que la notion de « liens les plus étroits » ne soit pas encore apparue. En Angleterre, le terme de « *closest and most connection* » a été très tôt utilisé dans la jurisprudence dès 1891. En Allemagne, les tribunaux ont eu recours à la notion de « volonté présumée » (*mutmassliche Wille*) pour échapper à la rigidité du rattachement au lieu d'exécution du contrat. Cette volonté est déterminée non pas à partir des idées subjectives des parties, mais à partir d'une évaluation objective de leurs intérêts, pour faire ressortir le centre de gravité de leur rapport. En Suisse, le principe de proximité vient progressivement remplacer l'approche classique de « coupures du contrat » (les éléments du contrat sont scindés et soumis à une loi distincte selon le facteur de rattachement appliqué à chaque élément). Il en résulte l'application d'une loi unique déterminée par l'examen de l'ensemble des critères objectifs permettant d'établir le « lien territorial le plus étroit ».

[2] Voir Gérald Goldstein, « Mécanismes correctifs à l'application de la règle de conflit : clause échappatoire et exception d'ordre public », in JurisClasseur Québec, coll. « Droit civil », *Droit international privé*, vol. fasc. 5 (Montréal : LexisNexis, 2016).

[3] Voir *infra* p. 242.

L'admission générale du principe dans le droit international privé québécois

« Si le principe de proximité n'est pas le seul guide pour la recherche d'une solution, il occupe une place prépondérante dans la codification québécoise de droit international privé »[1].

La proximité dans le rattachement juridictionnel

Pour mémoire, c'est en 1994 que les règles de compétence internationale ont été ordonnées dans le Code civil, au Titre troisième (compétence internationale des autorités du Québec – compétence directe) et au deuxième chapitre du Titre quatrième du Livre X C.c.Q. (compétence des autorités étrangères – compétence indirecte).

Avant la codification, la compétence internationale des tribunaux québécois était déterminée sur la base des dispositions du *Code de procédure civile* relatives à la compétence territoriale interne[2], faute de règles proprement applicables aux situations internationales. Le livre X du *Code civil du Québec* a codifié une grande partie de la jurisprudence existante, tout en apportant de nombreuses nouveautés.

L'exigence d'un certain degré de proximité s'exprimait dans le critère du lien réel et substantiel entre l'affaire et le tribunal qui s'est déclaré compétent, établi sur la base des notions d'ordre et d'équité de la *common law* par la jurisprudence de la Cour suprême du Canada[3] comme une des conditions pour la reconnaissance et l'exécution sur le territoire d'une province canadienne de tout jugement rendu hors de cette province :

> En adoptant la méthode qui permet de poursuivre à l'endroit qui a un lien réel et substantiel avec l'action, on établit un équilibre raisonnable entre les droits des parties. Cela fournit une certaine protection contre le danger d'être poursuivi dans des ressorts qui n'ont que peu ou pas de lien avec l'opération ou les parties[4].

À la suite de l'entrée en vigueur du *Code civil du Québec*, s'est posée la question suivante : est-ce que la vérification du lien réel et substantiel continue à être nécessaire en plus de l'application des règles de compétence internationale codifiées ? La Cour suprême du Canada, dans l'arrêt *Spar Aerospace*, a répondu clairement : « la notion de "lien réel et substantiel" se trouve déjà subsumée sous les dispositions du [*Code civil du Québec*] »[5].

Il convient de noter la différence entre le critère du lien réel et substantiel de *common law* et le principe de proximité de droit civiliste basé sur l'existence des « liens les plus étroits » entre l'affaire et la juridiction déclarée compétente. Dans

---

[1] Guillemard et Ly, *Éléments de droit international privé québécois*, 53.

[2] Art. 68 et suiv. du *Code de procédure civile*, RLRQ, c. C-25, remplacé en 2016 par le *Code de procédure civile*, RLRQ, c. C-25.01.

[3] Morguard Investments Ltd. *c.* De Savoye, [1990] 3 R.C.S. 1077. Ce critère est affirmé pour la reconnaissance des jugements rendus dans une autre province canadienne dans l'arrêt Hunt *c.* T&L plc, [1993] 4 R.C.S. L'application de ce critère est par la suite étendue à la reconnaissance et à l'exécution des jugements rendus hors du Canada dans l'arrêt Beals *c.* Saldanha, [2003] 3 R.C.S. 416, 2003 CSC 72.

[4] Morguard Investments Ltd. *c.* De Savoye, [1990] 3 R.C.S. 1077, 1080.

[5] Spar Aerospace Ltée *c.* American Mobile Satellite Corp., [2002] 4 R.C.S. 205 paragr. 56.

le premier cas, le critère du lien réel et substantiel vise à éviter que l'affaire ne soit jugée par un ressort ayant « peu ou pas de lien » avec elle. Dans le second, l'exigence de proximité est plus stricte, car la comparaison est absolue – liens les plus étroits. Cette différence a été affirmée dans la jurisprudence canadienne de *common law*. Ainsi, dans la décision *Muscutt* v. *Courcelles*, en application du principe de *Morguard*, la Cour d'appel de l'Ontario affirme : « The real and substantial connection test requires *only a real and substantial connection, not the most real and substantial connection* »[1].

On peut considérer que le principe de proximité se manifeste dans l'exception du *forum non conveniens* codifié à l'article 3135 C.c.Q., qui donne au juge québécois la discrétion de décliner sa compétence s'il estime que le tribunal d'un autre État est « mieux à même de trancher le litige ». Pour ce qui est de la compétence indirecte[2], elle se manifeste, à notre avis, dans l'exigence du lien de rattachement important – qui s'ajoute à la règle du miroir établie à l'article 3164 C.c.Q.[3] – entre le litige et l'État du for. En effet, dans la mesure où l'exception du *forum non conveniens* n'est applicable qu'à l'exercice de la compétence des autorités québécoises, et non à la vérification de la compétence indirecte, l'exigence du rattachement important est sans aucun doute l'alternative permettant de concrétiser le principe de proximité dans ce cas. La différence avec le test applicable aux autorités québécoises, c'est que, si le *forum non conveniens* n'est qu'une exception soumise à la décision discrétionnaire du juge, l'exigence du rattachement important dans le contrôle de la compétence des autorités étrangères est une condition de même poids que le respect des facteurs de rattachement juridictionnel[4]. Cette condition plus stricte pour le contrôle de la

---

[1] Muscutt *v.* Courcelles, [2002] O.J. No 2128 (QL) (Ont. C.A.) paragr. 44 (nos italiques).

[2] Il s'agit de la vérification de la compétence des autorités étrangères dont le jugement fait l'objet d'une procédure *d'exequatur* au Québec. Le contrôle de la compétence des autorités étrangères est une pratique courante dans le DIP de plusieurs pays, mais ne se trouve pas encore en DIP vietnamien. Sa logique existe justement dans la nécessité du lien entre l'affaire et le for d'où émane le jugement pour que ce dernier soit jugé efficace dans un autre ordre juridique. Le jugement étranger est ainsi efficace s'il émane du *juge naturel* des plaideurs, inefficace dans le cas contraire.

[3] L'article 3164 C.c.Q. dispose que « [l]a compétence des autorités étrangères est établie suivant les règles de compétence applicables aux autorités québécoises en vertu du titre troisième du [livre X] dans la mesure où le litige se rattache d'une façon importante à l'État dont l'autorité a été saisie ». Comme l'examen de la compétence indirecte se fait par application par analogie des règles de compétence québécoise, la règle est nommée « règle du miroir ».

[4] Le juge LeBel dans l'arrêt Société canadienne des postes *c.* Lépine, [2009] 1 R.C.S 549 paragr. 36, a affirmé : « L'article 3164 C.c.Q. établit comme condition fondamentale de la reconnaissance d'un jugement au Québec, l'existence d'un lien important entre le litige et le tribunal d'origine ». Un test à deux étapes s'impose : la première consiste à établir le lien de rattachement entre le litige et l'État où le jugement étranger est rendu et la deuxième requiert de prouver que ce lien est important. Il faut remarquer que l'article 3164 exige que le lien soit établi entre le litige – incluant les parties et l'objet du litige – et un État –, ce qui implique l'intégralité de l'ordre juridique. L'examen doit donc être effectué sur l'ensemble des éléments du dossier *autres que les facteurs de rattachement*, car l'exigence du lien de rattachement important s'ajoute à la proximité établie par ces derniers. « Dans ce cas, on pourra se demander, par exemple, si le jugement a un impact, de quelque nature que ce soit, dans l'État où il a été rendu » : Guillemard et Ly, « La décision *Barer* et l'article 3164 C.c.Q. : encore beaucoup de buée sur le miroir », 327-28.
La condition du rattachement important prévue à l'article 3164 C.c.Q. ne coïncide pas avec le lien de proximité exprimé dans le facteur de rattachement comme l'a prétendu la Cour suprême dans Barer

compétence des autorités étrangères n'est rien d'irraisonnable, car l'acceptation des effets des décisions étrangères n'est pas du tout anodine à l'ordre juridique d'accueil. Comme l'article 3135 C.c.Q., l'article 3164 est silencieux sur la vérification de la proximité dans le cas de l'élection de for, alors qu'il est possible de s'interroger en pratique sur l'applicabilité de l'exigence de proximité au choix des parties. À notre avis, la réponse devra être la même dans les deux cas : la volonté ne doit pas être soumise au principe de proximité[1].

La proximité dans le rattachement normatif

En ce qui concerne le rattachement normatif, il y a des bonnes raisons de croire que la proximité est aussi subsumée sous les règles de droit applicable du Livre X du *Code civil du Québec*. À titre d'exemple, la soumission du régime matrimonial à la loi du domicile commun des époux au moment de leur union (art. 3123 al. 1 C.c.Q.) a sa racine dans la présomption de proximité prétendue par les tribunaux français, basée sur l'idée d'une volonté hypothétique[2].

En particulier, le principe de proximité est prononcé explicitement pour la détermination du droit applicable au fond de l'acte juridique, comme principe de rattachement subsidiaire du choix des parties. L'article 3112 C.c.Q. prévoit : « En l'absence de désignation de la loi dans l'acte ou si la loi désignée rend l'acte juridique invalide, les tribunaux appliquent la loi de l'État qui, compte tenu de la nature de l'acte et des circonstances qui l'entourent, présente les liens les plus étroits avec cet acte ». Le principe est concrétisé par la présomption établie à l'article 3113 C.c.Q. : « [l]es liens les plus étroits sont présumés exister avec la loi de l'État dans lequel la partie qui doit fournir la prestation caractéristique de l'acte

---

c. Knight Brothers LLC, 2019 CSC 13 paragr. 87 et 88. La localisation du rapport juridique en question au lieu présumé être son centre de gravité, grâce au facteur de rattachement, n'établit qu'une présomption de proximité qui peut être renforcée ou renversée par l'existence ou non du rattachement important entre l'État et le litige. C'est ce rattachement important qui correspond à l'exigence du principe de proximité. Pour satisfaire à cette condition, il faut procéder à un examen de l'ensemble des situations. Ainsi, parler de l'État, c'est parler non seulement « d'un élément de son système judiciaire, mais également, par exemple, de son administration civile, fiscale, sociale ou autre ». De même, lorsqu'on parle du « litige », c'est dans son ensemble, incluant « non seulement ceux qui y participent, les parties et l'administration judiciaire, mais aussi le sujet qui en est la matière, constitué d'éléments factuels et de données juridiques, ainsi que la décision qui y met un terme ». La vérification repose donc sur l'évaluation du poids de ce rattachement à la lumière de toutes les circonstances et de l'examen quantitatif et qualitatif de différentes composantes du litige. Voir Guillemard et Ly, « La décision *Barer* et l'article 3164 C.c.Q. : encore beaucoup de buée sur le miroir », 328-32.

[1] Le rapport entre le principe d'autonomie de la volonté et le principe de proximité peut être interprété de deux façons : d'un côté, il est soutenu que ces deux principes sont incompatibles, car les parties peuvent choisir un for qui n'a aucun lien avec leur rapport ; de l'autre côté, la proximité peut résulter du choix des parties qui doivent avoir une raison pour rattacher subjectivement leur rapport avec le for (raisons qui peuvent être la langue, la culture, l'économie ou la familiarisation avec le système judiciaire, etc.). Les deux interprétations militent pour la non-application de l'exception de proximité à l'élection de for. Voir aussi nos arguments *supra*, chapitre I, section II relative au principe d'autonomie de la volonté.

[2] Lagarde, « Le principe de proximité dans le droit international privé contemporain. Cours général de droit international privé », 46 : « c'est avec la loi du premier domicile matrimonial que les époux ont entendu établir les liens les plus étroits quant au régime de leurs biens ».

a sa résidence ». Les exemples concrets sont donnés par la suite pour des principaux types de contrats[1].

L'adoption par le codificateur québécois de 1994 de la notion de « prestation caractéristique » comme critère de détermination du lien de proximité contractuelle est largement inspirée du droit suisse. En effet, c'est dans ce pays que « le critère de la prestation caractéristique comme l'expression en principe la meilleure des liens les plus étroits d'un contrat avec un ordre juridique »[2] a triomphé la jurisprudence depuis 1966[3] et a été par la suite codifié dans la *Loi fédérale de droit international privé* de 1987[4].

On doit par ailleurs à Adolf F. Schnitzer le succès de la théorie de la prestation caractéristique cristallisée à partir d'études parcellaires antérieures[5]. L'essentiel est de se baser sur la nature et la fonction socio-économique du contrat pour définir la prestation ou l'obligation qui caractérise le contrat[6] afin de localiser son centre de gravité. Une fois que celle-ci est identifiée, le point de rattachement proposé est le lieu où elle est due, c'est-à-dire le lieu de l'activité commerciale ou

---

[1] Art. 3114-3121 C.c.Q. (contrat de vente, contrat de représentation, contrat de consommation, contrat de travail, contrat d'assurance, contrat de cession de la créance, convention d'arbitrage).

[2] Lagarde, « Le principe de proximité dans le droit international privé contemporain. Cours général de droit international privé », 41.

[3] Sznajer *c.* Rodi et Wienenberger A.-G., [1966] 92-II A.T.F. 111 ; Stipa *c.* Dixi S.A., [1968] 94-II A.T.F. 355 (Tribunal fédéral suisse) ; Bernard *c.* Isico S.A., [1974] 100-II A.T.F. 34 ; Trutmann *c.* Spiegelunion Flabeg GmbH, [1975] 101-II A.T.F. 83. Il faut noter que l'ancienne approche était la coupure du contrat en différents aspects, dont chacun était soumis à une loi applicable déterminée selon les facteurs différents : la formation du contrat est régie par la loi du lieu de la conclusion, chacune des obligations étant régie par la loi du lieu son exécution.

[4] Loi fédérale du 18 décembre 1987 sur le droit international privé, art. 117 : « À défaut d'élection de droit, le contrat est régi par le droit de l'État avec lequel il présente les liens les plus étroits [qui] sont réputés exister avec l'État dans lequel la partie qui doit fournir la prestation caractéristique a sa résidence habituelle ou, si le contrat est conclu dans l'exercice d'une activité professionnelle ou commerciale, son établissement ». Le paragraphe 3 du même article énumère une liste d'illustrations de cinq contrats courants – contrat d'aliénation, contrat portant sur l'usage d'une chose ou d'un droit, contrat de service, contrat de dépôt et contrat de garantie ou de cautionnement.

[5] La théorie est élaborée pour la première fois dans son livre publié en 1938 : Adolf F. SCHNITZER, *Handbuch des Internationalen Handels : Wechsel und Checkrechts* (Manuel du commerce international : loi applicable aux lettres de change et aux chèques), Bâle, Recht und Gesellschaft, 1938). Elle est ensuite présentée dans son cours de DIP à La Haye en 1968 : Adolf F. Schnitzer, « Les contrats internationaux en droit international privé suisse », *R.C.A.D.I.* 1 (1968) : 541.
Avant ces dates, la question avait fait l'objet de différentes études. L'idée de la prestation caractéristique est apparue pour la première fois en 1908 dans une résolution de l'Institut de droit international, Révision des *Règles sur la détermination de la loi qui doit régir les obligations contractuelles à titre de droit supplétif*, par Heinrich Harburger (Florence, 3 octobre 1908), art. 2. En 1938, le juriste français Henri Batiffol, dans sa thèse sur l'autonomie de la volonté, a décrit la prestation caractéristique d'un contrat de vente comme « celle pour laquelle la somme versée par l'une des parties est due » : Henri Batiffol, *Les conflits de lois en matière de contrats. Étude de droit international privé comparé* (Paris : Sirey, 1938).

[6] Selon le dictionnaire « Prestation », in *Trésor de la langue française*, consulté le 2 novembre 2021, stella.atilf.fr/Dendien/scripts/tlfiv5/advanced.exe?8 ;s=3810268905 ;, la « prestation » est « ce qui juridiquement doit être fourni ou accompli ». Le ministre québécois de la Justice, dans ses commentaires sur l'article 3113 C.c.Q., a défini la « prestation caractéristique » comme « l'obligation qui caractérise le mieux l'ensemble des différentes obligations que suppose un acte juridique » (Ministère de la Justice du Québec, *Code civil du Québec. Commentaires du ministre de la Justice*, 1033).

professionnelle de la partie qui doit la fournir[1]. La théorie de la prestation caractéristique est désormais largement accueillie dans de nombreuses codifications nationales et instruments internationaux[2].

Il faut cependant noter que la prestation caractéristique constitue « un indice privilégié, mais non exclusif, puisque cet indice n'intervient que comme une présomption susceptible d'être renversée »[3]. L'identification de la prestation caractéristique n'est pas toujours évidente pour certains types de contrats comme les contrats de don, d'échange ou de mariage, ainsi que les contrats complexes (pensons par exemple à la franchise ou à la licence). Dans ces cas, le juge devra procéder à l'examen de l'ensemble des circonstances que commande le principe de proximité. La théorie de la prestation caractéristique a donc ses limites[4]. Pourtant, elle continue à être utile et efficace pour la détermination de la loi applicable à un grand nombre de types de contrats.

Des solutions sont développées pour compléter ces lacunes, telles que la formule de groupements d'indices et des clauses d'exception donnant place à l'appréciation du juge.

Des illustrations se trouvent dans le Livre X du *Code civil du Québec*. D'une part, l'exemple typique de la formule de groupements d'indices est l'article 3107 al. 2, qui énumère, pour l'examen de l'ensemble des circonstances dans la détermination de la loi applicable à la fiducie, « [le] lieu où la fiducie est administrée, [la] situation des biens, [la] résidence ou [l]'établissement du fiduciaire, [la] finalité de la fiducie et [les] lieux où celle-ci s'accomplit ». Il s'agit de la solution retenue dans la *Convention de La Haye du 1er juillet 1985 sur la loi applicable au trust et à sa reconnaissance* (art. 7).

D'autre part, le principe de proximité s'exprime surtout dans la clause d'exception, dont la portée peut dépasser le domaine du droit du contrat. Il s'agit de l'article 3082 C.c.Q., considéré comme l'affirmation officielle du principe de proximité dans la détermination de la loi applicable, malgré sa vocation d'exception, que nous étudierons plus loin.

---

[1] Voir Gabrielle Kaufmann-Kohler, « La prestation caractéristique en droit international privé des contrats et l'influence de la Suisse », *Annuaire suisse de droit international* 45 (1989) : 195.

[2] À titre d'exemple, la Convention de La Haye du 15 juin 1955 sur la loi applicable aux ventes à caractère international d'objets mobiliers corporels (art. 3) ; la Convention de La Haye du 22 décembre 1985 sur la loi applicable aux contrats de vente internationale de marchandises (art. 8) ; la Convention de Rome du 19 juin 1980 sur la loi applicable aux obligations contractuelles (art. 4).

[3] Lagarde, « Le principe de proximité dans le droit international privé contemporain. Cours général de droit international privé », 41.

[4] Cela a été pris en compte dans le Règlement (CE) n° 593/2008 du Parlement européen et du Conseil du 17 juin 2008 sur la loi applicable aux obligations contractuelles, préambule, paragr. 21 : « lorsque la loi applicable ne peut être déterminée en raison de l'impossibilité de classer le contrat dans l'une des catégories définies ou de déterminer la résidence habituelle de la partie qui doit fournir la prestation caractéristique du contrat, alors le contrat devrait être régi par la loi du pays avec lequel il présente les liens les plus étroits ».

L'admission partielle du principe dans le droit international privé vietnamien

En comparaison avec le DIP québécois, la place du principe de proximité reste plus modeste dans le DIP vietnamien. Jusqu'à la récente réforme, la proximité n'avait été retenue que comme solution de rattachement dans certains cas particuliers – de multiples nationalités, d'apatrides ou de système plurilégislatif[1]. C'est dans le Code civil de 2015 que le principe est pour la première fois admis comme principe de rattachement[2].

Des limites sont remarquées. Premièrement, le principe de proximité n'est admis que pour le rattachement normatif. Les règles de rattachement juridictionnel du Code de procédure civile de 2015 n'en font aucune mention. Au contraire, l'attribution large de la compétence internationale des tribunaux vietnamiens dans les affaires comportant un élément d'extranéité nous fait douter d'une prise en compte, quoique minime, de ce principe par le législateur dans la construction des règles de rattachement juridictionnel. En effet, l'article 469 du Code de procédure civile de 2015 énumère tous les cas où les tribunaux vietnamiens auront compétence pour entendre une affaire comportant un élément d'extranéité, la liste étant d'application générale, sans distinction du type d'actions, contrairement à ce que font les codifications que nous avons consultées, dont celle du Québec. L'attribution de la compétence internationale sans tenir compte du critère de proximité pertinent pour chaque catégorie d'actions pourrait conduire au risque de non-reconnaissance des décisions vietnamiennes à l'étranger, car pour plusieurs pays, comme le Québec, la vérification de la compétence des autorités étrangères fait partie des conditions de reconnaissance et d'exécution des décisions judiciaires rendues par ces autorités[3]. Cette lacune doit faire l'objet d'une réforme à l'occasion de la codification du DIP vietnamien. À notre avis, la proximité doit être tenue comme principe directeur pour la formulation et l'interprétation des règles de compétence internationale, ce qui doit s'exprimer dans leur spécification en fonction des catégories juridiques[4]. D'autant que l'introduction de l'exception du *forum non conveniens* dans la codification est, comme nous l'avons démontré, déconseillée au Vietnam.

La deuxième limite se trouve dans la portée du principe en matière de rattachement normatif. En vertu de l'article 664 (3) du Code civil de 2015, les tribunaux vietnamiens n'y ont recours que « lorsqu'il est impossible de déterminer

---

[1] Code civil de 2005 (art. 760) et le Décret gouvernemental portant application des dispositions du Code civil relatives aux rapports civils comportant un élément d'extranéité, n° 138/CP du 15 novembre 2006 (art. 5), qui prévoient que la loi du pays avec lequel le rapport civil maintient des liens les plus étroits sera applicable.

[2] Code civil de 2015, art. 664 (3) : « […] la loi applicable sera celle du pays avec lequel le rapport civil présente les liens les plus étroits ».

[3] Cette vérification est en général exercée selon la règle du miroir, comme le prévoit l'article 3164 C.c.Q. Voir *supra*, p. 238. Le droit vietnamien n'adopte pas cette solution. En vertu des articles 439 (4) et 440 du Code de procédure civile de 2015, un juge étranger n'a pas la compétence seulement dans les cas où le juge vietnamien a la compétence exclusive.

[4] Rappelons qu'au Québec, le Livre X du *Code civil du Québec* ne le prévoit pas expressément, mais la jurisprudence l'a dit haut : Spar Aerospace Ltée *c.* American Mobile Satellite Corp., [2002] 4 R.C.S. 205.

la loi applicable [sur la base des règles de rattachement établies] ». Celles-ci ne peuvent donc être remises en question par l'exigence de proximité, qui existe seulement pour combler leurs lacunes et non pour les corriger. C'est dans le seul domaine du contrat que le principe de proximité joue un véritable rôle directeur[1]. Comme en droit québécois, la détermination de la loi application à certains types de contrat courants dans le DIP vietnamien est basée sur la prestation caractéristique, qui n'a pourtant pas été retenue comme solution générale[2]. Dans le cas d'un contrat non énuméré, le juge vietnamien devra déterminer la loi applicable en vertu du principe de proximité énoncé à l'article 664 (3) du Code civil. Or, aucun critère n'a été établi pour le guider. La solution peut être d'ajouter le plus possible de types de contrats dans la liste des solutions de rattachement.

La fonction correctrice de proximité est reconnue uniquement en matière d'obligations contractuelles : « S'il arrive que le contrat présente des liens manifestement plus étroits avec un pays autre que celui visé au paragraphe 2 du présent article, la loi de cet autre pays s'applique »[3]. Cette formule ressemble en partie à celle de l'article 3082 C.c.Q., mais n'inclut pas une autre condition aussi importante pour écarter la loi désignée par la règle de rattachement, celle de prouver que cette loi n'a qu'un lien très éloigné avec le rapport juridique. Écarter une loi normalement désignée simplement parce qu'il existe une autre loi plus proche ne correspond pas du tout au caractère exceptionnel de la clause échappatoire et nuirait à la prévisibilité du droit en général. Nos critiques seront plus étayées et accompagnées de suggestions dans les paragraphes suivants.

2.1.2 La concrétisation du principe de proximité dans la codification

Garant de la flexibilité, le principe de proximité constitue aussi une source d'incertitude. Le plus grand risque qui l'accompagne est la destruction des règles de rattachement. En effet, à quoi servent de telles règles si la recherche de la loi applicable, commandée par le principe de proximité, repose sur l'examen de

---

[1] Code civil de 2015, art. 683 (1) : « À défaut de choix, la loi du pays avec lequel le contrat présente les liens les plus étroits est applicable ».

[2] *Id.*, art. 683 (2) :

> Est présumée présenter de tels liens :
>
> a) En matière de vente des marchandises, la loi du pays où le vendeur a sa résidence si celui-ci est une personne physique ou est établi si celui-ci est une personne morale ;
>
> b) En matière de prestation de service, la loi du pays où le fournisseur a sa résidence si celui-ci est une personne physique ou est établi si celui-ci est une personne morale ;
>
> c) En matière de licence des droits de propriété intellectuelle, la loi du pays où le licencié a sa résidence si celui-ci est une personne physique ou est établi si celui-ci est une personne morale ;
>
> d) En matière de travail, la loi du pays où le travailleur exécute régulièrement son travail. [...] ;
>
> e) En matière de consommation, la loi du pays où le consommateur a sa résidence.

L'histoire de cet article ne permet pas de dégager l'intention du législateur. Pour nous, un problème sémantique est sans doute à l'origine de ce choix, car le terme « prestation caractéristique » n'a pas d'équivalent en langue vietnamienne, ce qui n'empêche pas de conclure à l'adoption par le législateur de la théorie. Il y a cependant des avis contraires, insistant sur l'inadaptation de la théorie de la prestation caractéristique aux contrats complexes, empêchant ainsi de l'adopter comme solution générale.

[3] Code civil de 2015, art. 683 (3).

l'ensemble des différents éléments de la situation ? L'équilibre a été trouvé dans le maintien des règles de rattachement, nécessaire pour assurer la prévisibilité, cette dernière étant assortie de clauses d'exception de proximité permettant d'assurer la flexibilité du DIP.

Au Québec, l'essence du principe se trouve dans deux fameuses clauses d'exception réservées respectivement aux rattachements juridictionnel et normatif : le *forum non conveniens* (art. 3135 C.c.Q.) et la clause échappatoire (art. 3082 C.c.Q.). Toutefois, 25 ans après l'entrée en vigueur du DIP codifié, les auteurs continuent à remettre en question l'utilité du *forum non conveniens* dans le droit civil québécois. La clause échappatoire, quant à elle, est bien encadrée, mais la jurisprudence n'est pas encore unanime sur son application. Comme le principe est assez nouveau dans le DIP du Vietnam, l'étude des expériences du Québec lui sera profitable.

Les difficultés d'application du* forum non conveniens *au Québec

L'article 3135 C.c.Q. permet à une autorité québécoise compétente dans une affaire internationale de décliner sa compétence « si elle estime que les autorités d'un autre État sont mieux à même de trancher le litige ». Face à son recours très fréquent, la jurisprudence n'a pas tardé à développer des critères d'application au Québec[1]. Toutefois, les difficultés pratiques résultant de son application donnent lieu à beaucoup de débats[2].

Contrairement à ce que certains peuvent prétendre sur son origine anglo-saxonne, la doctrine du *forum non conveniens* a été en fait construite à partir des pratiques judiciaires d'un pays de droit mixte, l'Écosse, dans le but de réconcilier les règles de procédure très opposées du droit civil – où l'accès des étrangers aux tribunaux est limité – et de la *common law* – où cet accès est libre[3]. Le *forum non conveniens* s'est par la suite répandu dans les pays de *common law*, notamment l'Angleterre, les États-Unis, l'Australie et le Canada, où les conditions

[1] Voir *infra*, section 2.1.1.

[2] Voir notamment Guillemard, Prujiner, et Sabourin, « Les difficultés de l'introduction du *forum non conveniens* en droit québécois » ; Guillemard et Tête, « *Forum non conveniens* au Québec, une vingtaine d'années plus tard : encore quelques questions non résolues » ; Ethel Groffier, « La doctrine du *forum non conveniens* gagne-t-elle du terrain au Québec? », *R. du B.* 40 (1980) : 123.

[3] Voir Guillemard, Prujiner, et Sabourin, « Les difficultés de l'introduction du *forum non conveniens* en droit québécois » ; Alexander Reus, « Judicial Discretion : A Comparative View of the Doctrine of *Forum Non Conveniens* in the United States, the United Kingdom, and Germany », *Loy. L.A. Int'l & Comp. L. Rev.* 16 (1994) : 455.

d'application varient largement[1]. Son recours est aussi observé dans la pratique judiciaire de certains pays de droit civil, tels que l'Allemagne[2] et le Japon[3].

Toutefois, la codification de la doctrine du *forum non conveniens* dans un système de droit écrit, comme dans celui du Québec, est rare[4]. Une étude critique

---

[1] Voir Ronald A. Brand, « Comparative *Forum Non Conveniens* and the Hague Convention on Jurisdiction and Judgments », *Tex. Int'l L.J.* 37 (2002) : 467 ; Bernard Schneider, « Le *forum conveniens* et *forum non conveniens* (en droit écossais, anglais et américain) », *R.I.D.C.* 27 (1975) : 601 ; Jeffrey A. Talpis et Shelley L. Kath, « The Exceptional as Commonplace in Quebec *Forum Non Conveniens* Law : Cambior, a Case in Point », *R.J.T.* 34 (2000) : 761.

[2] En 1961, la Cour supérieure (*Oberlandesgericht*) de Nuremberg a décliné sa compétence pour le motif qu'il existe un autre forum alternatif avec un coût de procès moins élevé (OLG Nurnberg, *IPRspr.* 1960/61 n° 207, 1961 A.W.D. 18). Dans une autre affaire en 1976, la Cour de Hambourg a exigé un « facteur domestique suffisant » pour donner effet à une clause d'élection de for en sa faveur, la traitant comme une simple présomption du forum approprié (LG Hamburg, *Recht der Internationalen Wirtschafl*, (1976) 22 R.I.W.I. 228). En 1983, dans une affaire non-contentieuse, la Cour de Francfort se réfère même explicitement au *forum non conveniens* pour décliner sa compétence *perpetuatio* (OLG Frankfurt, *Praxis des Internationalen Privat-und-Verfahrens-Rechts*, (1983) 3 *IPRax* 294) (selon le principe de *perpetuatio fori*, la compétence du tribunal établi au moment de l'introduction de l'instance par la saisine ne peut être changé après). Dans cette affaire relative à la garde d'enfant, où le domicile des parties a changé au cours du procès, de l'Allemagne à l'étranger, la Cour est d'avis qu'elle doit décliner sa compétence en faveur du tribunal étranger qui est le for le plus approprié. Pourtant, la doctrine s'oppose à l'application de la théorie du *forum non conveniens* en Allemagne. Certains voient dans cette application une violation du droit des citoyens à avoir recours aux tribunaux, dérivé du principe de l'État de droit. La majorité des auteurs trouve que la flexibilité individuelle qui caractérise le *forum non conveniens* ne convient pas à la rigidité de la loi procédurale allemande qui accepte très peu d'exceptions. Voir Reus, « Judicial Discretion : A Comparative View of the Doctrine of *Forum Non Conveniens* in the United States, the United Kingdom, and Germany ».

[3] Sei Mukoda et al. *c.* Boeing Co., (1986) 604 *Hanrei Taimuzu* 138 (Tokyo Dist. Ct.). En 1986, les familles des victimes japonaises dans un accident aérien à Taiwan ont poursuivi deux compagnies américaines (Boeing et United Airlines) devant la Cour du district de Tokyo pour réclamer des dommages-intérêts, prétendant que l'accident a été causé par des défauts de design et de manufacture de l'avion. Étant d'avis que les preuves et les témoignages à Taiwan ne peuvent pas être obtenus, faute des relations diplomatiques entre les deux pays, la Cour conclut qu'il est impossible d'assurer un procès juste au Japon, car les quatre facteurs nécessaires pour que l'affaire soit jugée avec justesse au Japon ne sont pas réunis : (1) les tribunaux taiwanais n'ont pas la compétence selon leurs propres règles de rattachement ; (2) les demandeurs n'ont pas de moyens financiers suffisants pour intenter l'affaire à Taiwan ; (3) les tribunaux taiwanais refuseraient d'entendre l'affaire pour cause de prescription ; et (4) la décision recherchée au Japon pourra être reconnue et exécutée à Taiwan. La Cour a donc pris en considération de ces « circonstances exceptionnelles » pour décliner sa compétence. Voir Akihiro Hironaka, « Jurisdictional Theory "Made in Japan" : Convergence of U.S. and Continental European Approaches », *Vand. J. Transnat. L.* 37 (2004) : 1317. Voir aussi Gérald Goldstein, « Le *forum non conveniens* en droit civil. Analyse comparative à la lueur du droit international privé du Québec et du Japon », *R.C.D.I.P.* 105 (2016) : 51.

[4] Il faut rappeler que la codification suisse n'a pas repris la clause d'exception assez proche au *forum non conveniens* qui existait dans une loi relative à la filiation – *Loi fédérale du 25 juin 1976 modifiant le Code civil (filiation)*, R.O. 1977 237, art. 8, al. 3 : « la compétence suisse sera déclinée si l'espèce présente des rapports prépondérants avec un autre pays et si celui-ci ne reconnaît pas la juridiction suisse ».

Des efforts de codification internationale du *forum non conveniens* ont abouti à un échec. Dans le cadre des Conventions européennes de Bruxelles de 1968 et de Lugano de 1988 concernant la compétence judiciaire et l'exécution des décisions en matières civile et commerciale, la question de l'introduction d'une disposition prenant en compte cette doctrine a été posée, mais la solution n'a pas été retenue. Le *forum non conveniens* a été considéré en 2005 par la Cour de justice de l'Union

révèlera des problèmes théoriques et pratiques qui nous permettent de déconseiller son introduction au Vietnam.

L'introduction et le fonctionnement de la règle du forum non conveniens *dans le droit québécois*

La codification de la doctrine dans le droit québécois ne semblait ni prévue et ni attendue, puisque quelques années avant l'entrée en vigueur du *Code civil du Québec*, le long débat sur la question a été enfin tranché par une décision de la Cour d'appel du Québec qui rejette catégoriquement la doctrine du *forum non conveniens* au Québec[1]. De plus, le projet de 1977 du Code civil ne contenait aucune disposition sur le *forum non conveniens*[2].

Il faut attendre 1989 pour que cette doctrine soit introduite dans l'avant-projet du Code civil, à l'article 3499 en ces termes : « Bien qu'il soit compétent à connaître d'un litige, le tribunal du Québec peut, exceptionnellement, décliner cette compétence s'il estime que le tribunal d'un autre État est mieux à même de juger du litige ». Dans leurs commentaires, les professeurs J.A. Talpis et

---

européenne comme incompatible avec les principes de sécurité juridique et de prévisibilité, qui sont des objectifs de la Convention de Bruxelles. Voir Andrew Owusu *c.* NB Jackson, Affaire C-281/02, [2005] Rec. C.E. I-1383, consulté le 18 janvier 2021. Une disposition qui ressemble au *forum non conveniens* se trouve dans le *Règlement (CE) n° 2201/2003 du Conseil du 27 novembre 2003 relatif à la compétence, la reconnaissance et l'exécution des décisions en matière matrimoniale et en matière de responsabilité parentale*, J.O.U.E. n° L 338, 23 décembre 2003, p. 1, art. 15, qui prévoit la possibilité de renvoi de la cause à une autre juridiction considérée comme « mieux placée pour connaître l'affaire ». Toutefois, ce renvoi doit s'effectuer dans le cadre d'une coopération stricte entre les juridictions nationales dans l'Union européenne et dans l'intérêt supérieur de l'enfant, avec des délais précis.

Dans le cadre de la Conférence de La Haye, une disposition codifiant le *forum non conveniens* a été introduite dans l'avant-projet de *Convention sur la compétence et les jugements étrangers en matière civile et commerciale* présentée en 2000, art. 22 disposant que le tribunal saisi, s'il n'a pas la compétence exclusive en vertu des dispositions de la Convention, peut « dans les circonstances exceptionnelles, suspend les procédures si, dans ce cas, il est manifestement inapproprié pour ce tribunal d'exercer sa compétence et si le tribunal d'un autre État a compétence et est manifestement plus approprié pour trancher l'affaire ». Toutefois, en 2019, seul le volet des jugements étrangers est retenu dans le texte final ouvert à la signature des États membres : « Convention sur la reconnaissance et l'exécution des jugements étrangers en matière civile ou commerciale », Conférence de La Haye de droit international privé, 2 juillet 2019, consulté le 20 décembre 2020.

[1] Aberman *c.* Solomon, [1986] R.D.J. 385 (C.A.) paragr. 13 : « With the greatest respect to those who differ, I have come to the conclusion that, as the law now stands, the doctrine of forum non conveniens has no application in the law of Quebec. Article 68 C.P. is clear and does not give rise to the exercice of judicial discretion, however desirable this may be ». Cette décision clos les débats durant des années au Québec. En 1977, le juge Mackay de la Cour supérieure a accueilli un moyen déclinatoire fondé sur le *forum non conveniens* : « In applying the doctrine of *forum non conveniens*, I am convinced that I do not run counter either to the spirit or the word of the Code of Civil Procedure » (Dominion Jubilee Corp *c.* Canadian Javelin Ltd., [1977] C.S. 786 paragr. 795). Or, en 1973, la Cour d'appel avait catégoriquement rejeté l'application de cette doctrine au Québec. Selon le juge Deschênes, la juridiction des tribunaux du Québec relève de critères objectifs clairement définis par la loi, et en déclinant d'exercer leur compétence attribuée en faveur d'un for étranger, les juges usurperaient une fonction législative (Southern Pacific Co. *c.* M. Botner & Sons Inc., [1973] R.P. 97 (C.A.)).

[2] Québec, Office de révision du Code civil, *Rapport sur le Code civil du Québec*, 1978, Vol. II, t. 2 « Livres 5 à 9 – Commentaires » : 595-622.

G. Goldstein essaient de justifier ce choix des rédacteurs, qui « ont estimé nécessaire d'édicter une règle analogue, dans sa fonction, en matière de compétence internationale, à la clause échappatoire en matière de conflit de lois ». Selon ces auteurs, « cette possibilité donne une grande souplesse à une législation par ailleurs détaillée. [...] Même si l'on dispose de règles suffisamment développées pour faire face à chaque type de situation internationale, il peut arriver que le résultat de ces règles, *en l'espèce*, ne soit pas satisfaisant. Voilà pourquoi il apparaît nécessaire de consacrer la règle de l'article 3499 »[1].

Le *forum non conveniens* est finalement codifié à l'article 3135 du *Code civil du Québec*, avec quelques changements par rapport à son avant-projet. On remarque notamment l'ajout de la condition d'allégation : « Bien qu'elle soit compétente pour connaître d'un litige, une autorité du Québec peut, exceptionnellement et *à la demande d'une partie*, décliner cette compétence si elle estime que les autorités d'un autre État sont mieux à même de trancher le litige »[2].

Le libellé de l'article 3135 C.c.Q. semble assez clair sur les conditions d'application du *forum non conveniens*. Toutefois, plusieurs problèmes d'application ont surgi dans la pratique, en raison de la nature incertaine et discrétionnaire de l'action judiciaire. L'ambiguïté demeure aussi sur le sort de l'action dans le cas où le juge québécois décide de décliner sa compétence.

En ce qui concerne les conditions d'application du mécanisme, il faut tout d'abord que les autorités québécoises aient compétence dans une affaire internationale pour pouvoir la décliner. De plus, même si cela n'est pas prévu explicitement dans l'article 3135, les autorités étrangères visées doivent aussi être compétentes selon leurs propres règles de rattachement, ce qui a été affirmé plusieurs fois dans la jurisprudence[3]. Ensuite, l'exception doit être soulevée par une des parties, le juge ne pouvant l'invoquer d'office. En termes procéduraux, la réforme du *Code de procédure civile* en 2016 a permis de mettre fin aux ambiguïtés, en classant l'exception du *forum non conveniens* parmi les moyens préliminaires[4].

La condition la plus importante, mais aussi la plus ambiguë est que l'autorité étrangère soit « mieux à même de trancher le litige », ce qui exige une étude comparative basée sur un nombre de critères qui n'est pas précisé dans l'article 3135 C.c.Q. En 1998, dans l'arrêt *Oppeinhem*, la Cour d'appel du Québec a énuméré les facteurs à considérer pour qu'un tribunal québécois puisse décider de décliner sa compétence en faveur d'un for étranger :

1) le lieu de résidence des parties et des témoins ordinaires et experts ;

[1] Talpis et Goldstein, « Analyse critique de l'avant-projet de la loi du Québec en droit international privé », 609 et 610 (références omises).

[2] Le recours à l'article 3135 C.c.Q. doit être demandé par les parties (nos italiques).

[3] M.I.B. *c.* M.-P. L., 2005 QCCA 1023 paragr. 39 ; Bennaouar *c.* Machhour, 2012 QCCA 469 paragr. 22.

[4] Art. 491 C.p.c. Bien qu'il n'y ait pas plus de précisions, cette exception est traitée par les tribunaux québécois comme un moyen déclinatoire de compétence soumis aux conditions et aux délais prévus à l'article 166 C.p.c.

2) la situation des éléments de preuve ;
3) le lieu de formation et d'exécution du contrat qui donne lieu à la demande ;
4) l'existence et le contenu d'une autre action intentée à l'étranger et le progrès déjà effectué dans la poursuite de cette action ;
5) la situation des biens appartenant au défendeur ;
6) la loi applicable au litige[1] ;
7) l'avantage dont jouit la demanderesse dans le for choisi ;
8) l'intérêt de la justice ;
9) l'intérêt des deux parties ;
10) la nécessité éventuelle d'une procédure en exemplification à l'étranger[2].

Il faut noter par ailleurs que cette liste n'est pas exhaustive et la considération des facteurs varie selon les cas. Par exemple, dans les deux affaires familiales qui impliquent l'intérêt des enfants, la Cour d'appel a accordé un poids différent aux mêmes critères en raison de circonstances différentes. Ainsi, dans *L. (N.)* c. *G. (M.)*, le domicile des enfants concernés a été pris en compte comme le facteur décisif pour le renvoi de l'action au tribunal étranger[3]. Au contraire, dans *M.I.B.* c. *M.-P.L.*[4], la Cour d'appel a infirmé cette approche limitée de la Cour supérieure. Elle a en effet trouvé nécessaire d'examiner d'autres facteurs, en particulier le statut de réfugiée et le faible revenu de la mère qui l'empêchent de comparaître devant les tribunaux étrangers et qui augmentent le risque de perdre son enfant. Selon la Cour, ces considérations font aussi, comme le domicile de l'enfant, partie de celles pour l'intérêt de l'enfant[5], d'où le refus de décliner sa compétence.

L'évaluation des critères constitue un travail délicat et la décision doit être prise dans un esprit d'ensemble :

> Aucun de ces critères n'est déterminant en soi, il faut plutôt les évaluer globalement et garder à l'esprit que le résultat de leur application doit désigner de façon claire un forum unique. Donc, s'il ne se dégage pas une impression nette tendant vers un seul et même forum étranger, le tribunal devrait alors refuser de décliner

[1] Ce critère introduit pour justifier le déclin de compétence du juge québécois est cependant très discutable, étant donné que l'application d'une loi étrangère par le tribunal est le résultat naturel, voire « l'essence », du DIP. Voir Guillemard, Prujiner, et Sabourin, « Les difficultés de l'introduction du *forum non conveniens* en droit québécois », 945. Selon ces auteurs, avec la facilitation de la preuve du droit étranger par le *Code civil du Québec*, l'application d'un droit étranger ne peut en rien constituer un obstacle pour le juge d'entendre une affaire comportant un élément d'extranéité.

[2] Oppenheim Forfait GmbH *c.* Lexus Maritime inc., J.E. 98-1592, 1998 CanLII 13001 (Qc C.A.) paragr. 22. Cette liste, qui a été par la suite confirmée dans l'arrêt Spar Aerospace Ltée *c.* American Mobile Satellite Corp., [2002] 4 R.C.S. 205 paragr. 71, de la Cour suprême du Canada, est toujours unanimement suivie par tous les tribunaux depuis.

[3] L. (N.). *c.* G. (M.), 2000 CanLII 3762 (Qc C.A.) paragr. 7-17. La Cour d'appel est d'accord avec la Cour supérieure que les tribunaux de la Belgique où les enfants sont domiciliés depuis plus d'un an sont plus appropriés de statuer sur leur garde. Il est toutefois surprenant que l'incompétence des tribunaux québécois en vertu de l'article 3142 C.c.Q. n'ait pas été soulevée.

[4] M.I.B. *c.* M.-P. L., 2005 QCCA 1023. Il faut remarquer que si la question de garde d'enfant est concernée, cette fois, il s'agit principalement d'une procédure de divorce.

[5] M.I.B. *c.* M.-P. L., 2005 QCCA 1023 paragr. 42.

compétence particulièrement lorsque les facteurs de rattachement sont contestables[1].

En d'autres termes, le déclin de compétence ne peut être décidé que lorsque « le plateau de la balance penche très nettement en faveur de l'autorité étrangère », les critères devant « avoir une force de conviction importante »[2].

Malgré son caractère exceptionnel, l'article 3135 fait partie des dispositions les plus invoquées dans les affaires relatives au DIP au Québec. Selon un bilan de 15 ans du Livre X, près de la moitié des décisions de DIP concernent l'application de la doctrine du *forum non conveniens*[3]. Vu le nombre croissant des recours enregistrés dès les premières années suivant l'entrée en vigueur du *Code civil du Québec*, les auteurs S. Guillemard, A. Prujiner et F. Sabourin étaient même d'avis que « l'article 3135 [pourrait] être transmuté de règle d'exception en fondement de la compétence internationale des tribunaux québécois »[4]. Des questions se posent donc sur l'utilité et l'efficacité de l'introduction d'une telle doctrine dans un système de droit codifié qu'est celui du Québec.

Révision des objectifs du forum non conveniens *dans le contexte du droit codifié*

L'efficacité du *forum non conveniens* dans le DIP québécois codifié sera analysée à la lumière des objectifs visés par le législateur québécois, tels que décrits dans les commentaires du ministre de la Justice sur le nouveau Code civil, qui sont « l'efficacité des jugements à rendre », « l'administration de la justice » et « l'intérêt bien compris des parties »[5].

Comme nous l'avons mentionné, la doctrine du *forum non conveniens* prend sa source en Écosse vers le XVIIIe siècle, dans le contexte du système introductif d'instance, influencé à la fois par les principes du droit romain français – en vertu desquels le tribunal compétent est celui du domicile du défendeur – et ceux de la *common law* anglaise – où la signification en un lieu donné suffit pour rendre le tribunal de ce lieu compétent. Le recours au *forum non conveniens* étant promu pour assurer la « bonne administration de la justice », l'objectif réel était de restreindre l'accès aux tribunaux, rendu trop facile par la règle du *forum arresti* et celle du *forum contractus* anglaises. La doctrine vise aussi à protéger le défendeur, car elle sert de contrepoids au *forum shopping* trop avantageux au demandeur[6].

La doctrine a été par la suite importée au Royaume-Uni et dans d'autres pays de *common law*, avec les mêmes objectifs. Aux États-Unis, où, malgré son entrée très tardive, elle a pris le plus d'essor, l'objectif essentiel de son application est de « désengorger » les tribunaux, encombrés par des litiges ayant peu ou pas de

[1] Oppenheim Forfait GmbH *c.* Lexus Maritime inc., J.E. 98-1592, 1998 CanLII 13001 (Qc C.A.) paragr. 23.

[2] Guillemard et Ly, *Éléments de droit international privé québécois*, 91.

[3] Gaudet, « Le Livre X du Code civil du Québec : Bilan et enjeux », 315.

[4] Guillemard, Prujiner, et Sabourin, « Les difficultés de l'introduction du *forum non conveniens* en droit québécois », 947.

[5] Ministère de la Justice du Québec, *Code civil du Québec. Commentaires du ministre de la Justice*, 1043.

[6] Voir Guillemard, Prujiner, et Sabourin, « Les difficultés de l'introduction du *forum non conveniens* en droit québécois ».

liens avec eux[1]. En effet, outre le principe de compétence large, les tribunaux américains sont très appréciés des demandeurs en raison des montants de dommages élevés accordés. Le recours au *forum non conveniens* permet donc d'éviter un *forum shopping* excessif ou de mauvaise foi[2].

Ces objectifs peuvent-ils justifier la codification de cette doctrine dans le droit québécois ? Rappelons qu'avec l'entrée en vigueur du *Code civil du Québec* en 1994, la compétence internationale des tribunaux québécois est désormais strictement déterminée par les règles de rattachement conçues pour chaque catégorie d'actions, avec des chefs de compétence définis sur la base de la proximité[3]. Le demandeur dans une affaire comportant un élément d'extranéité ne peut saisir les tribunaux québécois dans n'importe quel cas, notamment pas dans le cas de la simple présence du défendeur sur le territoire québécois. Cette attribution serrée de compétence internationale amoindrit le risque du *forum shopping* excessif, de même que celui de l'engorgement du système judiciaire. Ainsi, il est difficile de dire que l'introduction du *forum non conveniens* au Québec permet d'assurer la bonne administration de la justice. Au contraire, elle augmente l'insécurité et l'imprévisibilité, dans la mesure où le demandeur saisit les tribunaux québécois en vertu des règles codifiées au Livre X du Code civil, sans pour autant être certain que son action y soit retenue. Certains auteurs voient même le risque de multiplication des procédures comme secours aux désistements éventuels causés par le *forum non conveniens*, d'où l'effet paradoxal d'encombrement des tribunaux[4].

Est-ce que le *forum non conveniens* permet de « tenir compte de l'intérêt bien compris des parties » comme l'a prétendu le législateur ? Nous en doutons fort. Tout d'abord, il ne l'est certainement pas pour le demandeur dont l'intérêt est d'être entendu par le tribunal québécois compétent, d'où son choix de le saisir. Au contraire, certains peuvent même prétendre qu'en appliquant le *forum non conveniens*, le juge prive le demandeur de son droit très fondamental qu'est l'accès à la justice[5], notamment lorsque cet accès est affirmé par la législation. Du côté du défendeur, le *forum non conveniens* a pour but de lui éviter une procédure oppressive ou vexatoire, en raison de l'action du demandeur portée devant un tribunal n'ayant pas de lien réel avec le litige. Or, les règles très raffinées de rattachement juridictionnel du livre X, avec des facteurs de rattachement précis, visant des cas particuliers, permettent de réduire ce risque au maximum. À l'inverse, le fait que le *forum non conveniens* devienne un moyen déclinatoire ordinaire (au lieu d'exceptionnel) peut alourdir le procès en ajoutant des charges, financières et temporelles, parfois non nécessaires, aussi bien aux parties qu'au

---

[1] Voir Paxton Blair, « The doctrine of *Forum Non Conveniens* in Anglo-American Law », *Col. L. Rev.* 29 (1929) : 1.

[2] Guillemard, Prujiner, et Sabourin, « Les difficultés de l'introduction du *forum non conveniens* en droit québécois », 932.

[3] Pour mémoire, la Cour suprême du Canada a affirmé que le lien réel et substantiel entre le litige et les tribunaux québécois est déjà subsumé dans les règles de rattachement codifiées au *Code civil du Québec* (*supra*, p. 237).

[4] Guillemard, Prujiner, et Sabourin, « Les difficultés de l'introduction du *forum non conveniens* en droit québécois », 947.

[5] Voir les arguments des auteurs allemands, *supra*, p. 245.

tribunal. Nous ne pouvons donc croire à ce qu'il permet de tenir compte des intérêts des parties dans le contexte de droit québécois.

Le *forum non conveniens* est prétendu assurer l'efficacité des jugements rendus au Québec, étant donné que le risque de non-reconnaissance d'une décision québécoise à l'étranger est un des motifs pour le juge de décliner sa compétence. Pourtant, il faut rappeler que le risque de déni de justice est aussi grand, car rien n'assure que la cause soit portée et entendue par la suite devant le tribunal étranger.

Par ailleurs, dans la pratique, même si le *forum non conveniens* est considéré comme « correcteur » à l'abus de l'accès aux tribunaux et à l'éventuelle atteinte aux intérêts légitimes du défendeur, on a constaté une tendance à restreindre son recours dans les pays de la *common law* en raison de l'insécurité et l'imprévisibilité qu'il engendre, ainsi que de ses effets dilatoires et discriminatoires[1].

En somme, nous trouvons que l'application du *forum non conveniens* au Québec présente plus d'inconvénients que d'avantages à l'administration de la justice et aux intérêts des parties. D'autres problèmes d'application dans la pratique montrent bien la difficulté d'accepter cette doctrine dans un système de droit écrit.

L'application de l'article 3135 C.c.Q. sous l'angle critique

Plusieurs problèmes d'application de l'article 3135 C.c.Q. seront mis en évidence, sur différents aspects, à savoir le caractère exceptionnel, le pouvoir discrétionnaire du juge, l'appréciation de la compétence du for étranger et le sort de l'action. Tout cela rend le sujet le plus débattu du DIP québécois contemporain.

De mauvaises interprétations du caractère exceptionnel

La doctrine et la jurisprudence québécoises soulignent le caractère exceptionnel de l'article 3135, considéré comme la spécificité qui forme la « version québécoise du *forum non conveniens* »[2]. Cependant, différentes approches d'interprétation ont été utilisées. Dans plusieurs décisions, l'adverbe « exceptionnellement » est interprété comme équivalent à « dans des circonstances exceptionnelles » ou dans « une situation exceptionnelle ». C'est-à-dire que le juge québécois pourra refuser d'exercer sa compétence si le cas d'espèce est exceptionnel[3]. Par exemple, dans la décision *Banco Nacional Ultramarino, s.a.* c. *Hanitijo*, la Cour supérieure a déclaré :

---

[1] Guillemard, Prujiner, et Sabourin, « Les difficultés de l'introduction du *forum non conveniens* en droit québécois », 923 et 947.

[2] Selon Geneviève Saumier, « Le *forum non conveniens* au Québec : bilan d'une transplantation », in *Mélanges en l'honneur du professeur Alain Prujiner : études de droit international privé et de droit du commerce international*, éd. par Sylvette Guillemard (Cowansville : Éditions Yvon Blais, 2011), 349, « [c]e caractère exceptionnel ne fait pas partie de la doctrine telle qu'elle existe ailleurs au [Canada], ou ailleurs dans les pays de common law. Sur cet aspect, on peut donc parler d'une version québécoise du forum non conveniens ».

[3] Cela peut être découvert à travers divers tests proposés, tels que la comparaison des critères, l'existence d'un autre for nettement plus approprié, l'intérêt de la justice, le for naturel, etc. Pour une

> Les facteurs que le juge doit considérer afin de déterminer s'il est en présence d'une situation exceptionnelle telle qu'énoncé à l'article 3135 C.c.Q. se retrouvent aux pages 7 et 10 de l'arrêt *Oppenheim forfait GMBH* c. *Lexus maritime inc.* [...] Or, il n'y a rien d'exceptionnel à déposer des certificats de jurisconsulte pour prouver le droit étranger. D'ailleurs, s'appuyer sur une loi étrangère dans un litige de droit international privé n'a rien de surprenant. Le Tribunal estime que la condition du caractère exceptionnel mentionnée à l'article 3135 C.c.Q. n'est pas satisfaite et qu'il n'y a donc pas lieu de décliner compétence[1].

De même, dans l'affaire *Jovalco Group Corporation*, elle a affirmé : « Le Tribunal doit se prêter à un exercice discrétionnaire à l'aide de plusieurs facteurs afin de déterminer si *le caractère exceptionnel de la situation* est démontré et s'il est établi que les autorités de l'autre État sont mieux à même de trancher le litige »[2]. La Cour adopte la même approche dans sa décision *Reader's Digest Magazines*, en prenant l'existence d'un cas exceptionnel comme une des conditions du *forum non conveniens* : « L'application de cette disposition suppose deux conditions importantes, soit qu'*il s'agit d'un cas exceptionnel* et qu'en plus, et pour décliner compétence, il faut décider que les autorités d'ailleurs seraient mieux à même de trancher le litige »[3]. La Cour d'appel du Québec a également souligné dans plusieurs affaires l'existence d'une « situation exceptionnelle »[4], des « circonstances exceptionnelles »[5] ou d'un « cas exceptionnel » pour justifier l'application du *forum non conveniens*.

D'autres termes ont été utilisés pour expliquer le sens de l'adverbe « exceptionnellement ». Dans *Spar Aerospace*, la Cour suprême du Canada insiste sur « la nature exceptionnelle de la théorie du *forum non conveniens* » et « l'exercice exceptionnel [du] pouvoir » octroyé aux tribunaux[6]. Cette manière de comprendre du terme « exceptionnellement » est suivie par de nombreuses décisions. Dans une affaire en 2021, la Cour d'appel du Québec mentionne le « pouvoir exceptionnel de l'article 3135 C.c.Q. »[7].

Ces interprétations variables peuvent être résumées en deux directions principales : soit l'existence d'une situation exceptionnelle est nécessaire pour faire valoir le *forum non conveniens*, soit l'application de cette doctrine est elle-

---

synthèse jurisprudentielle, lire Talpis et Kath, « The Exceptional as Commonplace in Quebec *Forum Non Conveniens* Law : Cambior, a Case in Point », 798 et suiv.

[1] Banco Nacional Ultramarino, s.a. *c.* Hanitijo, 2014 QCCS 1796 paragr. 17-22 (nous soulignons).

[2] Jovalco Group Corporation *c.* International Association of Bridge Structural, Ornemental and Reinforcing Iron Workers, Local 765, 2014 QCCS 3647 paragr. 106 (nos italiques).

[3] Reader's Digest Magazines Ltd. *c.* Speers, 2010 QCCS 49 paragr. 27 (nos italiques).

[4] Dans son arrêt de principe, Oppenheim Forfait GmbH *c.* Lexus Maritime inc., J.E. 98-1592, 1998 CanLII 13001 (Qc C.A.) paragr. 18, la Cour a établi la liste des critères d'examen permettant de déterminer « s'il est en présence d'une situation exceptionnelle ».

[5] Par exemple, dans Stormbreaker Marketing and Productions Inc. *c.* Weinstock, 2013 QCCA 269 paragr. 94 et suiv., elle est convaincue que les « circonstances de l'affaire » ne sont pas « exceptionnelles » pour contrebalancer la protection accordée à l'appelante-demandresse.

[6] Spar Aerospace Ltée *c.* American Mobile Satellite Corp., [2002] 4 R.C.S. 205 paragr. 70 et 81.

[7] Bennaouar *c.* Machhour, 2012 QCCA 469 paragr. 47 (soulignement dans l'original).

même exceptionnelle. Plus concrètement, ce caractère exceptionnel s'exprime-t-il dans les conditions ou dans le résultat ? Les arguments de la professeure S. Guillemard nous paraissent les plus convaincants pour appuyer la bonne interprétation : « le déclin de compétence ne se produira pas *dans* des cas exceptionnels, mais c'est lui qui constitue un cas exceptionnel »[1]. Autrement dit, l'application de l'article 3135 est elle-même l'exception, qui « n'a pas à être plaidée », mais qui constitue « un exercice de comparaison hasardeux, difficile et incertain »[2]. Par conséquent, l'article 3135 doit être appliqué de façon très stricte.

De plus, même si l'on peut croire que l'article 3135 a été introduit pour exercer, en matière de compétence internationale, une fonction analogue à la clause échappatoire en matière de rattachement normatif, comme l'ont prétendu les professeurs J.A. Talpis et G. Goldstein[3], son application doit être beaucoup plus restrictive que l'article 3082 C.c.Q. La raison, pour nous, est que, par rapport au remplacement d'une loi applicable par une autre, le déclin de compétence pose plus de problèmes aux parties, tels que : l'obligation d'introduire l'action dans un autre État sans plus de certitudes, le découragement[4], le temps et l'argent perdus, etc., sans compter le risque d'un déni de justice si la saisine des tribunaux étrangers échoue, car l'article 3135 C.c.Q. est totalement muet sur le sort de l'action à la suite de la décision du tribunal québécois de décliner sa compétence. Dans cette logique, il est fortement recommandé que l'application de l'article 3135 C.c.Q. suive deux étapes similaires à celles de l'article 3080 C.c.Q. : il faut tout d'abord prouver que le for québécois est « clairement inapproprié »[5] et par la suite, procéder à un exercice de comparaison pour trouver un autre for « nettement plus approprié »[6]. Cette double exigence rendrait le recours au *forum non conveniens* plus difficile et par conséquent lui redonnerait son véritable caractère exceptionnel.

Enfin, le déclin de compétence en faveur d'un for étranger peut aussi avoir des impacts psychologiques sur les tribunaux, dont la noble mission – mais aussi le pouvoir – est de rendre justice. Qui veut décliner sa compétence alors qu'elle lui est attribuée directement par la loi ? C'est peut-être pour cette raison que l'article 3135 donne au juge le pouvoir discrétionnaire de prendre la dernière

---

[1] Guillemard, « Chronique – Le libellé de l'article 3135 C.c.Q. : l'exception confirme la règle », p. 9.

[2] Guillemard p. 9.

[3] Talpis et Goldstein, « Analyse critique de l'avant-projet de la loi du Québec en droit international privé », 609.

[4] Selon les auteurs Talpis et Kath, « The Exceptional as Commonplace in Quebec *Forum Non Conveniens* Law : Cambior, a Case in Point », 834, une étude menée aux États-Unis sur 180 causes d'action faisant l'objet du déclin de compétence en raison du *forum non conveniens* de 1947 à 1984, seulement trois ont été portées devant l'autorité étrangère. C'est-à-dire que plus de 90% des demandeurs ont abandonné leur cause. Il paraît qu'aucune étude similaire n'ait été effectuée au Québec.

[5] Il s'agit de l'approche adoptée en Australie, dans l'affaire de principe Oceanic Sun Line Special Shipping Co Inc *v.* Fay, [1988] H.C.A. 32. Voir aussi Anthony Gray, « *Forum Non Conveniens* in Australia : A Comparative Analysis », *Common Law World Review* 38 (septembre 2009) : 207.

[6] Cette proposition s'inspire de la professeure Guillemard, « Chronique – Le libellé de l'article 3135 C.c.Q. : l'exception confirme la règle », p. 7 et 8.

décision, alors que ce n'est pas le cas avec l'article 3082. Toutefois, le risque d'imprévisibilité dans l'exercice de ce pouvoir est aussi grand.

L'exercice délicat du pouvoir discrétionnaire du juge

Un tribunal peut, à sa discrétion, d'exercer ou non sa compétence en cas de *forum non conveniens*, comme l'indique le verbe « pouvoir » utilisé dans l'article 3135 C.c.Q. Une première question se pose : dans quelle mesure le juge québécois pourra exercer ce pouvoir dans le cadre de cet article ?

« Qui dit pouvoir discrétionnaire, dit incertitude »[1]. En effet, l'appréciation des critères pour déterminer si l'autorité étrangère est « mieux à même de trancher le litige » relève totalement de la discrétion du juge[2], d'où l'incertitude, d'autant que la liste des critères établie par la jurisprudence n'est pas exhaustive et que le poids de chacun varie selon les cas. Cela risque fort de porter atteinte à la prévisibilité du droit. Dans la pratique, il n'est pas rare que les décisions de première instance soient infirmées par la Cour d'appel, pour des points de vue divergents. Par exemple, dans une affaire familiale internationale en 2005, la Cour d'appel a infirmé la décision de première instance de décliner la compétence, après avoir constaté que « plusieurs facteurs [autres que le domicile français actuel de l'enfant pris en compte en priorité par la Cour supérieure] favorisent le tribunal du Québec »[3]. Dans une autre affaire, la Cour supérieure met l'accent sur les deux critères qui sont la loi applicable et les coûts du procès pour décliner sa compétence en faveur du for géorgien. Au contraire, la Cour d'appel ne les trouve pas « d'un grand poids » pour que le tribunal de Géorgie soit qualifié de « nettement plus approprié »[4]. Dans plusieurs affaires, la Cour d'appel infirme les décisions de première instance de décliner la compétence, trouvant que l'analyse des différents facteurs ne permet pas de dégager « une impression nette tendant vers un seul et même forum étranger »[5], alors qu'à l'inverse, dans *Oppeinheim*, elle renverse la décision de la Cour supérieure qui a refusé de décliner sa compétence, après avoir constaté qu'à la suite de l'examen des facteurs, « le forum approprié est [clairement] celui de l'Allemagne »[6]. Contrairement à la plupart des autres dispositions qui commandent un examen objectif des conditions, l'article 3135 repose sur une évaluation plutôt subjective des critères non définis, d'où le risque très grand d'imprévisibilité et de partialité.

---

[1] Guillemard et Tête, « *Forum non conveniens* au Québec, une vingtaine d'années plus tard : encore quelques questions non résolues », 179.

[2] Selon la jurisprudence, c'est seulement lorsque le juge a commis « une erreur de droit ou une erreur manifeste et grave dans l'établissement des faits pertinents » que l'exercice de son pouvoir discrétionnaire peut être remis en cause : Coopers & Lybrand *c.* RSM Richter inc., 2014 QCCA 194 paragr. 34.

[3] M.I.B. *c.* M.-P. L., 2005 QCCA 1023 paragr. 42 et 43.

[4] Stormbreaker Marketing and Productions Inc. *c.* Weinstock, 2013 QCCA 269 paragr. 98-120.

[5] Bennaouar *c.* Machhour, 2012 QCCA 469 paragr. 47. Voir aussi Amiel Distributions Ltd. *c.* Amana Co., 2002 CanLII 41156 (Qc C.A.), où la Cour d'appel ne trouve pas, contrairement à la Cour supérieure, que, « clairement, [...] l'autorité étrangère est mieux appropriée pour disposer du litige ».

[6] Oppenheim Forfait GmbH *c.* Lexus Maritime inc., J.E. 98-1592, 1998 CanLII 13001 (Qc C.A.) sur 15.

Le juge exerce son pouvoir discrétionnaire en vertu de l'article 3135 C.c.Q. lorsque toutes les conditions d'application sont réunies. À cette étape, il peut accepter ou refuser à son gré de décliner sa compétence[1]. Pourtant, même si cela relève de sa discrétion, on peut se demander si son refus pourra être remis en question à l'occasion d'un appel et, si oui, selon quels critères. L'article 3135 est totalement muet sur cet aspect. Une lecture globale de la jurisprudence en la matière montre que cette situation ne s'est jamais produite et que si l'exercice du pouvoir discrétionnaire du juge de première instance n'a pas été approuvé par la Cour d'appel, c'est principalement pour le motif de mauvaise application des critères d'*Oppenheim* ou d'interprétation erronée du caractère exceptionnel du *forum non conveniens*[2].

Une dernière question se pose concernant la cohérence entre, d'une part le pouvoir discrétionnaire des tribunaux et, d'autre part, le droit de recours au *forum non conveniens* limité aux seules parties. Rappelons que le projet d'article 3499 de 1989 n'incluait pas cette condition : « Bien qu'il soit compétent à connaître d'un litige, le tribunal du Québec peut, exceptionnellement, décliner cette compétence s'il estime que le tribunal d'un autre État est mieux à même de juger du litige ». En vertu de cette version, le juge peut soulever d'office l'exception du *forum non conveniens*. L'ajout de la mention « à la demande d'une partie » à la version finale du Code civil semble viser à restreindre le pouvoir discrétionnaire des tribunaux et est aussi expliqué par la question de preuves. Cependant, il faut reconnaître que la possibilité pour le juge de soulever d'office l'exception du *forum non conveniens* correspond très bien à l'exercice de son pouvoir discrétionnaire et à l'objectif de la bonne administration de la justice. En effet, c'est lui qui peut le mieux apprécier si la bonne administration de la justice exige ou non son action. Au contraire, à quoi sert de donner aux parties le droit d'invoquer le déclinatoire tout en consacrant au final la discrétion au tribunal ? N'y a-t-il pas pour elles un risque un déni de justice lorsque le tribunal décide de ne pas suivre leurs arguments pourtant bien fondés ? Ces questions impliquent la rationalité du *forum non conveniens*, vue sous l'angle de l'exercice du pouvoir discrétionnaire du juge québécois. Celui-ci doit également faire face à la délicate question de l'appréciation de la compétence de l'autorité étrangère pour laquelle il décline sa compétence et du sort de l'action.

Le problème d'appréciation de la compétence d'une autorité étrangère et du sort de l'action

L'une des conditions implicites de l'article 3135 est que l'autorité étrangère au profit de laquelle les tribunaux québécois déclinent leur compétence soit, elle, compétente[3]. Or, cet article ne précise pas comment cette compétence sera

[1] Guillemard, Prujiner, et Sabourin, « Les difficultés de l'introduction du *forum non conveniens* en droit québécois », 931.

[2] Voir, à titre d'exemple, Droit de la famille – 2577, 1996 CanLII 6054 (Qc C.A.) ; Droit de la famille – 3507, [2000] R.D.F. 398 (C.A.) ; Droit de la famille – 131294, 2013 QCCA 883 ; Droit de la famille – 141793, 2014 QCCA 1404.

[3] Sur ce point, les auteurs Talpis et Kath, « The Exceptional as Commonplace in Quebec *Forum Non Conveniens* Law : Cambior, a Case in Point », 840, ont proposé que la compétence du tribunal

déterminée dans le cadre du *forum non conveniens* : selon les critères de l'autorité étrangère ou selon les critères québécois de compétence ? La réponse est sans aucun doute *selon les règles de compétence relevant de l'autorité étrangère concernée*, car il s'agit dans ce cas du renvoi éventuel de l'action vers cette dernière qui l'entendra. Cette vérification est différente de celle effectuée dans le cadre d'une procédure d'*exequatur*, où la compétence de l'autorité étrangère qui a rendu la décision sera « contrôlée » selon les critères québécois[1].

La jurisprudence aborde rarement la manière de déterminer la compétence étrangère. À notre avis, c'est à la partie invoquant le *forum non conveniens* de faire la preuve de la compétence du tribunal étranger ou, à tout le moins, de l'alléguer. Une disposition semblable à celle sur la preuve du droit étranger (art. 2809 C.c.Q.) serait souhaitable.

Le problème est que, même si les preuves montrent que le tribunal étranger est compétent, rien ne permet de confirmer que l'action renvoyée sera certainement entendue en réalité. De plus, même si c'était le cas, les résultats peuvent être différents pour le demandeur selon que l'action est introduite ici ou ailleurs. Les affaires relatives aux réclamations de dommages causés à l'environnement local par des entreprises étrangères illustrent bien l'ampleur du problème. Les victimes cherchent souvent à porter plainte devant les juridictions du domicile de ces entreprises ou de la société mère, soit parce qu'il est plus efficace d'y obtenir les indemnités, soit parce qu'un recours interne est impossible. Toutefois, leurs efforts peuvent aboutir à l'échec par l'application du *forum non conveniens*. On peut citer, par exemple, la décision *Recherches internationales Québec* c. *Cambior inc.*[2], qui a été beaucoup critiquée pour l'approche de la Cour supérieure du Québec concernant la possibilité de renvoyer une action à l'étranger. Dans cette affaire, un recours collectif a été intenté à Montréal par les victimes guyanaises contre la compagnie québécoise Cambior. Cette dernière possède 65% des actions et contrôle directement plusieurs activités de la compagnie guyanaise Omai Gold Mine ltd., qui est responsable de la pire catastrophe naturelle dans l'histoire de la Guyane en 1995[3]. La Cour supérieure, en application de l'article 3135 C.c.Q., trouve que les tribunaux guyanais sont les mieux placés pour entendre l'affaire, même si le recours collectif n'est pas recevable en Guyane[4]. Selon elle, les demandeurs peuvent toujours obtenir justice en y déposant une

---

étranger doit être vérifiée non seulement en vertu des règles étrangères de compétence mais également en vertu de celles du Québec selon la règle du miroir (art. 3164 C.c.Q.). L'argument est que : pour que l'autorité étrangère soit considérée comme plus appropriée que l'autorité québécoise, il faut s'assurer que sa décision pourra être reconnue au Québec. Ainsi, cette exigence, qui ne fait pas partie des conditions actuelles, contribuerait largement à restreindre le recours au *forum non conveniens*. Cette proposition est néanmoins contestable. En effet, on peut se demander quel est l'intérêt d'envisager la reconnaissance de la décision étrangère au Québec si, en vue de l'application du *forum non conveniens*, tous les éléments à considérer convergent vers le for étranger.

[1] Ce contrôle est justifiable. En effet, une fois reconnue au Québec, la décision étrangère en question sera intégrée à l'ordre juridique de la province et par conséquent, elle doit correspondre aux exigences propres au système judiciaire québécois.

[2] Recherches internationales Québec *c.* Cambior inc., J.E. 98-1905 (C.S.).

[3] Le barrage d'un réservoir de déchets liquides de la mine a été brisé et a fait couler dans la rivière Essequibo une énorme quantité de cyanure, de métaux lourds et d'autres polluants.

[4] Recherches internationales Québec *c.* Cambior inc., J.E. 98-1905 (C.S.), p. 22 et suiv.

action en représentation[1]. Or, cette dernière est beaucoup moins avantageuse aux demandeurs que le recours collectif déposé au Québec, en termes de procédures et de preuve[2]. Plus largement, c'est la responsabilisation des entreprises multinationales vis-à-vis de leurs atteintes aux droits de l'Homme ou à l'environnement dans les pays où elles investissent qui risque d'être bafouée par l'abus de la doctrine du *forum non conveniens*. Le risque de déni de justice est d'autant plus grand en ce qui concerne les actions contre les multinationales pour leurs violations des droits de l'Homme. En effet, la recherche de la justice dans les pays hôtes est, pour les victimes, souvent très difficile, voire impossible, en raison du sous-développement du système de protection des droits de l'Homme dans ces pays[3].

Déterminer à la place d'un tribunal étranger sa compétence et son exercice de compétence soulève un problème encore beaucoup plus important : le rôle des tribunaux internes. Citons la conclusion du juge Brennen de la Haute Cour d'Australie dans l'affaire *Oceanic Sun Line Special Shipping Co Inc* v. *Fay*[4], selon laquelle la fonction des tribunaux nationaux étant de rendre justice en vertu de leur loi, il est impossible pour eux d'effectuer un travail de comparaison des tribunaux d'autres États en vertu de différentes lois, pour conclure lequel satisfera les objectifs de la justice. Ce travail est tout à fait en dehors de leurs fonctions[5]. La situation est d'autant plus sensible lorsque le tribunal est appelé à appliquer, par exemple, à la place de l'autorité étrangère, le *forum non conveniens* pour décider si cette dernière aurait dû ou non décliner sa compétence, comme ce que la Cour suprême du Canada a fait dans l'arrêt *Amchem Products Inc.* c. *Colombie-Britannique*, portant sur une demande d'injonction anti-poursuite[6].

---

[1] Action introduite par des personnes en qualité de représentant.

[2] Une affaire de même nature a eu lieu aux États-Unis. Une réclamation de dommages-intérêts a été portée devant la Cour fédérale pour le District de New York du Sud par les victimes d'une fuite de gaz catastrophique dans une usine en Inde du groupe américain Union Carbide, qui a causé environ 2 000 morts et des dommages à 200 000 personnes. La Cour a accueilli le moyen déclinatoire du défendeur, Union Carbide, basé sur le *forum non conveniens*, trouvant que les tribunaux indiens étaient plus appropriés. Ce qui est ironique, c'est que le représentant du gouvernement indien, agissant au nom des victimes, est venu à la Cour pour affirmer que les recours collectifs sont irrecevables en Inde et que le droit de procédure n'y est pas suffisamment développé pour entendre une telle affaire complexe. Le juge américain a cependant donné raison à la partie défenderesse qui prétendait le contraire. Voir In Re Union Carbide Corp. Gas Plant Disaster, 634 F. Supp. 842 (S.D.N.Y. 1986).

[3] Pour une analyse critique du *forum non conveniens* de la perspective de la responsabilité sociale des entreprises multinationales, lire Ivan TCHOTOURIAN et Alexis LANGENFELD, Forum Non Conveniens*, une impasse pour la responsabilité sociale des entreprises ?*, Québec, Presses de l'Université Laval, 2020.

[4] Oceanic Sun Line Special Shipping Co Inc *v.* Fay, [1988] H.C.A. 32.

[5] Oceanic Sun Line Special Shipping Co Inc *v.* Fay, [1988] H.C.A. 32 paragr. 27. Il faut noter que, dans cet esprit, les tribunaux australiens se concentrent plutôt à examiner s'ils sont le for manifestement inapproprié (*clearly inappropriate forum*) au lieu de chercher un for étranger plus approprié ou le plus approprié comme dans l'approche anglaise. Voir Gray, « *Forum Non Conveniens* in Australia ». Cette approche ne convient pas non plus au Québec, où les règles de rattachement codifiées incorporent déjà les exigences de proximité.

[6] Amchem Products Inc. *c.* Colombie-Britannique (Workers' Compensation Board), [1993] 1 R.C.S. 897. L'affaire concerne une demande d'injonction portée devant les tribunaux de la Colombie-Britannique pour empêcher la poursuite des instances introduites au Texas (États-Unis). Selon la

Les incertitudes sur la réaction des tribunaux étrangers nous amènent par conséquent à la question relative au sort de l'action à la suite du déclin de compétence. L'article 3135 C.c.Q. ne le prévoit pas et la pratique n'est pas plus claire. Les auteures Sylvette Guillemard et Marjorie Tête proposent de transposer la solution du sursis en cas de litispendance à celui du *forum non conveniens*[1]. Nous sommes aussi de cet avis, car rejeter une action lorsque le tribunal est compétent, sans être certain qu'elle sera entendue à l'étranger, conduirait facilement à un déni de justice.

En résumé, l'introduction du *forum non conveniens* dans le droit québécois est désormais irrévocable. Toutefois, son application ne cesse de poser des problèmes. Les auteurs J.A. Talpis et S.L. Kath ont décrit à juste titre cette situation : « En ignorant l'exigence d'exception, les tribunaux ont eu tendance à appliquer cette doctrine à l'excès, laquelle a créé un état d'incertitude, s'est avérée inefficace dans les décisions judiciaires, s'est traduite par une augmentation des coûts et a souvent mené à une injustice envers les parties »[2]. De nombreuses mesures ont été proposées par les auteurs pour restreindre le recours à cette doctrine[3]. Par rapport au *forum non conveniens*, la clause échappatoire paraît mieux encadrée, mais son application n'est pas sans problème.

Le recours strictement encadré à la clause échappatoire

Considéré comme l'énoncé du principe de proximité dans le rattachement normatif du droit québécois, l'article 3082 C.c.Q. prévoit que la règle de rattachement sera écartée « si, compte tenu de l'ensemble des circonstances, il est manifeste que la situation n'a qu'un lien éloigné avec cette loi et qu'elle se trouve en relation beaucoup plus étroite avec la loi d'un autre État »[4].

Certes, dans la conception de Savigny, le facteur de rattachement porte déjà en son sein les liens de rattachement entre la situation et l'ordre juridique. Il peut arriver cependant des situations particulières où l'objectif de la recherche du

Cour suprême, la règle du *forum non conveniens* s'applique en première étape, pour statuer sur l'exercice de la compétence des tribunaux étrangers (ceux-ci auraient dû ou non décliner leur compétence) : « si un tribunal étranger se déclare compétent pour un motif qui est incompatible avec les règles canadiennes de droit international privé [relative au *forum non conveniens*] et qu'il en résulte une injustice pour une partie existante ou éventuelle devant les tribunaux canadiens, sa décision d'exercer sa compétence est alors contraire à l'équité et il y a lieu d'empêcher le demandeur de poursuivre l'instance à l'étranger » (p. 901).

[1] Guillemard et Tête, « *Forum non conveniens* au Québec, une vingtaine d'années plus tard : encore quelques questions non résolues », 185 et suiv.

[2] Talpis et Kath, « The Exceptional as Commonplace in Quebec *Forum Non Conveniens* Law : Cambior, a Case in Point », 762.

[3] Voir notamment Talpis et Kath, « The Exceptional as Commonplace in Quebec *Forum Non Conveniens* Law : Cambior, a Case in Point » ; Guillemard, « Chronique – Le libellé de l'article 3135 C.c.Q. : l'exception confirme la règle ».

[4] La rédaction de l'article 3082 C.c.Q. est largement inspirée du droit suisse – la *Loi fédérale de droit international privé* – qui prévoit à l'article 15 :

> 1. Le droit désigné par la présente loi n'est exceptionnellement pas applicable si, au regard de l'ensemble des circonstances, il est manifeste que la cause n'a qu'un lien très lâche avec ce droit et qu'elle se trouve dans une relation beaucoup plus étroite avec un autre droit.
> 2. Cette disposition n'est pas applicable en cas d'élection de droit.

centre de gravité du rapport juridique n'est pas atteint grâce aux règles préconçues. Certains facteurs de rattachement, tels que la nationalité, le lieu où se trouvent des biens ou le lieu du délit sont en effet considérés comme peu flexibles et ils n'offrent pas toujours de solutions totalement satisfaisantes[1]. La clause échappatoire, qui trouve son origine dans le DIP suisse, est ainsi « une des réponses dans cette recherche d'assouplissement qui vise tout de même à conserver l'héritage de Savigny afin de ménager la prévisibilité des parties »[2]. En d'autres termes, elle concrétise, même mieux, le critère fondamental des « liens les plus étroits » dans le système de rattachement savignien[3].

Les conditions d'application de la clause échappatoire

Une première remarque concerne le caractère exceptionnel du recours à l'article 3082 C.c.Q. Le législateur l'a d'ailleurs indiqué clairement dans cet article : « [à] titre exceptionnel ». Cela commande un recours très prudent au mécanisme, « [s]ous peine de porter atteinte [...] à la prévisibilité »[4]. Linguistiquement, « à titre exceptionnel » signifie « en tant qu'exception ». La logique est donc la même que pour l'exception du *forum non conveniens* prévue à l'article 3135 C.c.Q., analysée ci-dessus : le fait pour le juge d'écarter la loi désignée constitue une exception aux règles habituelles de rattachement normatif.

Le caractère exceptionnel se manifeste en particulier dans la double condition établie à l'article 3082 C.c.Q. Le juge doit vérifier d'une part si la loi désignée par la règle de rattachement ne présente qu'un lien éloigné avec la situation, et d'autre part, s'il existe une autre loi qui présente des liens beaucoup plus étroits avec cette situation. Le recours à cette exception exige du juge de repousser tout d'abord « une forte présomption bénéficiant à la loi sélectionnée selon le facteur de rattachement favorisé par le codificateur »[5]. Ce travail de comparaison entre la loi désignée par la règle de rattachement et la loi appelée à remplacer dans la logique de la proximité doit par ailleurs s'effectuer dans la prise en compte « de l'ensemble des circonstances ». De plus, la différence doit être « manifeste ». Cela signifie que la preuve présentée pour se prévaloir de l'article 3082 C.c.Q. doit être « très convaincante »[6].

Ainsi, la première condition réside dans le défaut de la règle de rattachement, qui justifie l'intervention du mécanisme correctif. La loi désignée par cette règle doit en effet être incapable de répondre, dans une situation concrète, aux exigences de proximité comme l'a présumé le législateur. À titre d'exemple, le lieu du fait générateur du préjudice prévu à l'article 3126 C.c.Q. ne paraît pas un

[1] C'est la constatation du professeur Andreas Bucher, « La clause d'exception dans le contexte de la partie générale de la LDIP », in *La loi fédérale de droit international privé : vingt ans après. Actes de la 21e Journée de Droit International Privé du 20 mars 2009 à Lausanne*, éd. par Andrea Bonomi, Eleanor Cashin Ritaine, et Bonomi-Cashin Ritaine (Genève : Schulthess, 2009), 66.

[2] Goldstein, « Mécanismes correctifs à l'application de la règle de conflit : clause échappatoire et exception d'ordre public », paragr. 8.

[3] Bucher, « La clause d'exception dans le contexte de la partie générale de la LDIP », 59.

[4] Goldstein, « Mécanismes correctifs à l'application de la règle de conflit : clause échappatoire et exception d'ordre public », paragr. 11.

[5] Goldstein, paragr. 16.

[6] Goldstein, paragr. 19.

bon critère de proximité lorsqu'il s'agit d'un accident aérien. Cette première condition est cependant absente dans la clause d'exception du DIP vietnamien. La flexibilité dans ce cas portera atteinte à la prévisibilité.

La deuxième condition, soit l'existence d'une loi remplaçante, est encore plus difficile à satisfaire. Il faut en effet que cette loi présente des liens « beaucoup » plus étroits avec la situation et que cela soit « manifeste ». Les qualitatifs utilisés dans l'article 3082 C.c.Q. affirment donc le caractère « doublement exceptionnel »[1] de la clause échappatoire[2]. En général, le juge doit vérifier au cas par cas en tenant en compte de l'ensemble des circonstances. Ce n'est pas un travail facile et le risque d'arbitraire existe, notamment dans les pays où la qualité de l'appareil judiciaire et le système jurisprudentiel laissent à désirer, comme au Vietnam.

Dans certains cas, le législateur précise les critères à examiner pour trouver la loi qui correspond le mieux aux critères de proximité. Par exemple l'article 3114 C.c.Q. relatif au contrat de vente d'un meuble illustre bien comment la présomption de proximité établie par le critère principal – la résidence du vendeur – peut être renversée pour donner place à la loi de l'acheteur si l'une des conditions énumérées est satisfaite[3]. De même, en vertu de l'article 3126 C.c.Q., le lieu du fait générateur du préjudice n'est plus le meilleur indice de proximité si « le préjudice est apparu dans un autre État [et que] l'auteur devait prévoir que le préjudice s'y manifestait » ou si « l'auteur et la victime ont leur domicile ou leur résidence dans [un] même État » autre que ce lieu.

Selon le professeur G. Goldstein, dans les cas où le principe de proximité est prévu explicitement dans la règle, comme c'est le cas des articles 3107 al. 1 et 3112 C.c.Q., la clause échappatoire ne s'applique pas, car « par hypothèse, la loi désignée par la règle de conflit doit refléter ce lien étroit et ceci écarte toute utilisation de l'article 3082 »[4]. Avec tout le respect, nous ne pouvons pas être totalement en accord avec lui, puisque la présomption des liens les plus étroits dans les règles de rattachement qui illustrent cette exigence de proximité peut toujours être renversée par l'article 3082 C.c.Q. Les seules exceptions acceptées

---

[1] Goldstein, paragr. 22.

[2] Il faut par ailleurs rappeler l'histoire de la première codification de la clause échappatoire – celle du DIP suisse – pour comprendre le poids que le législateur a mis dans la prévisibilité. À l'époque où l'idée fut lancée, il a été envisagé de donner à cette clause d'exception une portée extrêmement large, destinée à remédier à toute situation « inéquitable » découlant de l'application de la règle de rattachement qualifiée de « mécanique ». Toutefois, vu le contenu « insaisissable » et le risque d'atteinte à la sécurité juridique, l'idée n'a pas été retenue par le codificateur. Voir Bucher, « La clause d'exception dans le contexte de la partie générale de la LDIP ».

[3] Art. 3114 C.c.Q. prévoit que la loi de la résidence de l'acheteur s'applique « dans l'un ou l'autre des cas suivants : 1° Des négociations ont été menées et le contrat a été conclu dans cet État ; 2° Le contrat prévoit expressément que l'obligation de délivrance doit être exécutée dans cet État ; 3° Le contrat est conclu sous les conditions fixés principalement par l'acheteur, en réponse à un appel d'offres ». Cet article est inspiré de la *Convention de La Haye du 22 décembre 1985 sur la loi applicable aux contrats de vente internationale de marchandises* (art. 8 al. 2).

[4] Goldstein, « Mécanismes correctifs à l'application de la règle de conflit : clause échappatoire et exception d'ordre public », paragr. 21.

sont l'exercice de la volonté des parties, prévu dans cet article même[1], et les règles d'application nécessaire comme celle désignée par l'article 3129 C.c.Q.[2].

Contrairement au *forum non conveniens*, le recours à la clause échappatoire est peu fréquent dans la pratique judiciaire du Québec[3]. Cela ne signifie pas que l'application de la clause est moins controversée.

Dans une affaire assez récente – *Giesbrecht* c. *Nadeau* – la Cour d'appel du Québec a fait une interprétation « surprenante » de l'article 3082 C.c.Q.[4] Le litige concernait les réclamations de dommages-intérêts de la famille de Yanick Fournier, mort dans un accident d'aéronef survenu en Ontario en octobre 2012, contre les héritiers de Michel Nadeau, pilote et commandant de bord, aussi décédé lors de l'accident.

Dans ce litige, les demandeurs allèguent que l'accident est dû aux erreurs de M. Nadeau au cours des manœuvres d'atterrissage à l'aéroport de Pickle Lake en Ontario. La majorité des demandeurs et les deux défendeurs sont domiciliés au Québec. Toutefois, deux autres demandeurs, les beaux-parents par alliance de Yannick Fournier, sont domiciliés en Colombie-Britannique. Les parties ne s'entendent pas sur la loi applicable au litige, notamment pour l'évaluation des dommages, sachant que le droit québécois et le droit des provinces de *common law* ont des méthodes d'analyse de la responsabilité très différentes.

La Cour supérieure, tout en affirmant que la loi applicable au litige était la loi ontarienne selon la règle de l'article 3126 C.c.Q., a décidé d'écarter cette loi au profit de la loi québécoise en vertu de l'article 3082 C.c.Q. Pour ce faire, elle s'est basée sur une panoplie de facteurs, notamment le caractère fortuit du lieu de l'accident en Ontario, le domicile québécois de la plupart des parties impliquées et le fait que la quasi-totalité de la réclamation monétaire est celle de la veuve et des orphelins de feu Yannick Fournier, qui sont domiciliés au Québec[5].

La Cour d'appel a maintenu la décision de la Cour supérieure sur le droit applicable, mais a suivi un raisonnement tout à fait différent. Elle a en effet procédé à la comparaison du contenu de la loi ontarienne avec celui de la loi québécoise régissant les réclamations de dommages-intérêts. Après avoir trouvé

[1] Art. 3082 al. 2 C.c.Q et art. 683 (3) du Code civil vietnamien. Le principe d'autonomie de la volonté et le principe de proximité représentent respectivement la prévisibilité et la flexibilité. En prônant la primauté de la volonté, le législateur accorde la priorité à la prévisibilité du DIP.

[2] Art. 3129 C.c.Q. : « Les règles du présent code s'appliquent de façon impérative à la responsabilité civile pour tout préjudice subi au Québec ou hors du Québec et résultant soit de l'exposition à une matière provenant du Québec, soit de son utilisation, que cette matière première ait été traitée ou non ».

[3] Une recherche effectuée en décembre 2021 sur les banques de données CanLII et SOQUIJ avec le mot clé « art. 3082 C.c.Q. » donne une vingtaine de décisions. Pour une synthèse de la jurisprudence concernant l'article, voir Goldstein, « Mécanismes correctifs à l'application de la règle de conflit : clause échappatoire et exception d'ordre public ».

[4] Voir Sylvette Guillemard et Van Anh Ly, « Commentaire sur la décision *Giesbrecht* c. *Nadeau (Succession de)* – Une interprétation surprenante de l'article 3082 C.c.Q. », *Repères*, mars 2018, EYB2018REP2432 (La Référence) ; Gérald Goldstein, « Le caractère "exceptionnel" frappe encore! Une nouvelle victime par ricochet : La clause d'exception de l'art 3082 CCQ », *R. du Bar. Can.* 96 (2018) : 402.

[5] Giesbrecht *c.* Nadeau (Succession de), 2016 QCCS 4929.

qu'en vertu du paragraphe 61 (1) de la *Loi sur le droit de la famille* de l'Ontario[1], « la réclamation de ces beaux-parents par alliance est irrecevable »[2], alors que « leur recours est recevable au Québec »[3], la Cour a conclu :

> Ainsi, la seule assise à la réclamation des beaux-parents par alliance est dans le droit québécois et non dans le droit ontarien. Il serait incongru de conclure à l'application du droit ontarien au litige au motif que certains des appelants sont domiciliés en Colombie-Britannique alors que la réclamation de ces mêmes appelants serait irrecevable sous le droit ontarien. *Il s'agit justement là de l'une des « situations que le législateur ne pouvait pas prévoir » dont font état les commentaires du ministre de la Justice à propos de l'article 3082 C.c.Q.*
>
> [...] il s'agit ici d'un cas extraordinaire et vraiment exceptionnel qui justifie l'application de l'article 3082 C.c.Q. afin d'écarter la loi ontarienne et d'appliquer plutôt la loi du Québec à l'ensemble du litige[4].

Ce raisonnement est surprenant sur deux plans. D'une part, la Cour a mal interprété le terme « à titre exceptionnel », en prenant « le caractère exceptionnel de la situation » pour une condition autonome. Or, ce terme, similaire à celui dans la clause du *forum non conveniens*, doit référer au caractère exceptionnel du recours au mécanisme et non de la situation. C'est l'application de l'article 3082 qui est en soi l'exception.

D'autre part, en se penchant sur la comparaison du contenu des lois concernées, la Cour d'appel a adopté une démarche plutôt américaine que le codificateur québécois a voulu éviter. Ce faisant, elle est allée à l'encontre du contenu de l'article 3082 C.c.Q., qui incarne le principe de proximité en particulier, et de l'essence du DIP en général, qui est centré sur la recherche des liens de rattachement entre la situation et la loi à appliquer, peu importe le contenu des lois concernées[5].

Nous sommes d'avis que la clause échappatoire est assez bien encadrée à l'article 3082 C.c.Q. et ne nécessite aucune nouvelle interprétation qui dénature son sens. L'application par le juge consiste en une fine comparaison entre les lois à considérer, par l'examen des éléments de rattachement pertinents dans une vue d'ensemble, et non par l'examen de leur contenu. Dans cet esprit, l'approche de raisonnement de la Cour supérieure dans l'affaire *Giesbrecht* est la bonne.

Les effets de la clause échappatoire

Lorsque la loi désignée par la règle de rattachement est écartée par l'application de l'article 3082 C.c.Q., elle sera remplacée par la loi avec laquelle

---

[1] « Loi sur le droit de la famille », L.R.O. 1990, c. F.3.

[2] Giesbrecht *c.* Succession de Nadeau, 2017 QCCA 386 paragr. 38.

[3] Giesbrecht *c.* Succession de Nadeau, 2017 QCCA 386 paragr. 45. Depuis l'entrée en vigueur du *Code civil du Québec*, toute personne peut réclamer des dommages-intérêts faisant suite à un décès.

[4] Giesbrecht *c.* Succession de Nadeau, 2017 QCCA 386 paragr. 47 (nos italiques).

[5] On parle du caractère « aveugle » du DIP. L'exception est faite à certains cas particuliers, tels que la loi applicable à la filiation (art. 3091 C.c.Q.) ou à l'obligation alimentaire (art. 3094 C.c.Q.).

la situation présente des liens plus étroits. Il convient de noter que, contrairement au *forum non conveniens*, le verbe « pouvoir » est absent dans l'article en question. Cela signifie-t-il que le pouvoir discrétionnaire du tribunal est plus restreint ? Dans leurs commentaires, les professeurs J. Talpis et J.-G. Castel sont d'avis que « l'article 3082 n'indique pas clairement si le juge doit appliquer la loi de l'État avec qui la situation se trouve en relation plus étroite, mais cela est implicite »[1]. Ils ajoutent cependant que la question ne peut être soulevée d'office et que l'interprétation de cet article doit être restrictive afin d'éviter que l'exception devienne la règle. Dans la pratique, la doctrine et la jurisprudence arrivent même à conclure que « l'article 3082 C.c.Q. donne un pouvoir discrétionnaire au juge québécois de ne pas appliquer la loi que lui désigne la règle de conflit s'il constate qu'elle n'a pas de lien étroit avec la situation »[2]. À notre avis, même en l'absence du verbe « pouvoir », le tribunal dispose d'un pouvoir discrétionnaire implicite, qui peut être déduit du vocabulaire de l'article 3082 C.c.Q. L'application de la clause échappatoire, comme toute autre exception « qu'il faut appliquer avec une grande prudence »[3], dépend en effet grandement de la discrétion du juge. L'utilité pratique de l'article est plutôt de permettre au juge d'exercer son pouvoir « discrétionnaire » pour appliquer une autre loi, notamment lorsque celle-ci est la loi du for.

Pourtant, l'effet de la clause échappatoire peut dépasser l'objectif de proximité dans les rattachements. À titre d'exemple, l'article 3082 C.c.Q. pourrait servir à résoudre le problème du « conflit mobile ». De même, l'exception de proximité est considérée comme un moyen efficace pour sanctionner la fraude à la loi[4].

Dans le cas du conflit mobile, le problème du rattachement normatif est compliqué par le changement du facteur de rattachement dans le temps et dans l'espace. L'exemple le plus courant est le changement du domicile des personnes concernées entre le moment où la situation est née et le moment où la cause est entendue devant le tribunal. Avant la codification de 1994, cette question se posait principalement dans le domaine du régime matrimonial, lorsque le domicile des époux, facteur pour déterminer la loi applicable, changeait durant leur vie commune[5]. Outre l'intervention explicite du législateur pour prévenir le conflit mobile dans nombre de cas[6], l'article 3082 peut être invoqué pour choisir la loi la

[1] Talpis et Castel, « Le Code civil du Québec. Interprétation des règles du droit international privé », 826.

[2] Goldstein, « Mécanismes correctifs à l'application de la règle de conflit : clause échappatoire et exception d'ordre public », paragr. 10. Voir aussi Droit de la famille – 211666, 2021 QCCS 3655 paragr. 45.

[3] Droit de la famille – 211666, 2021 QCCS 3655 paragr. 45.

[4] Voir Gérald Goldstein, « La fraude à la loi dans le droit international privé du nouveau Code civil du Québec », *R. du B.* 57 (1997) : 706.

[5] Voir par exemple Zamkovetz *c.* Korneychuk, (1972) C.S. 855 ; J.L.P. *c.* D.E.M, [1985] R.D.J. 247, 1985 CanLII 2998 (C.A.). Il faut noter que l'article 3123 C.c.Q. a fixé le problème de conflit mobile en disposant que la loi applicable au régime matrimonial est celle du domicile des époux « au moment de leur union ».

[6] Dans plusieurs articles, le facteur de rattachement est retenu à un moment précis. Par exemple l'article 3091 al. 1 C.c.Q. prévoit que la loi applicable à la filiation est celle du domicile ou de la nationalité de l'enfant ou de l'un de ses parents au moment « de la naissance de l'enfant ». D'autres

plus proche avec la situation, parmi les diverses lois applicables en raison du conflit mobile, dans d'autres cas.

D'aucuns peuvent s'interroger sur l'absence de disposition relative à la fraude à la loi dans le Livre X du Code civil. Selon la doctrine, cela s'explique par le fait que la clause échappatoire a un rôle à jouer dans la sanction de cette pratique abusive. En DIP, la fraude à la loi signifie la manipulation – légale – par les parties des facteurs de rattachement, afin de contourner la règle de rattachement. Elle est découverte à partir de trois éléments : (1) matériel, soit la modification du facteur de rattachement (par exemple, changement de la nationalité ou du lieu de résidence) ; (2) légal, soit l'utilisation des moyens licites ; et (3) intentionnel, soit l'intention, jugée frauduleuse, d'écarter la loi normalement applicable en faveur d'une autre loi plus bénéfique à la personne concernée[1].

En général, le principe de proximité contribue efficacement à empêcher la fraude à la loi. Ce prinpipe peut tout d'abord intervenir de façon implicite dans l'examen de certains facteurs de rattachement. Par exemple, la notion de « nationalité effective » traduit sans aucun doute des considérations sur le lien entre une personne et un État[2]. Une lecture de la définition québécoise du domicile montre aussi des préoccupations du législateur de prendre en compte les liens d'une personne avec le lieu de son domicile : « Le domicile d'une personne [...] est au lieu de son principal établissement » (art. 75 C.c.Q.) et « [l]e changement de domicile s'opère par le fait d'établir sa résidence dans un autre lieu, avec l'intention d'en faire son principal établissement » (art. 76 C.c.Q.)[3].

En particulier, la clause échappatoire permet d'écarter une loi applicable résultant de la fraude à la loi. Comme la manipulation du facteur de rattachement est artificielle, il ne sera pas difficile de découvrir le lien très ténu entre la loi désignée à la suite de cette manipulation et la situation en cause. Prouver l'intention frauduleuse n'étant pas toujours facile, l'application de la clause échappatoire est un choix plus aisé pour le juge, qui ne doit se concentrer que sur la comparaison des lois sur le plan du rattachement, tout en assurant le même effet de sanction contre la fraude à la loi, soit d'écarter le résultat de la manipulation.

Vu ces avantages de la clause échappatoire, il est regrettable de voir qu'elle n'a été introduite dans le nouveau DIP vietnamien qu'avec une portée très limitée. En effet, on peut la faire valoir seulement dans le domaine du contrat. Or, c'est le domaine qui en a le moins besoin. Premièrement, l'exigence de proximité est déjà

---

exemples se trouvent dans les articles 3109 (forme de l'acte juridique), 3114 (vente d'un meuble), 3123 (régime matrimonial), 3124 (modification conventionnelle du régime matrimonial) C.c.Q.

[1] L'affaire *Bauffremont* est souvent citée pour illustrer la fraude à la loi (acquisition d'une nationalité étrangère pour pouvoir se divorcer et se remarier) et la conséquence subie (le divorce est déclaré sans effet en France) : Civ. 1er, 18 mars 1878 (*Princesse de Bauffremont* c. *Prince de Bauffremont*), S. 1878.1.193, note Labbé.

[2] Dans l'Affaire Nottebohm (Liechtenstein *c.* Guatemala), arrêt, C.I.J. Recueil 1955, p. 4 à la page 23, la Cour internationale de justice a souligné que « la nationalité est un lien juridique ayant à sa base un fait social de rattachement, une solidarité effective d'existence, d'intérêts, de sentiments, jointe à une réciprocité de droits et de devoirs ».

[3] Ainsi, le principe de proximité peut être considéré comme incorporé dans les règles de rattachement relatives au statut personnel et familial par le biais des facteurs de rattachement qui sont soit le domicile soit la nationalité.

prévue de façon explicite au paragraphe 1 de cet article : la loi applicable au contrat est « la loi du pays avec lequel le contrat présente les liens les plus étroits ». Comment peut-on affirmer l'application du principe, puis la contredire en invoquant la clause échappatoire ? Deuxièmement, c'est aussi le domaine où les parties ont le libre choix de la loi applicable et une telle clause est sans effet lorsque la loi est désignée par les parties.

***

En conclusion, la reconnaissance explicite du principe de proximité comme un des principes directeurs du DIP vietnamien depuis 2015 est une innovation importante. Cependant, la place relativement limitée du principe ne permet pas encore de tirer pleinement profit de la flexibilité qu'il apporte aux solutions. Autrement dit, le rôle actuel du principe de proximité est seulement de compléter les lacunes de règles préconçues. La solution est, pour nous, de déplacer la clause d'exception dans les dispositions générales pour que son application ne soit plus limitée aux seules obligations contractuelles. Cette place correspond le mieux à la fonction corrective de la clause contre la rigidité des règles préconçues[1]. Une clause bien encadrée et complétée par des règles spécifiques selon le modèle québécois pourrait permettre d'assurer à la fois la flexibilité des règles codifiée et la prévisibilité des solutions.

Au contraire, la réception de la doctrine du *forum non conveniens* dans la codification vietnamienne s'avère inopportune. Le trop grand risque d'imprévisibilité et les difficultés observées dans son application au Québec ne militent pas en faveur de l'ajout d'une telle clause dans le futur code de DIP vietnamien.

2.2 La diversification des solutions de rattachement

Le DIP du Québec et celui du Vietnam de l'avant-réforme partageaient un point commun : le privilège du rattachement unilatéral. L'article 6 du *Code civil du Bas Canada* illustre bien cette approche, en prévoyant principalement les conditions d'application du droit québécois aux statuts personnel et réel[2]. De la même manière, de nombreuses règles de rattachement dans les anciennes versions du Code civil vietnamien orientaient vers l'application du droit vietnamien[3].

La codification de 1994 a fait triompher la méthode bilatérale et, mieux encore, la pluralité des méthodes. Quant au DIP vietnamien, la réforme effectuée en 2015 marque le premier pas vers cette diversification des solutions. La flexibilité

---

[1] La réticence du législateur vietnamien peut être expliquée par la crainte du risque d'imprévisibilité qu'une application générale de telle clause pourrait engendrer, alors que les considérations dépendent largement des tribunaux, ce que le Vietnam n'est pas encore prêt à accepter.

[2] Voir *supra*, p. 40. Il faut rappeler que l'ancien DIP québécois était le reflet de la théorie des statuts.

[3] Par exemple : Code civil de 1995, art. 830-832 (état et capacité des étrangers au Vietnam), 833 (1) (biens), 834 (1) (contrats), 835 (2) et (3) (responsabilité civile), 836 (propriété intellectuelle), 847 (propriété industrielle) et 838 (transfert de technologies) ; Code civil de 2005, art. 762 (1) (état et capacité des personnes physiques), 763 (2) (incapacité), 764 (2) (déclaration d'absence), 765 (2) (état et capacité des personnes morales), 766 (4) (biens), 769 (contrats).

s'exprime non seulement dans cette multiplicité de rattachement, mais aussi dans la prise en compte des solutions étrangères lors du processus de rattachement. Ainsi, dans certaines situations, les tribunaux nationaux peuvent se permettre d'appliquer les règles étrangères relatives à la qualification, les règles impératives et même les règles de rattachement étrangères. L'objectif est sans doute de favoriser une solution complète du problème international à notre époque.

Si la flexibilisation des solutions répond bien au besoin de souplesse et d'efficacité du DIP, elle risque aussi de réduire sa prévisibilité. Prenons comme exemple l'article 773 (1) de l'ancien Code civil du Vietnam (2005), qui prévoyait que : « La réparation des dommages causés dans un cadre extracontractuel est soumise soit à la loi du pays où a été commis le fait dommageable, soit à la loi du pays où se sont produites les conséquences effectives de l'acte dommageable ». La solution de rattachement normatif repose sur deux facteurs de rattachement différents, à savoir le lieu du fait générateur et le lieu du préjudice. Certes, la multiplication des facteurs de rattachement augmente la chance de trouver la bonne loi applicable. Pourtant, elle peut aussi compliquer le processus de raisonnement, car aucun ordre de priorité ni de critère n'est prévu pour guider le choix parmi les multiples facteurs de rattachement. Ainsi, la multiplication des solutions doit être accompagnée des dispositions permettant de résoudre la complexité, voire l'ambiguïté, qui peuvent en résulter. La même exigence s'impose sur l'exercice du pouvoir discrétionnaire du juge dans la prise en compte des solutions étrangères au service du rattachement. Le DIP québécois codifié, riche de pratiques, est une bonne source d'inspiration pour la future codification du Vietnam dans ce domaine.

2.2.1 La pluralité des méthodes de rattachement dans la codification

Pour mémoire, les deux principales méthodes classiques de rattachement sont d'une part celle prônée par l'école des statuts, marquée par son caractère unilatéral, et d'autre part la méthode bilatérale inventée par Savigny. La méthode unilatérale ne s'intéresse qu'au rattachement d'un rapport juridique à l'ordre juridique du for en fonction des statuts[1]. Cette méthode domine toujours le rattachement juridictionnel du DIP contemporain. Quant au rattachement normatif, les limites du rattachement unilatéral ont été mises en exergue, notamment du fait qu'elles n'offrent pas de solutions complètes de rattachement, en se tournant seulement vers le système juridique du for[2].

La méthode savignienne remédie aux limites de la méthode unilatéraliste. Elle prend la nature du rapport juridique comme noyau de son système de

[1] Ainsi, l'ordre juridique de la nationalité ou du domicile des personnes est compétent pour régir les questions liées au statut personnel, tandis que celui de la situation des biens l'est pour ce qui est du statut réel. La théorie des statuts et ses dérivés, le territorialisme hollandais chez Huber et le personnalisme italien chez Mancini, trouvent leur fondement dans le principe de souveraineté. Voir Lagarde, « Le principe de proximité dans le droit international privé contemporain. Cours général de droit international privé », 49 et suiv.

[2] On ne peut toutefois nier la contribution de l'école unilatéraliste dans le développement des grandes théories du DIP, comme celles de la qualification, des lois d'application nécessaire et de l'exception d'ordre public.

rattachement, consistant à classifier chaque question juridique à une catégorie définie – par exemple, contrats, délits, successions, etc. – puis à y appliquer la règle de rattachement appropriée afin de trouver la loi applicable[1]. Le rattachement est neutre et indifférent vis-à-vis du système juridique choisi et du résultat matériel obtenu[2].

Au sujet des avantages de la méthode savignienne, le professeur J.-G. Castel insiste sur son caractère simple et général, permettant de favoriser l'uniformité des solutions, car, pour un problème donné, on arrivera toujours à la même solution[3]. Cependant, de nombreuses critiques portent sur son caractère abstrait et son indifférence au contenu des droits concernés[4]. De plus, les règles qui contiennent des facteurs de rattachement destinés à s'appliquer sans distinction à une multitude de problèmes regroupés dans une seule catégorie (par exemple le délit) doivent être très générales, ce qui constitue aussi une faiblesse de la méthode savignienne. Ainsi, en la suivant, le tribunal peut être amené à appliquer une loi plutôt accessoire à régir la cause qui lui est soumise[5].

Plusieurs approches ont été avancées, y compris celles qui rejettent de façon pure et simple la méthode de rattachement neutre pour donner place à celles favorisant la recherche des résultats matériels concrets. La méthode savignienne continue cependant à dominer dans les codifications contemporaines, dont celle du Québec, ainsi que dans le DIP vietnamien, en raison de sa prévisibilité. Toutefois, avec l'introduction du principe de proximité, d'autres méthodes peuvent compléter les lacunes de la méthode classique et l'assouplir, ainsi que tenir compte des préoccupations matérielles.

Les fondements théoriques et finalités pratiques du pluralisme des rattachements

L'adoption du pluralisme des rattachements s'inscrit dans l'évolution du DIP contemporain. Le professeur P.H. Glenn parle d'un « éclatement méthodologique » qui domine le DIP du XXe siècle[6]. Il s'agit surtout de la prise en compte des objectifs et préoccupations plutôt matériels dans la détermination de la compétence et de la loi applicable.

En France, au début des années 1920, Pillet a renouvelé la théorie des statuts en abandonnant la division traditionnelle entre statut personnel et statut réel et en proposant de rechercher la loi applicable qui réponde à un but social : « Notre système consiste donc à la recherche dans chaque cas le but social des lois en conflit et, ce but une fois déterminé, à appliquer la loi de l'État le plus intéressé à ce que ce but soit atteint »[7]. Le principe de souveraineté commande le

[1] Voir *supra*, p. 234.
[2] Talpis et Goldstein, « Analyse critique de l'avant-projet de la loi du Québec en droit international privé », 305.
[3] Castel, *Droit international privé québécois*, 75.
[4] Il faut mentionner notamment la réaction doctrinale aux États-Unis des années 1960 et 1970 contre cette méthode qualifiée de mécanique et de rigide, sans tenir compte des circonstances particulières.
[5] Castel, *Droit international privé québécois*, 75.
[6] Glenn, « Droit international privé », 673.
[7] Antoine Pillet, *Traité pratique de droit international privé*, vol. t. I (Paris : Sirey, 1923), 108.

développement des théories de qualification, du renvoi et d'exception d'ordre public, basées sur le rattachement au for[1]. Certains, comme Niboyet, préconisent même un système de DIP composé uniquement des règles de rattachement unilatéral[2]. Dans les années 1960, Phocion Franceskakis a exposé sa thèse sur les « lois d'application immédiate » du for dont l'application prévaut sur les règles de rattachement.

À la même époque, aux États-Unis, des auteurs proposent de remplacer l'approche du rattachement neutre, basé sur la localisation du rapport juridique, par l'analyse et la comparaison du contenu des lois appelées à s'appliquer, en fonction des intérêts ou politiques étatiques. Le professeur Brainerd Currie défend la méthode de l'« analyse des intérêts gouvernementaux » (*govermental interest analysis*) qui consiste à rechercher la loi de l'État qui a un intérêt dans l'application de ses politiques, la loi du for ayant toujours préséance dans cette analyse d'intérêt[3]. La même approche, mais avec une démarche inversée, est celle du « *comparative impairement* » de William F. Baxter. Elle vise la loi de l'État dont les politiques législatives sont les plus affectées si ses règles ne sont pas appliquées[4]. Cette recherche oblige à examiner le contenu des lois concernées et des politiques étatiques qui se trouvent en arrière-plan. Elle se base sur des critères formulés en fonction des intérêts que visent les législations, ainsi que ceux des parties, tels que les « *principles of preference* »[5] ou les « *choice influencing considerations* »[6].

Du point de vue doctrinal moderne, en effet, le DIP, comme le droit en général, poursuit des objectifs différents. Outre la recherche de solutions de rattachement, il y a aussi des préoccupations de « justice matérielle », préoccupations qui gagnent de plus en plus l'attention des législateurs et des tribunaux[7].

Certes, le premier objectif du DIP est de « trouver le juste équilibre dans la répartition des compétences judiciaires et législatives »[8]. C'est d'ailleurs le seul

---

[1] Étienne Bartin, *Principes de droit international privé selon la loi et la jurisprudence française*, 3 vol. (Domat-Montchrestien, 1930).

[2] Selon cet auteur, c'est seulement si le juge ne trouve pas dans son droit la règle pour régir le problème qu'il devra chercher la solution dans le droit étranger dont la règle de rattachement, également unilatéral, le rend compétent. Voir Jean-Paulin Niboyet, *Traité de droit international privé* (Paris : Sirey, 1939).

[3] Brainerd Currie, *Selected Essays on the Conflict of Laws* (Durham (N.C.) : Duke University Press, 1963), notamment chap. 4 « Notes on the Methods and Objectives in the Conflict of Laws » et 5 « The Constitution and the Choice of Law : Governmental Interests and the Judicial Function »].

[4] William F. Baxter, « Choice of Law and the Federal System », *Stan. L. Rev.* 16 (1963) : 1. Dans le même ordre de pensée, Russell J. Weintraub, *Commentary on the Conflict of Laws*, 4e éd. (New York : Foundation Press University, 2001), propose en 2001 une « consequence-based approach » pour déterminer la loi applicable à la responsabilité délictuelle grâce à l'examen du contenu des lois concernées et en faveur de la loi de l'État qui subira le moins de conséquences si sa loi n'est pas appliquée.

[5] David F. Cavers et Allan F. Smith, *The choice-of-law process*, Vol. 269 (Ann Arbor : University of Michigan Press, 1965) ; David F. Cavers, « Contemporary Conflicts Law in American Perspective », *R.C.A.D.I.* 131 (1970) : 75.

[6] Robert Leflar, « Choice Influencing Considerations in Conflicts Law », *N.Y.U.L. Rev.* 41 (1966) : 267.

[7] Gaudemet-Tallon, « Le pluralisme en droit international privé : richesses et faiblesses », 173.

[8] Gaudemet-Tallon, 171.

centre d'intérêt de la méthode classique, qui reste indifférente aux résultats matériels issus du rattachement qu'elle préconise. On parle ainsi du caractère « aveugle » de la règle de rattachement savignienne. Cependant, toutes les médailles ont deux faces. Si ce caractère constitue un avantage de la méthode classique, dans la mesure où il permet une généralisation des solutions adaptables et convenables aux divers ordres juridiques[1], il fait aussi l'objet de critiques sur son indifférence à la spécificité et aux circonstances particulières.

En réalité, les règles de rattachement ne sont pas si indifférentes au droit matériel interne. Elles aussi s'adaptent à l'évolution de ce dernier. À titre d'exemple, le rattachement normatif lié au statut personnel et familial autrefois basé sur la nationalité ou le domicile de l'homme – en tant qu'époux ou père –, a changé pour tenir compte du principe d'égalité homme-femme désormais reconnu[2]. Dans plusieurs pays d'Europe, les régimes de rattachement différents pour la filiation naturelle (loi nationale de l'enfant) et filiation légitime (loi applicable aux effets du mariage) ont été unifiés dès que le droit de la famille a traité de ces types de filiation de façon égale (désormais la loi nationale de la mère ou la loi nationale de l'enfant lors de sa naissance)[3]. Au Québec, les solutions de rattachement liées à l'union civile ont été ajoutées en 2002 pour tenir compte de cette forme d'union de couple introduite dans le droit québécois[4]. Enfin, certains facteurs de rattachement incluent déjà en leur sein l'exigence du lien entre la personne et un État, ainsi que ses politiques législatives, telles que la nationalité et le domicile pour ce qui concerne les personnes et la situation pour les biens immeubles.

Il faut reconnaître néanmoins que ces considérations ont une portée très générale et qu'il manque un certain degré de spécificité. Malgré leur caractère pragmatique, l'efficacité des approches américaines qui songent à la recherche de la « justice matérielle » à travers un exercice de droit comparé fait l'objet de doutes[5]. L'objectif d'un résultat matériel peut toujours être assuré à travers des règles de rattachement. La naissance des « règles de rattachement à finalités substantielles » vise à répondre à ce double souci de rattachement équitable et de justice matérielle. Celles-ci demeurent les règles de rattachement, mais la

---

[1] Cela est d'autant plus important vu l'absence des règles universelles de DIP, les efforts d'unification internationale dans ce domaine n'ayant abouti qu'à des résultats très modestes. Voir *supra*, partie I, chapitre I, section II « Les limites de la codification internationale du droit international privé ».

[2] En Corée, la nouvelle *Loi sur le conflit de lois* de 2001 a remplacé la *lex patriae* de l'époux par la *lex patriae* commune pour la détermination de la loi applicable aux effets du mariage, au régime matrimonial et au divorce, pour se conformer au principe d'égalité prévu dans la Constitution : Suk, « New Conflict of Laws Act of the Republic of Korea », 198 et 199.

[3] Gaudemet-Tallon, « Le pluralisme en droit international privé : richesses et faiblesses », 191.

[4] Art. 3090.1-3090.3 C.c.Q., « Loi instituant l'union civile et établissant de nouvelles règles de filiation », L.Q. 2002, c. 6.

[5] Les critiques portent notamment sur le manque d'objectivité des analyses d'intérêt, sur l'ambiguïté des termes d'« intérêts gouvernementaux », de « politiques étatiques », etc., ainsi que sur l'impossibilité pratique de ces méthodes, surtout la recherche des objectifs que poursuivent les législateurs étrangers. Voir Herma Hill Kay, « A Defense of Currie's Governmental Interest Analysis », *R.C.A.D.I.* 215 (1989) : chap. III et IV. Il faut aussi noter des limites des approches américaines en termes géographiques (elles sont conçues pour les relations interétatiques au sein des États-Unis) et en matière (elles concernent principalement la responsabilité civile).

multiplication des facteurs de rattachement est assortie de critères liés à un certain but, en général la protection de l'intérêt d'une ou des personnes concernées.

Dès lors, une question se pose : la multiplication des facteurs de rattachement au sein de la règle contredit-elle la logique du principe de proximité qui est la recherche de l'ordre juridique avec lequel la situation juridique internationale présente *les liens les plus étroits* ? Dans la pratique, différentes variantes du principe de proximité élaboré par P. Lagarde ont été développées. Parmi celles-ci, la théorie de la « proximité suffisante » préconise que « pour qu'une loi soit applicable, il suffise qu'elle présente un lien "étroit" avec l'espèce. Il n'est donc pas nécessaire que ce lien soit "le plus étroit" »[1]. Ce principe dérivé justifie l'existence des règles de rattachements multiples, alternatifs ou subsidiaires qui ont connu un essor remarquable dans les codifications du XXe siècle.

La proximité suffisante connaît des applications particulièrement fréquentes dans le rattachement juridictionnel. En effet, la compétence internationale des tribunaux nationaux est rarement déterminée sur la base d'un seul facteur de rattachement[2]. Le rattachement normatif suit aussi cette tendance avec la présence de plus en plus fréquente de règles de rattachement multiples.

L'objectif de justice matérielle influence aussi le recours à la méthode unilatérale, notamment pour protéger les intérêts publics de l'État du for ou les intérêts des parties. Dans le domaine de la compétence internationale, le for exclusif, le for de nécessité et le for d'urgence sont des reflets de cette pensée. Dans les deux derniers cas, l'existence d'un lien suffisant entre le litige et le for permet de justifier l'intervention des autorités québécoises, pourtant non compétentes en vertu de leurs règles de rattachement, la nécessité et l'urgence étant les principaux éléments à considérer. Quant à la loi applicable, les lois d'application nécessaire permettent de protéger les politiques étatiques du for en dépit des règles de rattachement.

L'adoption de la pluralité des méthodes au Québec et au Vietnam

Le Livre X du *Code civil du Québec* est l'exemple éloquent de la diversification des méthodes de rattachement. Au Vietnam, la réforme de 2015 commence à suivre cette évolution du DIP.

La prépondérance du pluralisme des rattachements dans la codification québécoise

La pluralité des méthodes n'était pas adoptée dès le début du processus de codification au Québec. Le projet de 1977 restait très classique. On n'y trouvait rarement des règles flexibles[3]. La rigidité des règles de rattachement n'était

---

[1] Ballarino et Romano, « Le principe de proximité chez Paul Lagarde : quelques précisions et développements récents », 42.

[2] L'article 3142 C.c.Q. paraît la seule disposition du DIP québécois qui établit la compétence internationale des autorités québécoises sur un seul rattachement – le domicile de l'enfant au Québec – dans le domaine de la garde d'enfant.

[3] Lire les critiques de Glenn, « Réflexions sur la codification du droit international privé au Québec et en Europe », 235-36.

assouplie que par le moyen plutôt brutal des exceptions d'ordre public ou de fraude à la loi[1].

L'avant-projet de 1988 a marqué un tournant sur le plan méthodologique[2]. La méthode classique est toujours conservée comme principe, à la différence des approches américaines qui prônent la solution matérielle sur celle de rattachement. Par ailleurs, diverses autres méthodes ont été retenues dans la codification, à l'inspiration de la théorie et de la pratique européennes[3].

En premier lieu, les catégories de rattachement se sont multipliées pour arriver à des règles mieux adaptées à diverses situations. Par exemple, en ce qui concerne le rattachement en matière de contrat, à la place du seul article 8 C.c.B.C., sont prévues dans le Livre X du *Code civil du Québec* des règles spécifiques relatives aux contrats de vente (art. 3114 et 3115), de représentation (art. 3116), de consommation (art. 3117), de travail (art. 3118), d'assurance terrestre (art. 3119) et de créance (art. 3120). De même, pour le statut personnel, le nouveau Code prévoit des règles différentes pour le mariage, la séparation de corps, la filiation, la garde des enfants, l'adoption, etc. Cette catégorisation plus détaillée répond bien aux exigences de la complexité croissante des relations internationales.

Lorsqu'un rapport particulier n'est pas prévu dans les règles spécifiques, il est possible de recourir aux règles générales énoncées au début de chaque chapitre réservé chacun à un statut particulier (personnel, réel, d'obligations). Finalement, le principe de proximité prévu à l'article 3082 permet de combler les lacunes de rattachement, s'il y en a, en plus d'avoir une fonction correctrice.

En deuxième lieu, tout en conservant les règles bilatérales au cœur de son dispositif, le Livre X confère un rôle important aux règles unilatérales, surtout sous la forme des règles d'application nécessaire du for (article 3076), ou même étrangères (article 3079), applicables en raison de leur nécessité. La théorie des lois d'application nécessaire développée en Europe au milieu du XXe siècle a finalement fait l'objet d'une codification générale dans le DIP québécois. En effet, les traces des lois d'application nécessaire ou des règles impératives se trouvent déjà dans les modifications législatives et la pratique judiciaire antérieures à la codification de 1994. On peut citer, par exemple, l'article 8.1 ajouté au *Code civil du Bas-Canada* en 1989, qui prévoit : « Les règles du présent Code s'appliquent de façon impérative à la responsabilité de tout dommage subi au Québec ou hors du Québec et résultant de l'exposition à une matière première qui tire son origine du Québec ou de son utilisation, que cette matière première ait été traitée ou non ». Cette disposition a été reproduite à l'article 3129 C.c.Q. Dans certaines affaires antérieures à 1994, les tribunaux ont eu recours à la méthode des lois d'application

---

[1] Talpis et Goldstein, « Analyse critique de l'avant-projet de la loi du Québec en droit international privé », 305.

[2] Le professeur Alain Prujiner, « Le statut des obligations en droit international privé », *C. de D.* 29 (1988) : 1099, note que, malheureusement, l'avant-projet a été livré sans explication, contrairement au projet de 1977, qui était minutieusement commenté par les codificateurs, rendant difficile la découverte des « intentions réelles des nouveaux rédacteurs ». Nous pensons que ce virement est influencé par l'évolution du DIP intervenue en Europe (à titre d'exemple la Convention de Rome de 1980 et la codification suisse de DIP achevée en 1987).

[3] Voir surtout Henri Batiffol, « Le pluralisme des méthodes en droit international privé », *R.C.A.D.I.* 75 (1973) : 82.

nécessaire en faveur de la *Loi sur la protection de la jeunesse*[1] et de la *Loi sur la protection du consommateur*[2] comme étant lois d'ordre public. Cependant, la jurisprudence restait divisée[3]. La méthode des lois d'application nécessaire n'a pas été retenue dans le projet du code civil de 1977. C'est dans l'avant-projet de 1988 qu'elle était énoncée parmi les dispositions générales.

L'article 3076 C.c.Q. prévoit la primauté des règles impératives québécoises « dont l'application s'impose en raison de leur but particulier ». De plus, il est désormais possible pour le juge de donner effet à une disposition impérative étrangère, sous réserve de deux conditions : « les intérêts légitimes et manifestement prépondérants l'exigent » et « la situation présente un lien étroit » avec l'État étranger. Les dispositions impératives de la loi normalement applicable s'imposent aussi dans certains cas où les parties ont le libre choix de la loi applicable, comme prévu à l'article 3111 al. 2[4].

Dans le domaine du rattachement juridictionnel, outre la compétence établie par les facteurs de rattachement, le Livre X du *Code civil du Québec* énumère les cas où les tribunaux québécois deviennent compétents ou peuvent être saisis pour des raisons impératives ou procédurales. Celles-ci peuvent être la nécessité qui repose sur l'impossibilité pour les parties d'être entendues ailleurs (art. 3136 C.c.Q.) ou sur l'urgence ou l'inconvénient sérieux (art. 3140 C.c.Q.). La saisine du tribunal est ainsi permise afin d'éviter aux justiciables un déni de justice, une considération susceptible d'être qualifiée d'ordre public. Dans une certaine mesure, la compétence exclusive est aussi prévue dans la logique de l'ordre public, qui est, dans le cas de l'article 3151 C.c.Q, lié à une politique déterminée[5]. Des considérations procédurales permettent également aux tribunaux québécois d'entendre un litige. En vertu de l'article 3138 C.c.Q., même s'il n'est pas compétent pour connaître du fond du litige, le juge québécois peut ordonner des mesures provisoires ou conservatoires. L'article 3139 reprend une règle de procédure interne[6] adaptée à la situation internationale sur la réunion des débats : « L'autorité québécoise, compétente pour la demande principale, est aussi compétente pour la demande incidente ou reconventionnelle ». En quelque sorte, ces dispositions visent à assurer une bonne gestion de la justice – soit par la

[1] Protection de la jeunesse – 44, [1981] T.J. 2073.

[2] General Motors Acceptance Corp. of Canada Ltd. *c.* Beaudry, [1977] C.S. 1017.

[3] La décision de la Cour supérieure dans *General Motors Acceptance Corp. of Canada Ltd.* c. *Beaudry* n'a pas été suivie dans une affaire datée den 1984. La Cour provinciale a considéré que la *Loi sur la protection de la consommation*, étant d'ordre public dans le droit interne, ne l'était pas en DIP (General Motors Acceptance Corp. of Canada Ltd. *c.* Arnold, [1984] R.L. 513). Au contraire, l'approche de la Cour supérieure en 1981 a été reprise dans une affaire en date de 1986 (General Motors Acceptance Corp. of Canada Ltd. *c.* Breton, [1986] R.J.Q. 781).

[4] Malgré la loi choisie par les parties, le contrat qui ne présente aucun élément d'extranéité « demeure soumis aux dispositions impératives de la loi de l'État qui s'appliquerait en l'absence de désignation ».

[5] Les autorités québécoises ont compétence exclusive pour connaître en première instance toute action fondée sur la responsabilité liée à une matière première provenant du Québec. Cette disposition est étroitement liée avec l'article 3129 C.c.Q qui énonce l'application immédiate des règles québécoises régissant cette question (règles d'application nécessaire). Ce choix législatif a trait vraisemblablement à l'histoire des affaires amiantes contre les entreprises québécoises.

[6] Art. 172 C.p.c.

préservation du *statu quo*, soit en raison de la connexion entre la demande principale et la demande incidente ou reconventionnelle. Dans tous les cas, les critères et conditions s'appliquent plus ou moins strictement, dans un souci de prévisibilité.

Finalement, la flexibilité est renforcée par le mécanisme de rattachements multiples, permettant d'offrir la meilleure solution ou la solution la plus favorable à un problème juridique donné.

Les rattachements alternatifs servent à assurer la validité de la forme d'un acte. Prenons l'exemple de l'article 3109 C.c.Q., qui accepte que l'acte juridique soit valide dans la forme prescrite par plusieurs lois ayant lien avec l'acte, à savoir la loi du lieu de sa passation, la loi applicable au fond, la loi du domicile de l'une des parties lors de la conclusion de l'acte ou encore la loi du lieu de la situation des biens qui en font l'objet. De plus, un testament peut être fait dans la forme prescrite par la loi du domicile ou de la nationalité du testateur soit au moment où il a disposé, soit au moment de son décès, ce qui porte à au moins huit le nombre de lois susceptibles d'en valider la forme. Cet élargissement fait écho à la volonté de diminuer le plus possible le risque qu'un acte soit invalidé pour des questions de forme, compte tenu de l'intensification des relations qui touchent plusieurs ordres juridiques[1].

Par ailleurs, la multiplication des facteurs de rattachement permet d'optimiser soit la solution de rattachement, soit la solution matérielle. Dans le premier cas, elle vise à remédier aux défauts d'un ou de plusieurs facteurs de rattachement. À titre d'exemple, les effets du mariage sont soumis à la loi du domicile des époux (art. 3089 al. 1 C.c.Q.). Toutefois, ce facteur de rattachement peut être rendu inefficace si les époux sont domiciliés dans des États différents. Les rattachements alternatifs seront alors utiles pour combler la lacune. À cet égard, l'alinéa 2 du même article prévoit la loi du lieu de leur résidence commune, la loi de leur dernière résidence commune, ou encore la loi du lieu de la célébration du mariage. Dans le deuxième cas, ce sont les défauts liés au résultat matériel qu'il faut corriger. Pour illustrer, l'obligation alimentaire est normalement régie par la loi du domicile du créancier (art. 3094 C.c.Q.). Pourtant, lorsque le créancier ne peut obtenir d'aliments du débiteur en vertu de cette loi, la loi du débiteur s'appliquera. La justice matérielle est ainsi prise en considération à travers les options de rattachement.

De même, la diversification des facteurs de rattachement sert, non pas à corriger les défauts, mais à favoriser un certain résultat matériel. Ainsi, en décidant de la loi applicable parmi celles désignées aux articles 3109 et 3128 C.c.Q. sur la base de l'intérêt ou de la volonté de la personne bénéficiaire –

[1] On note avec regret que la modification intervenue en juin 2016 au *Code civil du Québec* est allée à l'encontre de cette tendance en réduisant les facteurs de rattachement – autrefois nombreux concernant la forme du mariage à l'article 3088 al. 2 C.c.Q. – à la seule loi du lieu de sa célébration. Une telle intervention a été considérée comme « inutile et plutôt nuisible », car elle diminue énormément la possibilité de validation d'un mariage à l'étranger quant à sa forme (Guillemard, « Chronique – La modification de l'article 3088, al. 2 C.c.Q., quelle erreur! »).

l'enfant, dans le premier cas, ou la victime du délit, dans le second – le juge contribue à cette recherche du résultat matériel favorable[1].

L'évolution progressive du droit international privé vietnamien vers le pluralisme des rattachements

En termes de pluralisme des rattachements, l'évolution du DIP vietnamien est loin d'être comparable à celle du droit québécois. Tout d'abord, les catégories de rattachement, malgré l'effort du législateur de 2015, restent encore très générales et les règles de rattachement le sont aussi.

La réforme de 2015 marque toutefois le début de l'intégration de ce pluralisme dans le rattachement normatif. Cela s'observe le plus nettement au sujet de la validité formelle des actes juridiques. Ainsi, le testament est validé dans la forme prescrite

- soit par la loi du lieu où il est établi,
- soit par la loi du domicile ou de la nationalité du testateur au moment du testament ou au moment du décès,
- soit par la loi de l'État où se trouve le bien immobilier pour la succession liée à ce bien[2].

En ce qui concerne la forme du contrat, outre la loi applicable au fond, l'article 684 (7) du Code civil de 2015 ajoute deux facteurs de rattachement, qui sont la loi du lieu où le contrat est passé et la loi vietnamienne.

Dans les autres domaines, la seule disposition illustant la méthode de rattachements multiples semble être l'article 685 du Code civil de 2015 sur l'enrichissement sans cause : « L'obligation de restitution en raison d'une possession, d'un usage sans fondement juridique d'un bien ou d'un enrichissement sans cause est soumise à la loi du pays où se sont produits ces actes ou à la loi du pays dans lequel l'enrichissement sans cause s'est produit ». Une autre règle qui favorise la justice matérielle est l'article 684 (5) du Code civil de 2015, qui prévoit l'application de la *lex fori* subsidiairement à la loi choisie par les parties au contrat de travail ou de consommation, si cette dernière « porte atteinte aux protections minima que la loi vietnamienne accorde aux travailleurs et aux consommateurs ».

En somme, les exemples de la pluralité des méthodes sont peu nombreux dans le DIP vietnamien. Les rattachements sont souvent de portée très générale et offrent peu de marge de manœuvre aux tribunaux. Certes, le principe de proximité reconnu dans le Code civil de 2015 permettra de remédier aux lacunes – mais non aux défauts – des règles de rattachement. Cependant, ce code est de portée limitée, comme nous l'avons démontré à la section précédente. De plus, le pouvoir

[1] Art. 3091 : « L'établissement de la filiation est régi par la loi du domicile ou de la nationalité de l'enfant ou de l'un de ses parents, lors de la naissance de l'enfant, *selon celle qui est la plus avantageuse pour celui-ci* » ; art. 3128 : « La responsabilité du fabricant d'un bien meuble, quelle qu'en soit la source, est régie *au choix de la victime* : 1° Par la loi de l'État dans lequel le fabricant a son établissement ou, à défaut, sa résidence ; 2° Par la loi de l'État dans lequel le bien a été acquis » (nos italiques).

[2] Art. 681 (2) du Code civil de 2015.

restreint des tribunaux dans l'interprétation des règles, ainsi que leur aptitude à le faire, sont autant d'obstacles à la flexibilité et à l'efficacité du DIP.

La pluralité des méthodes de rattachement est devenue la tendance du DIP contemporain. On ne peut nier les avantages qu'elle offre pour rendre le DIP plus flexible et efficace. Toutefois, la flexibilité n'est pas très loin de l'ambiguïté. Il faut donc veiller à ce que les objectifs de flexibilité et de prévisibilité soient atteints en même temps.

La conciliation des objectifs de flexibilité et de prévisibilité dans le pluralisme des rattachements

Comme nous l'avons indiqué précédemment, les traces du pluralisme de rattachements sont très obscures dans le DIP vietnamien. Au contraire, la codification québécoise qui fait preuve d'une réception entière et efficace. Comment le codificateur québécois a-t-il pu concilier les objectifs de flexibilité et de prévisibilité en adoptant ce pluralisme des rattachements et dans quelle mesure le Vietnam pourrait-t-il tirer profit de cette expérience pour sa codification à venir ?

L'existence de plusieurs facteurs de rattachement dans une même règle risque de conduire à des solutions qui peuvent entrer en conflit. Ce problème se pose tant avec le rattachement normatif – lorsque plus qu'une loi est désignée par la règle de rattachement pour une situation donnée –, qu'avec le rattachement juridictionnel – lorsque le *forum shopping* est favorisé par la multiplicité des chefs de compétence. Si le législateur ne prévoit pas de mesures pour prévenir ce problème, non seulement la règle de rattachement ne résoudra pas le conflit « de lois » ou « de juridictions » – termes traditionnellement utilisés pour décrire la raison d'être du DIP –, mais cette absence de mesures appropriées entrainera elle-même des confits. La flexibilité deviendrait alors a nuisible à la prévisibilité.

Diverses solutions ont été incluses dans le Livre X du *Code civil du Québec* pour gérer ce risque. Elles sont, pour le rattachement juridictionnel, les dispositions de rattachement exclusif issu de la volonté du législateur ou des parties et celle sur la litispendance internationale[1]. Cette dernière méritera une étude approfondie, en raison de la complexité du mécanisme. Pour le rattachement normatif, le risque est contrôlé soit par l'ordre de priorité des facteurs de rattachement dans une même règle, soit par les critères additionnels permettant de choisir la meilleure la loi applicable en fonction des finalités.

La litispendance comme moyen contre le risque de fors concurrents

À l'origine, la litispendance est une règle de procédure interne visant à éviter qu'une affaire soit jugée en même temps par deux ou plusieurs juridictions différentes au même degré, au risque de jugements contradictoires. Elle ordonne dans ce cas que la juridiction saisie en second lieu se dessaisisse de l'affaire au

[1] On peut aussi mentionner l'exception du *forum non conveniensi*, qui permet de réduire l'abus du *forum shopping*. Cependant, comme nous l'avons soutenu dans la section précédente, ce mécanisme est plutôt nuisible à la prévisibilité du droit et, compte tenu de l'équilibre avantages-inconvénients, il est déconseillé au Vietnam.

profit de la première juridiction saisie. La règle de la triple identité s'applique pour définir l'existence de la litispendance : mêmes parties, même cause et même objet[1]. En vertu de l'article 168 (1°) C.p.c., l'exception de litispendance fait partie des moyens d'irrecevabilité qui peuvent être soulevés par une partie et elle conduit au rejet de l'action par le tribunal saisi en deuxième lieu.

La règle de la triple identité connue en droit interne a été adaptée au contexte international. En vertu de l'article 3137 C.c.Q., l'autorité québécoise compétente peut, à la demande d'une partie, surseoir à statuer sur une action introduite devant elle, « si une autre action entre les mêmes parties, fondée sur les mêmes faits et ayant le même objet, est déjà pendante devant une autorité étrangère, pourvue qu'elle puisse donner lieu à une décision pouvant être reconnue au Québec ou si une telle décision a déjà été rendue par une autorité étrangère ».

En premier lieu, il faut noter que la règle de la triple identité est nuancée, l'identité des « faits » remplaçant celle de la « cause ». Dans une affaire en 2014, la Cour supérieure indique qu'il n'est pas nécessaire de conclure à l'identité parfaite de la cause d'action, mais simplement une identité substantielle des faits[2]. La flexibilité par rapport au droit interne est expliquée par la Cour suprême dans l'arrêt *Lépine* : « Cette modification prend en compte la difficulté de concilier les traits particuliers des systèmes juridiques en rapport, ainsi que la diversité des concepts de droit substantiel et des règles de procédures qu'ils s'emploient »[3]. Notons que les lois de DIP de la Suisse et de la Belgique maintiennent toujours la condition de l'identité de la cause pour le recours à cette exception. Nous trouvons que le choix du codificateur québécois convainc mieux par son adaptation au contexte international.

En deuxième lieu, l'article 3137 C.c.Q. confère un pouvoir discrétionnaire aux tribunaux québécois de suspendre ou non l'action portée devant eux. Cette modification par rapport à la procédure interne est aussi une adaptation à la spécificité du DIP, basée sur la souveraineté et la *comitas* (courtoisie).

En dernier lieu, une autre condition s'impose particulièrement au recours à la litispendance internationale : il faut que la décision étrangère puisse être reconnue au Québec. Cela implique une analyse prospective de la décision rendue ou à rendre, à la lumière des conditions de reconnaissance établies à l'article 3155 C.c.Q.

Les conditions du recours à la litispendance ont été examinées en détail dans une affaire assez récente concernant des actions en divorce déposées devant les tribunaux belges et québécois[4]. Le couple d'origine français-marocain et leurs deux enfants ont obtenu la nationalité belge en 2012 et se sont par la suite installés

---

[1] Art. 2848 C.c.Q. Pour illustrer l'importance de l'exigence de la triple identité, il ne peut avoir litispendance entre un recours pour faire cesser des propos diffamatoires et un recours en dommages-intérêts basé sur les mêmes faits, puisque l'objet de la procédure judiciaire est différent. Pour plus de détails sur la litispendance en droit procédural québécois, lire Sylvette Guillemard et Séverine Menétrey, *Comprendre la procédure civile québécoise* (Montréal : Éditions Yvon Blais, 2017), 226-29.

[2] Industries Robar (Canada) ltée *c.* Enviro Paving Corporation, 2014 QCCS 5322.

[3] Société canadienne des postes *c.* Lépine, [2009] 1 R.C.S 549 paragr. 52.

[4] Droit de la famille – 161738, 2016 QCCS 3357 ; Droit de la famille – 172244, 2017 QCCA 1470.

définitivement au Québec, où la famille a acquis des biens importants. Les relations se dégradent à partir de 2014. Monsieur a déposé sa demande en divorce en Belgique le 12 août 2014, et Madame a déposé la sienne au Québec trois jours plus tard. Sachant que le tribunal belge a rejeté le moyen d'irrecevabilité pour cause de litispendance, la juge québécoise de première instance a quand même refusé de surseoir, principalement pour deux raisons : l'absence de l'identité de l'objet[1] et la non-reconnaissance du jugement belge au Québec[2].

La Cour d'appel a infirmé la décision de première instance. Sur la première question, elle est d'avis que la demande en divorce en Belgique et celle au Québec « ont substantiellement le même objet »[3], car « l'action en divorce peut ou non comprendre des mesures accessoires » et qu'« en matière de litispendance internationale, les mesures accessoires au divorce recherchées dans l'action en divorce ou dans la demande reconventionnelle correspondante ne doivent pas être considérées, aux fins d'établir la priorité du tribunal saisi, comme autant d'objets distincts »[4]. Sur la deuxième question, la Cour souligne que l'exception d'ordre public prévue à l'article 3155 (5°) s'appliquerait quand le résultat de la reconnaissance d'une décision étrangère au Québec serait incompatible avec l'ordre public international. Pour elle, contrairement à l'analyse en vue de la reconnaissance d'un jugement déjà rendu, l'examen dans le cadre de la litispendance internationale – le jugement final n'étant pas rendu – exige de prévoir différents scénarios et la seule existence du risque d'incompatibilité d'une disposition du droit belge avec l'ordre public québécois ne suffit pas pour conclure à la non-reconnaissance du jugement belge dans l'ordre juridique du Québec. Ainsi, selon la Cour d'appel :

> Si le risque existe que le tribunal belge consacre le principe de la révocabilité des donations entre époux en vertu du droit belge et confirme la constitutionnalité de la disposition en cause, rien ne peut être tenu pour avéré. *À ce stade des procédures, le tribunal québécois ne peut s'en remettre à une conclusion qui n'offre pas un degré suffisant de certitude* que le droit ne sera pas dit correctement et raisonnablement dans un environnement judiciaire, soit celui de la Belgique, digne de confiance. Le droit est en perpétuelle

---

[1] Selon elle, les demandes portées devant les deux juridictions belges et québécoises portent sur les questions différentes même si elles ont lien avec la rupture du mariage. Concrètement la demande déposée en Belgique concerne – outre le prononcé du divorce – la liquidation du régime matrimonial (y compris la révocation des donations) et la demande de prestation compensatoire de Madame, tandis que celle déposée au Québec comporte – outre le prononcé du divorce – des conclusions sur le partage du patrimoine familial selon la loi québécoise, la liquidation du régime matrimonial, l'octroi d'aliment et une réserve des droits de Madame à la prestation compensatoire. La juge de première instance, suivant l'approche de « demande par demande » pour établir la compétence, a conclu que les demandes n'avaient pas de même objet.

[2] Selon la Cour supérieure, l'application de l'article 1096 du Code civil belge permettant la révocation unilatérale des donations faite par l'un des conjoints à l'autre lors du mariage serait contraire à l'ordre public, car elle donnera lieu à une discrimination interdite à l'article 15 (1) de la Charte canadienne des droits et libertés, et par conséquent, le risque que le jugement belge basé sur cet article ne soit pas reconnu au Québec est élevé.

[3] Droit de la famille – 172244, 2017 QCCA 1470 paragr. 89.

[4] Ibid, paragr. 67 et 74.

évolution et les tribunaux répugnent à l'idée qu'une loi puisse emporter un résultat injuste et discriminatoire[1].

Enfin, au sujet du pouvoir discrétionnaire du juge québécois de surseoir, les critères applicables en matière du *forum non conveniens* ont été utilisés pour appuyer la décision relative à la litispendance. La Cour d'appel note cependant que de tels critères doivent « être appréciés dans la perspective propre à l'article 3137 C.c.Q. »[2] et n'avaient pas « le même intérêt ni le même poids aux fins de l'exercice du pouvoir discrétionnaire de l'article 3137 C.c.Q. »[3]. Dans la présente affaire, la Cour d'appel se penche particulièrement sur trois facteurs – la loi applicable, la reconnaissance de la décision québécoise et le *forum shopping* – et conclut que la juge de première d'instance a commis une erreur de droit en refusant de surseoir, notamment face au risque de non-reconnaissance de la décision québécoise en Belgique[4].

La Cour suprême du Canada, tout en confirmant la conclusion d'appel sur l'éventuelle reconnaissance du jugement belge au Québec, n'était pas d'accord avec l'intervention de la Cour d'appel dans l'exercice du pouvoir discrétionnaire de la juge de première instance. Selon elle, l'article 3137 C.c.Q. prévoit une faculté – le verbe *pouvoir* – et non une obligation – le verbe *devoir*, que la Cour d'appel a utilisé par erreur – pour le tribunal de surseoir à statuer, lorsque les conditions requises sont remplies. D'ailleurs, comme l'article 3137 C.c.Q. est une exception, il est nécessaire « qu'un tribunal québécois conserve le pouvoir discrétionnaire de surseoir à statuer »[5].

Les constatations opposées des différentes instances sur l'exercice du pouvoir discrétionnaire du juge nous montrent une fois encore la difficulté d'assurer la prévisibilité lorsque la décision repose sur le raisonnement personnel du juge. De plus, dans la mesure où l'application de la règle de litispendance ne conduit pas au rejet, mais seulement à la suspension de l'action, ce qui veut dire que le tribunal qui a décidé de surseoir peut s'en ressaisir, permettant d'éviter un déni de justice, le pouvoir discrétionnaire ne paraît pas tellement nécessaire pour la bonne administration de la justice, ni pour les intérêts des parties.

Au Vietnam, la litispendance et la chose jugée internationales sont prévues à l'article 472 (1) c) et d) du Code de procédure civile de 2015. La règle impose au juge vietnamien de soulever d'office l'exception de litispendance internationale et de donner suite à l'action si les conditions fixées sont réunies, contrairement au droit québécois qui consacre le pouvoir discrétionnaire du tribunal. Comme nous l'avons indiqué, le pouvoir discrétionnaire est une lame à double tranchant. Il risque de porter atteinte à la prévisibilité si le tribunal n'est pas capable d'exercer raisonnablement ce pouvoir. Une telle approche ne convient pas au Vietnam dans ses conditions actuelles. C'est pourquoi la règle vietnamienne est, à notre avis, tout à fait acceptable.

---

[1] Droit de la famille – 172244, 2017 QCCA 1470 paragr. 120 (nos italiques).
[2] Ibid, paragr. 124.
[3] Ibid, paragr. 125.
[4] Ibid, paragr. 129-155.
[5] R.S. *c.* P.R., 2019 CSC 49 paragr. 66-70.

Toutefois, plusieurs ambiguïtés existent dans la règle de litispendance vietnamienne. D'une part, elle ne précise pas le degré de similarité entre les actions en concurrence pour l'invocation de cette exception. Ce silence peut conduire à une interprétation très étroite : une identité parfaite entre l'action déposée devant les tribunaux vietnamiens et celle devant l'arbitrage ou une juridiction étrangère serait exigée. Cela rendrait le recours à la litispendance presque irréalisable, compte tenu de la diversité des ordres juridiques dans la qualification de l'action et la procédure, comme a indiqué la Cour suprême du Canada dans l'arrêt *Lépine*[1]. D'autre part, la question de savoir si la possibilité de reconnaissance au Vietnam d'un jugement étranger ou d'une sentence arbitrale étrangère est requise n'est pas claire. Une lecture comparative des deux paragraphes montre que cette condition ne s'applique que lorsque le jugement final a déjà fait l'objet d'une procédure de reconnaissance au Vietnam. Finalement, le sort de l'action en cas de litispendance n'est pas clair non plus, car le chapeau de l'article 472 (1) parle à la fois du rejet de l'action et du sursis. Or, les conséquences sont très différentes selon que l'action est rejetée ou suspendue. Il sera donc nécessaire de préciser les conditions d'application de la litispendance internationale et le sort de l'action en conséquence.

Les mesures permettant de gérer la multiplicité des rattachements normatifs

Dans le domaine du rattachement normatif – sauf les règles visant à la validation formelle des actes juridiques, pour laquelle plusieurs facteurs sont placés sur un pied d'égalité – les facteurs de rattachement multiples sont mis en ordre prioritaire. Cela veut dire que les facteurs subsidiaires entrent en jeu seulement à défaut du facteur placé en haut de la hiérarchie. Par exemple, en vertu de l'article 3089 C.c.Q., les effets du mariage sont soumis à la loi du domicile des époux, ou à défaut, à d'autres lois mises en ordre de priorité, à savoir la loi de leur résidence commune, la loi de leur dernière résidence commune et la loi du lieu de la célébration du mariage[2]. C'est ce que l'on appelle un rattachement en cascade.

La détermination de la loi applicable peut aussi être guidée par des critères concrets. L'intérêt des parties joue un rôle important à cet égard. Ainsi, en vertu des articles 3109 et 3128 C.c.Q., la loi applicable respectivement à la filiation et à la responsabilité civile sera déterminée à la fois par les facteurs de rattachement et sur la base de l'intérêt de la personne bénéficiaire (l'enfant ou la victime du délit)[3]. De même, selon l'article 3094 C.c.Q., si la loi du domicile du créancier le prive de la possibilité d'obtenir des aliments du débiteur, cette loi devra céder la place à la loi du domicile du débiteur. Enfin, en vertu de l'article 3130 C.c.Q., les règles du tribunal saisi l'emportent sur la loi normalement applicable à la preuve si elles sont plus favorables à son établissement.

Ces exemples montrent que les rattachements multiples présentent des avantages et qu'il est possible d'assurer la prévisibilité du DIP en même temps

[1] Société canadienne des postes *c.* Lépine, [2009] 1 R.C.S 549 paragr. 52.

[2] Voir également l'article 3090 C.c.Q. portant sur la loi applicable à la séparation de corps et à l'union civile.

[3] Voir *supra*, p. 274.

que la flexibilité. À notre avis, le mécanisme de groupements de rattachements permet une coexistence harmonieuse entre la démarche concrète commandée par le principe de proximité et la méthode de rattachement abstrait. Dans une grande mesure, il conviendrait au Vietnam, où la législation continue à occuper la place dominante et doit donc offrir le plus de solutions possible.

2.2.2 La prise en compte des solutions étrangères dans la codification

Dans sa recherche de l'ordre juridique compétent à régir la cause portée devant lui, le juge a parfois intérêt à recourir aux solutions qu'offre le droit étranger, soit pour combler les lacunes de ses propres règles, soit pour optimiser le résultat. Ainsi, le législateur peut autoriser le juge à prendre en considération, par exemple, la qualification étrangère, les règles impératives ou les règles de rattachement étrangères. Cela fait également partie de l'objectif de flexibilité du DIP. Toutefois, il s'agit d'une tâche compliquée et le travail est souvent basé sur le pouvoir discrétionnaire du juge. Par conséquent, pour assurer en même temps la prévisibilité, il faudra d'une part établir des critères transparents, et d'autre part, s'assurer de la capacité du juge d'exercer son pouvoir discrétionnaire, ce qui n'est pas toujours évident pour le Vietnam. Puisque la deuxième condition dépend largement de la pratique, nous ne pouvons discuter que de la première dans le cadre de la codification. Pour faciliter notre argumentation, nous procéderons à une analyse critique et comparative selon les solutions étrangères susceptibles d'être prises en compte par le juge national. Si la comparaison se fait toujours entre le droit du Québec et celui du Vietnam, la référence peut parfois être faite au DIP d'autres pays, comme la Suisse, la Belgique ou l'Italie, lorsque cela paraît nécessaire.

La prise en compte de la qualification étrangère

« Élément essentiel de la pratique du juriste, la qualification consiste, dans une première approche, à subsumer des faits sous des normes juridiques, en vue de la production d'effets du droit »[1]. Les auteurs Michelle Cumyn et Gosselin Frédéric ont raison de comparer le rôle de cette opération en droit avec celui du diagnostic en médecine[2]. En DIP, elle est d'autant plus indispensable qu'elle joue un rôle déterminant dans le fonctionnement de la règle de rattachement, en précisant la catégorie des rapports juridiques auxquels la règle pertinente s'appliquera pour déterminer la compétence internationale ou identifier la loi applicable[3]. Comme

---

[1] Patrick Wachsmann, « Qualification », in *Dictionnaire de la culture juridique*, éd. par Denis Alland et Stéphane Riais (Paris : Presses universitaires de France, 2003), 1277.

[2] Michelle Cumyn et Frédéric Gosselin, « Les catégories juridiques et la qualification : une approche cognitive », *R.D. McGill* 62 (2016) : 331 : « L'opération de qualification revêt la même importance en droit que le diagnostic en médecine ».

[3] Même si l'on examine la situation par d'autres méthodes, comme les méthodes fonctionnelles américaines qui reposent sur la comparaison du contenu des lois concernées, il est toujours nécessaire de procéder à la qualification des situations pour identifier ces lois. La qualification précède aussi la détermination de la compétence internationale. Toutefois cet aspect ne sera pas discuté ici car le rattachement juridictionnel repose toujours sur la qualification selon la loi du for, en raison du principe de souveraineté des pouvoirs judiciaires.

chaque ordre juridique adopte ses propres qualifications[1], il faut *a priori* déterminer la loi selon laquelle un rapport juridique sera qualifié avant l'application de la règle de rattachement. En d'autres termes, le procédé de qualification lui-même fait aussi l'objet d'une règle de rattachement.

Le droit vietnamien reste totalement muet sur cette question de qualification, qui dépendra alors de la totale discrétion du juge. Se pose donc la question sur la capacité judiciaire d'apporter des solutions adéquates.

Au Québec, le silence de la loi antérieure à la réforme de 1994 a conduit à un développement jurisprudentiel assez divergent[2]. La codification de 1994 a mis fin à cette ambiguïté en fixant la règle de la qualification *lege fori* à l'article 3078 C.c.Q. : « La qualification est demandée au système juridique du tribunal saisi »[3]. Toutefois, l'alinéa 2 autorise la prise en compte de la qualification étrangère en ces termes : « Lorsque le tribunal ignore une institution juridique ou qu'il ne la connaît que sous une désignation ou avec un contenu distinct, la loi étrangère peut être prise en compte »[4]. Ce paragraphe n'a été ajouté qu'à l'avant-projet du Code civil en 1988, à l'inspiration d'un décret-loi hongrois de 1979[5]. La qualification *lege causae* vise sans doute à compléter les lacunes de la qualification *lege fori* lorsqu'une institution est inconnue dans la loi du for. La consultation de la solution dans le droit étranger permettra au juge de comprendre la nature des éléments juridiques qui ne lui sont pas familiers, pour les intégrer par la suite dans une catégorie juridique. Un tel travail est délicat, car il arrive que la qualification proposée par l'autre ordre juridique ne permette de classer la question juridique dans aucune des catégories selon le droit du for, ce qui fera obstacle à la solution de rattachement.

---

[1] Ces qualifications peuvent être très différentes et entrainent des résultats opposés. Par exemple, dans le droit grec, la cérémonie de mariage devant un ministre du culte est qualifiée de condition de fond, relevant du statut personnel. Au contraire, le droit français, tout comme le droit québécois, la considère comme une question de forme (*Civ. 1re, 22 juin 1955 (*Caraslanis*)*, G.A.J.F.D.I.P. nº 27).

[2] Les tribunaux québécois fluctuaient entre la qualification *lege fori* (par exemple Gauthier *c.* Bergeron, 81 – la responsabilité parentale du père ontarien vis-à-vis d'un accident de voiture au Québec, conduite par son enfant mineur sans permis de conduire et sans sa permission, a été qualifiée selon la loi québécoise – art. 63 C.c.B.C. – de question d'état et de capacité) et *lege causae* (Pouliot et al. *c.* Cloutier, 288 – la Cour suprême a eu recours à la qualification de la common law pour traiter « le droit du conjoint survivant » dans la loi de l'État New Hampshire comme une question de succession)

[3] Sur les différentes méthodes de rattachement en matière de la qualification et la théorie des qualifications en DIP en général, lire François Rigaux, *La théorie des qualifications en droit international privé* (Bruxelles : Larcier, 1956) ; Audit et d'Avout, *Droit international privé*, 247-50 ; Guillemard et Ly, *Éléments de droit international privé québécois*, 45-51 ; Henri Kélada, « Qualification et sélection des dispositions pertinentes », in JurisClasseur Québec, coll. « Droit civil », *Droit international privé*, vol. fasc. 3 (Montréal : LexisNexis, 2014).

[4] Il faut souligner que la qualification selon le droit étranger que nous abordons dans notre étude concerne l'application de la règle de rattachement. La doctrine distingue parfois cette qualification – dite « primaire » – avec celle intervenue au moment de l'application du droit étranger – qualification « secondaire » (Talpis et Castel, « Le Code civil du Québec. Interprétation des règles du droit international privé », paragr. 44-45). À notre avis, cette distinction n'est pas utile, car la deuxième ne doit pas faire partie du DIP en tant que droit du rattachement.

[5] *Décret-loi nº 13.1979 du Présidium de la République populaire hongroise sur le droit international privé*, art. 3 (2), cité dans Ministère de la Justice du Québec, *Code civil du Québec. Commentaires du ministre de la Justice*, 1020.

Conscient de ce problème, le codificateur québécois a octroyé un pouvoir discrétionnaire au juge de décider de tenir compte ou non de la qualification étrangère. Cette approche s'inscrit dans l'effort de concilier le besoin de compléter la solution de qualification *lege fori* et le souci que soulève la qualification *lege causae*. Le juge doit alors faire preuve de souplesse pour intégrer dans son système la solution de qualification qui n'est pas la sienne. Toutefois, il peut aussi arriver qu'une institution totalement inconnue ne puisse être intégrée dans le système de qualification du for. À titre d'exemple, dans quelle catégorie peut-on placer l'union civile connue dans le droit québécois, mais inconnue dans le droit vietnamien ? Comment la *kafala* en droit marocain[1] sera-t-elle qualifiée au Québec et au Vietnam ? Par ailleurs, les solutions jurisprudentielles ne sont pas toujours rassurantes. Au Québec, sous le régime du *Code civil du Bas-Canada*, la majeure partie de la jurisprudence classait des institutions équivalentes au patrimoine familial dans la catégorie du « régime matrimonial »[2]. Or, le *Code civil du Québec* traite désormais les questions relatives à ces institutions dans le chapitre des « effets du mariage »[3]. Par conséquent, les solutions de rattachement changent aussi[4].

En cas d'impossibilité d'appréhender une institution étrangère selon les conceptions de la loi du for, sera-t-il possible pour le juge d'emprunter la solution de rattachement de cet ordre juridique pour trouver la loi applicable ? Nous pensons qu'une telle possibilité est acceptable en tant que conséquence du recours à la qualification étrangère, dans la mesure où ce recours ne permet pas d'identifier la règle de rattachement applicable dans le système du for.

Au Vietnam, l'absence d'une règle générale sur la qualification n'a jamais été discutée. Est-ce un bon choix de ne pas légiférer sur ce sujet très complexe ? Au Québec, la codification des solutions de rattachement concernant la qualification n'a pas obtenu un fort appui de la doctrine[5]. Selon la professeure E. Groffier, avec la multiplication des sous-catégories, on n'aura plus besoin de qualifier une

---

[1] C'est une institution par laquelle une personne ou une famille s'engage, à l'instar d'un parent pour son enfant, à prendre en charge la protection, l'éducation et l'entretien d'un enfant abandonné. La famille qui accueille un enfant dans le cadre d'une *kafala* exerce sur celui-ci l'autorité parentale sans pourtant créer un lien de filiation, ni un droit à la succession (*Loi n° 15-01 du 13 juin 2002 relative à la prise en charge des enfants abandonnés*).

[2] J.L.P. *c.* D.E.M, [1985] R.D.J. 247, 1985 CanLII 2998 (C.A.). La Cour d'appel du Québec a considéré l'action en réclamation d'un intérêt dans la maison familiale, intentée par la femme dans le cadre de son divorce, se basant sur la *Matrimonial Property Act* de Saskatchewan, comme « une question [...] de détermination du contenu du régime matrimonial des parties » (paragr. 10).

[3] *Code civil du Québec*, Livre II, titre 1er, chapitre IV « des effets du mariage ».

[4] En vertu de l'article 3089 C.c.Q., les effets du mariage relèvent du statut personnel et sont soumis à la loi du domicile des époux. Les régimes matrimoniaux, quant à eux, sont classés dans le statut des obligations et sont régis soit par la loi applicable au fond des actes juridiques (régime conventionnel), soit par la loi du domicile des époux au moment de leur union (régime légal).

[5] Jean-Gabriel Castel, « Commentaire sur certaines dispositions du Code civil du Québec se rapportant au droit international privé », *J.D.I.*, n° 1 (1992) : 628 ; Talpis et Goldstein, « Analyse critique de l'avant-projet de la loi du Québec en droit international privé », 318 et 319 ; Groffier, *La réforme du droit international privé québécois, supplément au Précis de droit international privé québécois*, 34 et 35.

situation juridique et, par conséquent, d'en résoudre le problème de rattachement[1]. Ainsi, « en raison de la complexité de ce processus, il aurait peut-être mieux valu de ne pas introduire dans le Code de disposition relative à la qualification »[2]. Cette position, à laquelle nous souscrivons, fournit de bonnes suggestions pour le Vietnam. En effet, il s'agit d'un sujet compliqué. Le recours à la qualification étrangère exige du juge une capacité de décider dans le cadre de son pouvoir discrétionnaire, ce qui est encore loin d'être réalisable au Vietnam. La multiplication des sous-catégories et des règles de rattachements correspondantes constitue d'ailleurs une méthode de remplacement beaucoup plus facile à réaliser et plus contributive à la prévisibilité du droit. Certainsauteurs notent par ailleurs que la plupart des législations nationales de DIP ne contiennent pas de dispositions sur le rattachement concernant la qualification du problème juridique[3], ce qui montre leur grande hésitation, d'ailleurs justifiée, à légiférer sur cette question.

La prise en compte des règles impératives étrangères

La prise en compte de règles impératives ou d'application immédiate, que ce soient celles du for ou celle d'un État étranger, n'est prévue nulle part dans le DIP vietnamien. Au contraire, cette méthode est codifiée dans les articles 3076 et 3079 du *Code civil du Québec*. Par ailleurs, les tribunaux québécois ont eu plusieurs occasions de les appliquer et d'y apporter des éclaircissements. L'étude de l'expérience québécoise fournira des enseignements propices pour le Vietnam concernant cette prise en compte des règles impératives étrangères, un volet assez complexe du DIP.

L'article 3079 du *Code civil du Québec*, inspiré de l'article 19 de la loi suisse de DIP, indique que le juge peut appliquer une disposition de la loi d'un autre État, directement, sans recourir à la règle de rattachement, dans la mesure où cette disposition est impérative[4].

Ce choix est expliqué en ces termes : « Cet article devrait permettre aux parties d'obtenir plus facilement la reconnaissance de leur jugement dans l'État concerné »[5]. La disposition montre donc l'ouverture d'esprit et le souci du législateur vis-à-vis de l'intérêt des justiciables dans leurs relations internationales. La prise en compte des règles impératives étrangères présente des avantages en termes d'harmonisation internationale des solutions, privilégiée par

---

[1] En effet, l'étude de la jurisprudence québécoise postérieure à la codification montre que les tribunaux n'ont plus de difficulté avec la qualification et il n'y a pas encore de cas où il a fallu recourir à la qualification étrangère.

[2] Groffier, *La réforme du droit international privé québécois, supplément au Précis de droit international privé québécois*, 34 et 35.

[3] Talpis et Goldstein, « Analyse critique de l'avant-projet de la loi du Québec en droit international privé », 318.

[4] Art. 3079 C.c.Q. : « Lorsque les intérêts légitimes et manifestement prépondérants l'exigent, il peut être donné effet à une disposition impérative de la loi d'un autre État avec lequel la situation présente un lien étroit. Pour en décider, il est tenu compte du but de la disposition, ainsi que des conséquences qui découleraient de son application ».

[5] Ministère de la Justice du Québec, *Code civil du Québec. Commentaires du ministre de la Justice*, 1021.

le contexte de l'interdépendance économique entre les États. Certaines conventions internationales prévoient aussi cette possibilité[1].

Pourtant, l'efficacité d'une telle disposition est discutable en raison de la complexité du sujet. Il faut tout d'abord mentionner les conditions d'application multiples de l'article 3079 C.c.Q. Pour pouvoir donner effet à une disposition de la loi étrangère en vertu de cet article, il faut vérifier :

1°) si cette disposition est impérative selon le droit étranger ;

2°) s'il existe des intérêts légitimes et manifestement prépondérants qui exigent son application ; et

3°) si la situation présente un lien étroit avec l'État étranger dont émane cette disposition.

L'appréciation de ces trois conditions doit de plus s'effectuer en tenant compte du but de la disposition et des conséquences qui découleraient de son application. Selon le professeur G. Goldstein, ces conditions nombreuses « risquent fort de ne jamais être remplies » et « nécessitent [...] des éclaircissements »[2]. À titre d'exemple, faut-il chercher les dispositions impératives dans tous les systèmes juridiques avec lesquels la situation présente des liens étroits ? Sur quelle base faut-il établir ces liens ? Selon quel système de valeurs faut-il apprécier le caractère impératif de la disposition étrangère – système du for ou système étranger ? Autant de questions se posent préalablement à l'appréciation des critères d'application concrets de l'article 3079 C.c.Q.

En réalité, l'approche des tribunaux québécois vis-à-vis de l'article 3079 est plutôt simpliciste. Dans la décision *Jovalco Group Corporation* c. *International Association of Bridge Structural, Ornemental and Reinforcing Iron Workers, Local 765*[3], la Cour supérieure s'est alignée sur l'interprétation de l'article 3076 C.c.Q., utilisant le critère d'intérêt vital étatique de la Cour d'appel dans l'arrêt *G. B.* c. *C.C.*[4], pour conclure à la non-application de l'article 3079 C.c.Q. : « Les dispositions législatives ontariennes conférant une juridiction exclusive à la CRTO ne peuvent se qualifier comme dispositions d'application nécessaire compte tenu de l'interprétation donnée à cette notion et, en conséquence, l'article 3079 C.c.Q. ne permet pas de leur donner effet au Québec ». Elle s'est penchée, en revanche, sur le critère « intérêts manifestement prépondérants » des personnes concernées, à l'occasion de l'affaire *Arrangement relatif à Bloom*

---

[1] Convention de Rome sur la loi applicable aux obligations contractuelles (art. 7.1) ; Convention de La Haye du 14 mars 1978 sur la loi applicable aux contrats d'intermédiaire et à la représentation (art. 16) et Convention de La Haye du 1er juillet 1985 sur la loi applicable au trust et à sa reconnaissance (art. 16.2).

[2] Gérald Goldstein, « La condition incertaine des lois de police étrangères et du secret bancaire en droit international privé québécois », *R. du Bar. Can.* 76 (1997) : 452.

[3] Jovalco Group Corporation *c.* International Association of Bridge Structural, Ornemental and Reinforcing Iron Workers, Local 765, 2014 QCCS 3647 paragr. 69 et 70. Dans cette affaire, l'employeur – Jovalco Group Corporation – demande la nullité d'une entente conclue avec le syndicat – International Association of Bridge, Structural, Ornemental and Reinforcing Iron Workers, local 765 –, alléguant qu'il n'a pas consenti à être lié par une convention collective avec certains employés en Ontario. Le syndicat conteste la compétence de la Cour supérieure du Québec, alléguant la compétence exclusive de la Commission des relations de travail de l'Ontario (CRTO) suivant la *Loi de 1995 sur les relations de travail*, L.O. 1995, c. 1, annexe A.

[4] G.B. *c.* C.C., [2001] R.J.Q. 1435 (C.A.).

Lake[1], pour refuser de qualifier la *Loi du Terre-neuve et Labrador sur les régimes de retraite*[2] de règles d'application nécessaire au sens de l'article 3079 C.c.Q. Enfin, dans une affaire récente relative au droit de la famille, la Cour n'a même pas donné suite à l'allégation de l'article 3079 C.c.Q. du défendeur[3].

Il convient de noter que le caractère vague de certaines notions rend l'application de l'article 3079 C.c.Q. d'autant peu évidente. En effet, comment faut-il comprendre l'expression « lorsque des intérêts légitimes et manifestement prépondérants l'exigent » ? S'agit-il des intérêts des parties concernées, de l'État d'origine de la disposition impérative ou de l'État du for ? La majorité des décisions l'interprètent comme équivalente à celle des « intérêts publics »[4]. Or, dans la décision *Arrangement relatif à Bloom Lake*, ce sont les intérêts des « travailleurs » qui ont été retenus par la Cour supérieure[5].

Dans la pratique, les tribunaux examinent souvent les dispositions dites « impératives » étrangères que font valoir les parties – celles en matière de secret bancaire, par exemple – à la lumière du principe de bonne administration de la justice du droit québécois. On peut citer, à titre d'exemple, la décision *Arab Banking Corp.* c. *Elliot C. Wightman et autres*, où la Cour supérieure n'a pas donné effet aux dispositions de la loi allemande et de la loi suisse relatives au secret bancaire, trouvant que les conséquences résultant de leur application sont contraires aux principes fondamentaux du Québec, tels que l'égalité des parties devant la loi, le droit à une défense adéquate[6]. Dans l'affaire *Globe-X Management Ltd (Proposition de)* relative à la demande d'une motion exigeant des défendeurs résidant au Québec de fournir des informations et des documents concernant le débiteur d'une affaire de faillite en cours au Bahamas, la Cour d'appel du Québec a également refusé de reconnaître le caractère impératif de la *Loi de Bahamas sur la confidentialité des informations*, pour le même motif[7]. Cela montre vraisemblablement que les conséquences de l'application des dispositions impératives étrangères sont examinées à la lumière de l'ordre public du for – approche qui s'assimile à l'exception d'ordre public prévue à l'article 3081 C.c.Q.

---

[1] Arrangement relatif à Bloom Lake, 2017 QCCS 4057 paragr. 151-153.

[2] Newfoundland and Labrador Pension Benefits Act, S.N.L. 1996, c. P-40.1.

[3] Droit de la famille – 211666, 2021 QCCS 3655. Dans le cadre d'une procédure de divorce, le défendeur a invoqué les articles 3079 et 3082 C.c.Q. pour demander au tribunal de ne pas appliquer les règles du patrimoine familial sur les régimes de retraite des parties accumulées en France, qui doivent être soumis à la loi française.

[4] Arab Banking Corp. *c.* Elliot C. Wightman et autres, [1996] R.J.Q. 1715 (C.S.) sect. (v) ; Banque ParisBas (Suisse) S.A., Banque in Liechtenstein *c.* Elliot C. Wightman et al., J.E. 97-306 (C.A.) sect. (5) ; Globe-X Management Ltd. (Proposition de), 2006 QCCA 290.

[5] Arrangement relatif à Bloom Lake, 2017 QCCS 4057 paragr. 153. Selon la Cour supérieure du Québec, la Loi sur les prestations de pension de Terre-Neuve-et-Labrador (NLPBA) s'applique uniquement aux travailleurs qui se présentent au travail dans cette province, tandis que la Loi sur les prestations de pension du Québec (SPPA) s'applique aux travailleurs qui se présentent au travail dans la province de Québec. Si la NLPBA s'étendait aux biens au Québec, cela porterait préjudice aux travailleurs québécois, qui verraient une fiducie réputée au profit de leurs collègues s'appliquer aux actifs sur lesquels les travailleurs québécois se présentent pour travailler. Dans ces circonstances, la Cour ne peut pas conclure que les intérêts des travailleurs étrangers l'emportent « manifestement » sur les intérêts des travailleurs québécois.

[6] Arab Banking Corp. *c.* Elliot C. Wightman et autres, [1996] R.J.Q. 1715 (C.S.) sur 1720.

[7] Globe-X Management Ltd. (Proposition de), 2006 QCCA 290 paragr. 44 et 45.

Le professeur G. Goldstein, dans son commentaire sur la décision *Arab Banking*[1], est d'avis que cette condition de l'article 3079 C.c.Q. – qui exige d'apprécier la légitimité et la prépondérance manifeste des intérêts étatiques étrangers à la lumière du but de la disposition et des conséquences de son application, le tout évalué « selon les conceptions québécoises » – signifie « de régler un conflit d'intérêts gouvernementaux, entre celui de l'État dont la loi impérative prétend "forcer la compétence" de son ordre juridique d'origine et celui de l'État dont la loi est désignée par la règle de conflit normale »[2]. Partant, il suggère de suivre la méthode américaine du *comparative impairment* développée par le professeur Baxter, laquelle préconise de ne pas appliquer la loi de l'État dont la politique sera la moins affectée par cette non-application[3].

À notre avis, cette interprétation va largement au-delà de l'intention du codificateur de vouloir éviter les approches américaines basées sur les analyses qui dépassent souvent la sphère juridique pour toucher des questions politiques délicates. Il faudrait retourner vers l'objectif principal du législateur lorsqu'il a inclus cette disposition dans la codification, celui de favoriser la reconnaissance des jugements québécois dans le pays étranger concerné. Ainsi, les « intérêts légitimes et manifestement prépondérants » devraient être en premier lieu d'atteindre cet objectif, ce qui sous-entend les intérêts des parties, et sans que l'application des règles impératives étrangères porte atteinte à l'ordre public québécois. En tout cas, le manque de clarté des termes utilisés dans l'article risque de faire obstacle à l'application cohérente de l'article 3079 C.c.Q.

De plus, la possibilité de prise en compte d'une disposition impérative dans la loi étrangère non désignée par les règles de rattachement fait face à des difficultés pratiques, d'où l'opposition exprimée par une partie de la doctrine[4]. Les auteurs G. Goldstein et E. Groffier font remarquer que les « lois de police étrangères » peuvent poursuivre un objectif politique ayant des impacts importants, parfois nuisibles, aux relations internationales, telles que celles imposant les sanctions économiques (gel des avoirs d'un État étranger ou l'embargo sur le commerce extérieur d'un pays donné)[5]. La solution peut être bonne dans un espace d'États qui partagent des valeurs politiques, sociales et économiques assez proches, comme celui de l'Europe occidentale ou des États fédéraux. En dehors de ce contexte, l'acceptation de conceptions étrangères de l'ordre public paraît vraiment difficile dans un monde très diversifié.

---

[1] Arab Banking Corp. *c.* Elliot C. Wightman et autres, [1996] R.J.Q. 1715 (C.S.).

[2] Goldstein, « La condition incertaine des lois de police étrangères et du secret bancaire en droit international privé québécois », 460.

[3] Goldstein, 460.

[4] Le projet d'article s'est heurté à l'opposition du Barreau du Québec et à des doutes de la Chambre des notaires, qui l'estimaient d'inutile, voire dangereux (Barreau du Québec, *Mémoire du Barreau du Québec sur l'avant-projet de loi portant réforme au Code civil du Québec du droit international privé, présenté à la Commission des institutions* [Montréal : Le Barreau, Service de recherche et de législation, 1989], 3 ; Chambre des notaires du Québec, *Mémoire sur l'avant-projet de loi portant réforme au Code civil du Québec, du droit de la preuve et de la prescription et du droit international privé* [Montréal, 1989], 37).

[5] Goldstein et Groffier, *Droit international privé*, t. I « Théorie générale », 101.

Par ailleurs, si la détermination du caractère impératif d'une règle de droit interne s'avère déjà problématique, cette tâche est d'autant moins évidente lorsqu'il s'agit de vérifier cet aspect dans une loi étrangère et, qui plus est, dans un système inconnu et éloigné de la connaissance du juge. Dans le contexte peu développé du système judiciaire vietnamien, l'inclusion d'une telle clause dans la codification présenterait plus d'inconvénients que d'avantages[1].

En résumé, la jurisprudence québécoise relative à l'article 3079 C.c.Q. reste de portée assez limitée et montre toujours l'incertitude des conditions d'application de l'article. « Ce travail d'interprétation assez difficile de l'article 3079 C.c.Q. entraîne indéniablement une imprévisibilité quant à la détermination de la loi applicable »[2]. Cette disposition est donc déconseillée au Vietnam.

Le recours aux règles de rattachement étrangères

Le DIP permet dans certaines circonstances de prendre en compte des règles de rattachement étrangères pour optimiser les solutions de rattachement.

Dans le domaine du rattachement jurisprudentiel, cette possibilité existe dans le cadre du *forum non conveniens*. Lorsque les tribunaux vérifient si un for étranger est « mieux à même de trancher le litige » en vertu de l'article 3135 C.c.Q., ils doivent s'assurer que les autorités étrangères sont compétentes pour entendre le litige en vertu des règles de compétence internationale de cet État étranger. Comme nous l'avons démontré, un tel exercice est assez délicat et, en général, l'application de la doctrine du *forum non conveniens* dans le contexte du droit codifié pose des problèmes pratiques.

C'est dans le domaine du rattachement normatif que l'éventuelle prise en compte des règles de rattachement étrangères pourrait avoir un impact sur la prévisibilité de la solution du rattachement. Il s'agirait de la théorie du renvoi développée dans la doctrine européenne et dont l'application est assez courante aujourd'hui. Compte tenu de ses impacts très importants sur la méthode de rattachement et du fait que la question est traitée de façon très différente dans le DIP du Québec et dans ce lui du Vietnam, elle mérite d'être étudiée en particulier.

---

[1] Une recherche sur les bases de données CanLII et SOQUIJ montre qu'en date de janvier 2022, le nombre de décisions portant sur l'article 3079 C.c.Q. est inférieur à dix. Plusieurs concernent l'applicabilité des dispositions étrangères sur le secret bancaire dans le cadre de la procédure d'obtention de preuve. Dans tous les cas, les tribunaux ont refusé de prendre en compte ces dispositions au motif que l'application porterait atteinte aux intérêts de la justice au Québec. En dehors de la question de preuve, la cause Royal Bank of Canada *c.* Capital Factors Inc., 2013 QCCS 2214 paragr. 88 et 89, concernant la loi étrangère applicable en matière de responsabilité civile est la seule affaire où la Cour supérieure de Montréal a donné effet à la loi de Floride sur le secret professionnel pour exonérer les défendeurs de la faute de ne pas avoir communiqué des informations relatives aux transactions bancaires qualifiées de frauduleuses des clients, obligation alléguée par le demandeur sur la base du droit québécois. Il faut noter toutefois que même si la Cour a mentionné dans sa décision l'article 3079 C.c.Q., la loi de Floride s'applique, selon la Cour, pour déterminer si les défendeurs ont commis la faute, principalement en raison de leurs rattachements avec cette loi (leur établissement et leurs activités sont en Floride) et non en raison de l'article 3079 C.c.Q.

[2] Goldstein, « La condition incertaine des lois de police étrangères et du secret bancaire en droit international privé québécois », 472.

Le problème du renvoi surgit quand on cherche à répondre à la question suivant : est-ce que le système étranger désigné par la règle de rattachement du for se limite-il à ses règles internes substantielles ou comprend-il également ses propres règles de rattachement ? Le renvoi repose sur la deuxième hypothèse : le juge devra appliquer règles de rattachement du droit désigné.

Les conséquences du renvoi sont variées selon son type. La doctrine distingue le renvoi simple au 1er et au 2e degré et le renvoi total. Le renvoi simple au 1er degré est le renvoi à la loi du for. À titre d'exemple, un Anglais domicilié en Suisse dont l'épouse, anglaise également, est domiciliée en Angleterre, demande le divorce devant un tribunal suisse. En DIP suisse, la loi applicable est celle de la nationalité commune lorsqu'un seul époux est domicilié en Suisse et le renvoi est accepté en matière d'état civil. La loi anglaise, quant à elle, désigne la loi du domicile pour les questions relatives au statut personnel. Par l'effet du renvoi prévu dans le DIP suisse, le tribunal suisse appliquera les règles matérielles de son pays pour statuer sur le divorce.

Le renvoi simple au 2e degré (ou nième degré) est celui provoqué par la désignation du droit d'un État autre que celui dont le DIP a été utilisé pour rendre ce droit applicable. Par exemple, le tribunal québécois est saisi d'une question relevant du statut personnel d'un Italien domicilié à Paris. Le droit québécois rattache cette question au droit du domicile, donc au droit français, qui, lui, désigne le droit de la nationalité, en l'espèce le droit italien. Dans ce cas, il faut se demander ce que fait le DIP italien : s'il désigne encore un autre ordre juridique, il s'agira d'un renvoi simple au 3e degré et ainsi de suite.

Le renvoi total, inspiré de la *Foreign Court Theory* de *common law*, implique l'application non seulement des règles de rattachement étrangères, mais aussi la législation ou la jurisprudence étrangère sur le renvoi lui-même. Par exemple, un Anglais domicilié en France demande l'annulation de son mariage en Angleterre. Le DIP anglais applique la loi du domicile, donc la loi française. En vertu du DIP français, la loi applicable est celle de la nationalité de la personne, c'est-à-dire la loi anglaise, qui renvoie encore à la loi française. Comme le renvoi est autorisé en France, le juge anglais, sous l'effet de la théorie du renvoi total, appliquera le droit matériel français pour statuer sur la demande.

Le renvoi présente des avantages, mais aussi des inconvénients, d'où le débat doctrinal et les choix législatifs différents vis-à-vis de la réception de cette théorie. Ainsi, si le renvoi est totalement écarté dans le DIP québécois par l'article 3080 C.c.Q., il est au contraire entièrement admis dans le DIP vietnamien, à la suite de la réforme de 2015.

Au Québec, avant la codification en 1994, le droit positif était muet sur le renvoi. Quant à la jurisprudence, *Ross* c. *Ross* était la seule décision où la Cour d'appel avait eu recours au renvoi, décision approuvée par la Cour suprême du Canada, mais pour d'autres motifs[1]. La doctrine, de son côté, était extrêmement divisée sur l'utilité du renvoi.

---

[1] Ross. *c.* Ross, [1894] 25 R.C.S. 307. L'affaire, datant de la fin du XIXe siècle, concerne la validité de la forme d'un testament olographe fait par un québécois à New York. Le défunt, domicilié au Québec, a fait un testament olographe lors de son passage à New York. Selon l'article 7 C.c.B.C., la

Les arguments en faveur du renvoi sont fondés sur le souci de respecter la volonté d'un État qui ne souhaite pas que son droit s'applique – en désignant, par sa règle de rattachement, un autre droit applicable – et plus généralement, d'assurer la coordination des systèmes de rattachement[1]. De plus, l'utilisation du renvoi peut, dans certains cas, permettre de faciliter la reconnaissance internationale des jugements. Par exemple, dans *Ross* c. *Ross*, le testament en cause est validé par l'effet du renvoi[2]. Au contraire, plusieurs arguments – dont ceux du professeur J.-G. Castel – sont en défaveur du renvoi, considéré comme équivalent à l'abandon des règles de rattachement du for, d'où l'imprévisibilité, la coordination des systèmes n'étant atteinte que par accident[3].

L'histoire des débats relatifs à la codification du DIP québécois montre bien ce dilemme vis-à-vis du renvoi. Dans un premier temps, le renvoi était totalement écarté dans le Projet de 1977 : « Lorsqu'en vertu des règles du droit international privé, le droit d'un État étranger s'applique, il s'agit des règles du droit interne de cet État » (art. 4). Selon le Rapport de l'O.R.C.C. publié en 1978, ce choix est motivé par la nécessité de « fournir aux justiciables des règles claires, précises et d'application facile » face au problème du renvoi tellement compliqué pour une « application judiciaire »[4].

Toutefois, les critiques ont été nombreuses, non seulement sur le rejet total du renvoi, mais aussi sur le contenu du projet d'article. Certains trouvent qu'il est préférable d'autoriser le renvoi dans certains cas particuliers où il est utile, comme par exemple en matière de statut personnel, au lieu de l'interdire totalement. La formule a aussi été critiquée par son ambiguïté, notamment l'utilisation du terme de « droit interne », car les règles de rattachement exclues par l'interdiction du renvoi font partie du droit interne[5].

La disposition interdisant le renvoi était maintenue dans l'avant-projet de 1988, mais elle a disparu par la suite dans le *Projet de loi 125*. Le ministre de la

---

forme de l'acte est régie par la loi du lieu de l'acte. Or selon la loi newyorkaise, le testament olographe est invalide. Cependant, en vertu de la section 2611 du Code de procédure civile de New York, ce type de testament peut être accepté s'il est valide selon la loi du domicile du propriétaire des biens meubles et la loi de la situation des biens immeubles – loi québécoise. La Cour d'appel a eu recours au renvoi pour valider le testament en vertu de la loi québécoise. La Cour suprême du Canada se prononça en faveur du caractère facultatif de la règle *locus regit actum* et n'approuva qu'incidemment le renvoi tel qu'il avait été admis par la Cour d'appel. On ne peut donc pas dire que l'arrêt de la Cour suprême consacre le renvoi.

[1] Voir Goldstein et Groffier, *Droit international privé*, t. I « Théorie générale », 171 et 172.

[2] Voir *supra*, p. 288.

[3] Voir Jean-Gabriel Castel, *Canadian Conflict of Laws* (Toronto : Butterworths, 1977) p. 50 et suiv.

[4] Québec, Office de révision du Code civil, *Rapport sur le Code civil du Québec*, 1978, Vol. II, t. 2 « Livres 5 à 9 – Commentaires » : 978.

[5] Groffier, « Le Projet de codification du droit international privé », 836 ; Deleury et Prujiner, « Quelques commentaires sur le Rapport de l'O.R.C.C. sur le droit international privé », 240. Il y a de plus la question de la portée exacte de la limitation aux « règles du droit interne » de l'État dont le système est désigné, malgré la mention ajoutée – « à l'exclusion de ses règles de conflit ». Par exemple, les dispositions conventionnelles, comme celles de la *Convention de Vienne de 1980 sur les contrats de vente internationale de marchandises* et des Conventions de La Haye, font-elles partie de cette notion de « droit interne », pour les pays où elles sont considérées comme faisant partie de leur droit sans même avoir besoin d'une loi d'incorporation, comme c'est le cas du Vietnam ? La réponse n'est toujours pas claire jusqu'à maintenant.

Justice à cette époque a trouvé qu'il aurait été opportun de laisser aux tribunaux le choix d'utiliser ou non le renvoi[1].

À la fin, le renvoi a été de nouveau exclu du texte du Code civil adopté par l'Assemblée nationale. L'article 3080 C.c.Q. prévoit ainsi : « Lorsqu'en vertu des règles du présent livre, la loi d'un État étranger s'applique, il s'agit des règles du droit interne de cet État, à l'exclusion de ses règles de conflit de lois ». Le législateur québécois a donc choisi de ne pas suivre la solution adoptée par la codification du DIP suisse dont il s'inspirait largement pour la sienne[2]. Cette exclusion du renvoi s'inspire de certaines conventions de La Haye[3] et de la *Convention européenne sur la loi applicable aux obligations contractuelles*[4]. La formule a changé par rapport au projet de 1977 pour mettre fin à l'ambiguïté. La complexité théorique et l'incertitude pratique entraînées par cette théorie du renvoi ont abouti à son rejet[5].

Plusieurs arguments sont en effet avancés pour justifier le rejet du renvoi dans la codification. Outre ceux sur l'imprévisibilité, on peut dire que le renvoi va même à l'encontre du principe de proximité sur lequel la solution de rattachement du for est basée, solution qu'il veut écarter en faveur de celle proposée par l'État étranger[6]. Or, les nouveaux moyens ajoutés à la législation permettent de sauvegarder les résultats bénéfiques que le renvoi peut apporter. D'une part, les règles de rattachement multiples à finalité matérielle contribuent à assurer la bonne solution, tant sur le plan de rattachement que sur le plan matériel. D'autre part, l'avantage du renvoi simple – au bénéfice de la loi du for ou de la loi étrangère, comme une sorte de compensation au caractère aveugle des règles de rattachement – peut être partiellement atteint grâce à la clause de lois d'application nécessaire du for et de lois d'application nécessaire étrangères. Au

---

[1] Rémillard, « Présentation du projet de Code civil du Québec », 75.

[2] En effet, la *Loi fédérale suisse sur le droit international privé*, art. 14, autorise l'utilisation sélective du renvoi, en particulier le renvoi à la loi suisse : « 1) Lorsque le droit applicable renvoie au droit suisse ou à un autre droit étranger, ce renvoi n'est pris en considération que si la présente loi le prévoit. 2) En matière d'état civil, le renvoi de la loi étrangère au droit suisse est accepté ».

[3] Convention de La Haye sur la loi applicable aux ventes à caractère international d'objets mobiliers corporels, conclue le 15 juin 1955 ; Convention de La Haye sur la loi applicable au transfert de la propriété en cas de vente à caractère international d'objets mobiliers corporels, conclue le 15 avril 1958 ; Convention de La Haye sur la loi applicable pour régler les conflits entre la loi nationale et la loi du domicile, conclue le 15 juin 1955 ; Convention de La Haye sur la loi applicable en matière d'accidents de la circulation routière, conclue le 4 mai 1971 ; Convention de La Haye sur la loi applicable aux obligations alimentaires, conclue le 2 octobre 1973.

[4] Convention de Rome de 1980 sur la loi applicable aux obligations contractuelles, art. 15, intitulé « Exclusion du renvoi » : « Lorsque la présente convention prescrit l'application de la loi d'un pays, elle entend les règles de droit en vigueur dans ce pays à l'exclusion des règles de droit international privé ».

[5] Québec, Assemblée nationale, « Journal des débats de la Commission permanente des institutions » (1re sess., 34e législ., 28 novembre 1991, « Étude détaillée du projet de loi 125 – *Code civil du Québec* (25) », 1082. Voir aussi Ministère de la Justice du Québec, *Code civil du Québec. Commentaires du ministre de la Justice*, 1021. Certains pays rejettent aussi le renvoi comme la Belgique (art. 16 du *Code de droit international privé belge* de 2004) et la Chine (art. 9 de la *Loi sur la loi applicable aux rapports civils comportant un élément d'extranéité* de 2010).

[6] Voir Talpis et Goldstein, « Analyse critique de l'avant-projet de la loi du Québec en droit international privé », 320 et 321.

contraire, certains considèrent le rejet total du renvoi comme un choix excessif pouvant « produire des effets pervers », notamment dans le cas où le droit étranger refuse lui-même une application extraterritoriale. Par exemple, l'article 28 de la *Family Law Act* de l'Ontario[1] limite l'application du droit ontarien sur la résidence familiale aux résidences situées en Ontario. Si le juge québécois, en application de l'article 3080 C.c.Q., ne tient pas compte de cette « autolimitation », il aboutit à une situation délicate de non-respect du droit ontarien applicable[2].

Au Vietnam, la réforme de 2015 a permis de mettre fin au long débat sur le renvoi, causé par l'ambiguïté de la législation[3], tout en laissant la question ouverte à d'autres débats et critiques. L'article 668 du Code civil de 2015 autorise le renvoi jusqu'au second degré, la seule exception étant prévue au paragraphe 4, lorsque la loi applicable est désignée par les parties au litige. Si le paragraphe premier semble accepter complètement tout type de renvoi, car il est prévu clairement que la loi désignée comprend à la fois les règles substantielles et les règles de rattachement – les paragraphes 2 et 3 permettent de comprendre que seuls les renvois simples au 1er et au 2e degrés sont autorisés. Cela peut être un sujet de controverse lors de l'application pratique.

Comme nous l'avons mentionné, l'admission du renvoi risque d'aller à l'encontre du principe de proximité qui a ordonné l'élaboration des règles de rattachement, notamment pour le renvoi au deuxième degré[4]. Par ailleurs, avec ce type de renvoi, on ne sait pas quelle sera la loi remplaçante lorsque la teneur de la loi d'un État tiers, applicable par l'effet du renvoi, ne pourra être établie. En vertu de l'article 670 du Code civil, dans ce cas, le juge appliquera la loi vietnamienne. Or, supposons qu'avec la première loi étrangère, celle désignée par la règle de rattachement vietnamienne, on ne rencontre aucun problème dans l'établissement du contenu. Sans le renvoi, elle sera appliquée, alors qu'avec le renvoi, elle doit céder la place à la loi vietnamienne. Le mécanisme de renvoi compromettra alors l'efficacité du rattachement et sa prévisibilité.

Une autre question peut se poser quant à l'effet du renvoi sur les règles impératives. Bien que ce ne soit pas indiqué explicitement dans le Code civil de 2015, la pratique montre que certains rattachements doivent être qualifiés d'impératifs. Par exemple, les articles 680 (2) et 683 (4) prévoient l'application de la *lex situs* dans le cas d'une succession ou de contrats portant sur les

---

[1] *Family Law Act*, S.O. 1986, c. 4.

[2] Exemple emprunté aux auteurs Goldstein et Groffier, *Droit international privé*, t. I « Théorie générale », 176.

[3] L'article 827.3 du Code civil de 1995 et l'article 759.3 du Code civil de 2005 portent sur le renvoi de façon assez floue : « si le droit étranger renvoie à l'application du droit vietnamien, ce dernier s'applique ». Ce langage ambigu a suscité des controverses doctrinales : pour les uns, cette disposition autorise le renvoi complet, y compris celui au 2e degré, car aucune limitation n'a été prévue ; pour les autres, en ne précisant clairement que le cas du renvoi à la loi du for, le législateur a voulu explicitement admettre la théorie de renvoi lorsqu'elle donne une solution favorable au juge vietnamien, soit celle d'appliquer sa propre loi.

[4] Dans une certaine mesure, le renvoi simple au 1er degré – celui en faveur de la loi for – peut se justifier par la commodité pour le juge national – du fait qu'il peut appliquer son propre droit au lieu de se lancer dans la recherche du contenu du droit étranger –, et par l'existence d'un certain lien de rattachement entre le for et le litige. On a du mal à trouver le fondement d'un renvoi à la loi d'un pays tiers.

immeubles, et l'article 687 (2) soumet la responsabilité civile à la loi de l'État où l'auteur et la victime ont leur résidence. Ces solutions prévalent sur la volonté des parties. Pourtant, aucune disposition n'établit de hiérarchie entre ces règles et la disposition sur le renvoi.

À notre avis, ni l'interdiction du renvoi, à l'exemple du Québec, ni l'acceptation totale du renvoi dans le droit vietnamien n'étant souhaitables, une solution intermédiaire serait préférable[1]. La tendance moderne n'est pas le rejet total, ni la généralisation du renvoi, mais plutôt son utilisation sélective[2]. L'étude de la codification de certains autres pays montre que le renvoi peut être envisagé soit dans des clauses permissives, soit dans des clauses limitatives.

Dans le premier cas, on peut citer l'article 14 de la *Loi fédérale sur le droit international privé* suisse qui autorise le renvoi dans des cas explicitement prévus[3]. Concrètement, pour les statuts personnels et familiaux, seul le renvoi au premier degré est accepté[4], sauf le changement de nom pour lequel le renvoi au 2e degré est possible[5]. Le renvoi aussi est autorisé en matière successorale[6] et, de façon indirecte, pour la forme du contrat[7]. Face à l'incertitude doctrinale, le codificateur suisse a opté pour « une position pragmatique en la matière [en examinant] la nécessité du renvoi pour chaque domaine qu'il traite et [en proposant] une solution adaptée là où le respect du renvoi s'impose »[8]. De sa position, « [c]ette façon de faire paraît mieux tenir compte de la sécurité du droit que ne le ferait une exclusion ou une acceptation générale du renvoi, ce qui d'ailleurs empêcherait la libre appréciation du juge »[9]. Aussi, aux yeux des praticiens, l'acceptation sélective du renvoi, notamment en faveur de la loi suisse, permet non seulement de raccourcir la durée des procès, mais aussi d'en diminuer les frais[10].

Au contraire, l'Italie a choisi d'autoriser en principe le renvoi et d'introduire une liste des limitations[11]. Cette disposition favorise le renvoi à la loi italienne,

---

[1] Pour nos arguments plus en détail, lire Ly, « Le renvoi en droit international privé vietnamien : Commentaires de la disposition du Code civil de 2015 ».

[2] Prujiner, « Le statut des obligations en droit international privé », 1103 ; Goldstein et Groffier, *Droit international privé*, t. I « Théorie générale », 177.

[3] Loi fédérale du 18 décembre 1987 sur le droit international privé. Voir *supra*, p. 290.

[4] *Id.*, art. 14 (2) : « En matière d'état civil, le renvoi de la loi étrangère au droit suisse est accepté ».

[5] *Id.*, art. 37 (1) : « Le nom d'une personne domiciliée en Suisse est régi par le droit suisse, celui d'une personne domiciliée à l'étranger par le droit que désignent les règles de droit international privé de l'État dans lequel cette personne est domiciliée ».

[6] *Id.*, art. 91 (1) : « La succession d'une personne qui a eu son dernier domicile à l'étranger est régie par le droit que désignent les règles de droit international privé de l'État dans lequel le défunt était domicilié ».

[7] *Id.*, art. 119 (3) : « Toutefois, la forme du contrat est régie par le droit de l'État dans lequel l'immeuble est situé, à moins que celui-ci n'admette l'application d'un autre droit. Pour l'immeuble sis en Suisse, la forme est régie par le droit suisse ».

[8] Suisse, Conseil fédéral, « Message concernant une loi fédérale sur le droit international privé (loi de DIP) du 10 novembre 1982 », 299.

[9] Suisse, Conseil fédéral, 299.

[10] Suisse, Conseil fédéral, 271 (commentaires du barreau).

[11] « Loi n° 218 du 31 mai 1995 – Réforme du système italien de droit international privé », J.O. 3 juin 1995, consulté le 20 octobre 2020.

alors que le renvoi vers le droit d'un autre État n'est accepté que par la réciprocité (par. 1). Dans le cas de la filiation, prévue aux articles 33, 34 et 35, le renvoi n'est autorisé que s'il est bénéfique à son établissement. Enfin, le renvoi est interdit dans trois cas : loi choisie par les parties, loi régissant la forme des actes et obligations non contractuelles prévues au chapitre XI. Ce type de clauses limitatives donne la chance de profiter des avantages du renvoi, tout en assurant la prévisibilité des solutions.

Sur la base de nos analyses, nous suggérons pour la codification vietnamienne une acceptation sélective du renvoi soit par des clauses permissives sur le modèle suisse, soit par des clauses limitatives, à l'italienne.

En conclusion, la diversification des méthodes de rattachement, notamment les rattachements multiples, est à notre avis grandement recommandée pour la codification du DIP vietnamien. Le succès de la codification québécoise en est l'illustration convaincante. La pluralité des méthodes suit non seulement la tendance, mais apporte surtout une flexibilité nécessaire à la matière. Elle doit cependant être accompagnée d'un encadrement efficace pour assurer la prévisibilité des solutions.

La prise en compte des solutions étrangères poserait au contraire de véritables défis en raison de la complexité et des subtilités qu'elle exige lors de la mise en œuvre, notamment dans le cadre du pouvoir discrétionnaire des tribunaux. L'efficacité n'est pas évidente, même dans un système juridique développé comme celui du Québec. C'est pourquoi, dans le contexte actuel du DIP vietnamien, cette technique est précoce et donc déconseillée.

> **Article 13 (Renvoi)**
> 1. Lorsque dans les dispositions qui suivent la loi étrangère est désignée, il est tenu compte du renvoi opéré par le droit international privé étranger à la loi d'un autre État :
> a) si le droit de cet État accepte le renvoi ;
> b) si le renvoi est fait à la loi italienne.
> 2. L'application du paragraphe 1 est cependant exclue :
> a) dans les cas où les dispositions de la présente loi déclarent applicable la loi étrangère sur la base du choix effectué en ce sens par les parties intéressées ;
> b) à l'égard des dispositions concernant la forme des actes ;
> c) à l'égard des dispositions du chapitre XI du présent Titre.
> 3. Dans le cas des articles 33, 34 et 35, on ne tient compte du renvoi que si celui-ci conduit à l'application d'une loi qui permet l'établissement de la filiation.
> 4. Dès lors que la présente loi déclare applicable une convention internationale, on suit, en matière de renvoi, la solution adoptée par cette convention.

Il faut noter que la disposition constitue un changement de cap par rapport à la tradition du refus du renvoi, qui a été maintenu dans le projet de loi (art. 11) (sur le projet de codification italienne, lire Tito Ballarino, « Codification du droit international privé italien », in *Travaux du comité français de droit international privé. Années 1990-1991* [Paris : A. Pedone, 1992], 95, notamment à la page 103 concernant le renvoi).

3. VERS L'EFFICACITÉ DU DROIT INTERNATIONAL PRIVÉ

Une des faiblesses du DIP vietnamien est le manque d'efficacité[1]. Sa codification aidera à résoudre en grande partie ce problème, en rendant le droit plus intelligible et plus accessible. Toutefois, l'efficacité doit être également renforcée dans les solutions même du DIP.

On peut se demander, à titre d'exemple, si les règles de rattachement bénéficient de la même autorité que les autres règles du droit interne. La législation et la pratique judiciaire diffèrent d'un pays à l'autre et au sein de chaque système juridique. Au Québec, l'étendue des pouvoirs d'office du tribunal dans les litiges internationaux est un sujet fondamental, mais peu abordé en DIP et en droit procédural civil. La jurisprudence est fluctuante en matière de qualification de la compétence internationale et le statut incertain des règles de rattachement normatif embarrasse parfois les personnes impliquées dans un litige international. La codification du droit civil de 1994 et la réforme du droit de la procédure civile de 2016 n'ont pas fourni d'éclaircissements à ce sujet. Les enjeux théoriques et pratiques sont nombreux. Au Vietnam aussi, la question de l'autorité de la règle de rattachement reste floue dans les débats. Cela affecte certainement l'efficacité du DIP, étant donné l'importance primordiale du statut des règles de rattachement pour le bon fonctionnement de ce droit. Pour cette raison, la question sera traitée en premier lieu dans la prochaine section.

Le mécanisme d'intervention de l'ordre public est aussi primordial pour l'efficacité du DIP. Comme la conséquence fréquente de l'exception d'ordre public est l'application de la *lex fori* en substitution de la loi étrangère normalement désignée par la règle de rattachement, le juge risque de vouloir recourir le plus souvent possible à ce mécanisme pour revenir à sa propre loi, dont l'application est plus aisée pour lui. Cet « abus » empêche l'application effective des règles de rattachement et son résultat. Le même risque existe pour l'efficacité des jugements étrangers sur le territoire national, si le recours à l'exception d'ordre public est utilisé de façon abusive. Au Québec, les solutions bien codifiées sont appuyées et développées par la jurisprudence antérieure et postérieure à la codification. Cette question n'est pas encore adéquatement traitée par la législation vietnamienne, ce qui conduit à des effets indésirables dans la pratique judiciaire. Les lacunes importantes et l'ambiguïté du DIP vietnamien relatives à l'ordre public nous incitent à réviser différents aspects du problème dans la deuxième section ci-dessous, afin de suggérer les pistes de réforme pour le Vietnam en vue de la future codification.

3.1 La question de l'autorité de la règle de rattachement

L'effectivité du DIP ne dépend pas seulement de l'efficacité et de l'harmonie de ses solutions, mais aussi, voire surtout, de l'application par les tribunaux des règles de rattachement et, subséquemment, du droit étranger, dans la résolution des litiges transnationaux. Le statut des règles de DIP et du droit étranger diffère

[1] Voir le chapitre I, section 1.1.

d'un pays à l'autre. Au Québec, les innovations apportées dans ce domaine à la suite de la codification de 1994 font toujours l'objet de divergences de points de vue. Pareille situation s'observe au Vietnam, où la législation demeure ambigüe malgré plusieurs réformes effectuées dans le domaine au cours des vingt dernières années. Une des conséquences pratiques de cette lacune est que la plupart des affaires comportant un élément d'extranéité continuent à être traitées par les tribunaux vietnamiens comme des affaires internes. Cette indifférence judiciaire vis-à-vis du DIP est regrettable, notamment au regard des efforts législatifs pour rendre ce droit plus efficace.

Dans cette section, nous traiterons tout d'abord la question de l'application *ex officio* des règles de rattachement. Viendra ensuite la question relative à la connaissance d'office du droit étranger par effet des règles de rattachement normatif.

3.1.1 L'application des règles de rattachement par le juge

L'existence d'un élément d'extranéité peut déclencher l'entrée en jeu du DIP. Or, ce n'est pas toujours le cas dans la pratique, car le juge peut ignorer les règles de rattachement et traiter l'affaire qui présente un élément étranger comme une affaire purement interne. Cette situation était fréquente au Québec avant la réforme de 1994[1], et elle demeure très courante au Vietnam. Un tel constat fait surgir la question de savoir si le juge national a l'obligation ou la faculté, selon la loi, de prendre connaissance d'office des règles de rattachement dans les litiges transnationaux. La question s'avère pertinente en matière de rattachement, tant juridictionnel que normatif.

L'application des règles de rattachement juridictionnel par le juge

Dans un litige présentant un élément d'extranéité, le juge doit-il se baser sur les règles de compétence internationale pour établir sa propre compétence ou bien l'invocation de ces règles par les parties est-elle requise pour que le juge les mette en œuvre ?

Au Québec, la réponse devrait se trouver dans la procédure de contestation de la compétence du tribunal. Toutefois, la législation et la pratique judiciaire ne permettent pas encore de résoudre le problème.

Selon les règles internes de procédure civile québécoise, la distinction est faite entre la compétence d'attribution, aussi appelée « compétence matérielle » – ou compétence *ratione materiae* –, et la compétence territoriale – ou compétence *ratione personae vel loci*[2], chacune étant soumise à un régime différent. Comme la compétence matérielle[3] est d'ordre public, son absence peut être soulevée en tout état de cause et même d'office par le juge[4]. Au contraire, la compétence

[1] Cela peut être expliqué sans doute par le nombre limité de règles de rattachement, d'ailleurs principalement unilatéral, dans le *Code civil du Bas-Canada* et le *Code de procédure civile.*

[2] La compétence *ratione materiae* est donc attribuée en raison de la matière, tandis que la compétence *ratione personae* est établie en raison de la localisation géographique

[3] Art. 29-39 C.p.c.

[4] Art. 167 al. 2 C.p.c.

territoriale[1] n'étant pas d'ordre public, son absence doit être invoquée par les parties[2] et *in limine litis*, sinon, l'incompétence est couverte.

Au Vietnam, la compétence du tribunal se divise également en compétence d'attribution[3] et en compétence territoriale[4], chacune étant dotée d'un régime propre. Contrairement à son collègue québécois, le juge vietnamien applique d'office ces règles dans les deux cas, pour décider de sa compétence, avec possibilité de contestation par les parties à l'audience[5]. On voit donc que la procédure diffère entre les pays.

Ailleurs, par exemple en France, un juge peut soulever d'office à la fois l'incompétence d'attribution et l'incompétence territoriale du tribunal, mais dans des situations précises. Ainsi, l'article 92 du Code de procédure civile français prévoit : « L'incompétence peut être prononcée d'office en cas de violation d'une règle de compétence d'attribution lorsque cette règle est d'ordre public ou lorsque le défendeur ne comparaît pas. Elle ne peut l'être qu'en ces cas ». Le juge français peut aussi relever d'office son incompétence territoriale en matière gracieuse, alors qu'en matière contentieuse, il ne le peut que « dans les litiges relatifs à l'état des personnes, dans les cas où la loi attribue compétence exclusive à une autre juridiction ou si le défendeur ne comparaît pas » (art. 93). De plus, contrairement au droit québécois, en droit français, toute objection à la compétence faite par les parties, que cette compétence soit matérielle ou territoriale, doit être soulevée *in limine litis*[6].

En ce qui concerne la compétence internationale, aucune qualification particulière n'est prévue ni en droit québécois[7] ni en droit vietnamien[8].

---

[1] Art. 40-48 C.p.c.

[2] L'exception est faite à l'article 48 qui permet au juge en chef de décider d'office le transfert du dossier, « dans l'intérêt des parties ou des tiers concernés ou encore si d'autres motifs sérieux le commandent », et ce, « exceptionnellement ».

[3] Code de procédure civile de 2015, art. 26-34.

[4] *Id.*, art. 39 et suiv.

[5] Il s'agit d'un examen préalable à l'enrôlement de l'affaire. En effet, conformément à l'article 191 (3) du Code de procédure civile de 2015, le juge qui reçoit la demande est imparti un délai de 5 jours pour décider de sa propre compétence.

[6] Voir Marie-Christine Meyzeaud-Garaud, *Droit international privé* (Rosny-sous-Bois : Bréal, 2014), 158 et 159 ; Hélène Gaudemet-Tallon, « La compétence internationale à l'épreuve du nouveau Code de procédure civile : aménagement ou bouleversement? », *R.C.D.I.P.* 66 (1977) : 6-12. Il faut ajouter que la qualification de la compétence internationale et le régime auquel elle est soumise sont aussi un sujet de controverse en France.

[7] Le nouvel article 491 C.p.c. prévoit que toute contestation de la compétence internationale du tribunal québécois « est proposée, comme tout moyen préliminaire ». Cette disposition signifie que la procédure de demande préliminaire est la même pour la compétence interne que pour la compétence internationale. Cependant, elle ne précise pas la manière dont doit être qualifiée cette compétence, alors que deux régimes différents existent pour deux types de compétence interne.

[8] Aucune procédure particulière n'est prévue dans le Code de procédure civile de 2015 pour la compétence internationale du tribunal vietnamien. L'article 469 (2) relatif aux procédures de jugement des affaires civiles comportant un élément d'extranéité prévoit que, si le tribunal vietnamien est compétent en vertu des règles de compétence internationale, il appliquera les dispositions au chapitre III pour décider de sa compétence d'attribution et territoriale. Toutefois, il n'est pas déterminé clairement si le tribunal doit ou peut appliquer d'office des règles de compétence internationale ; par ailleurs, le délai à respecter n'est pas précisé.

Comme nous l'avons mentionné, si la compétence internationale est qualifiée de compétence matérielle, alors le juge québécois peut appliquer d'office la règle de rattachement juridictionnel pour statuer sur sa compétence dans un litige international. Au contraire, lorsque la nature de la compétence internationale se révèle territoriale, le recours aux règles de compétence internationale n'est possible que si les parties les invoquent. Or, aucune disposition existante ne permet de conclure à une classification de cette compétence dans l'une ou l'autre catégorie prévue dans le droit interne, tandis que la doctrine et la jurisprudence québécoises continuent à diverger sur cette qualification.

Avant la réforme du droit civil, en l'absence des dispositions propres à la compétence internationale des tribunaux québécois, les règles de compétence interne prévues dans le *Code de procédure civile* ont été appliquées par analogie aux litiges transnationaux[1]. L'affaire *Alimport*[2] illustre bien la divergence des tribunaux de différents ordres concernant la nature de la compétence du tribunal québécois désignée par une *clause d'élection de for* dans un contrat international[3]. Dans ce cas particulier, la demande en exception déclinatoire a été rejetée par la Cour supérieure : à ses yeux, le délai pour soulever une telle exception avait expiré. Ce faisant, elle a qualifié cette compétence de *ratione personae*. La Cour d'appel a toutefois infirmé ce jugement, en étant d'avis qu'il était question de l'incompétence *ratione materiae* et que cette dernière ne pouvait pas être corrigée par la simple expiration du délai. Le demandeur a fait appel à la Cour suprême du Canada. Au nom de la majorité, le juge Pigeon a conclu que c'était plutôt une question de compétence *ratione personae*, en y voyant une clause d'élection de domicile et en ajoutant que la compétence internationale se déterminait par extension des règles de compétence territoriale interne[4]. Il s'ensuivait que le défendeur devait s'opposer dans le délai de rigueur (5 jours) prévu à l'article 161 de l'ancien *Code de procédure civile*[5].

Au contraire, dans l'arrêt *Zodiak International Productions Inc.* c. *Polish People's Republic*[6], qui concerne cette fois l'incompétence du tribunal québécois

---

[1] Goldstein et Groffier, *Droit international privé*, t. I « Théorie générale », 296.

[2] Alimport (Empresa Cubana Importadora de Alimentos) *c.* Victoria Transport Ltd., [1977] 2 R.C.S. 858 ; Victoria Transport Ltd. *c.* Alimport, [1975] C.A. 415 ; Alimport *c.* Victoria Transport Ltd., C.S.M n° 05-006 11173, 18 juillet 1974 (J. Châteauguay Perrault).

[3] L'acheteur, Alimport, entreprise cubaine spécialisée dans l'importation des aliments et ayant son siège social à La Havane, poursuit le vendeur, Victoria Transport Ltd., dont le siège social se trouve à Grand Falls (Nouveau-Brunswick), devant la Cour supérieure à Montréal. Le contrat contient une clause stipulant que, en cas de différend, si la défenderesse est le vendeur, les parties s'en remettront aux tribunaux de Montréal. À noter que la législation à cette période n'autorisait pas encore le choix du tribunal par les parties (art. 68 C.p.c.), mais permettait l'élection de domicile (art. 85 C.c.B.C.).

[4] Alimport (Empresa Cubana Importadora de Alimentos) *c.* Victoria Transport Ltd., [1977] 2 R.C.S. sur 859.

[5] *Code de procédure civile*, RLRQ, c. C-25, remplacé en 2016 par le *Code de procédure civile*, RLRQ, c. C-25.01.

[6] Zodiak International Productions Inc. *c.* Polish People's Republic, [1983] 1 R.C.S. 529. Le défendeur a soulevé l'exception déclinatoire près de sept ans suivant l'institution de l'action en 1973, d'où la question de savoir si ce retard lui était opposable. En outre, le litige avait été porté devant la Cour d'arbitrage auprès de la Chambre polonaise de commerce extérieur à Varsovie, qui a prononcé sa sentence en 1972.

en raison d'une clause d'arbitrage valide, la Cour suprême a déclaré être placée devant une question de compétence *ratione materiae* : par conséquent, la clause pouvait être invoquée en tout état de cause pour obtenir le renvoi à l'arbitrage[1]. Certains auteurs trouvent cette conclusion non convaincante dans la mesure où les parties ont la possibilité de renoncer à la clause compromissoire[2].

Selon la professeure Geneviève Saumier, la jurisprudence antérieure à la réforme du *Code civil* semblait fixée en matière de qualification *ratione personae* de la compétence internationale, sauf dans le cas de l'arbitrage où la compétence du tribunal québécois, exclue par une clause compromissoire, est qualifiée *ratione materiae* en raison de l'arrêt *Zodiak* de la Cour suprême[3].

Pendant cette période, le problème a fait l'objet de certains débats doctrinaux. En 1977, le professeur H. Patrick Glenn a remis en question la transposition de la distinction faite pour la compétence interne sur le plan international, dans son commentaire de l'arrêt *Alimport*[4]. Cet auteur a proposé de distinguer « des règles de compétence internationale dont le caractère est relatif ou absolu »[5], sans toutefois proposer de solution relative à l'application *ex officio* des règles de compétence internationale.

En 1980, le professeur Jean-Gabriel Castel, après avoir soulevé les lacunes de la législation et l'erreur de la jurisprudence en faveur d'une qualification *ratione materiae*, défendait aussi l'idée d'une notion autonome de la compétence internationale :

> Au lieu, donc, de retenir la distinction entre la compétence *ratione personae* et la compétence *ratione materiae*, il paraît préférable, suivant en cela l'exemple que propose le législateur aux articles 68 et s. du C.p.c., de recourir à la distinction entre la compétence facultative et la compétence impérative d'un tribunal, en attachant à l'une et à l'autre les conséquences qui résultent, respectivement sur le plan local, de la compétence *ratione personae* et *ratione materiae*[6].

La professeure Ethel Groffier, dans sa critique de l'arrêt *Zodiak*, était du même avis, soit que le recours à la distinction entre compétence matérielle et compétence territoriale du droit interne se transpose difficilement sur le plan international :

> D'une part, l'incompétence du tribunal en présence d'une clause compromissoire parfaite offre aux parties une exception déclinatoire à laquelle elles peuvent renoncer. La Cour suprême

[1] Zodiak International Productions Inc. *c.* Polish People's Republic, [1983] 1 R.C.S. 529 sur 551. Selon le juge Chouinard, au nom de la Cour suprême, puisque les tribunaux québécois ne peuvent pas examiner le fond du différend dans le contexte de l'homologation d'une sentence arbitrale, la compétence exclue par la clause d'arbitrage englobe la matière elle-même et non simplement l'aspect territorial.

[2] Groffier, *Précis de droit international privé québécois*, 264.

[3] Geneviève Saumier, « Les objections à la compétence internationale des tribunaux québécois : nature et procédure », *R. du B.* 58 (1998) : 148.

[4] H. Patrick Glenn, « Prorogation volontaire et compétence internationale », *R.D. McGill* 23 (1977) : 125.

[5] Glenn, 131.

[6] Castel, *Droit international privé québécois*, 660.

> elle-même l'admet. Il est donc difficile de conclure qu'il s'agit d'une incompétence absolue, *ratione materiae*, d'ordre public que le tribunal pourrait soulever de sa propre initiative. D'autre part, il ne s'agit pas du choix entre tribunaux d'un même ordre dans le même pays ou de tribunaux d'un même ordre dans des pays différents, c'est-à-dire de compétence *ratione personae*. La compétence est attribuée à un système de règlement des conflits complètement distinct qui exclut totalement le tribunal normalement compétent et dans ce sens on s'approche d'une compétence sur la matière[1].

Cette auteure allait plus loin en suggérant une intervention législative pour régler cette ambiguïté : « Il s'agit d'un cas particulier que le législateur devrait envisager par une règle spécifique »[2].

La codification de 1994 a équipé le droit québécois des règles complètes dédiées aux relations transnationales, notamment en matière de compétence[3]. Sont donc incluses dans le Livre X du *Code civil du Québec* des dispositions qui régissent non seulement la compétence directe, c'est-à-dire la compétence internationale des tribunaux québécois (art. 3134-3154), mais aussi la compétence indirecte, soit la compétence internationale des tribunaux étrangers en vue de la reconnaissance des décisions venant d'autres pays (art. 3164-3168).

En ce qui a trait à la procédure, la contestation de la compétence internationale ne faisait l'objet d'aucune règle particulière du *Code de procédure civile* jusqu'à la réforme en vigueur en 2016, sauf dans le cas de l'incompétence des tribunaux en raison d'une clause d'arbitrage, la réforme du Code en 1986 ayant fixé un délai particulier pour la soulever (art. 940.1). Notons cependant que l'application de cette disposition aux litiges aussi bien internationaux qu'internes était contestable[4].

Les changements législatifs ne permettent pas de résoudre la divergence jurisprudentielle, qui emprunte cette fois trois directions : la qualification *ratione materiae*, *ratione personae* ou *sui generis*. Cette divergence s'observe notamment concernant la compétence internationale désignée par une clause d'élection de for (art. 3148 C.c.Q.) et celle qui existe relativement à la garde internationale (art. 3142 C.c.Q.).

En 1997, dans l'affaire *Kardiak Productions Inc.* c. *Sony Music Canada Inc.*[5], contrairement à la Cour supérieure qui avait opté pour la qualification *ratione*

---

[1] Groffier, *Précis de droit international privé québécois*, 264.

[2] Groffier, 264.

[3] Guillemard et Menétrey, *Comprendre la procédure civile québécoise*, 181.

[4] En 2002, dans une affaire concernant un contrat international, où le défendeur a invoqué, après que la cause avait été inscrite pour audition au mérite, l'incompétence de la Cour supérieure du Québec, en raison de l'existence de la clause compromissoire valide dans ce contrat, la Cour supérieure a refusé d'appliquer l'art. 940.1 C.p.c. au litige en question, estimant que cet article ne régissait que les instances en droit interne et qu'au plan international, ce sont les règles du Livre X C.c.Q. qui s'appliquent. La Cour supérieure a donc continué à s'aligner sur la jurisprudence *Zodiak* pour se déclarer incompétente *ratione materiae*. Voir : Mary Blake Enterprises Inc. *c.* La Coupe (Montréal) Ltd., [2002] J.Q. n° 5851 (C.S.) (LN/QL) paragr. 12 et 13. La décision n'a pas été portée en appel.

[5] Sony Music Canada Inc. *c.* Kardiak Productions Inc., J.E. 97-1395, 1997 CanLII 10719 (Qc C.A).

personae de l'incompétence du tribunal québécois découlant de la clause d'élection de for dans le contrat, pour le motif que cette clause « permet l'alternative additionnelle des recours devant les tribunaux québécois », la Cour d'appel a qualifié cette incompétence de *ratione materiae*, car celle-ci porte sur l'objet même du litige. Or, près d'une décennie plus tard, dans l'arrêt *Grecon Dimter Inc.* c. *J.R. Normand Inc.*, la Cour d'appel affirme au contraire que, « malgré les termes utilisés à l'article 3148, une convention d'*élection de for* valide ne pose pas une règle de compétence qui ressort de l'ordre public »[1].

Pour ce qui est de la garde internationale, la divergence se révèle encore plus remarquable, étant donné que l'article 3142 du *Code civil du Québec* ne prévoit qu'un seul facteur de rattachement pour déterminer la compétence internationale des tribunaux québécois. Le cas typique est l'affaire *B.S.* c. *V. L.*[2], où la Cour d'appel et la Cour supérieure ont des vues opposées sur la qualification de la compétence internationale prévue par l'article 3142[3]. Pour le juge Taschereau de la Cour supérieure, la compétence établie en vertu de cet article, liée au domicile de l'enfant, en matière de garde, est une compétence *ratione personae* : par conséquent, le défendeur, ne l'ayant pas soulevée en temps utile, est réputé y avoir renoncé[4]. La Cour d'appel a renversé cette décision, concluant qu'il était question « d'une compétence d'attribution (*ratione materiae*) »[5] et que, conséquemment, « [l]e défaut de l'appelante de soulever l'incompétence des autorités québécoises ne saurait conférer aux autorités québécoises une compétence qu'elles ne possédaient pas au départ[6]. Cet arrêt a été suivi par la Cour supérieure en 2014 dans une autre affaire touchant aussi la garde internationale : « Après une demi-journée d'audience, le tribunal a soulevé d'office la question de la compétence de la Cour supérieure du Québec pour connaître du litige. Comme il s'agissait d'une question de compétence *ratione materiae*, il avait l'obligation de le faire »[7]. Pour être claire, la Cour supérieure a ajouté ceci : « Que le défendeur ne conteste pas la demande de garde de la demanderesse ne change rien. La compétence *ratione materiae* d'un tribunal est une question d'ordre public et toute décision d'un tribunal dans un litige à l'égard duquel il n'a pas compétence est nulle »[8].

Dans les cas autres que ceux qui sont liés à une clause d'élection de for ou à la garde internationale, la jurisprudence majoritaire semble opter pour la

[1] Grecon Dimter Inc. *c.* J.R. Normand Inc., [2004] R.J.Q. 88 (C.A.) paragr. 23. Cette décision a été infirmée par la Cour suprême du Canada, mais pour d'autres motifs : Grecon Dimter Inc. *c.* J.R. Normand Inc., [2005] 2 R.C.S. 401, 2005 CSC 46. L'affaire concerne l'objection à la compétence du tribunal québécois dans le cadre d'une demande en garantie, en raison d'une clause d'élection de for valide. La Cour suprême n'a pas statué sur la qualification de la compétence internationale. Elle a cependant accueilli le moyen déclinatoire fondé sur l'absence de compétence des autorités québécoises après avoir conclu que l'art. 3148 (2) portant sur la clause d'élection de for étranger ou d'arbitrage devait prévaloir sur l'art. 3139 C.c.Q.

[2] V.L. *c.* B.S., [2002] J.Q. nº 5274 (LN/QL).

[3] Art. 3142 C.c.Q. : « Les autorités québécoises sont compétentes pour statuer sur la garde d'un enfant pourvu que ce dernier soit domicilié au Québec ».

[4] V.L. *c.* B.S., [2002] J.Q. nº 5274 (LN/QL) paragr. 10.

[5] Ibid, paragr. 20.

[6] Ibid, paragr. 21.

[7] Droit de la famille – 14994, 2014 QCCS 1893 paragr. 22.

[8] Ibid, paragr. 44.

qualification *ratione personae* de la compétence internationale établie selon différentes dispositions du livre X du *Code civil du Québec*[1].

Dans certaines affaires, les tribunaux paraissent favoriser une troisième voie, en distinguant les règles de rattachement juridictionnel impératives et facultatives et en les soumettant à des régimes différents. Citons tout d'abord l'affaire *Quebecor Printing Memphis Inc.* c. *Regenair Inc.*, où la Cour d'appel, sans avoir statué explicitement sur la nature de la compétence internationale, a l'air de retenir implicitement cette solution en citant le professeur Glenn : « Dorénavant la compétence internationale jouit d'un statut autonome quant à ces sources et à ces critères »[2]. Dans l'arrêt *Hoteles Decameron Jamaica Ltd.* c. *D'Amours*[3], ce choix est plus explicite :

> En l'espèce, le débat ne concerne que le conflit de juridiction. Certains ont utilisé, à cet égard, les termes de compétence *ratione materiae, personae* et *loci*. Reprenant en cela les thèses des professeurs Castel et Glenn, Goldstein et Groffier préfèrent, à juste titre, parler de « compétence internationale des tribunaux », car il ne s'agit pas pour le tribunal de rechercher la compétence d'attribution conférée par le droit interne sur une partie ou une matière, mais de déterminer le forum où le litige sera entendu. On propose donc de parler de compétence internationale dont le caractère est « facultatif », « relatif », « alternatif » ou au contraire dont le caractère est « absolu », « impératif », « exclusif » [...] puis appliquer, soit des règles de compétence impérative, soit des règles de compétence facultative[4].

Malgré la récente réforme du *Code de procédure civile* en 2016, qui a introduit tout un titre s'adressant aux « demandes intéressant le droit international privé », l'ambiguïté du recours *ex officio* aux règles de compétence internationale n'est toujours pas tranchée par la législation[5]. Toutefois, un regard sur la jurisprudence postérieure à 2016 montre que les tribunaux ont tendance à adopter la qualification *ratione personae*, en refusant d'appliquer d'office la règle de compétence internationale. Dans une affaire très récente, *Air Nostrum Lineas Aereas Del Mediterraneo* c. *DAC Aviation Internationale ltée*, où les parties discutaient le délai pour soulever l'incompétence internationale des tribunaux du Québec, en appelant aux articles 491 et 166 du nouveau *Code de procédure civile*, la Cour supérieure a implicitement considéré la compétence internationale comme compétence *ratione personae* et a conclu que le moyen déclinatoire avait été soulevé dans le délai requis[6]. De même, dans l'affaire *Wheelhouse* c. *Crête*[7], où

---

[1] Par exemple, Coopers & Lybrand *c.* RSM Richter inc., 2014 QCCA 194 paragr. 32 ; Option Consommateurs *c.* Infineon Technologies, a.g., 2008 QCCS 2781 paragr. 60.

[2] Glenn, « Droit international privé », 743. Voir Quebecor Printing Memphis Inc *c.* Regenair Inc., [2001] R.J.Q. 966 (C.A.) paragr. 20.

[3] Hoteles Decameron Jamaica Ltd *c.* D'Amours, 2007 QCCA 418.

[4] Ibid, paragr. 12.

[5] Voir *supra*, p. 296.

[6] Air Nostrum Lineas Aereas Del Mediterraneo *c.* DAC Aviation Internationale ltée, 2017 QCCS 5421 paragr. 11.

[7] Wheelhouse *c.* Crête, 2017 QCCQ 4241.

le défendeur s'opposait à la compétence de la Cour du Québec en raison d'une clause d'élection de for, le greffier spécial, au nom de cette cour, a rejeté le moyen déclinatoire, qualifiant cette clause d'imparfaite. Il a cependant ajouté : « *le tribunal ne peut pas appliquer d'office la clause d'élection de for*, il incombe plutôt à la partie défenderesse d'invoquer l'application de cette clause »[1], ce qui fait croire que la qualification *ratione materiae*[2] n'a pas été appliquée en cas d'espèce. Une très récente décision de la Cour supérieure du Québec a même explicitement refusé la qualification *ratione materiae* de la compétence établie par une clause d'élection de for[3]. Citant la professeure S. Guillemard pour qui la compétence internationale « est à peu près un avatar [de la compétence territoriale] sur le plan international »[4], elle conclut que :

> La compétence d'attribution – aussi appelée compétence *ratione materiae* – dont il s'agit dans cet article est celle des articles 33 et suivants C.p.c. En effet, il s'agit là de règles d'ordre public auxquelles les justiciables ne peuvent déroger par contrat, et pour cette raison, il ne peut pas y avoir de limite dans le temps pour les invoquer. Or, il en va tout autrement de la clause d'élection de for, laquelle relève de la volonté des parties. Il est donc normal que le défendeur qui pourrait s'appuyer sur la clause doive le faire à l'intérieur d'un certain délai[5].

La Cour continue son raisonnement, cette fois aussi très intéressant, sur l'impossibilité d'invoquer une clause d'élection « à tout moment » : « aux termes de l'article 3148 deuxième alinéa C.c.Q. lui-même, le législateur a inséré les termes "à moins que le défendeur n'ait reconnu la compétence des autorités québécoises". Or, tôt ou tard, le défendeur l'aura fait, au plus tard au moment plaider ses moyens de fond »[6]. En effet, reconnaître au défendeur le droit de contester à n'importe quel moment la compétence du juge québécois par le moyen d'une clause d'élection de for étranger risque d'anéantir le sens de l'alinéa 2, qui fonde cette compétence sur l'absence de contestation du défendeur.

---

[1] Wheelhouse *c.* Crête, 2017 QCCQ 4241 paragr. 59 (nos italiques).

[2] Art.167 al.2 C.p.c. : « L'absence de compétence d'attribution peut être soulevée à tout moment de l'instance et peut même être déclarée d'office par le tribunal qui décide alors les frais selon les circonstances ».

[3] Ernst & Young *c.* Ormuco inc., 2021 QCCS 2543. Dans cette affaire, la Cour supérieure a rejeté la requête en exception déclinatoire, sur la base d'une clause d'élection de for attribuant la compétence exclusive aux tribunaux ontariens pour tout litige né du contrat en question, en raison de son caractère tardif. Il convient de noter que la permission d'appel a été accordée le 24 août 2021 (2021 QCCA 1292).

[4] « S'il faut choisir entre compétence *ratione materiae* et *ratione personae* – et cela s'impose pour des questions procédurales –, la compétence internationale des tribunaux québécois ne peut être qualifiée de matérielle. Sans être la copie conforme de la compétence territoriale interne, elle y est fortement apparentée. On pourrait aller jusqu'à dire qu'elle en est à peu près un avatar sur le plan international » : Sylvette Guillemard, « Les problèmes de qualification de la compétence internationale des tribunaux québécois : la solution réside dans l'alliance du *Code de procédure civile* et du *Code civil du Québec* », *C. de D.* 60 (2019) : 250.

[5] Ernst & Young *c.* Ormuco inc., 2021 QCCS 2543 paragr.s 53 et 54.

[6] Ibid, paragr. 55.

Au Vietnam, les règles de compétence internationale du juge se trouvent dans la septième partie – reconnaissance et exécution des décisions de justice étrangère – et la huitième partie – compétence du juge vietnamien pour connaître des affaires civiles internationales – du Code de procédure civile vietnamien de 2015.

Pour ce qui est de la compétence du juge d'*exequatur*, il y a lieu de distinguer deux hypothèses. Dans la première, où le créancier dépose sa demande au ministère de la Justice, celui-ci a l'obligation de déterminer la compétence territoriale du juge vietnamien. En effet, en vertu de l'article 435 du Code de procédure civile de 2015, le ministère de la Justice, qui reçoit la demande d'*exequatur* des décisions et des jugements des tribunaux étrangers, dispose d'un délai de cinq jours ouvrables pour transférer ledit dossier au tribunal dont la compétence est déterminée par lui conformément aux articles 37 et 39[1]. Rappelons que, avant 2015, c'était le seul canal possible pour un créancier qui voulait faire connaître sa demande. Depuis la réforme de 2015, un créancier peut saisir directement un juge d'*exequatur* tant pour les décisions et jugements des tribunaux étrangers que pour les sentences arbitrales étrangères. La réforme reste toutefois silencieuse sur les modalités du recours aux règles de compétence juridictionnelle. Dans la pratique judiciaire, le juge d'*exequatur* prend connaissance d'office des règles de rattachement de compétence juridictionnelle préalablement à l'examen du fond de la demande[2]. Nous ne pouvons que saluer cette solution.

En ce qui a trait à la compétence du juge vietnamien pour connaître des affaires civiles internationales, le Code de procédure civile de 2015 ne prévoit que des cas où le tribunal a la compétence internationale, aux articles 469 (compétence ordinaire) et 470 (compétence exclusive). Il ne contient aucune disposition relative à la mise en œuvre de ces règles de rattachement juridictionnel. Les rapports explicatifs de la Cour populaire suprême, organe chargé de la rédaction du projet de code, n'offrent pas plus de clarifications. L'examen d'une trentaine de jugements publiés dans les domaines contractuel[3] et familial révèle que la mise en œuvre des règles de compétence juridictionnelle est très diverse et incohérente. Certains tribunaux se déclarent compétents en citant l'article 469 du Code de procédure civile de 2015, sans expliquer la raison pour laquelle ce texte leur donne compétence[4], tandis que d'autres appliquent ses règles de compétence territoriale, qui se rapportent aux litiges internes, alors même que ces derniers comportent des éléments d'extranéité[5].

---

[1] Le même mécanisme s'impose pour l'*exequatur* des sentences arbitrales étrangères (art. 454).

[2] C'est ce que nous pouvons constater en examinant toutes les décisions en la matière qui ont été rendues publiques. Il est à noter que les décisions de justice ne sont pas toutes publiées au Vietnam. S'il est vrai que la Constitution de 2013 et certaines lois spéciales imposent la publication des décisions de justice, le nombre de publication reste modeste.

[3] Nous ne trouvons que trois arrêts tranchant des litiges nés des contrats de travail, de transformation et de coopération.

[4] Par exemple, la Décision n° 03/2018/HNGĐ-ST en date du 11 janvier 2018 de la Cour populaire provinciale de Da Nang concernant une demande d'affiliation.

[5] Par exemple, la Décision n° 862/2017/LĐ-ST en date du 12 juillet 2017 de la Cour populaire provinciale de Ho Chi Minh-ville concernant un litige né d'un contrat de travail.

Tout comme c'est le cas au Québec, le statut des règles de compétence internationale au Vietnam n'est donc pas clair. À notre avis, bien que la compétence internationale des tribunaux puisse être assimilée à la compétence territoriale, en raison du mécanisme typique de rattachement géographique entre le litige et une juridiction, rattachement basé sur la localisation dans l'espace[1], nous militons pour une application *ex officio* par le juge devant qui le litige international est soumis. En effet, la société internationale étant très différente de la société nationale, l'attribution de la compétence internationale au tribunal d'un ordre juridique se distingue bien de la répartition territoriale des juridictions d'un pays. Il n'existe pas d'ordre juridique international rassemblant sous son égide des ordres étatiques de façon uniforme. Au contraire, chaque ordre est muni de sa souveraineté et poursuit des intérêts et des valeurs qui diffèrent. Les règles de compétence internationale permettent d'établir la compétence des tribunaux nationaux dans un litige international, mais elles ont aussi pour objet d'éviter que les juridictions nationales doivent entendre des demandes n'ayant aucun lien avec leur ordre juridique[2]. Cela est compréhensible, car les tribunaux fonctionnent grâce aux contributions fiscales des citoyens : dès lors, il n'y a pas de raison valable pour les utiliser comme un for d'aisance. Cette suggestion convient très bien dans le cas du Vietnam, étant donné que ses tribunaux appliquent d'office tant les règles de compétence d'attribution que les règles de compétence territoriale. Rappelons qu'une telle solution a été retenue dans la codification belge, l'article 12 disposant que « [l]e juge saisi vérifie d'office sa compétence internationale »[3]. Cette disposition est d'ailleurs conforme au Règlement européen de 2000 concernant la compétence judiciaire, la reconnaissance et l'exécution des décisions en matière civile et commerciale, qui exige des tribunaux des États membres qu'ils se déclarent d'office incompétents si leur compétence n'est pas fondée aux termes de ce règlement[4].

L'application des règles de rattachement normatif par le juge

Le rattachement normatif peut conduire à l'application d'un droit autre que le droit national. Comme pour le rattachement juridictionnel, la question se pose de savoir si les autorités nationales compétentes ont l'obligation de mettre en œuvre d'office les règles de droit applicables pour régler un litige touchant plus d'un ordre juridique.

---

[1] Il faut d'ailleurs rappeler qu'avant la naissance du Livre X C.c.Q. consacré au droit international, en l'absence de règles de juridiction propres au litige international, la jurisprudence québécoise avait transposé les règles de compétence territoriale interne prévues au *Code de procédure civile* de l'époque (art. 68-75 C.p.c.) sur le plan international. Voir les arguments très convaincants de la Professeure Guillemard, « Les problèmes de qualification de la compétence internationale des tribunaux québécois : la solution réside dans l'alliance du *Code de procédure civile* et du *Code civil du Québec* ».

[2] Sauf quelques exceptions justifiées par la nécessité ou l'urgence, qui sont d'ordre public, ainsi que la mise en œuvre du principe d'autonomie de la volonté strictement encadrée.

[3] Loi du 16 juillet 2004 portant le Code de droit international privé.

[4] Règlement (CE) n° 44/2001 du Conseil du 22 décembre 2000 européen concernant la compétence judiciaire, la reconnaissance et l'exécution des décisions en matière civile et commerciale, J.O.U.E. n° L 12, 16 janvier 2001, p. 1, art. 26.

En droit québécois, l'article 2809 du *Code civil du Québec* prévoit que le droit étranger doit être allégué pour que le tribunal québécois puisse l'appliquer. Cela signifie-t-il que l'application des règles de rattachement est soumise à la même condition d'allégation ou bien le juge doit-il, ou au moins peut-il, prendre connaissance d'office des règles de DIP en vigueur au Québec ?

Le problème survient à la lecture en parallèle de cet article et un autre du Code civil, l'article 2807 qui « ne semble pas appartenir à première vue au droit international privé, mais [qui] soulève une question de principe extrêmement importante »[1]. En effet, en vertu du dernier, le tribunal québécois « doit prendre connaissance d'office du droit en vigueur au Québec »[2]. Les règles contenues dans le livre X font partie, impossible d'en douter, du droit québécois en vigueur. En suivant la lettre de l'article, on est donc en mesure d'apporter une réponse positive à la question posée[3]. Cela peut toutefois rendre la situation « incongrue », car, « en supposant le silence des parties, au terme du raisonnement de DIP tenu par le magistrat, celui-ci en viendrait à déterminer, par exemple, que la question qui lui est soumise est régie par la loi du domicile d'une partie, mais comme cette loi n'a pas été alléguée, il ne peut l'utiliser pour résoudre le problème »[4]. L'utilité de la connaissance d'office de la règle de rattachement par le juge peut être donc mise en question. En réalité, la méconnaissance du DIP n'est pas rare : avec le temps, les tribunaux québécois doivent toujours rappeler son existence aux parties. Dans une affaire relative à un contrat de vente internationale, la Cour d'appel a ainsi souligné le problème, citant le professeur Alain Prujiner : « Mais les parties ont oublié une question préalable : le *Code civil* s'applique-t-il à ce contrat ? Et de façon plus générale, quel est le droit qui régit ce contrat ? Selon le professeur Prujiner cette erreur est fréquente »[5].

Au Vietnam, la question de la valeur contraignante des règles de rattachement normatif a attiré l'attention des rédacteurs du projet de code civil de 2015[6]. En effet, le rapport explicatif du projet, rendu public par le ministère de la Justice, tient compte de la décevante pratique judiciaire à l'égard de l'applicabilité des règles de DIP au Vietnam : « Les règles de rattachement normatif n'ont

---

[1] Goldstein et Groffier, *Droit international privé*, t. I « Théorie générale », 225.

[2] Art. 2807 al. 1 C.c.Q.

[3] Les opinions ne sont pas unanimes. Selon les professeurs Talpis et Castel, « Le Code civil du Québec. Interprétation des règles du droit international privé », 832, « [l]orsque les parties à un litige comprenant un élément d'extranéité ignorent les règles de conflit québécoises, l'article 2807 semble obliger le juge à suppléer à cette carence ». Au contraire, pour les professeurs Goldstein et Groffier, *Droit international privé*, t. I « Théorie générale », 225, « [l]e fait que le juge doive prendre connaissance de son droit [...] ne signifie pas qu'il soit obligé d'appliquer d'office les règles de son droit international privé. En fait, un grand nombre de cas sont jugés comme s'il s'agissait d'affaires internes parce que les parties n'allèguent pas le droit étranger».

[4] Guillemard et Ly, *Éléments de droit international privé québécois*, 73 (note de bas de page omise).

[5] Mazzetta Company, l.l.c. *c.* Dégust-Mer inc., 2011 QCCA 717 paragr. 11 et 12.

[6] La cinquième partie du projet de code civil est relative à la loi applicable aux relations civiles comportant un élément d'extranéité : elle constitue la source principale du DIP vietnamien. Le ministère de la Justice était chargé de la rédaction du projet de code civil de 2015, et le Département du droit international relevant de ce ministère se trouvait responsable de l'avant-projet de la cinquième partie du projet de code civil.

pratiquement pas été appliquées, ni par les tribunaux ni par les citoyens »[1]. Des experts ont proposé d'introduire dans le Code une disposition de portée générale relative à l'application obligatoire des règles de rattachement[2]. Malheureusement, aucune proposition n'a été retenue. Aucune disposition relative à la connaissance des règles de rattachement n'a été incluse dans la partie V, celle-ci concernant la détermination de la loi applicable aux rapports qui comportent des éléments d'extranéité.

Le ministère de la Justice, qui cherchait à rendre effective la mise en œuvre des règles de rattachement normatif, a fortement recommandé aux organes chargés de l'application de la cinquième partie du Code civil de 2015 de prendre connaissance d'office des règles de rattachement dans le traitement des dossiers internationaux. Force est de constater que les guides d'application du Ministère n'ont pas d'effet contraignant. Il est alors aisément compréhensible que les règles de DIP continuent à être ignorées par les autorités judiciaires et administratives compétentes dans des affaires comportant des éléments d'extranéité. Nous remarquons ainsi que, dans la pratique judiciaire, aucun juge ne met en œuvre la règle de droit applicable, que ce soit dans le domaine des droits disponibles (contrat, responsabilité extracontractuelle, gestion d'affaires d'autrui sans mandat, droits réels portant sur les biens en cours d'acheminement) ou dans le domaine des droits indisponibles. Tous les juges appliquent la loi du for, en l'occurrence la loi vietnamienne. Il faut noter que les éléments contenus dans les arrêts rendus publics ne nous permettent pas de savoir si les parties ont invoqué l'application du droit étranger[3].

Tant le droit québécois que le droit vietnamien sont donc ambigus sur le statut des règles de DIP et, par conséquent, sur leur connaissance d'office par les tribunaux. Il est fortement recommandé, en particulier pour le droit vietnamien, d'avoir une disposition claire sur cette question. La clarté de la législation s'avère très importante, étant donné la rigidité de la pratique judiciaire[4] et la tendance à traiter les litiges internationaux comme les litiges internes. Or, cette tendance va carrément à l'encontre de la politique d'ouverture du Vietnam et neutralise les efforts législatifs en vue de faire progresser le DIP. Dans le monde, les règles de DIP ont gagné une place comparable à celle des règles de droit interne.

En France, la jurisprudence évolue constamment. Après divers revirements, la situation actuelle de la jurisprudence relative à l'autorité de la règle de conflit de lois peut se résumer ainsi : la mise en œuvre de la règle de conflit de lois ne

[1] Vietnam, Ministère de la Justice, « Rapport explicatif du projet du Code civil », soumis à l'Assemblée nationale, 31e sess., 12e légis., point I.4.

[2] Pour un rapport sur ce point, voir Quoc Chien Ngo et Minh Hang Nguyen, « Rapport sur la cinquième partie du projet du Code civil » (Hanoi : Commission spéciale sur la cinquième partie du projet de code civil, août 2015).

[3] On ne trouve dans ces arrêts aucun élément versé aux débats relatifs à l'invocation de l'application de la loi étrangère, qui n'est d'ailleurs prévue nulle part dans la législation.

[4] Dans le système vietnamien, qui a fortement subi l'influence du système français, le juge est « la bouche de la loi ». Il ne fait que prononcer ce que dit la loi, selon l'article 103 (2) de la Constitution de 2013. Une telle rigidité persiste même avec la nouvelle Constitution et certaines lois spéciales qui prévoient la compétence du Conseil des juges suprêmes pour « sélectionner et publier les jurisprudences ».

s'impose au juge français que dans les domaines de droits indisponibles ; pour les droits disponibles, les parties peuvent, par un accord procédural, au besoin tacite, résultant de l'invocation d'un droit autre que celui qui est désigné par la règle de conflit, fût-elle conventionnelle, demander au juge français l'application du droit français. À défaut d'accord des parties pour l'application du droit français, la règle de conflit de lois redevient impérative pour le juge, ce dernier devant appliquer le droit étranger désigné comme compétent[1].

Il est intéressant de constater que les codifications nationales sont souvent silencieuses sur cette question, y compris les plus connues, comme la codification suisse de 1987 et la codification belge de 2004, et qu'elles ne s'adressent directement qu'à la connaissance du droit étranger. Bien que l'application d'office des règles de rattachement puisse être déduite de l'obligation de connaître le droit étranger, comme c'est le cas en Suisse[2] ou en Belgique[3], l'absence d'une disposition explicite ne permettrait pas d'éviter des interprétations divergentes. En Suisse par exemple, lors de la codification du DIP, il a été relevé que le Tribunal fédéral s'était prononcé sur l'obligation du juge d'appliquer d'office des règles de rattachement, mais certains arrêts ne l'avaient confirmé que pour les règles d'ordre public. Toutefois, la proposition de fixer la solution dans le projet de codification n'a pas été retenue[4].

Nous sommes d'avis que, dans un objectif de transparence, il est nécessaire d'introduire dans la codification vietnamienne une disposition claire sur la connaissance des règles de rattachement normatif. Étant donné que le DIP fait incontestablement partie du droit national, il est logique que les tribunaux doivent appliquer d'office les règles de rattachement. Une telle précision ne serait pas non plus superflue en droit québécois.

3.1.2 L'application du droit étranger par le juge

L'application des règles de rattachement normatif a des répercussions sur la connaissance du droit étranger par le juge. Toutefois, étant donné sa place en dehors de l'ordre juridique du for, le droit étranger ne bénéficie pas du même statut que le droit interne, car si ce dernier doit être connu d'office par le juge, cette obligation ne lui est pas toujours imposée dans le cas du droit étranger.

Face à la question de savoir si le juge a l'obligation d'appliquer d'office le droit étranger dans un litige international lorsque la règle de rattachement le désigne ou si les parties l'ont choisi pour régir leur relation, les partisans et les détracteurs ont avancé des arguments opposés pour soutenir leurs points de vue. D'un côté, la doctrine des conflits de lois facultatifs (*fakultatives Kollisionsrecht*)

---

[1] Voir sur ce point : Jean-Pierre Ancel, « Le juge français et la mise en œuvre du droit étranger », Rapport annuel (Paris : Cour de cassation, 1997).

[2] Loi fédérale du 18 décembre 1987 sur le droit international privé, art. 16 (1) : « Le contenu du droit étranger est établi d'office. À cet effet, la collaboration des parties peut être requise. En matière patrimoniale, la preuve peut être mise à la charge des parties ».

[3] Loi du 16 juillet 2004 portant le Code de droit international privé, art. 15 (1) : « Le contenu du droit étranger désigné par la présente loi est établi par le juge ».

[4] Overbeck, « Les questions générales du droit international privé à la lumière des codifications et projets récents : cours général de droit international privé », 54.

– lancée par Axel Flessner et défendue par Fritz Sturm[1] dès les années 1970 – plaide pour une application facultative du droit étranger qui dépende des parties (si les parties ne l'invoquent pas, il sera plus efficace et moins coûteux pour le juge d'appliquer sa *lex fori* au lieu du droit étranger). À l'opposé, on estime que la faculté d'appliquer le droit étranger conduirait à « une application généralisée » de la *lex fori* et ignorerait « l'harmonie internationale des solutions », qui est l'âme du DIP[2].

Une fois cette question réglée, il faut aussi se demander, dans le cas de l'application effective du droit étranger par le juge du fond, à qui incombe la charge d'établir le contenu du droit étranger, et quelles seraient les conséquences d'un échec en ce sens.

La connaissance d'office par le juge et le statut du droit étranger

Au Québec, les règles relatives à la connaissance d'office du droit étranger ont évolué à l'occasion de la réforme du Code civil en 1994.

Avant l'entrée en vigueur du *Code civil du Québec*, les parties étaient les seules responsables de l'établissement du contenu du droit étranger qu'elles avaient allégué. Le juge ne pouvait l'appliquer d'office, même s'il en connaissait bien le contenu ou y avait accès facilement : « Il s'agissait d'un domaine où la maxime *jura aliena non novit cura* s'appliquait strictement »[3]. Le droit québécois était plus restreint en cette matière que les autres provinces du Canada, où les tribunaux pouvaient prendre connaissance d'office du droit des autres provinces et de certains pays étrangers énumérés dans la législation[4].

En 1972, le professeur Castel a résumé l'état des lieux au Canada comme suit : « Il est généralement reconnu que la connaissance d'une loi étrangère ne doit pas être imputée au juge. Le fait qu'un juge ne puisse appliquer que la loi locale est aussi un principe de base : la loi étrangère doit être vue comme un *fait* et non comme une *loi*, lorsque cela s'avère pertinent »[5]. C'est donc une perception courante en DIP de la *common law*[6], qui a influencé dans une certaine mesure d'autres systèmes de droit, notamment les droits mixtes comme celui du Québec, que le droit étranger est considéré comme une question de fait et non une question de droit, d'où la nécessité d'en faire la « preuve »[7].

---

[1] Axel Flessner, « Fakultatives Kollisionsrecht », *RabelsZ*, 1970, p. 547 ; Fritz STURM, « Fakultatives Kollisionsrecht : Notwendigkeit und Grenzen », *Festschrift für Konrad Zweigert*, Tübingen, 1981, p. 329, cités dans A. E. von Overbeck, « Les questions générales du droit international privé à la lumière des codifications et projets récents : cours général de droit international privé », 55.
[2] Overbeck, 55-57.
[3] Goldstein et Groffier, *Droit international privé*, t. I « Théorie générale », 228.
[4] Jean-Gabriel Castel, « Proof of Foreign Law », *U. Toronto L.J.* 22 (1972) : 33-35 (notre traduction).
[5] Castel, 33.
[6] Thomas F. Bridgman, « Proof of Foreign Law and Facts », *J. Air L. & Com.* 45 (1980) : 846.
[7] Léo Ducharme, « Le nouveau droit de la preuve en matières civiles selon le *Code civil du Québec* », *R.G.D.* 23 (1992) : 11. Certains auteurs précisent par contre que l'existence du droit étranger d'un contenu déterminé qui est l'objet de la preuve doit plutôt être considérée comme un fait, tandis que le droit étranger en soi est toujours du droit, car ce sont des normes qui émanent d'un État et dont « [l']application par le juge aux individus détermine leurs droits et obligations » : Pierre Mayer, cité dans Goldstein et Groffier, *Droit international privé*, t. I « Théorie générale », 232.

Le *Code civil du Québec* réitère cette différence entre le droit interne québécois et le droit hors Québec quant à leur statut, car si l'article 2807 consacre la règle que le tribunal doit prendre connaissance d'office du droit québécois, c'est plutôt une autorisation, sinon une faculté, à l'égard du droit hors Québec, et l'on exige toujours des parties qu'elles l'aient allégué pour qu'il soit connu par le juge[1]. L'innovation réside dans la disposition qui exempte les parties de l'obligation d'en faire la preuve[2].

Comme dans les autres entités fédérées, la distinction entre le droit des provinces canadiennes et le droit des États étrangers se pose au Québec. Les travaux préparatoires du livre X montrent que la décision de mettre le droit étranger sur le même pied que le droit des autres provinces canadiennes a été prise à la dernière minute, car l'avant-projet du nouveau Code civil avait proposé un traitement différencié en faveur des provinces canadiennes, qui seraient les seules à bénéficier de la connaissance d'office du juge québécois, pourvu qu'il y ait eu allégation par les parties[3].

Au cours des années 90, l'idée de la connaissance d'office du droit étranger par le juge québécois est reçue de façon très différente par la doctrine et le milieu des praticiens. Plusieurs trouvent raisonnable de soumettre la connaissance du droit étranger par le juge à la condition d'allégation par les parties. L'admission plus limitée du droit étranger par rapport au droit interne est ainsi justifiée : « aucun système de droit international privé ne met actuellement sur un pied d'égalité le droit interne et le droit étranger [...] le caractère normatif des règles de fond a une influence directe sur leur application d'office par le juge »[4]. De plus, il serait préférable de traiter le droit des autres provinces canadiennes plus favorablement[5].

Pour sa part, le professeur Alain Prujiner, qui pose un regard moderne sur le DIP, estime que l'obligation d'alléguer le droit étranger pour son application par le juge québécois « entraîne une fragilité certaine à l'ensemble du Livre X »[6] puisque si les parties ne l'allèguent pas, le DIP est évacué. Nous sommes tout à fait d'accord avec lui. D'ailleurs, dans certains domaines, le juge se voit obligé d'appliquer d'office le droit étranger. Par exemple, en vue de reconnaître une adoption internationale, l'article 568 du Code civil exige du juge québécois qu'il vérifie si les conditions de placement de l'enfant domicilié hors du Québec y sont respectées conformément à la *Convention sur la protection des enfants et la coopération en matière d'adoption internationale*[7] et en vertu de l'article 574 C.c.Q., il doit aussi s'assurer que les règles concernant le consentement à l'adoption et l'admissibilité à l'adoption de l'enfant ont été respectées. De même,

---

[1] Art. 2809 C.c.Q.

[2] Cependant, le juge peut toujours demander leur collaboration pour l'établissement de la teneur du droit étranger dont l'échec peut entraîner sa non-application.

[3] Rémillard, « Présentation du projet de Code civil du Québec », 62.

[4] Goldstein et Groffier, *Droit international privé*, t. I « Théorie générale », 227.

[5] Goldstein et Groffier, 227 ; Chambre des notaires du Québec, *Mémoire de la Chambre des notaires du Québec. Projet de loi 125 – Code civil du Québec*, t. II « Livre sixième au Livre dixième » : 4.

[6] Prujiner, « Livre dixième : Droit international privé », 346.

[7] Convention sur la protection des enfants et la coopération en matière d'adoption internationale.

dans le domaine de la garde d'enfant, la *Loi sur les aspects civils de l'enlèvement international et interprovincial d'enfants* oblige la Cour supérieure du Québec à « tenir compte directement du droit » dans l'État où l'enfant a sa résidence habituelle pour déterminer l'existence d'un déplacement ou d'un non-retour illicite, sans besoin de l'allégation par les parties[1]. En outre, aux yeux des experts internationaux, le maintien de l'obligation d'alléguer le droit étranger dans le DIP québécois ne suit pas les courants que connaissent généralement les autres pays[2].

Si l'article 2809 du Code civil maintient la condition de l'allégation du droit étranger par les parties, il leur en a enlevé la charge de preuve. Voilà une innovation par rapport à l'ancien droit. Comme le juge peut désormais prendre connaissance d'office du droit étranger, les parties sont appelées à en fournir la preuve seulement si le juge a besoin de leur collaboration. Il n'est donc plus question de leur obligation inhérente. Cependant, cette nouveauté n'a pas été introduite sans critiques, du fait que le tribunal peut prendre connaissance d'office du droit étranger et qu'il peut aussi demander que la preuve en soit faite. Le professeur Léo Ducharme a ainsi relevé la contradiction créée par l'article 2809 C.c.Q. dans la qualification du droit étranger qui est, d'une part, un fait à prouver et, d'autre part, une règle de droit que le tribunal doit connaître d'office : « À notre avis, l'article 2809 veut faire en sorte que le droit étranger, sur le plan du droit de la preuve, soit à la fois une chose et son contraire »[3]. En réalité, peu de juges prennent connaissance d'office du droit étranger : par conséquent, le fardeau de preuve repose presque toujours sur les parties.

Par ailleurs, la solution du droit québécois montre que le Québec est beaucoup plus réservé que de nombreux autres pays à l'égard du droit étranger. La Suisse, l'Autriche, la Belgique et la France (par voie jurisprudentielle) ont opté pour l'obligation faite au juge national de prendre connaissance d'office du droit étranger, alors qu'au Québec, cette connaissance est facultative. La loi autrichienne va encore plus loin, car l'article 2 prévoit que « les conditions de fait et de droit qui commandent le rattachement à un ordre juridique déterminé doivent être constatées d'office, sauf si les faits présentés par les parties doivent être tenus pour vrais dans une matière où le choix du droit applicable est admis »[4]. Selon le professeur Alfred E. von Overbeck, cette disposition illustre que l'Autriche a pris « la précaution de s'assurer que l'application d'office du droit international privé ne [sera] pas mise en échec pour des motifs de procédure »[5].

Par rapport au droit québécois, la législation vietnamienne paraît plus claire à ce sujet, mais cela ne signifie pas pour autant qu'elle soit sans ambiguïté. La réforme effectuée en 2015 a apporté une nouveauté importante relativement à la charge de la preuve de la loi étrangère. En effet, la législation antérieure était silencieuse sur l'ensemble du problème de l'application du droit étranger, y compris la preuve de ce droit. La nouvelle disposition est innovatrice, car le

---

[1] Loi sur les aspects civils de l'enlèvement international et interprovincial d'enfants, article 28.

[2] Overbeck, « Les questions générales du droit international privé à la lumière des codifications et projets récents : cours général de droit international privé », 55.

[3] Ducharme, « Le nouveau droit de la preuve en matières civiles selon le *Code civil du Québec* », 11.

[4] *Loi fédérale autrichienne du 15 juin 1978 sur le droit international privé*, cité dans Overbeck, 54.

[5] Overbeck, 54.

législateur vietnamien a fait la distinction entre les droits disponibles et les droits indisponibles, même si ces deux termes n'ont pas été employés dans les textes, pour instaurer deux régimes de charge de la preuve dans les dispositions de l'article 481 du Code de procédure civile de 2015. Ainsi, dans les domaines où les parties ont le droit de choisir la loi étrangère applicable[1] à leur relation, et où elles en ont effectivement retenu une, il leur incombe de soumettre au juge vietnamien le contenu de la loi étrangère qu'elles ont privilégiée et elles sont tenues responsables de son exactitude (par. 1). Au contraire, dans les domaines où les parties n'ont pas le droit de disposer de la loi applicable, et où le droit étranger est désigné en vertu des règles de rattachement dans le droit vietnamien ou dans les traités internationaux du Vietnam, il revient au juge de prendre connaissance lui-même du contenu de la loi étrangère (par. 2).

L'article 481 du Code de procédure civile de 2015 entraînerait, selon nous, des conséquences importantes sur la connaissance d'office des règles de rattachement. Dans la mesure où il prévoit que le juge vietnamien doit prendre connaissance d'office du droit étranger si les règles de rattachement le désignent, il est tout à fait logique de croire que les parties ne doivent pas alléguer le droit étranger et que le juge doit aussi appliquer d'office les règles de rattachement pour arriver à ce résultat. De même, dans le premier cas avec le droit étranger choisi par les parties, ledit article leur demande d'en fournir la preuve pour que ce droit soit appliqué. Dans ce cas, le juge ne peut pas en prendre connaissance d'office.

Toutefois, une ambiguïté persiste. Lorsque les parties ont le droit de choisir la loi applicable, mais ne s'en prévalent pas, quelles en seront les conséquences sur le recours aux règles de rattachement et au droit désigné par ces règles ? Le juge doit-il appliquer d'office la règle de rattachement pour trouver le droit applicable ?

En France, sur cette question également, la pratique a évolué au fil du temps[2]. Il résulte de la jurisprudence la plus récente que le juge français qui reconnaît applicable un droit étranger doit en rechercher – soit d'office, soit à la demande d'une partie qui l'invoque – la teneur, avec le concours des parties et personnellement s'il y a lieu, et donner à la question litigieuse une solution conforme au droit positif étranger[3].

Au Vietnam, la réponse à cette question doit être affirmative, comme nous l'avons suggéré dans la première partie de notre texte. Cette solution s'avère aussi

[1] Au Vietnam, le législateur mentionne expressément au Code civil de 2015 quatre domaines dans lesquels les parties ont le droit de choisir la loi applicable : le droit de propriété des biens en cours d'acheminement (art. 678 (2)) ; les contrats de toutes sortes, y compris le contrat de travail et le contrat de consommation (art. 683) ; la gestion d'affaires d'autrui sans mandat (art. 686) ; et la responsabilité extracontractuelle (art. 687).

[2] Dans un arrêt du 25 mai 1948, la première chambre de la Cour de cassation disait que la charge de la preuve de la loi étrangère pesait sur le demandeur à l'instance : Civ. 1re, 25 mai 1948, *Bull. civ.* I, nº 163. Cette cour a conclu dans une autre affaire qu'« [il appartenait] à la partie qui invoque l'irrecevabilité de l'action dirigée contre elle en se fondant sur les dispositions d'une loi étrangère de prouver le contenu de cette loi » : Civ. 1re, 24 janv. 1984, *Bull. civ.* I, nº 33. Lors de la détermination du contenu de la loi étrangère, les juges du fond exercent un rôle actif, mais ils peuvent demander le concours des parties : Civ. 1re, 13 nov. 2003, *Bull. civ.* I, nº 225 ; Civ. 1re, 28 juin 2005, *Bull. civ.* I, nº 289 ; Com. 28 juin 2005, *Bull. civ.* IV, nº 138.

[3] Civ. 1re, 28 juin 2005, *Bull. civ.* I, nº 289. Le juge commercial s'est prononcé dans le même sens dans un arrêt rendu le même jour (Com. 28 juin 2005, *Bull. civ.* IV, nº 138).

logique, car, en l'absence du choix des parties, la règle de rattachement joue automatiquement son rôle, et le juge doit agir en vertu du paragraphe 2 de l'article 481 du Code de procédure civile de 2015.

L'établissement du contenu du droit étranger par le juge serait devenu la tendance courante dans le DIP, si l'on en croit différents textes de loi nationale (l'article 16 de la loi suisse[1], l'art. 2908 C.c.Q., l'article 15 du Code belge[2], en particulier). En cas de difficulté, le juge peut recourir à la collaboration des parties. Quant à la charge de preuve, la solution du Vietnam, qui consiste à prévoir deux régimes différents en fonction de l'exercice de l'autonomie du choix des parties, nous paraît très intéressante. Il est en effet raisonnable d'obliger les parties à fournir le contenu du droit étranger qui a été leur choix, car ce sont elles qui doivent bien maîtriser leur dossier. Dans les autres cas, le juge doit prendre connaissance d'office du droit étranger désigné par la règle de rattachement. Même dans le cas où la charge de la preuve repose sur les parties, leur défaut d'établir le contenu du droit étranger ne semble pas entraîner immédiatement sa non-application, car le paragraphe premier de l'article 481 du Code de procédure civile de 2015 prévoit que le tribunal peut prendre connaissance du droit étranger en procédant à une commission rogatoire.

Nous pensons donc que, par comparaison avec le droit québécois, la solution adoptée par le Vietnam paraît meilleure et plus ouverte à l'internationalité. Toutefois, il serait souhaitable d'apporter plus de clarté dans le droit vietnamien au sujet de l'absence du choix des parties dans les domaines où elles ont la libre disposition de leurs droits.

L'établissement du contenu du droit étranger

Au Québec, la question du droit étranger est traitée dans le contexte du droit de la preuve, alors que, dans d'autres pays de la tradition civiliste, elle l'est dans le DIP[3]. En vertu de l'article 2809 du Code civil, la preuve du droit étranger peut être fournie par différents moyens. On peut en citer deux : le témoin-expert et le certificat établi par un jurisconsulte[4]. Selon la doctrine, un autre moyen de preuve peut être la production des textes législatifs par les parties dans leur dossier[5]. En réalité, les tribunaux québécois ont tendance à demander aux parties de prouver le droit étranger, « sauf lorsque la loi étrangère est facilement accessible et que sa teneur est simple à établir », sans quoi le droit en vigueur au Québec s'appliquera[6].

---

[1] Loi fédérale du 18 décembre 1987 sur le droit international privé.

[2] Loi du 16 juillet 2004 portant le Code de droit international privé.

[3] On peut se demander si cette situation influe sur la nature des solutions. Nous ne le pensons pas. Cela n'empêche pas que les règles de preuve s'appliquent à l'établissement du contenu du droit étranger.

[4] Dans Robinson *c.* Souriac, 2012 QCCS 6149 paragr. 63 et 66, la Cour supérieure explique qu'en principe, « une loi étrangère peut être prouvée par la production d'un exemplaire qui émane apparemment d'un officier public étranger compétent, ou d'une copie attestée par un officier public étranger qui en est dépositaire » ou par « la production d'un certificat établi par un jurisconsulte », ou encore « par un témoin expert ».

[5] Goldstein et Groffier, *Droit international privé*, t. I « Théorie générale », 240.

[6] Sylvie Scherrer, « La loi étrangère devant le tribunal québécois », in JurisClasseur Québec, coll. « Droit civil », *Droit international privé*, vol. fasc. 5 (Montréal : LexisNexis, 2012), n° 8.

Une règle de rattachement a été introduite au livre X du Code civil pour la gestion de la preuve. Ainsi, en vertu de l'article 3130 du Code civil, la preuve, y compris celle du droit étranger, est régie par la loi qui s'applique au fond du litige. Toutefois, les règles québécoises seront appliquées si elles sont plus favorables à son établissement.

Au Vietnam, l'établissement du contenu du droit étranger est prévu dans le Code de procédure civile de 2015, plus précisément dans la partie réservée au DIP. L'article 481 ne prévoit pas explicitement les moyens que les parties utiliseront afin de prouver le droit étranger lorsque la charge de preuve leur incombe. Le libellé du premier paragraphe de cet article donne plutôt à comprendre que le juge accepte les documents fournis de bonne foi par les parties[1]. Toujours selon cette disposition, s'il y a désaccord entre les parties sur le contenu du droit étranger choisi, le juge aura recours à une commission rogatoire pour en établir le contenu. Lorsque le juge doit prendre connaissance d'office du droit étranger désigné par la règle de rattachement, il peut, comme nous l'avons mentionné, demander le témoignage d'un expert ou avoir recours à unea commission rogatoire.

L'échec de l'établissement du contenu du droit étranger entraînera l'application de la *lex fori* : c'est la solution adoptée par le droit québécois et le droit vietnamien.

Selon un bilan de la jurisprudence en DIP au Québec en 2018, l'auteure Stéphanie Ghozlan constate que le recours à l'article 2809 al. 2 (application du droit québécois en l'absence d'allégation ou de preuve du droit étranger) continue à être fréquent[2]. Par contre, les tribunaux se montrent plus réticents dans certains cas, lorsque la règle de rattachement est considérée comme « impérative » ou lorsque les intérêts des parties risquent d'être atteints si la loi étrangère est écartée pour des questions de preuve. Le premier exemple concerne l'article 3094 C.c.Q., qui prévoit un rattachement « impératif » à la loi du domicile du créancier d'une obligation alimentaire[3], au point de vue des tribunaux. Ainsi, dans *Droit de la famille – 18301*[4], la demanderesse soutient que si le Tribunal n'est pas satisfait de la preuve de la loi polonaise désignée par l'article 3094 C.c.Q., il peut appliquer le droit québécois à titre supplétif en vertu de l'article 2809 C.c.Q. pour statuer sur la demande en modification de la pension alimentaire. La Cour supérieure a cependant refusé de suivre ce raisonnement, constatant que « [l]'article 3094 C.c.Q. crée une règle particulière et spécifique en matière d'obligation alimentaire qui ne permet pas l'application du droit québécois à titre supplétif lorsque le

---

[1] Lorsque les parties ont le droit de choisir le droit étranger et l'ont choisi, il leur incombe de fournir la preuve de ce droit au tribunal. Elles en sont responsables de l'exactitude.

[2] Stéphanie Ghozlan, « Jurisprudence 2018 – Droit international privé », *R. du N.* 121 (2019) : 154 et 162. Dans la chronique de la jurisprudence en 2015, les auteurs ont même fait savoir qu'« [a]vec le temps qui passe, les tribunaux commencent à montrer une impatience occasionnelle devant la méconnaissance du droit international privé ou le laxisme qui entoure la preuve du droit étranger ». Édith Vézina, Valérie Beaudoin, et Marissa Maria Kazadellis, « Chronique de jurisprudence québécoise en droit international privé » 28 (2015) : 283.

[3] La loi du domicile du débiteur est appliquée seulement quand la loi du domicile du créancier ne lui permet pas d'obtenir d'aliments alors que l'autre loi le lui permet.

[4] Droit de la famille – 18301, 2018 QCCS 578.

Tribunal juge que la partie n'a pas établi de façon satisfaisante »[1]. Cette conclusion est reprise dans *Droit de la famille – 182457* de la même année[2].

Le deuxième exemple se rapporte au droit successoral. Dans l'affaire *Juljulian* c. *Juljulian*[3], la Cour supérieure est saisie de demandes concernant le partage des biens meubles situés au Québec, que la mère décédée en Syrie laisse à ses trois enfants. Tout en constatant que le droit syrien s'applique, mais que les parties ne sont pas arrivées à prouver sa teneur, la Cour a accepté l'aveu des parties sur le droit syrien, étant donné que l'application du droit québécois risquerait de priver les parties de leurs intérêts : « Considérant l'admission du défendeur, il appert que les trois enfants de Mme Salatian ont droit à au moins 25% chacun, des biens meubles situés au Québec et dans les circonstances particulières de la présente instance, il n'y a pas lieu de surseoir au partage définitif des actifs situés au Québec »[4]. La Cour a donc pris la prudence de décider d'un partage égal de 75% des biens aux trois enfants du défunt, pour assurer leur part légale conformément au droit syrien allégué. Ces exemples montrent la créativité et les efforts du juge québécois dans la prise en compte du caractère international des affaires, justifiée par les impératifs résultant de l'intérêt des parties ou de la règle de DIP même.

Si la plupart des pays acceptent la *lex fori* en cas de non-application du droit étranger, certains privilégient d'autres solutions. Par exemple, la loi portugaise prévoit le recours à la loi subsidiairement compétente (art. 23 al. 2). Cette solution est justifiée par la multiplication des solutions de rattachement pour le même rapport juridique. Ainsi, selon le premier alinéa de l'article 53, le régime matrimonial est soumis à la loi nationale commune et, de façon subsidiaire, à la loi de la résidence habituelle commune des conjoints. Par conséquent, si le contenu de la loi de la nationalité commune n'est pas établi, le juge portugais appliquera la loi de la résidence habituelle commune.

La solution en faveur de la *lex fori* semble plus simple pour le juge national, d'autant plus dans le contexte du Vietnam où les efforts pour établir le contenu du droit étranger entraînent une mobilisation dispendieuse des ressources financières et humaines. C'est pourquoi, même si le recours à un droit supplémentaire désigné par la règle de rattachement convient mieux à la logique d'ouverture et de bilatéralité du DIP, la *lex fori* constitue une solution préférable.

En conclusion, l'étude comparative du DIP de plusieurs pays, principalement du Québec et du Vietnam, révèle que le statut des règles de rattachement gagnerait à être mieux précisé. Pour améliorer l'efficacité du DIP, il serait nécessaire de mettre fin aux ambiguïtés et de consacrer le rôle de ces règles à travers l'obligation du tribunal de les mettre en œuvre dans les procès comportant un élément

---

[1] Droit de la famille – 18301, 2018 QCCS 578 paragr. 22. La Cour supérieure cite la Cour d'appel dans *Droit de la famille – 08168*, 2008 QCCA 199, paragr. 38, qui a conclu sur l'impérativité de l'article 3094 C.c.Q. en ces termes : « article 3094 *C.C.Q.* provides no alternative ». Elle a donc appliqué les éléments établis du droit polonais pour la révision de la pension alimentaire en question.

[2] Droit de la famille – 182457, 2018 QCCS 5068 paragr. 22 : « the Court cannot rely on section 2809 C.c.Q. to discard the application of section 3094 C.c.Q. »

[3] Juljulian *c.* Juljulian, 2007 QCCS 4588.

[4] Ibid, paragr. 24 et 25. Selon l'allégation de la demanderesse, le droit syrien prévoit que 50% de la succession reviendrait au défendeur, puisqu'il est le seul enfant mâle et que l'autre 50% de la succession serait partagé entre les autres enfants (paragr. 13).

d'extranéité. À quoi sert l'effort de codification du DIP si ses règles ne font pas autorité d'office dans la pratique ?

Nous sommes donc convaincue que, pour le rattachement tant juridictionnel que normatif, l'application *ex officio* des règles de rattachement par les tribunaux est nécessaire : elle doit même être prévue de façon explicite, croyons-nous, dans le DIP du Vietnam et du Québec.

Par rapport à plusieurs autres pays, le Québec se montre plus réservé relativement à la connaissance du droit étranger par le juge, vraisemblablement en raison de la perception du droit étranger comme relevant des faits, et non du *droit.* Toutefois, l'obligation d'allégation du droit étranger par les parties, alors que les tribunaux peuvent en prendre connaissance d'office, se révèle contraire à la logique du droit de la preuve, ce qui explique la raison pour laquelle, dans la pratique, les tribunaux demandent souvent aux parties de fournir la preuve du droit étranger. Larticle 2809 du Code civil devra être modifié pour mettre fin à cette ambiguïté.

La distinction dans le droit vietnamien entre le droit étranger choisi par les parties et le droit étranger désigné par la règle de rattachement, chacun étant soumis à un régime d'application différent, s'avère intéressante et constitue une solution médiane adaptée au pays, qui pourrait servir de modèle au Québec. Ainsi, au lieu de laisser le statut du droit étranger à la discrétion du juge, la charge de preuve pourrait être établie dans la législation en fonction du droit désigné par la volonté ou par la règle de rattachement. Pour le Vietnam, le problème demeure néanmoins la mise en œuvre dans la pratique, et ce, tant qu'une disposition claire sur le devoir du juge dans l'application des règles du DIP ne sera pas introduite dans la législation.

3.2 La révision de l'intervention de l'ordre public en droit international privé vietnamien

L'intervention de l'ordre public dans les rattachements normatifs fait partie des mesures correctives du caractère aveugle du système de rattachement savignien[1]. L'objectif final est à peu près le même dans le cas du rattachement juridictionnel avec la réception de l'effet d'un jugement étranger sur le territoire d'un pays. Cette intervention est en effet nécessaire pour protéger les valeurs qui sont chères à un ordre juridique contre les mauvais impacts pouvant résulter de l'application d'un droit étranger ou de l'acceptation des effets d'un jugement étranger sur son territoire. Toutefois, l'ambiguïté de la notion d'ordre public pourrait compromettre la prévisibilité du DIP et le recours abusif au mécanisme

---

[1] Il faut noter toutefois que si le recours à l'exception d'ordre public date des origines du DIP, il faut attendre le début du XXe siècle pour que la théorie de l'ordre public soit élaborée spécialement par Bartin en France et Kahn en Allemagne. Voir : Gérald Goldstein, *De l'exception d'ordre public aux règles d'application nécessaire : Étude du rattachement substantiel impératif en droit international privé canadien* (Montréal : Édition Thémis, 1996), 149. Pour une étude globale sur l'ordre public en DIP, voir : Paul Lagarde, *Recherche sur l'ordre public en droit international privé* (Paris : L.G.D.J., 1958).

d'exception d'ordre public pourrait faire obstacle à l'efficacité de ce droit en général. Ce risque justifie donc le besoin d'un bon encadrement du mécanisme.

L'exception d'ordre public est prévue aux articles 3081 et 3155 (5°) du *Code civil du Québec* et dans plusieurs dispositions des lois vietnamiennes pour permettre aux juges nationaux de refuser la reconnaissance d'une décision ou d'une sentence arbitrale étrangère, ainsi que l'application d'une loi étrangère désignée par la règle de rattachement ou par les parties, si l'ordre public du pays est mis en péril. Le fait qu'une loi ou une décision étrangère peut produire un effet sur le territoire d'un autre pays est devenu courant dans ce monde « lisse » où se multiplient des transactions internationales. Dans ce contexte, l'État se trouve face au dilemme entre, d'une part, accepter les valeurs étrangères dans son ordre juridique et, d'autre part, préserver ses propres valeurs. L'exception d'ordre public intervient alors comme un filtre ou un « rempart contre la pénétration dans un for » de ces valeurs étrangères à cause de l'atteinte qu'elles portent à l'ordre public local[1].

Si le mécanisme est assez bien connu, le contenu obscur de la notion d'ordre public et ses effets incertains demeurent depuis toujours un sujet de controverses.

Au Québec, bien que l'intervention de l'ordre public ne fût prévue que sommairement et avec une portée limitée à l'article 6 (2) C.c.B.C.[2], dans l'ensemble, les conditions d'application de l'exception d'ordre public « avaient été bien établies par la jurisprudence et la doctrine québécoises »[3], codifiées plus tard à l'article 3081 C.c.Q. L'interprétation jurisprudentielle et doctrinale continue à être cohérente à la suite de la codification.

Au contraire, il s'agit d'un des aspects les plus problématiques du DIP vietnamien. Les controverses portent non seulement sur la terminologie, mais aussi sur la portée de la notion et le mécanisme de son intervention en DIP, malgré les réformes consécutives. La pratique très modeste n'a pas permis de clarifier les ambiguïtés et de combler les lacunes dans la législation. C'est seulement dans le domaine de la reconnaissance et de l'exécution des sentences arbitrales que la jurisprudence est plus abondante, surtout à la suite de l'adhésion du Vietnam en 1995 à la *Convention de New York sur la reconnaissance et l'exécution des sentences arbitrales*. Pourtant, la plupart des décisions font l'objet des critiques sur l'application excessive du mécanisme d'exception d'ordre public.

Dans l'intérêt de la sécurité juridique, et notamment de l'efficacité du DIP, il est indispensable d'apporter des éclaircissements en la matière dans la future codification vietnamienne. Le droit québécois offre, à notre avis, de bons exemples pour le Vietnam. Comme l'intervention de l'ordre public en DIP est un sujet très vaste, qui fait l'objet d'études d'envergure, les développements présentés ci-dessous sont des propos limités sur ce sujet, mis dans le contexte vietnamien, étant donné des problèmes importants qu'il ne faut pas laisser à côté.

---

[1] Pascal De Vareilles-Sommières, « L'exception d'ordre public et la régularité substantielle internationale de la loi étrangère », *R.C.A.D.I.* 371 (2014) : 170.

[2] Art. 6 (2) C.c.B.C. : « Les biens meubles sont régis par la loi du domicile du propriétaire. C'est cependant la loi du Bas-Canada qu'on leur applique dans les cas où il s'agit [...] de ce qui intéresse l'ordre public [...] ».

[3] Emanuelli, *Droit international privé québécois*, 288 et 289.

3.2.1 Les hésitations sur la notion d'ordre public dans la codification

« Le concept d'ordre public irradie l'ensemble du droit, civil, public, privé, administratif, etc. »[1]. Toutefois, la difficulté de mettre en œuvre les mécanismes d'intervention de l'ordre public provient du caractère imprécis de la notion[2]. Dans son cours donné à l'Académie de La Haye sur le sujet en 1925, le professeur Thomas H. Healy décrivait l'ordre public comme « les principes qui autorisent le souverain territorial à appliquer en tout temps et envers tous les individus présents sur son territoire, sans s'inquiéter de ce que peuvent être leurs lois personnelles ou autres, tous les règlements que lui, souverain territorial, considère comme essentiels pour la sécurité, la morale et le bon gouvernement de son territoire »[3]. Toutefois, chaque État a sa propre conception de l'ordre public. « Il s'agit donc d'un concept national et évolutif qui diffère selon le *temps* et le *lieu* »[4].

Si le concept reste identique dans le DIP, sa portée est nuancée pour tenir compte du caractère « international » de ce droit, d'où l'appellation d'« ordre public international » fréquemment utilisée par la doctrine et la jurisprudence. La distinction est bien exprimée dans la codification québécoise et ne soulève presque aucun problème dans la pratique ; en revanche, au Vietnam, la confusion s'accentue en raison du silence de la législation. Par conséquent, il est nécessaire de procéder à une révision de cette notion dans le contexte du droit vietnamien en général et de son DIP en particulier, dans la perspective de la future codification.

La notion d'ordre public

Au Vietnam, le terme « ordre public » n'apparaît pas en tant que tel dans la législation. Pour le désigner, le législateur a utilisé de nombreux termes différents au fil du temps. Cette variabilité terminologique peut faire obstacle à la compréhension et à l'interprétation cohérentes de cette notion. Malgré les efforts d'uniformisation et de clarification du législateur, la notion d'ordre public nécessite, à notre avis, une véritable révision, tant dans la terminologie que dans son contenu.

---

[1] Guillemard, « Les problèmes de qualification de la compétence internationale des tribunaux québécois : la solution réside dans l'alliance du *Code de procédure civile* et du *Code civil du Québec* », 227.

[2] Si la notion d'ordre public trouve son origine dans le système de droit civil, le concept de « public policy » était reconnu dans le droit anglais vers le XVe siècle et il acquiert sa fonction actuelle dans le système de *common law* vers le XVIIIe siècle afin de permettre aux tribunaux de rejeter une action dans le contexte interne, et d'écarter l'application d'une loi étrangère en raison de l'atteinte aux « intérêts publics ». L'ordre public et la *public policy* sont des notions d'apparence « analogue », mais pas tout à fait « équivalentes ». La fonction principale et originale de la *public policy* en DIP de la *common law* est d'écarter une loi étrangère qui est « moralement répugnante » en fonction des valeurs du for. Son recours vise parfois à éviter l'injustice dans des circonstances spéciales. La *public policy* est aussi utilisée comme une technique de rattachement normatif. Cette conception a servi de base pour l'approche du *government interest analysis* de B. Currie des années 1960. Voir Kent Murphy, « The Traditional View of Public Policy and Ordre Public in Private International Law », *Ga. J. Int'l & Comp. Law* 11 (1981) : 591-96 et 607-10.

[3] Thomas H. Healy, « Théorie générale de l'ordre public », *R.C.A.D.I.* 9 (1925) : 412.

[4] Goldstein et Groffier, *Droit international privé*, t. I « Théorie générale », 268 (italiques dans l'original). Pour reprendre l'exemple des auteurs, le divorce était contraire à l'ordre public au Québec avant 1968.

La question terminologique

Bien que l'exception d'ordre public soit prévue dans plusieurs textes juridiques comportant des règles de rattachements, le terme d'« ordre public » n'y est jamais vraiment utilisé. À sa place, le législateur utilise l'expression « principes fondamentaux du droit vietnamien ».

Un regard sur les textes anciens montre une multitude de termes utilisés pour exprimer l'ordre public, par exemple : « l'ordre et l'intérêt public », « interdictions légales » et « bons mœurs et usages » dans la *Loi sur l'aviation civile*[1], « la souveraineté et la sécurité nationale » dans l'*Ordonnance sur les procédures de règlement des affaires civiles*[2]. De plus, en vertu de l'article 54 (6) de l'*Ordonnance sur l'arbitrage commercial*[3], la décision arbitrale sera invalidée si elle est contraire à « l'intérêt public de la République socialiste du Vietnam ».

Ces termes variables ont été progressivement remplacés par l'expression « principes fondamentaux du droit vietnamien » à la suite des modifications législatives[4]. Lors de la réforme du droit civil en 2015, s'est posée la question d'introduire – ou de réintroduire – dans le nouveau code civil le terme considéré comme le plus courant – « ordre public ». Finalement, l'Assemblée nationale a décidé de ne pas retenir cette proposition du Comité de rédaction. Le terme existant – « principes fondamentaux du droit vietnamien » – a été maintenu « dans le souci de la stabilité du système juridique et du maintien de la cohérence entre le Code civil et les autres lois »[5].

En général, l'exception d'ordre public interviendra dans les rattachements si les principes fondamentaux du droit vietnamien sont affectés. Cela nous amène à la question de savoir si l'expression « principes fondamentaux du droit » peut être interchangeable avec celle d'ordre public. Un regard sur le contenu de la notion d'ordre public suscite des doutes.

Le contenu de la notion

Qu'entend-on par « principes fondamentaux du droit vietnamien » ? Même si le terme « principes fondamentaux du droit » a une portée plus étroite que celle de

[1] Loi sur l'aviation civile, n° 63-LCT/HĐNN8 du 26 décembre 1991, art. 4 (3) : « La loi étrangère peut être appliquée au Vietnam pour résoudre les différends survenus dans les activités d'aviation civile, si elle est désignée par la loi ou par convention, à condition que ladite loi ne soit pas contraire *à l'ordre et à l'intérêt public* du Vietnam » ; art. 4 (2) : « Les organismes et individus vietnamiens peuvent s'entendre avec leurs cocontractants étrangers sur l'application de la loi étrangère lors de la conclusion du contrat de transport ou de service aériens, pourvu que cela ne tombe pas sous le coup *des interdictions légales* et ne porte pas atteinte *aux bonnes mœurs et aux bons usages* du Vietnam » (nos italiques).

[2] Ordonnance du 7 décembre 1989, sans numéro, art. 85 : « Le juge devrait refuser une demande d'entraide judiciaire étrangère si cette demande portait atteinte *à la souveraineté et la sécurité nationale* du Vietnam » (nos italiques).

[3] Ordonnance sur l'arbitrage commercial, n° 08/2003/PL-UBTVQH11 du 25 février 2003, remplacée par la Loi sur l'arbitrage commercial.

[4] Art. 666 et 670 du Code civil de 2015 ; art. 14 (3) de la Loi sur l'arbitrage commercial de 2010 ; art. 5 (2) de la Loi commerciale de 2005 ; art. 4 (3) de la Loi sur l'aviation civile de 2006 et art. 5 (3) du Code maritime de 2015.

[5] Do, *Commentaires sur les nouveautés du Code civil de 2015*, 581.

l'ordre public, les tribunaux vietnamiens ont, paradocxalement, tendance à l'interpréter de façon très large.

La portée étroite des principes fondamentaux prévus dans la législation en vigueur au Vietnam

Nous n'avons trouvé aucune définition de l'expression « principes fondamentaux » dans la législation. Certes, des indications existent dans certains textes juridiques. Citons, en premier lieu, la Constitution, qui, en tant que texte fondamental, contient sans doute les exemples les plus importants[1]. En deuxième lieu, quelques lois énoncent, pour leur domaine d'application seulement, les principes fondamentaux du droit à respecter impérativement. À titre d'exemple, les principes fondamentaux du droit civil sont mentionnés à l'article 3 du Code civil de 2015[2]. La *Loi sur le mariage et la famille* de 2014, quant à elle, prévoit à l'article 2 les principes fondamentaux du régime familial au Vietnam[3]. Ceux qui régissent les relations commerciales sont énoncés dans les six articles de la deuxième section du Chapitre I de la *Loi commerciale* de 2005[4]. Les principes fondamentaux régissant les procédures civiles sont prévus dans le chapitre II (comportant 23 articles) du Code de procédure civile de 2015[5].

Pourtant, plusieurs questions se posent, qui restent sans réponse. Faut-il se baser strictement sur ces dispositions baptisées de « principes fondamentaux » pour déterminer l'ordre public vietnamien ? Peut-on identifier tout ce qui fait partie de l'ordre public en faisant un simple regroupement des principes prévus ici et ailleurs ? Ces « principes fondamentaux », identifiables dans les textes de loi, sont-ils exhaustifs ?

On peut sans doute voir là des lacunes et des redondances. En effet, beaucoup de règles dénommées « principes fondamentaux du droit » ne sont en réalité que des exigences de forme ou des règles procédurales qui ne sont pas nécessairement d'ordre public. On peut citer, par exemple, la reconnaissance de la valeur juridique des messages électroniques commerciaux en droit commercial[6] et la priorité au

[1] Par exemple, les droits fondamentaux à protéger, les valeurs du régime politique, les choix économiques et les valeurs socioculturelles du pays ont été énoncés dans la Constitution du Vietnam, dont la dernière modification date de 2013.

[2] Les principes fondamentaux du droit civil énoncés séparément dans les neuf articles (4 à 12) de l'ancien Code civil (de 2005) ont été rassemblés en un seul article 3 du nouveau Code civil (de 2015). Ainsi, les principes d'égalité ; de liberté contractuelle ; de bonne foi ; du respect de l'intérêt national, de l'État et au droit et de l'intérêt légitime d'autrui ; et de responsabilité civile, ont été retenus. Le nouveau Code n'a pas repris les principes du respect de la morale, des bonnes mœurs et de belles traditions nationales ; de protection des droits civils ; de légalité ; de conciliation.

[3] Ce sont les principes de libre consentement, de civilité, de monogamie, d'égalité, de non-discrimination, de protection des femmes et des enfants, de respect de la morale et des bonnes traditions du peuple vietnamien.

[4] Il s'agit des principes d'égalité, de liberté contractuelle, d'application des habitudes établies entre les parties ou des usages commerciaux, de protection des consommateurs, de reconnaissance de la valeur juridique des documents numériques.

[5] Par exemple les principes d'égalité et de légalité, de droit d'agir en justice, de droit de disposition des parties, d'indépendance et d'impartialité du juge, etc.

[6] Article 15 de la Loi commerciale de 2005, qui fait partie des « principes fondamentaux dans les activités commerciales ».

règlement à l'amiable dans les procédures civiles[1]. On remarque aussi que ce sont parfois des exigences purement de forme, qui sont propres au système vietnamien (telle que la présence obligatoire des assesseurs populaires à tout procès civil). Qualifier ces exigences d'« ordre public » en DIP aurait pour conséquence d'écarter facilement toute loi ou décision étrangère.

Au contraire, certaines interdictions ou exigences, qui ne sont pas nommées comme des « principes fondamentaux du droit », peuvent être d'ordre public. Par exemple, les interdictions prévues à l'article 5 de la *Loi sur le mariage et la famille* (2014), tels que le faux mariage, le mariage précoce ou forcé, le mariage par tromperie et le mariage consanguin jusqu'au troisième degré, qui sont d'ordre public, mais qui ne sont pas énumérées parmi les « principes fondamentaux » du régime familial vietnamien à l'article 2.

À notre avis, l'« ordre public » est une notion plus large que les « principes fondamentaux de droit »[2]. Littéralement, le terme « ordre » lui-même désigne un « état », opposé au « désordre »[3], tandis que le terme « public » suggère qu'il ne faut pas se limiter à la seule sphère du « droit ». Dans l'ensemble, l'ordre public désigne un « état d'harmonie collective »[4], qui est non seulement de nature juridique, mais aussi politique, économique et sociale. L'auteur Benjamin Rémy a souligné que ce qui caractérisait l'ordre public serait, au-delà de la *règle* qui la consacre, la *valeur* à laquelle le for adhère et qui, finalement, tient par-dessus tout[5]. La jurisprudence québécoise, quant à elle, évoque « un affront à la conscience de l'humanité » lorsqu'il est question d'établir l'existence d'une contrariété à l'ordre public[6]. Les principes fondamentaux du droit ne sont donc qu'une des formes d'expression de l'ordre public.

Il convient de noter par ailleurs que la notion d'ordre public n'est pas statique. Elle évolue dans le temps et son poids doit être apprécié selon les circonstances. L'évolution au Québec du principe de l'indisponibilité du corps humain dans le contexte de la procréation assistée par gestation pour autrui peut illustrer cette

---

[1] Code de procédure civile de 2015, articles 10 (« La juridiction est tenue de concilier les parties et de faciliter le règlement amiable de leur affaire civile conformément aux dispositions du présent Code ») et 11 (« Les assesseurs populaires participent au jugement des affaires civiles conformément aux dispositions du présent code »).

[2] L'ajout du qualitatif « de la République socialiste du Vietnam » dans le Code de procédure civile de 2015 semble restreindre encore la portée de la notion dans le temps (seule la période depuis la fondation de la République socialiste, soit à partir de 1975, compte pour identifier les principes relevant de l'ordre public vietnamien).

[3] De Vareilles-Sommières, « L'exception d'ordre public et la régularité substantielle internationale de la loi étrangère », 190.

[4] De Vareilles-Sommières, 191.

[5] Benjamin Rémy, *Exception d'ordre public et mécanisme des lois de police en droit international privé* (Paris : Dalloz, 2008), paragr. 319 et suiv.

[6] Droit de la famille – 1466, 1991 CanLII 3200 (Qc C.A.). Dans cette affaire concernant une demande en divorce, les arguments de l'intimée sur la non-application du droit syrien sur le divorce considéré comme incompatible avec l'ordre public québécois, n'ont pas convaincu la Cour d'appel du Québec : « Avec égards, je ne vois vraiment pas comment l'intimée peut ici prétendre que le fait pour un législateur de décréter qu'en cas de dissolution du mariage une partie peut subir des conséquences économiques défavorables, puisse être élevé à la dignité d'un affront à la conscience de l'humanité ». Ainsi, aux yeux des juges québécois, les enjeux économiques des parties ne relèvent pas de l'ordre public.

caractéristique. À l'entrée en vigueur du *Code civil du Québec*, en 1994, le ministre de la Justice justifiait la nullité absolue des conventions de mère porteuse, prévue à l'article 541, par le respect de l'ordre public, dont le principe de l'indisponibilité du corps humain[1]. La doctrine se joignait à cette vision, trouvant que ce genre de contrat aurait été interdit au nom de ce principe[2]. Vingt ans plus tard, le ton a changé : « Le caractère absolu du principe d'indisponibilité du corps humain est aujourd'hui clairement dilué. Des lois de plus en plus nombreuses encadrent désormais une série d'actes qui mettent à mal le principe lui-même (dons d'organes, contrats de mères porteuses, consentement à l'expérimentation, etc.) »[3]. En 2014, la Cour d'appel du Québec a marqué un tournant jurisprudentiel en faisant la distinction entre l'ordre public contractuel et l'ordre public familial, moins contraignant, en ce qui concerne la gestation pour autrui :

> La notion d'ordre public a certes un champ d'application nécessaire dans ce domaine : ainsi, la marchandisation ou chosification de la personne humaine est une tendance à laquelle le droit doit résister. Mais invoquer cette notion d'ordre public du droit des obligations dans le contexte précis d'un dossier comme celui-ci lui prête une portée qu'elle n'a pas[4].

Compte tenu de ces analyses comparatives des deux termes, nous sommes convaincue que les principes fondamentaux du droit ne sont qu'une des manifestations de l'ordre public. Par conséquent, il serait opportun de remplacer l'expression de « principes fondamentaux du droit » par celle d'« ordre public » dans la future codification du DIP vietnamien.

L'interprétation large par les tribunaux vietnamiens

Au Vietnam, malgré la portée limitée des « principes fondamentaux du droit », les tribunaux ont, en pratique, tendance à interpréter cette notion de façon très large. Ainsi, n'importe quel conflit avec le droit vietnamien peut être assimilé à une violation de l'ordre public. Cela a entraîné l'application excessive du mécanisme d'exception d'ordre public dans les procédures d'exemplification des sentences arbitrales étrangères au Vietnam[5].

Des tentatives de clarification ont été faites par la plus haute juridiction du pays. On peut trouver, par exemple, dans une résolution de la Cour populaire suprême adoptée en 2014 portant instructions sur l'application de la *Loi sur l'arbitrage commercial* de 2010, des éléments d'interprétation du terme « principes fondamentaux du droit » :

---

[1] Ministère de la Justice du Québec, *Code civil du Québec. Commentaires du ministre de la Justice*, 327.

[2] Voir les éditions de 1re à 7e de l'ouvrage *Les obligations* (Jean-Louis BAUDOUIN avec différents auteurs), Montréal, Éditions Yvon Blais, 1989 à 2013 ; Jean PINEAU, Danielle BURMAN et Serge GAUDET, *Théorie des obligations*, 4e éd., Montréal, Thémis, 2001.

[3] Dominique GOUBAU, Anne-Marie SAVARD et Edith DELEURY, *Le droit des personnes physiques*, 6e éd., Montréal, Éditions Yvon Blais, 2019, p. 120-121.

[4] Adoption – 1445, 2014 QCCA 1162 paragr. 70.

[5] Voir *infra* 1.2. « La notion d'ordre public en droit international privé ».

> La sentence arbitrale est considérée comme « contraire aux principes fondamentaux du droit vietnamien » si elle porte atteinte aux principes de conduite fondamentaux ayant un effet prévalent sur la construction et la mise en œuvre du droit vietnamien, dont la violation pourrait porter gravement atteinte aux intérêts de l'État, aux droits et intérêts légitimes des parties au litige ou d'une tierce personne[1].

Les principes énoncés à l'article 11 de la *Loi commerciale* de 2005 et à l'article 7 du Code civil de 2005, tels que la fraude, la menace ou la corruption, sont aussi cités dans la Résolution, à titre d'exemples.

Cette interprétation de la Cour suprême peut servir de guide pour le recours à l'intervention de l'ordre public en DIP. Pourtant, il faut rappeler que ces instructions, qui concernent le recours en annulation d'une sentence arbitrale, ne sont pertinentes que dans un contexte purement interne. Le sens donné à l'ordre public serait-il plus nuancé dans une situation internationale ?

La notion d'ordre public en droit international privé

L'intervention de l'ordre public poursuit des objectifs différents selon qu'elle se réalise dans le contexte purement interne ou dans une situation internationale. Dans le premier cas, l'objectif est la protection des fondements de l'organisation politique et sociale de la société, alors que l'ordre public dans les relations internationales vise à sauvegarder la politique législative propre au for concerné. Par conséquent, une distinction est faite, dans le DIP de différents pays, entre l'ordre public interne et l'ordre public international, qualifié aussi d'« ordre public en matière internationale », ou d'« ordre public dans le forum international ».

Si cette distinction apparait clairement dans le droit québécois, on a du mal à la percevoir dans le droit vietnamien. L'interaction et le respect mutuel des ordres juridiques nous incitent néanmoins à regarder l'ordre public interne dans le contexte international sous l'angle des droits acquis.

L'absence de distinction entre ordre public interne et ordre public international dans le droit vietnamien

En vertu de l'article 670 du Code civil de 2015 et de l'article 439 du Code de procédure civile de 2015, la loi étrangère désignée ne sera pas appliquée et les jugements étrangers ne seront pas reconnus au Vietnam si les conséquences sont « contraires aux principes fondamentaux du droit vietnamien ». Cette formulation est identique à celle du droit interne. L'absence de référence au caractère « international » de l'ordre public pourrait conduire à une application libérale de ce mécanisme d'exception. Il est possible de le constater dans la jurisprudence, assez rare, du Vietnam, produite principalement dans le domaine d'exemplification des sentences arbitrales étrangères. Par exemple, dans l'affaire

---

[1] « Résolution portant instruction sur l'application de certaines dispositions de la Loi sur l'arbitrage commercial », n° 01/2014/NQ-HDTP du 20 mars 2014 (Conseil des magistrats de la Cour populaire suprême), art. 14 (2d) (nos italiques). En vertu de l'article 8 de la Loi de 2015 sur la promulgation des textes normatifs, le Conseil des Magistrats de la Cour populaire suprême a le pouvoir d'adopter les résolutions portant instruction de l'application uniforme de la loi par les tribunaux.

Ergo Novus (Moscou) c. *VINATEX*, les deux instances ont rejeté la requête en reconnaissance de la sentence arbitrale étrangère, pour le motif que le refus par l'arbitrage de prendre acte d'un document légalisé au Vietnam constitue une violation de l'ordre public vietnamien[1]. De même, dans la décision *Leighton Contractors* c. *TYCO services*, le manquement à une disposition réglementaire est assimilé à une entrave à l'ordre public, permettant de justifier le refus de reconnaissance de la sentence arbitrale[2].

Contrairement au droit vietnamien, le terme adopté par le codificateur québécois de 1994 aux articles 3081 et 3155 (5°) C.c.Q. exprime bien la mise en contexte international de l'ordre public québécois. Il s'agit donc de l'ordre public « tel qu'il est entendu dans les relations internationales ». Il faut rappeler que l'Avant-projet de 1988 utilisait le terme d'« ordre public » tout court[3]. C'est seulement au texte final que la précision « tel qu'il est entendu dans les relations internationales » a été ajoutée. Ce changement montre que le législateur a pris soin de souligner la distinction nécessaire entre une situation interne et une situation internationale dans l'intervention de l'ordre public, ce qui est pourtant toujours affirmée dans la jurisprudence.

L'effet atténué de l'ordre public en droit international privé

Les exemples les plus communément acceptés de l'ordre public international sont les principes fondamentaux universels qui doivent être respectés dans presque tous les systèmes juridiques, en particulier la protection des droits de la

---

[1] Ergo Novus (Moscou) *c.* VINATEX, arrêt n° 60/KTPT du 4 juin 1998 (Cour d'appel à Hanoï). Les juges de deux instances ont ainsi appliqué l'exception d'ordre public sans avoir indiqué quel principe fondamental était mis en cause. D'ailleurs, il serait difficile d'accepter que le refus d'un document légalisé au Vietnam constitue une atteinte à l'ordre public vietnamien, car nous ne trouvons dans la loi vietnamienne de cette époque aucune disposition prévoyant l'obligation « impérative » de tenir compte des documents légalisés au Vietnam. Il s'agit plutôt d'une question de procédure qui ne met pas en jeu l'intérêt public.

[2] Leighton Contractors *c.* TYCO services, arrêt n° 02/PTDS du 21 janvier 2003 (Cour d'appel à Hochiminh-ville). La Cour d'appel a infirmé la décision de première instance, invoquant l'exception d'ordre public. Selon la Cour, en tant que partie d'un contrat de construction conclu et exécuté au Vietnam, Tyco était tenue de détenir un permis de construire vietnamien en vertu d'une circulaire promulguée par le ministère de la Construction six mois avant la conclusion du contrat de *joint-venture*. Pour ce motif, la Cour d'appel a conclu que le contrat n'était pas valide et que, par conséquent, la reconnaissance de la décision arbitrale serait contraire aux principes fondamentaux du droit vietnamien. La décision de 2003 a été critiquée comme un recul du droit vietnamien. Comment une simple violation d'un texte réglementaire pouvait-elle constituer une entrave aux principes fondamentaux du droit vietnamien ? Il s'agissait donc, selon les commentateurs, d'une application abusive de l'exception d'ordre public qui réduirait la transparence et la prévisibilité du droit vietnamien. Voir Hoang Oanh Dang, « Les problèmes existants dans le droit et la pratique de reconnaissance et d'exécution des sentences arbitrales étrangères au Vietnam : l'affaire TYCO » (Ministère de la Justice), consulté le 2 novembre 2021, moj.gov.vn/ct/tintuc/Pages/thong-tin-khac.aspx?ItemID=3634 ; Hai Ha Do, « Commentaires sur la décision récente de ne pas reconnaître la sentence arbitrale étrangère », *Revue de Science juridique*, n° 4 (2008) : 16.

[3] Voir : Loi portant réforme au Code civil du Québec du droit de la preuve et de la prescription et du droit international privé, art. 3444 : « l'application des dispositions de la loi d'un État étranger est exclue lorsqu'elle conduit à un résultat contraire à l'ordre public » et art. 3520 al. 2 : « la reconnaissance ou l'exécution d'une décision étrangère est refusée lorsque son résultat est contraire à l'ordre public ».

personne. Ainsi, au Québec, l'ordre public tel qu'il est entendu dans les relations internationales « est formé des valeurs fondamentales qui servent d'ancrage au système juridique québécois »[1] et qui « trouvent de plus en plus souvent leur source dans les textes internationaux qui concernent la protection des droits humains »[2]. En d'autres termes, cet ordre public international « est guidé par les valeurs fondamentales qui sous-tendent l'ordre juridique international »[3], mais n'y est pas strictement limité[4]. Il n'existe pas de liste exhaustive des principes d'ordre public au sens du DIP, car c'est une notion à contenu variable. Cependant, on en trouve plusieurs dans la législation relative aux droits fondamentaux, telle que la *Charte québécoise*[5] et la *Charte canadienne des droits et libertés*[6]. La même conception prévaut en France, où la Cour de cassation a énuméré, dans son rapport publié en 2013, les principes au travers desquels la conception française de l'ordre public international a été consacrée. Il s'agit notamment du principe d'égalité des époux et des parents, du droit à une filiation et à la pension alimentaire, d'indisponibilité de l'état des personnes, de proportionnalité de la sanction pécuniaire et de l'intérêt des enfants[7].

Dans un effort d'harmonisation, la *Convention sur la reconnaissance et l'exécution des jugements étrangers en matière civile ou commerciale* qui vient d'être adoptée par la Conférence de La Haye, offre des indices pour prouver l'incompatibilité avec l'ordre public en DIP. Ils s'incarnent dans les notions d'équité, de sécurité et de souveraineté : « la reconnaissance ou l'exécution [sera refusée si elle] est *manifestement incompatible* avec l'ordre public de l'État requis, notamment dans le cas où la procédure appliquée en l'espèce pour obtenir le jugement était incompatible avec les *principes fondamentaux d'équité procédurale* de cet État et en cas d'atteinte *à la sécurité ou à la souveraineté* de cet État »[8].

Hormis ces valeurs universelles, le recours aux principes d'ordre public en droit interne doit être plus restreint lors qu'il s'agit d'une application dans des situations internationales. Différents arguments ont été développés pour justifier la nécessité de circonscrire la notion de l'ordre public dans ce contexte. Il faut citer notamment la doctrine française de l'effet atténué de l'ordre public, qui a depuis longtemps amené les tribunaux français à reconnaître l'effet des « droits valablement acquis » à l'étranger, alors que ces droits n'auraient pas pu être valablement constitués en France même, en raison de leur divergence avec l'ordre

---

[1] Emanuelli, *Droit international privé québécois*, 289.

[2] Emanuelli, 289.

[3] R.S. *c.* P.R., 2019 CSC 49 paragr. 105 (j. Abella).

[4] Emanuelli, *Droit international privé québécois*, 289.

[5] Charte des droits et libertés de la personne.

[6] Charte canadienne des droits et libertés.

[7] France, Cour de cassation, *Rapport annuel 2013. Livre 3 : Ordre public* (Paris : La Documentation française, 2013), 130-33.

[8] Convention sur la reconnaissance et l'exécution des jugements étrangers en matière civile ou commerciale, s. d., art. 7 (1c) (nos italiques). Cette convention n'est pas encore en vigueur.

public français[1]. Pour résumé, reprenons ce passage du rapport de la Cour de cassation, relatif à la conception française de l'ordre public international :

> Lorsqu'il s'agit de reconnaître des droits acquis à l'étranger, l'effet de la situation qui y a déjà produit ses effets est moins perturbateur pour l'ordre juridique français. Dans ce cas, seul un degré élevé de contrariété de la loi étrangère aux conceptions françaises justifie une intervention de l'ordre public. Celui-ci produit alors un effet atténué, cette moindre réaction étant, notamment, fonction du temps passé entre la situation juridique cristallisée à l'étranger et la reconnaissance en France de ses effets[2].

Le respect des droits acquis à l'étranger conduisant à une intervention atténuée de l'ordre public du for dans les rattachements vise à assurer l'harmonie internationale des solutions du DIP.

Au Québec, le commentaire du ministre de la Justice sur l'article 3081 C.c.Q montre l'intention du législateur de traiter différemment l'acquisition d'un droit au Québec – pour laquelle intervient l'ordre public interne – et la réception au Québec des effets d'un droit acquis à l'étranger, où joue l'ordre public international :

> Le Code civil du Bas-Canada ne distingue pas l'ordre public interne de l'ordre public international. La doctrine moderne reconnaît qu'une telle distinction doit être faite et la jurisprudence l'a confirmée.
>
> En effet, la situation n'est pas la même suivant qu'une disposition d'ordre public fait obstacle à l'*acquisition d'un droit au Québec* ou suivant qu'il s'agit de laisser se produire au Québec les effets d'un *droit acquis à l'étranger* en conformité avec la loi applicable suivant les règles de droit international privé québécoises[3].

Comme le ministre l'a remarqué, cette conception est bien confirmée dans la jurisprudence. La décision *Auerbach c. Resorts International Hotel Inc.* de la Cour d'appel est souvent citée comme illustration classique du problème d'ordre public international du Québec[4]. L'affaire concerne la requête en exécution au Québec d'un jugement américain ayant condamné le défendeur à payer une dette de jeu contractée par S. Auerbach dans un casino du New Jersey (États-Unis). Selon les arguments de la défense, le jugement ne peut être reconnu au Québec parce qu'il était basé sur une loi américaine légalisant les contrats de jeu, alors que l'article 1927 C.c.B.C., qui est d'ordre public, interdit toute action en

---

[1] Pour reprendre la formule de l'arrêt *Rivière*, concernant l'appréciation de la conformité à l'ordre public français d'un divorce intervenu à l'étranger par consentement mutuel conformément à la loi de ce pays, « la réaction à l'encontre d'une disposition contraire à l'ordre public n'est pas la même suivant qu'elle met obstacle à l'acquisition d'un droit en France, ou suivant qu'il s'agit de laisser produire en France les effets d'un droit acquis, sans fraude, à l'étranger » (Civ. 1re, 17 avril 1953 (Rivière *c.* Roumantzeff), *R.C.D.I.P.* 1953.412, note H. Batiffol).

[2] France, Cour de cassation, *Rapport annuel 2013. Livre 3 : Ordre public*, 129.

[3] Ministère de la Justice du Québec, *Code civil du Québec. Commentaires du ministre de la Justice*, 1021 (nos italiques).

[4] Auerbach *c.* Resorts International Hotel Inc., [1992] R.J.Q. 302 (C.A.).

recouvrement d'une dette de jeu, que l'action soit entreprise au Québec ou à l'étranger. La Cour supérieure du Québec a rejeté ces arguments et accueilli l'action en exemplification. Selon elle, « [l]'article 1927 C.c. ne dit pas qu'une dette de jeu est illégale ou immorale ; il ne fait qu'interdire le droit d'action en recouvrement »[1]. La Cour d'appel a confirmé la décision de première instance. Le respect du droit acquis à l'étranger qui donne lieu à l'effet atténué de l'ordre public en DIP a été bien exprimé dans les propos de la juge Louise Mailhot :

> L'article 1927 C.C., puisqu'il dénie un droit d'action, doit être interprété [...] de façon limitative et ne s'applique pas à un contrat soumis à une juridiction étrangère lorsque le jugement rendu ne viole pas *nos préceptes d'ordre public*.
>
> En matière d'exemplification des jugements, *l'ordre public est moins exigeant* [...], et ce concept d'ordre public est évolutif, les tribunaux québécois ayant toujours agi avec beaucoup de retenue quand il s'agissait de l'appliquer à la reconnaissance de *droits valablement acquis à l'étranger*[2].

Cette interprétation est suivie dans plusieurs autres affaires, où les tribunaux ont refusé de considérer les jugements étrangers ayant condamné à des sommes importantes de dommage-intérêt comme contraires à l'ordre public québécois au sens de l'article 3155 (5°) C.c.Q., car cela ne suffit pas pour heurter l'ordre public « tel qu'il est entendu dans les relations internationales »[3].

La doctrine rejoint la jurisprudence dans cette conception de l'effet atténué de l'ordre public. Ainsi, pour Stéphanie Cartier, « [l'ordre public international] est plus flexible que l'ordre public interne puisqu'il permet des compromis sur des notions un peu moins fondamentales, mais couvertes tout de même par l'ordre public interne. Il est "atténué" contrairement à "complet" »[4]. En d'autres termes, « l'ordre public international prend sa source dans l'ordre juridique interne, mais il est moins strict, car il vise avant tout la conciliation entre la solution dégagée par la loi étrangère et les valeurs du for »[5].

L'intervention de l'ordre public en DIP « n'oblige pas [donc] à suivre toutes règles impératives internes, mais seulement les principes fondamentaux que la société québécoise tient à faire respecter, y compris dans les relations

[1] Ces propos sont cités dans la décision d'appel, nous n'avons pas accès à la décision de première instance.

[2] Auerbach *c.* Resorts International Hotel Inc., [1992] R.J.Q. 302 (C.A.) sur 306 (nos italiques). Il convient de noter qu'en réalité, à bien lire, la Cour a évacué le problème de l'ordre public international pour se concentrer sur la relation contractuelle. Elle a en effet souligné, au paragraphe suivant, que : « Ce ne sont pas les contrats de jeu qui sont défendus par l'article 1927 mais leur recouvrement forcé. D'ailleurs, si le perdant devenu débiteur a payé sa dette volontairement, il n'y a pas répétition. Le législateur ne s'est donc pas nécessairement offusqué qu'il y ait eu pari ou jeu, mais il n'a pas voulu que l'on se serve des tribunaux judiciaires pour recouvrer celles contractées au Québec ».

[3] Voir, à titre d'exemple, Beals *c.* Saldanha, [2003] 3 R.C.S. 416, 2003 CSC 72 ; Worthington Corp. *c.* Atlas Turner Inc., [2003] R.J.Q. 1197 (C.S.).

[4] Stéphanie Cartier, « L'arbitrage international au Québec : ordre public interne ou ordre public international », *R.Q.D.I.* 11 (1998) : 234.

[5] Ariane Leduc, Mélanie Raby, et Valérie Scott, « Le mariage polygame et le droit international privé québécois dans une perspective du droit comparé », *R.Q.D.I.* 21 (2008) : 187.

internationales »[1]. À titre d'exemple, la Cour d'appel du Québec a affirmé, dans l'affaire *Gauvin* c. *Rancourt* en 1953, que l'interdiction du divorce au Québec était d'ordre public interne, mais pas d'ordre public international[2]. La Cour avait bien raison. « En effet, si la société québécoise, encore sous l'emprise de la religion catholique, ne pouvait concevoir que le mariage prenne fin autrement que par la mort, l'on pouvait admettre qu'il en soit autrement ailleurs, où l'influence de la religion, par exemple, était différente »[3].

Enfin, la même approche d'intervention de l'ordre public est recommandée pour la reconnaissance des sentences arbitrales étrangères, même si les conditions prévues au *Code de procédure civile* ne font pas référence à l'ordre public « international » comme dans le cas des décisions judiciaires[4]. Cela permettrait de ne pas trop restreindre l'opportunité de reconnaissance des sentences arbitrales internationales sur le territoire d'un pays par une intervention excessive de son ordre public interne, compte tenu la nécessité de promouvoir les échanges commerciaux dans notre ère de mondialisation[5].

En somme, la protection de l'ordre public en DIP réside essentiellement dans la protection contre les effets pervers que pourraient produire une loi étrangère ou un jugement étranger lorsqu'ils sont introduits dans le système juridique du for. Il ne s'agit donc pas de les juger sous l'angle des valeurs propres au for, mais plutôt sous celui des valeurs universelles ou majoritairement acceptées par les systèmes juridiques. Une telle approche est compatible avec le respect de la souveraineté des États dans leurs rapports interactifs.

3.2.2 La révision des mécanismes d'intervention de l'ordre public dans la codification

En DIP, l'ordre public intervient dans le cadre d'un mécanisme exceptionnel pour empêcher l'application d'une loi étrangère désignée par le rattachement ou pour refuser la reconnaissance d'un jugement étranger[6]. Comme il s'agit d'une exception, le recours à l'ordre public doit être restreint par des conditions strictes. Enfin, les conséquences de l'intervention de l'ordre public prévues dans la

[1] Guillemard et Ly, *Éléments de droit international privé québécois*, 62.

[2] Gauvin *c.* Rancourt, [1953] R.L. 517. Strictement parlant, cette interdiction n'était pas non plus nécessairement d'ordre public interne, car des lois spéciales pouvaient être adoptées pour autoriser le divorce à cette époque. Voir Kristen Douglas, « Le divorce – état du droit au Canada » (Ottawa, Gouvernement du Canada, 27 mars 2001), publications.gc.ca/collections/collection_2009/bdp-lop/cir/963-2f.pdf.

[3] Guillemard et Ly, *Éléments de droit international privé québécois*, 62.

[4] L'article 652 C.p.c. prévoit que la sentence arbitrale rendue hors du Québec ne sera reconnue si sa reconnaissance et son exécution sont « contraires à l'ordre public ».

[5] Cartier, « L'arbitrage international au Québec : ordre public interne ou ordre public international ».

[6] Selon la conception la plus répandue, « l'exception d'ordre public se présente, en droit international privé, comme un mécanisme de droit des conflits de lois qui empêche la loi étrangère compétente de s'appliquer dans un État du fait de sa contrariété à l'ordre public de cet État, et qui lui substitue une autre loi, normalement celle du for ». Pour le professeur Paul Lagarde, rapporteur sur ce sujet devant la Conférence de La Haye de droit international privé, cette approche de l'ordre public est considérée comme « la plus orthodoxe de la théorie des conflits de lois » : P. Lagarde, cité dans De Vareilles-Sommières, « L'exception d'ordre public et la régularité substantielle internationale de la loi étrangère », 166 (notre traduction).

législation doivent aussi être discutées, car elles auront des impacts importants sur la solution de rattachement normatif. Au Vietnam, la réforme de 2015 a marqué une évolution importante, mais insuffisante. Une révision est nécessaire sur différents aspects des mécanismes d'intervention de l'ordre public, dans la perspective de la future codification.

Les conditions d'intervention de l'ordre public en droit international privé

En vertu de l'article 3081 C.c.Q., la loi étrangère désignée par la règle de rattachement ou par les parties ne sera pas appliquée si son application « conduit à un résultat manifestement incompatible avec l'ordre public [international] ». De même, les jugements étrangers ne seront pas reconnus au Québec si leur résultat est « manifestement incompatible avec l'ordre public tel qu'il est entendu dans les relations internationales », comme le prévoit l'article 3155 (5°) C.c.Q.[1]. L'accent est mis sur le « résultat » de l'application de la loi étrangère ou de la reconnaissance du jugement étranger et sur le degré de l'impact, exprimé dans le qualitatif « manifestement incompatible » avec l'ordre public international du Québec.

Tout comme la terminologie, les conditions d'intervention de l'ordre public sont prévues de manière très différente en droit vietnamien. La réforme du droit civil en 2015 a apporté quelques améliorations en ce qui concerne le rattachement normatif prévu à la partie V du Code civil. Par ailleurs, peu de changements ont été observés dans la procédure de reconnaissance des jugements étrangers, ni dans les clauses d'exception d'ordre public prévues par les lois spéciales.

L'exception d'ordre public dans le rattachement normatif

Pour que l'ordre public intervienne dans le rattachement normatif, il faut tout d'abord qu'une loi étrangère ait été déterminée applicable en vertu de la règle de rattachement. Le mécanisme d'exception se déclenche lorsque l'application de la loi étrangère heurte directement l'ordre public du for. Toutefois, comme le prévoit clairement l'article 3081 C.c.Q., « il ne s'agit pas de porter un jugement sur la loi étrangère, mais de vérifier si, dans son application, elle peut se combiner avec les principes qui fondent le système juridique québécois, si elle s'accorde avec les conceptions fondamentales de la société québécoise »[2].

La contrariété avec l'ordre public doit donc être trouvée dans les conséquences de l'application de la loi étrangère. « Le fait qu'une loi étrangère déroge à une règle du droit interne québécois, même d'ordre public, n'est pas suffisant pour faire intervenir l'exception d'ordre public, si le résultat produit par l'application de cette loi n'est pas inconciliable avec les conceptions fondamentales de la

---

[1] Dans une certaine mesure, le paragraphe 3 de l'article 3155 fait aussi partie de la protection de l'ordre public québécois dans la reconnaissance des décisions étrangères : « La décision a été rendue en violation des principes essentiels de la procédure ». Dans la même logique, les limites à la volonté des parties dans les rattachements relatifs aux contrats de travail, de consommation et d'assurance peuvent être considérées comme des mesures correctives en raison de l'ordre public. Toutefois, dans cette section, nous traiterons seulement l'exception d'ordre public en tant que telle.

[2] Emanuelli, *Droit international privé québécois*, 289.

société québécoise »[1]. De plus, il faut que l'incompatibilité avec l'ordre public du for soit manifeste. G. Goldstein et E. Groffier parlent d'une « *intensité d'opposition* de conception suffisamment *grave* entre celle du for et celle de la loi étrangère désignée » et non d'une « simple différence »[2].

Le DIP vietnamien antérieur à la réforme de 2015 était souvent critiqué pour son manque de cohérence et de clarté dans le fonctionnement du mécanisme d'exception d'ordre public. Dans certaines lois, actuellement remplacées, la loi étrangère pouvait être écartée dès qu'elle était « contraire au droit vietnamien »[3]. L'essentiel du mécanisme, qui est l'atteinte à l'ordre public, n'était pas du tout mentionné. En conséquence, toute loi étrangère risquait d'être exclue pour une simple incompatibilité avec le droit vietnamien. Ces clauses d'exception d'ordre public mal rédigées ont été supprimées lors des réformes récentes.

Pourtant, l'incohérence reste dans les textes en vigueur. Les conditions d'intervention de l'ordre public sont prévues en différentes formules. Ainsi, la loi étrangère peut être écartée lorsque cette loi[4], ou son application[5], ou encore la conséquence de son application[6] se trouve « contraire aux principes fondamentaux du droit vietnamien ».

La *Loi sur l'investissement*[7] utilise une quatrième formule un peu bizarre. En vertu de son article 4 (5), les parties aux contrats d'investissement international peuvent s'entendre sur l'application à leurs contrats de la loi étrangère ou des coutumes internationales, « à condition que cette entente ne soit pas contraire au droit vietnamien ». Là encore, la loi est ambigüe. S'agit-il d'une condition de validité de la convention des parties[8], ou d'une clause d'exception d'ordre public ? Si c'est une clause d'exception d'ordre public, on voit qu'une fois encore, l'ordre public a été assimilé au droit vietnamien dans son ensemble. Sinon, n'y aura-t-il donc aucune limite d'ordre public vis-à-vis du libre choix des parties aux contrats d'investissement ?

La meilleure formule est sans doute incluse dans le nouveau Code civil. En vertu de l'article 670 (1) a), la loi étrangère sera écartée si son application conduit

---

[1] Emanuelli, 290.

[2] Goldstein et Groffier, *Droit international privé*, t. I « Théorie générale », 269 (italiques dans l'original).

[3] *Loi commerciale* de 1997, art. 4.2, et *Code maritime* de 1990, art. 7.

[4] En vertu de la *Loi commerciale* de 2005, les parties aux transactions commerciales comportant des éléments d'extranéité peuvent choisir d'appliquer la loi étrangère à leur contrat, à condition que cette loi étrangère ne soit pas contraire aux principes fondamentaux du droit vietnamien (art. 5 (2)). De même, l'article 5 du *Code maritime* de 2015, qui remplace le *Code maritime* de 2005, prévoit que l'application de la loi étrangère prévue par ce Code ou choisie par les parties au contrat peut être écartée si cette loi étrangère est contraire aux principes fondamentaux du droit vietnamien.

[5] En vertu de la *Loi sur le mariage et la famille* de 2014, la loi étrangère sera appliquée si le droit vietnamien le prévoit ainsi, à condition que l'application de cette loi étrangère ne soit pas contraire aux principes fondamentaux du régime familial listés dans l'article 2 de cette loi (art. 126).

[6] L'article 670 (2) du Code civil de 2015 prévoit que la loi étrangère ne sera pas appliquée si son application conduit à un résultat incompatible avec les principes fondamentaux du droit vietnamien.

[7] « Loi sur l'investissement », n° 61/2020/QH14 du 17 juin 2020.

[8] Si c'est le cas, ne s'agit-il pas d'une redondance, car toute entente entre les parties doit être conforme à la loi, sans que cela doive être prévu dans la loi de cette façon.

à un résultat contraire aux principes fondamentaux du droit vietnamien[1]. Le législateur de 2015 a choisi de suivre la tendance commune. En effet, comme l'ont souligné les professeurs Goldstein et Groffier, la loi étrangère ne doit pas être écartée simplement parce qu'elle est abstraitement contraire aux valeurs du for, mais seulement parce que la solution qu'elle apporte ne peut pas se combiner de façon cohérente avec les conceptions fondamentales du droit du for[2]. Il faut donc avoir un regard prospectif sur les éventuelles conséquences de l'application de la loi étrangère, et non sur le contenu de cette dernière, à la lumière de l'ordre public du for.

De plus, la notion de résultat exprime bien l'idée que l'ordre public s'apprécie tel qu'il existe au *moment* où le problème se pose et *in concreto* quant à la conséquence de l'application de la loi étrangère en l'espèce[3]. De plus, cette incompatibilité doit être manifeste, ce qui implique l'existence d'une opposition suffisamment intense de conceptions, et non une simple différence[4]. Cette approche d'interprétation permet de restreindre le recours à l'exception d'ordre public.

L'exception d'ordre public dans le rattachement juridictionnel

La même formule est prise pour les conditions d'*exequatur* des décisions étrangères. L'article 3155 C.c.Q., inspiré de la Convention de La Haye de 1971 sur la reconnaissance et l'exécution des jugements étrangers en matière civile et commerciale[5], reprend l'article 3081 dans son paragraphe 5. Il permet de refuser l'effet d'une décision étrangère au Québec quand « le résultat de la décision étrangère est manifestement incompatible avec l'ordre public [tel qu'il est entendu, au Québec, dans les relations internationales] ».

Pour statuer sur une allégation de cette disposition, les tribunaux québécois appliquent le même test que celui utilisé pour le rattachement normatif. Il s'agit de voir si la solution adoptée dans le jugement étranger peut s'intégrer dans l'ordre juridique du for sans le choquer. « L'approche est concrète et non abstraite »[6]. L'auteur Emanuelli ajoute que « [les dispositions à l'article 3155 (5°)] visent non pas la décision étrangère en soi ou la loi qui la fonde, mais le résultat produit si

[1] Il convient d'ajouter que l'exception d'ordre public joue aussi pour écarter les coutumes internationales désignées par les parties (article 666 du Code civil de 2015). Sans entrer trop dans le détail, cette disposition nous conduit à une question intéressante sur la place des règles coutumières internationales dans le droit vietnamien. Nous savons que les coutumes internationales font partie du droit international (l'article 38 du *Statut de la Cour internationale de justice* les a mentionnées parmi les principales sources du droit international). Tandis que le droit vietnamien reconnaît expressément la place prioritaire des traités internationaux par rapport au droit interne (la Constitution et la *Loi sur les traités internationaux* de 2016), il reste silencieux sur l'effet des coutumes internationales au Vietnam. Or, en DIP, l'application des coutumes internationales est soumise à l'ordre public vietnamien. Le terme « coutumes internationales » n'est cependant pas défini.

[2] Goldstein et Groffier, *Droit international privé*, t. I « Théorie générale », 281.

[3] Goldstein et Groffier, 281.

[4] Goldstein et Groffier, 280.

[5] Ministère de la Justice du Québec, *Code civil du Québec. Commentaires du ministre de la Justice*, 1051.

[6] Goldstein et Groffier, *Droit international privé*, t. I « Théorie générale », 396.

elle est appliquée au Québec. Ainsi, *la décision étrangère peut sembler contraire à l'ordre public, alors que son résultat ne l'est pas nécessairement* »[1].

Dans l'arrêt *Mutual Trust Company*, la Cour d'appel a rappelé la réticence des tribunaux québécois envers le recours à l'exception d'ordre public lors des procédures d'exemplification : « En général, les tribunaux québécois se sont montrés très hésitants à se servir de l'exception d'ordre public pour faire échec à la reconnaissance de jugements étrangers lorsque la solution donnée pouvait s'intégrer harmonieusement dans l'ordre juridique du for »[2]. Dans cette lignée, la Cour a refusé de faire intervenir l'exception d'ordre public contre un jugement ontarien ayant condamné M. Dupuis, un des défendeurs, au remboursement du solde de sa créance hypothécaire, en ces termes :

> Le rejet de la décision étrangère n'aura lieu que dans le cas où son résultat est manifestement incompatible avec l'ordre public ou lorsqu'il y a eu violation des principes essentiels de la procédure. La notion d'ordre public qui prévaut est celle qui est entendue dans les relations internationales et non dans l'ordre interne. Il semble clair que la décision ontarienne n'enfreint aucune valeur morale, sociale, politique ou économique au point de heurter de façon manifeste la notion d'ordre public international ni même celle d'ordre public interne[3].

Enfin, l'ordre public concerné doit être celui qui existe au moment de la reconnaissance du jugement, car c'est à cette date qu'on peut examiner l'effet de l'introduction du jugement dans le système du for.

L'exigence est d'autant plus soulignée dans l'analyse de l'incompatibilité potentielle du jugement étranger avec l'ordre public international effectuée dans le contexte d'une requête en sursis à statuer pour cause de litispendance internationale prévue à l'article 3137 C.c.Q.[4]. La jurisprudence québécoise a affirmé que le recours à l'exception d'ordre public devrait être plus restrictif dans ce cas, en raison du degré de preuve requis. Dans l'affaire récente, *R.S.* c. *P. R.*, il a été établi que l'existence d'une moindre probabilité de reconnaissance du jugement étranger au Québec suffirait pour prouver cette susceptibilité. La Cour suprême conclut ainsi :

> Par conséquent, ce n'est que dans les *cas flagrants de conflits* avec les valeurs fondamentales québécoises qu'il est permis de conclure que l'action pendante à l'étranger ne pourra pas donner lieu à une décision susceptible de reconnaissance au Québec pour cause d'incompatibilité manifeste avec l'ordre public tel qu'entendu dans les relations internationales (art. 3081 et 3155 (5) *C.c.Q.*)[5].

---

[1] Emanuelli, *Droit international privé québécois*, 176 (nos italiques).

[2] Mutual Trust Company *c.* St-Cyr, [1996] R.D.J. 623, 1996 CanLII 6010 (Qc CA) paragr. 20.

[3] Mutual Trust Company *c.* St-Cyr, [1996] R.D.J. 623, 1996 CanLII 6010 (Qc CA) paragr. 35.

[4] Pour une analyse plus détaillée, voir *supra* 2.2.1 « La litispendance comme moyen contre le risque de fors concurrents ».

[5] R.S. *c.* P.R., 2019 CSC 49 paragr. 54 (nos italiques).

Cette nuance est encore plus explicite, car l'article 3158 C.c.Q. prévoit que les tribunaux ne procèdent pas à la révision du fond des jugements étrangers.

Au Vietnam, les articles 439 et 459 du Code de procédure civile de 2015 prévoient que les décisions judiciaires et les sentences arbitrales étrangères ne seront pas reconnues si « cette reconnaissance est incompatible avec les principes fondamentaux du droit vietnamien ». Les formules de l'ancien code de procédure civile (de 2004) ont été maintenues telles quelles. Ces dispositions n'exigent pas une incompatibilité manifeste, ou, pour reprendre les termes des professeurs G. Goldstein et E. Groffier, une intensité d'opposition entre la décision à reconnaître et l'ordre public vietnamien (distinction n'étant pas non plus faite entre l'ordre public international et l'ordre public interne).

De plus, bien que les dispositions du Code de procédure civile précisent qu'il faut examiner les conséquences de la reconnaissance et non la décision ou la sentence elle-même, dans la pratique de reconnaissance des sentences arbitrales étrangères[1], les tribunaux procèdent souvent à l'examen du contenu de la sentence à la lumière de l'ordre public vietnamien. Par exemple, dans l'affaire *XQT* c. *Sao Hom*[2], la Cour d'appel s'est référée aux principes fondamentaux de droit civil vietnamien, énoncés à l'article 6 du Code civil de 2005 pour conclure que la façon de déterminer les indemnités par l'arbitrage est contraire aux « principes fondamentaux du droit civil vietnamien »[3]. Dans une autre affaire – *Sudico* c. *STT-260 Architects*[4] – la Cour supérieure a indiqué qu'en ignorant les ententes des parties exprimées dans le contrat, « le tribunal arbitral a agi de manière incompatible avec le principe d'autonomie de volonté des parties dans les transactions commerciales, consacré à l'article 4 du Code civil de 2005 et à l'article 11 de la *Loi commerciale* de 2005 »[5]. Or, il faut rappeler que l'examen

---

[1] Pour mémoire, c'est seulement dans ce domaine que la jurisprudence existe.

[2] XQT *c.* Sao Hom, arrêt nº 04/2010/Q DST-KDTM du 3 août 2010 (Cour d'appel à Hanoi). La décision concerne la reconnaissance de la sentence rendue par l'arbitrage de la GAFTA (*Grain and Feed Trade Association* – Association du commerce des céréales et des aliments, basée à Londres) dans un litige qui opposait le vendeur, *Asie internationale XQT* (XQT), et l'acheteur vietnamien, *Sao Hom*, suite à l'interruption du contrat de vente internationale de l'amidon de soja. La sentence rendue en 2010 avait fixé la somme de 264 000 $US que Sao Hom devrait payer au vendeur (XQT) pour la violation des obligations contractuelles (*Sentence nº 13-854 A & B du 05 janvier 2010*).

[3] Selon la Cour, la détermination de l'indemnité aurait dû se baser sur les dommages réels. Or le vendeur n'avait donné aucune preuve de dommages réels et l'arbitre n'avait pas déterminé le niveau d'indemnisation en fonction des dommages réels, mais sur la différence entre le prix du contrat et le prix de l'offre.

[4] Sudico *c.* STT-260 Architects, décision nº 07/2014/QDST-KDTM du 15 septembre 2014 (Cour supérieure à Hanoi). La décision concerne la reconnaissance des sentences arbitrales rendues en 2013 par l'arbitrage du Centre d'arbitrage international de Singapour (SIAC) qui ont donné gain de cause à la société *STT-260 Architects Joint-venture* (société de *joint-venture* basée aux Philippines, établie en 2009 par la compagnie coréenne 260 Architects et la société américaine Strategic Think Tank, llc.) et ordonné de grosses indemnités que Sudico (compagnie vietnamienne) devrait payer au demandeur pour le manquement à ses obligations contractuelles (obligations de paiement pour les travaux achevés par le demandeur en vertu du contrat nº 10-09/HDKT du 27/05/2009 concernant la fourniture du service consultatif dans la conception de l'appartement type pour le projet d'habitation Nam An Khanh).

[5] Aux arguments du débiteur, il y avait, dans le contrat, une clause prévoyant que le paiement ne serait effectué que si les documents requis, y compris le certificat d'inspection délivré par Sudico à

du fond de la sentence est interdit, de même que celui de la décision judiciaire étrangère, dans la procédure de reconnaissance.

La nécessité de resserrer les conditions d'intervention de l'ordre public dans la codification

Lecours à l'exception d'ordre public doit, pour empêcher son abus qui nuirait à l'efficacité du DIP, être soumis tant aux conditions « internes » qu'aux conditions « externes », termes utilisés par le professeur Paul Lagarde[1].

En réalité, les tribunaux nationaux sont toujours enclins à employer la doctrine de l'ordre public pour étendre leur juridiction au-delà des limites ordinaires[2]. C'est pourquoi différentes théories ont été développées pour limiter la sphère d'application de l'exception d'ordre public en DIP. Cette limitation est justifiée à plusieurs titres. Hormis son caractère « exceptionnel », qui appelle une interprétation stricte, l'application du mécanisme d'exception d'ordre public doit se restreindre en raison de la fonction même du DIP. Pour l'auteur Alex Mills, une application excessive de l'exception d'ordre public risque de neutraliser la véritable existence des règles de DIP[3]. Selon le professeur Paul Lagarde, l'intervention de l'ordre public conduit à un empiètement de la loi du for sur la loi étrangère désignée par la règle de rattachement, et comme cet empiètement constitue un trouble[4], doctrine et jurisprudence ont cherché à le limiter[5]. Par conséquent, l'exception d'ordre public ne doit jouer en DIP que lorsque la solution apportée par la loi étrangère à une question juridique ou à la reconnaissance d'une décision étrangère est inacceptable vis-à-vis des conceptions du for[6]. Les professeurs Groffier et Goldstein ont souligné la nécessaire existence d'une confrontation des valeurs en ces termes : « puisque la situation internationale va s'intégrer dans un milieu social donné, l'exception d'ordre public ne devrait intervenir que si cette situation a un réel *impact* sur ce milieu »[7]. Pour cela, il faut procéder dans chaque cas à l'examen de l'application de la loi étrangère, afin de pouvoir évaluer la gravité des conceptions opposées entre la loi étrangère et l'ordre du for. Il s'agit de la condition « interne » d'intervention de l'ordre public[8].

En ce qui concerne les conditions externes, il faut citer notamment la doctrine allemande de la *Binnenbeziehung* – l'exigence du lien de proximité entre le litige et le territoire du for – pour faire jouer l'exception d'ordre public. Selon cette

STT-260 pour chaque phase de mise en œuvre du contrat, étaient réunis. Or, selon le débiteur, le tribunal arbitral ne s'est basé que sur les procès-verbaux d'inspection signés par les deux parties lors de l'étape d'inspection précédant l'approbation pour statuer sur la cause. La Cour supérieure à Hanoi a donné raison à ces arguments.

[1] Voir Lagarde, *Recherche sur l'ordre public en droit international privé*.

[2] Healy, « Théorie générale de l'ordre public », 429.

[3] Alex Mills, « The Dimension of Public Policy in Private International Law », *J. Priv. Int. Law* 4 (2008) : 205.

[4] L'exception d'ordre public constitue une vraie entorse à la neutralité de la règle de conflit par l'intervention de l'ordre public du for.

[5] Lagarde, *Recherche sur l'ordre public en droit international privé*, 34.

[6] Lagarde, 164.

[7] Goldstein et Groffier, *Droit international privé*, t. I « Théorie générale », 268.

[8] Lagarde, *Recherche sur l'ordre public en droit international privé*, 110 et suiv.

théorie de « l'ordre public de proximité », tant que l'institution étrangère ne touche pas le territoire du for, la question de l'ordre public ne se pose pas vis-à-vis de l'application de la loi étrangère. Pour reprendre les termes du professeur Wengler, « c'est l'existence de la *Binnenbeziehung* qui, dans l'espèce concrète, rend intolérable le résultat auquel mènerait l'application par les tribunaux du for de la loi étrangère jusque-là abstraitement critiquable à raison de son contenu »[1]. Au contraire, si la situation litigieuse n'a pas à produire d'effet sur le territoire du for, la loi étrangère sera appliquée, car celle-ci n'entre pas en conflit avec des lois d'ordre public du for[2]. La doctrine allemande a gagné un grand terrain d'application dans les pays civilistes de l'Europe et a même exercé une certaine influence en dehors de ce continent[3]. Par exemple, au Québec, cette approche est en général adoptée par les tribunaux, comme l'illustre la décision *Auerbach* c. *Resorts International Hotel Inc*[4], et reçoit un fort appui doctrinal : « Si l'article 3081 C.c.Q. n'exige pas expressément l'exigence d'un lien concret entre le Québec et la situation pour y faire appel, il nous semble évident que l'admission de cette condition va tout à fait dans le sens voulu par le codificateur »[5]. À notre avis, l'exigence de ce lien est subsumée sous le terme « résultat » prévu aux articles 3081 et 3155 (5°) C.c.Q. L'intervention de l'ordre public n'est en effet effectuée que lorsque l'application du droit étranger ou la reconnaissance du jugement étranger produit un résultat (ou un effet) dans l'ordre juridique québécois et qui est manifestement incompatible avec l'ordre public. Pour qu'un tel effet soit produit, un lien doit nécessairement exister entre la situation internationale et le Québec.

Dans les pays de *common law*, bien que cette doctrine ne soit pas admise officiellement, comme l'a souligné le professeur P. Lagarde[6], les tribunaux ont tendance à demander un certain lien entre le litige et l'ordre juridique du for pour faire intervenir la *public policy* dans les affaires comportant un élément d'extranéité. Ainsi, l'étude de la jurisprudence anglaise montre que lorsque qu'elle fait appel à la *public policy*, la condition de la *Binnenbeziehung* se trouve en général réalisée[7]. Aux États-Unis, où la méthode conflictuelle classique a cédé

---

[1] Wilhelm Wengler, « Les conflits de lois et le principe d'égalité », *R.C.D.I.P.* 52 (1963) : 315.

[2] Lagarde, *Recherche sur l'ordre public en droit international privé*, 56.

[3] Lagarde, 59-61.

[4] Auerbach *c.* Resorts International Hotel Inc., [1992] R.J.Q. 302 (C.A.). Selon les professeurs Goldstein et Groffier, *Droit international privé*, t. I « Théorie générale », 280, si l'exigence établie selon la théorie de la *Binnenbiziehung* n'est pas énoncée consciemment, « en fait, elle est toujours respectée ».

[5] Goldstein et Groffier, *Droit international privé*, t. I « Théorie générale », 281.

[6] Lagarde, *Recherche sur l'ordre public en droit international privé*, 59-63.

[7] Goldstein, *De l'exception d'ordre public aux règles d'application nécessaire*, 156-219. Ainsi, par exemple, dans l'affaire *Saxby* c. *Fulton* où se posait devant la cour anglaise la question de la validité d'un contrat de prêt conclu à Monte Carlo pour se procurer de l'argent pour le jeu. Un tel accord aurait été invalide s'il avait été conclu en Angleterre puisqu'il est contraire à l'ordre public anglais. Or, à Monte Carlo, cet accord est tout à fait légal. Lord Buckley a trouvé que le contrat n'avait presque pas de connexion avec l'Angleterre (le contrat avait été conclu à Monte Carlo, était soumis à la loi de Monte Carlo, selon la règle de rattachement anglais, et y avait été exécuté complètement). Par conséquent, l'ordre public anglais n'intervenait pas pour invalider ce contrat, la Cour étant d'avis que « a betting or gaming contract in a country where betting or gaming is recognized by the law cannot

la place aux méthodes de rattachement substantiel – celle de Currie, basée sur l'analyse des intérêts gouvernementaux ou celle de *better law* de Baxter, axée sur l'analyse du *comparative impairment* –, on constate aussi le besoin de justifier l'intervention de la *public policy* (pour atteindre un intérêt législatif ou une politique législative) par l'existence de contacts entre la situation et l'ordre juridique du for[1].

Dans sa recherche à ce sujet en 1958, le professeur P. Lagarde a soutenu que la condition indispensable à l'intervention de l'ordre public devait être basée sur le fonctionnement même de la « règle de conflit »[2]. Il plaidait pour le rattachement du litige au DIP, et non au territoire, du for. En conséquence, le recours à l'exception d'ordre public doit être limité aux cas où les questions posées préalablement aux questions principales sont elles-mêmes soumises à la « règle de conflit du for ». Pour résoudre une question préalable, le juge doit se demander s'il peut se baser sur « ses propres règles de conflit » pour désigner la loi applicable à cette question. Si la réponse est négative, alors l'ordre public du for ne pourra intervenir. Pour illustrer, citons l'exemple donné par le professeur P. Lagarde : le juge français, à qui un jeune Allemand demande de donner un *exequatur* d'un jugement allemand lui accordant une pension alimentaire, doit résoudre à la fois la question principale, qui est l'obligation alimentaire (loi nationale des parties, c'est-à-dire loi allemande), et la question préalable, celle d'un lien de filiation bien établi. Pour répondre à cette dernière, il faut s'adresser au DIP allemand, et non français. La règle de rattachement allemande désigne la loi allemande, d'après laquelle a été rendu en Allemagne un jugement établissant ce lien de filiation. L'ordre public français, *n'étant pas concerné*, ne peut intervenir[3]. L'approche de P. Lagarde aboutit au même résultat que celui de l'effet atténué de l'ordre public, c'est-à-dire qu'une situation valablement acquise à l'étranger échappe à l'intervention de l'ordre public du for. Toutefois, il explique cela par le fonctionnement de la règle de conflit : si la loi étrangère n'est pas désignée par la règle de conflit du for, elle ne se soumettra pas à l'intervention de l'ordre public du for.

Le professeur G. Goldstein mentionne quelques défauts dans l'approche de P. Lagarde. Selon lui, l'ordre public n'intervient pas uniquement pour la détermination de la loi applicable, mais aussi au stade de la reconnaissance d'une décision étrangère. Cela est d'autant plus vrai pour les États qui ont adopté une méthode « fonctionnelle » basée sur l'analyse des intérêts gouvernementaux, comme aux États-Unis, et non la méthode classique basée sur les règles de rattachement. Par conséquent, l'utilisation de la règle de conflit du for n'est qu'une situation dans laquelle on peut faire appel à l'ordre public, et non une condition indispensable dans tous les cas[4]. Ainsi, l'auteur G. Goldstein propose

be said to be contrary to essential principles of morality or justice" (Saxby *v.* Fulton, [1909] 2 K.B. 208 228).

[1] Goldstein, *De l'exception d'ordre public aux règles d'application nécessaire*, 221-97.

[2] Nous gardons le terme « règle de conflit » utilisé par l'auteur. Pour notre point de vue sur la nature du DIP, lire le chapitre II.

[3] Lagarde, *Recherche sur l'ordre public en droit international privé*, 70.

[4] Goldstein, *De l'exception d'ordre public aux règles d'application nécessaire*, 52.

une formule plus simple pour exprimer la condition externe du recours à l'ordre public : « l'emploi de l'exception d'ordre public nécessite un *contact* (territorial en principe) entre la situation et le milieu de réception »[1]. Cette condition semble moins exigeante que la doctrine de la *Binnenbeziehung*, qui demande un lien de proximité et non un simple contact entre le for et le litige. À notre avis cependant, elle assure assez bien l'équilibre entre le besoin du for de protéger son ordre public et l'efficacité du DIP.

En somme, quelle que soit l'approche, le consensus est que l'ordre public n'intervient pas dans tous les cas d'apparence contradictoire. Le recours à l'exception d'ordre public est soumis à des conditions à la fois internes, à savoir le caractère choquant de la solution étrangère vis-à-vis de l'ordre du for, et externes, en particulier l'exigence d'un certain lien entre la situation à régir et l'ordre juridique du for. Le caractère exceptionnel du mécanisme le justifie.

Les conséquences de l'intervention de l'ordre public

Dans son cours donné sur l'exception d'ordre public à l'Académie de La Haye en 2014, le professeur Pascal de Vareilles-Sommière nous invite à une nouvelle approche qu'il prétend pouvoir permettre de comprendre la nature du mécanisme en l'étudiant sous l'angle de la notion de « régularité substantielle internationale »[2]. Ainsi, selon lui, l'intervention de l'ordre public d'un État conduit à l'irrégularité d'une norme étrangère dans le système juridique de cet État. Cela suppose d'établir préalablement une « relation hiérarchique » entre l'ordre public du for et la loi étrangère compétente.

La notion de régularité implique en effet une insertion de la norme étrangère au sein de l'ordre juridique du for (ou au moins, de la regarder et de la traiter comme faisant partie de cet ordre), là où elle est confrontée avec les normes du dernier et se trouve à un rang inférieur à celui des normes d'ordre public. À notre avis, cette approche risque de faire face à de fortes réactions des internationalistes pour qui la souveraineté et l'autonomie des ordres juridiques, ainsi que leur respect mutuel, sont des valeurs importantes. L'auteur essaie de justifier cette idée d'une relation hiérarchique par le principe de courtoisie internationale[3]. Cependant, il faut rappeler que ce principe signifie plutôt la possibilité qu'une norme étrangère soit appliquée et produise l'effet dans un cas concret sur le territoire du for. Cela est proche de l'image d'un invité accueilli par l'hôte. Le premier respecte les règles du dernier dans la maison de celui-ci, sans pour autant devenir une partie de sa hiérarchie. En d'autres termes, bien que le DIP mette en interaction des normes provenant de différents ordres juridiques, leur manque d'affinités rend impossible d'établir une hiérarchie entre elles.

---

[1] Goldstein, 50-52.

[2] Notion empruntée du droit des jugements étrangers. Voir De Vareilles-Sommières, « L'exception d'ordre public et la régularité substantielle internationale de la loi étrangère », 175.

[3] De Vareilles-Sommières, 193 et suiv., notamment 197. Selon lui, « le pouvoir de l'État auteur de la norme de droit privé n'est souverain, par rapport au pouvoir des autres États, que dans son ordre, tandis qu'en vertu [de la courtoisie internationale], dans les ordres étrangers, un contrôle de l'activité normative d'un pair par son pair est admis ».

Par ailleurs, nous avons du mal à suivre le raisonnement de cet auteur, car plusieurs propos paraissent contradictoires. D'une part, l'auteur soutient que le mécanisme d'exception d'ordre public ne met pas en cause « la loi porteuse de la réponse », qui « demeure intacte », mais plutôt la réponse qui serait appréciée. Par conséquent, l'État du for ne serait pas en position de juger le droit étranger, mais seulement de veiller à ce que l'application de ce dernier ne bouleverse pas son ordre public. D'autre part, il reconnaît que la notion de régularité « traduit l'idée d'une conformité à la règle » et qu'elle a des liens avec celle de hiérarchie des normes[1]. De plus, tout en soulignant qu'en général, « l'ordre public n'est pas une *norme* à proprement parler, mais plutôt un *état de fait* », il est convaincu qu'une « confrontation de la loi étrangère à une norme au respect de laquelle le for tient essentiellement »[2] est envisageable. Enfin, l'auteur relativise la notion de régularité pour l'adapter au contexte du DIP. Il reconnaît en effet que « [cette irrégularité] ne se traduit pas par la nullité de la loi étrangère, mais par [sa] simple inefficacité aux fins de fonctionnement de l'ordre juridique du for »[3] et que par conséquent « l'État du for n'est pas autorisé à poser les conditions de régularité de la production normative étrangère dans l'absolu, mais seulement aux fins de fonctionnement de son propre ordre juridique »[4].

On voit qu'en fin du compte, l'auteur revient à la conception classique de l'intervention de l'ordre public : le contrôle de la conformité, non pas de la loi étrangère, mais de son « application » ou de ses « effets »[5] à travers des conditions posées à l'efficacité de celle-ci au sein de l'ordre juridique du for[6]. Quelle que soit l'appellation, irrégularité ou inefficacité des normes étrangères, les premières conséquences de l'intervention de l'ordre public restent les mêmes : le rejet de l'effet de la décision ou de la loi étrangère dans l'ordre juridique du for. Dans la pratique, d'autres questions peuvent continuer à se poser, notamment dans le cas du rattachement normatif. Des nuances dans l'interprétation de la notion et de l'application du mécanisme auront des impacts sur la réponse.

Les conséquences sur le rattachement juridictionnel

Comme nous l'avons mentionné, un mécanisme d'exception d'ordre public centré sur le résultat de l'intégration d'une décision étrangère dans l'ordre juridique du for entraîne des conséquences pratiques. Tout d'abord, il peut arriver que la solution étrangère soit toujours acceptée, bien qu'elle ait été rendue conformément à une loi contraire à l'ordre public du for[7].

---

[1] De Vareilles-Sommières, 175 et 176.
[2] De Vareilles-Sommières, 191.
[3] De Vareilles-Sommières, 198.
[4] De Vareilles-Sommières, 198.
[5] De Vareilles-Sommières, 178 et 179.
[6] De Vareilles-Sommières, 200.
[7] Une décision de divorce prononcée en vertu d'une loi algérienne prévoyant une discrimination ne peut être reconnue au Québec, mais la décision de confier l'enfant à sa mère est acceptée, toujours selon cette loi. Exemple donné par les professeurs Goldstein et Groffier, *Droit international privé*, t. I « Théorie générale », 396. Dans l'arrêt R.S. *c.* P.R., 2019 CSC 49 paragr. 52, la majorité de la Cour suprême affirme également que « c'est le résultat de la décision étrangère qui doit faire l'objet de l'analyse, et non les lois de l'État étranger ».

L'application du mécanisme d'exception d'ordre public au Québec a récemment connu une évolution importante en matière familiale. En 2015, la Cour supérieure du Québec doit statuer sur une requête en homologation d'un acte de naissance de Pennsylvanie désignant un couple homosexuel domicilié au Québec comme parents d'un enfant né d'une mère porteuse dans cet État américain. Il faut rappeler que les conventions de mère porteuse, pleinement autorisées en Pennsylvanie, sont au contraire interdites au Québec sous peine de nullité absolue[1]. Cela n'a pas toutefois empêché la Cour supérieure de se prononcer favorablement sur la demande des parents d'intention. La Cour a ainsi souligné l'objet de l'analyse qui est le résultat de la reconnaissance au Québec de la décision étrangère :

> L'article 3155 (5) C.c.Q. précise bien que c'est le résultat de la décision étrangère qui se doit d'être manifestement incompatible avec l'ordre public, tel qu'il est entendu dans les relations internationales. Quel est le résultat en l'espèce ? Le résultat du jugement et de l'acte de naissance qui en découle est de reconnaître la filiation de deux hommes à l'égard de leur enfant. Non seulement ce résultat n'est pas contraire à l'ordre public, tel qu'il est entendu dans les relations internationales, mais il ne l'est pas non plus en vertu de l'ordre public interne du Québec, puisque le *Code civil du Québec* prévoit spécifiquement la possibilité pour un enfant d'avoir deux parents du même sexe[2].

---

[1] Art. 541 C.c.Q. : « Toute convention par laquelle une femme s'engage à procréer ou à porter un enfant pour le compte d'autrui est nulle de nullité absolue ». En septembre 2016, le gouvernement du Québec a annoncé son intention de réformer le *Code civil du Québec* pour reconnaître les conventions sur la gestation pour autrui. Malheureusement, cette modification n'a pas été retenue dans la nouvelle loi sanctionnée en mars 2021 (*Loi modifiant diverses dispositions en matière de procréation assistée*, L.Q. 2021, c. 2). Ce recul est regrettable et risque de créer – ou à vrai dire, de maintenir – un écart entre la loi et la pratique. Toutefois, la prudence du législateur témoigne aussi de l'ampleur des enjeux d'une autorisation, même encadrée de conventions de mère porteuse au Québec.

[2] Droit de la famille – 151172, 2015 QCCS 2308 paragr. 112. Il faut noter que la jurisprudence demeure partagée. Dans une affaire en 2018 relative à l'adoption d'enfants nés d'une mère porteuse dans l'État de Washington par le parent d'intention, conjoint du père biologique de ces enfants, la Cour du Québec a au contraire refusé la requête d'adoption, étant donné qu'elle est fondée sur une décision étrangère qui donne droit aux « contrats de maternité de substitution, lesquelles vont à l'encontre des règles essentielles et d'ordre public de toutes démarches d'adoption au Québec, qu'elles soient locales ou internationales » (Adoption – 1874, 2018 QCCQ 1694 paragr. 108). La Cour du Québec risque de contredire la Cour d'appel, qui avait antérieurement accueilli une requête de même nature, concernant cette fois un enfant né d'une mère porteuse au Québec, solution qualifiée de « la moins insatisfaisante » mais qui « sert le mieux l'intérêt de l'enfant [concerné] » Adoption – 1445, 2014 QCCA 1162 paragr. 66.

Dans d'autres pays, la question ne fait pas non plus l'unanimité. Par exemple, les tribunaux français ont refusé de reconnaître les filiations établies à l'étranger à l'issue d'une gestation pour autrui, considérées comme une entrave à l'ordre public international de la France ou une fraude à la loi. Cette position ferme a cependant été condamnée en 2014 par la Cour européenne des droits de l'homme (CEDH) pour violation du droit à l'identité de l'enfant reconnu à l'article 8 de la *Convention européenne des droits de l'homme* (droit à la vie privée et familiale), dont le droit à la filiation (Arrêts *Mennesson* c. *France* et *Labassee* c. *France*, n° 185 du 26 juin 2014). La Cour européenne a ainsi privilégié une approche basée sur l'appréciation du lien biologique entre les parents d'intention et

On peut dire que dans cette affaire, la Cour supérieure a dû faire une comparaison des résultats de la reconnaissance de la décision étrangère au Québec. D'une part, cette reconnaissance équivaut-elle à reconnaître une entente de mère porteuse, nulle au Québec, et à contrecarrer le principe d'ordre public de la non-chosification du corps humain[1] ? D'autre part, la non-reconnaissance de la décision étrangère en raison de l'aspect illicite de l'entente de mère porteuse entrainerait le refus de la filiation de l'enfant. Quel résultat frappera-t-il l'ordre public québécois tel qu'il est entendu dans les relations internationales ? La Cour supérieure a sans doute placé l'intérêt de l'enfant et la volonté des parents au-dessus du risque d'abus de la pratique de mère porteuse à l'étranger pour contourner l'interdiction au Québec. L'intervention de l'ordre public en DIP pourrait donc parfois impliquer une considération délicate de différents principes d'ordre public opposés.

Une certaine évolution est aussi constatée dans le droit vietnamien de la famille, réformé en 2014. Il est désormais accepté que les mariages qui n'ont pas satisfait aux conditions, y compris les conditions de fond, prévues dans le droit vietnamien peuvent être reconnus au Vietnam « si cette reconnaissance est nécessaire pour protéger les droits et intérêts de la femme et de l'enfant concernés »[2]. Un tel changement de mentalité pourrait guider la réforme de l'intervention de l'ordre public en DIP vietnamien.

Enfin, il arrive aussi que les tribunaux refusent de reconnaître une partie de la décision étrangère en raison de l'ordre public, alors que le reste est reconnu. C'est le cas dans la jurisprudence québécoise antérieure à 1994. À titre d'exemple, la Cour supérieure du Québec à Montréal, tout en ayant reconnu un jugement de divorce prononcé par les tribunaux mexicains, a refusé de donner effet à la condition supplémentaire imposant au requérant un an d'attente après l'obtention du divorce pour pouvoir se remarier, en raison de sa contrariété à l'ordre public international du Québec[3]. Cette acceptation sélective de l'effet d'un jugement étranger ainsi que celui d'une loi étrangère constituent une solution permettant d'assurer à la fois la protection de l'ordre public du for et l'efficacité du DIP.

Les conséquences sur le rattachement normatif

En cas de contrariété de la loi désignée avec l'ordre public international du for, bien évidemment cette loi ne sera pas appliquée. Contrairement à

l'enfant pour déterminer s'il est possible ou non de recourir à l'exception d'ordre public. Cette approche est également celle adoptée par les tribunaux suisses. La jurisprudence de la CEDH a conduit à la modification de l'approche de certaines juridictions européennes, en faveur de la reconnaissance des filiations établies à la suite d'une gestation pour autrui à l'étranger, pourtant interdite dans le droit interne. La question soulève des opinions très divisées entre, d'une part, les préoccupations sur l'intérêt supérieur de l'enfant et, d'autre part, le souci de la fraude qui serait tolérée. Voir Camille Pons, « La gestation pour autrui : l'influence des droits fondamentaux européens sur le droit international privé », *R.Q.D.I.* 31 (2018) : 119.

[1] Une telle question s'est posée dans l'arrêt de principe de la Cour d'appel Adoption – 1445, 2014 QCCA 1162 paragr. 70.

[2] Décret portant application de la Loi sur le mariage et la famille, art. 36.1.

[3] Nava *c.* Jaime (4 septembre 1980), Montréal 500-05-008907 (C.S.), exemple mentionné dans Goldstein et Groffier, *Droit international privé*, t. I « Théorie générale », 396.

l'exemplification d'une décision étrangère, le juge doit continuer son raisonnement pour trouver une loi remplaçante.

Une des nouveautés apportées par la réforme de 2015 au DIP vietnamien est de prévoir une solution claire, car le Code civil de 2005 était muet sur cette question. L'article 670 du Code civil de 2015 dispose que lorsque la loi étrangère est écartée en raison de l'ordre public, le juge appliquera la loi vietnamienne.

La substitution de la loi du for à la loi étrangère écartée en raison de l'ordre public est la solution adoptée dans plusieurs pays. Au Québec, le Livre X, tout comme le droit suisse qui l'a inspiré, ne le prévoit pas, mais la solution jurisprudentielle est d'appliquer le droit québécois à la place de la loi étrangère écartée[1]. Cette solution est sans doute justifiée par des raisons pratiques, à savoir la commodité pour les tribunaux d'appliquer leur propre loi. Dans les systèmes de *common law*, la doctrine cherche à justifier le recours à la loi du for en assimilant l'exception d'ordre public à une règle de rattachement. Elle soutient en effet que l'exception dite de *public policy* a une double fonction : celle de détachement d'abord en défaveur de la solution prévue par la règle ordinaire et celle de rattachement par la suite en faveur de la loi du for. Ainsi, la clause d'exception d'ordre public est essentiellement une règle de rattachement implicite[2]. Nous ne pouvons pourtant pas souscrire à ce raisonnement. En effent, comme il s'agit d'une simple exception, son intervention n'a qu'un effet de détachement[3], la loi désignée par la règle de rattachement n'étant plus pertinente. La recherche de la loi remplaçante constitue une opération indépendante.

Par ailleurs, plusieurs auteurs mentionnent la difficulté théorique du recours à la loi du for pour remplacer la loi étrangère à la suite d'une intervention de l'ordre public, vu sous l'angle du principe de proximité. Puisque la loi du for a été préalablement écartée par la règle de rattachement[4], on voit mal comment la réintroduire dans le raisonnement[5]. À notre avis, ce reproche est pertinent dans le contexte de la méthode classique, où un seul facteur de rattachement existe pour désigner le système juridique ayant liens étroits avec la situation à régir. Cependant, le développement de nouvelles techniques de rattachement, telles que le rattachement multiple justifié par la proximité suffisante, rend possible le remplacement de la loi écartée par la loi du for. En effet, la multiplication des facteurs de rattachement fait augmenter la probabilité du rattachement avec la loi du for[6], car il est impossible de nier l'existence d'un lien entre le litige et le for

[1] Goldstein, « Mécanismes correctifs à l'application de la règle de conflit : clause échappatoire et exception d'ordre public », paragr. 37.

[2] Mills, « The Dimension of Public Policy in Private International Law », 208.

[3] Le mécanisme d'exception d'ordre public est alors considéré comme un « outil de détachement ». Voir De Vareilles-Sommières, « L'exception d'ordre public et la régularité substantielle internationale de la loi étrangère », 168.

[4] Si la loi du for n'a pas été désignée par la règle de rattachement, c'est parce qu'elle ne présente pas de liens pertinents avec la situation juridique pour pouvoir répondre à la question posée. De Vareilles-Sommières, 209.

[5] Lagarde, *Recherche sur l'ordre public en droit international privé*, 3.

[6] Les règles à facteurs de rattachements multiples sont nombreuses dans le droit québécois. Au contraire, elles sont peu nombreuses dans le droit vietnamien, mais la future codification devrait

dès lors que la compétence de l'autorité saisie est justifiée par le rattachement juridictionnel. Par conséquent, cette solution n'est pas contraire au principe de proximité.

Toutefois, l'application brutale de la loi du for en substitution, sans passer par le raisonnement nécessaire au sujet de la méthode de rattachement, peut inciter à l'abus de l'exception de l'ordre public, que nous voulons éviter. Le silence du droit québécois sur la loi remplaçante à la suite de l'intervention de l'ordre public risque de conduire à l'imprévisibilité. Il est donc recommandé d'adopter une autre formule.

La solution apportée par le droit italien nous semble être fort intéressante. La loi remplaçante est déterminée de manière suivante : « 1. La loi étrangère n'est pas appliquée si ses effets sont contraires à l'ordre public ; 2. En ce cas s'applique la loi que déterminent les autres critères de rattachement éventuellement prévus pour la même hypothèse normative. À défaut, la loi italienne s'applique »[1]. Cette disposition marque les influences manciniennes dans le DIP italien – « l'absence presque absolue de clauses en faveur de la *lex fori* »[2]. Il s'agit d'une solution logique, dans l'esprit de la proximité reconnue comme principe fondamental de rattachement.

En conclusion, l'encadrement strict de l'exception d'ordre public dans le DIP est important. S'il est motivé au Québec par le besoin témoigné en tant que terre d'immigration, il s'agit pour le Vietnam d'établir la confiance en vue de la promotion des investissements et du commerce international. Or, dans la pratique, le recours à cette exception est devenu banal[3]. Vu les objectifs d'ouverture économique et d'intégration internationale, il est extrêmement important pour le Vietnam de réviser la notion d'ordre public dans le DIP, ainsi que les mécanismes d'intervention de l'ordre public dans les rattachements, pour redonner le caractère exceptionnel à l'intervention de l'ordre public dans son DIP.

*

* *

Dans les deux premiers chapitres, nous avons indiqué les défauts et le besoin de réforme du DIP vietnamien à la lumière des leçons tirées de la codification québécoise, enrichie de pratiques depuis plus d'un quart de siècle. Les suggestions ont été formulées quant aux aspects de mise en œuvre de la codification, qui

---

apporter des changements. Voir nos arguments au chapitre II, 2.2.1 « L'adoption de la pluralité des méthodes au Québec et au Vietnam ».

[1] Loi n° 218 du 31 mai 1995 – Réforme du système italien de droit international privé, art. 16 (ordre public). La version française de cette loi est disponible sur : www.cfinot.eu/218fr.htm (consulté le 12 novembre 2021).

[2] Ballarino, « Codification du droit international privé italien », 96.

[3] Selon le bilan de 20 ans d'adhésion du Vietnam à la *Convention de New York* de 1958, publié en 2014 par la Cour populaire suprême, le taux de requêtes accueillies est très faible dans le domaine de la reconnaissance des sentences arbitrales étrangères. Ainsi, pendant dix ans, de 2005 à 2014, les Tribunaux ont statué sur 52 requêtes de reconnaissance des sentences arbitrales étrangères et 24 requêtes ont été rejetées pour différentes raisons, parmi lesquelles l'atteinte à l'ordre public du Vietnam était le motif principal (Vietnam, Cour populaire suprême, « Rapport présenté à la Conférence gouvernementale sur le bilan des 20 ans d'application de la Convention de New York » [Hanoi, 21 novembre 2014]).

intéressent le processus et la forme de la codification. Cette troisième et dernière partie est consacrée à l'étude des questions fondamentales et des solutions qui formeraient le corps du nouveau DIP codifié du Vietnam.

Ces réflexions répondent aux objectifs de la codification, que sont la modernité, la flexibilité, la prévisibilité et l'efficacité du DIP.

Dans l'objectif de modernité, la proposition vise une révision de deux notions fondamentales, soit l'élément d'extranéité et le facteur de rattachement. Au Québec, la jurisprudence joue un rôle actif dans l'interprétation évolutive de ces notions. Or c'est loin d'être le cas pour le DIP vietnamien qui reste peu sensible aux changements apportés par la mondialisation et les progrès technologiques. En particulier, la naissance du cyberespace a des impacts inévitables sur la détermination de l'élément d'extranéité. Elle met aussi en cause l'efficacité du recours traditionnel à plusieurs facteurs de rattachement basés sur une localisation tangible dans le monde réel. Malgré cela, il convient toujours de rappeler que derrière chaque opération, même virtuelle, il y a toujours les humains, bien qu'on puisse imaginer une place éventuelle pour l'intelligence artificielle (IA) dans le futur. Ainsi, à condition d'adapter ses méthodes aux nouveaux contextes, le DIP est toujours capable d'assumer son rôle de recherche de l'ordre juridique compétent pour régir une situation internationale.

La modernité se reflète aussi dans l'évolution du principe d'autonomie de la volonté en DIP, qui consiste en la liberté pour les parties de choisir le tribunal et le droit applicable à leur rapport. Développée sur l'idée des droits fondamentaux des personnes, la théorie de l'autonomie de la volonté a reçu autant d'adhésion que d'opposition, avant d'être cristallisée dans un des principes généraux du DIP. En ce sens, le Livre X C.c.Q. fait preuve d'esprit novateur par son admission générale et son encadrement assez complet du principe d'autonomie de la volonté. Le modèle québécois n'est pourtant pas parfait. Nos critiques portent notamment sur l'article 3111 al. 1 C.c.Q., qui permet aux parties de choisir la loi applicable à leur acte ne comportant aucun élément d'extranéité, sous réserve des dispositions impératives du droit normalement applicable. Cette disposition, inspirée du droit européen, reste cependant floue dans ses conditions d'application. Elle donne aussi lieu à des débats sur le rôle de la volonté dans la détermination du caractère international d'un rapport juridique, qui n'est pas tranché dans le DIP québécois.

Au Vietnam, l'importance de l'autonomie de la volonté est désormais bien admise dans le DIP. Toutefois, l'encadrement très modeste du principe rend l'exercice de la liberté des parties peu efficace. Dans le but de proposer des pistes de solutions, nos analyses comparatives du droit québécois et du droit vietnamien se sont concentrées sur les conditions, les limites et les effets de l'exercice de la volonté. En plus des conditions de forme et de fond applicables à la convention des parties, notre étude s'est interrogée sur d'éventuelles exigences du DIP que sont l'expression de la volonté et le caractère international de l'acte juridique.

La liberté des parties peut être limitée dans certaines matières et dans l'objectif de protéger la partie faible. Il s'agit donc de garantir un équilibre entre la liberté individuelle et le contrôle étatique pour protéger l'ordre de la société, qui doit se refléter dans les dispositions du futur code. La discussion sur la liberté des parties concerne aussi la portée du droit choisi, qui doit englober ou non le droit anational, et l'indépendance de la clause de rattachement par rapport à l'acte juridique. Notre argument est favorable à une interprétation évolutive du terme « loi » à l'article 3111 C.c.Q., permettant au juge d'appliquer, outre le droit étatique, les normes anationales – la *lex mercatoria*, en particulier – dans l'intérêt du commerce international. Dans l'ensemble, de nombreuses solutions jurisprudentielles développées au Québec peuvent inspirer le codificateur vietnamien dans l'encadrement de l'exercice de la volonté des parties.

Dans la lignée de l'équilibre entre la flexibilité et la prévisibilité, la priorité est de mieux comprendre le contenu du principe de proximité et d'étudier son encadrement dans la codification, ainsi que la pluralité des méthodes de rattachement. Le développement de ce principe, renforcé par la diversification des solutions de rattachement, est le résultat d'efforts dûs notamment à la doctrine et à la pratique judiciaire en Europe, en vue de remédier à la rigidité de la méthode traditionnelle savignienne. À la différence des approches américaines, qui préconisent la recherche de solutions à partir des analyses comparatives du contenu des lois en présence, l'application du principe de proximité, accompagnée de multiples moyens complémentaires, permet de préserver la méthode de rattachement qui est le noyau du DIP, tout en la rendant plus souple et moins indifférente aux circonstances pratiques. Cette réforme a été bien introduite dans le *Code civil du Québec*, avec l'admission générale du principe de proximité et la multiplication des solutions. En même temps, les conditions d'application sont assez bien établies, assurant la prévisibilité nécessaire. Il reste cependant la disposition codifiant le *forum non conveniens* qui suscite toujours des doutes, en raison d'une trop grande discrétion qu'elle accorde à l'appareil judiciaire, en plus des critères d'examen incertains. Au Vietnam, l'admission et l'encadrement limités du principe de proximité, ainsi que la quasi-totale absence de la nouvelle pluralité des méthodes font certainement obstacle à la flexibilité nécessaire au DIP. Notre étude comparée nous amène à conclure que le Vietnam pourrait suivre le modèle québécois de clause échappatoire et de rattachements multiples. Au contraire, la prise en compte de solutions étrangères telles que la qualification étrangère, les règles impératives étrangères, et la doctrine du *forum non conveniens* lui poseraient de véritables défis. Cela est dû à la complexité et aux subtilités qu'elles exigent lors de la mise en œuvre, notamment dans le cadre du pouvoir discrétionnaire des tribunaux. Dans le contexte actuel du DIP vietnamien, ces techniques sont précoces et donc déconseillées. Dans le domaine du rattachement juridictionnel, le principe de proximité peut être respecté à travers des règles de rattachement détaillées pour chaque catégorie ou sous-catégorie juridique.

Enfin, dans l'optique de l'efficacité du DIP, les questions relatives à l'autorité de la règle de rattachement et à l'intervention de l'ordre public ont été traitées de manière particulière en raison de leur forte ambiguïté. Si la faible autorité des règles de rattachement a un impact direct sur l'efficacité du DIP, le recours abusif à l'exception d'ordre public pour favoriser l'application de la *lex fori* ou pour refuser l'effet des jugements étrangers sur le territoire du for rendra inefficace l'application des règles de rattachement.

L'étude comparative montre qu'il manque encore de clarté au sujet du statut des règles de rattachement dans le DIP du Québec et dán celui du Vietnam. Nous sommes convaincue que, tant pour le rattachement juridictionnel que normatif, l'application *ex officio* des règles de rattachement par les tribunaux est nécessaire et que cela doit être prévu de façon explicite dans la codification. En ce qui concerne la connaissance du droit étranger par le juge, l'exigence peut être établie selon que le droit est désigné par la règle de rattachement (que le juge doit connaître d'office) ou qu'il l'est par les parties (qui ont dans ce cas l'obligation de l'alléguer et d'en prouver le contenu). Cette solution est adoptée dans le droit vietnamien et susceptible d'être une suggestion pour une éventuelle réforme du droit québécois.

Finalement, l'encadrement strict de l'exception d'ordre public est important pour empêcher l'abus de ce mécanisme, nuisible à l'efficacité du DIP, car il annulle l'application des règles de rattachement. Au Québec, cette exception est depuis longtemps bien gérée, tant dans la codification que dans la pratique québécoise, alors elle ne l'est pas au Vietnam. L'efficacité du DIP est motivée au Québec – en tant que terre d'immigration –, et au Vietnam – en tant qu'économie émergeante –, par leurs politiques d'ouverture. Par conséquent, dans le cadre de la codification, il sera nécessaire de procéder à la révision complète de la notion d'ordre public, en tenant compte du contexte international, et des mécanismes d'intervention qui accompagnent cette notion.

CONCLUSION

Au terme de cette étude visant à évaluer l'intérêt et la faisabilité d'une codification globale du DIP vietnamien, nous sommes fermement convaincue qu'il est opportun pour le Vietnam de se lancer sans tarder dans ce processus. Les outils et solutions développés dans les chapitres 2 et 3 pourront sans aucun doute contribuer au succès de la codification.

Comme cela a été démontré dans la première partie, la codification est le meilleur moyen pour résoudre l'ensemble des problèmes du DIP vietnamien et pour lui permettre de répondre aux besoins de développement et d'intégration internationale du Vietnam. Malgré ses caractéristiques – la flexibilité et la mutabilité notamment – qui semblent opposées à l'idée d'une codification – le succès enregistré dans de nombreux pays, dont le Québec, qui a servi de modèle pour notre étude comparative, montre que cette technique est grandement bénéfique à l'évolution du DIP, tout en lui garantissant la stabilité requise. La codification permet en effet de systématiser les règles de rattachement jusqu'à maintenant éparpillées dans différents textes. Elle offre ainsi une occasion de réformer l'ensemble de ses règles. Si le risque de rigidité que présente la codification est non négligeable pour ce droit où la souplesse est privilégiée, plusieurs solutions continuent à être développées pour préserver cette caractéristique en même temps que la prévisibilité. L'étude des conditions sociopolitiques et juridiques actuelles au Vietnam dans une vision comparative avec la codification québécoise des années 1950-1990 montre la pertinence d'entamer la codification du DIP vietnamien.

Dans un bilan des 15 premières années du Livre X du *Code civil du Québec*, Serge Gaudet a constaté : « [L]e droit international privé québécois se porte bien quinze ans après sa codification » et « les tribunaux ont su [l]appliquer de manière à ne pas indûment porter atteinte à la sécurité juridique »[1]. On peut sans aucun doute se réjouir du succès de la codification du Québec, qui, malgré ses quelques défauts, est un code qui été bien reçu et appliqué par les praticiens.

Pour appuyer nos arguments sur l'intérêt de la codification du DIP vietnamien, nous avons développé et soutenu nombre de solutions qui concernent respectivement la mise en œuvre et le contenu de la codification.

Pour organiser la codification, il est nécessaire de confier le processus à une commission, compte tenu non seulement des dispositions juridiques vietnamiennes relatives à la confection des normes juridiques, mais aussi des expériences tirées d'autres pays, en particulier du Québec. Nos critiques et suggestions ont été formulées au sujet de la durée du processus et le rôle des acteurs. Au Vietnam, le délai accordé à la préparation d'un code, étant souvent circonscrit à la durée quinquennale de la législature, s'avère trop serré pour une codification d'envergure. Or, les acteurs principaux sont les fonctionnaires d'État, qui ne sont pas capables de s'investir totalement à cette tâche en termes de temps

[1] Gaudet, « Le Livre X du Code civil du Québec : Bilan et enjeux », 329.

et d'expertise. Il faudrait donc surpasser cette limite et compter davantage sur la contribution du milieu des juristes en vue du succès de la codification.

En ce qui concerne la portée de la codification, il est important d'adopter une vue unanime sur le champ du DIP. Nous avons plaidé pour une conception centrée sur le rattachement, qui est le « noyau universel » de la discipline. Cela permettrait d'éviter la confusion très souvent rencontrée de ce droit avec les autres matières de droit interne, et par conséquent, de déterminer plus facilement l'objet de la codification.

Des questions se sont aussi posées sur la forme du futur code. Il est recommandé pour le Vietnam d'opter pour un texte indépendant, à l'instar de la Suisse et de la Belgique. Comme la portée du Code civil vietnamien est plus restreinte que le celle du code québécois, un code intégré dans le Code civil ne lui conviendrait pas. Quant à la structure du code, entre les deux modes d'organisation des dispositions étudiés – le plan vertical et le plan horizontal –, notre choix se penche vers le premier, celui du modèle suisse. Les suggestions tiennent compte de l'état actuel du droit vietnamien, en pleine évolution et en voie d'adaptation. Ainsi, un code indépendant doté d'un plan organisé selon les catégories faciliterait l'inclusion des ajouts ou modifications, sans pour autant briser son unité et ses rapports avec l'ensemble du système juridique.

Au sujet du contenu du futur code, des solutions sont discutées et développées selon trois grandes directions correspondant aux objectifs que poursuit la codification : la modernité, l'équilibre entre la flexibilité et la prévisibilité, et l'efficacité du DIP.

Dans le cadre de la codification, une réforme plus poussée est nécessaire, la réforme ayant été jusqu'ici effectuée avec beaucoup de réticences. Pour cela, il faudrait tout d'abord que le législateur adopte une vision évolutive et prospective, en particulier au sujet des notions fondamentales que sont l'élément d'extranéité et le facteur de rattachement. Ce changement est indispensable à l'adaptation du DIP vietnamien avec la nouvelle ère numérique et l'entrée en jeu du monde virtuel. Renforcer l'autonomie de la volonté et le rôle du principe de proximité, ainsi que la diversité des méthodes, constituent des mesures nécessaires pour atteindre les objectifs de modernité et de flexibilité, tout en prévoyant un bon encadrement au service de la prévisibilité. Enfin, le DIP vietnamien doit être rendu plus efficace par la mise en exergue de l'autorité de ses règles dans la pratique judiciaire et parune révision des mécanismes d'intervention de l'ordre public dans les rattachements, dont l'abus continue à se faire remarquer au Vietnam à l'encontre de l'esprit ouvert souhaité du législateur vis-à-vis de l'application du droit étranger.

L'intérêt le plus grand de cette étude est d'offrir au Vietnam, pour la première fois, des réflexions théoriques approfondies, étayées par les pratiques raffinées de l'étude comparée, sur la codification du droit en général et sur celle du DIP en particulier. Elle contribue notamment à trancher des questions jusqu'à maintenant très ambiguës ou controversées au Vietnam sur la nature et le domaine du DIP ainsi que sur ses notions et principes fondamentaux. Au-delà du thème de la codification, le rôle constructif de la jurisprudence, de la doctrine et du droit transitoire dans l'évolution du droit codifié est aussi l'objet abordé de l'étude. La valorisation des connaissances et des pratiques du droit québécois, très pertinentes pour notre question de recherche, mais encore peu connues au Vietnam, constitue une autre contribution à l'enrichissement des sources de référence pour le codificateur vietnamien et, par conséquent, au succès de la réforme juridique en cours dans ce pays.

Par ailleurs, l'étude détaillée du DIP québécois dans l'optique de la comparaison a été une occasion pour nous d'analyser un nombre de problèmes enregistrés pendant les quatre décennies d'application de ce droit depuis sa codification et d'avancer des propositions pour sa réforme. Il s'agit, entre autres, des difficultés d'application de la doctrine du *forum non conveniens* dans un système de droit codifié, des ambiguïtés liées à l'admission large du principe d'autonomie de la volonté, et de l'autorité des règles de rattachement.

Jean-Étienne-Marie Portalis, le père du célèbre Code civil français de 1804, a prononcé dans son Discours préliminaire sur le projet du code : « Quoi que l'on fasse, les lois positives ne sauraient jamais entièrement remplacer l'usage de la raison naturelle dans les affaires de la vie. Les besoins de la société sont si variés, la communication des hommes est si active, leurs intérêts sont si multipliés, et leurs rapports si étendus, qu'il est impossible au législateur de pourvoir à tout ». Cet esprit toujours d'actualité inspire nos pensées sur la codification vietnamienne à l'étude. Un code ouvert à l'importation non compliquée de nouveautés et d'ajustements sera donc ce que nous recommandons pour le DIP vietnamien.

Bibliographie

Ouvrages généraux et traités

AUDIT, B. et L. D'AVOUT, *Droit international privé*, 8e éd., Paris, L.G.D.J., 2018.

BATIFFOL, H., *Traité élémentaire de droit international privé*, Paris, L.G.D.J., 1955.

BATIFFOL, H. et P. LAGARDE, *Droit international privé*, Paris, L.G.D.J., 1983.

BELLEY, J.-G., N. KASIRER et S. LORTIE (dir.), *Du Code civil du Québec : contribution à l'histoire immédiate d'une recodification réussie*, Montréal, Éditions Thémis, 2005, p. 233.

CASTEL, J.-G., *Canadian Conflict of Laws*, Toronto, Butterworths, 1977.

———, *Droit international privé québécois*, Toronto, Butterworths, 1980.

CÔTÉ, P.-A., M. DEVINAT et S. BEAULAC, *Interprétation des lois*, 4e éd., Montréal, Thémis, 2009.

COUR DE CASSATION, ORDRE DES AVOCATS AU CONSEIL D'ÉTAT ET À LA COUR DE CASSATION et ASSOCIATION HENRI CAPITANT DES AMIS DE LA CULTURE JURIDIQUE FRANÇAISE (dir.), *Le Code civil 1804-2004. Livre du Bicentenaire*, Paris, Dalloz/LexisNexis, 2004.

CURRIE, B., *Selected Essays on the Conflict of Laws*, Durham (N.C.), Duke University Press, 1963.

DO, V. D. et H. Q. MAI, *Droit international privé vietnamien*, Hochiminh-ville, Presses de l'Université nationale, 2006.

———, *Droit international privé vietnamien : relations civiles, commerciales et du travail comportant un élément d'extranéité*, Hanoi, Politique nationale, 2010.

DURAND, B., P. LANGLET et C. T. NGUYEN (dir.), *Histoire de la codification juridique au Vietnam*, Montpellier, Impr. du Progrès, 2001.

EMANUELLI, C., *Droit international privé québécois*, 3e éd., Montréal, Wilson & Lafleur, 2011.

GOLDSTEIN, G. et E. GROFFIER, *Droit international privé*, t. I « Théorie générale », Cowansville, Éditions Yvon Blais, 1998.

GOLDSTEIN, G. et É. GROFFIER, *Droit international privé*, t. II « Règles spécifiques », Cowansville, Éditions Yvon Blais, 2003.

GOUBAU, D., A.-M. SAVARD et E. DELEURY, *Le droit des personnes physiques*, 6e éd., Montréal, Éditions Yvon Blais, 2019.

GROFFIER, E., *Précis de droit international privé québécois*, 4e éd., Cowansville, Éditions Yvon Blais, 1990.

———, *La réforme du droit international privé québécois, supplément au Précis de droit international privé québécois*, Cowansville, Éditions Yvon Blais, 1993.

GUILLEMARD, S. (dir.), *Le Code de procédure civile : quelles nouveautés ?*, Cowansville, Éditions Yvon Blais, 2016, p. 187.

GUILLEMARD, S. et V. A. LY, *Éléments de droit international privé québécois*, Montréal, Éditions Yvon Blais, 2019.

KAMECKE, G. et J. LE RIDER (dir.), *La codification. Perspectives transdisciplinaires*, Paris, Librairie Droz, 2006.

HALPÉRIN, J.-L. (dir.), *Le Code civil 1804-1904. Livre du centenaire*, Paris, Dalloz, 2004.

LE, V. H., *Histoire de Dai Viet (Đại Việt Sử Ký Toàn Thư)*, Hanoi, Culture-Information, 2004.
MAI, H. Q., *Traité de droit international privé*, Hanoi, Éditions Hong Duc, 2013.
MAYER, P. et V. HEUZE, *Droit international privé*, 11e éd., Issy-Les-Moulineaux, L.G.D.J., 2014.
MEYZEAUD-GARAUD, M.-C., *Droit international privé*, Rosny-sous-Bois, Bréal, 2014.
NGO, Q. C. (dir.), *Traité de droit international privé*, Hanoi, Éditions du Travail, 2019.
NIBOYET, J.-P., *Traité de droit international privé*, Paris, Sirey, 1939.
MINISTÈRE DE LA JUSTICE (dir.), *Quoc Trieu Hinh Luat – Les valeurs historiques et contemporaines contribuant à la construction de l'État de droit au Vietnam. Acte de conférence*, Hanoi, Justice, 2008.
PILLET, A., *Traité pratique de droit international privé*, t. I, Paris, Sirey, 1923.
REID, H., *Dictionnaire de droit québécois et canadien*, éd. abrégée, Montréal, Wilson & Lafleur, 2016.
SAVIGNY, F.-C. von, *Traité de droit romain*, 2e éd., traduit par Charles GUENOUX, Tome huitième, Paris, Firmin Didot Frères, 1860.
WEISS, A., *Traité élémentaire de droit international privé*, Paris, L. Larose et Forcel, 1885.

Monographies, ouvrages spéciaux, thèses et mémoires

AUDI, B., *La fraude à la loi*, Paris, Dalloz, 1974.
BARTIN, É., *Principes de droit international privé selon la loi et la jurisprudence française*, Domat-Montchrestien, 1930.
BATIFFOL, H., *Les conflits de lois en matière de contrats. Étude de droit international privé comparé*, Paris, Sirey, 1938.
BRIERLEY J. E. C. et R. A. MACDONALD, *Quebec Civil Law: An Introduction to Quebec Private Law*, Toronto, Emond Montgomery, 1993.
BODENES-CONSTANTIN, A., *La codification du droit international privé français*, Toulouse, Defrénois, 2005.
BOUINEAU, J. et J. ROUX, *200 ans de Code civil*, Paris, Association pour la diffusion de la pensée française, 2004.
CABRILLAC, R., *Les codifications*, Paris, Presses universitaires de France, 2002.
CARRÉ, D., *Le droit applicable aux biens virtuels*, Montréal, Thémis, 2019.
CAVERS, D. F. et A. F. SMITH, *The choice-of-law process*, Vol. 269, Ann Arbor, University of Michigan Press, 1965.
CURRIE, B., *Selected Essays on the Conflict of Laws*, Durham, Duke University Press, 1963.
DO, V. D., *Commentaires sur les nouveautés du Code civil de 2015*, Hochiminh-ville, Hong Duc, 2016.
GAUDEMET-TALLON, H., *La prorogation volontaire de juridiction en droit international privé*, Paris, Dalloz, 1965.
GOLDSTEIN, G., *De l'exception d'ordre public aux règles d'application nécessaire : Étude du rattachement substantiel impératif en droit international privé canadien*, Montréal, Édition Thémis, 1996.

GUILLEMARD, S., *Le droit international privé face au contrat de vente cyberspatial*, Cowansville/Bruxelles, Éditions Yvon Blais/Bruylant, 2006.

LAGARDE, P., *Recherche sur l'ordre public en droit international privé*, Paris, L.G.D.J., 1958.

NGO, Q. C., V. A. LY et N. B. HOANG, *Le droit international privé : à la recherche d'un modèle pour le Vietnam*, Hanoi, Presses de Université nationale, 2018.

NGUYEN, N. V., *La codification française comme référence pour le législateur vietnamien*, Thèse de doctorat en Droit privé et Sciences criminelles, Montpellier, Université Montpellier 1, 2013.

NGUYEN, T. H. T., *Private International Law in Vietnam: On General Issues, Contracts and torts in Light of European Developments*, Tübingen, Mohr Siebeck, 2016.

PORTALIS, J.-É.-M., *Discours et rapports sur le code civil*, Caen, Presse de l'Université de Caen, 2010.

REMY, B., *Exception d'ordre public et mécanisme des lois de police en droit international privé*, Paris, Dalloz, 2008.

RIGAUX, F., *La théorie des qualifications en droit international privé*, Bruxelles, Larcier, 1956.

ROUBIER, P., *Le droit transitoire : conflits des lois dans le temps*, Paris, Dalloz, 2008.

SAVIGNY, F. C. von, *De la vocation de notre temps pour la législation et la science du droit* (1814), Paris, Presses universitaires de France, 2006.

SPARER, M. et W. SCHWAB, *Rédaction des lois : rendez-vous du droit et de la culture*, Québec, Conseil de la langue française, 1980.

SYMEONIDES, S., *Codifying choice of law around the world: an international comparative analysis*, New York, Oxford University Press, 2014.

VARGA, C., *Codification as a Socio-Historical Phenomenon*, Budapest, Akadémiai Kiadó, 1991.

VASILAKAKĒS, E. N., *Orientations méthodologiques dans les codifications récentes du droit international privé en Europe*, t. 195, Paris, L.G.D.J., 1987.

ZARADNY, A., *Codification et État de droit*, Thèse de doctorat en droit public, Paris, Université Paris 2, 2011.

Chapitres d'ouvrages collectifs, articles et chroniques

AUDIT, B., « Le droit international privé à la fin du XXe siècle : progrès ou recul », (1998) 50 *R.I.D.C.* 421.

BALLARINO, T. et G. P. ROMANO, « Le principe de proximité chez Paul Lagarde : quelques précisions et développements récents », dans Marie-Noëlle JOBARD-BACHELLIER et Pierre MAYER (dir.), *Le droit international privé : esprit et méthodes. Mélanges en l'honneur de Paul Lagarde*, Paris, Dalloz, 2005, p. 37.

BATIFFOL, H., « Les tendances doctrinales actuelles en droit international privé », (1948) 72 *R.C.A.D.I.* 1.

———, « Subjectivisme et Objectivisme dans le droit international privé des contrats », dans *Mélanges Jacques Maury*, t. 1, Paris, Dalloz et Sirey, 1960, p. 39.

———, « Le pluralisme des méthodes en droit international privé », (1973) 75 *R.C.A.D.I.* 82.

BAUDOUIN, J.-L., « De certaines réformes nécessaires du droit québécois », (1968) 2 *Ottawa L. Rev.* 363.

———, « Quelques perspectives historiques et politiques sur le processus de codification », dans *Conférences sur le nouveau Code civil du Québec (Actes des Journées Louisianaises 1991)*, Cowansville, Éditions Yvon Blais, 1992, p. 13.

BAUDOUIN, J.-L. et P.-G. JOBIN, « Le Code civil français et les Codes civils québécois », dans *Le Code civil 1804-2004. Livre du Bicentenaire*, Paris, Dalloz/LexisNexis, 2004, p. 629.

BAXTER, W. F., « Choice of law and the Federal System », (1963) 16 *Stan. L. Rev.* 1.

BISSON, A.-F., « Nouveau code civil et jalons pour l'interprétation : traditions et transitions », (1992) 23 *R.D.U.S.* 1.

BLAIR, P., « The doctrine of *Forum Non Conveniens* in Anglo-American Law », (1929) 29 *Col. L. Rev.* 1.

BUCHER, A., « La clause d'exception dans le contexte de la partie générale de

BUREAU, D., « Les conflits de conventions », dans *Travaux du Comité français de droit international privé. Années 1998-1999, 1999-2000*, Paris, A. Pedone, 2001, p. 201.

CABRILLAC, R., « La codification : histoire, définitions, attentes », (2005) 4 *R.J.O.I.* 9.

———, « Les enjeux de la codification en France », (2005) 46 *C. de D.* 533.

CARTIER, S., « L'arbitrage international au Québec : ordre public interne ou ordre public international », (1998) 11 *R.Q.D.I.* 229.

CASTEL, J.-G., « Proof of Foreign Law », (1972) 22 *U. Toronto L.J.* 33.

CORNU, G., « Codification contemporaine : valeurs et langage », dans *L'art du droit en quête de sagesse*, Paris, Presses universitaires de France, 1998, p. 357.

———, « L'avènement du Nouveau Code de procédure civile », dans *Le nouveau code de procédure civile : vingt ans après. Actes du colloque des 11 et 12 décembre 1997*, Paris, La Documentation française, 1998, p. 19.

———, « L'art d'écrire la loi », (2003) 107 *Pouvoirs* 5.

CÔTÉ, P.-A. et D. JUSTRAS, « Le droit transitoire relatif à la réforme du Code civil », dans *La réforme du Code civil*, Québec, Presses de l'Université Laval, 1993, p. 935.

CRÉPEAU, P.-A., « Préface », dans OFFICE DE RÉVISION DU CODE CIVIL, *Rapport sur le Code civil du Québec*, Vol. I, Québec, Éditeur officiel du Québec, 1978.

CUMYN, M. et F. GOSSELIN, « Les catégories juridiques et la qualification : une approche cognitive », (2016) 62 *R.D. McGill* 329.

CURTI GIALDINO, A., « La volonté des parties en droit international privé », (1972) 137 *R.C.A.D.I.* 743.

DE VAREILLES-SOMMIERES, P., « L'exception d'ordre public et la régularité substantielle internationale de la loi étrangère », (2014) 371 *R.C.A.D.I.* 157.

DELEURY, E. et A. PRUJINER, « Quelques commentaires sur le Rapport de l'O.R.C.C. sur le droit international privé », (1977) 18 *C. de D.* 233.

DO, V. D., « Le droit international privé et la construction "des normes" par les tribunaux en France et au Vietnam », *Revue de Science juridique* 2002.7.35.

DUCHARME, L., « Le nouveau droit de la preuve en matières civiles selon le *Code civil du Québec* », (1992) 23 *R.G.D.* 5.

FERRER-CORREIA, A. de A., « Les problèmes de codification en droit international privé », (1975) 145 *R.C.A.D.I.* 57.

FRANCESCAKIS, P., « Quelques précisions sur les “lois d’application immédiate” et leurs rapports avec les règles de conflits de lois », (1966) 55 *R.C.D.I.P.* 1.
FRÉCHETTE, P., « La qualification des contrats : aspects pratiques », (2010) 51 *C. de D.* 375.
GANNAGÉ, L., « Les méthodes du droit international privé à l’épreuve des conflits de cultures », (2011) 357 *R.C.A.D.I.* 223.
GARANT, P., « Quelques réflexions sur l’ordre public dans le droit processuel québécois », (1999) 40 *C. de D.* 367.
GAUDEMET, J., « Codes, collections, compilations. Les leçons de l’histoire de Grégorius à Jean Chappuis », (1996) 24 *Droits* 3.
GAUDEMET-TALLON, H., « La compétence internationale à l’épreuve du nouveau Code de procédure civile : aménagement ou bouleversement ? », (1977) 66 *R.C.D.I.P.* 1.
GAUDET, S., « Le Livre X du Code civil du Québec : Bilan et Enjeux », (2009) 88 *R. du Bar. Can.* 313.
GLENN, H. P., « Prorogation volontaire et compétence internationale », (1977) 23 *R.D. McGill* 125.
———, « Réflexions sur la codification du droit international privé au Québec et en Europe », (1980) 11 *R.D.U.S.* 231.
———, « Codification of Private International Law in Quebec », (1996) 60 *RabelsZ* 231.
GOLDSTEIN, G., « La condition incertaine des lois de police étrangères et du secret bancaire en droit international privé québécois », (1997) 76 *R. du Bar. Can.* 449.
———, « La fraude à la loi dans le droit international privé du nouveau Code civil du Québec », (1997) 57 *R. du B.* 706.
———, « Le *forum non conveniens* en droit civil. Analyse comparative à la lueur du droit international privé du Québec et du Japon », (2016) 105 *R.C.D.I.P.* 51.
GRIMALDI, M., « “Code et codification” : pour souligner le dixième anniversaire de l’entrée en vigueur du *Code civil du Québec* et le bicentenaire du Code Napoléon », (2005) 46 *C. de D.* 11.
GROFFIER, E., « Le Projet de codification du droit international privé », *J.D.I.* 1977.1.827.
———, « Interprétation et application des règles de conflit de lois en droit québécois », (1978) 24 *R.D. McGill* 29.
———, « La doctrine du *forum non conveniens* gagne-t-elle du terrain au Québec ? », (1980) 40 *R. du B.* 123.
———, « Réactions de la doctrine à la création du droit par les juges en droit international privé », (1980) 21 *C. de D.* 331.
———, « La réforme du droit international privé québécois », (1992) 81 *R.C.D.I.P.* 584.
GUILLEMARD, S., « Le “cyberconsommateur” est mort, vive l’adhérent », *J.D.I.* 2004.7.
———, « Les problèmes de qualification de la compétence internationale des tribunaux québécois : la solution réside dans l’alliance du *Code de procédure civile* et du *Code civil du Québec* », (2019) 60 *C. de D.* 219.
———, « Revue de la jurisprudence 1994-2019 : Naissance du droit international privé québécois moderne », (2020) 122 *R. du N.* 169.

———, « Chronique – La modification de l'article 3088, al. 2 C.c.Q., quelle erreur ! », *Repères*, novembre 2016, EYB2016REP2083 (La Référence).

———, « Chronique – Le libellé de l'article 3135 C.c.Q. : l'exception confirme la règle », *Repères*, avril 2013, EYB2013REP1339 (La Référence).

———, « Commentaire sur la décision *Terre Neuve et Labrador (Procureur général)* c. *Uashaunnuat (Innus de Uashat et de Mani-Utenam)* – L'art de la qualification et son importance en droit international privé », *Repères*, avril 2020, EYB2020REP2967 (La Référence).

GUILLEMARD, S. et V. A. LY, « La décision *Barer* et l'article 3164 C.c.Q. : encore beaucoup de buée sur le miroir », (2019) 121 *R. du N.* 317.

———, « Commentaire sur la décision *Giesbrecht* c. *Nadeau (Succession de)* – Une interprétation surprenante de l'article 3082 C.c.Q. », *Repères*, mars 2018, EYB2018REP2432 (La Référence).

GUILLEMARD, S. et A. PRUJINER, « La codification internationale du droit international privé : un échec ? », (2005) 46 *C. de D.* 175.

GUILLEMARD, S., A. PRUJINER et F. SABOURIN, « Les difficultés de l'introduction du *forum non conveniens* en droit québécois », (1995) 36 *C. de D.* 913.

GUILLEMARD, S. et F. SABOURIN, « Les clauses d'élection de for facultatives en droit international privé québécois », dans Mary KEYES (dir.), *Optional Choice of Court Agreements in Private International Law*, Cham, Springer, 2020, p. 107.

GUILLEMARD, S. et M. TÊTE, « *Forum non conveniens* au Québec, une vingtaine d'années plus tard : encore quelques questions non résolues », (2012) 25 *R.Q.D.I.* 175.

HEALY, T. H., « Théorie générale de l'ordre public », (1925) 9 *R.C.A.D.I.* 411.

HOLLEAUX, D., « La litispendance internationale », dans *Travaux du comité français de droit international privé. Années 1971-1973*, Paris, A. Pedone, 1974, p. 203.

JAYME, E., « Considérations historiques et actuelles sur la codification du droit international privé », (1982) 177 *R.C.A.D.I.* 9.

KASSIR, W. J., « Renvoi en droit international privé : technique de dialogue entre les cultures juridiques », (2015) 377 *R.C.A.D.I.* 9.

KAUFMANN-KOHLER, G., « La prestation caractéristique en droit international privé des contrats et l'influence de la Suisse », (1989) 45 *Annuaire suisse de droit international* 195.

KAY, H. H., « A Defense of Currie's Governmental Interest Analysis », (1989) 215 *R.C.A.D.I.* 9.

KNOEPFLER, F. et P. SCHWEIZER, « La nouvelle loi fédérale suisse sur le droit international privé (partie générale) », (1988) 77 *R.C.D.I.P.* 207.

KOHLER, C., « L'autonomie de la volonté en droit international privé : un principe universel entre libéralisme et étatisme », (2012) 359 *R.C.A.D.I.* 285.

KRYSTUFEK, Z., « La querelle entre Savigny et Thibaut et son influence sur la pensée juridique européenne », *R.H.D.* 44.59.

LAGARDE, P., « Le principe de proximité dans le droit international privé contemporain. Cours général de droit international privé », (1986) 196 *R.C.A.D.I.* 13.

———, « Sur la non-codification du droit international privé français », (1998) 25 *Syracuse J. Int'l L. & Com.* 45.

LALIVE, P., « Tendances et méthodes en droit international privé », (1977) 155 *R.C.A.D.I.* 3.

LEBEL, L., « La loi et le droit : la nature de la fonction créatrice du juge dans le système de droit québécois », (2015) 56 *C. de D.* 85.

LECUYER, H., « La codification du droit international privé », (2001) 4 *R.J.O.I.* 63.

LEFLAR, R., « Choice Influencing Considerations in Conflicts Law », (1966) 41 *N.Y.U.L. Rev.* 267.

LEQUETTE, Y., « Les mutations du droit international privé : vers un changement de paradigme ? », (2016) 387 *R.C.A.D.I.* 13.

LY, V. A., « La compétence internationale dans les affaires Facebook devant les tribunaux français : quelques réflexions pour le Vietnam », (2016) 341 *L'État et le Droit* 75.

———, « Quelques commentaires sur les nouveautés du Code civil de 2015 relatives aux rapports civils comportant un élément d'extranéité », (2017) 91 *Revue de l'économique extérieure* 113.

———, « Le renvoi en droit international privé vietnamien : Commentaires de la disposition du Code civil de 2015 », (2018) 360 *L'État et le Droit* 70.

LY, V. A. et Q. C. NGO, « L'autorité de la règle de rattachement en droit international privé : Regards croisés vietnamo-québécois », (2021) 62 *C. de D.* 539.

MCELEAVY, P., « La résidence habituelle, un critère de rattachement en quête de son identité : perspectives de *common law* », dans *Travaux du comité français de droit international privé. Années 2008-2009*, Paris, A. Pedone, 2011, p. 127.

MCEVOY, J. P., « Forum of Necessity in Quebec Private International Law: C.c.Q. art. 3136 », (2005) 35 *R.G.D.* 61.

MELKEVIK, B., « Discours d'application des normes en droit : Méthodologie juridique et considération de philosophie du droit », dans *Philosophie du jugement juridique*, Québec, Presses de l'Université Laval, 2010, p. 163.

MUIR WATT, H., « La codification en droit international privé », (1998) 27 *Droits* 150.

NGUYEN, N. D., « Le Code civil vietnamien comme exemple de l'adaptation du Code Napoléon dans le système de la propriété publique des sols », (2005) 46 *C. de D.* 253.

NGUYEN, N. L., « La fonction et la place du droit international privé dans le système juridique », *Revue de Science juridique* 2004.1.24.

NGUYEN, Q. H., « Cross-Border Transactions in Vietnam and the Vietnam-US Bilateral Trade Agreement », (2003) 8 *Int'l Trade and Bus. L. Rev.* 159.

NGUYEN, T. M., « Les règles de conflits de lois du Code civil de 2005 relatives aux contrats : problèmes et orientations de réforme », *Revue de Science juridique* 2012.13.

NGO, Q. C., « Plaidoyer pour la codification du droit international privé », (2016) 306 *Études législatives* 34.

———, « Le droit des obligations dans le nouveau droit international privé vietnamien », *R.D.A.I.* 2017.1.47.

NGO, Q. C. et V. A. LY, « Le nouveau droit international privé vietnamien : grand pas et faux pas de la réforme », (2016) 105 *R.C.D.I.P.* 615.

NIBOYET, J.-P., « La théorie de l'autonomie de la volonté », (1927) 16 *R.C.A.D.I.* 5.

NIORT, J.-F., « Le nouveau Code civil du Québec et la théorie de la Codification : une perspective française », (1996) 24 *Droits* 135.

NOLDE, B., « La codification du droit international privé », (1936) 55 *R.C.A.D.I.* 299.

NORMAND, S., « La première décennie des travaux consacrés à la révision du Code Civil », (1994) 39 *R.D. McGill* 828.

OPPETIT, B., « Le droit international privé, droit savant », (1992) 234 *R.C.A.D.I.* 331.

PERRET, L., « L'évolution du Code civil du Bas-Canada ou d'une codification à l'autre : réflexion sur le Code civil et son effet de codification », (1989) 20 *R.G.D.* 719.

PERRIN, A., « Le bitcoin et le droit : problématiques de qualifications, enjeux de régulation », *Gestion et Finances publiques* n°1 (2019), p. 84.

PETEV, V., « Quelle méthode ? La méthodologie juridique au seuil du XXIe siècle », (1990) 4 *R.R.J.* 757.

PORTALIS, F., « Essai sur l'utilité de la Codification », dans Jean-Etienne-Marie PORTALIS, *Discours et rapports sur le Code civil*, Caen, Presse de l'Université de Caen, 2010, p. I.

PRUJINER, A., « Le statut des obligations en droit international privé », (1988) 29 *C. de D.* 1097.

———, « Le droit international privé : un droit du rattachement », dans Christian DOMINICE, Robert PATRY et Claude REYMOND (dir.), *Études de droit international en l'honneur de Pierre Lalive*, Bâle, Helbing & Lichtenhahn, 1993, p. 161.

———, « Le droit international privé au Québec : une codification de la flexibilité et de l'autonomie de la volonté », dans CENTRE DE RECHERCHE EN DROIT PRIVE ET COMPARE DU QUEBEC (dir.), *Colloque du trentenaire 1975-2005 : Regards croisés sur le droit privé (22 et 23 septembre, Faculté de droit, Université McGill)*, Cowansville, Éditions Yvon Blais, 2008, p. 69.

———, « Les nouveautés en droit international privé dans le Code de procédure civile du Québec », dans Sylvette GUILLEMARD (dir.), *Le Code de procédure civile : quelles nouveautés ?*, Cowansville, Éditions Yvon Blais, 2016, p. 187.

REMILLARD, G., « Présentation du projet de Code civil du Québec », (1991) 22 *R.G.D.* 5.

RIGAUX, F., « La méthode des conflits de lois dans les codifications et projets de codification de la dernière décennie », (1985) 74 *R.C.D.I.P.* 1.

———, « Codification of Private International Law: Pros and Cons », (2000) 60 *La. L. Rev.* 1321.

SAUMIER, G., « Les objections à la compétence internationale des tribunaux québécois : nature et procédure », (1998) 58 *R. du B.* 145.

———, « Le *forum non conveniens* au Québec : bilan d'une transplantation », dans Sylvette GUILLEMARD (dir.), *Mélanges en l'honneur du professeur Alain Prujiner : études de droit international privé et de droit du commerce international*, Cowansville, Éditions Yvon Blais, 2011, p. 345.

STOFFEL-MUNCK, P., « Les résultats de la codification », (2005) 4 *R.J.O.I.* 121.

TALPIS, J. A. et G. GOLDSTEIN, « Analyse critique de l'avant-projet de la loi du Québec en droit international privé », (1989) 91 *R. du N.* 293.

TALPIS, J. A. et S. L. KATH, « The Exceptional as Commonplace in Quebec *Forum Non Conveniens* Law: Cambior, a Case in Point », (2000) 34 *R.J.T.* 761.
VERDON, C., « Le Canada et l'unification internationale du droit privé », (1994) 32 *A.C.D.I.* 3.
VERWILGHEN, M., « Vers un Code belge de droit international privé », dans *Travaux du Comité français de droit international privé. Années 1998-1999*, Paris, A. Pedone, 2001, p. 123.
WATTE, N., « Autonomie de la volonté dans les Conventions de la Haye », (1991) 24 *Rev. B.D.I.* 413.
ZHENG, J. et G. GOLDSTEIN, « Analyse comparative de la loi chinoise de 2011 portant sur les conflits de lois à la lueur du droit international privé québécois », (2014) 48 *R.J.T* 329.

Communications et rapports divers

MINISTÈRE DE LA JUSTICE DU QUÉBEC, *Code civil du Québec. Commentaires du ministre de la Justice*, Montréal, Publications du Québec, 1993.
QUÉBEC, COMITÉ DE RÉVISION DE LA PROCÉDURE CIVILE, *La révision de la procédure civile : document de consultation*, Québec, Ministère de la Justice, 2000.
QUÉBEC, OFFICE DE RÉVISION DU CODE CIVIL, *Rapport sur le Code civil du Québec*, Vol. II, t. 2 « Livres 5 à 9 – Commentaires », Québec, Éditeur officiel, 1978.
———, *Rapport sur le Code civil du Québec*, Vol. I « Projet de Code civil », Québec, Éditeur officiel, 1978.
QUÉBEC, COMITÉ DU DROIT INTERNATIONAL PRIVÉ, *Rapport sur le droit international privé*, n° XXXII, Québec, 1975.
VIETNAM, COUR POPULAIRE SUPRÊME, *Rapport présenté à la Conférence gouvernementale sur le bilan des 20 ans d'application de la Convention de New York*, Hanoi, 2014.
———, *Rapport sur le Bilan décennal de mise en œuvre du Code de procédure civile*, 43/BC-TANDTC, 2015.
VIETNAM, MINISTÈRE DE LA JUSTICE. *Rapport explicatif des modifications de la Loi de 2000 sur le mariage et la famille*, 2013.
———. *Rapport explicatif des modifications de la Septième partie du Code civil de 2005 portant sur les rapports civils comportant un élément d'extranéité*, 2011.
———. *Rapport explicatif du projet du Code civil*, soumis à l'Assemblée nationale, 31e sess., 12e légis., 25 février 2014.

Structures éditoriales du groupe L'Harmattan

L'Harmattan Italie
Via degli Artisti, 15
10124 Torino
harmattan.italia@gmail.com

L'Harmattan Hongrie
Kossuth l. u. 14-16.
1053 Budapest
harmattan@harmattan.hu

L'Harmattan Sénégal
10 VDN en face Mermoz
BP 45034 Dakar-Fann
senharmattan@gmail.com

L'Harmattan Cameroun
TSINGA/FECAFOOT
BP 11486 Yaoundé
inkoukam@gmail.com

L'Harmattan Burkina Faso
Achille Somé – tengnule@hotmail.fr

L'Harmattan Guinée
Almamya, rue KA 028 OKB Agency
BP 3470 Conakry
harmattanguinee@yahoo.fr

L'Harmattan RDC
185, avenue Nyangwe
Commune de Lingwala – Kinshasa
matangilamusadila@yahoo.fr

L'Harmattan Congo
219, avenue Nelson Mandela
BP 2874 Brazzaville
harmattan.congo@yahoo.fr

L'Harmattan Mali
ACI 2000 - Immeuble Mgr Jean Marie Cisse
Bureau 10
BP 145 Bamako-Mali
mali@harmattan.fr

L'Harmattan Togo
Djidjole – Lomé
Maison Amela
face EPP BATOME
ddamela@aol.com

L'Harmattan Côte d'Ivoire
Résidence Karl – Cité des Arts
Abidjan-Cocody
03 BP 1588 Abidjan
espace_harmattan.ci@hotmail.fr

Nos librairies en France

Librairie internationale
16, rue des Écoles
75005 Paris
librairie.internationale@harmattan.fr
01 40 46 79 11
www.librairieharmattan.com

Librairie des savoirs
21, rue des Écoles
75005 Paris
librairie.sh@harmattan.fr
01 46 34 13 71
www.librairieharmattansh.com

Librairie Le Lucernaire
53, rue Notre-Dame-des-Champs
75006 Paris
librairie@lucernaire.fr
01 42 22 67 13

www.ingramcontent.com/pod-product-compliance
Lightning Source LLC
LaVergne TN
LVHW011156061026
849535LV00003B/758